Nicht
nur
schön…

Vergessenes Bayern
hrsg. von Dr. Ingvild Richardsen und Prof. Dr. Waldemar Fromm

Der Beirat der Buchreihe
Dr. Helmut Hess, Richard Stury Stiftung
Dr. Andreas Heusler, Stadtarchiv München
Dr. Stephan Kellner, Bayerische Staatsbibliothek
Wolfgang Preuss, Bayerischer Rundfunk
Dr. Michael Stephan, Stadtarchiv München
Dr. Elisabeth Tworek, Bezirk Oberbayern
Prof. Dr. Klaus Wolf, Universität Augsburg

Cornelia Oelwein

Nicht nur schön…

Die Lebensgeschichten der Damen aus der Schönheitengalerie König Ludwigs I.

Volk Verlag München

Die Buchreihe *Vergessenes Bayern* wird gefördert von:

Bayerische Einigung e.V.
Bayerische Volksstiftung

Die Deutsche Bibliothek verzeichnet diese Publikation in der
Deutschen Nationalbibliografie; detaillierte bibliografische Daten
sind im Internet über https://portal.dnb.de/ abrufbar.

2. Auflage 2021
© 2020 Volk Verlag München
Neumarkter Straße 23, 81673 München
Tel. 089 / 420 79 69 80, Fax: 089 / 420 79 69 86
Druck: Pustet-Druck, Regensburg

ISBN 978-3-86222-354-1
www.volkverlag.de

Inhalt

Vorwort

Wieder ein Buch über die Schönheitengalerie? Gibt es da nicht schon genügend? Ist da wirklich noch etwas Neues zu finden? Diesen oder ähnlichen Fragen begegnete ich immer wieder, wenn ich von meinem Projekt berichtete. Zugegeben, es gibt einige Bücher und noch mehr Aufsätze zur Galerie und den abgebildeten Damen. Und dennoch: Es gibt Neues zu entdecken. Sehr viel sogar! Die Schönheitengalerie ist mit Sicherheit eine der bekanntesten Schöpfungen König Ludwigs I. von Bayern. Meist stehen in den Publikationen jedoch die prachtvollen Gemälde des Hofmalers Joseph Stieler, die heute zu den Hauptattraktionen in Schloss Nymphenburg zählen, im Fokus. Die Biografien der Dargestellten rücken in den Hintergrund, mit Ausnahme von kleinen Sensationsgeschichten, die von Generation zu Generation weitererzählt wurden und die nicht selten jeglicher Realität entbehren. Viel Falsches oder zumindest Ungenaues wird bis heute unwidersprochen übernommen.

Über einen Zeitraum von bald 200 Jahren entstanden viele Erzählungen, die nur zum geringen Teil einer kritischen Prüfung standhalten; Klatsch und Tratsch – damals gerne als „Konversation" bezeichnet – sind ihr Ursprung. Ein Erzähler hat die Geschichten vom anderen übernommen, verschiedentlich noch fantasiereich ausgeschmückt. Und nicht zuletzt trugen die Fremdenführer in der Schönheitengalerie, die damals noch in der Münchner Residenz gezeigt wurde, ihr Quäntchen zur Legendenbildung bei, indem sie die Führungen mit sensationellen, jedoch nicht zwingend zutreffenden Details anreicherten.

Die erste ernst zu nehmende Monografie zur Schönheitengalerie erschien vor rund einem Jahrhundert. Auguste von Oertzen versuchte Fakten zum Leben der Schönheiten festzuhalten. Die Kunsthistorikerin fungierte als erste Kustodin in den Räumen der Schönheitengalerie, nachdem die Residenz nach dem Ende der Monarchie an den Freistaat Bayern übergegangen und ab 1920 sukzessive der Öffentlichkeit in veränderter Form zugänglich gemacht worden war. Zwar überlieferte auch Auguste von Oertzen zum Teil noch kursierende Ondits – immerhin lebten damals ja noch Zeitzeugen, die die eine oder andere Dargestellte persönlich kennengelernt hatten –, machte diese allerdings als solche kenntlich. Das erstmals 1923 erschienene Buch und die Neuauflage von 1927 dienten allen späteren Veröffentlichungen als Grundlage, meist nur marginal ergänzt.[1] Selbst die von Konstantin Prinz von Bayern (1920 – 1969), einem unmittelbaren Nachfahren König Ludwigs I., im Jahr 1956 für die Süddeutsche Zeitung verfasste Serie zu den Schönheiten bringt lediglich ein paar ergänzende Plaudereien.[2] Eine andere wichtige Publikation zur Schönheitengalerie ist die 1971 veröffentlichte, wohlrecherchierte Monografie von Ulrike von Hase über den Maler Joseph Stieler. Im Rahmen des Werkverzeichnisses nehmen die Gemälde der Galerie einen breiten Raum ein. Allerdings liegt hier der Fokus naturgemäß auf der kunsthistorischen Einordnung der Arbeit Stielers, kaum auf den Biografien der Dargestellten. Aufbauend auf Ulrike von Hase und Auguste von Oertzen verfasste Gerhard Hojer 1979 einen Museumskatalog zur Schönheitengalerie, der letztmals 2011 in siebter und nur unwesentlich veränderter Auflage erschien. Auch hier stehen die qualitätvoll abgebildeten Gemälde im Vordergrund.

Zu den im Folgenden vorgestellten Biografien der einzelnen Schönheiten wurden umfassend einschlägige zeitgenössische Quellen – Nachlässe, Korrespondenzen, Medien und Literatur – ausgewertet, um möglichst viele Fakten zu den Lebensgeschichten der Damen zusammenzutragen, die Geschichten jenseits der Gemälde zu erzählen, gewissermaßen hinter die Leinwand zu blicken. Dabei traten zahlreiche neue und durchaus überraschende Erkenntnisse zutage. Anekdoten, Legenden und Gerüchte werden dennoch nicht verschwiegen. Sie konnten aber definitiv als solche behandelt, wenn nicht gar entlarvt werden.

Zu den einzelnen Schönheiten gibt es unterschiedlich viel zu erzählen, auch ist die Überlieferungslage äußerst heterogen. Jene Damen, über die bereits eigenständige Publikationen erschienen sind, allen voran Lola Montez, aber auch Lady Jane Ellenborough oder die Schauspielerin Charlotte von Hagn, werden nicht viel ausführlicher dargestellt als jene, die als Hausfrauen und Mütter Karriere machten und die jenseits ihres „Auftritts" in der Schönheitengalerie nur noch anhand ihrer Ehemänner festzumachen sind.

Alle Quellen ausfindig zu machen, ist bei 38 Lebensgeschichten jedoch ein Ding der Unmöglichkeit. Die Damen zählten zu verschiedenen Gesellschaftsschichten, lebten in unterschiedlichen geografischen Räumen und gehörten verschiedenen Generationen an. Insgesamt umspannen ihre Lebensgeschichten rund ein Jahrhundert. Auch die Beziehungen zu Ludwig I. waren äußerst unterschiedlich, was in den einzelnen Beiträgen näher beleuchtet wird. Doch stehen in diesem Buch weder das Liebesleben des Königs im Vordergrund noch die kunstgeschichtliche Einordnung der Bilder, sondern die Biografien der einzelnen Schönen.

Die Porträts sind heute nahezu omnipräsent, auf Kettenkarussells, auf Souvenir-Tässchen, Pralinenschachteln, Schmuckstücken und vielem anderen mehr – vielfach werden sie gar nicht als Teil der Schönheitengalerie erkannt. Bereits kurz nach Vollendung der Porträts setzte deren Massenvervielfältigung ein. Zahlreich erschienen Stahlstiche und Lithografien. Anfang der 1860er Jahre wurden von den grafischen Blättern Fotos angefertigt, die bald zusammen mit anderen Aufnahmen – wie in einem eigenen Kapitel ausgeführt wird – begeistert gesammelt wurden. Ein Album mit den zeittypischen Fotografien im Visitkartenformat konnte ich im Salzburger Antiquariatshandel erwerben. Diese Fotos dienen im Folgenden der Bebilderung.

Dank moderner technischer Möglichkeiten und Datenbanken konnten viele neue Quellen erschlossen werden, etwa der Bestand digitalisierter Matrikelbücher des Archivs der Erzdiözese München und Freising oder der digitalisierten bayerischen und österreichischen Zeitungen und Zeitschriften, in denen viele Daten neu zutage gefördert werden konnten.

Eine äußerst ergiebige Quelle waren auch Briefe. Eine Fülle von Schreiben an und von König Ludwig I., der ein begeisterter Briefschreiber war, hat sich erhalten. Er war der Meinung: Schriftstücke, die heute uninteressant erscheinen, können später von hohem Wert sein – und so hob er alles auf. Mitunter hat er seine Schreiben sogar wieder zurückverlangt, zum Teil mit Kommentaren am Rand versehen. Daneben haben sich vereinzelt auch Briefe anderer Verfasser und Adressaten erhalten. Und schließlich gaben die Bücher der königlichen Kabinettskassenverwaltung Aufschluss, vor allem zur zeitlichen Einordnung der Gemälde. Notizen aus den Tagebüchern König Ludwigs I. sind nur vereinzelt in die Lebensgeschichten eingeflossen. Bei der Anzahl von 38 Damen und einem Zeitraum von fast vier Jahrzehnten war es nicht möglich, die für Benutzer nicht zugänglichen und mehrere Tausend Seiten umfassenden Tagebücher von einem Mitarbeiter der Bayerischen Staatsbibliothek durchsehen zu lassen.

Im Folgenden werden die Lebensgeschichten der 38 Damen chronologisch gereiht nach dem Zeitpunkt der Vollendung des Gemäldes bzw. nach dem Zeitpunkt ihrer Bezahlung durch die Kabinettskasse des Königs erzählt. Dabei konnte aufgrund der heterogenen Lebensverläufe und unterschiedlichen Quellenlage innerhalb der einzelnen Biografien nicht immer eine einheitliche Struktur verfolgt werden. Die Damen werden unter dem heute allgemein gebräuchlichen Namen vorgestellt. Dabei handelte es sich in der Regel um jenen Namen, den sie zum Zeitpunkt des Modellsitzens trugen, nicht zwingend um ihren Geburtsnamen.

Beim Lesen der Lebensgeschichten wird keine Kontinuität empfohlen. Es handelt sich bei diesem Buch um keine Monografie im eigentlichen Sinne, sondern gewissermaßen um eine Multi-Biografie mit Dutzenden von Einzelschicksalen, Daten und Namen. Gleichzeitig bieten die Biografien einen repräsentativen Querschnitt durch die gesellschaftlichen Schichten im 19. Jahrhundert, zeigen gesellschaftliche Barrieren, aber auch Aufstiegsmöglichkeiten und unvermittelte Schicksalsschläge auf.

Für die Möglichkeit, so viele „Mosaiksteinchen" zum Thema Schönheitengalerie an verschiedensten Stellen zusammentragen zu können, darf ich einer ganzen Reihe von Helfern danken. Ohne den Beistand der Mitarbeiterinnen und Mitarbeiter verschiedener Bibliotheken und Archive wäre die Arbeit entschieden schwieriger gewesen. Mein besonderer Dank gilt hierbei vor allem den Damen und Herren Dr. Wolfgang-Valentin Ikas, Annemarie Kaindl, Dr. Sigrid von Moisy und Juliane Trede von der Bayerischen Staatsbibliothek (Abteilung Handschriften und Alte Drucke), Matthias Hinghaus vom Stadtarchiv München, Dr. Brigitta Klemenz vom Archiv des Klosters Andechs/ St. Bonifaz, Dr. Silke Schöttle vom Stadtarchiv Konstanz, Dr. Wolfgang H. Wettengel (Kartause Buxheim) sowie Dr. Susanne de Ponte und Marion Weltmann vom Deutschen Theatermuseum, München.

Stefan Bauer, der seit einem von ihm geleiteten Schulprojekt in Trostberg ein Fachmann für Helene Sedelmayer ist, verdanke ich zahlreiche und unterschiedlichste Anregungen; Fritz und Renate Bedall stellten mir großzügig ihr Wissen zur Familiengeschichte von Schintling zur Verfügung. Auch dafür herzlichen Dank.

Eine fast unerschöpfliche Quelle zu den Bildern und den Lebensgeschichten der Schönheiten war das Geheime Hausarchiv der Wittelsbacher (Bayerisches Hauptstaatsarchiv Abteilung III). S.K.H. Herzog Franz von Bayern gebührt mein Dank für die Erlaubnis, dieses Archiv uneingeschränkt benützten zu dürfen, wobei mir die Herren Markus Frauenreuther, Andreas Leipnitz und vor allem der Leiter der Abteilung, Dr. Gerhard Immler, stets hilfreich und weit über ein „Normalmaß" hinaus zur Seite standen. Herzlichen Dank!

Dem Verleger Michael Volk sowie den Herausgebern und dem Beirat der Buchreihe „Vergessenes Bayern" sage ich Dank für die Aufnahme des Manuskripts in diese beim Volk Verlag erscheinende, renommierte Reihe, ebenso der Lektorin Nadine Burks für die engagierte und akkurate Durchsicht.

Und nicht zuletzt gebührt meinem Mann Dr. Reiner Oelwein ein extra großes Dankeschön dafür, dass er sich nicht nur stets tapfer meine unzähligen neuen Funde erzählen ließ, sondern auch die Arbeit durch gezielte Nachfragen sowie hilfreiche Anregungen begleitete und, wenn die genealogischen Verästelungen zu sehr überhandnahmen, bremsend eingriff.

Ilmmünster, im August 2020
Cornelia Oelwein

Einführung

Die Idee zu einer „Sammlung schöner Köpfe"

Bereits als Kronprinz kam König Ludwig I. von Bayern (1786–1868) auf die Idee, eine Sammlung schöner Frauenköpfe anzulegen. Ob der Gedanke jedoch, wie Prinz Konstantin von Bayern mutmaßte, tatsächlich in der spanischen Weinschenke am Porto di Ripa Grande in Trastevere in Rom bei einem launigen Umtrunk mit Künstlern geboren wurde,[1] ist nicht überliefert. Auf jeden Fall wurden in einem Brief Joseph Stielers vom 19. Mai 1821 an Ludwig die „Sammlung der schönen Köpfe" und mögliche erste Porträts erwähnt,[2] doch sollte es noch einige Zeit dauern, bis die Idee in die Tat umgesetzt wurde.

Ludwig I. folgte im Oktober 1825 seinem Vater König Maximilian I. auf den bayerischen Thron. Im Jahr darauf wurde die Schönheitengalerie, auch Schönheitsgalerie genannt – eine verbindliche Nomenklatur gibt es nicht, der König selbst verwendete verschiedene Begriffe –, in ihrer heutigen Gestalt in Angriff genommen. Am 21. April 1826 war das Bild der Maximiliane Borzaga in Stielers Atelier in der Residenz in Arbeit.[3] Bald danach machte sich der Künstler auch an das Porträt von Auguste Strobl, an dem er parallel malte. Ursprünglich sollten nur „die schönsten des Schönen-Geschlechts, in München daselbst" verewigt werden.[4] Schnell wurde der Kreis jedoch erweitert. Bereits im Frühjahr 1827 schickte der König den Künstler nach Perugia, um Marianna Marchesa Florenzi für die Sammlung zu malen. Später kamen noch einige Engländerinnen, Österreicherinnen, eine Griechin und eine vermeintliche Spanierin hinzu. Eine Französin ist nicht darunter. Schon die Abneigung des Königs gegenüber dem Land des ihm so verhassten Napoleons verhinderte dies.

Als Künstler wählte der König den Hofmaler Joseph Stieler (1781–1858). Dieser hatte sich bereits mit zahlreichen gelungenen Porträts einen Namen gemacht, bevor er die Arbeit aufnahm. Der in Mainz geborene Maler war von Ludwigs Vater, König Maximilian I., nach München berufen worden, um die königliche Familie zu porträtieren. Sein ansprechender Stil, geschult durch die Pariser Malerei am Hofe Napoleons, der den Porträtierten von seiner schönsten Seite zu zeigen vermochte, prädestinierte ihn geradezu für die Ausführung der Schönheitengalerie, an der er bis zu seinem Lebensende arbeitete.[5]

Stieler musste auf Wunsch Ludwigs I. auf die Suche nach den schönsten Frauen gehen; daneben hielt jedoch auch der König selbst die Augen offen. Um entdeckt zu werden, setzten sich die schönen Münchnerinnen vielfach in Szene: „Besuchte man damals ein Odeonskonzert", erzählte Luise von Kobell, „so fand man schon vor Beginn desselben fast alle Eckplätze von Mädchen und Frauen besetzt. Sie wußten, daß der König nach Schluß der Symphonie Reihe um Reihe musterte und die Außensitzenden ihm am meisten in die Augen fielen". Denn „in die Schönheiten-Galerie zu kommen, war selbstverständlich die Sehnsucht vieler Frauenherzen".⁶ Eine günstige Gelegenheit, schöne Frauen zu entdecken, bot auch der Münchner Fasching. „Die Carnevalstage haben viele neue Schönheiten ans Licht gebracht, deren Bildnisse alle in die bewußte Sammlung wandern sollen", schrieb Stieler in einem Brief an den Kanzler Friedrich von Müller.⁷ Vielfach machte sich der König auch auf den Weg, um einen Vorschlag zu prüfen: So ist es etwa im Fall von Helene Sedelmayer gewesen. Oder am 15. April 1841, als Seine Majestät notierte: „[…] in die Restauration Boydel, seine Tochter zu sehen, ob sie für die Schönheiten Sammlung sich eignet."⁸ Diese fand – im Gegensatz zu Helene Sedelmayer – offensichtlich nicht das königliche Wohlgefallen. Auf jeden Fall wurde sie nicht gemalt.

Bei ein paar Bildern handelte es sich lediglich um Wiederholungen von Privataufträgen. Und nicht zuletzt bekam der König Tipps aus der Verwandtschaft. So hat Königin Therese selbst ihren Mann auf Jane Erskine aufmerksam gemacht, hat die Lady sogar dazu überredet, sich malen zu lassen. Auch im Fall der Griechin Katharina Botzaris soll der Vorschlag aus der Familie gekommen sein. Noch im März 1863, kurz bevor Ludwig I. im Sommer desselben Jahres als allerletzte Anna von Greiner malen ließ, notierte er eine Liste von Schönheiten, die sich eventuell eignen könnten: „Die Nordamerikanerin Lilly James, Mrs. Dupuis aus New York, Frau von Dubell, eine Tochter des russischen Dichters Puschkin, Madame Mathilde Ceole aus Nizza und die da ansässige Avigdor, geb. Kaula […]",⁹ wobei es sich bei Letzterer um Ida Kaula, die in München geborene Nichte der Schönheit Nanette Kaula handelte. Keine dieser Damen wurde dann jedoch aufgenommen. Mit Anna von Greiner wurde die Sammlung abgeschlossen, die vorgesehenen Wandflächen waren gefüllt.

Die Galerie der bis heute millionenfach reproduzierten „Schönheiten" stellte etwas gänzlich Neues dar. Galerien schöner Frauen gab es bereits in verschiedenen Schlössern des In- und Auslands, doch zeigten sie in der Regel Porträts von Hofdamen oder Mätressen. Das Neuartige, Unbekannte an der Idee König Ludwigs I. war, dass die Dargestellten nicht nach Rang und Abstammung ausgewählt wurden, sondern allein aufgrund ihrer Schönheit – ungeachtet ihrer sozialen Herkunft. In diesem Zusammenhang kann Ludwig I. als aufgeklärter Monarch gelten, der die Standesebene nicht zum Kriterium für die Selektion der Schönen machte. Wie kaum ein Zweiter setzte er sich in seiner Begeisterungsfähigkeit für alles Schöne über die Konventionen der Gesellschaft hinweg. Die Schönheitengalerie König Ludwigs I. ist ein einzigartiges Phänomen. Weder davor noch danach gab es etwas Vergleichbares.

Die Gemälde zeigen königliche Prinzessinnen neben Bürgertöchtern, Schauspielerinnen neben Hofdamen, Töchtern von Hofbediensteten und hohen Beamten. Insgesamt fertigte Joseph Stieler weit über 40 Porträts für die Sammlung der schönen Köpfe – neben einer ganzen Reihe anderer königlicher Aufträge, meist Porträts von Familienangehörigen. 36 Gemälde Stielers wurden schließlich in die Schönheitengalerie aufgenommen. Von einzelnen Damen schuf er mehrere Fassungen, andere Damen fanden dann aus nicht ersichtlichen Gründen letzten Endes doch keinen dauerhaften Eingang in die Sammlung, wie etwa die Schauspielerin Constanze Dahn[10] oder die Hofsängerin Katharina Sigl-Vespermann[11] und vielleicht auch die Schauspielerin Amalie von Stubenrauch,[12] wobei die immer wieder geäußerte Vermutung, dass die Bilder nicht das Wohlgefallen des Königs gefunden haben, wohl nicht zutrifft. So wurde zum Beispiel vom Bild der Hofopernsängerin Vespermann, geborene Sigl, gesagt: „Es ist eines der wohlgelungendsten Bilder des Hrn. Hofmalers Stieler, indem es durch die charakteristische Auffassung der Züge der kunstreichen Sängerin sich vorzüglich auszeichnet."[13] Zudem war dieses Porträt zusammen mit jenem von Constanze Dahn zumindest noch in den 1830er Jahren Teil der Sammlung. Es muss also einen anderen, heute nicht mehr bekannten Grund für das Abhängen gegeben haben.

Sämtliche Gemälde für die Schönheitengalerie sind laut königlichen Kabinettskassenbüchern mit 440 Gulden bezahlt worden. Das war ein stolzer Preis. Der leitende Königliche Hofgärtner in Bad Kissingen etwa bekam zur selben Zeit das „fürstliche" Gehalt von 400 Gulden im Jahr! Diese Summe entsprach jedoch durchaus den üblichen Preisen, die der Hofmaler Stieler für seine Werke verlangen konnte. In einem undatierten Schreiben verkündete er: „Die Preise meiner Bildnisse sind: Brustbild 50 Louis d'or, Kniestück 90, ganze Figur 180 Louis d'or."[14] Ein Louisdor entsprach neun Gulden; das heißt, 50 Louisdor wären 450 Gulden gewesen. Der König zahlte pro Bild für die Schönheitengalerie 440 Gulden, für Familienbilder im selben Format sogar nur jeweils 275 Gulden. Vermutlich hatte Ludwig I. diese Sonderpreise mit Stieler vereinbart, der als Hofmaler seit 1822 sowieso ein jährliches Gehalt von tausend Gulden bezog.[15] Zu den Kosten für die Bilder kamen noch jeweils rund 40 Gulden für die Rahmen hinzu.[16]

Die räumliche Unterbringung der Galerie

Die Porträts waren bis zum Zweiten Weltkrieg im Festsaalbau der Münchner Residenz zu bewundern, in den beiden Spiel- bzw. Konversationszimmern, die neben dem Ballsaal in der Nordostecke des Residenzflügels in Richtung zum Hofgarten lagen. Die Räume befanden sich in etwa an der Stelle der heutigen Bibliothek der Bayerischen Akademie der Wissenschaften. Die Wände waren mit grünem bzw. rotem Stuckmarmor verkleidet, die Kassettendecken mit Ranken und Grotesken bemalt, von denen vergoldete Bronzelüster hingen.[17]

Der Festsaalbau – früher meist nur Saalbau genannt – wurde jedoch erst in den Jahren 1835 bis 1842 errichtet. Wo die Gemälde vorher hingen, ist ebenso ungeklärt wie die Frage, wann der König den Entschluss fasste, die Porträts dort unterzubringen.

Gerne und mit etwas Stolz führte der König ausgewählte Gäste selbst durch die Galerie. Am 9. November 1831 etwa – die Sammlung umfasste damals erst rund zehn Porträts – lud er Lady Jane Ellenborough, die zu jener Zeit bereits Modell für ihr Porträt saß, zusammen mit ihrer Zofe und Stieler ein, „ihr meine Sammlung gemalter Schönheiten zu zeigen und meine Wohnung".[18]

Ungewiss ist auch die Lage des Ateliers, das der König seinem Hofmaler in den Fluchten der Residenz zur Verfügung stellte. Vermutlich in den Atelierräumen sah Athanasius Graf Raczynski 1834/35 die damals bereits fertiggestellten 17 Schönheiten der Sammlung, darunter noch „Frau Dahn" und „Frau Vespermann".[19]

Am 26. August 1836, als der Festsaalbau noch unvollendet und ohne Dach war, besichtigte der König zusammen mit dem Bildhauer Ludwig Schwanthaler unter anderem „die zwei Gemächer für die Schönheitengalerie".[20] Und auch die Öffentlichkeit erfuhr bereits zu diesem Zeitpunkt von dem Vorhaben: „Stieler erhielt vor längerer Zeit von Sr. Majestät dem König Ludwig den Auftrag, eine Sammlung von den schönsten Frauenköpfen Münchens zu malen. Eine bedeutende Zahl solcher Frauen- und Mädchenporträte, die Stieler mit geübter Meisterhand ausführte, sind bestimmt, den Spielsaal im neuen, großen Residenzbau, der seiner Vollendung entgegenschreitet, zu schmücken."[21]

Ebenfalls noch vor der offiziellen Vollendung des Festsaalbaus erwähnte Ernst Förster in der zweiten, 1840 erschienenen Auflage seines „Handbuchs für Fremde und Einheimische" neben den Festsälen im „Saalbau am Hofgarten" auch „die Säle der Schönheiten mit den Bildnissen moderner weiblicher Schönheit".[22] Sie waren damals jedoch sicher noch nicht dort zu besichtigen, denn am 23. August 1842 schrieb der Architekt des Festsaalbaus Leo von Klenze an Ludwig I., dass „heute" damit begonnen werde, „die Bilder der Schönheiten unter Stielers Leitung aufzuhängen". Einige Tage später war der Hofmaler noch immer damit beschäftigt.[23] Bei einem erneuten Besuch im Herbst 1842 war der König positiv überrascht und sprach von Klenze „lebhaft freudig" seine „Zufriedenheit mit seinen Verzierungen" aus. Das Lob galt auch Stieler, dessen Studio in der Residenz Seine Majestät im Anschluss aufsuchte, um seine „Zufriedenheit über die im Saalbau von ihm vorgenommene Aufhängung (richtiger in die Wand Befestigung) dieser Sammlung von Schönheiten auszudrücken". Ludwig hatte befürchtet, dass sich die Bilder nicht gut an den Gipsmarmor-Wänden ausnehmen könnten, doch seine Sorge war unbegründet. Und abschließend wiederholte der König: „Wie gesagt, 36 [Porträts] bedarf die Oertlichkeit, 26 habe ich erst, das 27. wird das Elise List."[24] Heute ist ihr Bild allerdings das 26., was bedeutet, dass eines der Gemälde, die 1842 an den Wänden der Konversationszimmer hingen, später entfernt wurde. Nach der Vollendung der Räume bemühte sich der König, möglichst schnell die leeren Flächen zu füllen. In den Jahren 1843 bis 1845 kamen mit acht Porträts überdurchschnittlich viele neu hinzu. Aus dieser Zeit ist auch eine Vorschlagsliste von Joseph Stieler mit den Namen von 14 möglichen Kandidatinnen erhalten.[25]

Rund ein Jahrhundert – bis zur Auslagerung im Jahr 1944 – hatte die Galerie ihren Platz zwischen dem Ball- und dem Schlachtensaal.

Die Schönheitengalerie diente von vorneherein nicht als königliche Augenweide in einem Chambre séparée, sondern war für alle Bürger des Landes und die Besucher der Stadt zugänglich, was stets in Reiseführern vermerkt wurde, auch wenn die „Wegweiser" durch München meist wenig erhellend sind. Auch die wenigen erhaltenen Beschreibungen von Besuchern sind mehr als dürftig. Der König wollte den Betrachter, den er von Anfang an mit einbezog, auch durch die Eigenwilligkeit der Sammlung überraschen. Er ließ zu, dass Gerüchte aufkamen und Richtigstellungen veröffentlicht wurden – zu alledem nahm Ludwig I. selbst nie Stellung. Vielmehr überließ er den Beschauer seiner Neugier und seiner Ratlosigkeit. Er wollte die Dargestellten in einer gewissen Anonymität belassen. Dafür spricht auch, dass die Porträts zunächst unbeschriftet gezeigt wurden.[26] Doch bald nahmen sich die Journalisten und später die Museumsführer der Gemälde an.

Der Schweizer Kunsthistoriker Jacob Burckhardt etwa besuchte die Sammlung im Jahr 1877: „Heute liess ich mich mit einem Strom von Menschen durch die Säle der Residenz treiben." Er war von den zwei Schönheitskabinetten bzw. der Idee sehr angetan, trotz der – wie er schrieb – „faden, almanachmässigen Auffassung des Hofmalers Stieler". Und ergänzte: „Himmlisch war, wie der Kustode von all den Damen sagte, wo sie noch lebten und mit wem sie verheiratet seien."[27]

Auch Burckhardt bestätigte, dass die Reihenfolge der Hängung und die Auswahl durch die Zeiten leicht variierten. So wurde etwa Lola Montez zeitweise abgehängt. „Am Trumeau [Pfeiler zwischen zwei Fenstern] des einen Kabinetts hing 1856 einsam das Bild der Lola Montez mit ihren zwei schreckhaften und schönen Augen; dasselbe war jetzt ersetzt durch Frau X, ‚geborene Daxelberger, Tochter eines Kupferschmied von Minchen', predigte der Kustode."[28] Bevor Regina Daxenberger, verheiratete Fahrmbacher, Lola Montez ersetzte, hatte dort vorübergehend Carlotta von Breidbach-Bürresheim gehangen. Der Grund für verschiedene kleine Veränderungen lag wohl an der sukzessiven Fertigstellung der Porträts sowie an den Räumlichkeiten. Die Räume waren für die Aufnahme von genau 36 Bildern konzipiert worden, weswegen man 1850, mit dem Bildnis der Maria Dietsch, die Sammlung für vollendet hielt. Erst später wurden noch

zwei Ergänzungen gemalt: zum einen Carlotta von Breidbach-Bürresheim, eine junge Schönheit, in die sich der König verliebt hatte. Dafür
musste Lola Montez weichen. Zum anderen kam Anna von Greiner
neu hinzu, wobei nicht bekannt ist, wer für sie die Sammlung vorübergehend verlassen musste.

Nach der Revolution von 1918 und dem Ende der Monarchie ging
die Residenz an den Freistaat Bayern über und wurde ab 1920 nach
und nach der Öffentlichkeit in veränderter Form wieder zugänglich
gemacht, auch die Schönheitengalerie, in der nun alle 38 Bilder gezeigt wurden. „Wer in den letzten Tagen die prächtigen, mit so vielen
Raritäten und Kostbarkeiten angefüllten Säle des seit der Revolution
zu einem der interessantesten Museen der Welt umgestalteten Münchener Residenz durchwanderte", schrieb im Sommer 1923 ein Besucher aus Salzburg, stieß dort auch auf die Sammlung, die „die Blicke
aller für Frauenanmut empfänglichen Besucher fesselt. Mit Wehmut
betrachtet man diese 38 Porträts weiblicher Schönheit, die längst ver-
modert und die doch einstmals einen kunstsinnigen König so gefesselt, daß er sie malen ließ."[29] Im selben Jahr erschien auch die erste
Auflage der Beschreibung durch Auguste von Oertzen, die damals als
Kustodin im Residenzmuseum wirkte.[30]

Unmittelbar vor dem Zweiten Weltkrieg fehlten dann das Porträt
Louise von Neubecks, das wenige Jahre zuvor noch im Residenzmuseum gehangen hatte, und das allerletzte, das Anna von Greiner
zeigt und heute wieder in die Sammlung zurückgekehrt ist.

Während des Zweiten Weltkriegs waren die Bilder – wie viele
andere Schätze – ausgelagert worden und überlebten so die nahezu
völlige Zerstörung der Münchner Residenz. Die Schönheiten sollen in
den Felsenkellern von Schloss Neuschwanstein die Angriffe über-
dauert haben.[31]

Nach dem Krieg bedurfte es vieler Jahre, bis die Residenz wieder
aufgebaut war. Aus diesem Grund zeigte man bereits ab 1946 erste
Ausstattungsstücke des ehemaligen Residenzmuseums in Schloss
Nymphenburg. Auch die Schönheitengalerie war dort im Sommer
1948 wieder zu bestaunen. Nachdem der Wiederaufbau der Residenz vollendet worden war, kehrten viele Exponate zurück in die
Innenstadt. Nicht so die Schönheitengalerie. Die ehemaligen Räume im
Festsaalbau standen nicht mehr zur Verfügung. Dieser Bautrakt wurde
im Innern nicht rekonstruiert. Aus dem Thronsaal wurde der heutige

Herkulessaal, an der Stelle des Ballsaals befindet sich heute der Vorraum zum Herkulessaal und in den Gebäudeteil, in dem einst auch die Schönheiten hingen, zog die Bayerische Akademie der Wissenschaften ein. Doch im ehemaligen Salon der Königin im südlichen Pavillon des Hauptschlosses Nymphenburg hat die Sammlung eine adäquate neue Heimat gefunden und zieht noch immer Besuchermassen an. Zwischen Januar 2019 und April 2020 wurden die Gemälde nacheinander von den Restauratoren der Bayerischen Schlösser- und Seenverwaltung liebevoll restauriert. Die Arbeiten umfassten auch die Einrichtung des Raumes sowie moderne Lichtschutzkonzepte im Saal der Schönheitengalerie in Schloss Nymphenburg.[32]

Aufnahme – Akzeptanz – Popularität

Die Schönheitensammlung erregte naturgemäß die Neugier unzähliger Zeitgenossen. Journalisten besprachen die Bildnisse in Zeitungen, Poeten verfassten Verse und die Bonvivants rezitierten sie in den Salons. Die Bürger in den Wirtshäusern und die Mägde am Markt diskutierten die Frage, ob denn die Erwählte tatsächlich dem Ideal der Schönheit entspräche und überboten sich in der Verbreitung von Sensationsgeschichten rund um die Modelle. Am Anfang waren die Bilder Stadtgespräch, bis in die höchsten und gelehrtesten Kreise. So hat etwa Prinz August von Leuchtenberg den Bibliothekar Johann Andreas Schmeller auf die ersten, damals in Stielers Arbeitssaal aufgestellten Porträts aufmerksam gemacht. Und Schmeller eilte sofort in die Residenz, um die Gemälde zu begutachten. Allerdings war er nicht rundum begeistert: „Die schalkhaft lächelnde Strobl und die Borzaga im schwarzen Putz sprachen mich wenig an, desto mehr aber die ernste, leidend aussehende Marchesa Firenzi."[33] Bereits vorher hatte er ein kleines Spottlied gehört: „Die Borzaga, die Strobl und die Hagn, die haben den Beharrlichen beym Kragen." Doch der gelehrte Herr kommentierte dies schmunzelnd: „Wenn König Ludwig wirklich in großen Dingen, wie es den Anschein hat, mit festem Willen wirkt, so kann er solche kleinen Schwächen ohne Nachtheil dem Medisierbedürfnis der Menge preisgeben",[34] wobei man seinerzeit mit „medisieren" „lästern" oder „schmähen" meinte.

Auch der Kunstsammler Sulpiz Boisserée notierte am 6. Dezember 1831 in sein Tagebuch: „Besuch bei Stieler, Lady Ellenborough Portrait."[35]

19

Stets nach Vollendung eines Gemäldes wurde es zunächst im Kunstverein, dessen Mitbegründer Joseph Stieler gewesen war, einer breiten Öffentlichkeit vorgestellt und in den Gazetten fand „die reizende Gallerie weiblicher Köpfe von dem Hofmaler Stieler" meist „rühmliche Erwähnung".[36] Bei der Kunstausstellung 1835 leuchtete „unter den Porträteurs Hr. Stieler durch die Reize seiner Frauenbilder voraus".[37]

Es verging kaum ein Jahr, in dem kein Porträt ausgestellt wurde, und die Zeitungen waren voll von Besprechungen: „Die Arbeiten, welche aus der Kunstwerkstätte des Hrn. Hofmalers Stieler hervorgehen, erregen jeder Zeit die Aufmerksamkeit und Theilnahme der Freunde der Kunst, und so mußten auch seine neuesten Gemälde mit erhöhtem Interesse von ihnen gesehen werden, da mit jeder neuen Arbeit sich der Künstler zu vervollkommnen scheint."[38] Dabei wurde nicht nur der künstlerische Aspekt betrachtet, sondern gerne auch die eine oder andere Geschichte zur Dargestellten angefügt. So interessierte das Schicksal eines Mädchens, von dem sonst niemand Notiz genommen hätte, die ganze Stadt bloß deshalb, weil sie schön war und als Schönheit gemalt worden war. Nach der ersten Euphorie ebbte die Begeisterung allerdings langsam etwas ab. Bis Lola Montez kam! Da entflammte das Interesse für die „Galerie der schönsten Zeitgenossinnen" aufs Neue.

Die Auswahlkriterien

Auch wenn Joseph Stieler rund 25 Jahre an der Schönheitengalerie gemalt hat, muss das Konzept von Anfang an festgelegt gewesen sein. Das gleiche Bildformat und die strikt eingehaltene Form des Halbfigurenbildnisses lassen dies erkennen. Die Idee zu der Galerie scheint vom König ausgegangen zu sein, nicht vom Maler. Stieler erwähnt zwar in dem bereits zitierten Brief vom 19. Mai 1821 die „Sammlung der schönen Köpfe", jedoch hatte Ludwig I. zunächst den Düsseldorfer Akademiedirektor Peter Cornelius dafür vorgesehen, „die Schönsten des schönen Geschlechtes in München zu malen", wie er seinem Leibarzt Johann Nepomuk von Ringseis am 2. August 1822 mitteilte. Dieser Brief lässt vermuten, dass der König auf den Gedanken gekommen war und nun einen Künstler für die Ausführung suchte.[39] Die Entscheidung fiel schließlich zugunsten Stielers, vermutlich weil er bereits mehrfach eine Probe seines äußerst ansprechenden Porträtstils abgelegt hatte. „Stieler war ganz der Mann dazu, die reizende Aufgabe befriedigend zu lösen, da er in der feinsinnigen und anmuthsvoll idealisierenden Behandlung, die hier so ganz an ihrer Stelle war, nicht leicht von einem andern damaligen Künstler übertroffen wurde." Und König Ludwig war überzeugt, dass nur Stieler seine Vorstellungen adäquat ausführen könnte.[40]

Auch in der Bevölkerung stieß die Idee auf große Zustimmung: „Unsere Stadt, verherrlicht durch so viele Schätze der Kunst, ist auch vorzüglich berühmt wegen ihres Reichtums an weiblicher Schönheit. Man begegnet hier in jedem Stande Formen, deren Reize nichts so sehr bedauern lassen, als daß sie vergänglich sind. Hält man es doch selbst in ästhetischer Hinsicht der Mühe werth, auch Thiere von auserlesener Schönheit und die anziehendsten Gegenstände der Pflanzenwelt zu zeichnen, um wie viel mehr die Blume der Schöpfung, ein Weib geschmückt mit Jugend und Anmuth!" Und weiter: „Es läßt sich wohl nichts denken, wodurch den Reizen unserer Schönen auf eine zartere Weise gehuldigt werden könnte, als die Idee einer Gallerie, welche eine Übersicht mehrerer, durch körperliche Form wie durch seelenvollen Ausdruck hervorragender Engelsgestalten in sich faßt. Freylich gehört zu ihrer Ausführung auch ein Pinsel, wie er nur einem Stieler von den Grazien selbst verliehen zu seyn scheint."[41]

Man verfolgte nicht nur den interessanten Auftrag, „welcher die Gründung einer Galerie weiblicher Schönheiten bezweckte, die der Nachwelt verkündigen sollten, wie anziehend und mannichfaltig sich der Charakter weiblicher Schönheit in der ersten Hälfte des 19. Jahrhunderts vor Allem in Bayern, namentlich aber in München gestaltet hatte",[42] sondern auch den Lebenswandel der Damen.

„Es war an sich ein königlicher Gedanke und nur ein König konnte ihn ausführen", notierte auch der Kunsthistoriker Jacob Burckhardt nach seinem Besuch der Sammlung im Jahr 1877. Schon allein der stolze Preis von 440 Gulden für jedes einzelne Gemälde hätte viele davon abgehalten, so viele Damen malen zu lassen, doch noch viel wichtiger war der königliche Einfluss. „Dem reichsten Privatmann zu Gefallen hätte man nicht die Erzherzogin wie die Schusterstochter gleichmässig bewegen können, zum Malen zu sitzen, damit eine vom Stand unabhängige, völlig neutrale grosse Konkurrenz der Schönheit entstehe."[43]

Die Vorliebe der Münchner für schöne Frauen blieb auch den Fremden nicht verborgen. Als August Lewald 1832 zum Oktoberfest in die Stadt kam, stellte er fest: Die Münchner „huldigen der Schönheit und verehren sie auf eine Weise, die anderswo selten ist. Stets ist ein Mädchen die Göttin des Tages. Alles bewirbt sich um ihre Gunst und ist glücklich in ihre Nähe zu kommen. Zeigt sie sich an öffentlichen Orten, so werden alle Männeraugen bewaffnet, um den Waffen der Schönen zu begegnen. Man zieht ihr nach und wallfahrtet zu ihr auf erlaubten und unerlaubten Wegen. Ihr Reich währt so lange, bis eine neue Schönheit auftaucht, und nie ist der Thron leer. Stets heißt es: ‚La beauté est mort! vive la beauté!‘ München muß immer ein schönstes Mädchen haben, das von allen Leuten dafür anerkannt wird. Die von der höchsten Staffel heruntergestiegenen fahren demungeachtet fort, noch einen kleinen Hof um sich zu versammeln, und selbst der kunstliebende Monarch hat bekanntlich eine kleine Gallerie solcher Münchener Schönheiten von seinem Hofmaler ausführen lassen."[44]

Doch welche Frauen zählten zu den schönsten, welche sollten abgebildet werden? Schon allein die Aufnahme der Wittelsbacher Damen spricht gegen die zum Teil verbreitete Annahme, bei der Schönheitengalerie würde es sich um eine Sammlung von königlichen Mätressen handeln. Theodor Fontane sprach von einem gemalten Harem; der vom König abgewiesene Heinrich Heine ist noch bissiger: „Er [Ludwig I.] liebt die Kunst, und die schönsten Frau'n, die läßt er portraitieren; er geht in diesem gemalten Serail als Kunst-Eunuch spazieren."[45]

Einige der hier verewigten Damen kannte Ludwig I. gar nicht persönlich; sie wurden ihm vom Maler Stieler als für die Sammlung geeignet empfohlen, andere sogar von der Königin. Viele Personen aus dem Umkreis des Königs hielten die Augen offen nach Schönheiten, machten Vorschläge. Stieler legte sogar Listen an. Doch die Entscheidung traf letztlich Ludwig I.

In erster Linie sollten nicht die Damen in dieser Bildersammlung verewigt werden, sondern die Frauenschönheit an sich, als ästhetisches und sittliches Ideal. So wurde den Porträtierten häufig auch ein Attribut der Tugend beigefügt, etwa die Rose als Zeichen der Liebe, Efeu als Symbol der Treue oder ein Veilchen als Ausdruck der Bescheidenheit. Der König bestand auf einem untadeligen Leumund der Dargestellten und nichts traf den Auftraggeber härter, als die späte – zu späte – Erkenntnis von Lola Montez' unsittlichem Lebenswandel, deren Porträt er im Juni 1850 aus seinen Räumen, „wohin sie nicht gehört", ins Magazin der Pinakothek verbannen ließ.[46] Für den König galt die Frau ganz allgemein als die Krönung der Schöpfung. Konstantin von Bayern nannte als damaliges Schönheitsideal: „Das erträumte Ideal darf nicht hager sein, aber auch nicht zu üppig, soll majestätisch, aber nicht steif wirken. Die Stirne wird weiß verlangt, von jener schneeigen Weiße, wie sie Marmor aus Carrara eigen ist, den Michelangelo verwendete. Glatt, breit und hoch muß die Stirne anzusehen sein, darf nicht zurückfliehen, soll einen anmutigen Bogen beschreiben. Die Nase ist ein besonders kritischer Punkt. Sie hat im richtigen Verhältnis zu stehen zur Gesichtsarchitektur, soll möglichst klein sein und gerade bis auf eine in der Mitte leicht angedeutete Krümmung. Der Mund wird nicht zu klein und nicht zu groß gewünscht, nicht spitz und nicht glatt, sondern schwellend. Wichtig, daß die Lippen geschlossen aufeinanderliegen. Am Kinn sucht man ein Grübchen. Der Hals darf lieber ein wenig zu lang geraten sein, wenn er nur nicht kurz oder dick wirkt. Man spricht von Schwanenhälsen. Die Linie von Schultern und Armen soll, so wird verglichen, den Konturen einer antiken Henkelvase gleichen, also zuerst ein wenig anheben, um dann sanft abzufallen. Wünsche, die den restlichen Frauenkörper betreffen, wagt man damals nicht auszusprechen. Davon wird nur geträumt. Halt suchend wendet man sich den Augen zu – Augen unter hochgewölbten Brauen, mit sanft gebogenen Lidern."[47]

Nach einer anderen Quelle soll „der Kopf oval sein, die Stirn in einer sanft gesenkten Linie mit der Nase verbunden. Die Augen sollen in einem harmonischen Verhältnis stehen, die Augenbrauen hoch gewölbt, die Augenlider sanft gebogen. Das Ohr soll eirund, die Nase gerade und einfach sein und mit ihrer Grundfläche einen leicht bemerkbaren, deutlich ausgedrückten Winkel machen. Der Mund darf nicht viel breiter als die Nase sein, das Kinn soll rund, der Hals nicht zu kurz, hinreichend voll und durch schöne Schultern wohlwollend gestützt sein."[48]

Dazu kamen – ungeachtet geltender Schönheitsideale – persönliche Vorlieben des Königs für die eine oder andere Dame, die sie in seinen Augen aus der Menge der anderen heraushoben und sie für die Sammlung geeignet erscheinen ließen.

Das Durchschnittsalter der Dargestellten lag bei rund 20 Jahren. Mit knapp 15 Jahren ist Maria Dietsch die jüngste, die älteste ist Gräfin

Crescentia von Oettingen-Wallerstein, deren Bildnis anlässlich ihres 30. Geburtstags entstanden ist. Das Gros der Damen aber war zum Zeitpunkt des Modellsitzens 19 oder 20 Jahre alt. Die Schönheitengalerie bildet das idealisierte Frauenbild des Königs ab. Die Lebensgeschichte der Dargestellten war für die Auswahl von nachgeordneter Bedeutung. Man wüsste heute von den meisten Porträtierten nichts, wenn die Bilder nicht neugierig auf deren Biografie gemacht hätten – eine Tatsache, die sich schon die Kustoden früherer Tage zunutze machten: „Lady Ellenborough – bekannt durch den skandalösen Scheidungsprozeß in London – durch ihre frivolen Liebes- und Eheabenteuer auf dem ganzen Kontinente und im Orient – jetzt eine der Frauen des arabischen Kameeltreibers und Karavanenführers Scheikh Abdul in Syrien…' erklärt der Cicerone mit seiner abgeleierten Nasenstimme."[49] So und ähnlich wurden die interessierten Besucher informiert.

Die allgegenwärtigen Bilder der schönen Frauen und die eigenen Äußerungen des Königs öffneten bereits bei den Zeitgenossen verwegenen Spekulationen, schlüpfrigen Fantasien und spannenden Skandalgeschichten Tür und Tor – und tun es noch heute. So ist zum Beispiel im königlichen Tagebuch zu lesen, dass einer der Schönheiten – noch bevor sie gemalt wurde – zu Ohren gekommen war, „daß ich [Ludwig I.] in Hinsicht Frauen einen üblen Ruf hätte. Ich bin besser als mein Ruf, sagte ich ihr."[50] Seinem bis heute nicht zugänglichen Diarium hätte der König sicher nichts vorlügen müssen.

Doch ist König Ludwig I. selbst nicht ganz unschuldig an seinem „üblen Ruf". „Lieben muß ich, immer lieben", hatte er einst gedichtet[51] und „unverliebt kann ich nicht sein". Angesichts zahlreicher Anekdoten und der immer wieder kolportierten, schicksalhaften Affäre mit der nicht gerade prüden Lola Montez entstand das Bild eines Wüstlings auf dem Königsthron – sehr zu unrecht. Viele der Klatschmäuler wären wohl zutiefst enttäuscht gewesen, hätten sie hinter die Kulissen blicken können. Gerade das kunstgeschichtlich einmalige Phänomen der Schönheitengalerie zeigt Ludwigs Verständnis von Frauenschönheit. Die Entstehung der Sammlung hat weniger mit den Beziehungen des Königs zur Damenwelt zu tun als vielmehr mit seiner Verehrung für alles Schöne. „Er betet die Schönheit an, wie einer der alten Troubadours und seine Galanterie hängt mit seiner Liebe zur Kunst zusammen", urteilte sogar Lola Montez.[52]

Die Aufnahme in die Galerie schmeichelte der Eitelkeit der meisten Mädchen und Frauen, vor allem aus bürgerlichen Kreisen. Und nicht selten errötete etwa bei einem Konzertbesuch im Odeon eine „festlich gekleidete Schönheit siegesahnend, wenn sie der König huldvoll ansprach, denn schon sah sie sich in der Schönheitengalerie durch Stielers Pinsel verewigt, wo ihre Reize die aller ihrer Genossinnen weit überbieten würden."[53] Die Väter oder Bräutigame waren nicht ganz so begeistert über die Aufnahme. Die Widerstände aus den Familien der Auserwählten hat der König mit Contenance überwunden: Er ließ sich in seinem Vorhaben, die Schöne zu malen, zwar nicht beirren, nahm aber durchaus Rücksicht auf die Bedenken der Verwandten – ohne ihnen diese übel zu nehmen.

Zum einen fürchtete man nämlich um den guten Ruf, weswegen oft eine Anstandsdame mit zu den Sitzungen erschien, zum anderen um den Charakter der Schönen, denn manchmal stieg den im Bild Verewigten der Ruhm tatsächlich zu Kopf, wie man dies von Anna Hillmayer vermutet. Sie soll dadurch so wählerisch geworden sein, dass sie schließlich unverheiratet blieb.

Einen eigenen Schwerpunkt bilden die Damen des königlichen Hauses und des Hochadels. Von mindestens zwei Schönheiten – der Schwester des Königs, Erzherzogin Sophie, und Gräfin Crescentia von Oettingen-Wallerstein, vermutlich auch von Gräfin Amalie von Kruedener – existierten bereits Porträts von Stieler, die dieser nur eigenhändig für die Schönheitengalerie kopierte. Daneben ließ der König zwei seiner Schwiegertöchter – Kronprinzessin Marie, die Frau seines Sohnes Maximilian, und Auguste, die Frau des späteren Prinzregenten Luitpold – für die Sammlung porträtieren. Erstaunlicherweise fand eine dritte Schwiegertochter, Amalie, die Frau seines Sohnes Otto (König von Griechenland), keine Aufnahme, obwohl auch sie 1837 von Joseph Stieler gemalt wurde, während Ludwig I. bei den Sitzungen anwesend war und ihr – wie auch vielen der anderen Damen – die Zeit des Stillsitzenmüssens mit Vorlesen verkürzte.[54]

Kleidung, Schmuck und Accessoires

Die Schönheitengalerie ist bis ins kleinste Detail der Kostüme ein Werk des Königs. Auf Haltung, Kleidung, Schmuck und Accessoires nahm Ludwig I. höchstpersönlich Einfluss, vor allem bei den bürgerlichen Mädchen oder den Vertreterinnen des Beamtenadels mit geringen Vermögen. Er zog die Schönen gewissermaßen an, sei es in Landestracht, sei es in einigen Fällen in Theaterkostümen. Doch die meisten tragen auf den Bildern zeitgenössische Mode. Die zum Teil aufwendigen Frisuren entsprechen ebenfalls dem damaligen Zeitgeschmack. In diesem Zusammenhang fällt auf, dass die Angehörigen der verschiedenen Stände und Nationalitäten nicht auf den ersten Blick an der Darstellung und der Kleidung zu erkennen sind (mit Ausnahme von Katharina Botzaris).

Dass die Kleider in der Regel der Mode der damaligen Zeit entsprachen, stieß auch bei den Zeitgenossen auf große Zustimmung: „Die Originale gehören den verschiedensten Ständen an; daher sind für die Kenntnis unserer Zeit auch die Costüme von Interesse, und es könnte späterhin vielleicht irreführen, daß eines dieser Frauenzimmer im Theateranzug der Thekla gemalt ist, andere wenigstens eine ihnen nicht gewöhnliche Tracht erhalten haben. Schlichter, häuslicher Anzug oder einfacher Putz wäre für alle diese Schönen am bedeutendsten."[55]

Immer wieder ist auch die Riegelhaube Thema: „Die so sehr beliebte Riegelhaube, die besonders den jungen Münchnerinnen gar zierlich zu Gesichte steht, ist ein ganz eigenthümlicher Kopfputz, der mit keinem andern in Deutschland einige Ähnlichkeit zeigt", vermerkte der gebürtige Königsberger August Lewald, der damals von Stuttgart aus angereist war. Die Haube war das letzte Relikt früherer Trachten. „Jüngere Frauenzimmer aus dem Bürgerstande tragen außer der Riegelhaube nichts mehr, was an die altbürgerliche Tracht erinnerte, und kleiden sich im Übrigen ganz so, wie es die allgemeine Mode verlangt." So auch Regina Daxenberger oder Anna Hillmayer. „Hast Du das bildhübsche Riegelhäubchen gesehen?", konnte man laut Lewald auf Bällen hören.[56] Auch Helene Sedelmayer, der Inbegriff der „schönen Münchnerin" trug eine Riegelhaube, als einzige dazu jedoch die bürgerliche Sonntagstracht.

Zwei der Schönheiten haben auf den Gemälden von Stieler einen mehr oder weniger reich gemusterten Kaschmirschal um sich drapiert: Anna Hillmayer und Amalie von Schintling. Beide stammten aus Familien, die sicher nicht in der finanziellen Lage waren, ein solch edles Stück zu erwerben. Gemusterte Kaschmirschals waren in der ersten Hälfte des 19. Jahrhunderts ein Statussymbol, vergleichbar den Gold- und Perlengeschmeiden. Im 18. Jahrhundert waren diese Tücher von Händlern der Britischen Ostindien-Kompanie nach Europa gebracht worden. Richtig in Mode kamen sie durch Joséphine Bonaparte, die Frau Napoleons. Auch Königin Victoria von England liebte diese Schals (auch Plaids genannt), die im 19. Jahrhundert noch die Größe einer Tischdecke hatten. Doch waren die „Shawls" für die Mehrheit der weiblichen Bevölkerung unerschwinglich. Ein einzelner Weber brauchte zwei bis drei Jahre für eines dieser großen Tücher, die gerne 300 bis 400 Gulden kosten konnten.[57] Auffällig viele Damen tragen keinen Schmuck. An goldenen Geschmeiden fehlt es fast gänzlich, mit Ausnahme einiger adeliger Damen und Töchtern aus reichen bürgerlichen Häusern, sodass man annehmen kann, dass es sich dabei um Familienschmuck handelte, den man zeigen wollte. Vermutlich sollten jedoch prächtige Juwelen nicht von der Frauenschönheit ablenken. Einige Damen haben Blumen oder Bänder im Haar; Perlenketten tragen immerhin elf Schöne, acht allerdings auch ein vor allem in der Entstehungszeit der frühen Porträts äußerst modernes und beliebtes Schmuckstück, das in Frankreich „Ferronière" genannt wurde, nach einem früher Leonardo da Vinci zugeschriebenen Porträt einer Mailänderin, das heute im Louvre hängt. In Deutschland bezeichnete man das schmale Band, die Kette oder den Reif, die man über der Stirn trug und in deren Mitte meist ein Stein oder eine Perle befestigt war, als „Seht her".

Viele der modischen Accessoires sind auch in den Stichen und damit auch auf den Fotos übernommen worden.

Nach den Sitzungen

Die Porträts haben die Schönen unsterblich gemacht. Man kennt sie noch heute und bis in unsere Tage fühlte sich jedes Mädchen geschmeichelt bei dem Kompliment: „König Ludwig hätte dich sicher auch für seine Galerie malen lassen!" Ein „Ähnlichkeitswettbewerb mit der Schönheitengalerie von Ludwig I. für das Künstlerfest 1949" wurde ausgelobt, gewissermaßen eine historische Misswahl.[58] Von den ungezählten Souvenir-Artikeln ganz zu schweigen.

Doch haben die Gemälde das Leben der Dargestellten selbst entscheidend verändert? Dies kann in der Regel mit einem klaren „Nein" beantwortet werden. Für die Damen des Hochadels und des Königshauses, die teilweise gar nicht persönlich für die Schönheitensammlung Modell gesessen hatten, hatte die Aufnahme in die Galerie

27

keinerlei Bedeutung. Etwas anders sah es bei Mädchen und Frauen aus, die ohne das Porträt längst vergessen wären.

Die meisten der Dargestellten lebten nach der ersten allgemeinen Aufmerksamkeit ein ruhiges Leben, das vermutlich auch nicht anders verlaufen wäre, wenn sie nicht als Schönheit entdeckt worden wären. Sie blieben in ihrer Gesellschaftsschicht und heirateten aufgrund ihrer vorübergehenden Popularität nicht etwa „nach oben"; es ist aber auch kein sozialer Abstieg festzustellen. Einige der Damen verkehrten auch privat miteinander, waren teilweise sogar verwandt und verschwägert, doch blieben sie ihrem gesellschaftlichen Stand stets treu. Einige Mädchen erhielten königliche Schützenhilfe bei Heiratsabsichten, der Suche nach einer Stelle bzw. beim beruflichen Aufstieg des Ehemanns, doch jeweils nur in sehr kleinen Maßen. Dies war jedoch die Ausnahme.

Die meisten Schönheiten definierten sich später über ihre Ehemänner, die vereinzelt sogar von Ludwig I. als Versorger ausgewählt oder zumindest protegiert wurden. Caroline Lizius ist die einzige, die aus der Gunst des Königs wirkliches und nachhaltiges Kapital schlagen konnte. Vorübergehend traf dies auch auf Lola Montez zu, doch ist sie ein Sonderfall in der Geschichte der Schönheitengalerie.

Nur wenige Biografien zeigen eigenständige Persönlichkeiten. Neben den Töchtern aus reichem Hause wie Jane Ellenborough, denen ihre familiäre Situation den finanziellen und gesellschaftlichen Rückhalt bot, waren es vor allem die Damen des Theaters, allen voran Charlotte von Hagn, die „ihren Weg machten". Ein modern anmutender und für das 19. Jahrhundert ungewöhnlicher Fall ist Josepha Conti, die aus einfachen Verhältnissen aus eigener Kraft den Aufstieg von der armen Herrschaftsbedienstetentochter zur angesehenen königlichen Leinwandmeisterin schaffte und trotz der Heirat mit einem höheren Beamten und zumindest zwei Kindern ihre Tätigkeit nicht aufgab.

In Einzelfällen trat der König als Taufpate für Kinder der Schönheiten in Erscheinung, allerdings nicht in auffallend hohem Maße. Generell übernahm Ludwig I. während seiner Regierungszeit im Durchschnitt etwa eine Patenschaft im Monat, danach etwas weniger. Dabei wurden stets 33 Gulden an denjenigen ausgezahlt, der den König bei der Taufe vertrat. Er selbst war nie persönlich anwesend. Die Höhe des Patengeschenks blieb durch die Jahrzehnte gleich, egal, ob es sich um das Kind einer armen Witwe handelte, deren Mann kurz vor der Geburt verunglückt war, das Kind eines Hofbediensteten oder eines hochwohlgeborenen Adelsspross: Stets ist in den Kabinettskassenbüchern die Ausgabe von 33 Gulden verzeichnet.

König Ludwig I. interessierte sich in der Regel nicht weiter für die Lebenswege der Damen, deren Namen und Gesichter nach und nach verblassten. Ausnahmen bildeten natürlich Familienangehörige und jene Frauen, die nicht primär für seine Sammlung der Schönheiten ausgesucht wurden, sondern die er kannte, verehrte und erst in zweiter Linie für die Schönheitengalerie malen ließ.

Mit Marianna Florenzi und Carlotta von Breidbach-Bürresheim, verheiratete Gräfin Boos-Waldeck, blieb er bis zu seinem Tod brieflich in Kontakt. Bei Lola Montez brach dieser bald nach ihrem Abzug aus München ab. Nach dem weiteren Lebensweg von Lady Jane Ellenborough erkundigte sich Ludwig noch verschiedentlich bei seinem Sohn König Otto von Griechenland. Auch zu Caroline Lizius, verheiratete Stobäus, hielt er über Jahre den Kontakt. Dieser ging jedoch nicht von ihm aus; in diesem Fall brachte sich die Schöne mit stets neuen Forderungen immer wieder selbst in Erinnerung.

Die Porträts in Massenproduktion

Wichtiger als die Erinnerung an die Damen und ihre Geschichte war Ludwig I. die Erhaltung der Frauenschönheit im Bild. Aus diesem Grund ließ der König nicht nur eine ganze Reihe von Kopien anfertigen, sondern auch für viel Geld Reproduktionen auf Porzellan malen.

Die im königlichen Auftrag entstandenen Kopien der Ölgemälde in gleichem Format stammten von vier Künstlern: Neben dem Stieler-Neffen Friedrich Dürck (1809–1884), der die Sammlung zum Schluss ergänzte, waren es Georg Dury (1817–1894), der insgesamt mindestens 20 Kopien von Stieler-Bildern anfertigte,[59] Joseph Bernhardt (1805–1885) und Julius Zimmermann (1824–1906).

Ab 1859 fertigte der Porzellanmaler Otto Wustlich (1819–1886), der zuvor schon die herausragenden Werke der Pinakothek auf Porzellan übertragen hatte, auch Kopien der Schönheiten zu je 80 Gulden das Stück an.[60] Ludwig hoffte, dass die Porzellangemälde die Jahre überdauerten, wenn die Leinwände dem Zahn der Zeit zum Opfer gefallen sein würden. Die Hoffnung erfüllte sich nicht. Zwar war die Porzellangemäldesammlung, einschließlich der Platten mit den Schönheiten, in der Zwischenkriegszeit im Residenzmuseum zu bewundern.[61] Die Bomben des Zweiten Weltkriegs überlebten die Porzellanbilder jedoch nicht – im Gegensatz zu den Originalen. Einer breiten Öffentlichkeit wurden die Bilder aber auch durch Stiche und Lithografien bekannt. In den Jahren 1856 bis 1858 ließ die Münchner Kunstanstalt Piloty & Loehle eine Serie von 36 Stichen nach den Schönheiten der Galerie von Kupferstechern bzw. Lithografen anfertigen, die die Damen ohne Hintergrund, mit reduzierter Darstellung der Kleidung und ohne Attribute etc. sowie zum Teil auch marginal verändert wiedergaben. In Zeitungen wurde inseriert: „Nächstens wird [...] die berühmte Galerie der Schönheiten nach Gemälden von J. v. Stieler im neuen Saalbau zu München theils in Lithographie, theils in Kupferstich in 36 Blättern [...] hervorgehen."[62] Einladungen zur Subskription ergingen; im Herbst 1856 wurden die ersten Blätter ausgeliefert.[63] Die Besprechungen waren euphorisch und beweisen nicht nur, dass das Sammeln von Stichen und Lithografien, deren Qualität ebenfalls wortreich bedacht wurde, damals noch einen hohen Stellenwert besaß, sondern auch, dass sich die Schönheiten der Galerie noch immer großer Beliebtheit erfreuten: „In der Kunstanstalt von Piloty und Loehle erschien so eben die erste Lieferung eines abermaligen größeren neuen Bilderwerkes, das seinem Inhalt und seiner Ausführung nach wohl zu den anziehendsten und interessantesten künstlerischen Erscheinungen der Gegenwart zählt, indem es die Krone der Schöpfung, ‚der Frauenschönheit göttliche Gewalt' in ihren reichsten, mannigfaltigsten Blüthen und Blumen in lebensvollen, treuen Bilde vorführen wird. Es ist die Herausgabe jener, unter dem Namen ‚Schönheiten-Galerie' europäisch bekannt gewordene Sammlung von 36 weiblichen Bildnissen im Saalbau der königlichen Residenz zu München, welche Se. Maj. König Ludwig von Bayern, der hochherzige Bewunderer und Pfleger alles Schönen, in einer Reihe von Jahren vom kgl. Hofmaler J. B. Stieler nach dem Leben malen ließ und dadurch der Mit- und Nachwelt ein unvergängliches, getreues Bild all jener erhabenen, schönen und anmuthigen Frauengestalten schenkte, welche, vom Königs-Purpur umwallt oder mit Fürstenkronen geschmückt, als Glanzpunkte des Salons oder als bescheidene Blume im stillen Bürgerhause blühend oder als Künstlerin doppelte Triumphe feiernd, unserer Hauptstadt als lebendiger schönster Blumenschmuck verliehen waren und noch verliehen sind."

Man begann die erste Lieferung gewissermaßen hierarchisch: Sie „enthält sechs […] trefflich ausgeführte Bildnisse (jedes von einem lieblichen Blumenrahmen begrenzt), deren schönen Reigen das Anmuth strahlende Bild I. Maj. der Königin Marie – auch die Königin im Reiche der Schönheit – eröffnet. Daran reihen sich die Porträts Ihrer K. Hoheit der Frau Prinzessin Luitpold, Ihrer K. Hoh. der Prinzessin Alexandra, der Lady Milbanke, Gemahlin des kgl. großbritannischen Gesandten in München, der Katharina Bozzaris, Hofdame I. Maj. der Königin von Griechenland und der Freyin v. Krüdener, Gemahlin des kais. russ. Staatsraths Fr. von Krüdener (welch letzteres Bild einstweilen statt des im Drucke verunglückten und erst in der zweiten Lieferung folgenden Bildnisses I. K. K. Hoheit der Frau Erzherzogin Sophie von Oesterreich erscheint)."[64] Kaum eine Zeitung versäumte, auf die Neuerscheinung hinzuweisen. Im Februar 1857 folgte die zweite Lieferung, die nicht weniger begeistert gefeiert wurde: Erschienen ist „das zweite Heft der vom Publicum mit überaus lebhaften Interesse begrüßten ‚Schönheiten-Sammlung Seiner Majestät des Königs Ludwig' (in der kgl. Residenz zu München), theils in Stahlstich, theils in Steinzeichnung […] nach den Originalgemälden des kgl. Hofmalers J. v. Stieler meisterhaft wiedergegeben." Die zweite Lieferung umfasste „abermals sechs charakteristisch schöne Bildnisse": Erzherzogin Sophie von Österreich, Lady Jane Ellenborough, Caroline Gräfin Waldbott-Bassenheim (Oettingen), Irene Marquise Pallavicini, Rosalie Julie Freiin von Bonar und Amalie Freiin von Schintling. „Vorliegende Lieferung ist in Wahrheit einem Kranze lebender Blumen der edelsten und seltensten Art am besten zu vergleichen, der seinerzeit bei seinem vollendeten Abschlusse (von 36 Bildern) als ein ebenso anmuthig schönes, als in seiner Art einziges Prachtwerk in der modernen Kunstgeschichte einen der ersten Ehrenplätze behaupten wird, welchen es einerseits durch das hohe Interesse der Schönheit und der Persönlichkeiten, sowie anderseits durch die künstlerische Gediegenheit und Pracht der Ausführung und Ausstattung vollkommen und in jedem Sinne verdient."[65] Bis Herbst 1858 war die sechste und letzte Lieferung auf dem Markt, die ebenso wortreich besprochen wurde wie die vorhergegangenen. Bereits im Sommer 1858 wurden alle Blätter auf der Münchner Industrieausstellung gezeigt und das Lob war einhellig: „In der Vervielfältigung von Kunstgegenständen durch Druck steht in erster Reihe die königlich privilegierte Kunstanstalt von Loehle und Piloty. Ihr Verlag ist ein wahrhaft großartiger und dessen Gegenstände allbekannt. Neu ist ihre ‚Galerie der Schönheiten' in der königlichen Residenz in München, in 36 Stahlstichen [...]."[66] Die Stahlstiche bzw. Lithografien hatten jedoch durchaus ihren Preis: Die komplette Serie kostete 51 Gulden, ein einzelnes Blatt 2 Gulden 50 Kreuzer.[67] Die „Schönheitssammlung" taugte damit durchaus auch für ein königliches Geschenk. König Maximilian II. und seine Frau Marie etwa schenkten kurz nach dem Erscheinen ein Exemplar König Otto von Griechenland zum Namenstag.[68] Gebunden kostete die „Schönheiten-Sammlung, Galerie von 36 weiblichen Bildnissen in Stahlstich" in Folioformat und zum Teil nach neuen Stichen ein paar Jahre später sogar 78 Gulden 45 Kreuzer[69] – wirklich ein stolzer Preis! Diese Stichmappen waren nicht für jedermann erschwinglich. Erst als mit der Fotografie ein modernes und letztlich preiswerteres Verfahren erfunden wurde, änderte sich dies.

Die Künstler, die die Lithografien und Stahlstiche lieferten, lassen sich anhand der Originalgrafiken und den zeitgenössischen Zeitungsartikeln feststellen.[70] Den mit Abstand größten Teil der Vorlagen lieferte der in Nürnberg geborene Kupfer- und Stahlstecher Andreas Fleischmann (1811–1878). Von ihm stammen die Stahlstiche der Porträts von Kronprinzessin Marie, Prinzessin Auguste, Erzherzogin Sophie sowie von Lady Emily Milbanke, Amalie von Kruedener, Irene von Pallavicini, Rosalie von Bonar, Crescentia von Oettingen-Wallerstein, Lola Montez, Marianna Florenzi, Caroline von Holnstein, Mathilde von Jordan, Teresa Spence, Caroline Lizius, Louise von Neubeck, Maximiliane Borzaga, Nanette Kaula, Augusta Strobl, Regina Daxenberger, Jane Erskine, Wilhelmine Sulzer, Josepha Conti, Helene Sedelmayer, Antonia Wallinger und Maria Dietsch. Der Kupfer- und Stahlstecher Conrad Geyer (1816–1893) stach die Porträts von Cornelia Vetterlein und Anna Hillmayer, Jakob Melcher (1816–1882) die von Katharina Botzaris, Jane Ellenborough, Caroline von Waldbott-Bassenheim und Isabella von Tauffkirchen. Albrecht (Fürchtegott) Schultheiss (1823–1909) stach die Porträts von Amalie von Schintling, Charlotte von Hagn und Elise List. Von dem nicht näher bekannten Künstler J. J. Rigal stammt der Stich von Friederike von Gumppenberg; die 1807 in München geborene Lithografin Walburga Straucher zeichnete das Bild der Prinzessin Alexandra auf Stein. Und der rund eine Generation jüngere Lithograf Karl (Carl) Feederle (1832 – 1881) schuf die Lithografien der beiden „Nachzügler" Carlotta von Breidbach-Bürresheim und Anna von Greiner.

Diese Stahlstiche bzw. Lithografien wurden von Joseph Albert fotografiert und schließlich von Piloty & Loehle, die auch die Grafiken in Auftrag gegeben hatten, in großer Menge angeboten. Heute haben sich jedoch nur noch vereinzelt Exemplare erhalten.

Die Schönheiten im Westentaschenformat

Die Zusammenstellung einer Schönheitengalerie wie dieser war nur einem König möglich. Normalsterbliche hatten weder die finanziellen Mittel noch die Möglichkeiten dazu. Selbst die Stichwerke, die die Schönheiten der Galerie wiedergeben, waren lediglich für Betuchtere erschwinglich. Doch kurz nach der Mitte des 19. Jahrhunderts gab es ein neues Medium: die Fotografie. Und diese erlaubte auch breiteren Kreisen, sich eine Schönheitengalerie anzulegen.

Anfang der 1860er Jahre, speziell ab 1862, kam das Sammeln von Fotos schöner Frauen in Mode. Dabei waren es nicht nur die Herren der Schöpfung, die in ihren Zirkeln die Fotos herumreichten, sondern vor allem Damen des Adels und des Bürgertums, die derartige Fotografien in zum Teil aufwendig gestalteten Alben zusammenführten. Auslöser oder doch zumindest Förderer dieser Modeerscheinung in Deutschland und Österreich war keine Geringere als Kaiserin Elisabeth von Österreich, allgemein bekannt als Sisi. „Ich lege mir nämlich ein Schönheiten-Album an", schrieb sie am 21. März 1862 an ihren Schwager Erzherzog Ludwig Viktor aus Venedig nach Wien, „und sammele nun Photographien, nur weibliche dazu. Was Du für hübsche Gesichter auftreiben kannst beim Angerer[71] und anderen Photographen, bitte ich Dich, mir zu schicken."[72] Nur wenig später, im Sommer desselben Jahres, bat der österreichische Außenminister Bernhard Graf von Rechberg die österreichischen Diplomaten in Paris, London, Berlin, Sankt Petersburg und Konstantinopel ebenfalls um Bilder von „Beautés": „I. M. die Kaiserin wünscht für ihre Privatsammlung photographierte Porträte schöner Frauen aus den vorzüglichsten Hauptstädten Europa's zu erhalten." Und er schloss mit der Aufforderung, „durch ehebaldige Zusendung solcher in gewöhnlicher Visitkartenform ausgeführter Porträte entsprechen zu wollen."[73]

Die Diplomaten standen zum Teil etwas ratlos vor der Aufgabe: Waren die Fotos wirklich für die Kaiserin bestimmt? Oder machte sich da jemand einen Scherz? Oder wollten irgendwelche Beamte nur Fotos, um sich persönlich daran zu ergötzen? Schließlich schickten die österreichischen Botschafter aus London und Berlin Fotos der schönsten Damen in den elegantesten Roben. Fürst Richard von Metternich jedoch, der Botschafter in Paris, sandte Bilder der berühmtesten Tänzerinnen und Halbwelt-Schönen, durchaus in gewagter Kleidung und Haltung. Vermutlich hatte er die heikle Aufgabe der Foto-Beschaffung seiner Frau Pauline überlassen, einer allseits bekannten Intimfeindin der Kaiserin.[74]

Das Sammeln der Fotografien wurde für Elisabeth nun fast zur Sucht. Dabei waren die Auswahlkriterien durchaus fließend. Bald wurden schöne Schauspielerinnen und Tänzerinnen gezielt mit aufgenommen. Und sogar ein Foto von Lola Montez, abgelichtet 1859 in London, findet sich in der kaiserlichen Sammlung. Die österreichische Historikerin Brigitte Hamann ist sich sicher, dass es für die inzwischen 24-jährige Sisi damals hauptsächlich drei Beschäftigungen gab: Schönheitspflege, Reiten und das Sammeln von Fotos. Bald umfasste die kaiserliche Sammlung rund 2.500 Fotos, darunter allerdings auch eine ganze Reihe von Familienbildern.[75] Damit hatte die Kaiserin einen Modetrend gesetzt, dem viele Damen der Gesellschaft folgten. Viele Fotografen und Kunsthändler boten nun eine Fülle von Bildern „schöner Frauenköpfe" an, von Schauspielerinnen und Tänzerinnen, von adeligen Damen, sogar von Vertreterinnen der Königshäuser, diese allerdings meist als Ganzfigur. So konnte sich fast jedermann bzw. jede Frau im sogenannten Visitkartenformat[76] (im Gegensatz zum größeren Galerieformat) eine Schönheitengalerie en miniature zusammenstellen. Für diese Sammlungen kamen sogar extra vorgefertigte Alben mit passenden Einschubfächern auf den Markt.

Erfunden wurden die Visitkartenfotos in Frankreich. Bereits 1854 ließ sich der Pariser Fotograf Adolphe-Eugène Disderi ein Verfahren zur Herstellung von „Carte-de-visite-Photographien" patentieren, das sowohl in Hinblick auf die Aufnahmetechnik als auch des Kopierformats sehr preisgünstig war. In Frankreich setzte sich diese Form der Fotografie ab 1859 durch, nachdem sich Napoleon III. von Disderi hatte ablichten lassen. In Deutschland kamen sie dann zwei Jahre später richtig in Mode. Zunächst tatsächlich als bebilderte Besuchskarte, die man dem Usus der Zeit gemäß abgab, wenn man in einem Haus vorsprach, wurden die kleinen Fotos rasch zum begehrten Sammelobjekt.

Die nun überall im Verlagsbuchhandel angebotenen Visitkarten-Porträts berühmter Zeitgenossen, von Fürstlichkeiten, Wissenschaftlern, Künstlern und Bühnenschönheiten wurden zum Massenartikel. Bereits 1863 warb ein Katalog unter anderem mit den Bildern von tausend Gelehrten, 900 Dichtern und Literaten sowie 1.200 Schauspielern, Sängern und Tänzern,[77] wobei vor allem die Frauenporträts besonders begehrt waren. Auf diesen Zug sprang auch die Münchner Kunstanstalt Piloty & Loehle auf.[78] Schon 1860 wagten die Verleger die Herausgabe eines kleinen Oktav-Albums mit Fotografien nach den Stichen der „Schönheiten-Sammlung". Als Fotograf diente ihnen Joseph Albert, mit dem die Firma seit 1858 zusammenarbeitete.[79] Ernst von Destouches schrieb 1862 in seiner Chronik der Stadt München über den Fotografen, dass sich unter anderem seine Reproduktionen der „Schönheitengallerie", verlegt von Piloty & Loehle, großer Beliebtheit erfreuten.[80] Zunächst wurden sie Ende 1861 als „Port-Feuille-Sammlung" herausgegeben.[81] Ab 1862 schließlich kamen die 36 Bilder auch einzeln im Visitkartenformat auf den Markt. Zunächst bediente man sich dabei der allseits bekannten Schönheiten aus der Galerie König Ludwigs. Später wurde das Angebot sukzessive erweitert. Vorlage für die Fotos waren jedoch nicht die Originalgemälde Stielers, sondern die nach ihnen geschaffenen Stiche oder Lithografien.

Noch fehlten allerdings die beiden letzten Bilder der Galerie. Doch im Herbst 1864 konnte gemeldet werden: „Sr. Maj. der König Ludwig I. von Bayern haben im vorigen Jahre die obige Sammlung durch zwei neue Gemälde bereichert und deren ergänzende Reproduktionen wieder gestattet." Sie erschienen „in lithographischen Abbildungen gleich den früheren 36 Portraits der k. Schönheiten-Gallerie ausgestattet"[82] und vermutlich auch als Foto im Visitkartenformat. Allerdings ist mir kein Foto des letzten Bildes, das Anna von Greiner zeigt, bekannt, lediglich des vorletzten, auf dem Carlotta von Breidbach-Bürresheim zu sehen ist.

Die Fotos kosteten, je nach Fotograf, meist nur noch einen Gulden, die kleinen Visitkartenformate sogar nur die Hälfte, also 30 Kreuzer. König Ludwig I. selbst erwarb zu diesen Preisen ab 1860 eine ganze

Reihe von Fotos, die meist ihn oder Verwandte darstellten. Sie wurden unter der Rubrik „Geschenke" in den Ausgabebüchern verzeichnet.[83] Dank des großen Erfolgs der Fotos verlegte Piloty & Loehle in der Folge noch eine „Neue Sammlung von 25 Bildnissen schöner Frauen (als Fortsetzung der Schönheiten-Galerie des Königs Ludwig I. von Bayern)", zu denen unter anderen Marie Königin von Neapel oder Anna, die Frau des Dichters Paul Heyse, gehörten. Auch diese wurden sowohl im Folio- als auch im Visitkartenformat aufgelegt und in den Zeitungen vielfach beworben. Zu kaufen gab es sowohl die Lithografien als auch die Fotos in allen bayerischen „Kunst- und Papierhandlungen", in München zum Beispiel bei Max Ravizza, einem der führenden Geschäfte, Ecke Residenz- und Perusastraße.[84]

Auguste Strobl,
verheiratete Hilber (1807–1871)

Die erste Schöne, die für die geplante Galerie gemalt wurde, oder zumindest eine der ersten, war Auguste Strobl. Von ihr existieren sogar zwei ganz unterschiedliche Porträts, die zum Zeitpunkt ihrer Entstehung im Jahr 1827 allgemeine Aufmerksamkeit erregten: Was hatte sich der König nur gedacht, als er Joseph Stieler damit beauftragte? Denn Auguste war keine adelige Dame, keine Diplomatentochter, sondern „nur" das Kind eines königlich-bayerischen Beamten aus München.

Am 24. Juni 1807 soll Auguste in München geboren worden sein. Die Taufmatrikel verzeichnen zwar kein genaues Datum, dennoch ist die Angabe von Auguste von Oertzen glaubwürdig. Stieler notierte ebenfalls rückseitig: „geboren in München 1807"; auch der Eintrag ins Trauungsbuch anlässlich ihrer Hochzeit widerspricht dieser Angabe nicht, lediglich ihre Todesanzeige weicht davon ab, der zufolge sie im Sommer 1808 auf die Welt gekommen ist. Egal. Ende der 1820er Jahre galt Auguste oder Augusta, wie sie auch genannt wurde, als eines der lieblichsten Mädchen der Stadt – kein Wunder also, dass der König sie entdeckte. In mehreren Gedichten huldigte er der „Holdseligen, der Schönsten, der Tugendhaftesten, die je geboren". Vermutlich schmeichelten die Worte ihrer Eitelkeit. Und auch die Familie konnte gut ein kleines „Trostpflaster" gebrauchen, da gegen den Vater Christoph Strobl am 12. Juli 1825 bei der Staatsschulden-Tilgungs-Anstalt der Universalkonkurs anerkannt worden war, der ein Jahr später in Kraft trat.[1]

Auguste von Oertzen erzählt folgende Geschichte von Auguste Strobl – und alle weiteren Autoren übernahmen sie gerne. Der König traf auf einem Bürgerball mit der jungen Frau zusammen: „Schöne Auguste, wenn du einen Wunsch hast, den ich dir erfüllen kann, sage es", und sie erwiderte: „Majestät, befördern Sie bitte den Forstgehilfen Hilber, damit ich ihn heiraten kann." Ludwig I. soll sich etwas anderes erhofft haben und folglich etwas enttäuscht gewesen sein, dennoch erfüllte er ihr den Wunsch. Eine nette Anekdote, die so nicht ganz stimmen kann. Auguste bat den König wohl tatsächlich um den Gefallen. Dass seine Enttäuschung allzu groß war, ist jedoch nicht anzunehmen.

Offensichtlich waren in München jedoch diffamierende Gerüchte im Umlauf, denen es zu widersprechen galt. Im Nachlass des Malers findet sich eine undatierte „Richtigstellung der Handlungsweise König Ludwigs gegenüber Auguste Strobl", geschrieben von einem ungenannten Zeugen.[2] Charlotte von Hagn, eine andere Schönheit, die zu dieser Zeit von König Ludwig umgarnt und ebenfalls für die Schönheitengalerie gemalt wurde, notierte, nachdem sie am Vormittag des 15. Dezember 1827 zu Stieler gegangen war: „Strobel und König im Nebenzimmer, wo über ihre künftige Existenz verhandelt wurde." Immer wieder erscheint der Name „Strobl" im Tagebuch der Schauspielerin, die ein bisschen eifersüchtig auf diese war, nicht so sehr in Bezug auf den König, doch „der Stiller nimmt sich ihrer erschrecklich an."[3]

Und ein paar Tage später schrieb Charlotte, dass Stieler einer Wiener Schauspielerin, die er gerade porträtierte, „die Strobl als eine der ersten Schönheiten von München" nannte, was diese angeblich ganz anders sah und die Hagn für schöner hielt.[4]

Ob es im Dezember 1827 bereits um die Beförderung von Augustes Verlobten Anton Norbert Hilber ging oder vielmehr um die misslichen finanziellen Verhältnisse des Vaters oder um beides, ist nicht überliefert. Zur Hochzeit kam es auf jeden Fall erst sehr viel später. Der Auserwählte musste zuvor noch ein paar Jahre beruflicher Praxis absolvieren. Nach seiner Ausbildung am Gymnasium in Straubing und München und einem Studium der „Kammeralwissenschaften", das er 1826 abschloss, arbeitete Hilber einige Monate am Forstamt München-Allach und sammelte danach in Württemberg, Baden, Preußen und Holland Erfahrungen. Mitte des Jahres 1827 ging er schließlich nach Russland, wo das Forstwesen gerade neu organisiert wurde. Doch schon bald hielt er das raue Klima von Sankt Petersburg nicht aus. Gesundheitliche Probleme traten auf; die Ärzte hatten ihn schon aufgegeben. Der Zar genehmigte schließlich seinen Abschied. Möglicherweise ging es in den Gesprächen zwischen Auguste und König Ludwig I. um seine Rückkehr nach München. Auf jeden Fall verließ Hilber Russland noch im Februar 1828, um einen Monat später seinen Dienst als Forstpraktikant im Forstamt Starnberg anzutreten. Doch das Gehalt dieser Stelle reichte vorne und hinten nicht und seine Eltern konnten ihn finanziell nicht unterstützen, da noch fünf minderjährige Kinder zu versorgen waren. So bat er Ende 1829

PILOTY & LOEHLE
MUENCHEN

XXIX

um eine feste Anstellung. Und nun kam wohl auch Auguste ins Spiel. Sie erinnerte Ludwig an sein einst in Gedichtform geäußertes Angebot, dass sie sich mit einem eventuellen Problem an ihn wenden könne. Vom 27. Februar 1830 datiert ein Brief an den König, in dem sie – ohne Angabe von Gründen – um eine Audienz bat. Es dürfte um die Zukunft Hilbers gegangen sein.[5] Das Gedicht und der von ihr geäußerte Wunsch nach einer Audienz waren wohl der Ursprung für die bereits erwähnte und immer wieder gerne kolportierte Geschichte auf dem Bürgerball. Vermutlich hat Auguste erst Anfang 1830 um eine Unterstützung Hilbers gebeten – Jahre nachdem sie von Stieler porträtiert wurde. Auf jeden Fall erhielt der Forstgehilfe wie erwähnt ab dem 20. März 1830 eine Anstellung im Forstamt Starnberg. Noch im selben Jahr erfolgte in München die „Concursprüfung", also die Eignungsprüfung für eine Festanstellung, woraufhin Hilber am 6. Dezember desselben Jahres zum Revierförster von Ergoldsbach (heute Landkreis Landshut) ernannt wurde.[6]

Mit dem Gehalt der neuen Stelle konnte Anton Norbert Hilber endlich daran denken, eine Familie zu gründen. Und das tat er dann auch umgehend. Bereits einen Monat später, am 22. Januar 1831, fand in der Münchner Frauenkirche die Trauung des königlichen Revierförsters zu Ergoldsbach, des Sohnes von Johann Baptist Hilber aus Straubing, mit „Maria Anna Augusta des Christoph Strobl kgl. Hauptbuchhalters und Assessors und der Maria Anna geb. Schmid eheliche Tochter, 23 Jahre alt", statt. Die Eltern des Bräutigams lebten noch immer in Straubing, wo Anton Norbert am 6. Juni 1806 auch geboren worden war.[7] Vermutlich kannten sich die Eltern der Brautleute schon, denn als Augustes Eltern 1799 in München heirateten,[8] erscheint ein Johann Hilber als Trauzeuge. Zum Zeitpunkt der Eheschließung von Auguste und Anton Norbert waren noch alle vier Elternteile am Leben. Der Vater von Auguste, Christoph Strobl, verstarb allerdings wenige Monate später.[9] Und auch das sei erwähnt: Als Trauzeuge fungierte Heinrich Föringer,[10] damals noch „Funktionär bey der kgl. Hof- und Staatsbibliothek", später Oberbibliothekar, Mitglied der Bayerischen Akademie der Wissenschaften, Gründungsmitglied des Historischen Vereins von Oberbayern (von 1839 bis 1878 auch Leiter der Redaktion des „Oberbayerischen Archivs") und Leiter der Privatbibliothek König Ludwigs I. Daran ist bereits zu erkennen, dass auch Anton Norbert Hilber in gelehrten bürgerlichen Kreisen verkehrte, ansonsten hätte er Föringer nicht als Trauzeugen gewinnen können.[11]

Nach der Eheschließung zog Auguste ins Forsthaus von Ergoldsbach, wo ein Jahr später ihr erstes Kind zur Welt kam. Das Mädchen wurde auf den Namen Therese getauft und es ist nicht ausgeschlossen, dass auch hier – wie später bei Helene Sedelmayers Tochter – Königin Therese die Patenschaft übernommen hat.

Am 19. Juni 1835 soll König Ludwig I. die Revierförsterei Ergoldsbach besucht haben. Dies ist durchaus möglich, reiste er doch an jenem Tag nach Regensburg, um die Walhalla zu besichtigen und dann weiter über Ingolstadt, Weißenburg und Würzburg nach Brückenau zu fahren. Auf dem Weg von Landshut nach Regensburg kommt man unweigerlich durch Ergoldsbach. Demzufolge ist ein kurzer Stopp beim Forsthaus nicht ausgeschlossen. Dass der König jedoch gezielt nach Ergoldsbach gefahren ist, um Auguste und ihrer Familie einen Besuch abzustatten, ist eher unwahrscheinlich. Möglicherweise traf man sich auch nur anlässlich der offiziellen Begrüßung seiner Majestät durch die Honoratioren der Gemeinde.

Auf jeden Fall erinnerte sich Ludwig anlässlich des Wiedersehens an seine einstige Schönheit. Damals soll er ein letztes Gedicht auf sie verfasst haben: „Gebeugt durch Jahre und durch Sorgen, So stellst du dich dem Blicke dar, Doch diese Larve hält verborgen Die Schönste, welche je noch war." Kaum zu glauben, dass sie in den wenigen Jahren – Auguste war noch keine 30 Jahre – so gealtert sein soll, noch dazu, da es immer heißt, sie hätte mit ihrem Mann eine glückliche Ehe geführt. Vielleicht entstand das Gedicht auch etwas später – man kann es für Auguste nur hoffen. Vielleicht hatte sie auch gerade eine Fehlgeburt hinter sich oder den Verlust eines Kindes zu verschmerzen, denn zwischen der Geburt von Tochter Therese 1832 und Sohn Ludwig 1836 klafft eine Lücke von gut vier Jahren. Das würde auch die „Sorgen" erklären. Finanzieller Art dürften diese nämlich nicht gewesen sein.

Kurz nach dem königlichen Besuch waren die Tage der Familie in Ergoldsbach gezählt. Hilber hatte bereits Ende des Jahres 1834 eine Bitte um Beförderung gestellt und der König hatte am 11. Januar 1835 am Rand der Eingabe handschriftlich vermerkt: „Bei sich begebender Erledigung zu geeignetem Antrag, der ich mich des Antragstellers besonders annehme", was er mit einer weiteren Randbemerkung vom

24. Juli 1835, also kurz nach dem Besuch in Ergoldsbach, noch einmal unterstrich: „Bittsteller bin ich gewogen." Die Folge war Hilbers Versetzung ins Forstamt Zwiesel, mit gleichzeitiger Erhöhung des Gehalts von 1.000 auf 1.150 Gulden.[12] Das Amt hatte er drei Jahre inne,[13] bevor er dann mehr als ein Jahrzehnt als Forstmeister in Schönberg (heute Landkreis Freyung-Grafenau) wirkte.[14] Neben dieser Tätigkeit führte Hilber im Bayerischen Wald bereits verschiedene Forschungen und Vermessungen durch, die er in Vorträgen der Öffentlichkeit zugänglich machte und die ihm später in wissenschaftlichen Zirkeln große Anerkennung bringen sollten. Seine besondere Aufmerksamkeit galt der Meteorologie und der Höhenmessung des Bayerischen Waldes.[15]

Am 4. Oktober 1851 schließlich geruhte König Ludwigs Sohn und Nachfolger, König Maximilian II., allergnädigst, „den Forstmeister in Schönberg Anton Norbert Hilber auf das Forstamt Passau in gleicher Diensteseigenschaft zu versetzen".[16] In Passau, wo die Familie, zu der inzwischen mehrere Kinder gehörten, ganz zentral im Postgässchen 9[17] (heute Luragogasse) in der Nähe des Stephansdoms wohnte, gehörte Hilber bald zu den Honoratioren der Stadt. Alljährlich erschien sein Name in den Listen der „Glückwunschenthebungen", das heißt, dass er sich von Gratifikationen zu Neujahr „freikaufte", indem er – wie andere vermögende Bürger auch – eine größere Spende zugunsten der Armen tätigte.[18] Gesellschaftlich war die Familie gut vernetzt. Als „mehrere großdeutsch gesinnte Männer Passaus" etwa einen „Reformverein" gründeten, wurde Forstmeister Hilber bei der Gründungsversammlung im Januar 1863 in den Vorstand gewählt, und als in Passau am 6. August 1870 ein Aufruf zur Gründung eines „Vereins zur Unterstützung der Angehörigen einberufener Reservisten und Landwehrmänner" in der Zeitung erschien, unterzeichnete er neben einer Reihe anderer Honoratioren.[19]

Seine besondere Vorliebe aber galt den naturkundlichen Forschungen. Als im März 1857 ein „Naturhistorischer Verein" gegründet wurde, ernannte man Herrn Forstmeister Hilber zum ersten Vorstand.[20] Bereits im ersten Jahresbericht 1858 veröffentlichte er eine Übersicht über die meteorologischen Beobachtungen in Passau während der Jahre 1852 bis 1857, ein Thema, das er in jedem weiteren Band, bis zum Jahr 1871, fortsetzte. Forstmeister Hilber, „der Vorstand des jungen und strebsamen naturhistorischen Vereins zu Passau" (heute „Naturwissenschaftlicher Verein Passau"), gehörte auch federführend zum

„Comité", das die XIII. Wanderversammlung bayerischer Landwirte, die am 30./31. Mai 1870 in Passau stattfand, organisierte.[21] Was Auguste in der Zwischenzeit tat, ist nicht bekannt. Sie kümmerte sich vermutlich um den Haushalt und die Kindererziehung. Doch angesichts der Verpflichtungen ihres Mannes darf man annehmen, dass auch sie – wie dies seinerzeit allgemein von Honoratioren-Gattinnen erwartet wurde – in verschiedenen Zirkeln tätig war. Doch das gutbürgerliche Leben und die allem Anschein nach glückliche Ehe fanden ein jähes Ende. Am 1. Februar 1871 starb „Augusta Hilber, k. Forstmeistersgattin im 63. Lebensjahr". Die Beerdigung fand am 3. Februar „vom Domplatze aus" auf dem Passauer Innenstadt-Friedhof statt.[22]

Zunächst ertrug der Witwer den Verlust tapfer, überreichte wenige Tage nach der Beerdigung noch eine Auszeichnung,[23] doch schon bald suchte er um seine Entlassung in den Ruhestand nach, die ihm von König Ludwig II. „unter Anerkennung seiner langjährigen treu geleisteten Dienste" Anfang Juli gewährt wurde.[24] Kurz darauf, am 4. und 5. August 1871, ließ Hilber den Hausrat des Forstamtsgebäudes versteigern, darunter jede Menge Möbel, „viele schöne Bilder und Spiegel, feines Porzellain, Gläser", was einmal mehr beweist: Die Familie Hilber hat durchaus gut bürgerlich gelebt.[25]

Hilber zog nach München. Das Adressbuch vermerkt: Hilber, Norbert, quieszierter Forstmeister in der Utzschneiderstraße 7 im zweiten Stock.[26] Am 24. Februar 1881 starb der verwitwete königliche Forstmeister a. D. von Straubing, Norbert Anton Hilber, in München an „Altersbrand" und wurde zwei Tage später auf dem Alten Südlichen Friedhof zu Grabe getragen. Sein Alter wurde mit 74 Jahre, 8 Monate und 18 Tage angegeben.[27] Er hat seine Frau Auguste um fast exakt zehn Jahre überlebt.

Auguste und Anton Norbert Hilber hatten insgesamt fünf Kinder: Noch in Ergoldsbach wurde am 26. Januar (oder Juni) 1832 die bereits erwähnte Tochter Therese geboren. Sie heiratete am 24. Juli 1860 Otto von Gimmi, Rechnungskommissär der Regierung von Mittelfranken, Kammer der Finanzen, und ab 1863 Rentbeamter in Herrieden. In Schönberg kam am 2. Juli 1836 der Sohn Ludwig zur Welt, der als Taufpate „Seine Majestät unseren allergnädigsten König Ludwig I.", vertreten durch den Rentbeamten in Grafenau, aufweisen konnte. Ludwig studierte 1855 in München Jura und arbeitete schließlich als

Postassistent bzw. Postoffizial in Regensburg.[28] Der am 17. Dezember 1839 geborene Sohn Maximilian hatte mit Graf Maximilian von Arco-Zinneberg ebenfalls einen bedeutenden Taufpaten. Dieser Sohn starb jedoch bereits nach vier Monaten, sodass der am 21. April 1841 geborene nächste Sohn ebenfalls den Namen Maximilian erhielt und derselbe Zeuge Pate stand. Maximilian beziehungsweise Max, wie er sich meist nannte, ließ sich später als Kaufmann in Fürth nieder.[29] Am 22. Juni 1843 folgte Sohn Otto, der bereits 1844 verstarb. Als letztes Kind der Eheleute Hilber kam 1846 die Tochter Mathilde Josepha Klara zur Welt, die aber ebenfalls noch im Kindesalter im Jahr 1857 starb.[30]

Beim Tod von Auguste Hilber waren nur noch drei Kinder am Leben, die auf der Traueranzeige folgendermaßen unterschrieben: „Theres v. Gimmi, kgl. Rentbeamtensgattin, Ludwig Hilber, Postassistent, und Max Hilber, Geschäftsreisender". Über Enkel ist lediglich bekannt, dass am 22. August 1873 in Fürth das „Kaufmannstöchterlein Auguste Theresia Hilber" geboren wurde, die nach ihrer Großmutter Auguste und ihrer Tante Therese benannt wurde.[31]

Bleibt noch zu erwähnen, dass Auguste eine ganze Reihe von Geschwistern hatte, darunter Maria Amalia (1809 – 1865), die 1833 Franz Ignaz Unterberger aus Innsbruck ehelichte und die Mutter des Tiroler Landschaftsmaler Franz Richard Unterberger (1837 – 1902) wurde.[32]

Joseph Stieler erhielt vermutlich im Jahr 1826 den Auftrag, Auguste als erstes Beispiel für die „Sammlung schöner Köpfe" im Bild festzuhalten. Er malte gleich zwei verschiedene Fassungen, beide mehr oder weniger gleichzeitig. Am 2. Dezember 1826 und am 22. Januar 1827 arbeitete Stieler an einem Porträt Augustes; am 22. Februar 1827 wurde es bezahlt. Am 27. Juni 1827 wird erneut ein Porträt Auguste Strobls bezahlt, zusammen mit dem Porträt von Maximiliane Borzaga und dem ersten, verlorenen der Marianna Marchesa Florenzi.[33] Dieses zweite Porträt Augustes ist offensichtlich identisch mit der Fassung, die im Herbst 1827 auch im Kunstverein zu sehen war.[34] Angeblich hatte dem König der etwas zu lang geratene „Schwanenhals" der ersten Fassung nicht gefallen. Auf jeden Fall hing von Anfang an das zweite Porträt in der Schönheitengalerie – und diese wurde noch mindestens zweimal wiederholt: einmal von Stieler selbst und einmal offensichtlich von einem Kopisten. Die Kopie befindet sich heute in der Hamburger Kunsthalle, das zweite von Stieler gemalte Porträt (rückseitig mit „J. Stieler 1828" bezeichnet) er-

warb König Wilhelm I. von Württemberg für seine Sammlung. Es ist erst 2019 im Kunsthandel wieder aufgetaucht, nachdem es einst in Schloss Rosenstein (Stuttgart) hing und nach dem Ersten Weltkrieg aus dem ehemals königlich württembergischen Besitz verkauft wurde.[35]

Ebenfalls im Kunsthandel wurde im Jahr 1976 das erste Porträt von Auguste Strobl angeboten. Es wurde vom Freistaat Bayern angekauft und befindet sich heute – wie die zweite Fassung – in der Schönheitengalerie in Nymphenburg. So passen nun wieder die historischen Angaben von den „beyden Auguste Strobl darstellenden" Porträts, die über viele Jahre für Verwirrung gesorgt haben. Schon der seinerzeit äußerst beliebte Schriftsteller Friedrich Wilhelm Bruckbräu war verwirrt, „als ich das hübsche Fräulein St doppelt an der Tafel sitzen sah", und ergänzte: „Der Charakter Ihres Bildes, mein liebenswürdiges Fräulein Strobel, ist mir nicht klar geworden; Sie sind in doppelter Gestalt erschienen, und in jeder anders. Dieser Umstand hat mich etwas verwirrt gemacht. Uebrigens bleiben Sie immer ein schönes Räthsel."[36] Der Dichter C. von Ploetz erwähnt Auguste beziehungsweise die beiden Porträts in seinem Gedicht „An das Bildnis eines jungen Frauenzimmers im weißen Kleide ein zweifach Wesen".[37] Und auch König Ludwig I. selbst nannte in seinem Brief an Johann Georg von Dillis vom 18. August 1829 unter den zehn auszustellenden Porträts beide Fassungen.[38]*

Stieler musste einige Zeit experimentieren, bis ihm endlich gelang, Licht und Farbe mit der Haltung der Schönheit zur Zufriedenheit des Königs zu verbinden. Entstanden sind zwei gleichermaßen hinreißende Bilder: Das erste zeigt Auguste von vorne, zwei rosa Rosen in den hochgesteckten Haaren. Beim zweiten Bild blickt sie über die Schulter, mit roten, golddurchwirkten Schleifen in den hochgesteckten dunklen Locken und einer dreireihigen Perlenkette. In beiden Fällen trägt sie ein üppiges duftiges Mousselin-Kleid. Und – um Auguste von Oertzen zu zitieren: „Um die ganze Erscheinung schwebt ein unbeschreiblicher Zauber von Jugend, Frische und Anmut."

Als Dank für die vielen Sitzungen schenkte der König Auguste Strobl das Büchlein „Homilien auf alle Sonn- und Festtage des Kirchenjahres", ein Werk des von ihm verehrten nachmaligen Bischof von Regensburg, Johann Michael Sailer, zusammen mit einem langen Gedicht an „die Schönste meines Königreiches".

Die Vorlage für das Foto im Visitenkartenformat schuf der Kupferstecher Andreas Fleischmann.

Maximiliane Borzaga, verheiratete Krämer (1806–1837)

Zu den ersten, 1827 gemalten Schönheiten zählte auch Maximiliane Borzaga, eine Münchnerin aus bürgerlichen Verhältnissen. Auguste von Oertzen berichtet, dass den König mit seiner romantischen Ader vor allem der Kontrast zwischen der Bürgerlichkeit und dem etwas südländischen Aussehen Maximilianes begeistert habe. Maximiliane wurde am 15. April 1806 geboren. Ihr Vater war der Salinen- und Leihhauskassierer Joseph Borzaga, dessen Familie aus Rovereto stammte, ihre Mutter Maria Anna Weitinger, die Tochter des Mesners der St. Salvator-Kirche in München.[1] Die kinderreiche Familie (Maximiliane war wohl das achte von neun Kindern) wohnte in der Rochusgasse, gleich neben der Dreifaltigkeitskirche. Bereits 1810 verstarb die Mutter;[2] der Vater scheint nicht mehr geheiratet zu haben. Bis zu seinem Tod im Jahr 1836 lebte er am Münchner Promenadeplatz.

Maximiliane galt als Schönheit und der König machte aus seiner Begeisterung für sie kein Geheimnis: „Dem Fräulein Borzaga, Tochter des Leihhausverwalters, der Schönsten von Münchens Schönen, that S. M. die Ehre an, als sie zufällig vor dem Carlsthor mit ihren Begleiterinnen an Allerhöchstdemselben vorbeygegangen und nicht gleich [vom König] bemerkt worden war, das Pferd umzulenken, auf sie zuzureiten und ihr einige Schönheiten zu sagen", notierte sogar der Bibliothekar Johann Andreas Schmeller in sein Tagebuch – und das am 1. Januar 1826, also noch bevor ihr Porträt in Angriff genommen wurde.[3]

Der Vater Borzaga jedoch soll für solche romantische Gesten wenig Verständnis gehabt haben und da er um den guten Ruf seines Töchterchens bangte, teilte er dem König mit, dass dessen Besuche nicht erwünscht seien. Tatsächlich besuchte Ludwig I. die jeweils gerade Umschwärmten häufig zu Hause, oft mehrere gleichzeitig, manchmal nur für wenige Minuten und immer in Gesellschaft von Mutter, Vater oder Geschwistern. Gleichwohl zerrissen sich die Klatschbasen darüber die Mäuler. Und das wollte Vater Borzaga seiner Tochter ersparen. Dennoch zirkulierte in München etwa zu jener Zeit, als Stieler mit Maximilianes Bild begann, ein Spottlied: „Die Borzaga, die Strobl und die Hagn, die haben den Beharrlichen beym Kragen [...]".[4]

46

PILOTY & LOEHLE
MUENCHEN

XXVII

Der König soll wegen der väterlichen Bitte sehr betroffen gewesen sein, blieb allerdings in Zukunft „ohne Gekränktheit" fort. Zum Trost bat sich Ludwig I. von dem gestrengen Vater wenigstens die Erlaubnis aus, ein Porträt der schönen Maximiliane für seine Schönheitengalerie anfertigen zu lassen. Dieser Wunsch wurde mit Einschränkung gewährt: Die Sitzungen bei Stieler, zu denen der König regelmäßig erschien, durften nur in Gegenwart einer Begleiterin abgehalten werden. „An so viel Widerständen", fuhr von Oertzen fort, „erlahmte schließlich die Passion des Königs, und als das Bild fertig war, war Maximiliane schnell vergessen. Bei einem Museumsball zeichnete nicht der König, sondern die Königin Therese das reizende, tugendsame Kind mit ihrer Gnade aus."[5] So kann, muss es aber nicht gewesen sein.

Nach den Aufregungen um das Porträt und noch vor der ersten großen Ausstellung 1829 heiratete die Schöne, die offenbar vielen Münchnern den Kopf verdreht hatte. Am 27. März 1828 berichteten die Zeitungen, dass Dr. Karl Philipp Krämer, praktischer Arzt in München und königlicher Badearzt in Kreuth, mit Demoiselle Maximiliane Walburga Anastasia Borzaga, königliche Versatzamtskassiers-Tochter, am 19. März in der Münchner Frauenkirche den Bund der Ehe eingegangen sei.[6]

Karl Philipp Krämer war am 31. März 1798 in Mainz als Sohn des (zum Zeitpunkt der Eheschließung bereits pensionierten) Registrators zu Aschaffenburg, Johann Krämer, und seiner (zum Zeitpunkt der Eheschließung des Sohnes bereits verstorbenen) Frau Sophie, geborene Kolb, zur Welt gekommen. Der Bräutigam war also bei der Hochzeit bereits 30 Jahre alt, die Braut 22. Die Heirat fand mit ausdrücklicher Erlaubnis ihrer Majestät der verwitweten Königin Karoline von Bayern, gewissermaßen der Dienstherrin des Bräutigams, statt,[7] da diese zu jener Zeit Eigentümerin des Bades in Kreuth war. Bereits 1818 hatte König Maximilian I. das Anwesen Wildbad Kreuth erworben und bis 1824/25 den lang gestreckten, zweiflügeligen Badbau und die Nebengebäude errichten lassen, vor allem für Molkekuren nach Schweizer Vorbild, aber auch für Trinkkuren aus den Quellen. Und im Mai 1824 ernannte er anstelle des verstorbenen Dr. Johann Friedrich Rosenmerkel Karl Philipp Krämer zum Badearzt von Kreuth. Wegen Zimmerbestellung sollte man sich damals laut Zeitungsanzeige bis 14. Mai an ihn, wohnhaft in der Maxstraße 209 in München, wenden. Später aber wohnte er in Kreuth. Der Beginn der Saison war der 20. Mai.[8]

Das Bad war vom 1. Juni bis zum 15. September geöffnet. Während Karl Philipp Krämer im Sommer in Wildbad Kreuth wirkte, verbrachte er die Winter in München, wo er im Dezember 1827 von König Ludwig I. die Erlaubnis erhielt, Vorlesungen an der Universität zu halten.[9] Er wird als „Badarzt zu Kreuth und praktischer Arzt dahier [München]" bezeichnet.[10] Daneben verfasste er verschiedene Aufsätze in medizinischen Journalen. 1829 erschien über Kreuth schließlich eine „lehrreiche Beschreibung der Anstalt von dem dortigen Badearzt Dr. Krämer".[11]

Unter Krämers Leitung blühte das Bad auf. Nicht ganz unschuldig daran war auch seine Frau Maximiliane: „Der dortige Badearzt, Hr. Dr. Krämer, ein äußerst angenehmer und überaus thätiger Mann, erwirbt sich in Kreuth die Achtung aller Gäste. Er und seine liebenswürdige Gattin bemühen sich mit größter Aufopferung Kranke und Gesunde durch ärztliche Hilfe und gesellige Unterhaltung zu erquicken."[12]

Am 2. Februar 1829 wurde der Sohn Johann Otto geboren, der später zum Militär ging, 1853 mit seiner Frau in Würzburg wohnte, 1863 Oberzeugwart in Landau wurde und schließlich 1865 als Hauptmann in den temporären Ruhestand versetzt wurde.[13] Ein zweiter Sohn Ludwig starb genau einen Monat nach seiner Geburt am 22. Oktober 1831.[14]

Als Nesthäkchen kam Tochter Anna Katharina am 6. Mai 1834 zur Welt,[15] über die nichts weiter bekannt ist. Kenntnis hat man dagegen von ihrer Taufpatin, Katharina von Greiner (1791 – 1852). Sie war eine Schwester Maximilianes, war mit dem Regierungsdirektor Johann Baptist von Greiner (1781 – 1857), ab 1832 Mitglied im Regentschaftsrat König Ottos von Griechenland, verheiratet und wurde später die Schwiegermutter einer anderen Schönheit: Ihr Sohn Emil Ferdinand heiratete die Schauspielerin Anna Bartelmann.[16]

Am Rande sei auch noch erwähnt, dass bei beiden Söhnen der Rechtsgelehrte Dr. Ernst Freiherr von Moy de Sons (1799 – 1867) als Taufpate auftrat. Er war nicht nur Maximilianes Schwager,[17] sondern auch ein Kollege Krämers an der Universität. Nach seiner Habilitation 1827 lehrte er an der juristischen Fakultät in München, an eben derselben Universität, an der auch Krämer seine Vorlesungen hielt. Zehn Jahre später wurde Moy zum ordentlichen Professor für Staatsrecht und Rechtsphilosophie an der Universität München ernannt. Im Zuge der Lola-Montez-Affäre sprach er sich öffentlich für die Ausweisung der „Spanischen Tänzerin" aus. Daraufhin wurde er 1847 seiner Professur enthoben und als Appellationsgerichtsrat nach Neuburg an der Donau (straf)versetzt. Dort heiratete er schließlich Sophie, die Erbtochter des Grafen Alois (Louis) von Arco-Stepperg, der in erster Ehe mit Irene Pallavicini, einer weiteren Schönheit, verheiratet war. München bzw. Bayern war klein! Man kannte sich.

Am 15. Mai 1837 starb Maximiliane Krämer ganz überraschend in München an „Lungen- und Nerven-Schwindsucht".[18] Sie wurde nur 31 Jahre alt und auch ihr medizinisch geschulter Mann hatte ihr nicht helfen können. Ihre letzte Ruhe fand sie drei Tage später auf dem Alten Südlichen Friedhof in München.[19] Karl Philipp Krämer heiratete nicht mehr, sondern stürzte sich weiter in seine Arbeit. Im Sommer des gleichen Jahres wurde Dr. Krämer zudem zum Gerichtsarzt des Landgerichts Tegernsee in provisorischer Eigenschaft ernannt.[20] Stets wurde er als erfahrener Badearzt bezeichnet und seine liebenswürdige Art gerühmt. Vielfach hat er Beweise seines Könnens geliefert. Viele Kurgäste zogen geheilt und dankbar von dannen. Auch die Zarin Alexandra von Russland „verließ das bayerische Hochland und den Badeort Kreuth mit Dank und Rührung. An den Badearzt Dr. Krämer soll der Kaiser die Worte gerichtet haben: ‚Sie haben mir eine geliebte Gattin, dem Reich seine Monarchin gerettet'. Dr. Krämer wurde mit Gnadenbeweisen überhäuft. Die Zarin schickte ihm aus Dankbarkeit ein von ihr selbst gesticktes Kissen für das Zimmer, in dem sie gewohnt hatte. Die Arbeit, Guirlanden von Weinlaub und Epheu darstellend, zeichnet sich durch edle Einfachheit aus und wurde von der erhabenen Monarchin während ihres hiesigen Aufenthalts begonnen."[21] Hätte Maximiliane damals noch gelebt, hätte sie bei dem russischen Besuch auch eine andere Schönheit treffen können: Amalie Baronin von Kruedener war damals im Gefolge der Zarin am Tegernsee.

Am 1. April 1851 starb dann zu Tegernsee auch „Dr. C. Ph. Krämer im 53ten Lebensjahre, der als Badearzt zu Kreuth durch sein Wissen und seine Humanität die allgemeinste Achtung genoß."[22] Das Familiengrab am Münchner Südfriedhof wurde vermutlich im Jahr 1873 aufgelöst.[23]

Das Bild von Maximiliane Borzaga war am 21. April 1826 bereits seit einiger Zeit in Arbeit und am 31. Oktober immer noch nicht vollendet. Bezahlt wurde das Porträt schließlich am 27. Juni 1827, verblieb aber noch einige Zeit im Atelier des Malers.[24] Am 10. Juli besichtigte Johann Andreas Schmeller das Bild, doch „die Borzaga im schwarzen Putz" sprach ihn wenig an.[25] Anders der Journalist C. von Ploetz: Er schwärmte fast zeitgleich in der „Flora", dem damals führenden Unterhaltungs- oder Salonblatt in München, in Gedichtform von dem „Bildniß eines jungen Frauenzimmers in schwarzem Kleide", das er in Stielers Atelier gesehen hatte.[26] Eine leicht veränderte Replik des Gemäldes tauchte 1981 im Kunsthandel auf.[27]

Maximilianes Porträt zählte zu den zehn Gemälden, die König Ludwig I. für die erste große Ausstellung 1829 auswählte. Der beliebte Münchner Schriftsteller Friedrich Wilhelm Bruckbräu war begeistert: „Frau von K* als B*, in frühern Jahren meine Angebetete, aber inco- gnito, das heißt: sie wußte nichts davon; ein schwarzes Hütchen mit Goldquasten zierte das liebliche Köpfchen, das auf dem mit einem Spit- zenkragen geschmückten Schwanenhalse ruhte, ein Pelzmantel hing nachläßig die Stuhllehne hinab." Und er ergänzte: „Ihr Bild hat mich mit bittersüßen Erinnerungen früherer Jahre erfüllt, und augenblicklich gedachte ich jenes herrlichen Maitages, an dem Sie einst im großen Hesselohe wie eine Juno an mir vorüberschritten. Lange glühte eine geheime Liebe für Sie in meinem Herzen, doch wagte ich nicht, dieß stille Geheimnis in Blicken oder Worten zu verrathen."[28]

Die Vorlage für das Foto im Visitkartenformat schuf der Kupfer- stecher Andreas Fleischmann.

Charlotte von Hagn, verheiratete von Oven (1809–1891)

Eines der bekanntesten Bilder der Schönheitengalerie ist das Porträt der Schauspielerin Charlotte von Hagn, das Joseph Stieler im Juni 1828 mit nach Weimar nahm, als er auf Wunsch König Ludwigs I. dorthin reiste, um den zögernden Johann Wolfgang von Goethe zu einer Por- trätsitzung zu überreden. Charlottes Bildnis überzeugte den Dichter- fürsten. „Nicht wahr", sagte der Geheimrat zu Johann Peter Ecker- mann, „das ist der Mühe wert! Stieler war gar nicht dumm, er brachte diesen schönen Bissen als Lockspeise." In der Folge entstand das berühmte Goethe-Porträt, dessen Original heute in der Neuen Pinakothek in München hängt und das in mannigfachen Reproduktionen das populäre Bild des Dichters geprägt hat.[1] Doch hier geht es nicht um Johann Wolfgang von Goethe, sondern um Charlotte von Hagn, die wohl als die dritte Schönheit Aufnahme in die Galerie Ludwigs I. fand.

Geboren wurde Charlotte am 4. November 1809 als zweite Tochter des Kaufmanns Karl von Hagn und seiner Frau Josepha, geborene Schwab. Es kursieren verschiedene Angaben zu ihrem Geburtsdatum. Das liegt vermutlich daran, dass sie im Taufbuch als „Carolina Josepha" eingetragen wurde.[2] Der Vater soll ein verarmter Adeliger gewesen sein, dessen Wurzeln ins Braunschweigische zurückführen, andere sehen sie in einem Gutshof im Landkreis Freising bzw. in Geisenfeld. Über die Herkunft wurde mancherlei gefabelt. Doch nun lebte Karl von Hagn in München, im „Roten Haus" in der Neuhauser Straße, gleich beim Karlstor, später dann im Tal. Im Juni 1820 verlor er sein Adelsprädikat, da die Ausübung eines Gewerbes nach einem Edikt von 1818 den Verlust des Adelstitels zur Folge hatte.[3] Charlotte wuchs in München auf, lediglich unterbrochen von einem kurzen Intermezzo (1813 bis 1815) in Rottenbuch, wo ihr Vater sich erfolglos als Landwirt versuchte.[4]

Das schöne Kind, mit „allen Reizen einer Grazie ausgestattet", vor allem mit einem ausgesprochenen Talent fürs Theaterspielen, erregte bald allgemeine Aufmerksamkeit. Die berühmte Schauspielerin Marianne Lang, über Jahrzehnte ein Star der Münchner Hofbühne, nahm sich des jungen Mädchens an. Mit noch nicht einmal 17 Jahren betrat Charlotte zum ersten Mal die Bretter, die für viele die Welt bedeuten. Sie spielte die Aphanasie in August von Kotzebues heute längst vergessenem polnisch-sibirischem Schauspiel „Graf Benjowsky". Charlotte von Hagn, die zu Beginn ihrer Karriere auf den Namenszusatz „von" verzichtete bzw. verzichten musste,[5] wurde am 1. November 1826, drei Tage vor ihrem 17. Geburtstag, fest am Hoftheater in München engagiert.[6] Und am 18. November 1826 besuchte sie in Begleitung ihres Vaters zum ersten Mal König Ludwig I., der nicht nur an ihrem Spiel, sondern auch an ihrem Äußeren Gefallen gefunden hatte. Am 2. Januar 1827 begann Joseph Stieler mit der Arbeit; er brauchte gut ein Jahr. Wenige Tage nachdem das Porträt von Charlotte als Thekla am 24. Februar 1828 bezahlt worden war, stand sie in dieser Rolle wieder auf der Bühne. Die Thekla aus Friedrich

PILOTY & LOEHLE
MUENCHEN

XVII

Schillers „Wallenstein" hatte sie zum ersten Mal im Dezember 1826 gegeben und diese Rolle sollte über Jahre hinaus ihre beste Leistung in klassischen Stücken darstellen.[7] Im Winter 1827/28 besuchte der König die Schauspielerin nahezu täglich, manchmal nur für ein paar Minuten, wohnte den Sitzungen beim Maler bei und schrieb dazwischen Billette, die sie kokett erwiderte: „Es wird der Prinzessin heute Abend schon angenehm seyn, ihren König und Herrn bei sich zu sehen. Thekla ehemals Charlotte."[8] Immer wieder lädt sie den König zu sich ein, während sie zur gleichen Zeit in ihrem Tagebuch vermerkte, dass ihr die Besuche lästig seien.[9]

In jenen Jahren begann Charlottes steiler Aufstieg zur „Königin des deutschen Lustspiels".[10] Ihr Spiel und ihre jugendliche Schönheit machten sie bald zu einem Liebling des Münchner Publikums. Huldigungen wie „den Lichtpunkt des Abends machte Demoiselle Hagn" waren zu lesen und nach einem Gastspiel in Augsburg hieß es: „Die Augsburger vergöttern die Hagn!"

Ob zu Recht oder Unrecht wurde ihr nun eine Affäre mit dem König angedichtet – ihre Popularität wurde dadurch allerdings nur gesteigert. Und das war die Zeit, in der sie ihren Kolleginnen, die in denselben Rollen auftraten, den Rang abzulaufen begann – unterstützt durch eigene Intrigen. Sie genierte sich nicht einmal, ihrem Tagebuch anzuvertrauen, wie sie diese beim König anschwärzte.[11]

Es ist heute nicht mehr ganz nachzuvollziehen – und war es vielleicht auch schon Anfang des Jahres 1828 nicht – was genau passiert ist. Auf jeden Fall schrieb Charlotte am 3. Januar an den König, ihr in Sachen einer Aufführung der „Preciosa" zu helfen, in der sie eine Hauptrolle spielen sollte oder wollte, zu einer Zeit, als dies die Paraderolle ihrer schärfsten Konkurrentin, Amalie von Stubenrauch, war. Charlotte hasste und beneidete die „Erste Liebhaberin", die in den Rollen auftrat, die sie eigentlich selbst spielen wollte.[12]

In München bildeten sich zwei Lager: Das eine hob Charlotte von Hagn in den Himmel, das andere verehrte Amalie von Stubenrauch. Die beiden Schauspielerinnen wurden gegeneinander ausgespielt, Intrigen wurden gesponnen und Zeitungsberichte pro und contra „die Stubenrauch" oder „die Hagn" veröffentlicht. Das Spiel der Letzteren in der Aufführung von „Romeo und Julia" am 2. Oktober 1827 wurde total verrissen und der Kritiker spöttelte: „Dlle Hagn, Julie, gestand, daß die Aufgabe zu groß und zu schwer war; in dieser Hinsicht war in ihrem Spiele Wahrheit, ächte, schöne Wahrheit; und sie verdient deswegen alles Lob."[13]

Der gefürchtete Münchner Theaterkritiker Moritz G. Saphir wetterte ebenfalls gegen Charlotte; der Journalist Franz Trautmann vermutete sogar, dass Saphir deswegen München habe verlassen müssen, denn: „So viel weiß ich sicher, daß ihr die gesammte Münchener Männerwelt in reinstem Enthusiasmus huldigte, denn sie war wirklich so anmuthig, daß man sie für einen Engel halten konnte, welcher vom Himmel herabgeschwebt sei."[14]

Auch wenn in den Biografien meist positiv von Charlotte von Hagn berichtet wird,[15] ihr Tagebuch von 1827/28 weist sie als kleine „Giftspritze" und Intrigantin aus, die an kaum einem ihrer Kollegen bis hinauf zum Intendanten ein gutes Haar ließ. Sie war von sich selbst sehr überzeugt und notierte – fast etwas teenagerhaft – wie sie von allen Männern verehrt werde, angefangen von Kronprinz Maximilian über Herzog Max in Bayern, Herzog Eugen von Leuchtenberg und dem „jungen Grafen Arco", der ihr angeblich „schrecklich die Cur" machte (wobei sie offen ließ, um welchen Grafen es sich genau handelte), bis hin zu Schauspielkollegen. Sie selbst vermerkte, dass sie mit ihnen auf Bällen „koketierte".

So gefeiert sie als Star auch war, ihre familiäre Situation sah zunächst äußerst düster aus. Charlottes Vater, der die kinderreiche Familie (inzwischen waren es sechs Kinder) mehr schlecht als recht über Wasser hielt, wird als jähzornig und grob geschildert, und als er starb, musste Charlotte ihre Mutter und die Geschwister ernähren. Immer wieder bat sie den König um eine Gehaltserhöhung, nicht ohne auf den Kummer wegen ihres verstorbenen Vaters hinzuweisen. Im November 1827 war Charlottes Gehalt auf 600 Gulden festgelegt worden, während die verhasste Konkurrentin Amalie von Stubenrauch bereits 1.400 Gulden erhielt. 1829 verlangte sie, weil sie – wie extra betont – die gleichen Rollen wie die Stubenrauch spiele, auch deren Gehalt. Schließlich wurden ihr tausend Gulden bewilligt, eine Summe, die immer noch weit unter dem Gehalt ihrer Konkurrentin lag. Ein weiteres Gesuch Charlottes um eine Gehaltserhöhung im Jahr darauf wurde von Ludwig I. offiziell abgelehnt. Erst nach dem Freitod des Vaters im Juli 1830 erhöhte der König in Anbetracht ihrer familiären Notlage auch Charlottes Gehalt auf 1.400 Gulden.[16]

Zu diesem Zeitpunkt hatte Amalie von Stubenrauch bereits ein bedeutend lukrativeres Angebot aus Stuttgart angenommen. So wäre nun Charlotte der hellste Stern am Münchner Theaterhimmel gewesen. Und dennoch zog es auch sie in die Ferne. Bereits im Juni 1828 hatte sie darüber nachgedacht, München zu verlassen. Ohne jedoch einen genauen Grund zu nennen, außer dass alle Menschen böse und intrigant seien. Danach brechen die Tagebuchaufzeichnungen ab. Schuld war wohl eine Liebschaft. Der Auserwählte war Herzog August von Leuchtenberg, ein Neffe König Ludwigs I. Die Liebe scheint im Verborgenen geblieben zu sein. Nur einige Briefentwürfe Charlottes aus dem Sommer 1829 berichten davon.[17]

Demnach war sie einst in Nymphenburg „unaussprechlich glücklich, so glücklich, wie ich nie wieder werden kann. nie! nie!" Sie dachte stets an den Geliebten. „In aller Frühe hat mir Dein lithographiertes Bild, als ich noch im Bette war, eine Morgenvisite gemacht. Ach, wie sprechend ähnlich! Bei seinem Anblick empfand ich all die Schmerzen und Freuden der Erinnerung. Ich habe heute den ganzen Vormittag geweint. Der Gedanke droht mich zu töten, daß Du so weit, so weit entfernt bist."

August von Leuchtenberg (1810–1835) war am 4. August 1829 von München aufgebrochen, um seine Schwester Amalie nach Brasilien zu begleiten, wo sie die Ehefrau des Kaisers Dom Pedro I. werden sollte.[18] Am 23. August erreichte die Reisegruppe Ostende, wo sie sich einschiffte. Ein Teil der Entourage kehrte jedoch zurück. Diese Gesellschaft war bereits seit acht Tagen wieder in München – und noch immer hatte Charlotte keine Zeile von ihrem Geliebten erhalten. Dann war auch noch das Hündchen fort, das er ihr offensichtlich zum Abschied geschenkt hatte. Einen weiteren Briefentwurf schloss sie mit den Worten: „Glaube mir, es gehört ein Charakter wie der meinige dazu, um den Glauben an Dich nicht ganz zu verlieren. Alles was ich von Dir höre, trägt nicht gerade dazu bei, ihn zu befestigen."

Offensichtlich hatte August von Leuchtenberg nichts mehr von sich hören lassen und eine Zukunft war den beiden sowieso nie beschieden. Am 11. Juli 1830 kehrte er schließlich nach München zurück. Ob Charlotte und er sich wiedersahen? Man weiß es nicht. Vermutlich schon, denn es wurde durchaus die Meinung vertreten, dass Charlotte ab 1831 unter anderem wegen einer „unglücklichen Neigung zu einem Prinzen" aus München fortdrängte.[19] 1834 heiratete August von Leuchtenberg Königin Maria II. da Glória von Portugal, Anfang 1835 erreichte er Lissabon. Noch im selben Jahr, am 28. März, starb er dort.

Zu dieser Zeit hatte Charlotte München längst verlassen. Bereits im Alter von 20 Jahren war sie ein weit über München hinaus gefeierter Star. In den Jahren 1829 bis 1832 erlebte sie triumphale Erfolge bei Gastspielen in Dresden und Berlin, in Wien und Pest, wo sie die feurigen Ungarn zu unbeschreiblicher Begeisterung hinriss.

All der Ruhm scheint der jungen Schauspielerin zu Kopf gestiegen zu sein. Bald benahm sie sich wie eine exaltierte Diva: „Gestern Morgens ritt eine schöne Dame in reizendem Amazonen-Gewande mit zwei Herren und einem Bedienten an der Hauptwache vorüber, die man Anfangs wenigstens für eine Lady oder Marchese hielt. Die Wachposten streckten sich schon honneurmäßig, die Offiziere machten Miene zu salutiren – und wer war es? unser liebenswürdiges Fräulein Lottchen von Hagn."[20]

Schmähschriften kursierten, von wohlmeinenden Gedichten in Zeitungen temperamentvoll erwidert. Selbst der Herr Geheimrat, der sich kurz zuvor noch von der „Lockspeise" hatte ködern lassen, wurde nun von ihren Gegnern bemüht: „Und Goethe sprach: Charlotte Hagn /gab auch mir Stoff zu manchen Klagen. / Mein Klärchen hat sie dargestellt, / So matt wie keine von der Welt […]."[21] Dagegen wurde Charlotte im „Münchener Tagblatt" meist ebenfalls in Reimform verteidigt: „Wenn mit Anmuth und mit Geist und Würde / Thalien ihren Liebling schmückt / wird zu ihres Tempels größrer Zierde / Auch die Kunst dadurch beglückt […]."[22] Rund zwei Jahre dauerte die verbale Schlammschlacht in den Zeitungen. Man sprach sogar von einer „Verschwörung gegen Dem. Hagn".[23]

Immer wohlwollender betrachtete Charlotte nun hochdotierte Angebote von anderen Bühnen, ermuntert durch die überwältigenden Gastspielerfolge in Berlin oder Dresden, obwohl der König weitreichende Zugeständnisse in Bezug auf Gastspielreisen gemacht sowie nach und nach ihre Gage erhöht hatte. Sie spielte die einzelnen Intendanten gegeneinander aus, schwindelte was ihre jeweiligen Angebote betraf, nur um bei einer anderen Bühne ein höheres Gehalt herauszuschinden. Angeblich hatte man ihr in Dresden 4.000 Gulden für ein Engagement angeboten.[24] Sie übersah dabei dummerweise, dass die Intendanten sich untereinander absprachen und ihr Schwindel bald auffiel. „Die gutmüthige Lotte Hagn hat sich auch als wahrheitliebende bewiesen, in dem sie dem Vorstande der Dresdner Bühne, Freiherrn von Ludgenau [richtig: Lüttichau[25]] sagte, daß sie hier 2400 fl. bezöge, also 1000 dazu log und während sie hierher schreibt, sie wünsche in München zu bleiben, äußerte sie gegen jenen, sie hoffe, daß sie bis Mitte März ihr hiesiges Engagement gelöst und dass sie in Dresden antreten werde", bemerkte König Ludwig I. im Februar 1831 spöttisch in einem Brief an die Schauspielerin Katharina Sigl-Vespermann. Und ein paar Tage später ergänzte er: „Der Intendant ist der Meinung, wenn sie mit 600 fl. Zulage, wonach sie 2000 fl. in allem hätte, bliebe, wäre es wünschenswerth. Vielleicht geschieht's, ich habe Dir bereits mitgetheilt, daß ich mich äußerte, für's Theater wäre's mir leid, wenn selbes sie verlöhre, lieb aber für mich persönlich."[26] Der König war verärgert über ihre Machenschaften. Als Charlotte am 18. März als Königin Christine von Schweden auf der Bühne stand, rührte er keinen Finger zum Applaus. „Es war eine schöne Königin, aber keine liebenswürdige, eine hochmütige." Als sie nach der Aufführung von Studenten herausgerufen wurde, „da war ihre Haltung keine geziemende, sie sprach von Anerkennung ihrer Leistungen im Ausland, von Verachtung dessen, was gegen sie geschrieben. […] Diese übermüthige Rede machte keinen günstigen Eindruck." Und nach ihrem Auftritt in „Wallensteins Tod" zwei Tage später wurde sie tatsächlich nicht einmal mehr gerufen. Dennoch forderte sie nun einen lebenslangen Vertrag zu 2.500 Gulden sowie jährlich zwei Monate Urlaub. Die königliche Antwort: „1800 fl. [Gulden] auf fünf Jahre und zwei Monate Urlaub." Weitere Vorstöße folgten, doch der König blieb hart. Er vermutete, dass ihr der Erfolg in Dresden zu Kopf gestiegen sei. Ein paar junge Leute hätten dort zum Beispiel eine Tasse, aus der sie getrunken hatte, zerschlagen, damit jeder eine Scherbe aufbewahren konnte.[27]

Charlotte von Hagn pokerte hoch, zu hoch. In Dresden war man nun offensichtlich auch über ihr Ränkespiel verärgert. Auf jeden Fall wurde es nichts mit einem Engagement. Vielleicht sollte sie doch in München bleiben? Sie suchte einen Vertrag nach, den sie dann doch wieder nicht für gut genug erachtete und nicht unterschrieb. Nun platzte Ludwig I. der Kragen. Wutentbrannt setzte er unter die Eingabe vom 17. Juni 1831: „Es ist der Schauspielerin Hagn auch zu sagen, daß sie doch nicht glauben wird, ich würde ihrem Bruder eine Freystelle in einer Anstalt ertheilen, wenn sie in fremde Dienste sich begibt." Charlotte aber zierte sich, meinte immer noch, dass sie mit dem König gewissermaßen spielen könnte. Sie pflegte ihre Starallüren, drohte sogar, nicht mehr aufzutreten. Aber nicht mit dem

König! „Unter Androhung meiner Ungnade muß Schauspielerin Hagn sogleich aufgefordert werden, morgen die Präciosa zu spielen, […] es ist arg, was sie sich untersteht! Spielt sie dennoch nicht, so muß selbe gestraft werden".[28] Und so kam es auch. Am 1. Januar 1832 sollte Demoiselle Hagn als Zigeunerin Preciosa im gleichnamigen Schauspiel auftreten. Die Theaterzettel waren bereits gedruckt, doch dann gab man stattdessen die „Silberschlange".[29] Die Fronten verhärteten sich. Urlaubsgesuche wurden von König Ludwig I. abgelehnt.

Am 30. April 1832 suchte die Schauspielerin um ihre Entlassung nach, „weil die mancherley Kränkungen, welche sie hier schon erdulden müssen, ihr den längeren Aufenthalt in München unendlich widerlich und ganz unmöglich machen". Doch der König beharrte auf Einhaltung ihres Kontrakts. Und in der Münchner Gerüchteküche brodelte es: 1832 wurde im „Münchener Tagblatt" vermutet, dass sie Bayern verlassen werde: „Dlle Hagn, durch so viele erlittene Kränkungen müde, soll das für sie sehr vortheilhafte Engagement in Wien angenommen haben", da sie in der Kaiserstadt „vergöttert" wurde. Sogar das kaiserliche Haus hatte sie sehr gnädig aufgenommen. Man hatte angeblich sogar einen Hofball abgesagt, nur um die Hagn auf der Bühne zu sehen.[30] Und ein Wiener Schauspielkollege notierte in sein Tagebuch: „Die Hagn besitzt die Liebe des ganzen hohen Adels; selbst Könige und Prinzen sind vernarrt in die Anmutige."[31]

Tatsächlich verließ Charlotte von Hagn München erst ein Jahr später – und das in Richtung Berlin. Der „Kleinkrieg" hatte sich bis zum Sommer 1833 fortgesetzt, begleitet von Hetzkampagnen in den Zeitungen, beantwortet durch Verteidigungsschriften ihrer Verehrer. Und es wurde alles noch schlimmer, als herauskam, dass Charlotte bereits am 13. Februar 1831 einen Vertrag in Berlin unterschrieben hatte, wo ihr nun zudem eine Strafe drohte. Die ganze Sache sollte in München vor Gericht gehen. Doch trotz einer vielseitigen Anklageschrift sah man schließlich auf Wunsch König Ludwigs am 30. Mai 1833 von einer Anklage ab und entließ die Schauspielerin zum 26. Juni desselben Jahres.[32]

13 Jahre, von 1833 bis 1846, blieb Charlotte nun an der Berliner Bühne, lediglich unterbrochen von mehr als 60 Gastspielreisen.[33] Bei einem Gastspiel im Herbst 1833 in Sankt Petersburg flirtete sie mit Zar Nikolaus I., der an ihr offensichtlich großen Gefallen fand. Er ge-

währte ihr eine Audienz im Winterpalast und fortan schien über ihr die kaiserliche Gnadensonne.[34]

Doch auch an ihrer neuen Wirkungsstätte Berlin hatte die von vielen umschwärmte „schöne Hagn", wie sie allgemein genannt wurde, mit Konkurrenz zu kämpfen. Dieses Mal waren Auguste Crelinger-Stich und vor allem ihre Tochter Clara Stich die Gegnerinnen. Die berühmte Schauspielerin Karoline Bauer berichtete, dass ihre Nachfolgerin an der Berliner Bühne, Charlotte von Hagn, zehn Jahre lang in „leidenschaftlicher Feindschaft" zu den beiden Damen stand. Während der Proben und abends hinter den Kulissen gab es täglich Streit, bis die Intendanz sich nicht mehr anders zu helfen wusste, als die beiden Konkurrentinnen nie mehr in ein und demselben Stück auftreten zu lassen. Doch Frieden herrschte deshalb noch lange nicht: Eines Abends bei der Aufführung von „Hermann und Dorothea" standen plötzlich zwei vollständig kostümierte Dorotheen hinter der Kulisse, „kampfbereit, mit zuckenden Lippen und funkelnden Augen". Die eine war Charlotte von Hagn, die andere Clara Stich. Keine wollte das Feld räumen, so sehr sich der Regisseur auch bemühte. Schließlich trat Clara auf: Sie war die Schnellere. Ohne das Stichwort abzuwarten, war sie auf die Bühne gestürmt.[35]

Der Konkurrenzkampf hielt über Jahre an. Und wie in München versuchte sich Charlotte, um die Konkurrentinnen aus dem Weg zu räumen, auch in Berlin der Fürsprache einer ihr persönlich gewogenen Hoheit zu bedienen, in diesem Fall des Prinzen von Preußen, des nachmaligen Kaisers Wilhelm I. Doch auch das brachte nicht den gewünschten Erfolg. Am 16. Januar 1845 antwortete der Prinz in beschwichtigendem Ton auf ihre wohl leidenschaftlich vorgetragenen Vorwürfe, in Worten, die nicht ganz nach ihrem Geschmack gewesen sein dürften. Grundtenor: auch dem Nachwuchs eine Chance! Und: „Sollten Sie dereinst eine Rivalin in Mll. Stich erkennen, so kann ja dies nur zu erneuerter Kunstanstrengung antreiben, um die innehabende Stellung zu behaupten, wobei die Kunst nur gewinnen kann."[36]

Wie einst in München war auch in Berlin das Publikum in zwei Lager gespalten: Die einen vergötterten Charlotte, andere waren genervt von der Schauspielerin und ihrer „Gespreiztheit und widerliche[n] Genialthuerei".[37] Die Diva konnte „sehr schalkhaft und schlagfertig plaudern, so daß ihre Beziehungen zu den höchsten Kreisen

Berlins und Petersburgs leicht zu begreifen waren." Doch „wie die Marquisinnen des 18. Jahrhunderts empfing sie Besucher in ihrem Schlafzimmer, wenn sie unpäßlich war. Und mancher unter ihnen […] rückte wie ein Abbé der alten Zeit bescheiden die Bettdecke dahin, wo es der jungen Dame zu frieren beliebte", wusste der Schriftsteller Karl Gutzkow zu berichten.[38] Nicht wenige ihrer Kollegen hielten sie für arrogant und anmaßend[39] und vermutlich auch für berechnend und geschäftstüchtig. Vor einem Gastspiel in Wien etwa fragte sie bei ihrem Schauspielkollegen Emil Devrient an, zu welchen Bedingungen er dort gespielt habe, um ihre Forderungen danach zu richten.[40]

Charlotte wollte zurück nach München. Mehrmals hatte sie bereits versucht, wieder auf der Bühne des königlichen Hoftheaters auftreten zu dürfen, wofür sich sogar der Intendant einsetzte, doch der König blieb bei seinem kategorischen Nein.[41] 1844 wagte sie erneut einen Vorstoß. Doch Ludwig I. war noch immer erbost, dass sie ihn hintergangen und die Münchner Bühne nach den unwürdigen Ränkespielen verlassen hatte. Er wusste nicht, ob er jemals „Gnade für Recht werde ergehen lassen und Hagen aufzutreten erlaube", und betonte, der Hoftheater-Intendant würde seine Pflicht verletzen, wenn er sie gegen sein Verbot auftreten ließe. Schließlich gab er sich jedoch einen Ruck und gestattete der „Ausreißerin von meiner Hofbühne" am 11. November 1844 die nachgesuchten acht Gastrollen im April 1845, darunter zwei Hosenrollen.[42]

Es war nur ein kleiner Gastspielzyklus. Dann ging es zurück nach Berlin. Doch der Konkurrenzkampf dort war bald ausgestanden. Am 25. März 1846 reichte Charlotte von Hagn ihr offizielles Abschiedsgesuch ein, am 30. März stand sie zum vorerst letzten Mal in Berlin auf der Bühne: das Ende einer herausragenden Bühnenkarriere. In den 20 Jahren während ihrer festen Engagements in München und Berlin, von 1826 bis 1846, trat sie nachweislich in 235 verschiedenen Rollen auf. Sie spielte die unterschiedlichsten Charaktere, vom einfachen naiven Landmädchen bis zur tragischen Heldin. Allerdings wurde ihr Talent für klassische Rollen seit Beginn ihrer künstlerischen Laufbahn bestritten: „unter ihren Rollen ist keine Orsina, keine Maria Stuart, keine Julia, keine Ophelia, kein Gretchen, kurz keine einzige sog. klassische Rolle, die durch ihre Darstellung eine neue Schöpfung geworden, sie spielte hier wie die übrigen Schauspielerinnen nach Traditionen, sie gab ‚meublierte Rollen'", wie Feodor Wehl es bezeichnete.[43]

Nach ihrem letzten Auftritt hielt sie noch eine bewegende Abschiedsrede, die der Scheidenden stürmische Ovationen einbrachte.[44] Der Abgang, den sie mit ihrer bevorstehenden Hochzeit begründete und den das „Bamberger Tagblatt" wenig charmant mit „sie hat beschlossen, ihre alten Tage dem ehelichen Leben zu widmen" kommentierte,[45] wurde ihr von der preußischen Königin Elisabeth mit einem diamantenen Armband versüßt.[46] Clara Stich stieg auf zum neuen Stern am Berliner Theaterhimmel, auch wenn ihrer Vorgängerin manche Träne nachgeweint wurde: „Die Berliner Bühne hat ihre schönste Zierde verloren".[47] Um ihren Ruhm auch für die Nachwelt zu festigen, veröffentlichte Charlotte noch im selben Jahr 1846 Auszüge aus ihrem Tagebuch, „die zwar viel Geist, aber noch mehr eitle Selbstgefälligkeit verrathen", wie in Zeitungen bemerkt wurde.[48]

Auf der Höhe ihres Ruhms verließ Charlotte von Hagn 1846 die Bühne, um einen reichen Rheinländer, Alexander von Oven,[49] zu heiraten. Ein Porträt aus dem Jahr der Eheschließung zeigt ihn als selbstgefällig blickenden jungen Mann mit Rauschebart.[50] Nun überschlugen sich die Zeitungen mit Meldungen, wobei der Vorname des Auserwählten nie genannt wurde. Es war stets nur von einem „sehr reichen jungen Mann, Herr von Oven" die Rede oder von einem „sehr jungen Edelmann aus den Rheinlanden", der Titel schwankt zwischen „van" und „von", wobei manchmal auch angedeutet wurde, er würde die Schauspielerin nur wegen ihres Geldes oder ihres Ruhms heiraten, denn er war zu diesem Zeitpunkt 26 Jahre alt, sie aber immerhin schon 36.[51] Man berichtete von einem sonderbaren Ehekontrakt, der vermuten ließ, dass man mit einem baldigen Ende der Ehe rechnete.[52] Und obwohl Charlotte katholisch war, wurde sie am 2. April 1846 in ihrer Berliner Wohnung von einem evangelischen Geistlichen getraut.[53]

Kurz nach der Hochzeit verließ das Paar Berlin mit zunächst unbekanntem Ziel. Man mutmaßte, dass ihre Flitterwochen sie nach in Italien führten.[54] Vermutlich verbrachten sie diese jedoch im mondänen Ostende.[55] Bereits im Frühjahr kursierte auch das Gerücht, die Eheleute würden Besitz in Bayern erwerben.[56] Dann munkelte man, sie hätten Schloss Arenenberg in der Schweiz gekauft, in dem früher Königin Hortense gewohnt hatte, was sich allerdings bald als Zeitungsente erwies.[57] Im Herbst 1846 traf Frau von Oven mit ihrem Gatten dann in München ein und gedachte den Winter über hier zu bleiben.[58] Dann hieß es wieder, sie würde auf die Berliner Bühne zurückkehren, was allerdings bereits von den Zeitgenossen bezweifelt wurde: „Dieß dürfte denn doch mit so manchen Schwierigkeiten verbunden sein, denn erstens ist das vormalige Fräulein von Hagn jetzt eine Frau mit einem Kinde, zweitens hat selbe einen Mann und drittens ist sie seit dieser Zeit älter geworden."[59] So ungalant drückte man sich damals aus!

Es handelte sich tatsächlich nur um ein Gerücht. Dagegen scheint sie „ihre Geburtsstadt München, wo sie mit ihrem Gatten seit mehreren Monaten verweilt, zum dauernden Aufenthalt gewählt zu haben."[60] Da ließ sich ein zufälliges Zusammentreffen mit ihrem einstigen Verehrer Ludwig I. kaum vermeiden. „Vorgestern habe ich Frau Oven getroffen", meldete der König im Frühjahr 1848 an Lola Montez. „Sie wurde die schöne Charlotte Hagn genannt; ihr Portrait ist in meiner Schönheitengalerie. Ich war überrascht, sie <u>so</u> häßlich und alt zu sehen. Sie sagte kein Wort."[61] Mag sein, dass Ludwig I. dieses vernichtende Urteil über den einst gefeierten Bühnenstar abgab, um keine Eifersucht hervorzurufen, mag sein, dass ein bisschen Wahrheit in den Worten lag. Immerhin war er schon lange kein Freund der Hagn mehr.

Auf der anderen Seite war Charlotte offensichtlich auch keine Freundin der „spanischen Tänzerin". Auf jeden Fall notierte der König einige Wochen später: „Ich habe Frau Oven im Vorzimmer meiner Schwiegertochter, der Königin [Marie] getroffen und habe nichts zu ihr gesagt, wie ich mich daran erinnerte, was sie über Dich gesagt hat",[62] wobei nicht bekannt ist, welche Äußerungen Charlotte wann über die Montez gemacht hatte. Getuschelt wurde jedoch kurz zuvor über einen spektakulären Immobilienkauf: Herr von Oven hätte das „Lolahaus" in der unteren Barer Straße 7 für gut 30.000 Gulden erworben. Von dem Geld sollten die Schulden von Lola Montez getilgt werden.[63] Aber auch das war lediglich eine Zeitungsente.[64] Für 1850 ist nachgewiesen, dass „Charlotte von Oven, Particüliersgattin [die Gattin eines Privatmanns]" am Odeonsplatz 10 wohnte.[65]

Die Ehe mit Alexander von Oven war nicht von Dauer. Ein Kind – andere sprechen sogar von zwei Kindern – starb kurz nach der Geburt. Ihr Mann erwarb 1849 reiche Besitzungen in Niederschlesien, in einem Ort namens Kunersdorf,[66] wo er sich häuslich niederlassen wollte[67] – vermutlich ohne Charlotte. Kurz vorher hatte man bereits in der Zeitung lesen können: „Die bekannte, berühmte und geistreiche Schauspielerin Charlotte von Hagn, nachmalige Frau von Oven, noch

immer eine sehr schöne Erscheinung, aber von dem Adeligen nei-
discher Weise nicht respektiert, hat sich von ihrem Gemahl getrennt
und gedenkt die Scheidung gerichtlich sanktionieren zu lassen."[68] Die
Ehe, die gerade einmal drei Jahre hielt, war nicht glücklich geworden.
Woran das Scheitern im Einzelnen gelegen hatte, ist nicht bekannt.
Allerdings wird der Ehemann vielfach als sehr eifersüchtig und des-
potisch beschrieben. Er habe verlangt, dass Charlotte alle ihre früheren Kontakte, sogar den brieflichen Verkehr mit den Freunden aus der
Bühnenzeit, abbreche. Doch die Allgemeinheit zeigte durchaus Ver-
ständnis für von Ovens Verhalten: „Wie Matrosen nach dem Meere,
zieht es Schauspieler immer wieder auf die Bühne. Wollte der reiche
Herr v. Oven Ruhe und wieder ein freundliches Gesicht von seiner
Frau haben, so mußte er ihr ein Dutzend Gastrollen auf dem Berliner
Theater erlauben, denn seine Frau ist die ehemalige treffliche Schauspielerin Charlotte Hagn."[69]

In einem Brief vom 28. Februar 1850 an Ludwig I., den Charlotte
kurz zuvor im Atelier Stielers getroffen hatte, beteuerte sie, dass sie an
der Trennung von ihrem Mann nicht schuld sei, was der König offensichtlich angenommen hatte. Eine genaue Erklärung aber lieferte
auch dieser Brief nicht.[70] Vielleicht wurde dann doch noch einmal ein
(erfolgloser) Versuch zu einer Annäherung unternommen. Dafür
spricht auch, dass sich das Ehepaar 1850 von Joseph Stieler malen
ließ,[71] nachdem Alexander von Oven nach München gekommen war,
um seine Frau abzuholen.[72] Offen bleibt, wohin sie gehen wollten.
Nach Kunersdorf?

Doch die Ehe stand unabänderlich vor dem Aus. Im Frühjahr 1851
reichte Charlotte endgültig die „Ehescheidungsklage" ein. Bis das Schei-
dungsurteil ausgesprochen wurde, ging sie ihrem Mann aus dem Weg,
reiste nach Bad Kreuznach, Paris, Dresden und München. Vorübergehend wohnte sie auch bei ihrer Schwester Louise in Berlin, die ebenfalls Schauspielerin geworden war und am Königstädter Theater eine
Anstellung erhalten hatte.[73]

Erneut versuchte Charlotte nun, ein Engagement in Berlin zu bekommen, was allerdings nicht auf ungeteilte Begeisterung stieß. Moritz
G. Saphir, der bereits in München gegen sie gewettet hatte, äußerte
angeblich: „Das Gerücht, daß Charlotte von Hagn wieder die Bühne
betritt, ist falsch; bloß als die Bühne hörte, sie wolle wieder spielen, war
sie – betreten."[74]

Tatsächlich kam Charlotte vorübergehend für einige wenige Gastspiele und für einen umjubelten Auftritt anlässlich einer Benefizveranstaltung zurück: „Frau von Owen wirkte in der That darin mit, zum erstenmal nach ihrem Rücktritt von der Bühne, auf der sie als Charlotte von Hagn ebenso sehr vergöttert als angefeindet war. Der ächte Enthusiast war natürlich schon von ihr entzückt, ehe sie den Mund geöffnet, und sie konnte im voraus des glänzenden Empfangs gewärtig seyn, der ihr zu Theil wurde."[75] Parallel dazu versuchte sie, in München wieder an alte Kontakte anzuknüpfen. Wiederum schrieb sie fast anbiedernde (Bitt-)Briefe an Ludwig I., den sie in den 1850er Jahren offensichtlich wieder öfter traf. Doch noch immer war der König nicht versöhnt. Neben die Anrede „Mein hochgefeierter Herr, Mein gütigster Freund" schrieb er eigenhändig: „König Ludwig hat nie gesagt, daß er der Bittstellerin Freund, wie er's auch nie war!"[76]

1852 kehrte Charlotte von Hagn, geschiedene Frau von Oven, nach München zurück, nachdem sie zuvor zwischen Berlin und Wien, Paris und London sowie verschiedenen Seebädern und Bad Ems gependelt war. In der bayerischen Hauptstadt träumten ihre alten Anhänger sogar vereinzelt von einem Comeback,[77] doch dazu sollte es nicht mehr kommen. Charlotte erwarb eine Wohnung im Bazargebäude am Odeonsplatz 11. Hier wohnte sie mit ihrer Schwester Josephine, hier empfing sie in ihrem „traulich geschmackvollem Heim, umgeben von Erinnerungen",[78] zahlreiche illustre Gäste aus Kunst, Kultur und öffentlichem Leben. Unter den Gästen soll sogar König Maximilian II. gewesen sein sowie seine „Nordlichter", zu denen die Schriftsteller Emanuel Geibel, Paul Heyse, Friedrich von Bodenstedt oder Franz von Dingelstedt gehörten.

1854 erlitt Charlotte einen Schlaganfall[79] – ob beim Baden in der Isar, wie es manchmal heißt, ist mehr als fraglich. Zur Erholung reiste sie von Bad zu Bad. In dieser Zeit scheint auch ihr einstiger Ehemann verstorben zu sein.[80] 1856 erlitt sie einen zweiten Schlaganfall, woraufhin sie in der Kaltwasserheilanstalt Laubach bei Koblenz und in Cannstatt (Stuttgart) Heilung suchte.[81] Nur sehr langsam erholte sie sich. Ihre einstige Kollegin Karoline Bauer, die von Charlotte in der Schweiz besucht wurde, beschrieb, wie schwerfällig die ehemals so schöne, schlanke Schauspielerin mit dem berühmten Schwanenhals geworden war, dass sie sich aber noch immer sehr elegant zu kleiden wusste und durch ihre herrlichen Juwelen wirke.[82]

Erst im Sommer 1858 war Charlotte von Hagn von ihrem „chronischen Leiden völlig geheilt" und verbrachte auf Einladung des Herzogs Ernst II. von Sachsen-Coburg-Gotha einige Zeit in Schloss Rosenau bei Coburg[83] und den Herbst des darauffolgenden Jahres zusammen mit ihrer Schwester Josephine in Meran.[84] Ein Jahr später reiste sie mit ihrem Bruder Louis nach Regensburg.[85] Finanzielle Sorgen hatte sie nicht.

Der Abschied von der Bühne war Charlotte schwergefallen. Schon längst kamen keine Prinzen mehr zu ihr in die Garderobe, um ihr Spiel zu loben, die Zeitungen verkündeten nicht mehr ihren Ruhm, fürstliche Herrschaften beschenkten sie nicht mehr mit Juwelen als Anerkennung für die Darstellung in der einen oder anderen Rolle. Nicht einmal mehr Klatsch wurde über sie verbreitet. Ihr Name verblasste.

Eine Frau Weiß, die Charlotte persönlich gekannt hatte, erinnerte sich noch in den 1930er Jahren, dass die einst berühmte Schauspielerin von ihrem Schlaganfall einen lahmen linken Arm zurückbehalten hatte, den sie durch eine seidene Mantille oder ein Spitzentuch zu verbergen suchte. Sie war noch im Alter – obwohl sehr stark geworden – elegant, jedoch dunkel gekleidet und trug gerne ihren kostbaren Schmuck. „Sie hatte schöne Möbel, einen Flügel, Bildnisse von sich, aber nur aus ihrer Jugendzeit; Andenken an ihre Künstlerlaufbahn waren in der Wohnung mit Maß und Geschmack angebracht. Sie lebte in Erinnerungen daran und sprach gern davon." Redete man sie mit Frau von Oven an, antwortete sie meist: „das höre ich nicht gerne". Lieber ließ sie sich Fräulein von Hagn nennen. Wenn sie ausging, dann meist mit Dienerin. Und stets hatte sie ein kleines Hündchen, einen King Charles Spaniel, in einem Handköfferchen dabei, dessen eine Wand durch durchbrochene Stickereien ersetzt worden war, damit man nicht sehen konnte, dass es sich um einen Hundekäfig handelte.[86]

Ihre Geschwister, allen voran der jüngere Bruder Ludwig (inzwischen ein bedeutender Kunstmaler) und ihre ältere, unverheiratete Schwester Josephine, genannt Peppi, die sie seit Beginn ihrer Karriere begleitete, waren ihre Vertrauten. Die Schwestern Auguste, verheiratete Fischer (ihr Mann war der damalige Besitzer der berühmten Weinstube Lutter und Wegner in Berlin), Nanny und Louise waren selbst Schauspielerinnen geworden. Am 12. August 1881 starb Peppi.[87] Daraufhin wurde es noch stiller um Charlotte.

Am 22. April 1891 starb dann auch die einst gefeierte Schauspielerin und „Rittergutsbesitzers-Wittwe" nahezu unbemerkt in München. Zwei Tage später wurde Charlotte auf dem Alten Südlichen Friedhof beerdigt. Der Grabstein ist bis heute erhalten.[88]

Die Wohnung über den Hofgartenarkaden erbte samt Einrichtung ihr Bruder Ludwig Hagn. Er starb 1898. Seine Witwe vermachte den gesamten Nachlass ihren beiden Dienerinnen, die zwischen den beiden Weltkriegen noch immer in den Räumen wohnten, wie sie einst von Charlotte eingerichtet wurden.[89] Das Gebäude wurde im Zweiten Weltkrieg zerstört.

Kein Theaterlexikon versäumt, Charlotte von Hagn wortreich zu erwähnen.[90] Anlässlich des 100. Jahrestags ihres ersten Auftritts am 26. August 1826 erinnerte man in den Zeitungen noch einmal an die ehemalige Schauspielerin. Das Theatermuseum in München präsentierte eine kleine Ausstellung. Einst feierte Charlotte von Hagn triumphale Erfolge, wurde in Gedichten besungen und war ein begehrtes Modell der Künstler. „Die Hagn besitzt die Liebe des ganzen hohen Adels. Selbst Könige und Prinzen sind vernarrt in die Anmutige", wurde aus Wien berichtet. Mit dem russischen Zaren Nikolaus I. sollen sie sogar zarte Liebesbande verbunden haben. Kollegen und Künstler wie Alexandre Dumas, Eduard Mörike oder Ludwig Schwanthaler verehrten sie. Theodor Fontane schwärmte noch 1881 von der Zeit, „da Charlotte von Hagn ungefähr dasselbe bedeutete, was jetzt Bismarck bedeutet". Bei einem Konzert, das Franz Liszt im Winter 1842 für den König von Preußen gab, lernte Charlotte den bekannten Komponisten kennen. Er soll sich sofort in sie verliebt haben und auch die verwöhnte Schauspielerin konnte sich seinem „magnetischen Zauber" angeblich nicht entziehen. Ein paar leidenschaftliche Wochen folgten, doch als Liszt Berlin verließ, gab es einen Abschied ohne Tränen. Jeder ging seinen Weg, nur gelegentlich wechselten sie noch Briefe.[91]

Am besten bekannt ist Charlotte von Hagn durch das 1828 gemalte Gemälde in der Schönheitengalerie, das sie als „Thekla" in Schillers „Wallenstein" zeigt. Am 2. Januar 1827 war ihr Bild bei Stieler bereits in Arbeit und am 7. Dezember 1827 noch nicht vollendet. Das Bild wurde am 24. Februar 1828 bezahlt.[92] Es zählte zu den ersten zehn Porträts, die 1829 im Kunstverein ausgestellt wurden. Unter der Überschrift „Die abentheuerliche Nacht" beschrieb der seinerzeit äußerst beliebte und bekannte Schriftsteller Friedrich Wilhelm Bruckbräu die Bildnisse, die er um eine fiktive Tafel vereint zum Leben erweckte, darunter „Demoiselle Hagn als Thekla, in einem mit Pelz verbrämten Kleide von weißem Atlas, mit Perlen geschmückt, behaglich in einem Armstuhl ruhend."[93] Die braunen gescheitelten Haare hält eine Perlenkette, große Perlengehänge schmücken die von Locken bedeckten Ohren. Immer wieder wird neben der Schönheit der Schauspielerin die auffällige Toilette, die König Ludwig I. für sie bestimmt hatte, erwähnt. Auch eine Beschreibung von 1845 nennt „eine Frau mit einem weißen mit Pelz besetzten Atlaskleide; wie verführerisch und abwechselnd sind ihre Züge! Es ist eine berühmte Schauspielerin von Berlin, Madame Hagn."[94] Eine Kopie des Bildes soll neben dem von Lola Montez und anderen auch im „Rauch- und Traumkabinett" des Fürsten Felix von Lichnowsky gehangen haben.

Neben Stieler, der Charlotte 1850 als Baronin von Oven ein zweites Mal, nun mit Weinlaub im Haar, malte,[95] wurde sie unter anderem von Friedrich Wilhelm L'Allemand, Franz Krüger, Johann Georg Buchner (1846 als „Lucia" im Schauspiel „König Enzio",[96] ein Bild das auch als Stich erschienen ist) oder später von Franz von Lenbach gemalt und von Franz Hanfstaengl fotografiert. Ihre Porträts wurden mannigfach als Stahlstiche und Lithografien vervielfältigt. Das Stieler'sche Porträt wurde bereits 1829 von Franz Legrand lithografiert.[97] Die Vorlage für das Foto im Visitkartenformat schuf jedoch der Kupferstecher Albrecht Schultheiss.

Isabella Gräfin Tauffkirchen, verheiratete Gräfin von Kwilecky auf Kwicz (1808–1855)

Mit der schönen Gräfin Isabella von Tauffkirchen zu Guttenburg und Englburg, allgemein meist äußerst passend „Bella" genannt, wurde vom König nach drei bürgerlichen Schönen 1828 bewusst eine erste anerkannte Adelige aufgenommen, um dem Projekt „Schönheitengalerie" in der öffentlichen Meinung einen höheren Stellenwert zu

PILOTY & LOEHLE
MUENCHEN

XIV

verleihen. Obwohl aus altem bayerischen Adel stammend, ist über Isabella nur wenig bekannt. Der Grund dafür dürfte in der Tatsache zu suchen sein, dass sie kurz nach der Vollendung des Porträts einen polnischen Grafen ehelichte und somit aus dem bayerischen Gesichtsfeld verschwand.

Am 11. März 1808 kam die kleine Maria Isabella Theresia in München zur Welt. Die Eltern: Maximilian Emanuel Graf von Tauffkirchen zu Guttenburg und Englburg (1778 – 1858) und Maria Anna (1782 – 1850), geborene Gräfin von Lodron-Laterano auf Haag. Die Taufe fand einen Tag nach der Geburt in der Münchner Frauenkirche statt. Taufpatin war Isabella Freiin von Helmstatt, geborene von Knöringen, eine Tante des Täuflings.[1]

Die Familie Tauffkirchen (auch Taufkirchen geschrieben) gehört zu den ältesten Familien in Bayern. Das Schloss Guttenburg (auch Gutenburg oder Gutenberg geschrieben, Gemeinde Kraiburg am Inn, Landkreis Mühldorf am Inn) wurde um 1285 vom herzoglichen Ministerialen Heinrich von Taufkirchen hoch über dem rechten Innufer errichtet und nach verschiedenen Zerstörungen um 1660/70 sowie im 18. Jahrhundert zum Schloss mit barocker Gartenanlage ausgebaut.[2] Die Hofmark Englburg (bei Tittling im Bayerischen Wald) gelangte 1599 durch Heirat in den Besitz der Grafen von Tauffkirchen, die die dazugehörige Burg nach und nach zum Schloss ausbauten.[3] Auch die Familie Lodron-Laterano, die ursprünglich aus Verona stammte, nun aber vor allem in Österreich und Bayern reichen Besitz hatte, konnte sich durchaus sehen lassen. Beide Familien waren weit verzweigt und mehrfach verschwägert mit den meisten bedeutenden bayerischen Geschlechtern; die Männer bekleideten in der Regel hohe Militär- oder Beamtenstellen.

Immer wieder spielten Vertreter des Hauses Tauffkirchen eine Rolle in der bayerischen Geschichte, wenngleich nicht immer eine ganz ehrenhafte. So war etwa der Oberstsilberkämmerer Graf von Tauffkirchen einst der Geliebte von Kurfürstin Leopoldine, der Frau des bayerischen Kurfürsten Karl Theodor. Viele Jahre später bekannte Leopoldine gegenüber König Ludwig I., dass dem Grafen ihr Herz „zur letzten Zeit ihres Ehestandes und der ersten ihres Witwenstandes" gehört habe.[4] Bei diesem Herrn muss es sich um Josef Mathias Graf von Tauffkirchen auf Guttenburg und Katzenberg gehandelt haben, der 1827 für seinen 50-jährigen Dienst als Kämmerer mit dem

Kreuz des Ludwigsordens geehrt und 1843 im 93. Lebensjahr verstorben ist.[5] Leopoldine ernannte auch einen Grafen Max von Tauffkirchen, der jedoch nicht mit Isabellas Vater identisch ist, vorübergehend zu ihrem Obersthofmeister.[6]

Isabellas Eltern hatten 1803 geheiratet. Bella war die zweite Tochter ihrer Eltern. Ihre ältere Schwester Karoline (geboren 1806) wurde später Ehrendame des Theresienordens und heiratete den bayerischen General und Festungskommandant von Landau (Pfalz), Karl Freiherr von Pflummern (1787–1850). Es folgte noch der Erbe Maximilian Josef (1810–1877), der später ebenfalls Kämmerer und Grenz-Oberkontrolleur in Lindau wurde und in erster Ehe die Schriftstellerin Fanny von Tauffkirchen (1802–1851), geborene Gräfin von Seefried auf Buttenheim, heiratete.[7] Dann kamen die Schwestern Wilhelmina (geboren 1811), die 1837 Karl Freiherr von Zoller (1773–1849) ehelichte, und Mathilde (1813–1894), die August Lothar von Reigersberg (1815–1888) heirateten.[8] Über die Jugend und Erziehung der Tauffkirchen'schen Kinder ist nichts bekannt. Die Eltern lebten hauptsächlich in München, verschiedentlich aber auch auf ihren Besitzungen in Niederbayern. Beide starben betagt, als die Kinder längst aus dem Haus waren: Mutter Maria Anna am 20. Dezember 1850 in München,[9] Vater Maximilian am 26. August 1858 auf Schloss Katzenberg im Innviertel, das der Schwiegersohn Karl von Pflummern 1830 erworben hatte[10].

König Ludwig I. war mit der gräflichen Familie von Tauffkirchen vertraut, wusste von den Vorgängen im Hause der Kurfürstin-Witwe Leopoldine und hatte die kleine Bella sicher schon in ihrem Elternhaus in der vornehmen Prannerstraße gesehen. Vielleicht begegnete er ihr auch im Fasching 1827 auf dem grandiosen Maskenball im „Museum", bei dem der König und „der allerhöchste Hof, umgeben von der Blüthe des hiesigen Adels, in auserlesenen Glanze" erschienen. Viele schöne Damen wurden gesichtet: „Unsere Münchner Damen, schon bekannt wegen der Schönheit ihrer Züge und ihrer Liebenswürdigkeit schienen unter den verschiedenen Costumen, deren manche dem schönen Geschlechte so vortheilhaft sind [...] mit unwiderstehlicher Anziehungskraft." Die Masken-Gruppen, die spezielle Tänze einstudiert hatten, wurden drei Tage später auch zum Hofball ins Hoftheater eingeladen und tanzten sogar im Salon vor der königlichen Loge.[11] Der Maler Franz Xaver Nachtmann hat verschiedene Paare und Gruppen im Bild festgehalten, die in kolorierten Lithografien verbreitet wurden.[12] Bei einer jungen Dame in italienischem Gewand, rechts auf Blatt Nr. 13 unter dem Titel „Carneval du Rome", handelt es sich vermutlich um Isabella. Auf einem Exemplar der Lithografie wurde ihr Name handschriftlich vermerkt, zudem sind die Gesichtszüge sehr ähnlich. Ihre dunklen Haare sind ebenso drapiert wie auf dem Stieler'schen Gemälde.[13]

Abgesehen von ihrem „Auftritt" auf dem Faschingsball und in der Schönheitengalerie trat Bella mit ihrer Hochzeit erneut kurz ins Rampenlicht. Am 20. April 1830 heiratete sie den Witwer Hektor Julian Roman Graf von Kwilecky auf Kwicz, Gutsbesitzer zu Oberzedlitz im Großherzogtum Posen und Erbherr der Herrschaft Goslawik im Königreich Polen.[14] Der Gutsbesitz Oberzedlitz (Swidnica gorne) liegt rund sechs Kilometer von der Kreisstadt Fraustadt (Bezirk Glogau) entfernt. Dorthin zog sich das Paar zurück, wo es relativ unauffällig und von der übrigen Welt unbemerkt lebte. Nur gelegentlich ging man auf Reisen. So sind etwa am 17. Oktober 1841 in den „Drei Mohren" in Augsburg abgestiegen: „Graf Kwilecky auf Kwicz und Goslawicze, Standesherr mit Familie und Gefolge aus Polen; Gräfin von Tauffkirchen, geb. Gräfin Lodron, von München [Isabellas Mutter]".[15]

Nach und nach kamen vier Kinder zur Welt: Casimir (geboren am 25. Januar 1831), Wladislaus (geboren am 30. Dezember 1831, gestorben 1870), Mieczysław/Mieczislaus (geboren am 15. August 1833) und Anna (geboren am 4. Juni 1836), die den polnischen Grafen Johann Mielzynski heiratete. Doch wirklich viel ist nicht über Bella und ihre Familie bekannt. Am 30. August 1843 starb Isabellas Mann Hektor, sie selbst folgte ihm am 13. Juli 1855 im Alter von 47 Jahren.[16]

Die polnische Magnatenfamilie Kwilecky, auch Kwilecki geschrieben, hatte viele verschiedene Vertreter im 19. Jahrhundert, die meist auch politisch in Erscheinung traten. So auch Isabellas dritter Sohn, der 1833 in Oberzedlitz geborene Mieczysław Maria Napoleon Graf Kwilecki. Von 1851 bis 1855 diente er in der preußischen Armee, danach verwaltete er seinen Besitz, das Rittergut Oporowo (Provinz Posen). Ob sein Austritt aus der preußischen Armee mit dem Tod der Mutter in Zusammenhang steht, ist nicht überliefert. 1864 wurde Mieczysław wegen Aktivitäten in der polnischen Nationalbewegung angeklagt, allerdings in der Folge freigesprochen.[17] 1872 erscheint er als Mitbegründer der Posener Landesbank, von 1867 bis 1871 gehörte

er dem Reichstag des Norddeutschen Bundes an. Ab 1916 war er Vize-
präsident der polnischen Partei Koło Polskie. Der Großgrundbesitzer
und Politiker starb am 5. Juni 1918 auf seinem Gut Oporowo.
    Zu Beginn des 20. Jahrhunderts rankte sich um Mieczysław und
seinen Sohn, wiederum mit dem Namen Hektor, ein spektakulärer
Kriminalfall. Der von einem großen Medieninteresse begleitete Prozess wurde allerdings nach mehrwöchigen Verhandlungen zuun-
gunsten der Nachfahren von Isabella Tauffkirchen entschieden.[18]

*Das Porträt der schönen Isabella, das Joseph Stieler rückseitig mit „Bella
(Isabella) Gräfin v. Tauffkirchen" bezeichnete, war am 9. Januar 1828 in
Arbeit. Das Bild gilt als Auftrag, „damit auch Adelige darinnen" und
sich das ganze Projekt Schönheitssammlung – so das Anliegen des
Königs – „in der Meinung der Menschen hebt".[19] Am 28. Februar wurde
Bella Taufkirchen zusammen mit dem König bei Stieler gesichtet[20] und
am 9. April 1828 das Gemälde bezahlt.[21]*
    *Das Porträt zeigt die 20-jährige Gräfin, die darauf jedoch älter wirkt,
in einem ausgeschnittenen, pomphaften Kleid aus rotem Samt mit weißen, luftigen Keulenärmeln. Der schwere Hut aus dem gleichen Stoff ist
mit hauchdünnen Seidenbändern geschmückt, die, was damals als
besonders elegant galt, weit über die Taille herabfallen. Die schwarzen
Lockenbündel über den Schläfen, die langen Perlenohrringe und die
massive Perlenkette geben – wie auch Auguste von Oertzen fand – „dem
zwanzigjährigen Mädchen ein frauenhaftes Aussehen".[22] Die Kostümie-
rung ähnelt einem anderen Gemälde Stielers: Fast zeitgleich, ebenfalls
im Jahr 1828 malte er die Schauspielerin Caroline von Heygendorf
(1777 – 1848), geborene Jagemann, als Portia im „Kaufmann von Venedig". Kleidung, Schmuck und sogar Aussehen der beiden im Alter so
unterschiedlichen Damen ähneln sich sehr. Das Porträt der Schauspielerin wurde von ihrem Geliebten, dem Goethe-Förderer Großherzog
Carl August von Sachsen-Weimar-Eisenach, in Auftrag gegeben. Nach
dessen plötzlichem Tod am 14. Juni 1828 schickte Stieler das Bild 1829
unvollendet nach Weimar, wo es ausgestellt wurde.[23] Es ist mit einiger
Sicherheit anzunehmen, dass Ludwig I. das Porträt der Schauspielerin
in Stielers Atelier gesehen hat. Vielleicht war die Ähnlichkeit der beiden
Gemälde sogar vom König gewünscht.*
    *Zudem gibt das Bild der schönen Bella Rätsel auf: In einem Schrei-
ben vom 18. August 1829 an seinen Galeriedirektor Johann Georg von*

Dillis wünschte Ludwig I., dass zehn weibliche Bildnisse von Stieler im Herbst in der Kunstausstellung gezeigt würden, darunter „Gfin. Isabella Tauffkirchen".²⁴ Ausgestellt wurde das Bild dann jedoch nicht. Es war zwar nicht die einzige Veränderung gegenüber den ursprünglichen Wünschen des Königs, dennoch ist dieser Wechsel auffällig. Vielleicht steht sie mit der nur wenige Monate später erfolgten Verehelichung von Isabella mit dem polnischen Grafen in Verbindung. Vielleicht wollte der Bräutigam nicht, dass man seine Braut in einer Ausstellung zwischen Bürgerlichen zur Schau stellt. Auch die zweite Adelige, Amalie von Kruedener, war nicht in der Kunstausstellung vertreten. Doch ihr Bild hatte nicht auf der Wunschliste des Königs gestanden. Auf jeden Fall ist festzuhalten, dass auch in der Zukunft von Isabellas Bild – wie von dem Modell selbst – kaum mehr die Rede ist.

Die Vorlage für das Foto im Visitkartenformat schuf der Lithograf Jakob Melcher.

Cornelia Vetterlein, verheiratete von Künßberg (1812–1862)

Das Bild der jugendlichen Schönheit mit dem Veilchensträußchen in der Hand ist eines der bekanntesten der Galerie. Dennoch zählt Cornelia Vetterlein zu den Schönheiten, über die nur sehr wenig zu erfahren ist, obwohl sowohl ihr Vater als auch ihr Bruder sowie später ihr Ehemann im öffentlichen Leben jener Tage durchaus bedeutende Positionen einnahmen. Mit Cornelia wurde bereits 1828 erstmals eine Tochter aus einer Beamtenfamilie in die Riege der Schönheiten aufgenommen.

Am 25. Dezember 1811 wurde sie als „Christiane Antoinette Cornelie Johanne" Vetterlein im oberfränkischen Münchberg geboren. Am 2. Januar des folgenden Jahres wurde sie evangelisch-lutherisch getauft.[1] Ihre Eltern waren Johann Karl Martin Vetterlein (ca. 1787–1849), damals noch Kammerreferendar sowie Steuer-Rectifikations- und Kriegs-Kommissar, ein bayerischer Beamter also, und Johanna Rosalie (gestorben 1872), geborene Schneider, die Tochter des Hofgärtners im nahen Bayreuth.[2] Die Familie wohnte in Münchberg

im Haus Nr. 14 (heute Ludwigstraße 14). Es stand an der Stelle des 1839 erbauten und inzwischen unter Denkmalschutz stehenden Landratsamtes (heute genutzt als Berufsfachschule für Krankenpflege), unmittelbar neben dem Rathaus.

Cornelia war die älteste von fünf Töchtern des späteren Staatsrats Johann Karl Vetterlein. Am 19. April 1813 kam ihre Schwester Luise Renata Wilhelmine Bernhardine Flora ebenfalls noch in Münchberg zur Welt.[3]

Weitere Kinder sind in Münchberg nicht vermerkt. Vermutlich wurden sie in Bayreuth geboren und getauft, wohin der Vater bald versetzt worden war. Auch wenn immer nur von „fünf Töchtern" die Rede ist, scheint es zumindest einen Sohn gegeben zu haben: Karl Vetterlein wurde am 21. Juli 1815 in Bayreuth geboren und später wie sein Vater höherer Beamter.[4]

Das ehemalige Fürstentum Bayreuth war erst 1810 an das junge Königreich Bayern gekommen, Bayreuth selbst wurde ab 1812 kreisunmittelbare Stadt im Obermainkreis. Und dorthin wurde der Vater Johann Karl Vetterlein als Beamter versetzt. Dort begann eine steile Karriere. Im Frühjahr 1817 wurde der bisherige „Kammer-Referendär" zum zweiten Assessor befördert.[5]

Die Familie Vetterlein lebte nun vor allem in Bayreuth, doch ab 1825 vertrat der Vater als Deputierter den Obermainkreis (Bayreuth) in der Kammer der Abgeordneten in München[6] und wohnte hier zunächst im Hotel.[7] Später scheint er sich eine Wohnung genommen zu haben und die Familie scheint zumindest zeitweise nachgekommen zu sein. Gleichzeitig kletterte er auf der Karriereleiter nach oben: Ende 1825 wurde er zum Regierungsrat in der Kammer der Finanzen in der Kreisregierung des Obermainkreises (Bayreuth)[8] und am 29. Juli 1828 vom König zum Ministerialrat beim Königlichen Staatsministerium der Finanzen ernannt,[9] kurz nachdem das Gemälde seiner Tochter gemalt worden war. Ob es einen Zusammenhang gab, ist unklar, da die Beförderungen durchaus dem normalen Werdegang eines engagierten Beamten entsprachen. Der Name Johann Karl Vetterlein erscheint sehr häufig auf den Rednerlisten.

König Ludwig I. soll die damals 16-jährige Cornelia auf der Straße gesehen haben – und entzückt gewesen sein. So berichtet es zumindest Auguste von Oertzen. Und weiter: Bei einem Treffen mit dem Vater soll er zu diesem gesagt haben: „Haben schöne Tochter, werde sie malen lassen". Wenige Tage später erschien Stieler bei den Vetterleins, um die Sitzungen zu verabreden. Der Vater hatte allerdings eine Bedingung gestellt, bevor er seine Einwilligung gegeben hat: Cornelia sollte nicht erfahren, warum sie gemalt wird. Nicht dass sie sich etwas darauf einbilde und eitel werde! Also gaukelte man ihr vor, das Porträt sei als Geschenk für die Großmutter gedacht.

Laut Auguste von Oertzen soll das lebhafte königliche Interesse den um die Tugend seiner Tochter besorgten Vater nervös gemacht haben, sodass er sich bei der nächsten Gelegenheit wieder in seine oberfränkische Heimat, nach Bayreuth, versetzen ließ. Dies dürfte so nicht ganz richtig sein. Die Familie hatte zu diesem Zeitpunkt ihren Hauptwohnsitz ja bereits in Bayreuth. Vetterlein hätte also seine Tochter Cornelia einfach nur nach Hause schicken müssen. Tatsache ist jedoch, dass er Ende des Jahres 1828 erneut einen Karrieresprung machte. Am 30. Dezember wurde der Ministerialrat Vetterlein provisorisch zum Direktor der Regierung des Obermainkreises ernannt.[10] Doch als Abgeordneter der Zweiten Kammer war Regierungsdirektor Vetterlein auch danach immer wieder in München.[11] Bereits 1840 wurde ihm der Verdienstorden vom Heiligen Michael verliehen, gleichzeitig mit dem Recht, sich „von Vetterlein" zu nennen.[12] Ende 1846 erfolgte seine Ernennung zum Staatsrat und sein endgültiger Umzug nach München.[13] Er verkaufte nun nicht nur sein beachtliches Grundeigentum in Bayreuth,[14] das Haus, das danach zeitweise als Krankenhaus genutzt wurde, samt Garten, sondern auch einen Großteil der wertvollen Einrichtung – so viel, dass die Auktion mehrere Tage in Anspruch nehmen sollte.[15] Seine umfangreichen Jagden in und um Bayreuth erwarb ein Herzog von Württemberg.[16] Nachdem Vetterlein seinen dortigen Grundbesitz weitestgehend verkauft hatte, musste er als Deputierter zurücktreten.[17] Dafür wurde ihm Ende des Jahres 1847 die Präsidentenstelle des Oberstrechnungshofs übertragen.[18] Doch sehr lange konnte er sich der neuen Stelle nicht mehr erfreuen. Im Frühjahr 1848 war Johann Karl Vetterlein ernsthaft erkrankt, weswegen ihm mehrmals ein mehrwöchiger Urlaub erteilt wurde.[19] In der Nacht vom 24. auf den 25. Januar 1849 starb in München der Staatsrat Vetterlein, „von früheren Landtagen her auch als Mitglied der Kammer der Abgeordneten bekannt", im Alter von 62 Jahren.[20]

Seine Frau Rosalie blieb in München und wohnte in der Brienner Straße 14.[21] Sie überlebte ihren Mann um mehr als 20 Jahre. Im Herbst

1872 schließlich starb in München „Rosalie Vetterlein, Staatsraths-wittwe"[22] – ein Jahrzehnt nach ihrer Tochter Cornelia.

Den letzten Umzug der Eltern nach München hatte die Tochter Cornelia nicht mehr mitgemacht. Am 3. Oktober 1843 – und damit ziemlich spät – ehelichte sie den Witwer Franz Ludwig Friedrich Reichsfreiherr von Künßberg auf Hain-Schmeilsdorf und Wernstein (1785 – 1860). Die Braut war damals 31 Jahre alt, der Bräutigam fast 58 und damit sogar etwas älter als ihr Vater.

Der am 18. Dezember 1785 geborene Rittergutsbesitzer zu Schmeilsdorf konnte bereits auf eine beachtliche Karriere zurück-blicken: Oberst-Leutnant für die Landgerichte Kulmbach, Hollfeld, Lichtenfels, Scheßlitz, Seßlach, Weismain, dann die Herrschafts-gerichte Banz, Tambach und Thurnau, war Landrat für Oberfranken und Mitglied in der Klasse der adeligen Gutsbesitzer mit Gerichts-barkeit und einiges andere mehr.[23] Am 5. März 1862 verstarb Christiana Antoinetta Cornelia Johanna von Künßberg, geborene Vetterlein, in Kulmbach,[24] nur eineinhalb Jahre nach ihrem Mann, der am 29. Juli 1860 in Schmeilsdorf gestorben und im nahen Schwarzach (heute beide Gemeinde Mainleus) beigesetzt worden war.

Cornelia hatte am 13. Oktober 1844 auf Gut Schmeilsdorf eine Tochter, Cornelie Caroline Rosalie Theresia Charlotte Franziska,[25] meist jedoch nur Kornelie geschrieben, auf die Welt gebracht – ihr einziges Kind. Damit erlosch die Linie Haim-Schmeilsdorf, da aus der ersten Ehe ihres Mannes mit einer Frau von Falkenhausen auch kein männlicher Nachfolger hervorgegangen war.

Die Tochter Kornelie heiratete am 10. Oktober 1863 in München einen entfernten Verwandten, Ottokar August Karl Heinrich Freiherr von Künsberg-Oberlangenstadt (1841 – 1890), aus der katholischen Linie, die sich mit „s" schreibt, während die protestantische ein „ß" im Namen führt. So blieb der Besitz wenigstens in der Familie. Kornelie Freiin von Künsberg starb am 11. Mai 1902 in München. Über ihre zwei Söhne gibt es bis heute direkte Nachfahren. Doch ist in der weit ver-zweigten Familie von Künsberg wenig über die schöne Ahnin bekannt.

Am 14. April 1828 malte Joseph Stieler bereits an dem Bild der Cornelia Vetterlein; am 16. Mai 1828 wurde es bezahlt.[26] Auch wenn eine Be-schreibung von 1845 die junge Dame mit dem rotsamtenen Kleid, ein venezianisches Collier tragend und das Veilchenbouquet in der Hand, für eine Münchnerin hält,[27] handelt es sich doch um eine oberfränkische Beamtentochter. Und nicht nur der Münchner Berichterstatter Friedrich Wilhelm Bruckbräu war von ihr begeistert: „Die sonnenheitere Unschuld in Ihrem Engelköpfchen, Fräulein V., hat in mir väterliche Gefühle erregt. Könnte ich einst der Vater eines so lieben Töchterchens seyn, dachte ich mir, dessen Veilchen in der Hand das wahre Symbol der Unschuld und Bescheidenheit ist."[28]

Generell erinnert außer dem Porträt kaum etwas an die einstige Schönheit. Von den Künsberger Besitzungen Schloss Nagel nach Unterlangenstadt führt ein Waldweg vorbei an einem Felsen mit der Inschrift „Cornelie".[29] Möglicherweise erinnert der „Cornelien-Felsen" an ihren Sterbeplatz.

Als Kuriosum jedoch kann gelten, dass diese Schönheit auch das Markenzeichen der Zigarre „La Cornelia" geworden ist, hergestellt von der Firma „Vetterlein Brothers" in den USA. Anfang des 20. Jahrhunderts zierte eine Nachzeichnung von Stielers Porträt die Zigarrenkisten. Allerdings ist nicht klar ob und wenn ja, in welchem Grad die Firma mit der bayerischen Familie verwandt war. Der Gründer der Zigarrenfirma in Philadelphia wurde 1809 als Theodor H. Vetterlein in Halle geboren und wanderte 1833 in die USA aus. Später kam sein Bruder nach und gründete den Zweig in New York. Die Söhne führten das Geschäft seit 1890 weiter. Sie nannten die Zigarren „Little Cousins" als Übersetzung ihres Familiennamens und brachten „La Cornelia" auf den Markt, benannt nach dem Bild in der „Gallery of Beauties" in München. Eric H. Vetterlein,[30] ein Nachfahre des Gründers der Zigarrenfirma, die heute nicht mehr existiert, bezweifelt, dass seine Familie mit der Schönheit verwandt ist, meint vielmehr, dass es sich um eine Namensgleichheit handelte und der Name „La Cornelia" aus Werbegründen gewählt wurde. Es hat ja auch so gut gepasst.

Die Vorlage für das Foto im Visitkartenformat schuf der Kupferstecher Conrad Geyer.

Amalie Freiin von Kruedener, geborene Stargard, verheiratete Adlerberg (1808–1888)

Von Anfang an war es das Ansinnen König Ludwigs I., Damen aus den verschiedensten Ständen, nur aufgrund ihrer Schönheit, in die Galerie aufzunehmen. Amalie Freiin von Kruedener, der Ludwig mit Sicherheit bei vielen Gelegenheiten begegnet ist, war eine Dame aus der höheren Gesellschaft. Sie adelte die „Sammlung der schönen Köpfe", in die bereits im Jahr zuvor (1828) Gräfin Isabella von Tauffkirchen aufgenommen worden war, noch mehr und sollte wohl als „Türöffner" bei weiteren hochadeligen Damen wirken – eine Rechnung, die zunächst allerdings nicht aufging. Nach vier weiteren bürgerlichen Mädchen wurde erst zwei Jahre später, im Jahr 1831, mit Amalie von Schintling wieder eine Adelige in die Riege der Schönsten der Schönen aufgenommen.

Amalie Freiin von Kruedener wurde als Amalie Stargard im Sommer 1808 in Regensburg als uneheliche Tochter von hochadeligem Blut geboren. Der Vater war Graf Maximilian von Lerchenfeld auf Köfering (1772–1809), die Mutter Fürstin Mathilde Therese von Thurn und Taxis (1773–1839), eine geborene Prinzessin von Mecklenburg-Strelitz, gleichzeitig eine Schwester von Königin Luise von Preußen und Charlotte von Sachsen-Hildburghausen und damit eine Tante von König Ludwigs Ehefrau, Königin Therese. Man kannte sich also. Und so ist es nicht weiter verwunderlich, dass auch die junge Amalie Stargard, die schließlich 1823 von Gräfin Maria Anna von Lerchenfeld auf Köfering (1775–1854) adoptiert wurde, in den besten Kreisen verkehrte.

Das genaue Geburtsdatum von Amalie Stargard (benannt nach den mecklenburgischen Besitzungen der Familie der Mutter) lässt sich nicht ausfindig machen. Vermutlich wurde es schon zu ihrer Zeit verschleiert. Immerhin war das Mädchen ein Kind der Liebe. Während Fürst Karl Alexander von Thurn und Taxis aus politischen Gründen ein paar Jahre in Paris lebte, feierte seine Frau, die mit ihm bereits sieben Kinder hatte, im heimatlichen Regensburg rauschende Feste. Ihr ausgesprochener Favorit war Graf Maximilian von Lerchenfeld.

PILOTY & LOEHLE
MUENCHEN

VII

Nicht nur Mathilde Therese von Thurn und Taxis war damals verheiratet, auch der Graf war es. Doch es muss die große Liebe gewesen sein,
da dieser Verbindung insgesamt fünf illegitime Sprösslinge entstamm-
ten. Amalie war das vierte Kind. Kurz nach der Geburt des fünften
starb Maximilian von Lerchenfeld ganz unerwartet im Alter von nur
37 Jahren. Was sollte nun aus der unehelichen Kinderschar werden?
Amalie war gerade einmal ein Jahr alt. Sie kam zunächst zur Darmstädter Familie von Sternfeld, die mit ihrer Mutter Mathilde Therese
verwandt war, weswegen Amalie zeitweise auch den Namen Sternfeld
führte. Später brachte man sie nach Regensburg, in die Nähe der Mutter, doch diese war damals gerade dabei, sich wieder ihrem Mann
anzunähern – nicht aus großer Liebe, sondern vor allem aus poli-
tisch-wirtschaftlichen Gründen. Zudem kümmerte sich die Fürstin
schon kaum um ihre legitime Nachkommenschaft. Der illegitime
Nachwuchs wurde gänzlich vernachlässigt. Lieber ging sie nach Wien,
tanzte auf dem Kongress und versuchte Politik zu machen. Da bewies
die betrogene Witwe Gräfin Maria Anna von Lerchenfeld Größe: Sie
nahm das illegitime Kind ihres Mannes zu sich und erzog die Kleine
zusammen mit deren Lerchenfeld-Halbgeschwistern. Lebensmittel-
punkt von Amalie waren nun das Palais Lerchenfeld in der Münchner
Damenstiftstraße mit seiner wunderbaren Rokoko-Fassade (heute
Städtisches Bestattungsamt) und das Wasserschloss Köfering bei
Regensburg. Schließlich trug sie dank Adoption und der 1823 erteilten
Erlaubnis durch den Großherzog von Hessen-Darmstadt, der vorher
den Namen Sternfeld genehmigt hatte, sogar den Namen Lerchenfeld.
Und bald wurde die hübsche Amalie ein begehrtes Objekt auf dem
adeligen Heiratsmarkt – ungeachtet ihrer illegitimen Herkunft.

Als Halbschwester des Diplomaten, der wie sein Vater Maximilian
von Lerchenfeld-Köfering (1799–1858) hieß, verkehrte Amalie in
diplomatischen Kreisen. So lernte sie den damals noch wenig bekannten russischen Dichter und Diplomaten Fjodor Tjutschew (1803–1873)
kennen, nachdem dieser Mitte des Jahres 1823 mit einem bescheidenen diplomatischen Posten bei der russischen Botschaft in München
betraut worden war. Er war damals 20 Jahre alt, sie 16. Für ihn war es
die große Liebe. Amalie, vermutlich zunächst ein verliebter Backfisch,
empfand bald nur noch große Sympathie für ihn und protegierte den
tadellos erzogenen, aber äußerst schüchternen jungen Diplomaten. Sie
zeigte dem russischen Freund München und ihre Heimat an der Do-

nau – selbstverständlich stets begleitet von älteren Anstandsdamen. Und der verliebte Dichter erinnerte sich noch Jahre später, bis an sein Lebensende in poetischen Strophen dieser „goldenen Zeit", den verliebten Jugendjahren in Bayern: „Ich vergesse nie dieses meinem Herzen so liebe Land! Es dunkelte der Abend, wir waren zusammen. Unten in der Tiefe rauschte die Donau." Heinrich Noë hat Tjutschews „Lyrische Gedichte" aus dem Russischen ins Deutsche übersetzt.

Tjutschew war bezaubert von Amalie, aber auch voller Misstrauen und Eifersucht. Seine Ahnung sollte ihn nicht täuschen. Die jugendliche Schöne entschied sich für einen anderen, den 22 Jahre älteren, schwerreichen russischen Diplomaten Baron Paul Alexander von Kruedener (1786 – 1852). Der junge Poet war verzweifelt. Beinahe wäre es sogar zu einem Duell gekommen. Doch Tjutschew verließ das „geliebte Land" Bayern. Auf Ersuchen seines Vorgesetzten wurde ihm ein längerer Urlaub gewährt. Ende Mai 1825 reiste er ab nach Russland; ein Jahr später kehrte er jedoch auf seinen Posten in München zurück, wo er Amalie wiedertraf.[1] Die unglückliche Liebe des Poeten zu der umschwärmten Schönheit war Stadtgespräch und noch heute wird in Romanen darüber geschrieben – allerdings nur auf Russisch, übersetzt wurden sie nicht.

Am 31. August 1825, drei Monate nach der Abreise Tjutschews, wurde in der Schlosskapelle von Köfering die Hochzeit von Amalie Lerchenfeld und dem deutsch-baltischen Baron Paul Alexander von Kruedener gefeiert. Dieser war von 1822 bis 1826, also fast zeitgleich mit Tjutschew, Attaché an der russischen Gesandtschaft in München, danach Gesandter am bayerischen Hof. In diese Zeit fallen auch die Sitzungen für das Porträt in Stielers Atelier. Ein Jahr nach der Hochzeit kam in München die Tochter Maria zur Welt, bald darauf ein Sohn.

Es sei noch erwähnt, dass die berühmte Juliane von Kruedener (1764 – 1824), die in ganz Europa bekannte Schriftstellerin, Mystikerin, Geisterbeschwörerin, strenge Pietistin und missionarische Beraterin des Zaren Alexander I., die wegen allerhand Betrugsgeschichten sogar steckbrieflich gesucht wurde, die Schwiegermutter von Amalie war, die sie aber wohl nicht persönlich kennengelernt hat. Aber für die Zeitgenossen passte diese Verbindung durchaus zusammen: Auch die Schwiegertochter war – wie Juliane von Kruedener – von illegitimer Herkunft, wies einen geheimnisvollen Lebensweg auf und wurde von der Männerwelt vergöttert.

Nach neun Jahren in München wurde Paul Alexander von Kruedener nach Russland zurückbeordert. Nun begann für Amalie ein neuer,
spannender Lebensabschnitt in Sankt Petersburg. Zarin Maria Alexandrowna – wie könnte es anders sein: eine Cousine Amalies Mutter
Mathilde Therese von Thurn und Taxis – nahm die hübsche bayerische Verwandte unter ihre Fittiche. Und schon bald lag der schönen
Diplomatengattin auch an der Newa die Gesellschaft zu Füßen.

Amalie begeisterte mit ihrer Schönheit nicht nur die Männerwelt,
sondern auch Frauen. Eine Russin, die die Schönheit anno 1833 auf
einem Ball in Sankt Petersburg traf, notierte: „Die Kruedener ist wirklich sehr schön. Was für wunderbare Haut, was für feine Gesichtszüge!“ Doch war Amalie nicht nur schön, sie war gleichermaßen klug,
witzig und hatte eine angenehme Singstimme. Auch zeichnete sie
etwas Liebliches, Schüchternes aus, wie Fürst Peter Wyazemsky, ein
anderer russischer Schriftsteller, bemerkte. In einem Brief an seine
Frau beschrieb er Baronin Kruedener, den Star eines Ballabends, die
er allerdings fälschlicherweise für eine Sächsin hielt: „Hier war eine
junge Sächsin, lieblich, jung, strahlend, aber schüchtern. Ich habe
Lüzerode [den sächsischen Gesandten in Sankt Petersburg] gebeten,
daß er sie nicht zu viel den Leuten zeigen und nur kurz vor ihrer Abreise allen vorstellen soll. Sonst vergehen die Menschen vor Neid und
Eifersucht.“ In dem Brief verschwieg er seiner Frau vorsichtshalber,
dass er selbst zu den Eifersüchtigen gehörte und missbilligte, dass
Puschkin „errötend und etwas zaghaft“ der Schönheit auf einer Soirée
beim österreichischen Gesandten den Hof machte. Und einige Tage
später notierte Wyazemsky: „Gestern war die Kruedener besonders
liebreizend, weiß, mit wunderbaren Schultern. Den ganzen Abend
sang sie mit Vielgorsky [Mikhail Vielgorsky, Cellist und Komponist]
‚Deutsche Stückchen‘. Ihre Stimme ist wirklich sehr schön.“[2] Selbst
Zar Nikolaus I. soll Amalie verehrt haben. Auf jeden Fall schenkte er
ihr im Winter 1836 einen herrlichen Zobelpelzmantel, der Anlass für
viel Getratsche und Getuschel gab.[3] Auch Dorothea Herzogin von
Dino, später Herzogin von Talleyrand und Sagan, schrieb noch im
Mai 1840 in Berlin: „Gestern abend fand ich bei dem Prinzen Wittgenstein die bekannte Frau von Kruedener, geborene Lerchenfeld
[…]. Es ist die, welche in Petersburg zuerst der Liebling der Kaiserin
war, dann aber etwas zurückgesetzt wurde, weil der Kaiser sie aus-
zuzeichnen schien. Sie gleicht sehr der verstorbenen Königin von

Preußen, was sich durch die Verwandtschaft erklärt, hat aber nicht das Königliche der Erscheinung, trotzdem sie eine schöne Frau ist."[4]

Nicht nur in Sankt Petersburg, sondern auch bei ihren Besuchen in Bayern verkehrte Baronin von Kruedener in den höchsten Kreisen, ja sie war sogar Vertrauensfrau für diverse organisatorische Fragen, etwa die Reise der Zarin nach Bayern im Jahr 1838 betreffend.[5] Auch als die russische Kaiserin Alexandra sowie Königin Therese und Kronprinz Max mit einigen hohen Gästen im Sommer in Schloss Tegernsee weilten, war sie mit von der Partie. Dort wurden als Zeitvertreib auch „Lebende Bilder" (Tableaux vivants) gestellt, u. a. „Eleonore v. Este, welcher Tasso seine Gedichte vorliest", dargestellt von Herzog Max von Leuchtenberg und Frau von Kruedener.[6]

Und ohne die aktive Hilfe von Amalie und ihrem Halbbruder Max von Lerchenfeld, der als königlich bayerischer Gesandter ebenfalls einige Zeit in Sankt Petersburg lebte, hätte auch eine königliche Hochzeit kaum stattgefunden: Der Neffe König Ludwigs I., Herzog Max von Leuchtenberg, sollte Großherzogin Maria Nikolewna, die Tochter des Zaren, heiraten. Max hätte viele Prinzessinnen haben können; angeblich aber hat Amalie von Kruedener „nachgeholfen", damit die russische Prinzessin schließlich die Auserwählte wurde.[7] So kam es nicht von ungefähr, dass Max von Leuchtenberg und seine Begleiter mehrmals mit Baronin Kruedener zusammentrafen, als sie 1839 auf Brautfahrt nach Russland gingen. Immer ist sie in unmittelbarer Umgebung des Zaren und seiner Frau zu finden, teilweise sogar als Tischdame des Zaren. Auch im Sommerschloss Peterhof vor den Toren von Sankt Petersburg oder in Krasnoje Selo, wo das Ehepaar Kruedener sogar selbst ein Landhaus besaß, war sie mit von der Partie.[8] Und nach Abschluss der Hochzeitsfeierlichkeiten erhielt ihr Ehemann einen weiteren bayerischen Orden.[9]

Doch auch andere Verbindungen wurden von „der schönen Krüdener", wie Joseph Stieler selbst vermerkte, eingefädelt. Im Herbst 1838, nach dem Sommer am Tegernsee, in dem sie den Künstler jedoch nicht persönlich getroffen hatte, schickte sie ihm im Namen der Zarin eine Einladung nach Sankt Petersburg, natürlich auf Kosten der Russen. Er sollte die kaiserliche Familie porträtieren. Doch Stieler lehnte ab. Die weite Reise schien ihm zu beschwerlich.[10] Und auch der Architekt Leo von Klenze hatte seine Berufung nach Petersburg dem Ehepaar von Kruedener zumindest mit zu verdanken. 1839 wurde er dort von der Familie, die das Maison Neklndoff direkt am „Grand Quai" bewohnte, betreut, wofür er sich mit einem Gemälde revanchierte.[11]

Klenzes Sohn Hippolyt berichtete in seinem Reisetagebuch, dass er „die Baronin Krüdener [traf], den Liebling der Kaiserin, ihr factotum – welche trotz Rang und Ehre dieselbe liebenswürdige Frau geblieben war und sich freute, wieder einen Landsmann zu treffen." Er wurde durch sie dem Chef der Polizei und Vertrauten des Kaisers, General Alexander Graf von Benkendorff, vorgestellt. Bei Kruedeners Essenseinladung wurde bayerisches Bier kredenzt, das ein aus Kelheim zugewanderter Brauer in Sankt Petersburg braute. Hippolyt Klenze besuchte das Ehepaar auch auf dessen Landgut nahe Peterhof. „K's Wohnung liegt sehr schön isoliert von dem Hoftreiben, wo man den ganzen Tag von Besuchen gequält ist. Hier aber lebt man, was man so nennen kann, auf dem Lande. Ein vor dem Hause liegender Wald ist so gerade durchschnitten, daß man die Aussicht auf einen Theil des Meeres gerichtet; der Garten ist mit schönen Laub-Bäumen ausgestattet."[12]

Amalia Maximilianowna, wie man sie in St. Petersburg nannte, begeisterte sich nicht nur für Malerei, Architektur und Musik. Sie liebte gleichermaßen Literatur und las alle neuen Werke der zeitgenössischen Dichter. Auch nachdem Tjutschew die Aussichtslosigkeit einer Ehe mit Amalie eingesehen und seinerseits geheiratet hatte sowie Vater mehrerer Kinder geworden war, blieb ihm Baronin Kruedener eine zuverlässige Freundin, die ihn unterstützte, wo immer sie konnte. Sie wohnten in München zunächst sogar in der Nähe voneinander: der Dichter am Karolinenplatz, die Kruedeners in der Brienner Straße 15. Amalie brachte seine Gedichte aus München mit nach Sankt Petersburg, die wiederum Puschkin so sehr begeisterten, dass er sie in seinem Almanach veröffentlichte. Auch finanziell griff Amalie ihrem Jugendfreund unter die Arme. Und schließlich freundete sich sogar ihr Mann mit dem Dichter an. Bis zu Tjutschews Ende riss der Kontakt nicht ab. Im Juli 1870 trafen sie sich in Karlsbad, wo der inzwischen gealterte Dichter zur Kur weilte. Diese Begegnung bedeutete ihm viel: „Sie sind genau so wundervoll wie früher. Und in meinem Herzen ist dieselbe Liebe." Drei Jahre später eilte Amalie nach St. Petersburg an das Sterbelager des Freundes.[13]

Zum Zeitpunkt von Tjutschews Tod war aus der Baronin Kruedener längst Gräfin Adlerberg geworden. Baron Kruedener war im

Januar 1852 gestorben. Einige Jahre später, noch immer wunderschön, heiratete Amalie den elf Jahre jüngeren Grafen Nikolai Wladimirowitsch Adlerberg. Mit ihm fand sie die große Liebe und ihr Glück. Der junge Adelige schwedischer Abstammung, jedoch am 19. Mai 1819 in Sankt Petersburg geboren, hatte enge Verbindungen zum Zarenhof. Als Sohn eines einflussreichen Ministers und Beraters des Zaren Nikolaus war er mit dem Zarewitsch, dem späteren Zar Alexander II., aufgewachsen. Adlerberg fand sich in der Folge häufig im Dunstkreis des Zaren.[14] Die „Dynastie Adlerberg" spielte am russischen Hof und in der Gesellschaft während des 19. Jahrhunderts eine herausragende und ebenso ehrgeizige wie eigennützige Rolle. An allen europäischen Höfen war ihr Einfluss bekannt und man bediente sich angeblich dessen, „wenn es darauf ankam".[15] Vor allem Zar Alexander II. begünstigte nicht nur Nikolaus Adlerberg, sondern auch seinen Bruder Alexander, der um die Mitte des 19. Jahrhunderts Generaladjutant und Minister des Kaiserlichen Hauses in Sankt Petersburg war.

Wann die Affäre zwischen Nikolaus Adlerberg, wie er sich später in Bayern nannte, und Amalie begonnen hat, ist nicht bekannt, spätestens allerdings 1848, denn damals kam der gemeinsame Sohn Nikolaus, Kolja genannt, zur Welt. Um die Angelegenheit etwas zu vertuschen, nahm Adlerberg eine Stelle als Botschafter am schwedischen Königshof in Stockholm an. Amalie blieb in Sankt Petersburg – aus gesundheitlichen Gründen, wie es hieß. Erst nach dem Tod von Paul Alexander von Kruedener war der Weg frei für Amalie und Adlerberg. Die Hochzeit fand schließlich 1855 statt, vermutlich in Simferopol. Das Paar lebte zu diesem Zeitpunkt schon vorwiegend auf der Krim, wo Adlerberg diverse Posten innehatte. So erlebte Amalie den Krimkrieg (1853) hautnah mit. Sie kümmerte sich in Simferopol, wo ihr Mann zeitweise das Amt des Bürgermeisters bekleidete, um den Bau eines Kinderheims für Kriegswaisen aus eigenen Mitteln. Im Gegensatz zu allen anderen Waisenhäusern in Russland, die den Namen der Zarin Maria Alexandrowna trugen, erhielt das in Simferopol den Namen „Amalie Adlerberg Waisenhaus" (später Ethnographisches Museum).

Nach seinem Dienst auf der Krim wurde Adlerberg noch für ein paar Jahre als „kaiserlich russischer General-Lieutenant, General-Adjutant Sr. Maj. des Kaisers und Militär-Bevollmächtigter" nach Berlin versetzt,[16] bevor er 1866 zum Generalgouverneur von Finnland ernannt wurde. 15 Jahre lebte das Paar nun vorwiegend in Helsinki, wo Adlerberg – ein großer Theaterfreund – ein russisches Theater errichten ließ: das Alexandertheater, benannt nach seinem Jugendfreund Zar Alexander II. Als dieser 1881 allerdings einem Mordanschlag zum Opfer fiel, quittierte Adlerberg den diplomatischen Dienst.[17] Kurz darauf zog Amalie mit ihrem Mann zurück nach Bayern. Am 18. März 1882 war Graf Adlerberg zusammen mit dem Freiherrn Maximilian von Lerchenfeld und einigen anderen Adeligen zur großen Hoftafel bei König Ludwig II. geladen.[18]

In München logierten Amalie und ihr Mann im Palais Lerchenfeld; die Sommermonate verbrachten sie am Tegernsee. Oberhalb der Egerner Bucht, am auslaufenden Leeberghang, ließen sie die „Villa Adlerberg" (Schweighofstraße 2) errichten, umgeben von Obstgärten und Gewächshäusern, Pferdekoppeln, Stallungen und Wirtschaftsgebäuden. Im ersten Stock des Hauses entstand eine orthodoxe Hauskapelle, in der ein eigener Pope die Messe las. Nach all den turbulenten Jahren lebte das Paar nun äußerst zurückgezogen, ohne jedoch auf gesellschaftliche Kontakte zu verzichten. Nikolaus Adlerberg freundete sich etwa mit Herzog Carl Theodor in Bayern, dem Bruder der österreichischen Kaiserin Elisabeth an, der ihm seine Jagd überließ.[19]

Amalie muss noch lange eine imponierende Erscheinung gewesen sein: Als „eine ganz eigenartige Erscheinung lernte ich eine der Schwiegertöchter des hoch in den Neunzigern stehenden alten Grafen (Adlerberg) kennen", berichtete ein in russischen Diensten stehender Diplomat noch 1879. „Daß sie nicht mehr ganz jung war, konnte ich mir denken; doch überraschte sie mich durch die Schönheit ihrer Erscheinung, ihre Liebenswürdigkeit und die Geschmeidigkeit ihrer Bewegungen. Noch vor zwei Jahren hatte sie in einer Wohltätigkeitsaufführung gesungen, bewundert von aller Welt! Ich schätzte sie, von meinem Kameraden Adlerberg gefragt, auf 55 Jahre! Doch sie war 71!"[20] Es scheint, dass Graf Adlerberg noch immer mächtig stolz auf seine schöne Frau war.

Eine Woche vor ihrem 80. Geburtstag, am 21. Juni 1888, starb Amalie. Sie wurde auf dem Friedhof St. Laurentius in Rottach-Egern beigesetzt. Angeblich war die Stelle am gegenüberliegenden Seeufer bewusst in Sichtweite des gräflichen Schlafgemachs gewählt worden. Der untröstliche Witwer ließ im Grundbuch sinngemäß eintragen, dass jeder, der den Blick vom Haus Adlerberg hinüber zum Mausoleum verbaue, auf ewig verdammt sein solle.[21]

Amalie wurde allseits tief betrauert und im Nachruf war zu lesen: „Wer dieselbe gekannt, hoch und nieder, mußte sich von der liebenswürdigen Dame angezogen fühlen; die Armen verlieren an ihr eine stets helfende Mutter."[22]

Graf Nikolaus Adlerberg überlebte seine Frau um vier Jahre. Er starb nach längerer Krankheit am 25. Dezember 1892 in seiner Wohnung in der Münchner Kanalstraße und wurde neben seiner Frau Amalie in Rottach-Egern beigesetzt.[23] Erbe der Villa wurde der Sohn Kolja, der – selbst kinderlos – das Anwesen 1920 Helene von Linder, einer Verwandten, vermachte, die es wiederum an ihre Tochter Dolly von Massenbach weitergab. 1932 wurde es verkauft.[24]

Ursprünglich markierte ein Mausoleum die Begräbnisstätte, in der neben den Sarkophagen auch der feuervergoldete Säbel Adlerbergs, den er 1838 vom damaligen Zarewitsch und späteren Zaren Alexander II. bekommen hatte, aufbewahrt wurde. Zunächst kamen die Nachfahren noch alljährlich an Allerheiligen hier zusammen, doch nach dem Tod von Dolly von Massenbach, der letzten Erbin der Villa, fehlte der direkte Bezug zu der inzwischen baufälligen Grabkapelle. Nachfahren ließen 1968 Nikolaus und Amalie Adlerberg in ein Erdgrab in der Nähe umbetten und stimmten dem Abbruch des Mausoleums zu. Der Grabstein für „Nicolaus Comte Adlerberg" und „Amalie Comtesse Adlerberg"[25] ist bis heute erhalten; der goldene Säbel befindet sich im Museum Tegernseer Tal.[26]

Die Frage, wie Amalie von Kruedener in die Schönheitengalerie kam, kann nicht genau beantwortet werden. Sie zählte zur Münchner High Society und der König traf sie immer wieder auf Empfängen und Bällen. „Gestern Abend gab mein Schwager Herzog Max wegen dem Namenstag der verwittweten Königin Vocal-Music, größtentheils Liebhaber aus der Gesellschaft, Herr und Frau Krüdener, Fr. v. Schenk u. a.", berichtete Ludwig I. etwa im Januar 1831.[27] Von einer näheren Beziehung des Königs zu Amalie ist nichts bekannt. Er würdigte wohl nur ihre allgemein anerkannte Schönheit.

Das Gemälde in der Schönheitengalerie wurde laut rückseitiger Aufschrift im Laufe des Jahres 1828 gemalt. Am 8. Januar 1829 wurde es bezahlt – nicht im Januar 1828, wie oft zu lesen ist.[28] Erstaunlich aber ist, dass dieses Bild nicht unter denjenigen war, die König Ludwig 1829 in der Ausstellung zu sehen wünschte. Von dem Gemälde existierte noch eine zweite, bereits 1828 vollendete, heute aber nicht mehr bekannte Fassung.[29] *Vermutlich ist die Fassung in der Schönheitengalerie die Kopie des kurz zuvor entstandenen Porträts, das in privatem Auftrag der Familie schon 1828 gemalt wurde. Der König war wahrscheinlich von diesem Bild so begeistert, dass er eine Kopie für seine „Sammlung schöner Köpfe" wünschte.*

Rätsel gibt auch ein Gedicht auf, das der Redakteur Moritz G. Saphir im Februar 1828 in seiner Zeitschrift „Der Bazar für München und Bayern" abgedruckt haben soll.[30] *Das kann so aber nicht stimmen: Die Zeitschrift erschien erstmals 1830 und Saphir selbst war erst 1829 von Berlin nach München gewechselt. Das Gedicht „Die zwei Rosen" lässt sich auch in den späteren Ausgaben nicht nachweisen. Zudem passt der romantische Wortlaut so gar nicht zu dem Spötter Saphir. Der Titel aber passt zur Dargestellten: Die schöne Amalie trägt ein weißes, eng geschnürtes Kleid mit weiten Puffärmeln und an der Brust eine eben erblühte rosafarbene Rose, dazu eine Pelzstola, die wohl auf ihren russischen Ehemann und eine Zukunft im Zarenreich hinweisen sollte.*

Die Porträts Stielers waren nicht die einzigen, die von der Schönheit angefertigt wurden. Einige Wochen nach ihrem Tod geriet Amalie noch einmal kurz in die Schlagzeilen: Das Münchner Landgericht verurteilte den etwas zwielichtigen Maler Josef Arpad Koppay dazu, dem Grafen Adlerberg 3.000 Reichsmark zurückzuzahlen. Letzterer hatte kurz vor Amalies Tod bei dem Künstler ein Porträt seiner Frau bestellt, das offenbar so wenig Ähnlichkeit mit dem Original besaß, dass Adlerberg das Geld zurückverlangte. Nachdem Franz von Lenbach als Gutachter ein vernichtendes Urteil über das Werk Koppays abgegeben hatte, wurde dieser vom Gericht verurteilt, das Geld zu erstatten, was allerdings erstaunt, da Koppay eigentlich ein begehrter „Frauenmaler" und Porträtist war. Kaiserin Elisabeth hat sich mehrmals von Koppay malen lassen. Ihm war 1886 sogar gestattet worden, den verstorbenen König Ludwig II. auf dem Paradebett in Pastell zu malen.[31] *Über den Verbleib des Koppay'schen Porträts der Gräfin Adlerberg ist nichts bekannt.*

Die Vorlage für das Foto im Visitkartenformat schuf der Kupferstecher Andreas Fleischmann.

Regina Daxenberger,
verheiratete Fahrmbacher (1811–1872)

Regina Daxenberger ist die erste Porträtierte, die eine Riegelhaube trägt. Als im Herbst 1829 die erste große Ausstellung der Schönheiten zu sehen war, versäumte keiner der Rezensenten, die beiden „Riegelhäubchen" zu erwähnen. Gemeint sind die zwei Mädchen in Münchner Tracht, „eine Tracht, die ich nie ohne landsmannschaftliche Rührung beschaue, nämlich Demoiselle Daxenberger, in einem himmelblauen Kleide, eine goldene Kette um den Hals, und Demoiselle Hilmayer in stahlgrünem Kleide."[1] Allerdings ist die Kopfbedeckung, das „Riegelhäubchen", das einzig Münchnerische. Ihre Kleider entsprechen der allgemeinen zeittypischen Mode des Biedermeier.

Regina Maria Anna wurde am 2. Januar 1811 in München geboren,[2] als einzige Tochter des angesehenen und durchaus nicht unvermögenden Kupferschmieds Matthäus Daxenberger (gestorben nach 1834), der aus Altenmarkt bei Trostberg zugezogen war und 1805 in die Münchner Kupferschmiedsfamilie Leuthner in der Sendlinger Straße 7 (direkt neben dem heutigen Kaufhaus Konen)[3] eingeheiratet hatte. Maximiliane Leuthner (ca. 1778–1835) war Reginas Mutter.

Matthäus Daxenberger war jedoch nicht nur als Kupferschmied erfolgreich, sondern gestaltete als Gemeindebevollmächtigter und in verschiedenen bürgerlichen Ehrenämtern aktiv die Stadtgeschichte mit. Seinen Kindern ließ er eine gute Schulbildung angedeihen. Joseph übernahm den väterlichen Betrieb, die beiden anderen Söhne wurden aufs Münchner Wilhelmsgymnasium geschickt:[4] Matthäus junior (1808–1867) studierte Medizin und wurde praktischer Arzt in München, Sebastian (1809–1878) studierte Jura und war dereinst erfolgreich als Ministerialrat im Außenministerium, später als Staatsrat im Dienst König Maximilians II. Zudem ist er unter dem Pseudonym Karl Fernau als Autor verschiedener Schriften bekannt geworden.[5]

Regina galt als eine der Schönsten der an weiblicher Schönheit so reichen Stadt München. Ludwig I. fiel sie an seinem eigenen Geburts- und Namensfest am 28. August 1828 auf. Aus diesem Anlass veranstaltete die Stadt München einen Festball im Odeon, zu dem Bürger aus allen Ständen eingeladen waren. Der König selbst führte mit der Tochter des Bürgermeisters Franz de Paula von Mittermair die Polonaise an. Auch die anderen königlichen Hoheiten tanzten mit Frauen und Töchtern der Gemeindebevollmächtigten. Herzog Max in Bayern geleitete die „Jungfer Daxenberger" durch den Saal. Und der Bericht versäumt nicht, darauf hinzuweisen, dass seine Majestät „den Bürgerinnen in ihrer wohlkleidenden Tracht und den silbernen und goldenen Riegelhauben Ihren Beyfall über diese lokale elegante Eigenthümlichkeit auszudrücken geruhten." Auch „die schönen jungen Bürgerinnen, welche von den Durchlauchtigsten Prinzen zur Polonaise geführt wurden, trugen diese zierliche Kopfbedeckung".[6] Es dauerte nach dem Bürgerball allerdings noch ein paar Wochen und Monate, doch am 15. Dezember 1828 war Regina in Stielers Atelier anzutreffen, zusammen mit Ludwig I., der in seinem Tagebuch festhielt: „Ich fand, [sie] soll mit der silbernen Riegelhaube gemalt werden"[7] – also so, wie er sie beim ersten Mal gesehen hatte. Ein halbes Jahr später war das Bild vollendet und erregte allgemein großes Aufsehen.

Den Damen der Schönheitengalerie schenkte man nicht nur in der Ausstellung im Kunstverein größere Aufmerksamkeit, sondern auch im richtigen Leben. Am 23. November 1830 etwa veranstaltete der Liederkranz ein Konzert, bei dem auch „der Allerhöchste Hof" zugegen war. „Die weiten Räume des Odeon-Saals, waren mit Zuhörern aus allen Klassen der Münchner Population angefüllt. Unter unsern Bürgerstöchter zeichnen sich bei dergleichen Veranlaßungen die Demoisellen Daxenberger und Hillmayer [...] durch persönliche Reize und durch eine äußerst geschmackvolle Toilette, wobei das nette bayerische Riegelhäubchen, welches das anmuthige Köpfchen ziert, eine Haupt-Rolle spielt, vortheilhaft aus."[8] Immer wieder ist von den Riegelhauben die Rede!

Ob aus Zufall oder durch die Aufmerksamkeit, die Regina bei dieser Veranstaltung erregt hatte, angespornt, auf jeden Fall suchte der „Kgl. Cabinets-Bureau-Secretair" Heinrich Fahrmbacher am Tag darauf, am 24. November 1830, beim König um die Erlaubnis zur Eheschließung nach. Postwendend kam die königliche Antwort: „Diese Wahl scheint mir in jeder Hinsicht sehr gut, der ich gar nichts gegen diese Verehelichung habe und des treuen Farmbachers [!] Glück wünsche."[9]

Die Hochzeit Regina Daxenbergers mit Heinrich Fahrmbacher wenige Wochen später scheint ein großes Ereignis gewesen zu sein. Die Zeitungen meldeten, dass am 5. Januar 1831, „nach 4 Uhr" nachmittags, im „Pfarrhause an der Metropolitankirche die Vermählung des

PILOTY & LOEHLE
MUENCHEN

XXX

königl. Kabinets-Bureau-Sekretärs Herrn Fahrmbacher mit der holden Dem. Daxenberger vollzogen [wurde]. Vier Wägen hielten auf der Straße und mehr als 300 Personen, größtentheils neugierige Frauenzimmer, die bei solchen Gelegenheiten gewiß nie fehlen, blokirten das Hausthor des Gebäudes, und drangen, als es geöffnet wurde, mit solchem Ungestüm in die Hausflur, daß man Gendarmen gebraucht hätte, um dem Brautpaar das Einsteigen in den Wagen zu erleichtern."[10]

Heinrich Fahrmbacher, geboren am 20. Januar 1794 in München[11] als Sohn des Weingastgebs Joseph Fahrmbacher und seiner Frau Maria Anna, geborene Suttorin, war bereits 37 Jahre alt, Regina erst 20. Trotz des großen Altersunterschieds wurde es allem Anschein nach eine sehr glückliche Ehe.

Ohne ein eigentliches Jurastudium absolviert zu haben, hatte Fahrmbacher sich vom einfachen Registraturgehilfen in der Generalpostadministration zum Wirklichen Rat emporgearbeitet. Unbedingte Treue und Verschwiegenheit, Verlässlichkeit und Geschäftsgewandtheit bildeten die Voraussetzungen für eine Verwendung im Kabinett Ludwigs I., weswegen er später auch als Geheimer Sekretär ins Außenministerium übernommen wurde.[12]

Am 5. Mai 1826 war er bereits mit „Allerhöchster Zufriedenheit" zum Sekretär im Geheimen Kabinett des Königs ernannt worden, mit dem vergleichsweise stattlichen Gehalt von tausend Gulden, zu denen Ende desselben Jahres weitere 400 Gulden und auch in den folgenden Jahren immer wieder mehrere Hundert Gulden Remunerationen dazukamen.[13] Das hatte Fahrmbacher befähigt, um die Hand der Jungfer Daxenberger anzuhalten.

Das Jahr der Eheschließung scheint das junge Paar noch weitgehend gemeinsam verbracht zu haben, doch dann hieß es immer wieder für längere Zeit Abschied nehmen. Heinrich Fahrmbacher musste als Kabinettssekretär den König auf Reisen begleiten, so in den Jahren 1826 bis 1844 mehrmals nach Italien und Griechenland, aber auch zur Kur nach Bad Brückenau, um die königlichen Geschäfte auch in der Ferne zu erledigten. Nicht selten schrieb er sehnsuchtsvolle Briefe in die Heimat. Erstmals nach seiner Hochzeit begleitete er den König im Frühjahr 1832 nach Italien. Da fiel ihm die Trennung besonders schwer: „Dein Bildniß, meine Freundin, habe ich bereits über der Commode angeheftet; ein Strauß von Rosen und Orangenblüthen steht in einem Glase unter demselben", schrieb er am 19. April

1832 „mit aller Liebe" von der Insel Ischia und: „Der König hat es schon gesehen und die Miniatur gelobt." Auch gab der König gelegentlich einen Gruß an Regina mit auf den Weg. „Il Rè fá salutare la Regina", hatte er ihm aufgetragen an die Frau zu Hause zu schreiben, „ein artiges Wortspiel auf deinen Namen". Allgemein scheint der König Fahrmbacher sehr gewogen: „Er ist überhaupt höchst gütig gegen mich und weiß immer etwas Verbindliches zu sagen."[14] Immer wieder lässt sich die königliche Gewogenheit in den „Erinnerungen" Fahrmbachers erkennen. Bereits nach der ersten Italienreise 1826 – lange vor der Hochzeit mit Regina – hatte er den „Bureausekretär Fahrmbacher, unter allerhöchster Zurfriedenheitsbezeigung mit seinem bisher bewährten Diensteifer und seiner von S. k. Maj. bemerkten Brauchbarkeit zum wirklichen Bureausekretär im Allerhöchsten Cabinet ernannt" – übrigens gleichzeitig mit der Ernennung des Marchese Florenzi zum königlich bayerischen Kämmerer.[15]

Doch nicht nur zu Beginn der Ehe, auch in Briefen von späteren Reisen klingt immer wieder die Sehnsucht nach zu Hause an, die Sorgen um die Frau, die 1834 offensichtlich einen Unfall auf der Rückreise von Aschaffenburg hatte und im Frühjahr 1842 ernstlich erkrankt war. Auch der König erkundigte sich wiederholt nach Regina und „läßt dir viel Freundliches sagen". Die Ehe bekam Fahrmbacher gut. Seine römischen Bekannten fanden ihn beim Wiedersehen „wohl aussehend" und meinten, der Ehestand habe ihn verjüngt.[16]

Es verging kaum ein Jahr, in dem der König nicht nach Italien reiste. Und mit ihm Heinrich Fahrmbacher. Kaum, dass seine Majestät samt Entourage zurück in München war, ging es dann nach Bad Brückenau oder auf eine andere Reise. Und wieder war natürlich sein Kabinettssekretär mit von der Partie. Dafür wurde er nicht nur mit bayerischen und einem päpstlichen Orden geehrt, sondern auch mit diversen Beförderungen: 1839 zum „expedierenden geheimen Sekretär im Staatsministerium des königlichen Hauses und des Äußern" und 1840 zum „wirklichen Rat".[17] Am 14. Juli 1851 schließlich ist der „geheime Sekretär bei dem Staatsministerium des kgl. Hauses und des Äußern, Heinrich Fahrmbacher, unter allergnädigstem Zufriedenheitsausspruch mit seinen langjährigen treuen Dienstleistungen und mit Belassung seiner Titel und Uniform in den Ruhestand getreten"[18], nachdem er mehrmals auf Anraten seines Arztes König Maximilian II. um Urlaub für eine Kur in Bad Gastein gebeten hatte.[19]

Im selben Jahr erschienen auch seine „Erinnerungen an Italien, Sicilien und Griechenland aus den Jahren 1826 bis 1844" im Druck.[20] Darüber hinaus verfasste er neben der Tätigkeit als Kabinettssekretär König Ludwigs verschiedene Aufsätze unter anderem für die „Augsburger Allgemeine Zeitung". Auch führte er bis 1863 die königlichen Korrespondenzen in fremden Sprachen,[21] vor allem auf Französisch und Italienisch.

Erst nach seinem Eintritt in den Ruhestand konnte Heinrich Fahrmbacher seiner Familie mehr Zeit widmen. Sie wohnte in München in der Ottostraße 4.[22] Fahrmbacher hatte auf den Reisen sehr vertraut vor allem mit den jeweiligen Leibärzten des Königs sowie mit seinen anderen Begleitern verkehrt, allen voran mit Galeriedirektor Johann Georg von Dillis und Baumeister Friedrich von Gärtner. Deshalb ist anzunehmen, dass der Kontakt zu Hause in München nicht abgebrochen ist. Johann Andreas Schmeller etwa notierte, dass er zusammen mit Reginas Bruder Sebastian Daxenberger und ihrem Mann Heinrich Fahrmbacher bei dem Naturforscher und Brasilienreisenden Carl Friedrich von Martius eingeladen war.[23] Es darf also von einem durchaus geselligen Leben in der Heimat ausgegangen werden, in dem auch Regina ihre Rolle spielte. Während seiner Abwesenheit wird sie sich jedoch vor allem um die Erziehung der insgesamt sechs Kinder gekümmert haben.

Als erste wurde Tochter Henriette am 1. August 1833 geboren,[24] die zweite Tochter Mathilde Magdalena Alexandra (geboren am 11. Februar 1839) verstarb noch als Kleinkind. Am 17. Mai 1837 kam der erste Sohn zur Welt, der – wie könnte es anders sein – auf den Namen Ludwig getauft wurde. Der König selbst übernahm die Patenschaft; bei der Taufe am 21. Mai wurde er durch den königlichen Ökonomierat Dr. Karl Weichselbaumer (1791–1871), gewissermaßen einem Kollegen Fahrmbachers, vertreten.[25] Es folgten noch die Söhne Alfred Sebastian am 6. Oktober 1839[26] und Julius Joseph Friedrich am 21. Dezember 1841[27] sowie die Tochter Maria Magdalena am 29. Juli 1843.[28]

Als Reginas Schwiegervater Joseph Fahrmbacher, inzwischen pensionierter königlicher Hofmundkoch,[29] im März 1842 verstarb, unterzeichnete die Todesanzeige neben dem (offensichtlich einzigen) Sohn „Heinrich Fahrmbacher, königl. wirkl. Rath und geh. Sekretär im k. Ministerium des k. Hauses und des Äußeren", auch „Regina

Fahrmbacher, geborene Daxenberger, als Schwiegertochter, für sich und im Namen ihrer vier unmündigen Kinder als Enkel".[30]

Am 28. Dezember 1868 starb „der einstmalige Kabinets-Sekretär des Königs Ludwig I., königlicher Rath und geh. Sekretär Heinrich Fahrmbacher im hohen Alter".[31] Bei seinem Tod waren die beiden jüngsten Kinder zwar schon großjährig, jedoch noch unversorgt, weswegen die Witwe Regina neben ihrer Pension von 260 Gulden auch noch für jedes Kind 72 Gulden Unterstützung erhielt.[32]

Vier Jahre nach dem Tod ihres Mannes, am 16. November 1872, folgte ihm seine Frau Regina im Alter von 62 Jahren, „nach jahrelangem, schmerzlichen und mit unendlicher Geduld ertragenen Leiden". Der Trauergottesdienst fand in St. Bonifaz, die Beerdigung am 18. November auf dem Alten Südlichen Friedhof statt.[33]

Das Bild der Regina Daxenberger hängt bis heute in der Schönheitengalerie. 1877 hatte es sogar einen hervorgehobenen Platz. Als der Kunsthistoriker Jacob Burckhardt die Residenz besuchte, war es an dem Wandpfeiler zu sehen, von dem noch 1856 Lola Montez geblickt hatte.[34] „Das schön gescheitelte schwarze Haar, worauf das silberne Riegelhäubchen allerliebst sitzt und das himmelblaue Kleid heben den Hauptteil des Bildes, das frische, heitere und sehr regelmäßig gebildete Antlitz mit besonderem Vortheile heraus"[35] – das wurde bereits bei der Ausstellung im Kunstverein von den Besuchern festgestellt, kurz nachdem das Bild fertig und am 3. Juni 1829 bezahlt worden war.[36] „Wir haben bereits Gelegenheit gehabt, mehrere von dem genannten Künstler verfertigte Bildnisse zu bewundern, und auch gegenwärtig ist im Mittelsaale des Kunstvereins wieder ein neues Porträt ausgestellt, das eine hiesige sehr schöne Bürgerstochter darstellt."[37]

Dass das Mädchen eine silberne Riegelhaube tragen sollte, war, wie bereits erwähnt, eine höchsteigene Idee des Königs.[38] Warum jedoch in einem durchsichtigen Biedermeierglas drei dunkelrote Nelken stehen, bleibt ein Rätsel. Sie gelten als Zeichen für „entflammte Herzen". Ob es sich dabei um die Gefühle des Königs handelte oder ob er wusste, dass Regina selbst verliebt war, bleibt ihr Geheimnis.

Ulrike von Hase-Schmundt konnte in Simmelsdorf im Nürnberger Land eine Vorstudie in Kreide ausmachen, die sich in Privatbesitz,[39] wohl bei Nachfahren der Familie, befindet. Die Vorlage zum Foto im Visitkartenformat schuf der Kupferstecher Andreas Fleischmann.

Anna Hillmayer (1812–1847)

Anna Hillmayer, „das wegen seiner seltenen Schönheit allgemein gepriesene Münchner Wildpretmadel,"[1] wurde 1829 kurz nach Regina Daxenberger gemalt, ebenfalls mit der für die Münchner Tracht typischen Riegelhaube.

Wie Regina war auch Anna die Tochter eines angesehenen Bürgers. Sie wurde am 15. August 1812 als Maria Anna Laurentia, Tochter des „bürgerlichen Wildprethändlers Matthias Hilmair" und seiner Frau Maria Anna Enzingerin im Rosental 2 geboren und noch am selben Tag in St. Peter getauft.[2] Der Wildpret-Laden befand sich am Viktualienmarkt.[3]

Viel ist nicht bekannt über Anna Hillmayer, geschrieben mit „l" oder „ll" und in allen nur erdenklichen „Maier"-Varianten. Nur, dass sie allgemein als sehr schön angesehen wurde, aber auch als eitel, hochmütig und geziert.[4] Wo immer sie und Regina Daxenberger auftauchten, waren sie der Mittelpunkt der allgemeinen Bewunderung. Vor allem ihre Münchnerische Kopfbedeckung begeisterte und überall wurden die beiden „Riegelhäubchen" bewundert.[5] Als eine der wenigen Schönheiten starb das zu ihrer Zeit „vielgefeierte schönste Bürgersmädchen Münchens"[6] unverheiratet am 17. August 1847, zwei Tage nach ihrem 35. Geburtstag, an Lungenschwindsucht. Zu der Zeit wohnte sie noch immer im Rosental, allerdings nun Nr. 6.[7]

Auch über die Familie wissen wir wenig. Der Vater, Matthias Hillmayer aus Jetzendorf (bei Dachau) gebürtig, hatte erst am 6. April 1807 die Wildprethändlers-Gerechtsame in München erhalten und wenige Monate später Maria Anna Enzingerin aus Gangkofen geheiratet.[8] Anna war wohl die einzige, zumindest die erste Tochter des Paares, das ansonsten eine Reihe von Söhnen hatte: Anton (gestorben 1862), der den väterlichen Wildprethandel übernahm, Joseph (1809–1839),[9] Mathias (1810–1855),[10] Karl (1816–1844)[11] und Lorenz (1817–1833)[12].

Der Vater, der sein Ladenlokal in das Rosental Nr. 6 verlegt hatte und nebenher seinen Laden am Viktualienmarkt betrieb, scheint gut im Geschäft gewesen zu sein. Auf jeden Fall empfiehlt er sich unter anderem „einem hohen Adel und verehrungswürdigen Publikum mit seinen so eben aus Böhmen frisch angekommenen vorzüglich guten und sehr fetten Fasanen und Rebhühnern, wie auch zur Abnahme

PILOTY & LOEHLE
MUENCHEN

XXIV

aller Gattungen Wildpretes zu verschiedenen und sehr billigen Preisen." Alle acht Tage trafen frische Lieferungen aus Böhmen ein.[13]

Der Umzug in die Hausnummer 6 war wohl im Zusammenhang mit einer Geschäftserweiterung erfolgt: „Sehr empfehlenswerth ist die Kleider-Reinigungs-Anstalt des Herrn Matthias Hillmaier im Rosenthal (auch Grottenthal genannt) Nro 6 über 1 Stiege rückwärts. Hier werden sowohl Damen- als Herren-Kleidungsstücke aller Art (seidene wie wollene) in kürzester Zeit von allen und jeden Flecken (selbst Tinten-, Tabak-, Fettflecken u. dgl.) auf's beste gereinigt, ohne mindesten Nachtheil für Tuch und Farbe, so daß jedes Kleidungsstück nicht nur vollkommen seine ursprüngliche Faxon, sondern auch noch schönern Glanz erhält, wie von Neuem. Hr. Hilmaier ist ein Zauberkünstler, der in 1 ½ Tagen aus einem alten Kleid ein Neues machen kann."[14] Auch wenn diese Anzeige nach dem Tod von Anna erschienen ist, gab es die Reinigung sicher bereits zu ihrer Zeit. Und es ist anzunehmen, dass sie in diesem Geschäft mit angepackt hat. Geleitet hat das Reinigungsgeschäft wohl ihr Bruder Matthias, der 1855 als „Kleiderreiniger" im Alter von 44 Jahren verstorben ist.[15]

Die „reale Wildprethändlersgerechtsame" erwarb der älteste Sohn Anton als Wildprethändler im September 1853 von seinem Vater um tausend Gulden.[16] Kurz darauf heiratete er Maria Kielerupp, Kunstmalerswitwe aus Kopenhagen.[17] Doch nur wenige Jahre später berichteten die Zeitungen bayernweit: „Der Wildprethändler Hillmaier von hier [München] entleibte sich am 5. l. M. [5. November 1862] an dem Ufer des Kochelsees durch einen Pistolenschuß.[18]

Die Familie scheint generell nicht vom Schicksal begünstigt gewesen zu sein. Nicht nur Anna starb jung, auch die meisten ihrer Brüder, zum Teil noch bevor sie selbst ihrem Lungenleiden erlag. Zu Beginn des Jahres 1845 war bereits die Mutter im Alter von 60 Jahren verstorben.[19]

Am 1. Mai 1842, als sich auf der Isar bei Großhesselohe ein Schiffsunglück ereignete, wurde der „Wildprethändlers-Sohn Hillmayer" als einer der Retter genannt.[20] Welcher der Söhne die in der Zeitung genannte Heldentat vollbrachte, ist nicht überliefert. Es kann sich jedoch nur um Anton, Matthias oder Karl gehandelt haben, die beiden anderen waren bereits verstorben.

Die schöne Anna wurde für die Ewigkeit festgehalten: Bereits in dem Brief des Königs an seinen Galeriedirektor Johann Georg von Dillis vom

18. August 1829 ist das Porträt erwähnt, wobei der König den Namen der Schönheit vergessen hatte.[21] Am 12. Oktober desselben Jahres wurde das Bild bezahlt.[22] Doch schon Wochen vorher hatte man das „neue äußerst gelungene Portrait von unserm trefflichen Stieler" im Kunstverein für wenige Tage bewundern können.[23] Doch im Urteil schieden sich die Geister. Ein paar besonders Neugierige hatten die letzten Werke des Künstlers schon in seinem Atelier gesehen: „Auf dem anderen Bilde ist eine junge bürgerliche Blondine ganz einfach im grünen Kleide und dem silbernen Riegelhäubchen auf dem Kopfe, mit sanft gesenkten Blicken abgebildet. Die ganze Gestalt athmet Ruhe, Klarheit und kindliche Einfalt und wie auch das Gebetbuch, das die Hände andachtsvoll halten, andeutet, ein stilles und frommes Gemüth."[24]

Der gesenkte Blick wurde jedoch auch anders interpretiert: Anna Hillmayer schlägt als einzige der Schönheiten die Augen nieder. Und das nicht wegen der Sonne, sondern weil Stieler erkannt hatte, dass sie keine untadelige Schönheit war. Ihre Augen hatten angeblich einen „glotzenden Ausdruck". Darum malte er sie vor der Frauenkirche mit züchtig gesenktem Blick auf das Gebetbuch.[25] 1840 wurde von dem Bild angeblich für 50 Louisdor eine Kopie angefertigt,[26] wobei das eher unwahrscheinlich ist, kostete doch das Original von Stieler lediglich 40 Louisdor.

Ebenfalls im Jahr 1840 wurden auch einige bissige Zeilen zu der Dargestellten veröffentlicht: „Sie erschien gewöhnlich in Begleitung ihrer Mutter, welcher sie sehr ähnlich sah, und deren plumpe, gealterte Züge daher den jugendlichen der Tochter nicht eben zur Folie dienten. Die Augen ohne Ausdruck, der Mund gekniffen", kritisierte der Autor August Lewald wenig galant. Wenigstens die Nase ließ er als „edel" und ihre Haut als „überaus zart" gelten. „Das Benehmen, Gang und Haltung waren jedoch auffallend steif und gemessen. Die natürliche Grazie war einem gewissen Hochmut, sich auf eine zierliche, ausgezeichnete Weise benehmen zu wollen, gewichen, weil sie in unangenehme Geziertheit ausartete." Man vermutete, dass ihr die Aufnahme in die Schönheitengalerie zu Kopf gestiegen war.[27]

Generell jedoch fiel das Urteil entschieden freundlicher aus: „Das Bürgermädchen Hilmayr, eine der Schönen unserer Königsstadt, erscheint in diesem Bildnisse in jener Anmuth, welche sein Wesen zu reizend ausgestattet hat. Mit dem Nationalriegelhäubchen über dem gescheitelten Haare geschmückt, ein zierlich gebundenes Gebetbuch in den Händen tragend, wandelt die Schöne im Sonntagskleide von stahl-

grüner Seide von der Domkirche, deren Portal im Hintergrunde sicht-
bar. Gleichsam noch der vollbrachten Andacht hingegeben und in sich
gekehrt senkt sie die Blicke; diese fromme Sittsamkeit, auf der Schönheit
der Gesichtsbildung ruhend, gibt diesem blühenden Antlitz jene Würde,
welche im Leben unter den Menschen so flüchtig aus der Zeit eilend, hier
durch die Macht der Farben als holdreiches weibliches Gebilde für die
Blicke von Jahrhunderten gefesselt bleibt.[28] *Ins selbe Horn blies auch*
Friedrich Wilhelm Bruckbräu: „Wie so aus dem Innersten hat Herr
Stieler den einfachen Charakter gemüthlicher Andacht im Bilde der
Dem. Hilmayr erfaßt. Mit diesen halb niedergeschlagenen Augen in
dem von keinem die innere Ruhe störenden Gedanken bewegten Ant-
litze, ist die Andächtige bezeichnet; mit offenen Augen würde ein ganz
anderer Charakter hervortreten."[29]

Noch Jahre später wurde Anna, die „naiv und rein wie eine Jungfrau
Raphaels" aussah, kaum in einer Beschreibung der „Kollektion schöner
Frauen, deren Porträte Stieler mit Geschmack in der Residenz gemalt
hat",[30] *vergessen. Und 1869 wurde „Anne Hillmayer la bourgeoise" in*
einer französischen Illustrierten sogar besonders hervorgehoben.[31]

Die Vorlage für das Foto im Visitkartenformat schuf der Kupfer-
stecher Conrad Geyer.

Nanette Kaula, verheiratete Heine (1812–1876)

Zu den frühesten Porträts der Schönheitengalerie, ebenfalls 1829 gemalt, zählt auch das der Nanette Kaula, allgemein „die schönste Jüdin von München" oder die „schöne Nanni" genannt. Viele Anekdoten ranken sich um ihre außerordentliche Erscheinung, Fremde soll man angeblich extra auf die Schönheit aufmerksam gemacht haben. Sie galt also fast als Touristenattraktion.

Nanette, auch Nanni oder Anna gerufen, wurde als neuntes und letztes Kind von Raphael Kaula und seiner Frau Josephine, geborene Pappenheimer, am 16. Januar 1812 in München geboren.[1] Raphael Kaula, der ungefähr im Jahr 1761 auf die Welt gekommen sein dürfte,[2] war bereits 1801 kurfürstlicher Hofagent in München, 1806 dann

PILOTY & LOEHLE
MUENCHEN
XXVIII

königlich bayerischer und zu einem nicht bekannten Zeitpunkt auch noch königlich württembergischer Hofagent geworden und hatte die Zulassung als bürgerlicher Großhändler.[3] Als Hofagent oder Hoffaktor genoss Kaula nicht nur innerhalb der jüdischen Gemeinde eine privilegierte Stellung, sondern auch in der Münchner Gesellschaft und hatte obendrein einen unmittelbaren Kontakt zu König Ludwig I.

Raphael selbst stammte aus einer reichen Bankiers- und Großhändlerfamilie. Der Aufstieg der Familie Kaula, auch Kaulla geschrieben, begann im 18. Jahrhundert im württembergischen Hechingen mit der Hoffaktorin Karoline Kaulla (1739 – 1809), allseits bekannt als „Madame Kaulla", der wohl zu ihrer Zeit reichsten Frau in ganz Deutschland. Zusammen mit ihrem Mann, dem Pferdehändler Akiba Auerbach (1733 – 1812), hatte sie fünf Kinder, darunter drei Söhne, die alle den Namen Kaula führten und ihrerseits äußerst erfolgreiche Bankiers und Handelsleute in Stuttgart, Augsburg und München wurden. Der jüngste war Raphael, der Vater von Nanette. Ihn verschlug es nach München, wo er bald zu den angesehensten jüdischen Familien zählte, mit denen er auch vielfach versippt und verschwägert war. Durch seine Heirat mit der in München geborenen Josephine Pappenheimer war er auch mit der reichen Bankiersfamilie Hirsch verbunden. Seine Töchter und Enkelinnen heirateten Söhne aus der europäischen Hochfinanz. Eine Tochter Raphaels heiratete zum Beispiel ins Haus Hirsch ein, eine Enkelin ins Haus Avigdor und Nanette ins Haus Heine.

Nachdem Raphael Kaula im Januar 1815 den „vorgeschriebenen Untertaneneid auf die Bibel geschworen" hatte,[4] erwarb er nicht nur ein äußerst stattliches Palais in der Salvatorstraße 1523 (heute Nr. 19) als Wohnhaus,[5] sondern erhielt auch die Konzession auf den Großhandel. An der heutigen Tivolibrücke, am Rande des Englischen Gartens, besaß er zudem ein ländliches Anwesen mit großem Garten, das er ab Sommer 1823 verpachtete. „Das Haus ist geschmackvoll und bequem gebaut, und der Garten ganz dazu geeignet, um selbst für eine Versammlung von einigen tausend Menschen Raum und Schatten darzubieten." Über Jahre wurde das Lokal „Kaula-Schlößl" mit Tanzsaal und Kegelbahn im „Kaula'schen Garten" ein beliebtes Ausflugslokal, das später den Namen „Tivoli" führte. „Die Annehmlichkeiten dieses Vergnügungsortes übertreffen alle anderen und man kann im Schatten durch den englischen Garten dahin gelangen."[6] Das Lokal wurde jedoch sicher nicht nur zum Vergnügen der Münchner eröffnet, sondern auch zum finanziellen Vorteil des Verpächters.

Raphael Kaula und seine Familie waren fest ins (jüdische) Leben der Stadt München eingebunden. Als etwa am 26. Juli 1824 die Grundsteinlegung zur Synagoge in München stattfand (Baumeister: Anton Höchl, Architekt: Jean Baptiste von Metivier), las der Großhändler Israel Hirsch Pappenheimer (der Großvater von Nanette) die Inschrift vor. 16 Kinder bekamen Denkmünzen zur Erinnerung an diese Grundsteinlegung, darunter „Nannette – 12 Jahre alt, Tochter des Großhändlers Raphael Kaula". Zur Verwaltung der israelischen Kultusgemeinde in München zählten damals an erster Stelle: Israel Hirsch Pappenheimer, Jakob von Hirsch, Hofbanquier, und Raphael Kaula, Hofagent.[7] Und als am 23. November 1828 „Raphael Kaula, k. bayer. und k. würtemberg. Hofagent" im 68. Lebensjahr nach längerer Krankheit an Lungenlähmung starb, war in der Zeitung zu lesen: „Die israelitische Gemeinde dahier verlor durch den Tod dieses Mannes eines seiner ansehnlichsten und wohlhabendsten Gemeindemitglieder, unsere Stadt einen sehr braven patriotischen Bürger und die Armen einen Wohlthäter."[8]

In der Folge kam es vermutlich zu Auseinandersetzungen um das Erbe. Auf jeden Fall wurde Anfang 1830 im Haus des verstorbenen Raphael Kaula in der Salvatorstraße jede Menge Hausrat versteigert, darunter viel Silber, und in der Zeitung wurde verkündet: „Allenfallsige Silberliebhaber werden sowohl in antiker als moderner Hinsicht volle Befriedigung finden." Testamentsvollstrecker waren die Herren Hirsch und Pappenheimer.[9] Die Witwe, die das Haus in der Salvatorstraße geerbt hatte,[10] scheint nun vom ererbten Geld gelebt zu haben, das allerdings immer weniger wurde. Knapp drei Jahre später kam es erneut zu einer Versteigerung: Nun kam im Kaula'schen Haus die „bedeutende Gemälde- und Kupferstichsammlung" unter den Hammer. Die Auktion ging über mehrere Tage. Es gab sogar einen (heute nicht mehr erhaltenen) Katalog.[11] Auch dass die Familie Teile ihrer Wohnung vermieten musste – wenngleich an hochgestellte Persönlichkeiten wie den Finanzminister Maximilian Emanuel Freiherr von Lerchenfeld[12] oder den griechischen Gesandten Fürst Constantin Caradja[13] –, lässt vermuten, dass das Geld langsam zur Neige ging.

Vermutlich lebte zu diesem Zeitpunkt nur noch die jüngste Tochter Nanette bei der Mutter. Die anderen waren versorgt oder in Amt und Würden bzw. im Geschäft. Nanettes Schwester Caroline hatte Joel Jacob von Hirsch aus Würzburg geheiratet, hatte schon Kinder, verstarb jedoch bereits am 29. März 1833.[14] Ihr Mann war der Sohn des reichen Münchner Hofbankiers Jakob von Hirsch. Nanettes Bruder Wolf Raphael, dessen Geschäft am Promenadeplatz lag, hatte bereits Ende 1828 ein Privileg „auf dessen eigentühmliches Verfahren bei Fabrikation einer Art Seife, ‚weiße Münchner Seife' genannt", erhalten.[15] Und zumindest die Brüder Hermann, Julius und Salomon waren ebenfalls Bankiers und Geschäftsmänner.[16]

Bald konnte jedoch auch Nanettes Hochzeit verkündet werden: „Getraut den 23. Juni 1834: Hr. Salomon Joseph Heyne, Banquier von Hamburg mit Fräul. Nannette Kaula, Hofagentenstochter von hier."[17] Die Trauung nahm der Münchner Rabbiner Hirsch Aub vor. Trauzeugen waren die Vorsänger Löb Sänger und Abraham Fränkel. Salomon Joseph Heine, der 1803 geboren wurde,[18] „Großhändler von Hamburg und angehender Großhändler von hier", war Mitglied der reichen jüdischen Familie Heine – sein Onkel gleichen Namens galt als der „Rothschild Hamburgs", der ein stattliches Millionenerbe hinterließ. Der Dichter Heinrich Heine war ein Vetter zweiten Grades des Bräutigams. Und es ist fast ein Treppenwitz der Geschichte: Zum Zeitpunkt der Hochzeit wohnte der Dichter vorübergehend, in der Hoffnung auf eine Professur für Germanistik an der hiesigen Universität, ebenfalls in München. Doch war er bald nicht mehr gut auf König Ludwig I. zu sprechen. Nachdem Heine wegen seiner Freiheitsgedichte und -bestrebungen abgewiesen worden war, verkehrte sich seine ursprüngliche Freundlichkeit gegenüber dem bayerischen König schlagartig ins Gegenteil und er dichtete: „Er liebt die Kunst und die schönen Frauen, die läßt er porträtieren; Er geht in diesem gemalten Serail als Kunst-Eunuch spazieren."[19] Eine der „Haremsdamen" war seine angeheiratete Cousine Nanette.

Salomon Heine ließ sich nach der Eheschließung in München nieder und erwarb am 28. Dezember 1838 die Handlungsgerechtsame von Friedrich Buchner um 4.700 Gulden. Bereits vorher hatte er um die Verleihung des Indigenats, des Bürgerrechts, nachgesucht, das ihm zusammen mit der Konzession als Groß- und Detailhändler am 6. März 1840 vom Magistrat der Stadt verliehen wurde, nachdem ihm drei Jahre zuvor nur eine persönliche Großhandelsgerechtsame verliehen worden war.[20] Zunächst zog das junge Paar ins elterliche Haus an der Salvatorstraße,[21] wo Salomon auch sein Geschäft betrieb. Am 14. Februar 1850 verkaufte er seine Gerechtsame an den Kaufmann Ludwig Karl Buchner und zog mit seiner Frau Nanette vorübergehend nach Wien,[22] um kurz vor seinem Tod zurückzukehren und ein Anwesen in der Löwengrube 20 zu erwerben, nachdem das Haus in der Salvatorstraße äußerst gewinnbringend an den Münchner Herren-Club veräußert worden war.[23] Salomon Heine starb am 30. März 1863 im 62. Lebensjahr in der Löwengrube.[24]

Den Lebensabend verbrachte die Witwe – die Ehe war kinderlos geblieben – ab Oktober 1864 in bescheidenen Verhältnissen in der Glückstraße. Dennoch war sie stets gut gekleidet und ihr Heim wird als behaglich und gastlich beschrieben. Auch soll sie freundlich und an allem interessiert geblieben sein.[25]

Nanette überlebte ihren Ehemann um 13 Jahre. In der Nacht vom 28. auf den 29. November 1876 ist die „Privatiers-Witwe Nanette Heine, geb. Kaula", in ihrem Haus in der Glückstraße 1 nach einem längeren Herzleiden sanft entschlafen.[26] Zwei Tage später wurde sie, wie ihr Ehemann, auf dem Alten Jüdischen Friedhof an der Thalkirchner Straße beigesetzt. Das Grab existiert bis heute.[27]

Nanette muss nicht nur hübsch gewesen sein, sondern auch geistvoll. Ihr Charakter wurde als sehr liebenswürdig und harmonisch geschildert und „sie nahm Anteil an allem, ohne sonderlich tief ergriffen zu sein".[28] August Lewald beschwerte sich einst über einen langweiligen Ball in München und versicherte, dass auch „die Anwesenheit einer wahrhaft orientalischen Schönheit, der Tochter des Bankiers K…a [Kaula] für die fehlenden Tänzerinnen nicht schadlos halten konnte".[29] Eine ganze Reihe von Anekdoten wurde über ihre Schönheit verbreitet, derer sie sich durchaus bewusst war, „wie sie überhaupt an ihrer Schönheit ein harmloses Vergnügen hatte. Sie hatte als junges Mädchen sehr viele Verehrer. Es wird erzählt, daß auf der Heimkehr von einem Ausflug einer aus dieser Schar nach rückwärts gewandt mit einer Laterne vor ihr hergegangen sei, um sie immerfort ansehen zu können."[30]

Weniger schmeichelhaft ist eine andere Episode, die Johann Nepomuk Sepp über die „frühere reizende Jüdin" inzwischen jedoch „in mittleren Jahren" erzählte, die sich angeblich bei einem festlichen Anlass König Ludwig I. in den Weg drängte – Prinz Konstantin von Bayern vermutet anlässlich der Enthüllung der Bavaria am 9. November 1850. Der Monarch erkannte sie nicht und auf seine Frage „Wer sind Sie?" erinnerte ihn Nanette: „Majestät hatten die Gnade mich malen zu lassen." Daraufhin soll Ludwig ungerührt geantwortet haben: „Tät's nimmer! Tät's nimmer!"[31]

Diese Anekdote dürfte so nicht stattgefunden haben. Zum einen war der König generell nicht dermaßen uncharmant und zum anderen dürfte sich diese Aussage – wenn sie denn tatsächlich so gemacht wurde – nicht auf das Aussehen Nanettes bezogen haben, die noch im Alter als ausnehmend schön geschildert wurde. Vielmehr ist der Grund, warum Ludwig I. sie nun nicht mehr hätte malen lassen, in anderen Bereichen zu suchen – vermutlich ist die Geschichte im Zusammenhang mit den Schmähschriften ihres Verwandten Heinrich Heine oder mit anderen politischen Ereignissen zu sehen. Die Klatschmäuler jedoch bezogen die Aussage des Königs auf ihre Schönheit. Die Beschreibungen zeichnen ein ganz anderes Bild von Nanettes Aussehen. So beschrieb die Karlsruher Schriftstellerin Anna Ettlinger (1841 – 1934) ihre Verwandte Nanette folgendermaßen: „Ich habe sie erst kennengelernt, als sie schon alt war, aber sie war noch immer von auffallender Schönheit: eine hohe, königliche Gestalt, ebenmäßig gebaut, mit kleinem Kopf und feingeschnittenen Zügen, schön gebildeten Händen und Füßen. Was mir am meisten an ihr auffiel, war die edle Art, wie der Kopf auf dem schlanken Hals saß. Er erinnerte an die Diana im Louvre. Die aufgesteckten Locken, die ihr Bild in der Schönheitengalerie zeigt, trug Tante Nanni in ihrem Alter nicht mehr; ihr Haar war glatt gescheitelt, und auch das stand ihr gut."[32]

Als Nanette von Joseph Stieler gemalt wurde, war sie gerade einmal 17 Jahre alt. Der König mag durch die Beziehung Raphael Kaulas zum Hof auf die hübsche Tochter aufmerksam geworden sein. Den Plan sie malen zu lassen, hat der königliche Auftraggeber wohl mündlich mit dem Künstler besprochen.[33]

Am 20. Januar 1829 war König Ludwig im Atelier Stielers, als dieser „Anette Kaula" für die Schönheitengalerie malte. Am 5. Juli 1829 wird das Bild der „Israelitin", wie der rückseitige Vermerk lautet, im Atelier des Künstlers erwähnt.[34] Im August muss es fertig gewesen sein, da es in einem Brief Ludwigs an seinen Galeriedirektor Johann Georg von Dillis vom 18. August erwähnt wird und zu den ersten zehn öffentlich vorgestellten Bildern der Galerie gehörte.[35] *Am 12. Oktober 1829 wurde es bezahlt.*[36]

Dass Ludwig I. die „schöne Nanni" von seinem Hofmaler für die Schönheitengalerie porträtieren ließ, stellte eine ganz besondere Auszeichnung dar. Sicher verband sich mit dem Ruhm der Schönheit auch ein hohes Maß an gesellschaftlicher Anerkennung der Familie.[37] Beinahe wäre sogar noch eine zweite Jüdin in die Galerie aufgenommen worden. Noch im Jahr 1863 notierte der König in Nizza eine Liste von geeigneten Schönheiten, unter anderem „die da [Nizza] ansässige Avigdor, geb. Kaula",[38] wobei es sich um Nanettes Nichte Ida, die den steinreichen Bankier Avigdor geheiratet hatte, handelte. Ihre prächtige Villa, die auch Königen und Fürsten für einen vorübergehenden Aufenthalt in Nizza zur Verfügung stand, war eine der prächtigsten der Stadt. Ob König Ludwig die verwandtschaftliche Beziehung zu Nanette Kaula bekannt war, ist nicht überliefert, kann aber vermutet werden, da in den Zeitungen gern die Rede davon war, dass Frau Avigdor eine Münchnerin sei.[39]

Die ersten ausgestellten Porträts der Schönheitengalerie erregten die Neugier der Münchner natürlich in ganz besonderem Maße. Bereits im Vorfeld wurden einige der Gemälde beschrieben, darunter das Bild von Nanette Kaula im Kontrast zu dem von Anna Hillmayer: „Das eine stellt eine überaus holdselige Dame vor, in deren aufwärts blickenden Augen, wie in der ganzen Haltung des Kopfes und allen Theilen des Gesichts, etwas höchst Phantasiereiches, wie in den Physiognomien der ausdrucksvollsten Südländerinen oder Orientalinen liegt. Ihr glänzender Teint wird noch mehr durch den Reichthum dunkler Haare gehoben, die oben festgehalten von einem goldenen Pfeile, auf beiden Seiten des breiten Scheitels sich zu vollen üppigen Locken gestalten und mit dem violett blauen Kleide die bezauberndste Wirkung hervorbringen. Auf dem anderen Bilde ist eine junge bürgerliche Blondine ganz einfach im grünen Kleide und dem silbernen Riegelhäubchen auf dem Kopfe, mit sanft gesenkten Blicken abgebildet [...]."[40] Friedrich Wilhelm Bruckbräu ergänzte: „Demoiselle Kaula, mit üppiger Lockenfülle des Hauptes, im Haarknoten einen goldenen Pfeil, andeutend die tiefen Herzenswunden, welche der kühne Anblick solcher Augen schon manchen Jünglingen und Männern mag geschlagen haben."[41] Und noch 1845 heißt es in einer Beschreibung: „Ein violettsammtenes Kleid, ein schwarzes Auge, eine lebhafte Physiognomie, braune Haare, ein goldener Pfeil durch dieselben geben der jungen Frau etwas von dem Charakter der Judith."[42]

Prinz Konstantin von Bayern berichtete noch von einem weiteren Bild Nanettes von der Hand Stielers, das sie in höherem Alter zeigte und das der 1950 verstorbene Kommerzienrat Friedrich Kaula besessen hat. Es ist während der NS-Zeit verloren gegangen.[43]

Die Vorlage für das Foto im Visitkartenformat schuf der Kupferstecher Andreas Fleischmann.

Helene Sedelmayer, verheiratete Miller (1813–1898)

Helene Sedelmayer[1] gilt als die „schöne Münchnerin" schlechthin. Ihr 1831 von Joseph Stieler gemaltes Porträt in Münchner Tracht ist wohl – neben dem von Lola Montez – das bekannteste der ganzen Schönheitengalerie. Doch anders als die vermeintliche Spanierin polarisierte sie nie. Zu Lebzeiten wie danach erntete Helene kein böses Wort, blieb von Missgunst und übler Nachrede weitestgehend verschont.

Die „schöne Münchnerin" war eigentlich gar keine gebürtige Münchnerin, sondern wurde am 12. Februar 1813[2] in Trostberg bei Traunstein geboren. Sie war das fünfte Kind des Schuhmachers Johann Michael Sedelmayer und seiner Frau Creszentia, geborene Singer, weshalb die kleine Helene als zweiten Namen Creszentia führte. Die Familie war erst kurz vor Helenes Geburt aus Mühldorf zugezogen, nachdem ihr dortiges Haus zwangsversteigert worden war.[3] Auch in Trostberg war die Familie nicht auf Rosen gebettet, vor allem nachdem der Vater 1817 infolge einer Lungenentzündung gestorben war. Die Mutter heiratete erneut: den jungen Franz Xaver Dobl(er) aus Wessobrunn. Doch Reichtum stellte sich dadurch nicht ein. Das Haus in Trostberg musste verkauft werden. Es reichte nicht einmal für das Schulgeld für die kleine Helene, weswegen man nicht sicher weiß, ob sie Lesen und Schreiben konnte. Lediglich ihr älterer Bruder Georg Michael und die jüngere Halbschwester Elisabeth Dobler sind in den Trostberger Schülerlisten verzeichnet. 1828 „verschwand" die Familie aus Trostberg; wohin? – das ist bis heute die Frage.

Helene selbst ging damals als Dienstmagd zu ihrem Onkel Georg Schmid, einem Blumenmacher im Wallfahrtsort Altötting.[4] Doch die-

PILOTY & LOEHLE
MUENCHEN

XXXIV

ser starb bereits ein Jahr später. Helene stand gewissermaßen wieder auf der Straße. 1830 zog sie nach München. Sie fand eine Anstellung beim Kaufmann Johann Michael Auracher in seiner Gemischtwaren- und Schreibmaterialienhandlung[5] in der Brienner Straße/Ecke Theatinerstraße, in der auch Spielwaren verkauft wurden. Ein Dienstbuch, das Auguste von Oertzen offensichtlich noch einsehen konnte, bescheinigt: „treu, brav und reinlich, und von allen ihren Dienstherrschaften belobt und empfohlen". Der Umzug nach München entpuppte sich für die junge Helene letzten Endes als Glücksfall.

Auguste von Oertzen erzählt eine Geschichte vom ersten Zusammentreffen König Ludwigs mit Helene, die diese selbst in späten Jahren immer wieder zum Besten gegeben haben soll und die in der Folge von Generation zu Generation abgeschrieben wurde. Demnach soll der König dem „Aurachermadl" in den weitläufigen Gängen der Residenz begegnet sein, als sie einst Spielwaren, die Königin Therese für die kleinen Prinzen und Prinzessinnen bei Auracher gekauft hatte, auslieferte. Und natürlich war Ludwig sofort Feuer und Flamme! Doch so hat es sich nicht abgespielt. Vielmehr war der König am 24. November 1830 „in Stielers Malerstätte" gegangen, um „zu sehen, ob des Dienstmädchens Gesicht, das mir sehr gerühmt worden, sich eignete für meine Sammlung Münchener Schönheiten gemalt zu werden; ich fand es sehr; Stieler der gleich ihr Bildniß begann, fand [...] es sehe aus wie die, welche Fra Angelico da Fiesole gemalt. Welch' schöner unschuldiger seelvoller Ausdruck."[6]

Wer des „Dienstmädchens Gesicht" gerühmt hatte, verschweigt seine Majestät – vermutlich war es Stieler selbst. Helene wurde gemalt. Und wie es die Art des Königs war, besuchte er das Atelier während der Sitzungen, wie es auch in einer kleinen Zeichnung von Joseph Flüggen festgehalten wurde.[7] Schon beim ersten Beisammensein kamen sie auf das Thema Hochzeit zu sprechen. Dabei klagte die arme Schustertochter über ihre schlechten Heiratsaussichten – aller Schönheit zum Trotz. Niemand würde sie nehmen, denn sie habe nichts, keine angemessene Mitgift. Der König aber antwortete, tausend Gulden würde er ihr geben, „wenn sie einen ordentlichen Mann heyrathen, vor den Traualtar wie sie jetzo ist (als Jungfrau verstand ich darunter) treten würde. So ein Augenblick (das Lebensglück von jemand zu gründen) entschädigt für viel, äußerte Stieler. Helene küsste und drückte mir die Hand. Wie wird sich ihre Mutter freun, sagte sie. […] Des Mädchens Tugend versorgt für die Zukunft habe ich hiedurch".[8]

Dennoch ließ der Richtige auf sich warten. Doch seit sie gemalt worden war, interessierte sich für das Schicksal des Mädchens, „von dem sonst Niemand Notiz genommen haben würde, die ganze Stadt, blos deßhalb, weil sie schön, und als Schönheit gemalt worden war!"[9] Man erzählte, dass der König ihr als Aussteuer tausend Gulden versprochen habe, diese aber verweigerte, als ein fremder Abenteurer sich um ihre Hand bewarb. Man unterstellte, dass der Verehrer nur in den Besitz der Mitgift gelangen wollte und bedauerte Helene: „Das Mädchen grämte sich darüber einige Zeit lang und sah kränklich aus; sie wurde allgemein beklagt."[10] Selbst auf der Kunstausstellung in Braunschweig im Jahr 1834 war das Bildnis „oft der Mittelpunkt gesellschaftlicher Conversation". Auch dort wurde das Bild der Schönheit im „Münchner Costüm" (vermutlich eine der Kopien) gezeigt. „Eine einfache deutsche Schönheit, die jedes Männerauge augenblicklich und bleibend fesselte, und der hier wenigstens unläugbar der Apfel des Paris gebührte." Auch in Braunschweig nahm man am Schicksal Helenes regen Anteil: „Ein begüterter Jemand, der dieses Bild zum ersten Male erblickte, ist, wie Fama verkündete, so verliebt in diese Münchnerin geworden, daß er augenblicklich mit Extrapost nach München fuhr, um dem lebenden Originale Hand, Herz und Vermögen anzubieten. Trügt Fama nicht, dann wünschen wir Herrn Jemand und uns den besten Erfolg, d. h. baldige Rückkehr mit der schönen Frau nach Braunschweig."[11] In München aber glaubte man zu wissen: „Jetzt aber wird sie einem Zöglinge der Academie der bildenden Künste die Hand reichen."[12] Alles reine Erfindung!

Auguste von Oertzen und ihr folgend andere Autoren behaupteten, dass Helene 1832 verheiratet wurde – auch das stimmt nicht. Das Trauungsbuch der Münchner Frauenkirche besagt etwas anderes. Demnach heiratete sie am 14. April 1834 den königlichen Hoflakai Hermes Miller (Müller), der am 22. März 1804 in Reisensburg bei Günzburg als Sohn des Chirurgen Mathias Müller geboren wurde. Und das mit ausdrücklicher Erlaubnis Seiner Majestät des Königs mit Datum 19. März 1834. Als Zeugen fungierten Adam Strobl, bürgerlicher Wundarzt, und Georg Aman, königlicher Hoflakai, ein Kollege des Bräutigams. Im April 1834 wurden „der Helena Sedlmeyer bey ihrer Verehelichung mit dem Hoflaquias Hermes Müller" schließlich auch die versprochenen tausend Gulden „als Aussteuer" von der Kabinettskasse ausgezahlt.[13]

Überraschenderweise wird sowohl im Trauungsbuch als auch im Ausgabsmanual der Kabinettskassenverwaltung des Königs „Müller" als Nachname angegeben; in den Zeitungen ist jedoch von „Miller" die Rede.[14] Möglicherweise handelte es sich nicht nur beim Namen um einen Schreibfehler, im Trauungsbuch könnte auch das falsche Geburtsjahr stehen, denn bei seinem Tod im Jahr 1871 soll Hermes Miller 70 Jahre alt gewesen sein, was auf das Geburtsjahr 1801 schließen ließe.

Hermes Miller war offensichtlich erst kurz vor der Hochzeit nach Bayern zurückgekehrt, nachdem er 1832 König Ludwigs Sohn Otto in sein Königreich Griechenland begleitet hatte. Dass Ludwig I. als Heiratsvermittler aufgetreten ist, wird vermutet. Das kann auch sein. Dass er aber – wie ebenfalls immer wieder behauptet wurde – bei der Trauung anwesend war, ist ein Gerücht. Zum einen wäre dies gänzlich „unköniglich" gewesen, zum anderen ist in den königlichen Tagebüchern nichts davon zu lesen – und auch den Zeitungen wäre diese Sensation mit Sicherheit eine Notiz wert gewesen.

Gewohnt haben dürfte das junge Paar zunächst in einer Dienstwohnung in der Residenz. Der Kammerlakai Hermes Miller sollte drei bayerischen Königen dienen: Ludwig I., Maximilian II. und Ludwig II. 1838 jedoch war die Familie in der Frühlingsstraße 13 gemeldet (heute Eduard-Schmid-Straße).

Der Nachwuchs ließ zunächst auf sich warten. Es ist nicht auszuschließen, dass Hermes als Kammerlakai den König auf seiner Griechenlandreise im Winter 1835/36 begleitete, von der er im Frühling 1836 zurückkehrte. Am 11. März 1838 kam das erste Kind zur Welt und wurde einen Tag später – wie könnte es anders sein – auf den Namen Ludwig getauft. Der König ließ sich als Taufpaten durch den königlichen Kammerportier Karl Störk vertreten und übergab die üblichen 33 Gulden als königliches Patengeschenk.[15] Doch der kleine Ludwig starb schon in Kindertagen. Königin Therese wurde die Taufpatin der ersten und einzigen Tochter Theresia, die am 1. Dezember 1839 zur Welt kam. Auch Kronprinz Maximilian, der spätere König Maximilian II. von Bayern, und Prinz Luitpold, der spätere Prinzregent, übernahmen am 21. März 1841 bzw. am 9. Juli 1842 die Patenschaft für jeweils einen Sohn des gleichen Namens – ein Beweis dafür, dass das Verhältnis des königlichen Hauses zur Familie Miller ungetrüb war und damit ein in jüngster Zeit hin und wieder vermutetes intimes Verhältnis von Helene und Ludwig ausgeschlossen werden kann. Selbst nach seiner Abdankung übernahm Ludwig I. am 9. März 1852 angeblich noch einmal die Patenschaft für einen Sohn Ludwig, der jedoch ebenso jung verstarb wie sein älterer Bruder gleichen Namens und der kleine Luitpold zuvor.[16] Der Grund, warum das königliche Haus der Familie gewogen war, dürfte vermutlich weniger an der einstigen Schönheit der Mutter gelegen haben als an der Vertrauensposition, die der Vater als Hoflakai über Generationen hinweg einnahm.

Das Ehepaar Miller führte ein verhältnismäßig ruhiges, unauffälliges und, wie es immer heißt, glückliches Leben. Anfang Mai 1871 starb Hermes Miller angeblich im Alter von 70 Jahren[17] und wurde auf dem Alten Südlichen Friedhof in München beerdigt. Nun wurde es noch stiller um Helene. Die „Hoflakaiens-Witwe" wohnte in der Schellingstraße 49 im dritten Stock,[18] in eben jenem Haus, in dem später Franz Josef Strauß aufwachsen sollte. Vorübergehend zog Helene in den 1890er Jahren zu ihrem Sohn Max, der Hofgärtner in Aschaffenburg geworden war. Am 18. November 1898 starb die „Hoflakais-Witwe Helene Müller", wohnhaft Baumstraße 16 in München, und wurde neben ihrem Mann auf dem Südlichen Friedhof beigesetzt.[19] Der Grabstein ist bis heute erhalten.[20]

Ein Nachruf bezeichnete sie nicht nur als eine große Wohltäterin der Armen, sondern auch als eine „in den Hofkreisen werthgeschätzte, allbekannte ehrwürdige Dame [...], welche der Prinz-Regent besonders hoch schätzte." Dabei wurde auch nicht der Hinweis vergessen: „Ihr Name ist dadurch in weitesten Kreisen bekannt geworden, daß sie in der Schönheitsgallerie in der kgl. Residenz eine bevorzugte Aufnahme fand. [...] Mit 20 Jahren verheirathete sie sich mit Herrn Hermes Miller, der am kgl. Hof bedienstet war. König Ludwig I. nannte die damals jungen Leute das griechische Ehepaar."[21] Tatsächlich gefiel dem König das Wortspiel mit Hermes und Helena (wie er Helene gerne nannte). Ersterer war tatsächlich auf den Namen getauft worden und hatte diesen nicht etwa erst aufgrund seiner Griechenland-Reise erhalten.

Der Ehe entsprossen zehn Kinder. Von den Söhnen lebten zum Zeitpunkt von Helenes Tod noch Adolph, Hotelbesitzer in Berchtesgaden, Max, Hofgärtner in Aschaffenburg, Michael, Tapezierer in München, und Otto sowie die Tochter Theresia, die Witwe des 1881 verstorbenen, bekannten Bildhauers Michael Wagmüller.[22] Noch heute findet sich eine ganze Reihe von Nachfahren im württembergischen Albstadt, in München und in Berchtesgaden, wo die Brüder Peter und Ernst Miller noch immer das Hotel „Vier Jahreszeiten" betreiben.[23] In ihrem Geburtsort Trostberg hält man die Erinnerung an Helene mit einem Straßennamen, einem eigenen Raum im Museum sowie einer Ehrentafel im Aufgang des Rathauses wach.[24] Das größte Denkmal setzte der schönen Helene jedoch Joseph Stieler mit dem Gemälde in der Schönheitengalerie.

Bereits die Zeitgenossen haben das Porträt der Helene Sedelmayer vielfach besprochen: „Das ‚Aurachermadl' konnte für ein Bild der Unschuld, Gutmüthigkeit und Züchtigkeit gelten. Die Augen lagen etwas tief, waren aber dunkel und ausdrucksvoll, das Näschen war fein, und wenn je Lippen verdient hatten, mit einem Purpurkirschenpaar, oder noch besser mit Rosenknospen verglichen zu werden, so waren es diese. Das Mädchen sah im Putze des Sonntags mit dem Silberhäubchen auf dem rabenschwarzen Haare wirklich allerliebst aus."[25]

Man machte sich Gedanken über das „Mädchen aus der Gegend von Berchtesgaden, welche zu München lebt und hier ihre Tracht mit der bürgerlichen städtischen vertauscht hat", wobei der Journalist weiter überlegte: „Vielleicht würde die ländliche Tracht der Alpengegend, aus der sie stammt, ihre sinnigen Züge noch in einem schöneren Lichte haben erscheinen lassen."[26] Tatsächlich ist keine der Schönheiten in ländlicher Tracht dargestellt, nur in der eher bürgerlichen Münchner Sonntagstracht.

Das Altmünchner Gwand hatte der König höchstpersönlich ausgesucht, „der ich schöne silberne Riglhaube, silberne Ketten für das Mieder, Halstuch, Kleid (Stoff und Schnitt ihrem Stand gemäß, sie ist eine Dienstmagd, gegeben). […] Glühend roth vor Freude wurde sie, fiel auf die Knie vor mir."[27] Verständlicherweise, denn eine solch prachtvolle Bekleidung, wie sie auch wohlhabende Bürgerstöchter trugen – Dienstmädchen verwendeten preiswerte Materialien wie Baumwollstoffe –, hätte ihr vermutlich äußerst dürftiges Salär bei Weitem überschritten. Allein eine silberne Riegelhaube kostete 20 Gulden,[28] dazu das Miederhemd und die Schürze aus Seide, das Seidentuch und das mehr als üppige silberne Miedergeschnür: Für eine kleine Ausgeherin wäre dies eine unerreichbare Anschaffung gewesen.[29]

Bei seinen häufigen Besuchen im Atelier Stielers verfolgte Ludwig I. den Fortgang der Arbeiten. Und so konnte er bereits nach ein paar Tagen notieren: „teutschen Ausdruck gab er ihr, schlicht, aber den seelenvollen italienischen, welchen sie hat, die rein, die noch nie verliebt, hat das Bildnis, wenigstens bis jezo nicht".[30]

Im November 1830 hatte der König den Auftrag gegeben, den Winter über arbeitete Stieler an dem Porträt, im Februar 1831 wurde das Bild von „Nanette Sedlmayer" mit den üblichen 440 Gulden bezahlt;[31] *unmittelbar danach war es im Kunstverein zu bestaunen: „Die Arbeiten, welche aus der Kunstwerkstätte des Hrn. Hofmalers Stieler hervorgehen, erregen jeder Zeit die Aufmerksamkeit und Theilnahme der Freunde der Kunst, und so mußten auch seine neuesten Gemälde mit erhöhtem Interesse von ihnen gesehen werden, da mit jeder neuen Arbeit sich der Künstler zu vervollkommnen scheint. Es sind dies die Bildniße [...] zweier junger Frauenzimmer, deren interessante Züge und Anmuth von dem Künstler mit der Eigenthümlichkeit aufgefaßt wurden, um sie gern lange anzuschauen."*[32]

Eine Kopie des Stieler-Porträts, die im Jahr 1834 500 Gulden gekostet haben soll, ging offenbar in den Besitz Helenes über. Es gehört heute einer ihrer Ur-Ur-Ur-Enkelinnen und hängt seit 2008 im Münchner Stadtmuseum.[33] *Dass für diese Kopie, deren Maler nicht bekannt ist und die auch nicht in den königlichen Rechnungsbüchern zu finden ist, 500 Gulden gezahlt worden sein sollen, ist jedoch nicht glaubwürdig, da die Originale von Joseph Stieler jeweils nur 440 Gulden kosteten. Daneben existieren bis heute ungezählte Reproduktionen und Abbildungen auf Souvenirs oder Pralinenschachteln. Selbst der 90 Meter hohe „Bayern Tower", der modernste Nervenkitzel auf dem Oktoberfest 2019, ein Kettenkarussell in schwindelnder Höhe, kam nicht ohne die biedermeierliche Helene aus.*

Die Vorlage für das Foto im Visitkartenformat schuf der Kupferstecher Andreas Fleischmann.

Amalie von Schintling (1812 – 1831)

Amalie von Schintling hat eine kurze, traurige Geschichte: Sie war die erste Schönheit, die verstarb, und das als jüngste der schönen Damen überhaupt. Ende 1831, im selben Jahr, in dem sie gemalt wurde, erlag sie einem Lungenleiden.

Am 9. August 1812 war Amalie als Tochter des Majors im Generalstab Karl Lorenz von Schintling (1780 – 1845) und seiner Frau Theresia (1789 – 1845), geborene Freiin von Hacke, in Neuburg an der

Donau zur Welt gekommen. Es war eine schwere Geburt, wie der Vater in seinem Tagebuch vermerkte. Sie erhielt nach der verwitweten Pfalzgräfin Maria Amalia von Zweibrücken (1757 – 1831) den Namen Amalia Aloisia Kunigunde Therese. Taufpatin war ihre Großmutter Josepha von Hacke.

Der Vater selbst war bei der Geburt nicht anwesend. Er nahm als bayerischer Offizier am Russlandfeldzug teil und geriet im August 1812 nach der Schlacht von Polozk in russische Gefangenschaft, galt zu Hause gar als vermisst. Erst im April 1814 kehrte er nach über zwei Jahren zurück nach Neuburg und drückte „in einer noch niemals gefühlten Empfindung das in seiner Abwesenheit geborene Kind an sein väterliches Herz".[1]

Amalie war das erste Kind ihrer Eltern, exakt neun Monate nach der Hochzeit am 7. November 1811 geboren. Es folgten bis 1828 noch sieben weitere Geschwister.[2] Das Geschlecht derer von Schintling, das erst 1790 mit Amalies Großvater in den Reichsadelsstand erhoben und 1809 der Adelsmatrikel des Königreichs Bayern einverleibt worden war, zählte zum protestantischen Adel.

1816 zog die Familie nach München; 1818 wurde Amalie in die Liste der „Aspirantinnen zu Damenstiftsprobanden" vorgemerkt. Bereits Amalies Mutter war St.-Anna-Stiftsdame in München und nun sollte auch Amalie in den erlauchten Kreis aufgenommen werden.[3] Am 9. Oktober 1820 kam Amalie in das weibliche Erziehungsinstitut zu Nymphenburg, wo sie bis zu ihrem 15. Lebensjahr blieb. König Maximilian I., der Karl Lorenz von Schintling sehr schätzte, kam für das Kostgeld auf. Zunächst hatte Amalie großes Heimweh, weswegen der Vater fast täglich abends nach Nymphenburg hinausritt, um sie zu besuchen und zu trösten. Doch dann scheint sie sich eingewöhnt zu haben und wurde offensichtlich eine gute Schülerin, die immer wieder Preise in verschiedenen Unterrichtsfächern einheimsen konnte.[4]

1826 wurde Amalie gefirmt. Patin war Charlotte Gräfin von Eckart, geborene Gräfin Leiningen (eine Verwandte von Amalies Mutter), deren Mann General Karl Graf Eckart Amalies Vater stets auf seiner erfolgreichen militärischen Laufbahn gefördert hatte.[5]

Im Winter 1830/31 wurde Amalie von Joseph Stieler gemalt. Zu diesem Zeitpunkt war sie bereits mit ihrem Vetter Friedrich (Fritz) von Schintling (1791 – 1850), Hauptmann des 4. Infanterie-Regiments,

PILOTY & LOEHLE
MUENCHEN

XII

verlobt. Ihre Väter waren Halbbrüder: Amalies Vater stammte aus der ersten Ehe von Johann Lorenz von Schintling, Friedrichs Vater aus der dritten. Onkel wie Neffe hatten zusammen an Napoleons Russlandfeldzug teilgenommen.

In Amalies Schicksalsjahr 1831 war Friedrich bereits 40 Jahre alt, die Braut gerade einmal 18 oder 19. Man darf also bezweifeln, dass sie sich aus reiner Liebe verlobt hatten. Eher ist an eine adäquate Versorgung der ältesten Tochter zu denken, denn es gab ja noch sieben weitere Geschwister, das jüngste war damals gerade einmal drei Jahre alt. Und sowohl die Tatsache, dass Amalie einen Freiplatz im Nymphenburger Erziehungsinstitut erhalten hatte, als auch dass ihr Bruder Alois Ludwig unentgeltlich als Eleve im Kadettenkorps aufgenommen wurde,[6] lässt vermuten, dass es um die finanziellen Verhältnisse der Familie nicht zum Üppigsten bestellt war, was auch Carl von Schintling, ein weiterer Halbbruder von Karl Lorenz mehrfach bestätigte.[7]

Die traurige Geschichte der armen Amalie wurde immer wieder erzählt und dabei der Eindruck einer romantischen jugendlichen Liebe vermittelt. Zusammen mit Briefen und Berichten der Familie stellt sich tatsächlich eine Familientragödie dar, verursacht durch die grenzenlose Eifersucht des Bräutigams oder dessen verletzten Stolz auf der einen und die bedingungslose Königstreue eines alten Offiziers auf der anderen Seite. Dazwischen stand das übersensible Mädchen, dessen schon angegriffene Gesundheit den Aufregungen der andauernden Zerwürfnisse zwischen Vater und Bräutigam schließlich zum Opfer fallen sollte. Der Wunsch des Königs, das Porträt Amalies für seine Galerie der Schönsten malen zu lassen, wurde von der Allgemeinheit zum Drama aufgebauscht. Während man in der Familie eigentlich geschmeichelt war, brachte Friedrich vor, dass, nachdem Ludwig I. in seiner Sammlung von weiblichen Porträts angeblich auch einige „leichfertige Dirnen" aufgenommen habe, es dem guten Ruf seiner Braut schade. Der Leumund der bürgerlichen Mädchen galt zwar als tadellos, auch wenn Klatsch und Tratsch anderes sagten, doch die adeligen Damen stammten aus Familien, in denen es zumindest in der weiteren Verwandtschaft Skandalgeschichten gab. Und zu allem Überfluss war auch noch eine Schauspielerin aufgenommen worden! Und über die Marchesa Florenzi, deren erstes Porträt damals bereits in der Sammlung vertreten war, und ihr Verhältnis zum König hörte man auch nicht nur Tugendhaftes. In diesem Kreis wollte Friedrich seine Braut nicht wiederfinden.

Amalies Vater sah dies entschieden anders. Er bezeichnete die Einwände seines Schwiegersohns in spe als „unüberlegte und sträfliche Beschuldigung[en]" und erklärte, dass er sein Einverständnis zum Porträt, das er dem König nun schon einmal gegeben habe, nicht zurücknehmen werde. Friedrichs Forderung, dieses zurückzuziehen, führte zu einem erregten Auftritt im Hause der Eltern. Ein Brief vom 28. Oktober 1830, den der Bräutigam an seinen Onkel Carl von Schintling schrieb, schildert diesen Eklat am besten: „Ich kann Ihnen nichts als meine Ankunft melden. Über den fraglichen Gegenstand waren Debatten, die mich in den fürchterlichsten Zustand versetzten. Ich muß ein Opfer bringen, das unerhörteste. Amalia wird gemalen, und mein Widerstand hat die größten Szenen hervorgebracht; heute wollte ich abreisen, die gräßlichste in meinem Leben gesehene Szene hält mich fest. Mehr kann ich Ihnen dermal selbst nicht schreiben, ich bin noch zu verwirrt."[8] Der Onkel mahnte zur Besonnenheit und riet die Vermählung zu beschleunigen, wodurch man am schnellsten allen Streitigkeiten ein Ende bereiten könne. Friedrich sah sich genötigt, wegen Erlassung der zum Heiraten nötigen Kaution ein Bittgesuch an den König zu richten, an die Person, die gewissermaßen der Grund allen Zerwürfnisses war. Weder Friedrich noch seine Braut waren nämlich imstande, die erforderliche Summe von 20.000 Gulden aufzubringen. „Mein bitterster Schritt, den ich in meinem Leben unternahm", schrieb er an Carl von Schintling, „allein er gilt wirklich der Erhaltung meiner lieben Amalia, die ich erst jetzt genau kennen lernte". Hofmaler Stieler, dem die Schöne bereits Modell saß, übernahm es, die Bittschrift dem König in Gegenwart der Königin zu überreichen. „Dieser Mann, der sich als ein edler und teilnehmender Mann zu erkennen gegeben hat und dem wir nun alles zu verdanken haben", berichtete Karl Lorenz von Schintling am 25. Oktober 1831 an seinen Bruder, „glaubt für gewiß, daß die Bewilligung nun ohne Anstand erfolgen wird."

Doch die Genehmigung zur Heirat kam zu spät. Die vielen Aufregungen – immerhin gingen die Verhandlungen und Streitereien über fast ein Jahr – und die Unsicherheit über ihre Zukunft hatten Amalies Gesundheit so geschwächt, dass nun die freudige Nachricht von der baldigen Erfüllung ihrer Wünsche sie in ein heftiges Fieber versetzte – so sagte man zumindest. Am 13. Dezember 1831 erklärte der Arzt ihren Zustand für hoffnungslos. Diagnose: Lungenschwindsucht und Zehrung. Die letzten neun Tage ihres Lebens waren ein sanftes Erlöschen. Amalie, die angeblich nichts von ihrem nahen Ende ahnte, blieb bis zum letzten Augenblick bei vollem Bewusstsein. 14 Tage wich der Bräutigam angeblich nicht von ihrer Seite, bis sie ihr Leben am 22. Dezember 1831 in Neuburg an der Donau aushauchte. Am Heiligen Abend wurde sie auf dem Alten Südlichen Friedhof in München beigesetzt.[9] Und Carl von Schintling schloss seinen Bericht über die traurige Brautzeit der armen Amalie mit der schlichten Feststellung: „Am 30. Dezember ging Friedrich von Schintling wieder in seine Garnison nach Regensburg zurück." Er heiratete zwei Jahre später Elisabeth Eder, mit der er vier Kinder hatte. Friedrich von Schintling starb am 25. April 1850 in Regensburg – wie seine erste Braut – an Zehrfieber infolge eines chronischen Lungenleidens.[10] Auch einige von Amalies Geschwistern verstarben früh an Lungenkrankheiten.

Der frühe Tod der jungen Schönheit hat die Phantasie der Münchner wohl besonders beflügelt. Man war fest überzeugt: „Die Aufregung wegen ihres Bildes mögen den Tod der lungenkranken Amalie beschleunigt haben."[11]

Nicht nur die Geschichte von dem übertriebenen Ehrgefühl des Bräutigams machte die Runde. Amalies Zeitgenossin Emilia Escherich berichtete von einer anderen Geschichte, die über „Fräulein von Schintling, die Tochter eines hohen Offiziers, die eine wirkliche Schönheit in jeder Beziehung zu nennen war, dabei aber eines tadellosen Rufes genoß", im Umlauf war. Demnach schien die Familie von Anfang an dem Ansinnen des Königs, die Tochter für die Schönheitengalerie malen zu lassen, keine rechte Begeisterung entgegengebracht zu haben. Stielers Atelier war in der Residenz untergebracht und Ludwig I. pflegte während der Sitzungen ein und aus zu gehen. Vorsichtshalber begleitete Frau von Schintling ihre Tochter regelmäßig zu den Ateliersbesuchen, was wiederum den König zu verdrießen schien. Als er die Mutter nun eines Tages wieder dort traf, konnte er angeblich nicht mehr an sich halten und zischte sie „mit nicht eben freundlicher Stimme" an: „Sagen Sie mir, Schintling, wie kann eine so schöne Tochter eine so häßliche Mutter haben?" Und die Berichterstatterin fuhr fort: „Wenn er aber geglaubt hatte, die unerwünschte Begleiterin der schönen, jungen Dame dadurch loszuwerden, so hatte er sich gründlich verrechnet, denn Frau von Schintling war schnell gefaßt, sie lachte gutmütig: ‚Ein Spiel der Natur, Majestät! Ein lustiges Spiel der Natur!' Der König war einen Augenblick überrascht, dann hatte er sich schon wieder im Zaum. ‚Sie haben Witz, liebe Schintling, das ist mehr wert als Schönheit!' und von da an hatte er nicht das geringste mehr gegen ihre Begleitung."[12] Ob es wirklich so war? Auf jeden Fall ist bekannt, dass König Ludwig gerne bei den Sitzungen anwesend war, vor allem um Einfluss auf die Gestaltung des Gemäldes zu nehmen. Alles weitere scheint Münchner Klatsch und Tratsch gewesen zu sein.

Das Porträt Amalies war am 19. November 1830 in Stielers „Malerwerkstätte in der Residenz" in Arbeit, im April 1831 wurde es bezahlt.[13] Bereits im März war das Gemälde jedoch im Kunstverein zu sehen und der Rezensent spricht von „hoher Schönheit" und dass das Bild „den Frieden und die Reinheit der Seele in ihrer anmuthsvollen Miene" zeige.[14] Da wusste er noch nicht, dass das Leben der Schönen noch im selben Jahr enden sollte. Spätere Generationen wollten dann in dem Gemälde bereits die Todesahnung erkennen. Selbst Stielers „schmeichelnder Pinsel hat es nicht vermocht, die Abgezehrtheit des schönen Antlitzes, die Magerkeit des edel geschwungenen Halses zu verschleiern. Aus großen, wundervoll blauen Augen schaut die sterbende Schönheit traurig in die Welt; herrliche blonde Haare bedecken in schweren Locken die Ohren und sind in einer Flechtenkrone auf den Kopf gesteckt. Ein Perlenschmuck ziert die Stirn, drei lange birnenförmige Perlen sind in die Ohren gehängt, und eine dreifache Perlenkette schmückt den Hals. Wunderschön steht der bleichen, sanften Amalia dieser reiche Schmuck des edelsten Geschmeides, Perlen, die Tränen bedeuten."[15]

Eine Miniatur, die Amalie von Schintling mit ähnlicher Frisur zeigt, hat sich – zusammen mit dem Porträt ihres Verlobten – in Privatbesitz erhalten.

Die Vorlage zum Foto im Visitkartenformat schuf der Kupferstecher Albrecht Schultheiss.

Marianna Marchesa Florenzi, geborene Baccinetti, verheiratete Waddington (1802–1870)

Eine der bekanntesten Schönheiten ist sicher Marianna Marchesa Florenzi, liebevoll auch Mariannina genannt. Ihre Lebensgeschichte zählt zu den interessanteren und wurde immer wieder besprochen, vor allem in italienischen Biografien und Romanen.[1] Während sie hierzulande meist – sehr zu unrecht – auf ihre Freundschaft mit König Ludwig I. und das Bild in der Schönheitengalerie reduziert wird, gibt es kaum eine Publikation zur italienischen Philosophie-Geschichte des 19. Jahrhunderts, die Marianna Marchesa Florenzi-Waddington nicht erwähnt. Sie gilt vielen als die zu ihrer Zeit „gebildetste Frau Italiens", eine „Philosophin von Rang".[2] Marianna war nicht nur schön, sondern auch außergewöhnlich intelligent, hatte als eine der ersten Studentinnen überhaupt an der Universität in Perugia Philosophie studiert, führte einen gelehrten Salon und setzte sich politisch mit ihren Schriften schon einmal in die Nesseln, sprich: Werke von ihr kamen auf den päpstlichen Index. Nichtsdestoweniger wurde sie 1865 als erste Frau in die Philosophische Akademie von Neapel gewählt.[3]

Marianna wurde am 9. November 1802 in Ravenna als Tochter des Grafen Guiseppe Baccinetti de Sciafenberg und seiner Frau Contessa Laura Rossi geboren. Die Eltern schickten sie auf die Schule von St. Chiara in Faenza, wo sie eine universelle Bildung erhielt,[4] doch Mariannas Vorliebe galt der Philosophie. Bereits wenige Tage vor ihrem 17. Geburtstag wurde sie mit dem 42-jährigen Ettore Florenzi Marchese di Rasina (1778–1832) verheiratet und zog mit ihm nach Perugia in den Palazzo Florenzi (Via Baglioni), das Anwesen der Familie, der Papst Pius VI. den Titel „Marchese" verliehen hatte. Eine Tafel im Atrium verrät noch heute, dass Marianna Florenzi-Waddington angeblich von 1820 bis 1850 hier lebte.

Mit 17 Jahren brachte sie am 16. Juli 1820[5] die Tochter Carlotta zur Welt. Ein halbes Jahr später lernte sie Kronprinz Ludwig kennen, der sie viele Male und zum Teil wochenlang in Italien besuchte. 1831 erfolgte ein erster Gegenbesuch in München. Die beiden blieben ein Leben lang in engem brieflichen Kontakt. Im Zeitraum von 47 Jahren

PILOTY & LOEHLE
MUENCHEN

XIX

125

(bis zum Tod Ludwigs I.) schrieb sie über 2.000 Briefe an ihn, die er seinerseits mit fast 3.000 beantwortete. Die Nachrichten des Königs hat zwar Mariannas frömmelnde Schwiegertochter nach deren Tod verbrannt, doch hatte Ludwig vor dem Versenden Kopien angefertigt. Sie liegen zusammen mit den Schreiben Mariannas bis heute im Geheimen Hausarchiv der Wittelsbacher im Münchner Hauptstaatsarchiv. Mariannas Briefe sind meist auf Italienisch verfasst, enthalten aber vielfach deutsche Passagen.[6]

Die erste Begegnung des damaligen Kronprinzen mit der jungen Marchesa fand im Februar 1821 im Römischen Karneval statt. Nach Auskunft von Ludwigs Reisegefährten, dem Arzt Johann Nepomuk von Ringseis, waren ihre beiden Wagen auf dem Korso nebeneinander zum Halten gekommen und Marianna bombardierte nach damaliger Sitte den jungen Fürsten mit Blumen und Süßigkeiten. „Es entstand ein furchtbares Gefecht zwischen den Bewohnern der beiden Wagen, aber die Kampfrichter sind nicht zweifelhaft, daß der gegnerische dem unsrigen durch die gewaltigen Blitze seines weiblichen Kämpen den größten Schaden gethan, ja eine allgemeine Niederlage angerichtet."[7]

Nach einer anderen Überlieferung trafen sich die beiden erstmals auf einem Fest des Herzogs und der Herzogin Torlonia-von Bracciano, das für Marianna zunächst eher peinlich begann. Gräfin Piazza aus Perugia hatte die damals 18-jährige Marchesa mitgebracht, obwohl diese nicht eingeladen war. Die Gräfin entschuldigte dies mit deren soeben erst erfolgten Ankunft in Rom, erhielt aber von der Herzogin die ungnädige Antwort: „So mag es in Perugia hergehen; in Rom thut man dergleichen nicht." Bestürzt und beleidigt zogen sich die beiden Freundinnen zurück. Die Gräfin Piazza ließ im Gespräch mit anderen Damen ihrem Zorn über einen so groben Empfang freien Lauf. Der jungen Marchesa, die zum ersten Mal in der ewigen Stadt war und durch jugendliche Frische, Anmut und ungewöhnliche Schönheit die Augen aller auf sich zog, kamen vor Beschämung die Tränen. Ein ihr unbekannter Kavalier tröstete sie und versicherte ihr, dass ihr dies in diesem Hause nicht noch einmal passieren werde. Die Tanzmusik begann. Der älteste Sohn des Hauses bat den Kavalier, den Tanz zu eröffnen. Das tat er, aber mit Marianna und nicht mit der älteren Tochter des Hauses, wie es die Etikette eigentlich verlangte. Da es sich hier jedoch um den Kronprinzen von Bayern handelte, durfte er sich das erlauben. Es wurde berichtet, dass „der geistreiche und gutgelaunte Prinz der jungen Schönheit den ganzen Abend den Hof machte".[8]

Der Konfetti-Geschichte kann wohl eher geglaubt werden, denn sie wurde nicht nur von Zeitgenossen berichtet. Die Tatsache, dass der Schuh, den Marianna bei der ersten Ball-Begegnung trug, ein zierlicher Pantoffel sein soll,[9] den der König laut derselben Quelle zur Erinnerung aufhob und der nun von den Nachkommen der Familie Florenzi gehütet wird, widerspricht der Ball-Geschichte. Keine Frau geht mit flachen Pantoffeln auf einen Ball, seien sie auch noch so fein bestickt. Überdies ist es auch belanglos, wo und wie sie sich kennengelernt haben. Möglicherweise sind beide Ereignisse unmittelbar hintereinander erfolgt. Auf jeden Fall begann im Karneval 1821 das zärtliche Verhältnis, aus dem Ludwig kein Hehl machte und das in eine lebenslange Freundschaft mündete, die auch Mariannas Familie mit einschloss.[10] So verwandte sich der König für ihren Mann Ettore – auch Hektor genannt – in Rom und ernannte ihn nach seiner Rückkehr aus Italien im Frühjahr 1826 zum königlich bayerischen Kämmerer, übrigens zeitgleich mit der Beförderung von Heinrich Fahrmbacher, dem Mann von Regina Daxenberger, zum „wirklichen Bureausekretär im Allerhöchsten Cabinet".[11]

Zum Besitz der Florenzi zählte auch die Villa Colombella, ein Landsitz vor den Toren der Stadt Perugia. Vor allem dort war der Kronprinz und spätere König häufig zu Gast. Über 20 Reisen unternahm er nach Italien und versäumte kaum einmal, in Perugia, Colombella oder Ascagnano, einer weiteren Besitzung der Familie, einen Zwischenstopp einzulegen. Hier genoss er die Gesellschaft der geistreichen Marchesa und ihrer nicht weniger geistreichen Gäste. Oder wie es in einem Nekrolog heißt: „In ihrem Salon sah sie fortwährend nicht allein die durch Vornehmheit, sondern auch durch Geist und Wissenschaft ausgezeichnete Gesellschaft um sich versammelt."[12] In der umbrischen Landschaft erging sich Ludwig in Spaziergängen, erledigte aber auch jede Menge geschäftliche Post, wie nicht nur sein Kabinettssekretär Heinrich Fahrmbacher immer wieder erzählte,[13] sondern auch die zahlreichen in Colombella ausgestellten und unterschriebenen Akten beweisen.

Der königliche Kabinettssekretär Fahrmbacher begleitete den König meist auf seinen Italienreisen und kümmerte sich nicht nur um dessen Korrespondenzen, sondern berichtete auch von seinen Aufenthalten in und bei Perugia in den Jahren 1826 bis 1844. Besonders wohl fühlte auch er sich in Colombella und in dem kleinen Berg-schloss Ascagnano, das der Marchese seiner Frau, der „edlen Dame", als Witwensitz geschenkt hatte, weil sie es besonders liebte, und das sie „bedeutend verschönerte".[14]

Zur Reisebegleitung zählte in den frühen Jahren auch der könig-liche Leibarzt Dr. Johann Nepomuk von Ringseis, der Marianna nicht nur als „unter den Schönen eine der Schönsten, ganz im großen römi-schen Style"[15] bezeichnete, sondern sie auf der Reise von 1821 „von einem sehr bösen unheildrohenden Übel richtig curirt" hat.[16]

Über die Jahre berichteten die bayerischen Zeitungen immer wie-der von den königlichen Aufenthalten in Perugia bzw. Colombella und später auch auf dem Castello Ascagnano:

„Se. Maj. der König von Bayern verweilen fortwährend auf der Villa della Colombella bei der Familie des Hrn. Marchese Hektor Florenzi und erfreuen sich ungeachtet der Unbeständigkeit der Witterung der vollkommensten Gesundheit. Die Ruhe von den Geschäften und die Stille des Landlebens scheinen S. M. diesen Aufenthalt sehr angenehm zu machen, und oft sieht man diese erlauchte Person allein und zwanglos in den Umgebungen der Villa spazieren gehen. Vor einigen Tagen haben Se. Maj. in Gesellschaft des gedachten Hrn. Marchese einen Ausflug nach dem Trasimener-See gemacht, um von dort aus die angenehmsten Plätze seiner Umgebung zu besuchen."[17]

Und selbst im Ausland wurden die Reisen verfolgt: „Se. Majestät der König von Bayern sind unter dem Namen eines Grafen von Augs-burg am 6. d. M. über Gubbio in Colombella, dem Landsitze des Mar-chese Hector Florenzi, kgl. baierischer Kämmerers, eingetroffen, wo Höchstdieselben einige Wochen zu verweilen gedachten."[18] Auch für die nächsten Jahre können Aufenthalte in Perugia bzw. auf den Land-sitzen der Florenzi anhand der Zeitungen nachgewiesen werden – ganze 40 an der Zahl.[19] Ein letztes Mal sollte der König im Jahr vor seinem Tod in Colombella weilen.

1831 kam es zum ersten Gegenbesuch in München, dessen Kosten wohl gänzlich von Ludwig I. übernommen wurden. Am 1. Juli meldete die Fremdenanzeige für den „Goldenen Hirsch", das erste Haus am Platze (der „Bayerische Hof" wurde erst 1839 erbaut): „Hr. Marquis Horenzi [!] k. b. Kämmerer aus Perugia".[20] Übrigens wohnte dort zur selben Zeit Lady Jane Ellenborough, die nächste Schönheit in König Ludwigs Galerie.

Sofort stürzten sich Marianna und ihr Mann ins gesellschaftliche Leben der Stadt. „Auf dem vorgestrigen, von einem Theile der an der hiesigen Hochschule Studierenden gegebenen Ball in Großhesselohe, herrschte eben so viel Anstand als ungezwungene Fröhlichkeit. Die Frauen und Töchter aus den ersten Häusern waren anwesend. Der Ball dauerte bis nach Mitternacht. Unter den Fremden sah man den k. bayer. Kammerherrn Mrq. von Florenzi nebst seiner Frau Gemahlin aus Peruggia."[21]

Die Kinder Lodovico und Carlotta, die bereits seit 1827 zur Ausbildung in München weilten, hatten ihre Eltern seitdem nicht mehr gesehen und freuten sich nun auf gemeinsame Unternehmungen. Anlässlich dieses Besuchs entstand auch das Porträt für die Schönheitengalerie. Bereits Anfang August reiste das Ehepaar Florenzi wieder ab.[22] Da sich Königin Therese weigerte, die Marchesa zu empfangen – die Königin war just zu dem Zeitpunkt mit ihrem Sohn Otto nach Bad Doberan an die Ostsee gereist –, ertrug die stolze Italienerin den Aufenthalt in München offensichtlich nicht allzu lange.[23] Ihren Mann Ettore hatte die Königin vier Jahre zuvor, als er die Kinder in München abgeliefert hatte, noch empfangen – was sie vermutlich auch nicht getan hätte, wenn Marianna damals dabei gewesen wäre.[24] Die schöne Italienerin sollte später noch zweimal in die bayerische Haupt- und Residenzstadt reisen, dann allerdings mit ihrem zweiten Ehemann.

Ettore Florenzi drückte mehr als ein Auge zu, denn er wusste mit Sicherheit über das Verhältnis zwischen seiner Frau und dem König Bescheid, ja man könnte fast den Eindruck bekommen, dass er Marianna gewissermaßen „verkauft" hat. Das Ehepaar Florenzi war stets in finanziellen Nöten und nicht selten sprang Ludwig hilfreich ein. Kaum ein Brief, in dem Marianna nicht von der verzweifelten Lage sprach, in der sich die Familie befand – und um Hilfe flehte. Und der König zahlte. Als Entschädigung wünschte er jedoch ungestörte Stunden und Tage bei seinen Italien-Aufenthalten. In einem der Briefe aus dem Jahr 1828 stellte Ludwig I. unmissverständlich fest: „Für jeden Monat, den Du (in Ravenna oder Rom) bleiben wirst, werde ich deinem Mann 300 römische Goldmünzen geben; doch beim ersten Verstoß gegen auch nur eine Bedingung, und sei es nur meine Unzufriedenheit über ihn, werde ich nicht mehr zahlen. Ettore kann diese Bedingungen natürlich abschlagen, doch dann darf er sein Leben lang keinen Heller von mir erwarten."[25] Das Verhältnis zwischen Ludwig und Marianna war ein offenes Geheimnis, was dieser durchaus bewusst war: „Ich glaube jedermann in Perugia denkt, dass zwischen uns, wenn nicht eine Leidenschaft, so doch eine sehr große Verbundenheit besteht [...]. Ettore spricht nie darüber."[26] Das innige und wohl auch intime Verhältnis zur schönen Italienerin verursachte beim gut katholischen und eigentlich glücklich verheirateten Ludwig einige Gewissensbisse. Sünde, Treue und Untreue waren nun für eine Zeit lang seine Lieblingsthemen. Doch die Anziehungskraft Mariannas war zu groß und zurück in München wuchs stets aufs Neue die Sehnsucht nach ihr, ungeachtet der Tatsache, dass sie ihm manchmal mit ihren Launen und steten Hilferufen auf die Nerven ging. So verglich er sie etwa im Herbst 1831 mit Jane Ellenborough und seufzte: Es ist „so comfortable", Jane zu lieben. „Da braucht man nicht in immer sich erneuernder Besorgniß zu seyn, ob man nicht etwas sage, was üble Laune hervorbringe, nicht ob man an sich selbst Ursache gegeben habe, von solchem zu leiden habe, wie dies bey Marianninen der Fall ist. Was stand ich nicht schon aus!"[27] Dennoch freute er sich im Laufe des Winters mehr und mehr auf ein Wiedersehen mit der Marchesa Florenzi. Immer wieder bat Marianna um einen Gefallen, sei es finanzieller Art, sei es in Hinblick auf rechtlich-gesellschaftliche Unterstützungen. „Mein lieber Ludwig, du hast mir immer geholfen in alle meine unglückliche Lage. [...] hilfst mich jetz, daß ich habe große Bedürfniß von deiner Hilfe."[28] Meist ging es um Geld.[29] 1831 allerdings bat Marianna ihren königlichen Freund in zwei Briefen, die Heirat ihres Bruders Giuseppe Baccinetti, genannt Peppino, damals Kadett im bayerischen Heer, mit Adelaide, der Tochter von Luigi Tambosi, dem Münchner Cafetier italienischer Abstammung, zu ermöglichen.[30] Was der König offensichtlich auch tat. Auf jeden Fall kam es zu dieser Hochzeit. Giuseppe lebte bis zu seinem Tod 1865 in München. Überhaupt war der familiäre Kontakt zu München sehr eng. Nicht nur, dass Mariannas Kinder Lodovico und Carlotta in München erzogen wurden, was natürlich auch vom König ermöglicht, wenn nicht gar finanziert wurde. Auch ihre langjährige Dienerin und Erzieherin ihrer Kinder, Margherita Maroncini, genannt Ghita, kam mit Carlotta ins Münchner Max-Joseph-Stift, die Erziehungsanstalt für Töchter aus höheren Ständen, und kehrte erst nach Jahren zurück nach Perugia.[31] Während all der Zeit griff der König der hochverschuldeten Familie nicht nur immer wieder unter die Arme, sondern überschüttete die

Angebetete auch mit kleinen Aufmerksamkeiten, mit Blumen, mit lebenden Tieren, einem Papagei, einem Schwan oder einem Strauß, den sie in einem Käfig in Perugia hielt. Die kleine Straße neben dem Palazzo Florenzi heißt noch heute Via dello Struzzo, was nichts anderes bedeutet als „Straße des Straußen".

Marchese Ettore Florenzi starb am 20. September 1833. Knapp drei Jahre später, am 6. Mai 1836, heiratete Marianna den reichen Engländer Evelyn Waddington (geboren 1806 in London), der 1838 Bürger von Perugia wurde und in den Jahren 1867 bis 1870 sogar als Bürgermeister der Stadt fungierte. Waddington war vier Jahre jünger als Marianna. Die Heirat kam wohl auch durch Mithilfe von König Ludwig I. zustande, nachdem ein reicher Marquis Strozzi aus Ferrara um Mariannas Hand angehalten hatte, der sich offensichtlich nicht mit Ludwig verstand und das Verhältnis sicher unterbunden hätte. Evelino, wie er in Italien genannt wurde, zeigte sich offenbar toleranter.

Der Papst war gegen diese Mischehe der Katholikin mit dem Anglikaner, doch der britische Konsul in Florenz schaffte Tatsachen, indem er die Verbindung legalisierte. Der Papst tobte, verbannte Marianna aus den Kirchenstaaten – zu denen Perugia damals zählte – und beschlagnahmte das Vermögen. Das Paar pendelte zunächst zwischen London, Paris und München, doch dann konvertierte Waddington und die Eheleute kehrten nach Perugia zurück und bezogen 1851 den von Marianna neu erworbenen Palazzo Danzetta Florenzi, der wie der Palazzo Florenzi aus dem 17. Jahrhundert stammte. Den Palazzo Florenzi überließ sie ihrem Sohn Lodovico aus erster Ehe. Im Palazzo Danzetta verbrachte das Ehepaar Waddington den Rest seines Lebens bis zu Mariannas Tod 1870.

Seit den 1840er Jahren übernahm Waddington eine Reihe öffentlicher Ämter, hatte jedoch, da er seinen Status als englischer Staatsangehöriger nicht aufgegeben hatte, immer wieder Schwierigkeiten. Von 1841 bis 1847 war Waddington Stadtrat, wurde zum Ritter von San Maurizio und Lazzaro geschlagen. Der dynamische Engländer übernahm diverse Posten, wurde Anfang 1863 Präsident der „Società anonima", die es sich zur Aufgabe gemacht hatte, nach unbekannten Mineralien in der Region Umbrien zu suchen. Die Aufgabe war von kurzer Dauer, da das Unternehmen mangels Vorkommen aufgelöst wurde. Evelino hatte ein enges Netzwerk in den politischen Kreisen. Auch nach dem Tod seiner Frau, die er mit tiefer Hingabe liebte, blieb

Waddington der Politik treu. Doch ohne ihren gesellschaftlichen Rückhalt scheint er, der nie seinen englischen Akzent verleugnen konnte, an Einfluss verloren zu haben. Um 1882 ist Waddington, der auch verschiedene politische Werke veröffentlicht hatte, als armer Mann gestorben.[32] Zu seiner Stieftochter Carlotta scheint er ein gutes Verhältnis gehabt zu haben. Nicht nur, dass sie ihren zweiten Sohn Evelyn (Hundt) nannte; sie gab 1883 nach Waddingtons Tod auch eine Gedenkschrift für ihn heraus.

Doch zurück zu Marianna Florenzi-Waddington: Ludwig zuliebe hatte die Italienerin Deutsch gelernt, beschäftigte sogar bayerische bzw. Tiroler Diener und Dienerinnen, um die Sprachkenntnisse zu verbessern, ab 1841 etwa als Jungfer eine gewisse Susanne Meinig aus Amberg.[33] Mehr und mehr setzte sich die Marchesa mit deutscher Literatur auseinander, die sie bald auch ins Italienische übersetzte, ab 1842 unterstützt durch ihren Sohn Lodovico, der nach 15-jähriger Ausbildung in München nach Perugia zurückgekehrt war. Literarisch bewandert und als interessierte Leserin philosophischer Werke war Marianna für eine Frau der damaligen Zeit äußerst gebildet. „Sie wurde ein angesehener Wegbereiter deutscher Philosophie in Italien, indem sie wichtige Werke übersetzte und auf italienisch publizierte, wie Schriften Schellings oder Leibniz' Monadologie. Sie förderte auch die Verbreitung von Kant und Spinoza in Italien. Politisch unterstützte sie Italiens Nationalbewegung." Sie publizierte u. a. 1866 ein Buch zu Dante, das auf dem kirchlichen Index landete. Sie las Werke deutscher Philosophen, besonders von „Schelling und Hegel, denen sie ihre Aufmerksamkeit zuwandte, während die meisten Philosophen Italiens noch in den ästhetischen Abstrusitäten des Mittelalters umhertappten." Daneben widerlegte sie in einer eigenen Schrift das System des italienischen Mönchs und Gelehrten Bini. Diese zeichnete sich durch große Klarheit und Schärfe aus, wie denn überhaupt ihre Schriften das Verdienst haben sollen, sich leicht und mit Vergnügen lesen zu lassen. Der berühmte italienische Philosoph Francesco Fiorentino, der übrigens auch zum korrespondierenden Mitglied der Bayerischen Akademie der Wissenschaften gewählt wurde, war ein regelmäßiger Gast in ihrem Haus, berichtete von ihren philosophischen Studien und erzählte, dass es keinen bedeutenden Philosophen von Platon bis Hegel gegeben habe, den sie nicht studiert habe. Sie habe aber einigen den Vorzug gegeben, vor allem Schelling und

Giordano Bruno. Sie hatte Schelling nie persönlich kennengelernt, war jedoch über Jahre mit ihm brieflich in Kontakt, nachdem er 1845 erstmals das von ihr übersetzte Buch erhalten hatte.[34] Darüber hinaus stand sie in Verbindung mit vielen Philosophen ihrer Zeit, andere besuchten auch den Salon der geistreichen Gastgeberin in Perugia. Durch ihren Mann Evelyn Waddington war sie politisch und wissenschaftlich gut vernetzt: Baron Karl Bunsen, der preußische Botschafter in Rom, Bern und London, war ein Cousin ihres Mannes. Waddington hatte auch familiäre Bindungen nach Paris: Sein Verwandter Charles Waddington-Kastus, der wiederum ein Cousin des 1879 amtierenden Premierministers von Frankreich war, lehrte hier Philosophie. Marianna übersetzte dessen Studie über Aristoteles' Psychologie 1856 ins Italienische.[35] König Maximilian II. von Bayern, der Sohn Ludwigs I., besuchte die Familie Florenzi-Waddington mehrmals in Perugia und übergab Marianna unedierte Schriften Schellings als Zeichen seiner hohen Wertschätzung. Schellings Gespräch über Giordano Bruno übersetzte sie ins Italienische und versah es mit gelehrten Anmerkungen.

Ihre literarischen Arbeiten brachten ihr große Anerkennung ein. Dennoch: „Ihre Bescheidenheit und große Liebenswürdigkeit blieben dieselben, auch als sie mit Ehrenbezeugungen aller Art überschüttet wurde. Sie hatte jedoch große Verfolgungen seitens der päpstlichen Regierung zu erdulden."[36]

Noch mit 60 Jahren soll Marianna eine Schönheit gewesen sein, immer lebhaft, heiter, unterhaltend, voller Neigung und mit Sinn für Vergnügungen und Festlichkeiten.[37] Doch wenige Jahre nach König Ludwig ereilte auch sie der Tod. Kaum ein bayerisches Blatt versäumte, dies zu verkünden: „In Florenz starb nach kurzer Krankheit am 15. April [1870] Frau Marchesa Marianna Florenzi-Waddington geb. Gräfin Baccinetti, deren Porträt in der bekannten Schönheitengallerie in der Münchener Residenz sich befindet. Wie wenige in Italien war sie mit deutscher Wissenschaft vertraut und vorzugsweise der Philosophie. […] König Ludwig I. schätzte die geistreiche Frau sehr hoch, verweilte auf seinen italienischen Reisen jedesmal in ihrem Palast zu Perugia oder auf ihren Gütern Ascagnano und Colombella und stand bis an sein Lebensende in lebhaftem Verkehr mit ihr."[38]

Bereits 1868, kurz nach dem Tod Ludwigs I., hatte sie in einer italienischen Zeitschrift verkünden lassen, dass sie in Kürze ihre „interessante briefliche Korrespondenz" mit dem bayerischen König, versehen mit knappen biografischen Angaben, herausgeben werde. Zu diesem Zweck reiste sie 1870 auch nach Florenz. Während der Arbeit an diesem Buch erkrankte Marianna an Typhus und starb innerhalb weniger Tage.[39] Sie wurde am 19. April 1870 nach Perugia überführt und auf dem Parroco di S. Trinita beerdigt. Anwesend waren ihr zweiter Ehemann Evelino Waddington, ihr Sohn Lodovico und viele Freunde. Nach ihrem Tod erschien noch eine Gedenkschrift von Cesare Ragnotti, „In Morte della Marchisa Marianna Florenzi-Waddington tribubo di dolore", mit einem Porträt, das sie in nicht mehr ganz jugendlichem Alter zeigt.

Immer wieder ist zu lesen, dass Mariannas Sohn Lodovico, auch Ludovico oder kurz Vico genannt, zwar offiziell als Sohn ihres Ehemanns galt, er aber „sehr wahrscheinlich" der Sohn Ludwigs I., seines Taufpaten gewesen sei. Noch Verwegenere – vermutlich Auguste von Oertzen folgend, die diese Gerüchte erstmals zu Papier brachte – hielten sogar beide Florenzi-Sprösslinge für Kinder dieser Liaison. Das kann jedoch nicht stimmen, da sich Ludwig und Marianna erst im Februar 1821 im Römischen Karneval kennen gelernt haben. Tochter Carlotta bekam damals gerade ihren ersten Zahn. Und bei Lodovico ist es ebenfalls mehr als unwahrscheinlich. Auch im 19. Jahrhundert dauerte eine Schwangerschaft neun Monate. Er wäre also ein Acht-Monats-Frühchen gewesen, wenn man zudem voraussetzt, dass der König bereits in den ersten Tagen ihrer Bekanntschaft mit Marianna intim geworden wäre, was wenig glaubwürdig erscheint. Vor Ende Februar 1821 haben sich die beiden auf jeden Fall nicht gekannt, egal welcher Kennenlern-Geschichte man folgt. Am 31. Oktober desselben Jahres kam der kleine Ludwig zur Welt, für den der König – wie bei vielen Kindern – die Patenschaft übernahm.

Tatsache aber ist, dass Ludwig beiden Kindern in München eine Erziehung angedeihen ließ. Ettore hatte die Kinder im Herbst 1827 nach München gebracht. Carlotta kam ins „weibliche Erziehungs-institut für höhere Stände"[40] und Lodovico wurde, nach einer ersten Ausbildung in der männlichen Erziehungsanstalt von Constanz Desjardins am Karolinenplatz,[41] in den Jahren 1834 bis 1840 in der König-lich Bayerischen Pagerie erzogen, war also ein Edelknabe wie viele andere Adelssprosse, auch aus italienischen Familien. 1840 nahm er ein Universitätsstudium auf, das er jedoch nach zwei Jahren abbrach. Im Sommer 1842 kehrte er nach Perugia zurück, nachdem König Ludwig ihn noch zum Kammerjunker ernannt und ihm das Geld für die Heimreise angewiesen hatte.[42] Offensichtlich folgte Lodovico später als Privatier in Perugia seinen Neigungen. Er wurde ein Pionier der italienischen Fotografie. 1975 rief man in Colombella sogar den „Lodovico Florenzi Photographic Award" ins Leben.

Lodovico heiratete Margherita Meniconi Bracceschi und hatte mit ihr drei Töchter,[43] darunter Teresa, die am 30. August 1882 Graf Bartolo Alfani Danzetta (1857–1943) heiratete und mit ihm die Tochter Piera Luisa, verheiratete Silvestri, bekam. Deren Nachkommen leben bis heute in Perugia. Einer ihrer Nachfahren, Graf Lodovico Bartolo Silvestri (1915–1979), war ein leidenschaftlicher Heimatforscher, Bibliothekar und Sammler, der nicht nur die Antiquariatsbibliothek „Bianchine del Leone" eröffnete, sondern in seiner eigenen Villa auch Reste des Familienarchivs sicherte. Noch heute werden in der Villa Caucci von Saucken in Perugia Bilder und Erinnerungsstücke sowie fünf Briefe von Ludwig I. verwahrt.[44]

Lodovico selbst starb am 2. Februar 1896. Der Kontakt zu München, das er auch nach seiner Ausbildung besuchte,[45] und zu König Ludwig brach über die Jahre nicht ab.[46] Zudem lebte ja auch seine Schwester Carlotta in Bayern.

Carlotta Cornelia Marchesa Florenzi, wie sie mit vollem Namen hieß, hatte am 16. Juli 1839 Ferdinand Graf von Hundt (1805–1865), königlich bayerischer Kämmerer und Oberaufschlags-Beamter von Niederbayern zu Landshut, geheiratet.[47] Am 30. April des folgenden Jahres kam der erste Sohn, der wiederum den Namen Ludwig erhielt zur Welt. Er starb bereits am 10. Januar 1862 mit 21 Jahren nach einem schweren Leiden in Landshut.[48] Drei Jahre später starb in München auch der zweiten Sohn Emil Evelyn, der den Namen seines Stiefgroß-vaters Waddington erhalten hatte, obwohl auch hier König Ludwig als Pate fungierte.[49] Und damit nicht genug des Kummers: Kurz zuvor war auch Carlottas Mann verstorben und sie damit Kämmerers- und Oberaufschlags-Beamtens-Witwe geworden.[50] Carlotta schließlich starb am 18. Juli 1887 nach „längerem Leiden" in Perugia. Offensicht-lich wurde sie dort auch beerdigt.[51] Im Gegensatz zu ihrem Bruder Lodovico hinterließ Carlotta, die König Ludwig angeblich zur Hof-dame gemacht hatte, keine Nachkommen.[52]

Der Palazzo Florenzi gehört heute zur Universität Perugia, die Villa La Colombella ist Sitz eines Studienzentrums für Wasserwesen der Universität und das Castello Ascagnano befindet sich in Privatbesitz.

Während des ersten Aufenthalts von Marianna in München im Sommer 1831 wurde sie schon zum zweiten Mal von Joseph Stieler gemalt. Bereits am 1. März 1827 hatte der König Stieler nach Perugia geschickt, um „Marianina" zu malen. Am 15. April war der Künstler zurück, das fertige Bild im Gepäck.[53] Dieses Gemälde, das heute als verloren gilt, gehörte zu den ersten „schönen Köpfen", die 1829 öffentlich ausgestellt wurden.[54] Laut dem beliebtem Münchner Autor Friedrich Wilhelm Bruckbräu zeigte das Bild „eine interessante Italienerin im weißen Florkleide, durch welches der schöne Arm schimmerte";[55] Auguste von Oertzen, die das Bild offensichtlich auch noch gesehen hat, wird ausführlicher: „Sie ist entzückend: ein schmales Antlitz von wundervollem Oval unter einer Fülle dunkler Locken wird von einem schlanken Halse getragen; große blaue Augen blicken etwas schwermütig dem Beschauer entgegen. Ein duftiges, weißes Mullkleid, um die Taille von einem blaßlila Bande gehalten, erhöht den Liebreiz dieser entzückenden Frau."

1831 wurde das zweite Porträt gefertigt, das sie als voll erblühte Schönheit in „ponceaurotem" Samtkleid zeigt, mit einem goldenen Stirnband in den üppigen Locken als einzigem Schmuck. Schemenhafte Pinien im Hintergrund deuten auf die italienische Herkunft Mariannas hin. Am 5. Juli 1831 war das Bild bei Stieler in Arbeit, im November 1831 wurde es bezahlt.[56]

Die italienische Schönheit wurde mehrfach gemalt.[57] Der Maler Heinrich Heß hatte bereits 1824 im Auftrag Ludwigs I. ein Ganzfiguren-porträt von ihr angefertigt, das heute in der Neuen Pinakothek in München verwahrt wird. Angeblich kam es auf geheimnisvollen Wegen nach dem Tod des Königs in die Sammlung.[58]

Bereits 1828 schuf Bertel Thorvaldsen im Auftrag Ludwigs I. in Rom ein Gipsmodell der Büste Mariannas, die in der Folge von Luigi Bienaimé in Marmor ausgeführt wurde.[59] Am 2. Mai 1830 bestellte der König zudem in Rom beim Schweizer Bildhauer Heinrich Max Imhof eine Marmorbüste der schönen Gräfin, die er im Oktober 1833 bezahlte.[60] Ihr Verbleib ist unbekannt. Am 6. Juni 1831 äußerte der Monarch gegenüber Leo von Klenze den Wunsch, der Bildhauer Christian Daniel Rauch, einer der absoluten Stars der Bildhauerszene, möge ebenfalls eine Büste anfertigen. Daraus ist wohl nichts geworden.

Auch Johannes Leeb schuf – vermutlich ebenfalls bei Mariannas München-Aufenthalt 1831 – eine Marmorbüste. Die Maler Johann Christian Reinhardt, Theodor Rehbenitz und andere sollen sie ebenfalls porträtiert haben.[61] *Rehbenitz war in den Jahren 1823 bis 1825 in Auftrag König Ludwigs zudem als Deutschlehrer für Marianna beschäftigt.*[62] *Sein 1826 vollendetes Gemälde, das die Marchesa mit einem Papagei zeigt, gilt als verschollen. Erhalten hat sich lediglich eine Vorzeichnung.*[63] *Daneben existierte mit Sicherheit auch von Marianna eine Miniatur, die der König mit auf Reisen nehmen konnte.*[64]

Die Vorlage für das Foto im Visitkartenformat schuf der Kupferstecher Andreas Fleischmann.

Lady Jane Ellenborough, geborene Digby, verheiratete Venningen, Theotoki, el Mesrab (1807–1881)

Eine der abenteuerlichsten Biografien aller Damen aus der Schönheitengalerie kann Lady Jane Ellenborough aufweisen. „Wenn einer unserer vielen Novellisten ihre Lebensschicksale zu einem Roman benützen wollte, so würde letzterer dem Vorwurfe allzu ausschweifender Phantasie schwerlich entgehen", vermutete bereits Graf Adolf Friedrich von Schack, der Gründer der gleichnamigen Galerie in München.[1] Die englische Lady ist neben Lola Montez die meist beschriebene Schönheit, auch wenn ihre Lebensgeschichte häufig mit viel Fantasie ausgeschmückt wird. Lady Ellenborough, wie sie meist nach ihrem ersten Ehemann genannt wurde, kam in der Welt herum; von Herbst 1831 bis 1835 lebte sie – allerdings mit längeren Unterbrechungen – in München.

Am 3. April 1807 wurde sie als Jane Elizabeth Digby im mächtigen Schloss Holkham Hall in der englischen Grafschaft Norfolk geboren.[2] Ihr Vater: Admiral Henry Digby (1770–1842), ein Held von Trafalgar; ihre Mutter: Jane Elizabeth Andover (1777–1863), eine gefeierte Schönheit. Der Großvater war Thomas William Coke Earl of Leicester (1754–1842), ein Mann von schier unendlichem Reichtum. So hatte Jane von klein auf nie einen Mangel zu leiden. Ganz im Gegenteil: Mit diesem Vermögen im Rücken konnte sie ein unabhängiges Leben führen – eine extreme Seltenheit für eine Frau im 19. Jahrhundert. Mit 16 Jahren wurde sie in die Gesellschaft eingeführt. Ihr Debüt in London war ein überwältigender Erfolg – die Männer lagen ihr zu Füßen. Bereits ein Jahr später heiratete sie den wesentlich älteren Edward Law Lord Ellenborough (1790–1871), einen Witwer und aufstrebenden Politiker. Auch wenn es später häufig anders dargestellt wurde: Es war eine Liebesheirat, wenigstens vonseiten Janes. In ihren romantischen Jungmädchen-Fantasien hatte sie sich allerdings von dieser Ehe mehr erträumt. Von der Realität wurde sie bald bitter enttäuscht. Für ihren Mann war es eher eine Vernunftehe: förderlich für seine Karriere und Voraussetzung für den gewünschten Stammhalter, der am 15. Februar 1828 zur Welt kam, allerdings schon zwei Jahre später verstarb.

Jane war bei der Geburt des kleinen Arthur 20 Jahre alt und die Ehe mit Lord Ellenborough eigentlich am Ende. Das Kind befand sich in der Obhut verschiedener Kindermädchen und ihr Mann – wohl das, was man heute einen „Workaholic" nennen würde – war meist außer Haus.

Völlig unausgelastet tat Jane das, was die meisten ihrer gelangweilten Zeitgenossinnen taten: Sie stürzte sich in ein Abenteuer. Und es war Liebe auf den ersten Blick. Eine Erscheinung wie aus einer Wiener Operette: ein eleganter Aristokrat, der gleiche Typ wie ihr Mann, doch um zehn Jahre jünger und stürmischer, galanter, als es Lord Ellenborough je gewesen war – kurz: Janes Traummann! Prinz Felix zu Schwarzenberg (1800–1852) hatte gerade eine vielversprechende Diplomaten-Karriere begonnen. Erst wenige Tage vor der schicksalhaften Begegnung hatte er seinen Posten als österreichischer Attaché in London angetreten. Bald tuschelte man über die beiden, die Affäre war ein offenes Geheimnis. Eine Liaison war in jenen Tagen nichts Besonderes; uneheliche Kinder an der Tagesordnung, aber Jane machte einen unverzeihlichen Fehler: Sie stand zu ihrer neuen Liebe, deren Folgen auch bald zu erkennen waren. Lady Ellenborough war wieder schwanger. Der werdende Vater hieß Felix zu Schwarzenberg. In Wien allerdings beobachtete man das Treiben des feschen Attachés mit zunehmender Besorgnis. Er wurde zurückbeordert. Damit war das Problem jedoch nicht erledigt. Jane wollte dem Geliebten folgen und verlangte die Scheidung. Eine Ungeheuerlichkeit in einer Zeit, in der in England nur etwa zwei bis drei Scheidungen im Jahr ausgesprochen wurden.

Das Ehepaar Ellenborough gehörte zu den „Personen des öffentlichen Lebens", wie man heute sagen würde. Und die englische Sensa-

PILOTY & LOEHLE
MUENCHEN

VIII

tionspresse ist keine Erfindung unserer Tage. Täglich erschienen in den Gazetten auf das prächtigste ausgeschmückte Nachrichten über die Scheidung des Jahres. Diffamierende Pamphlete wurden gedruckt, peinliche Karikaturen veröffentlicht. Auch in den deutschen Medien wurde ausführlich über den Skandal berichtet, bezeichnenderweise jedoch nicht in österreichischen Blättern.

1830 wurde Jane geschieden, allerdings musste sie England für immer den Rücken kehren und ihren Sohn Arthur in der Obhut des Vaters zurücklassen. Bleibt noch zu erwähnen, dass sich Lord Ellenborough bei der Scheidung wie ein Gentleman benommen hat. Stets sprach Jane mit der größten Hochachtung von ihrem ersten Ehemann, der später auf dem Höhepunkt seiner Karriere als Generalgouverneur nach Indien entsandt wurde.

Zum Zeitpunkt der Scheidung hatte Jane England längst verlassen, um in Basel das zweite Kind, das Kind ihres Geliebten auf die Welt zu bringen: Die Tochter Mathilde wurde am 12. November 1829 geboren. Schwarzenberg hatte inzwischen einen Posten an der österreichischen Botschaft in Paris angetreten. Jane folgte ihm dorthin. Sie kam ihm jedoch nicht sonderlich gelegen, denn Paris war in jenen Frühlingstagen des Jahres 1830 ein Hexenkessel. Das Damoklesschwert der Julirevolution schwebte über der Stadt und Schwarzenberg versuchte fieberhaft, Österreichs Interessen zu wahren. Da blieb wenig Muße für romantische Stelldicheins. Für seine Karriere war der Aufenthalt trotz Revolution ein voller Erfolg. Privat bedeutete er den Anfang vom Ende seiner Beziehung zu Jane. Aus einem nichtigen Anlass verließ der Fürst Paris und kehrte auf sein väterliches Schloss Krumau in Böhmen zurück. Jane hingegen hatte keinen Zufluchtsort, keine tröstende Schulter. Und die hätte sie gerade jetzt bitter notwendig gehabt: Ein zweiter Sohn, den sie nach dem Vater Felix taufen ließ, starb wenige Wochen nach der Geburt Anfang des Jahres 1831. Überraschenderweise hieß das Ziel der Lady nun München. Unter dem Pseudonym „Gräfin Einberg aus London" erreichte sie am 29. Juli 1831 die Stadt, zusammen mit ihrer Dienerschaft und der kleinen Mathilde.[3]

Über die erste Begegnung König Ludwigs I. mit Lady Jane Ellenborough wurde gemutmaßt, sie hätte im Café Tambosi am Hofgarten stattgefunden. Und natürlich sei es Liebe auf den ersten Blick gewesen. Dem war nicht so. Das erste Zusammentreffen scheint alles andere als spektakulär gewesen zu sein. Der König begegnete Jane zufällig im „Goldenen Hirsch", dem damals ersten Haus am Platz in der Theatinerstraße, in dem zur selben Zeit auch Marianna Florenzi abgestiegen war. Und „gefunkt" hat es schon gar nicht. Der König, der minutiös genau Tagebuch führte, hätte dies sonst sicher wortreich festgehalten. Doch kein Wort davon. Vielmehr fuhr er erst einmal in die Sommerfrische nach Berchtesgaden. Anfang Oktober 1831 war Ludwig wieder zurück in München und hielt Ausschau nach einer neuen Schönheit, der er den Hof machen konnte. Verliebt zu sein war für ihn ein Lebenselixier. „Lieben muss ich, immer lieben", dichtete er einst, und „unverliebt kann ich nicht sein". Dies war er jedoch gerade in diesen Herbsttagen des Jahres 1831. Da erinnerte er sich an die bezaubernde Engländerin mit den bestechend blauen Augen und dem goldenen Haar. Der Charme und die Ausstrahlung der jungen Aristokratin zogen Ludwig dann auch bald in ihren Bann.

Am 13. Oktober 1831 stattete der König der Lady im „Goldenen Hirsch" einen ersten Besuch ab. „Obgleich nicht wissend zu was es mich führen kann, wollte ich dieser Dame Bekanntschaft machen. Mich verlangt weibliche Bekanntschaft zu haben, mir fehlt hier etwas, wenn ich keine solche Beschäftigung habe", vertraute er seinem Tagebuch an.[4] Die Geschichten, die man sich hinter vorgehaltener Hand von ihr erzählte, hatten ihn neugierig gemacht. Trotz der zum Teil haarsträubenden Gerüchte zollte man ihrer wunderbaren Schönheit gebührenden Tribut. Sie war reich, unabhängig und aus gutem Hause; und obwohl geschieden, wurde sie in der hiesigen Gesellschaft aufgenommen, woran Baron David Montagu Erskine,[5] der englische Botschafter, mit dessen Familie Jane von London her gut bekannt war, seinen Anteil gehabt haben dürfte.

Vom ersten Zusammentreffen an verging kaum ein Tag, an dem König Ludwig nichts über „Janthe", wie er sie frei nach Lord Byrons Romanfigur griechisch angehaucht nannte, in sein Tagebuch notierte. Bereits bei ihrer ersten Zusammenkunft hatte Jane allem Anschein nach Ludwig in wesentlichen Zügen ihr Leben offenbart, wenngleich sie dabei auch etwas geflunkert hatte. Ihr Alter hatte sie schon auf dem Polizeimeldebogen zu jung angegeben und so wähnte sie auch der König 21-jährig.[6] Bei seinem nächsten Besuch am 15. Oktober brachte dieser ihr, „die Teutsch liest, auch etwas schreibt", seine gedruckten Gedichte. Sie bat ihn, eine Widmung hineinzuschreiben. „Da kam mir bald der Gedanke, Verse an sie gerichtet zu verfassen [...]. Ich ging in den Hofgarten, damit beschäftigt. Warmer schöner Sonnentag." Anschließend musste der König auf die Theresienwiese fahren, wo das Oktoberfest wieder einmal in vollem Gang war. Kaum „zurückgekommen, beendigte ich die bereits angefangenen für Janthe bestimmten Verse", die er am Tag darauf in den Gedichtband schrieb.[7] Und fast gleichzeitig beschloss er, die englische Lady von Joseph Stieler für die Schönheitengalerie malen zu lassen.

Bereits am 18. Oktober begann auch eine umfangreiche Korrespondenz der beiden:[8] „Heimgekommen fand ich das erste Briefchen von Janthe. Sie hätte mir eine Mittheilung zu machen. Ich, was ich ohnehin gethan, sollte zu ihr, die aber noch nicht so frühe zurück mich vermuthet, ausgeritten war. Ich eilte nun Therese auf der Auer Dult noch zu finden. [...] Nach der Tafel schnell zu Janthe." Die unerwartet eingetretenen Umstände, für die Jane so dringend Rat benötigte, waren der Heiratsantrag eines neuen Verehrers und die Tatsache, dass sie viel lieber Fürst Schwarzenberg heiraten würde. Ohne diesen wiedergesehen zu haben, wollte sie keine Entscheidung treffen. „Daß sie einen Ehemann braucht, um aus der jetzigen Stellung, die sie in der Welt habe, heraus zu kommen", war ihr und dem König klar. Dieses Problem sollte die beiden noch eine ganze Weile beschäftigen.

Einige Tage später saßen sie wieder „traulich neben einander, ohne daß ich weiß wie, hielt ich sie mit meinem Arme umschlungen, Eindruck hatte ich auch, sie geniest, mein Wesen gefiel diesem so schönen, südlich glühendem Weibe, ich wünschte - - -". Was sich Ludwig – durch Gedankenstriche ausgedrückt – wünschte, lässt sich leicht erahnen. Jane antwortete jedoch, da sie ihm nichts abschlagen könne, möge er sie nicht bitten. Der König bedrängte sie nicht weiter, ließ von seinem Vorhaben – wie es scheint – fast erleichtert ab. „Mit Wahrheit muß sie Schwarzenberg antworten können, daß sie ihm treu geblieben." Jane schmeichelte Ludwig I. noch mit der mehr theoretischen Zusicherung, dass sie, wenn sie dereinst verheiratet sei und die eheliche Treue brechen sollte, dies nur mit ihm täte. Noch Monate später blieb der König ihr „treu", jedoch „ohne fleischlichen Umgang mit ihr" zu pflegen. „Zur Tugend werde ich von ihr gestimmt." Da Ludwig in seinen Tagebucheintragungen alles andere als prüde ist, hätte er eine amouröse Begebenheit sicherlich haarklein festgehalten.

In den nächsten Tagen und Wochen besuchte der König Jane fast täglich, manchmal sogar mehrfach am Tag, was ihn allerdings nicht daran hinderte, auch anderen Damen seine Aufwartung zu machen, etwa Charlotte von Hagn. Häufig hatte er nur Zeit für einen kleinen Plausch, ein paar Minuten, eine Viertel-, eine halbe Stunde. Und meist ging es um ihre Probleme mit Felix Schwarzenberg. Ludwig wollte sich sogar dafür einsetzen, dass der österreichische Diplomat Jane heiraten konnte, was das englische Scheidungsrecht eigentlich verhinderte. „Fürst Schwarzenbergs mistreß" sollte sie jedoch nicht abgeben. Das wäre zum einen unmoralisch, zum anderen würde es ihrer gesellschaftlichen Stellung schaden. König Ludwig schenkte ihr sogar sein eigenes Gebetbuch um sie auf den Pfad der Tugend zu führen. Jane hielt das Buch, ebenso wie den königlichen Gedichtband, zeitlebens in besonderen Ehren.

„Mein Umgang wäre ihr der most interesting, äußerte Janthe, ich wüßte so viel zu erzählten", vertraute der König am 22. Oktober seinem Tagebuch an. Manchmal war Jane ausgegangen, wenn Ludwig kam, oder hatte Zeichenunterricht. Dann vertrieb sich der Monarch die Wartezeit mit Klavierspielen oder der Lektüre der „Allgemeinen Zeitung". Hin und wieder spielte die kleine Mathilde, allgemein Dudi genannt, zu seinen Füßen. Einmal brachte er ihr eine Puppe mit, einmal ein Puppenbettchen. Manchmal arbeitete der König auch in Janes Wohnung, dann wieder schlief er auf ihrem Sofa ein, während sie Briefe schrieb oder las. Es wirkte fast wie ein biedermeierliches Familienidyll.

Jane hatte nicht die geringsten Ambitionen, Ludwig I. politisch zu beeinflussen. Mehr als einmal bemerkte dieser auch aufatmend, dass sie ohne Launen und Hintergedanken sei. Sie wollte nur einen Freund, der zuhörte und mit dem sie ihre Probleme besprechen konnte. Den gleichen Freundschaftsdienst erwies sie auch ihrem Verehrer. Der König fand es „so comfortabel", sie zu lieben, und mehr als einmal notierte er dankbar: „Wie viel glücklicher ist's Janthe zu lieben!" als die stets launische Marianna Florenzi, die sein Interesse an Jane argwöhnisch beobachtete, diese sogar zu diffamieren versuchte, indem sie ihr eine Liebelei mit dem Sohn des Wirts vom „Goldenen Hirsch" andichtete,[9] und die immer neue Forderungen an ihn richtete.

Ganz anders Lady Ellenborough. Sie war vollkommen frei von Berechnung, bedurfte keiner Unterstützung, weder in Form von

Gesuchen noch in finanzieller Hinsicht. Auch die Geschenke, die sie sich machen ließ, gingen über kleine Aufmerksamkeiten nicht hinaus. Neben den genannten Büchern erhielt sie einmal Schillers Werke, einmal einen Lichtschirm mit dem Londoner Tower oder das Bildnis des Königs „in ganzer Gestalt, Steindruck, in vergoldetem Rahmen". Nur ein Armband, ein „goldenes Bracelet" mit einem von Carl Restallino gemalten Miniaturporträt des Königs, und eine goldene Uhr zu ihrem Geburtstag hatten einen größeren Wert.[10] Zum Abschied erhielt sie später noch ein kleines Hündchen.

Königin Therese wusste von den Besuchen ihres Mannes, nicht nur in Stielers Atelier, sondern auch in der Wohnung der Lady. Nach Ludwigs eigenen Tagebuchnotizen soll sie es sogar begrüßt haben: „Therese wünschte es, der es recht, daß [ich] jezo Janthe besuche, ich bräuchte diese Aufheiterung". Bereits vor der ersten Sitzung hatte er seiner Frau von der Absicht, Jane malen zu lassen, erzählt: „Meiner Frau nur theilte ich mit, daß ich sie malen ließe, daß ich sie besuchte, ihr Gedichte [schrieb]. Es ist zu entschuldigen, äußerte sie." Am 24. November nahm er die Königin sogar mit zu einer Sitzung, um ihr Jane persönlich vorzustellen. Wie sehr Therese mit den von ihrem Mann verehrten Damen lebte, zeigt die Tatsache, dass der König Lady Jane zum Geburtstag besagte Anhängeuhr schenkte, die „sehr schön von Therese zu diesem Zweck ausgesucht" war.[11]

Auch gut unterrichtete Kreise wollten wissen, „daß die Bekanntschaft des Königs mit der Lady bei deren Anhänglichkeit an Schwarzenberg unverfänglich sei". Dies meldete zumindest der österreichische Gesandte nach Wien.[12] Und der König notierte am 4. November realistisch in sein Tagebuch: „Sie ist in mich verliebt, mehr noch in den Fürsten."

Nach einem halben Jahr war die Affäre, die eigentlich gar keine war, zu Ende. Am 4. April 1832 reiste Ludwig I. ab in Richtung Italien, nachdem er am Tag zuvor Abschied von Janthe genommen hatte. Als er im Sommer wieder zurück in München war, hatte sich Jane bereits ihrerseits auf den Weg nach Italien gemacht. Das Problem Schwarzenberg war jedoch noch immer nicht aus der Welt. Sogar Stieler, der im Frühjahr 1832 nach Wien reiste, um das Gemälde von Erzherzogin Sophie mit dem kleinen Franz Joseph zu malen,[13] traf sich mehrfach mit Felix' Vater, dem alten Fürsten Josef von Schwarzenberg (1769 – 1833), der angeblich von nichts anderem sprach als von Jane.[14]

Erst im Winter 1833/34 trafen sich Ludwig und Jane wieder in München und erneut im Sommer/Herbst 1835. Ob sich das Verhältnis bei diesen Treffen intensiviert hat, ist nicht überliefert. Spätestens im Sommer 1835 war das königliche Interesse jedoch weitestgehend erloschen: „Besuchte Janthe Ffr. v. Venningen geb. Digby (vormalige Ellenborough), die noch in mich verliebt scheint, unerwiedert."[15] Dennoch hat er auch in den nächsten Jahren ihren Lebensweg verfolgt. Bis Januar 1838 blieben sie sogar noch in brieflichem Kontakt.

Ludwig I. war nicht der einzige, den die englische Lady begeisterte. Bald war sie von Verehrern umschwärmt. So soll etwa laut den Aufzeichnungen des Königs ein Graf Gustav Wittgenstein Heiratsabsichten gehabt haben. Den treuesten Verehrer aber hatte Jane zweifelsohne in dem badischen Baron Karl von Venningen (1804 – 1874), der ihr bereits im Oktober 1831 einen Heiratsantrag machte. Lady Jane wusste, sie musste wieder heiraten, wenn sie ihre gesellschaftliche Stellung erhalten wollte. Da schien der Antrag des königlich bayerischen Kammerherrn und Rittmeisters Karl Heribert Freiherr von Venningen, genannt Ullner von Diepurg, wie gerufen zu kommen. Er war jung, nur wenig älter als Jane, aus altem schwäbischen Adel, von blendendem Aussehen und vermögend. Alles schien ideal. Die Sache hatte nur einen Haken: Janes Herz gehörte noch immer Felix Schwarzenberg. Auf Druck König Ludwigs schrieb sie nach Wien: Klipp und klar sollte der Fürst nun sagen, ob er sie zu ehelichen gedenke oder nicht. Das Antwortschreiben lautete so ganz anders, als Jane erhofft hatte. Schwarzenberg empfahl nämlich seiner einstigen Geliebten und Mutter seiner Tochter, Venningens Antrag anzunehmen, denn seiner (Schwarzenbergs) Laufbahn würde es nachteilig sein, sie zu heiraten. Je aussichtsloser eine Ehe mit Felix schien, desto mehr drängte der König, der inzwischen auch Erkundigungen über Venningen eingezogen hatte, nun auf eine Heirat mit diesem: „Es ist mein Wunsch, daß wenn sie Fst. Schwarzenb. nicht heyrathet, sie ihn eheliche".[16]

Kurz nachdem König Ludwig Richtung Italien abgereist war, scheint Venningens Stunde geschlagen zu haben: Jane gab seinem Werben nach. Doch sein Ziel, eine Heirat mit Jane, hatte Karl von Venningen noch lange nicht erreicht. Die Lady war erst einmal ins Land, wo die Zitronen blühen, gezogen. Im Oktober 1832 kam sie in Palermo an. Ein gutes halbes Jahr sollte sie dort bleiben und mit ihr

Baron von Venningen. Sie richteten sich häuslich ein. Am 27. Januar 1833 wurde Klein-Heribert, der Venningen'sche Stammhalter, in Palermo geboren. Erst im November desselben Jahres, nachdem sie zurück in Deutschland waren, konnte Karl endlich Jane ehelichen. Ludwig I. hatte noch beim Großherzog von Hessen-Darmstadt, dessen Untertan Venningen war, die letzten rechtlichen Steine aus dem Weg geräumt.

Doch bevor es zur Heirat kam, hatte Jane auch noch andere Probleme zu bewältigen. Die fälschlich verbreitete Nachricht von ihrem Tod in Rom, die sich schnell als Zeitungsente erwies, gehörte zwar nicht dazu, aber sie musste endlich das Kapitel Schwarzenberg beenden. Bis zuletzt hatte sie auf ein Leben mit Felix gehofft oder doch zumindest auf ein Zusammentreffen, das dieser immer wieder brieflich in Aussicht stellte, unter anderem in Italien. Nur so ist es zu erklären, dass sie schließlich ihre kleine Tochter verlor. Unter Vorspiegelung falscher Tatsachen erbat Felix einen Besuch der kleinen Mathilde – vorübergehend, wie Jane meinte, um deren gerade in Italien weilende Tante, Felix' Lieblingsschwester Mathilde, nach der die Tochter auch benannt worden war, kennenzulernen. Tatsächlich gaben die Geschwister das Mädchen nie mehr zurück. Die ledige Tante Mathilde erzog schließlich Janes Tochter zu einer jungen österreichischen Adeligen, die später den böhmischen Ritter Anton von Bieschin (1814 – 1898) heiratete, ohne ihre Mutter, deren Namen man ihr sogar verheimlichte, je wiedergesehen zu haben. Schwarzenberg, der noch eine glänzende Karriere, bis hin zum österreichischen Ministerpräsidenten und Berater Kaiser Franz Josephs I., machte,[17] blieb unverheiratet. Er hatte Jane, mit der er noch länger in brieflichem Kontakt stand, seiner Karriere zuliebe geopfert und soll ihr stets nachgetrauert und seine ganze Liebe nun der Tochter gewidmet haben – so zumindest eine Ansicht in Österreich.[18] Jane, die ihn wohl noch für lange Zeit liebte, und Felix sind sich nie mehr persönlich begegnet.

Die Ehe mit Venningen war für Jane nicht die Erfüllung und das Leben in seinem heimatlichen Schloss Weinheim im Badischen schien ihr wie eine Verbannung. Eine kleine Abwechslung erhielt sie durch den Besuch des damals bereits gefeierten Dichters Honoré de Balzac, der ihr Zusammentreffen in seinem Roman „Die Lilie im Tal" unsterblich machte.[19] Darin legt er Jane alias Arabella in den Mund: „Ich stamme aus Lancashire, dem Land, wo die Frauen aus Liebe sterben!" Im Jahr 1835 war sie jedoch eher daran, aus Langeweile zu sterben. Sie zog zurück nach München.

Wieder stürzte sie sich in das bunte Treiben in der bayerischen Residenzstadt, nun gesellschaftlich rehabilitiert. Sie genoss die heiteren Tage in der Saison 1835/36 in vollen Zügen, besuchte Konzerte und tanzte auf Bällen und Kostümfesten. Und auf einem dieser Bälle passierte es: Da stand er, der Märchenprinz, der exotische Südländer in seiner prächtigen Nationaltracht. All ihre romantischen Träume schienen sich in der Person des jungen Grafen Spiridon Theotoki (1811–1870), genannt Spiro, aus vornehmstem korfiotischem Geschlecht, zu erfüllen: Er war jung, unbekümmert und draufgängerisch – genau das Gegenteil des gesetzten, ernsten Karl von Venningen. Jane war hingerissen. Auch der griechische Graf verliebte sich Hals über Kopf in die hellhäutige Schönheit. Kaum war das Ehepaar Venningen ins heimatliche Weinheim zurückgereist, da kreuzte Theotoki im nur 20 Kilometer entfernten Heidelberg auf. Was dann genau vorgefallen ist, verschweigt die Geschichte. Nur soviel: Jane und Spiro trafen sich, es kam zum Eklat, der in einem Duell zwischen Venningen und Theotoki endete. Ein Schuss fiel. Spiro sank getroffen zu Boden. Man brachte den Schwerverwundeten nach Schloss Weinheim. Er genas. Das Ende dieser Episode: Jane verließ Karl von Venningen, den Sohn Heribert und die inzwischen geborene Tochter Berta, um ihrem neuen Helden zu folgen.

Wie ihr erster Ehemann benahm sich auch ihr zweiter äußerst edel. Und wie Ellenborough heiratete auch Venningen kein zweites Mal. Auch er blieb mit Jane brieflich in Kontakt, berichtete über die Entwicklung der gemeinsamen Kinder, bis er im Sommer 1874 bei einem Ritt durch den Englischen Garten nach einem Schlaganfall vom Pferd sank.

Jane war Spiro im März 1839 nach Paris nachgereist, wo sie ein Jahr später, am 21. März 1840, wiederum von einem Sohn entbunden wurde – ihr sechstes Kind! Dieses Mal hieß der Vater Spiridon Theotoki. Dem kleinen Leonidas galt nun all die Liebe der Mutter, die sie ihren anderen Kindern nicht geben konnte. Noch bevor Jane rechtskräftig von Venningen geschieden war, heiratete sie nach griechisch-orthodoxem Ritus Graf Theotoki. Die kleine Familie zog auf die Insel Tinos, später nach Korfu. Jane war glücklich. Und während in England das Viktorianische Zeitalter angebrochen war, lebten die Theotokis wie

Fürsten des 18. Jahrhunderts. Zwei Jahre dauerte das herrliche Leben auf Korfu.

In Athen dagegen rumorte es. Im Herbst des Jahres 1843 kam es zur offenen Revolte. Das Volk verlangte eine Verfassung, die am 2. März 1844 verkündet wurde. Diese politischen Veränderungen blieben auch für Spiro Theotoki nicht ohne Folgen. Er wurde zum neuen Adjutanten König Ottos, des Sohns von König Ludwig I. von Bayern, ernannt, der wenige Jahre zuvor den Thron Griechenlands bestiegen hatte. Das bedeutete Umzug in die Residenzstadt Athen und gleichzeitig Ende des Inselidylls.

Zur Sommerfrische reisten Jane und der inzwischen sechsjährige Leonidas 1846 in die Toskana, nach Bagni di Lucca. Und da kam es zu einer weiteren schicksalhaften Begebenheit, die ihr Leben erschütterte wie kaum eine zweite: Vor ihren Augen stürzte ihr über alles geliebter Leonidas beim Herumtollen vom Stiegengeländer auf den Marmor-fußboden der Halle. Er war sofort tot. Bevor Jane nach Athen zurückkehrte, irrte sie drei Jahre lang plan- und ziellos durch Italien. Die Ehe mit Spiro war nach dem tragischen Schicksalsschlag zerstört. Sie trennte sich von ihm, blieb aber zunächst in der griechischen Hauptstadt, wo sie ein prächtiges Palais erbaute.

Doch langsam erwachte in ihr wieder die alte Abenteuerlust. Mit einem Palikarengeneral, einem gefeierten Helden des griechischen Befreiungskampfs, zog sie in die Berge. Christo Hadji-Petros (1799? – nach 1857) lebte wie ein Fürst. Das freie, unabhängige Leben war offenbar ganz nach Janes Geschmack. Doch kaum nach Athen zurückgekehrt, war der Traum vom Leben an der Seite des Freiheitshelden ausgeträumt.

Wieder zog es sie zu neuen Ufern. Das nächste Ziel hieß Syrien. Jane war begeistert von Land und Leuten. Sie war wild entschlossen, durch die Wüste zu reiten, nach Palmyra, die Stadt der legendären Königin Zenobia. Unter großem Spektakel, unter Trommeln und Gesang brach Lady Jane 1853 mit einer kleinen Karawane auf, „zum wohl größten Abenteuer unter all meinen Reisen", wie sie selbst bezeugte.

Als Begleitung engagierte sie eine Eskorte von Angehörigen des Mesrab-Stamms, der seit Jahrhunderten die Wüste zwischen Damaskus und Palmyra kontrollierte. Sie hatten schon viele Reisende auf der Strecke begleitet. Für Janes Schutz wurde der zweitälteste Sohn des Stammesoberhauptes ausgewählt: Medjuel. Er konnte lesen und schreiben, sprach fließend mehrere Sprachen und kannte sich in der Geschichte der Wüste aus wie kein Zweiter. In ihm fand Jane den Mann, den sie immer gesucht hatte. Nachdem er seine beiden Frauen im wahrsten Sinne des Wortes in die Wüste bzw. zurück zu ihren Familien geschickt hatte, wurde der Scheich Janes vierter Ehemann. „Die frühere Lady Ellenborough hat die muhametanische Religion angenommen und einen jungen Beduinen Scheih geheyrathet, den sie auf einer früheren Reise, als er die Karawane zum Schutz begleitete, kennen gelernt hat. Sie trägt sich türkisch; reitet sie mit ihm, so hat sie in der Stadt das Gesicht verschleyert", war König Otto in Griechenland zu Ohren gekommen. Sein königlicher Vater antwortete entsetzt: „Also mohamedanisch ist sie geworden; das ist doch zu arg von der vormaligen Lady E."[20] Und der geneigte Leser konnte der Zeitung entnehmen: „Die Gräfin Theotoky, von deren Beduinen-Heirath Briefe aus Damascus melden, ist hier von frühern Zeiten her bekannt. Miß Digby wurde erst Lady Ellenborough, dann Baronin Venningen, dann Gräfin Theotoky – wer hätte nicht von ihren Geschicken vernommen?"[21]

Jane erlebte nun ein Märchen wie aus Tausendundeiner Nacht. Die Hälfte des Jahres verbrachte sie in der herrlichen Stadt Damaskus, die andere mit den Mesrabs in der Wüste. Sie errichtete ein prunkvolles Palais, halb orientalisch, halb europäisch. Bald wurde Jane Digby el Mesrab zu einer Art Touristenattraktion. Hohe und höchste Reisende statteten ihr einen Besuch ab, darunter der Prince of Wales, Dom Pedro von Brasilien oder Graf Schack, der als preußischer Gesandter in München lebte.

Ein Wermutstropfen in ihrem arabischen Märchen war das Christenmassaker von 1860. Mit unvorstellbarer Grausamkeit brachten damals Drusen viele Tausend Christen um. Jane rettete zusammen mit ihrem Mann und dem algerischen Freiheitshelden Abd el-Kader, der seit einigen Jahren in Damaskus lebte und sich mit Lady Jane angefreundet hatte, unter Einsatz ihres eigenen Lebens viele Menschen. Auch dies gehört zu ihrer Biografie.

Verschiedenen fremden Forschern stand sie hilfreich zur Seite, dank ihrer Einblicke in das Leben der Beduinen, ihrer Sprach- und Ortskenntnisse. Als Richard Burton in Damaskus lebte und seine berühmte Übersetzung von „Tausendundeine Nacht" schrieb, stand

Jane ihm zur Seite. „Mein Mann sagte, sie sei bei weitem die cleverste Frau, der er je begegnet ist; es gibt nichts, was sie nicht tun könnte. Sie sprach neun Sprachen perfekt und konnte in ihnen lesen und schreiben. Sie malte, fertigte Skulpturen an und war musikalisch. Ihre Briefe waren brillant; und in Geschäftsfragen gab es nie ein Wort zuviel noch eines zuwenig", notierte etwas eifersüchtig Burtons Ehefrau Isabel.[22]

Ein einziges Mal seit ihrer Scheidung kehrte Jane Ende der 1850er Jahre nach England zurück, um ihre Familie zu sehen und um rechtliche Angelegenheiten zu ordnen. Bei dieser Gelegenheit waren ihre Angehörigen über ihr Aussehen bass erstaunt. Obwohl sie seit Langem unter südlicher Sonne lebte, war ihre Haut weich, faltenlos und weiß wie Milch. Ihre Zähne schimmerten wir Perlen. Und sie wirkte um Jahre jünger, als sie tatsächlich war.[23]

Doch auch die sportlichste, gesündeste Frau ist nicht gegen Krankheit gefeit. Aus nicht nachvollziehbarer Quelle verbreitete sich 1873 die Kunde, Jane wäre in Damaskus gestorben. Die Journalisten wärmten noch einmal die Skandale ihres Lebens auf und dichteten gleich noch ein paar hinzu, man sprach von neun oder zehn Ehemännern. Die Zeitungen überboten sich in spektakulären Berichten, die bereits von den Zeitgenossen als „theils ungetreu" angesehen wurden.[24] Die meisten entbehrten jeglicher Grundlage. Wie auch die Nachricht ihres Todes: Jane hatte noch acht Jahre zu leben. Doch dann musste Medjuel mit ansehen, wie die geliebte Frau immer schwächer wurde. Sie hatte die Cholera. Am 11. August 1881 ist Jane im Alter von 74 Jahren tatsächlich ruhig entschlafen. Ein letztes Mal berichteten die Zeitungen ausführlich von dem „skandalösen Leben der Lady Ellenborough".

Jane wurde auf dem protestantischen Friedhof in Damaskus beerdigt, unter einem Grabstein mit englischer Inschrift. In einen kleineren Stein daneben, den er eigens aus Palmyra mitgebracht hatte, meißelte der Scheich angeblich mit eigener Hand ihren Namen in Arabisch. Ein alter Freund besuchte einige Jahre später Janes Grab. Damals blühten dort herrliche Damaszener-Rosen. Die Blumenpracht ist vergangen. Doch der Stein erinnert noch immer – oder zumindest erinnerte er bis vor dem syrischen Bürgerkrieg – an die „honourable Mrs. Digby el Mesrab". Auch das einst prachtvolle Haus, das Jane in Damaskus errichten ließ, stand noch, allerdings bis zur Unkenntlichkeit verwahrlost und in viele einzelne Wohnungen unterteilt. Spiegel und Wandverkleidungen, Türrahmen, Stuck- und Tapetenreste zeugten noch von der einstigen Pracht.

Lady Jane hatte insgesamt sechs Kinder: Aus der Ehe mit Lord Ellenborough stammte der Sohn Arthur (1828 – 1830), von Geburt an ein schwächliches Kind, weswegen sie mit ihm an die Küste nach Brighton zur Kur reiste. Er starb kurz nach der Scheidung im Alter von knapp zwei Jahren. Der Sohn aus der Beziehung mit Felix zu Schwarzenberg starb sogar kurz nach seiner Geburt in Paris. Anders die aus diesem Verhältnis stammende, in Basel geborene Tochter Mathilde, genannt Dudi (1829 – 1885), der man in Österreich den Familiennamen Selden gab, um zu vertuschen, wer ihre Mutter wirklich war: Sie heiratete den böhmischen Adeligen von Bieschin. Aus dieser Ehe stammen bis heute zahlreiche Nachkommen.

Der in Palermo geboren Heribert (1833 – 1895) war der Sohn von Baron Karl Heribert von Venningen. Er erhielt eine gediegene Ausbildung in der Königlich Bayerischen Pagerie in München und lebte vor allem auf und von seinen Besitzungen in Baden, Bayern und Österreich.[25] 1865 heiratete er Gabrielle Antoinette Adele Gräfin von Paumgarten (1845 – 1871), eine der Enkelinnen des Gesandten Lord Erskine.[26] Zur Hochzeit 1865 schickte Jane aus Damaskus ein „Cadeau" von hundert Pfund sowie für die Schwiegertochter sämtlichen Schmuck, den sie je von Karl von Venningen erhalten hatte. Nach nur sechsjähriger Ehe kam Gabrielle jedoch auf tragische Weise ums Leben. Sie stürzte die Treppen hinunter. Dabei durchbohrte eine Stricknadel, die sie in der Hand hielt, ihre Wirbelsäule so unglücklich, dass sie nach sechs Wochen im Koma verstarb. Jane war geschockt, als sie dies hörte, obwohl sie die Schwiegertochter nie persönlich kennengelernt hatte. In ihr Tagebuch notierte sie: „Armer Heribert und die armen kleinen Kinder, so früh der mütterlichen Fürsorge beraubt." Über die drei Söhne von Gabrielle und Heribert besteht die Familie bis heute weiter. Janes Tochter Berta von Venningen (1834 – 1907) blieb unverheiratet.

Als letztes Kind kam Leonidas (1840 – 1846), der Sohn ihres dritten Ehemanns Theotoki, in Paris zur Welt. Nachdem alle ihre anderen Kinder entweder verstorben oder ihr gewissermaßen weggenommen worden waren, widmete sie ihm ihre besondere Fürsorge und Liebe. Umso mehr traf es sie, als er auf so tragische Weise in Bagni di Lucca ums Leben kam. In Griechenland schenkte sie später dem gleichnamigen Sohn von Christo Hadschi Petros ihre Zuneigung, finanzierte seine Ausbildung in Paris, London und Wien und vermachte ihm, den eine glänzende politische Karriere in Griechenland erwartete, ihren prachtvollen Palast in Athen.[27] Aus ihrer Ehe mit Scheich Medjuel gingen keine Kinder hervor. Zum Zeitpunkt der Eheschließung war sie bereits 48 Jahre alt.

Pamela Digby (1920–1997), die Schwiegertochter von Winston Churchill, eine Dame des europäischen Jetset, die in zweiter Ehe mit einem amerikanischen Filmproduzenten und in dritter mit dem schwerreichen amerikanischen Eisenbahn-Erben Averell Harriman verheiratet war und schließlich von Bill Clinton den Posten der US-Botschafterin in Paris erhielt, war eine Urgroßnichte von Lady Jane, eine Nachfahrin von deren Bruder.[28]

Schon in der ersten Woche ihrer Bekanntschaft war beim König der Entschluss gereift, auch Lady Jane, „die einzige, die an Schönheit Marianinas [Florenzi] Nebenbuhlerin" sein könnte, in die Galerie schöner Köpfe aufzunehmen. Er bedurfte weniger Überredungskunst, um seinen Hofmaler zu überzeugen, „der ergriffen von ihrer Schönheit" war. „Ohne daß Stieler wußte, daß ich sie kenne, äußerte er mir im Concert am Montag, daß sie sich in meine Schönheitensammlung eigne."

Am 21. Oktober 1831, einem milden Sonnentag, saß Jane dem Künstler zum ersten Mal Modell. Weitere Sitzungen folgten. Schon die erste Rohfassung fand das Gefallen des Königs. Als er das „angefangene Bildniß" am Tag nach der ersten Sitzung begutachtete, konnte er freudig feststellen: „Stieler traf es!" Genau drei Monate malte Stieler an dem Porträt; am 20. Januar 1832 saß Jane für ihn zum letzten Mal.[29] Bezahlt wurde das Bild Ende Januar 1832.[30]

Vielleicht ist nur der pathetisch nach oben gerichtete Blick, wie in großer Pose vor einem Theatervorhang, etwas übertrieben. In einem Kleid aus schwerer blauer Seide, nach ihrer Herkunft „Gros de Naples" genannt, schulterfrei und mit einer kunstvoll gearbeiteten, als Königskordel bezeichneten Goldkette, steht Jane vor der romantischen Ferne einer idealisierten Seelandschaft. Das blonde Haar fällt, in der Mitte gescheitelt, in Korkenzieherlocken über die Schläfen herab. Auch ihre Stirn ziert ein „Seht her", der damals topmoderne und äußerst beliebte Kopfschmuck.

Die Zeit des Modellsitzens wurde Jane Ellenborough – wie auch anderen Porträtierten – häufig durch die Anwesenheit des Königs verkürzt.

Er kam, um ihr vorzulesen: manchmal seine eigenen Gedichte – und das, wie er stets betonte, auf ihren besonderen Wunsch hin –, meist aber aus damaligen Bestsellern, aus Schillers Werken oder Byron'schen Dramen.
 Von Jane existiert eine ganze Reihe weiterer Porträts. Bei Ernst von Bandel bestellte Ludwig I. auch eine Büste der schönen Engländerin.[31] Und noch am 20. Januar 1831, am Tag ihrer letzten Sitzung, beauftragte der König den Maler Carlo Restallino, das Porträt als Miniatur zu kopieren, „um es, wohin ich reise, [...] mitzunehmen."[32] Wie lang die Miniatur, die gerade rechtzeitig vor der Abreise nach Italien fertig wurde, Ludwig begleitete und wo sie abgeblieben ist, kann nicht mehr gesagt werden.
 Die Vorlage für das Foto im Visitkartenformat schuf der Lithograf Jakob Melcher.

Irene Marquise von Pallavicini, verheiratete Arco-Stepperg (1811–1877)

Die „Sammlung der schönen Köpfe" wurde immer internationaler. Irene Marquise von Pallavicini konnte auf italienische und nieder-österreichische Wurzeln blicken, wurde selbst jedoch in Ungarn geboren. Wie Gräfin Kruedener und Gräfin Tauffkirchen gehörte sie dem Hochadel an.
 Irene Marquise von Pallavicini wurde am 3. September 1811 in Südungarn geboren, genauer gesagt in Algyö nahe Szegedin, auf einem Gut, das der Familie seit 1803 gehörte. Sie war die Tochter des Markgrafen bzw. Marquis Eduard de Pallavicini (1787–1839) und seiner Gemahlin Josephine (1784–1850), einer geborenen Gräfin Hardegg-Glatz aus niederösterreichischem Hochadel. Die Familie zählte eigentlich zum alten italienischen Hochadel. Vertreter der Familie waren jedoch bereits zu Zeiten Maria Theresias an den kaiser-lichen Hof in Wien gekommen. Seit dem 18. Jahrhundert verheira-teten sie sich mit einflussreichen Familien der österreichischen Erb-länder. So wurde die Familie selbst reicher – und einflussreicher. Nicht

nur das Palais Pallavicini in Wien, direkt gegenüber der Hofburg bzw. der heutigen Hofbibliothek am Josefsplatz beweist dies. Es ist noch immer in ihrem Besitz. Vertreter der Familie waren gesellschaftlich und politisch stets präsent, als Diplomaten und Militärs. Der Extrem-Alpinist Alfred von Pallavicini verlieh der Pallavicinirinne am Großglockner ihren Namen. Antal Pallavicini wurde nach dem Ungarn-Aufstand von 1956 zum Tode verurteilt. Und das sind nur zwei Beispiele.

Die gemalte Schönheit war das vierte von acht Kindern. Sie hatte sechs Brüder (Alfons, Arthur, Hippolyt, Alfred, Roger und Oswald) und eine Schwester, die allerdings bereits als Kleinkind starb.[1] Irene wuchs auf den ungarischen Besitzungen und vor allem in Wien auf, wo sie bald zu den umschwärmten Schönheiten zählte. An heiratswilligen Bewerbern soll es nicht gemangelt haben. Irene (oder vielleicht auch ihre Familie) entschied sich für Alois von Arco-Stepperg (1808 – 1891), der sich selbst jedoch stets Louis nannte, einen immens reichen Erben mit äußerst honorigen Vorfahren aus Bayern.

Erzherzogin Sophie,[2] die Mutter Kaiser Franz Josephs I. und Schwester König Ludwigs I., hatte eine besondere Zuneigung zu dem jungen Mädchen gefasst und sie war es auch, die ausführlich über Irenes Hochzeit mit Louis von Arco-Stepperg am 22. Oktober 1830 in der Jesuitenkirche am Hof in Wien berichtete. Die Braut sei blass und schön gewesen, habe ein Kleid und einen Schleier von Spitzen getragen. „Als sie beim Nuntius ankam, mußte man sie zuerst sich setzen lassen; als sie dem Ehemann die Hand reichte, zitterte sie so stark, daß er sie mit Gewalt nehmen mußte, um sie zu halten." Der fürsorgliche Bräutigam sei dabei „reizend gewesen durch die Sorge, die er ihr bezeigte", und sein „Ja" hätte er wie ein Adler herausgeschrien.[3]

Alois von Arco-Stepperg wurde am 6. Dezember 1808 auf Schloss Stepperg nahe Neuburg an der Donau geboren. Seine Mutter war Maria Leopoldine von Österreich-Este (1776 – 1848), die letzte Kurfürstin von Bayern. Fünf Jahre nach dem Tod ihres ersten Mannes – Kurfürst Karl Theodor von Bayern im Jahr 1799 – heiratete sie in morganatischer Ehe Ludwig Graf von Arco (1773 – 1854). Aus dieser Ehe gingen zwei Söhne hervor: Alois (Louis), der als der ältere die Herrschaft Stepperg erhalten sollte, und Maximilian, der sich später nach der Herrschaft Valley nannte und wegen seiner Jagdleidenschaft als „Adlergraf" in die Geschichte eingehen sollte.[4] Maria Leopoldine

X

war reich, sehr reich und durch ihren Geschäftssinn wurde sie immer reicher. Sie bot ihren Söhnen eine gediegene Ausbildung – so machte Louis 1825 sein Abitur am Münchner Wilhelmsgymnasium, bevor er zum Studium nach Straßburg ging. Man kann sogar behaupten, dass sie ihre Söhne verzog, besonders ihren Lieblingssohn Louis. Er wurde extrovertiert und eitel, legte größten Wert auf seine äußere Erscheinung und die Bewunderung seiner Umgebung. Er schwärmte für schöne Uniformen, ließ sich von der Mutter goldene Ringe und Nadeln mit farbigen Steinen schenken und genoss den Neid der „Leute". Er war brillant, liebte den großen Auftritt und wusste sich in der Gesellschaft zu bewegen. Schon in jungen Jahren zeigte er Züge des Lebemanns, zu dem er sich später entwickeln sollte. Sein arroganter Hochmut, gepaart mit einem unüberbietbaren Sarkasmus, machte jedoch oft den guten Eindruck wieder zunichte.[5] Zugegeben: Als junger Mann war Louis eine fesche Erscheinung. Das sollte sich jedoch im Laufe der Zeit legen!

Die Mutter beobachtete das Treiben ihres Sohnes mit Sorge und drängte auf eine Heirat, nachdem er sich im Winter 1829/30 aufgrund seines ausschweifenden Lebenswandels eine schwere Krankheit zugezogen hatte. Sie reiste mit ihm nach Wien – vermutlich mit dem Hintergedanken, eine passende Frau zu finden. Er war nun 21 Jahre alt und die Zeit für eine Heirat war gekommen. Vielleicht würde er dadurch vernünftig!

Lange hatte sich Maria Leopoldines Lieblingssohn gegen eine Ehe gesträubt, doch am 22. Oktober 1830 heiratete er schließlich die bildhübsche 19-jährige Irene Marquise von Pallavicini, eine der meistumworbenen jungen Damen am Wiener Hof. König Ludwig I. hatte bereitwillig sein königliches Placet gegeben, das Louis als Angehöriger des bayerischen Militärs – wenngleich nur auf dem Papier – benötigte. In finanzieller Hinsicht stand einer Eheschließung nichts im Wege. Arco verfügte über ein so „beträchtliches Vermögen", dass er im Ehevertrag sogar auf die Annahme eines Heiratsgutes verzichtete.[6] Die Verbindung bedeutete für beide Seiten eine glänzende Partie. Ob die Braut bereits damals den Charakter ihres Zukünftigen erkannt hatte, bleibt ihr Geheimnis. Ihr Auftritt vor dem Altar lässt allerdings vermuten, dass sie zumindest eine Ahnung hatte.

Bereits Ludwig von Arco, der Vater von Louis, hatte Ende des Jahres 1830 ein Haus in der Münchner Theatinerstraße 24 erworben. 1842 übernahm es nun der Sohn, um es zu einem prächtigen Stadtpalais auszubauen (am Odeonsplatz Ecke Brienner Straße gelegen).[7] Irene erhielt im Juli 1844 Titel und Würde einer Palastdame der Kaiserin von Österreich, deren Führung König Ludwig kurz darauf gestattete,[8] und zwei Jahre später den Sternkreuz-Orden, den höchsten Damenorden, den die k. u. k. Monarchie zu vergeben hatte.[9] Ihre Schwiegermutter Maria Leopoldine setzte sich daraufhin energisch dafür ein, dass Irene auch am Münchner Hof der Rang einer Palastdame verliehen wurde.

Das Ehepaar lebte, wenn es sich nicht in München aufhielt, vor allem in Schloss Stepperg oder in Schloss Anif südlich von Salzburg, einem ehemals fürstbischöflichen Sommersitz, den Louis 1837 erworben hatte. In zehnjähriger Bauzeit ließ er das bescheidene „Schlößl" in eine romantische Ritterburg nach englischem Vorbild umgestalten. Sie sollte der Rahmen für fröhliche Feste und ein ritterliches Leben werden. 1845 bzw. 1848 ließ sich das Eigentümer-Paar noch von Friedrich Dürck in prächtiger Renaissance-Robe für den Großen Saal porträtieren.[10] Doch aus dem frohen Ritterleben wurde nichts. Feste fanden nicht statt. Kurz nach Vollendung des Schlosses, das sich bis heute malerisch im Schlossweiher spiegelt, kam das Ehe-Aus.

Die Ehe war nicht glücklich geworden. Irene erlitt mehrere Fehlgeburten, die ihre ohnehin zarte Gesundheit weiter schwächten. Dazu kam, dass ihr Mann sein ruheloses Leben nicht aufgab. Irene war zwar eine Schönheit, galt als edelmütig, doch gleichzeitig als angeblich nicht besonders klug, überempfindlich und zimperlich. Gegen diese Charakteristik spricht allerdings, dass ihre Schwiegermutter Maria Leopoldine ihr besonders herzlich zugetan war und mit ihr einen regen Austausch pflegte, bis zu ihrem eigenen Tod 1848.[11]

Graf Alois (Louis) war schon lange wegen seines äußerst fragwürdigen Lebenswandels bekannt. Eigentlich war er von jeher ein Schürzenjäger, wie er im Buche steht. Doch was sich 1850 ereignete, schlug dem sprichwörtlichen Fass den Boden aus. Die Zeitungen überschlugen sich mit Berichten, Spekulationen und Falschmeldungen. Tatsache ist, dass der Graf in Anif bei Nacht von Gendarmen abgeführt wurde. In der Fronveste Salzburg und später im Hauptgefängnis in Linz wartete er dann auf seinen Prozess. Der Vorwurf lautete: Notzucht an einem Kind. Angeblich war das Mädchen erst elf Jahre alt und kurz darauf „an der erlittenen Mißhandlung" verstorben. Gestorben ist das Mädchen zwar nicht, war auch schon 14 Jahre alt, und das Ganze fand in einem „öffentlichen Haus", sprich: Bordell, statt, aber dennoch… Die Familie war entsetzt. Irene versuchte noch, sich für ihren Mann zu verwenden, doch die Brüder drängten auf eine Trennung. Sie sahen den Ruf und die Ehre der eigenen Familie in Gefahr. Der Prozess ging für Louis Arco relativ glimpflich aus. Er wurde im Januar 1851 freigesprochen, auch wenn ihn der Staatsanwalt in der Anklage als „einen vollendeten Wüstling" bezeichnete und seine Protokoll-Aussagen, die wegen seiner Abwesenheit verlesen wurden, einen Zynismus bekundeten, der ihn mit Ekel erfüllte. Lediglich die Kupplerin wurde zu zwei Monaten Arrest verurteilt. Dennoch trennte sich Irene von ihrem Mann, nachdem sie jahrelang seine Fehltritte und Demütigungen ertragen hatte.[12] Zu einer formalen Scheidung kam es jedoch nie.

Von nun an führte die Gräfin das „normale" Leben einer nicht unvermögenden Dame des Hochadels. Sie lebte abwechselnd auf Schloss Anif und in Wien in einem prächtigen, bis heute erhaltenen Palais in der Herrengasse 5, gleich neben der Hofburg und wenige Schritte vom Palais Pallavicini entfernt. Irene verkehrte bei Hof, wurde zur kaiserlichen Tafel geladen.[13] Ihr Name erscheint mehrmals in den Fremdenlisten der Kurorte Ischl und Baden bei Wien, vielfach in Begleitung einer Gräfin von Hirschberg aus München. Aus ihrem Vermögen unterstützte sie zahlreiche Unternehmungen, zum Teil mit vielen Tausenden von Gulden, sei es für das Hernalser Offizierstöchter-Bildungsinstitut oder für das Tegettoff-Monument in Wien.[14] Sie engagierte sich bei einer Wohltätigkeits-Tombola zugunsten der Bad Ischler Armen; für die aus Wien nach Schleswig-Holstein abrückenden Truppen spendete sie 18 Paar wollene Fußsocken und 24 Paar wollene „Handstützeln", vermutlich von ihr und ihren Damen höchstselbst gestrickt.[15] Und in Schloss Anif richtete sie 1859 in einem Nebengebäude ein Spital für verwundete Krieger ein.[16]

Im Sommer 1869 hatte sie einen Unfall. Gräfin Arco wurde vor der Augustinerkirche in Wien von einer Privatequipage überfahren. Der Kutscher beging Fahrerflucht – auch das gab es damals schon. Irene wurde schwer verletzt und in der Zeitung hieß es: „Die Gräfin befindet sich in einem beklagenswerten Zustande."[17] Sie erholte sich wieder. Doch am 31. Januar 1877 verstarb sie „nach längerer Krankheit im 66. Lebensjahre" in ihrer Wohnung im Palais in der Herrengasse 5. Die Einsegnung fand im Trauerhaus in Wien statt, danach wurde der Sarg auf der Westbahn nach Bayern überführt. In der Familiengruft in Stepperg fand Irene Gräfin von Arco-Stepperg, geborene Marquise Pallavicini, ihre letzte Ruhe.[18] Die neugotische Gruftkapelle auf dem Antoniberg hatte Louis ursprünglich für seine Mutter Maria Leopoldine errichten lassen, die hier besonders gerne weilte.[19] Später wurden dort viele Familienangehörige bestattet, auch er selbst.

Während der über 25 Jahre dauernden Trennung der Eheleute geriet langsam in Vergessenheit, dass Irene noch immer verheiratet war (im Nachruf wird sie sogar als „verwitwet" bezeichnet). Ihr Ehemann Louis war jedoch durchaus lebendig. Er machte noch politisch Karriere, unter anderem als Mitglied der Abgeordnetenkammer und als Abgeordneter im Zollparlament.[20] Auch sein gesellschaftliches Ansehen wurde wieder aufpoliert. Er wurde zum Georgi-Ritter-Komtur ernannt – zehn Jahre nach dem Prozess in Linz.[21] Er war königlich bayerischer Kämmerer und Oberstleutnant à la suite.

Alois von Arco-Stepperg interessierte sich für die schönen Künste und besaß als Sammler einen Namen. Vor allem aber in Fragen der Landwirtschaft und Wirtschaftsführung hatte er viel von seiner Mutter gelernt. Immer wieder ist die Rede von „Musterwirtschaften des Herrn Grafen von Arco". 1859 hatte er noch das nahe Stepperg gelegene Gut Siglohe dazugekauft. Er züchtete Pferde, betrieb eine Beschälstation in Siglohe, „woselbst mustergiltige Pecheron-Hengste und ein Hengst englischer Vollblutrace zur Belegung kräftiger Stuten bereit stehen".[22] Er unterhielt eine Rinderzucht und eine Schäferei, bildete auf seinem Gut unentgeltlich „Ackerbauzöglinge" aus und war stets auf dem neuesten Stand der Technik. So erwarb er zum Beispiel direkt in England eine topmoderne „locomobile Dampfdresch- und Getreidereinigungsmaschine", die in fünf Minuten die Arbeit von sechs Arbeitsstunden erledigte. Um sie breiteren landwirtschaftlichen Kreisen bekannt zu machen, lud er sogar zur Besichtigung nach Steppberg ein,[23] wie überhaupt immer wieder von Besuchen landwirtschaftlicher Vereine auf seinen Gütern in Bayern zu lesen ist.

Schloss Anif hatte er 1851 verlassen und kehrte erst 28 Jahre später mit seiner zweiten Frau zurück. Dort verbrachte er nun einen Großteil seiner letzten 14 Jahre, wohlbekannt und geachtet in Salzburg, wo auch er wohltätig in Erscheinung trat.[24]

Nach dem Tod Irenes 1877 heiratete Louis noch im selben Jahr seine langjährige Geliebte, die Tänzerin Pauline Oswald, und damit wurde gleichzeitig die gemeinsame, bereits 1868 geborene Tochter Sophie legitimiert. Als seine einzige Tochter heiratete sie Graf Ernst von Moy. Das Paar blieb kinderlos.

Am 10. September 1891 verstarb Graf Alois (Louis) Arco nach kurzer Krankheit in Anif im Alter von 82 Jahren. Das Leichenbegängnis am 12. September muss eine riesige Menschenmenge angelockt haben. Die Salzburger Eisenbahn & Tramway Gesellschaft bot aus diesem Anlass einen Separatzug vom Bahnhof Salzburg an. Zahlreich waren die Trauergäste, nicht nur aus der Familie und der Dienerschaft, sondern auch aus der Salzburger Geschäftswelt, „die in dem Verstorbenen einen großen Gönner verlor". Vergessen waren seine einstigen Entgleisungen. Sie lagen vier Jahrzehnte zurück. Nach der Trauerfeier in der Pfarrkirche von Anif wurde die Leiche nach Bayern überführt, wo er ebenfalls in der Familiengruft in Stepperg beerdigt wurde.[25]

Alois galt damals als einer der reichsten Adeligen in Bayern – neben den Thurn und Taxis. Man schätzte das Vermögen auf 30 bis 40 Millionen – damals eine ungeheure Summe. Das Erbe ging auf die Grafen von Moy über, darunter das hübsche Schloss Stepperg mit dem herrlichen Landschaftspark, das Anwesen in Tagmersheim und die übrigen Besitzungen. Nur einige kleinere Legate schmälerten das Riesenerbe. Eine Anfechtung vonseiten der Verwandtschaft Arco war aussichtslos und Graf Ernst von Moy über Nacht einer der reichsten Adeligen in Bayern.[26]

Wo und wann König Ludwig die junge Irene kennengelernt und ihr Bild für die Schönheitengalerie für würdig erachtet hatte? Vermutlich auf irgendeinem Fest in München. Immerhin war sie zum Beispiel mit von der Schlittenpartie, bei der auch Caroline von Holnstein, die nächste in der Reihe der Schönheiten, den König begleitete.[27]

Das junge Ehepaar Arco pendelte in jenen Jahren gewissermaßen zwischen Bayern und Österreich, wo Arco bis 1842 bei der bayerischen Gesandtschaft in Wien tätig war. Vermutlich kam Irene stets nur vorübergehend nach München, was auch erklärt, warum Stieler so lange an dem Bild malte. Man weiß, dass die schöne Gräfin ihm am 26. Februar 1833 sowie am 15. März 1834 Modell saß und das Bild erst im April 1834[28] bezahlt wurde. Ungeklärt ist jedoch die Frage, warum das Bild heute allgemein als Porträt der Marquise von Pallavicini bezeichnet wird, obwohl Irene zum Zeitpunkt der Entstehung bereits verheiratet war und auch rückseitig vermerkt wurde: „Irene Gräfin von Arco-Stepperg, geboren zu All-gyo in Ungarn im Jahre 1811 den 3. Septem. geborene. Marquise Pallavicini gemalt in München 1834 von Joseph Stieler". Gewöhnlich wurden die Gemalten mit jenem Namen bezeichnet, den sie zum Zeitpunkt des Entstehens trugen. Auch Auguste von Oertzen spricht von „Irene Gräfin Arco-Steppberg".

Joseph Stieler malte die damals etwa 17-jährige Irene in einem schweren schwarzen Samtkleid mit riesigen „Elefantenärmeln", die schmale Taille wird von einem breiten goldenen Gürtel mit prächtiger Schnalle gehalten. In ihre dunkelblonden Locken sind Perlenschnüre geflochten und das Haar trägt sie „à la Hortense Mancini" – damals eine sehr beliebte Frisur. Über ihren Schultern liegt eine schwere Goldkette, die wohl ihren Reichtum andeutet. Sie hat auf dem Gemälde auf einem vergoldeten Stuhl, wie er wohl in der Münchner Residenz zu finden war, vor einem gerafften dunkelroten Vorhang Platz genommen.

Die Vorlage für das Foto im Visitkartenformat schuf der Kupferstecher Andreas Fleischmann.

Caroline Gräfin von Holnstein, geborene Freiin von Spiering, verheiratete von Künsberg (1815–1859)

Eine der spektakulärsten Familiengeschichten kann Caroline Gräfin Holnstein in Bayern aufweisen. Zudem war sie vermutlich eine Nichte des Königs und führte nacheinander eine ganze Reihe von Namen. Zum Zeitpunkt der Entstehung des Porträts im Jahr 1834 jedoch hieß sie Caroline von Holnstein.

Geboren wurde Caroline als Freiin von Spiering am 8. Mai 1815 auf dem Schlossgut Fronberg in der Oberpfalz. Sie war das fünfte Kind des Freiherrn Carl Theodor von Spiering (gestorben 1829) und dessen Ehefrau Johanna Nepumukena, geborene Freiin von Enzberg. Doch schon da beginnen die Spekulationen: Einem populären Gerücht zufolge soll ihr leiblicher Vater nicht der Herr Baron gewesen sein, sondern der schneidige Prinz Carl von Bayern (1795 – 1875), der Bruder König Ludwigs I.

Caroline wuchs fern der Münchner Hofgesellschaft im elterlichen Schloss nahe Schwandorf auf. Als sie 14 Jahre alt war, starb Carl Theodor von Spiering. Nach dem Tod des Vaters begann die Suche nach einem geeigneten Ehemann. Und da kam man auf den Grundbesitzer und königlichen Kämmerer Karl Theodor von Holnstein (1797 – 1857), dessen Schloss Schwarzenfeld in unmittelbarer Nachbarschaft lag. Zudem waren er und der verstorbene Vater Carl Theodor von Spiering gut bekannt, hatten beide politisch viel in Regensburg zu tun.[1] Da wäre es doch auch eine gute Idee, die beiden Grundbesitze zu vereinen. So heiratete die damals erst 16-jährige Caroline am 9. November 1831 den mehr als doppelt so alten Nachbarn – sicher keine große Liebesheirat, eher eine Vernunftehe zur Absicherung.

Drei Kinder kamen Schlag auf Schlag: zunächst Karl Theodor (am 8. Dezember 1832), dann Johanna (am 17. September 1833) und schließlich Maximilian Carl Theodor (am 19. Oktober 1835). Während die beiden ersten Kinder nicht lebensfähig waren und unmittelbar nach der Geburt starben, sollte Sohn Max Karriere machen – doch dazu später.

Der Ehemann Karl Theodor von Holnstein war ein bedeutender Staatsmann sowie königlicher Kämmerer und hatte als solcher zur rechten Zeit bei Hof in München zu erscheinen.[2] Deswegen lebte das Paar vorwiegend in der Residenzstadt, wo seine junge Frau vor allem wegen ihrer Schönheit Furore machte. Es dauerte nicht lange, bis auch König Ludwig dies bemerkte. Am 8. Dezember 1833 soll ihm die schöne Gräfin anlässlich eines Hoffestes erstmals aufgefallen sein. Und als es kurz nach Weihnachten 1834 zu einer prächtigen Schlittenfahrt kam, hatte Caroline die Ehre, den König zu begleiten. Kaum eine bayerische Zeitung versäumte über das Spektakel, das offensichtlich nicht alle Jahre zu sehen war, zu berichten: „Hofschlittenfahrt am 27. Dez. 1834: Vorne weg [nach Oberststallmeister Freiherr von Keßling, der vorausritt] König Ludwig mit Gräfin v. Holnstein, geb. Gräfin v. Spiering, Königin und Graf von Reus, Prinz Carl in Begleitung der Gräfin Arco-Stepperg [geborene Pallavicini, auch eine der Schönheiten], Herzog Max und Freifrau von Gumppenberg-Pöttmes […], Graf Arco Stepperg und Erbprinzessin von Hohenzollern, […] durch München nach Nymphenburg, wo in der Amalienburg diniert wurde."[3]

PILOTY & LOEHLE
MUENCHEN

XX

Caroline war jung, 18, 19, 20 Jahr alt, und lebenslustig, während ihr Mann wohl mehr die Politik im Auge hatte. Und so kam, was fast zwingend kommen musste: Caroline verliebte sich. Der Auserwählte war der Kürassieroffizier Freiherr Wilhelm von Künsberg (1801 – 1874) aus der katholischen Linie der weit verzweigten Familie von Künsberg, in die später mit Cornelia Vetterlein eine weitere Schönheit einheiraten sollte.

Wilhelm war zwar nur vier Jahre jünger als Graf Holnstein, doch offensichtlich mehr nach Carolines Geschmack. Doch war auch Künsberg, der ihre Gefühle erwiderte, gebunden, verheiratet mit Auguste von Venningen, hatte mit ihr sogar einen Sohn, den am 20. April 1831 geborenen Philipp (gestorben 1884).[4] Eine weitere Schönheit, Lady Jane Ellenborough, war übrigens mit Augustes Bruder Karl von Venningen verheiratet.

Die Beziehung von Caroline und Wilhelm musste zunächst geheim gehalten werden. Doch als Auguste von Künsberg am 4. April 1836 starb, verließ Caroline ihren Ehemann und zog mit dem Geliebten auf ihr väterliches Schloss Fronberg. Künsberg musste wegen seiner Liebe die Kürassieruniform ausziehen. Man sprach schon von Heirat; auch ein möglicher Religionswechsel Künsbergs war dem König zu Ohren gekommen, welchen er allerdings nicht dulden wollte.[5] Dem Paar war jedoch noch lange keine ungetrübte Zukunft gegönnt. Carolines Ehemann Karl Theodor von Holnstein verweigerte nämlich die Scheidung. Erst gut zwei Jahrzehnte später, nach dessen Tod am 30. Juni 1857, war der Weg frei zum Traualtar. Keine drei Monate danach, am 21. September, gaben sich Caroline von Holnstein, geborene Spiering, und Wilhelm von Künsberg in der barocken Wallfahrtskirche auf dem Kreuzberg in Schwandorf das Jawort. Inzwischen hatten die beiden bereits fünf Kinder, die nach der Heirat legitimiert und am 7. Juli 1859 in den bayerischen Freiherrenstand unter dem Namen „Künsberg Freiherr von Fronberg" aufgenommen wurden.

Die umfangreichen Holnstein'schen Besitzungen dagegen, nicht nur in der Oberpfalz, sondern auch in Oberbayern, erbte Sohn Max aus Carolines erster Ehe. Ab 1857 lebte er – zumindest zeitweise – auf dem Fronberg benachbarten Holnstein'schen Stammsitz Schwarzenfeld.

Heute würde man von einer Patchwork-Familie sprechen. In den verschiedenen Ehen kamen die Kinder nahezu im Jahresrhythmus auf die Welt; zum Teil wurden sie sogar gemeinsam erzogen: Der 1831 geborene Sohn Philipp aus Künsbergs erster Ehe war der Älteste, dann kam Max von Holnstein (geboren 1835). Es folgten die gemeinsamen Kinder Wilhelm Maximilian am 27. März 1838, Wilhelmine Maria Caroline am 23. August 1841 (später verheiratete Breidbach-Bürresheim), Johann Friedrich Wilhelm am 26. September 1842 und Rudolf Philipp Wilhelm Goswin Karl am 27. März 1844. 1847 soll noch ein Nachzügler dazugekommen sein. Dazwischen gab es noch eine ganze Reihe weiterer Kinder, die jedoch früh verstarben. Es war auf jeden Fall eine ganze Kinderschar, was Caroline jedoch offensichtlich nicht daran hinderte, ihr feierfreudiges Leben weiterzuführen. „Wie ein loses Blatt im Sturm wirbelte sie von Fest zu Fest", denn Tanzen war ihre Leidenschaft und Tanzen soll auch zu ihrem Schicksal geworden sein – wurde zumindest später erzählt. Am Ende einer rauschenden Ballnacht soll sie mitten in einem wilden Polkagalopp zusammengebrochen sein und einen plötzlichen Herztod erlitten haben. Nach ihrem Tod erzählte man sich dann sogar gruselige Geschichten über ein seltsames Wiedergängertum der Verstorbenen: Auf dem ersten Münchner Hofball, der zu ihren Ehren veranstaltet wurde, sei eine unbekannte Schöne durch den Saal gewirbelt. Ihr leuchtend rotes Gewand, das auf dem Rücken mit reichen schwarzen Spitzen besetzt war, und ihre anmutige Schrittfolge, die das ganze Können einer vollendeten Tänzerin zeigte, schlugen die Gäste in den Bann. Noch bevor die Ballbesucher in der geheimnisvollen Schönen die verstorbene Gräfin Holnstein erkennen konnten, tanzte diese zum ungläubigen Erstaunen aller durch die geschlossene Türe aus dem Saal. Jäher Schrecken aber erfasste die Hofgesellschaft, als sie der entschwindenden Schönheit von hinten ansichtig wurden: Die üppige schwarze Spitze, die das Ballkleid der Unbekannten auf der Rückseite auf das Eleganteste zierte, bestand in Wirklichkeit aus schwarzen Moderwürmern.[6]

Der mysteriöse Tod der Gräfin und die Folgen waren indes nichts anderes als eine grausig-kitschige Fantasie der Münchner Hofgesellschaft und Geschichtenerzähler. Tatsächlich starb Caroline im zweiten Jahr ihrer Ehe mit Künsberg am 24. Juli 1859 in ihrem väterlichen Schloss in Fronberg, wo sie auch beigesetzt wurde. Die schöne Gräfin wurde nur 44 Jahre alt. Ein nach ihrem Tod von Franz von Lenbach gemaltes Porträt zeigt eine stark gealterte Frau mit glanzlosen Augen und leerem Blick.

Die Legitimierung ihrer Künsberg-Kinder hat Caroline noch erleben dürfen. Die Tragödien, in die ihre Kinder schlitterten, blieben ihr erspart. Es zeigte sich nämlich bald, dass der Apfel selten weit vom Stamm fällt.

Max von Holnstein war erst ein Jahr alt, als sich die Eltern trennten. Obwohl er mit seinen Halbgeschwistern, die nach und nach dazukamen, gemeinsam erzogen wurde und mit ihnen offensichtlich auch später in gutem Kontakt stand, verbrachte der kleine Max viel Zeit am bayerischen Hof, vor allem in den Sommermonaten in Hohenschwangau. Er freundete sich mit Prinz Ludwig, dem späteren König Ludwig II., und dessen Bruder Otto an. Immerhin waren die Holsteins eine Nebenlinie der Wittelsbacher, hervorgegangen aus den illegitimen Nachkommen von Carl Albrecht, der als Karl VII. zum deutschen Kaiser gewählt wurde.

Max war ein impulsiver Draufgänger und als es um die Ehre seiner Mutter und seiner Halbschwester Wilhelmine Künsberg ging, forderte er seinen Schwager Hugo Wenzel von Sternberg zu einem damals längst verbotenen Ehrenduell mit Pistolen.[7] Im Morgengrauen des 27. Dezember 1863 trafen sich die beiden an einem Waldesrand nahe dem Holnstein'schen Gut Thalhausen (bei Kranzberg, Landkreis Freising). Holnstein hatte den ersten Schuss. Rittmeister von Sternberg brach tot zusammen. Die Zeitungen waren voll von Berichten; auch die Gerichtsverhandlung wurde von einem großen Medieninteresse begleitet.[8] Das Urteil: ein Jahr Festungshaft. Anfang April 1864 trat Max von Holnstein seine Strafe in Passau an. Doch schon am 14. Juli wurde gemeldet, dass er wegen seiner „angegriffenen Gesundheit" auf einige Zeit Urlaub bekommen habe,[9] nach dem er auch nicht mehr zurück in die Festung musste. Der Grund war, dass am 10. März 1864 König Ludwig II. an die Regierung gekommen war und dieser seinen Jugendfreund als Berater wünschte. Er begnadigte ihn und ernannte ihn zum Oberststallmeister, allgemein als „Roßober" bezeichnet. Holnstein gewann großen Einfluss auf den zehn Jahre jüngeren König und war unter anderem unmittelbar an der Entstehung des sogenannten „Kaiserbriefs" beteiligt, der dem preußischen König Wilhelm I. die Kaiserwürde des neu zu gründenden Deutschen Reichs antrug. Häufig sind auch die Halbbrüder Max von Holnstein und Wilhelm von Künsberg zusammen tätig.[10]

Doch spielte Max von Holnstein offensichtlich ein doppeltes Spiel, intrigierte gegen den König und war schließlich maßgeblich an seiner Entmündigung 1886 beteiligt. Nach dem Tod des Ludwigs II. blieb er im Dienst des Prinzregenten. Der Überlieferung zufolge soll er – angesprochen auf seine Illoyalität – einmal gesagt haben „Wenn ich dem König schade, will ich erblinden." Und wie das Schicksal so wollte: Am Ende seines Lebens war Max von Holnstein völlig erblindet. So wird es zumindest berichtet. Er starb 1895 auf Schloss Schwarzenfeld.

Ähnlich impulsiv muss sein Halbbruder Wilhelm von Künsberg gewesen sein, der im November 1866 zum Flügeladjutanten des Königs ernannt wurde. Möglicherweise hatte Max von Holnstein da etwas nachgeholfen. Allerdings hielt Wilhelm es mit der ehelichen Treue ähnlich großzügig wie seine Eltern. Oder wie es in einer zeitgenössischen Zeitung hieß: „Es ist alles schon einmal dagewesen, so summen auch hier die Jungen, wie die Alten brummten, der Vater des Wilhelm Künsberg Freiherr auf Fronberg ging auch vor etwa 30 Jahren mit der 22jährigen Gräfin Holnstein heimlich nach Österreich und in die Schweiz durch."[11]

Im Jahr 1868 brannte nun Wilhelm von Künsberg mit einer „lebhaften", aber leider bereits verheirateten Wienerin durch. Geboren 1843 als Gräfin Charlotte von Schönborn-Buchheim, hatte sie am 6. Juni 1863 Graf Karl von Arco-Valley (1836–1904) geheiratet, den Sohn des „Adlergrafen" und damit den Neffen von Alois (Louis) Arco-Stepperg, der mit Irene von Pallavicini, einer anderen Schönheit, verheiratet war.

Wie sein Vater musste Wilhelm nach nur zwei Jahren seinen Dienst quittieren. Zudem erhielt Oberstleutnant Wilhelm Künsberg Freiherr von Fronberg seine Entlassung aus dem Heer. Und auch das konnte der geneigte Leser der Zeitung entnehmen: „Das Paar weilt in Fronberg bei Schwandorf. Den hier angekommenen Briefen zufolge ist die Gräfin Arco sehr glücklich."[12] Allerdings sollte dieser Zustand nicht sehr lange anhalten.

Am 7. Februar 1869 kam es in einem Wäldchen bei Aschheim (östlich von München) wiederum zu einem verbotenen Ehrenduell: Wilhelm von Künsberg und Charlotte hatten laut Zeitungsbericht eine Vergnügungsreise unternommen, „bezüglich deren die Frau Gräfin übersehen hatte, ihrem Herrn Gemahl vorherige Kenntniß zu geben." Dieses Mal forderte der gehörnte Graf Arco-Valley den „Entführer" auf eher harmlose kleine Taschenpistolen, die keine tödlichen

Verletzungen erwarten ließen. Das wirkte sich letzten Endes positiv auf das Strafmaß aus, obwohl Künsberg durch einen Schuss in den Oberarm leicht verletzt wurde und „4 Tage berufsunfähig" war.[13] Das Duell und seine Folgen waren Stadtgespräch. Zum Teil wurden nicht einmal mehr Namen genannt. Jeder wusste Bescheid. Und so nahm man auch an der weiteren Entwicklung regen Anteil: Die Gräfin wurde noch im selben Jahr geschieden und konnte so im Herbst 1869 ihren Geliebten in Schwandorf wenigstens vor dem Gesetz heiraten.[14] Die kirchliche Trauung erfolgte erst 35 Jahre später, nach dem Tod des Grafen Arco-Valley im Jahr 1905. Wenige Jahre später, am 18. Juni 1909, starb der inzwischen wieder halbwegs rehabilitierte Freiherr Wilhelm Künsberg von Fronberg. Seine Frau folgte ihm ein gutes Jahr danach, am 22. November 1910. In den Nachrufen wurde nicht nur die eigene Skandalgeschichte noch einmal aufgewärmt, sondern auch die von Caroline von Holnstein. Der Bericht im „Neuen Wiener Journal" schließt mit der Feststellung: „Es ist vielleicht die Geschichte des Adels in keinem Lande so reich wie in Bayern an Kapiteln, die der Phantasie eines Romanschriftstellers entsprungen sein könnten."[15] Im Fall der Familie Holnstein-Künsberg stimmt dies mit Sicherheit, denn das waren noch längst nicht alle Skandale.

Während Wilhelm Künsberg von Fronberg in Sachen Duell von sich reden machte, geriet sein Stiefbruder Philipp von Künsberg ebenfalls in die Schlagzeilen. Er stand in Berlin wegen Betrugs vor Gericht, weswegen ihm die königlich bayerische Kammerjunkerwürde am 3. Oktober 1869 entzogen wurde.[16]

Und schließlich kam es Mitte der 1870er Jahre noch zu Streitigkeiten zwischen den verschiedenen Stief- und Halbgeschwistern, was beweist, dass auch im 19. Jahrhundert Patchwork-Familien nicht immer reibungsfrei funktionierten. Auf jeden Fall verfasste Philipp Freiherr von Künsberg eine Denkschrift gegen den Grafen Max von Holnstein, die Freiherren von Künsberg-Fronberg und die Baronin von Breidbach-Bürresheim (geborene Wilhelmine von Künsberg): „Ein Appell an das Rechtsgefühl der öffentlichen Meinung und die Vertreter und Hüter des Rechtes und der Gesetze".[17] Vermutlich ging es in der heute nicht mehr auffindbaren Denkschrift um Erbauseinandersetzungen, denn das Schloss Fronberg ging über Wilhelmine an die Freiherren von Breidbach-Bürresheim, in deren Besitz sich das Schlossgut noch heute befindet.

Kurz nach dem ersten Zusammentreffen, das bei einem Hoffest am 8. Dezember 1833 stattgefunden haben soll, hatte der König den Entschluss gefasst, auch Caroline von Holnstein in die „Sammlung der schönen Köpfe" aufzunehmen. Am 18. Februar 1834 wird ihr Porträt in Stielers Atelier als „in Arbeit" erwähnt; im Mai desselben Jahres wurde es bezahlt.[18]

Die damals 19-jährige Gräfin trägt ein weißes Seidenkleid, nach der Mode der Zeit tief ausgeschnitten, die schmale Taille mit einer breiten Gürtelschnalle geschlossen. Und den eleganten rosa Mantel mit reichem Zobelbesatz könnte sie vielleicht am Ende des Jahres sogar bei der Schlittenfahrt getragen haben.

Die Vorlage für das Foto im Visitkartenformat stammt vom Kupferstecher Andreas Fleischmann.

Crescentia Fürstin von Oettingen-Oettingen und Wallerstein, geborene Bourgin (1806–1853)

Ob die Fürstin von Oettingen-Oettingen und Wallerstein den König mehr durch ihre Persönlichkeit oder durch ihr bereits von Joseph Stieler gemaltes Porträt animierte, sie in seine „Sammlung schöner Köpfe" aufzunehmen, wissen wir nicht. Auf jeden Fall ließ Ludwig I. sie im Jahr 1837 von Stieler malen, gewissermaßen das erste Bild kopieren. Und noch etwas unterscheidet sie von den anderen Schönen: Ihre Biografie erscheint wie eine Romanhandlung, die Schriftstellerinnen wie Hedwig Courths-Mahler nicht besser hätten erfinden können. Doch die Liebesgeschichte zwischen der Gärtnertochter und dem Fürstensohn war Realität.[1]

Als kurz vor der Jahrhundertwende um 1800 in Frankreich die Revolution tobte, verließen viele Royalisten das Land. So auch der burgundische Weingutsbesitzer Nicolas Bourgin (1769–1835) aus Gomméville bei Dijon. In Innsbruck lernte er Crescentia Theresia Glogger (1769–1823) aus einem kleinen Kramladen in Füssen kennen und heiratete sie im Jahr 1800. Danach fand die junge Familie

Unterschlupf auf dem Fürstlich Oettingen'schen Schloss Baldern in der östlichen Schwäbischen Alb. Eine Stelle als Hofgärtner sicherte Nicolas Bourgin ein Auskommen.

Am 3. Mai 1806 wurde die Tochter Crescentia geboren, nach einer Tochter Josephine, einem Sohn Nikolaus und vor der jüngeren Tochter Marie Antoinette (1810 – 1871), die später den Freisinger Rentbeamten Heinrich Appel heiratete. Und dieser jüngeren Schwester verdanken wir einen umfassenden Bericht über die nun folgende Liebesgeschichte. Sie hatte diese anhand von Originalbriefen und aus dem Gedächtnis für ihre Nichte, Caroline Gräfin von Waldbott-Bassenheim, verfasst,[2] für jene Nichte, die später auch von Joseph Stieler für die Schönheitengalerie gemalt werden sollte.

Die Familie Bourgin lebte nun also in Hohenbaldern, wo der Vater den umfangreichen Schlossgarten pflegte. Fürstin Wilhelmine von Oettingen-Wallerstein hatte ihm die Stellung vermittelt. Und im Schlossgarten, einem Lieblingsort des jungen Fürsten Ludwig von Oettingen-Wallerstein, hat es dann auch „gefunkt".

Ludwig Kraft Ernst Karl Fürst zu Oettingen-Oettingen und Oettingen-Wallerstein (1791 – 1870), wie sein vollständiger Titel lautete, war der Erstgeborene und Erbe des jahrhundertealten Hauses Oettingen. Erst gegen Ende des Alten Reichs hatte es mit der Erhebung von Kraft Ernst von Oettingen-Wallerstein (1748 – 1802) in den Reichsfürstenstand neuen Glanz erhalten. In zweiter Ehe war dieser mit Prinzessin Wilhelmine Friederike von Württemberg (1764 – 1817) vermählt, der Mutter Ludwigs. Mit dem Tod seines Vaters 1802 wurde der Elfjährige unter der Vormundschaft seiner Mutter der Regierungsnachfolger – bis zum Ende des Alten Reichs und der Mediatisierung der alten weltlichen Herrschaften. Zu diesem Zeitpunkt studierte er bereits an der Universität in Landshut, als Studiengenosse des damaligen Kronprinzen und nachmaligen Königs Ludwig I. Diese Freundschaft sollte später seine politische Laufbahn entscheidend bestimmen. Zunächst aber erfreute er sich am Rang eines königlichen Obersthofmeisters, den König Maximilian I. ihm als Trostpflaster für den Existenzverlust als Reichsfürst verliehen hatte. Ein Teil seines Fürstentums wurde von Bayern annektiert, der andere von Württemberg. Durch den Reichsdeputationshauptschluss von 1803 war das Fürstentum wenigstens noch für seine linksrheinischen Gebietsverluste mit den säkularisierten Klöstern St. Mang in Füssen und Heilig Kreuz in

PILOTY & LOEHLE
MÜNCHEN

XIII

Donauwörth entschädigt worden. Mit seiner Volljährigkeit übernahm Ludwig von Oettingen-Wallerstein eine Reihe von Ämtern und begann eine viel beachtete Kunstsammlung aufzubauen.[3]

Als die Bourgins-Geschwister noch Kinder waren, hatte der junge Fürst Ludwig ihnen noch Geschenke gemacht. Doch als Crescentia, meist Crescenz genannt, 13 Jahre alt war, verliebte er sich unsterblich in die langsam erblühende Schönheit. Ludwig von Oettingen-Wallerstein bestellte einen Musikmeister für sie, gab ihr eine kleine Bibliothek zur Weiterbildung und überschüttete sie mit Aufmerksamkeiten. Bald meinte er, ohne sie nicht mehr leben zu können. War er verreist, schrieb „Louis" verliebte Briefe an sein „liebstes Sensele".[4] Erste Gerüchte machten die Runde. Niemand glaubte an redliche Absichten des Fürsten gegenüber einem einfachen Landmädchen. Noch dazu, wo er 15 Jahre älter war – aus heutiger Sicht ist man an die bekannte Geschichte „Die Heilige und ihr Narr" von Agnes Günther erinnert.

Anfang 1823 starb Crescentias Mutter. Gleichzeitig versprachen sich Crescentia und Ludwig einander. Als Verlobte reisten sie im Juni zum Onkel der Braut, Pierre Bourgin, Stadtpfarrer von Sedan.

Noch im selben Jahr, am 7. Juli 1823, heiratete der Fürst seine Crescentia in Baldern, wo sie auch ihre Flitterwochen verlebten, allerdings „durch die von allen Seiten herein brechenden Gewitter sehr getrübt." Ohne sich mit seinen Brüdern abgesprochen zu haben, war Ludwig die unstandesgemäße Heirat eingegangen, was natürlich größere Verwerfungen nach sich zog.

Die morganatische Ehe war der Aufreger dieser Tage, die Sensation in Hofkreisen. Die „Liebesheirat mit einem Hitzkopf" war das gefundene Fressen für die Klatschmäuler.

Ludwig musste auf die Erstgeburtsrechte verzichten, verlor sein Kronamt als Obersthofmeister. Er bekam eine jährliche Rente von 15.000 Gulden – für einen Fürsten eine nicht gerade üppige Apanage – und das ehemalige Kloster Schloss Heilig Kreuz in Donauwörth zum einstweiligen Aufenthalt (1823/24). Dort lebte das Paar zunächst äußerst zurückgezogen. Damals kam auch die kleine Caroline zur Welt, die später ebenfalls für die Schönheitengalerie gemalt werden sollte. Königin Karoline höchstpersönlich erklärte sich bereit, die Patenschaft zu übernehmen. „So glücklich war ich in meinem Leben noch nicht", soll der Fürst gejubelt haben, hatte er doch infolge seiner als skandalös betrachteten Heirat nicht wenige Kränkungen seitens seiner Standesgenossen ertragen müssen. [5]

Finanziell sah es nicht gut aus. Oettingen-Wallerstein verkaufte die erst kurz zuvor erworbene Burg Schwanstein bei Füssen. Sie erwarb später dann wiederum Kronprinz Maximilian und baute sie neugotisch als „Schloss Hohenschwangau" aus, ähnlich wie es Fürst Oettingen-Wallerstein eigentlich selbst geplant hatte.

„Entzweit mit seiner Familie und ohne Vermögen" kaufte Ludwig das kleine Landschloss Reimlingen bei Nördlingen im Donau-Ries, wohin die bereits „viel Geprüften" 1824 zogen. Und doch war dies erst der Anfang großer Schicksalsschläge. Zunächst aber lebten sie dort in idyllischer Abgeschiedenheit; die damals noch unverheiratete Antoinette leistete ihrer Schwester Gesellschaft. Der Fürst versuchte, finanziell irgendwie auf die Beine zu kommen, und doch wusste die junge Familie manchmal kaum, „wo einen Bißen Brod hernehmen". Die Dienerschaft konnte nicht bezahlt werden und wurde folglich unzufrieden, die Gläubiger aufdringlich, die Bauern grob und drohend. „Kurz es war eine Lage, die zur Verzweiflung hätte führen können." Doch dann starb überraschend König Maximilian I. von Bayern. Sein Nachfolger hieß Ludwig I. Und nun begann für Ludwig von Oettingen-Wallerstein eine neue Ära. Sein ehemaliger Studienfreund gab ihm sein Kronamt zurück und zunächst einen gut dotierten Posten in Augsburg, 1832 wurde er zum Innenminister ernannt. Damals erfolgte der Umzug nach München. Und hier wurde auch Crescentia von König Ludwig empfangen, in alle ihr und dem Rang ihres Ehemanns gebührenden Ehren eingewiesen und ausgezeichnet. Selbst ihre Feinde und Neiderinnen ließen sich schließlich durch Crescentias Bescheidenheit und ihr nobles Benehmen umstimmen. Viele waren nun begeistert von der jungen „reizenden Fürstin Wallerstein", die noch dazu Humor bewies. Auf einem der ersten Hoffeste wurde sie von einem hochnäsigen Adeligen süffisant gefragt: „Sie lieben gewiss die Blumen über alles?" – „Oh freilich, bin ich doch unter ihnen aufgewachsen!" Das soll König Ludwig erfahren und sie dafür umarmt haben. Auf jeden Fall erfreute sie sich einer besonderen Wertschätzung des Monarchen. Und bald ließ er sie auch in seine Schönheitengalerie aufnehmen.

Johann Nepomuk von Ringseis, der nicht gerade ein Freund Oettingen-Wallersteins war, lobte jedoch sein „unwandelbar ritterliches Benehmen gegen seine Gemahlin, welche, von geringer Herkunft, allerdings seiner Hochschätzung würdig gewesen, und ihm niemals Anlaß gab, seine Wahl zu bereuen. Trefflich von Charakter und verständig zugleich, wußte sie in edler Einfachheit ihrer Würde zu genügen, ohne ihren früheren Stand kleinherzig zu verleugnen.“[6]

Das Ehepaar lebte nun standesgemäß auf den Oettingen'schen Gütern und in München. Seine Durchlaucht Fürst von Oettingen-Wallerstein, Minister des Innern, wohnte in der Theatinerstraße 22.[7] In den 1830er Jahren gelang dann der Erwerb eines ansehnlichen, direkt an den Königsplatz angrenzenden Palais in der Arcisstraße, vormals Wohnsitz eines englischen Lords, und 1834 des Schlosses Leutstetten oberhalb des Starnberger Sees, also ganz in der Nähe von Schloss Berg, das der König im Sommer häufig bewohnte.[8]

Doch die Karriere des Fürsten verlief nicht ganz gerade. Sein anfänglich gutes Verhältnis zu Ludwig I. war aus politischen Gründen bald erheblichen Schwankungen unterworfen. 1837 kam es zum vorübergehenden Bruch, Oettingen-Wallerstein wurde degradiert, in einer Weise, die selbst Gegner des Fürsten dem König verübelten. Als Ausgleich für den Wegfall seiner Bezüge erhielt die Haushaltskasse der Fürstin einen Zuschuss von immerhin 2.000 Gulden von Prinz Carl, dem Bruder des Königs.[9]

Oettingen-Wallerstein wandte sich als Führer der Opposition gegen das klerikale und absolute System seines Nachfolgers Karl August von Abel, mit dem er sich 1840 sogar duellierte – eine Auseinandersetzung, über die in München jeder Bescheid wusste.[10] In der Gunst des Königs war Oettingen-Wallerstein zu diesem Zeitpunkt schon lange gefallen. Erst langsam erholte sich das Verhältnis wieder ein bisschen. 1843 wurde Oettingen Staatsrat im außerordentlichen Dienst, 1846 reiste er als außerordentlicher bayerischer Gesandter und bevollmächtigter Minister nach Paris, anschließend ernannte man ihn zum Ministerverweser des Auswärtigen und Kultus und 1847 (bis 1848) zum Vorsitzenden des bayerischen Ministerrats.

Dann kam die unselige Affäre zwischen König Ludwig und Lola Montez. Oettingen-Wallerstein wurde bald zum einflussreichen Intimfeind der „spanischen Tänzerin“. Zunächst war der Fürst vor allem um Schadensbegrenzung bedacht, doch als der König im Februar 1848 die Universität schließen ließ, kam es zum offenen Bruch. Als Lola kurz darauf München verlassen musste und Oettingen-Wallerstein der Bürgerschaft die Nachricht überbrachte, wurde er unter großem Jubel zum Rathaus geleitet. Doch kurz darauf entließ ihn der König. In der Publizistik fand er ein neues Wirkungsfeld. 1849 verzichtete Oettingen-Wallerstein auf seinen Sitz im bayerischen Reichsrat und vertrat als Mitglied der Zweiten Kammer des Landtags von 1849 bis 1862 die äußerste Linke. Diese Jahre waren begleitet von Erniedrigungen und Anfeindungen und letzten Endes dem Verlust seines Vermögens.

Am 22. Juni 1853 starb in Wallerstein „die Frau Fürstin von Wallerstein, gebor. Bourgin, Gemahlin des Fürsten Ludwig von Oettingen-Wallerstein, Führer der Linken unserer Abgeordnetenkammer. […] Vor einigen Tagen wollte sie ihre Schwägerin, die verwittwete Fürstin Marianne von Oettingen-Wallerstein besuchen, wurde jedoch beim Eintritt in deren Schloß von einem Nervenschlag getroffen, in dessen Folge sie nach 74stündigem harten Todeskampf verschied." Und im Nachruf hieß es weiter: „Die Verstorbene, erst 47 Jahre alt, war eine in jeder Beziehung edle, in allen Kreisen der Gesellschaft hochgeachtete Frau."[11]

Crescentia wurde in der Klosterkirche zu Maihingen beigesetzt. Nach ihrem Tod ging es mit der Familie bergab. Das Ehepaar hatte zwei Töchter, von denen eine, Therese (1827–1833), früh verstorben war. Die andere, Caroline (1824–1889), hatte 1843 Hugo Philipp Graf von Waldbott-Bassenheim (1820–1895) geheiratet, der einen äußerst kostspieligen Lebensstil pflegte, der ihn letztlich in den Ruin trieb – und mit ihm den Schwiegervater, um dessen finanzielle Verhältnisse es schon seit Langem nicht zum Besten stand.[12] Eine zweite Ehe, die Ludwig Oettingen-Wallerstein mit der wohlhabenden Gräfin Albertine Larisch von Moennich (1819–1900), der Schwester des österreichischen Finanzministers einging, verbesserte die zerrütteten Vermögensverhältnisse nicht entscheidend, da Albertine nicht ohne Genehmigung ihres Bruders über ihr Vermögen verfügen konnte.[13] Diese Ehe blieb kinderlos. Von Gräfin Albertine ist später auch nicht mehr die Rede.[14] Sie lebte vor allem im Habsburgerreich,[15] was dafür spricht, dass das Ehepaar getrennte Wege ging.

„Sehr peinliches Aufsehen erregt das tragische Ende des Fürsten Ludwig v. Oettingen-Wallerstein", konnte man im November 1860 den Zeitungen entnehmen. „Seit Jahren waren seine mißlichen Vermögensverhältnisse zwar bekannt, im laufenden Jahre aber scheint der jähe Sturz seines Schwiegersohnes, des Grafen Waldbott-Bassenheim, seinem Kredit den Rest gegeben zu haben. Vor einer Woche schon wußte man, daß in Folge der Untersuchung, die der Staatsanwalt wegen vier Verbrechen des Betrugs gegen ihn eingeleitet hatte, die Verweisung in die öffentliche Sitzung des Bezirksgerichts beschlossen sei, und daß nur der Protest des Fürsten, der als Glied einer standesherrlichen Familie privilegirten Gerichtsstand beanspruchte, die Verhandlung verzögere." Sein Stand verschaffte ihm kaum Luft, wobei seine morganatische Ehe erneut ins Spiel gebracht wurde: „Durch Geburt, Talente und die Gnade zweier Könige zu den höchsten Hof- und Staatsämtern bestimmt, mit Orden und Ehren überschüttet, entsagte er allem Glanz und der Herrschaft seines Fürstenthums, um ein armes Bürgermädchen zu heirathen; abermals und noch mehrmals als erster Minister, als Gesandter in Paris berufen, war er später freiwillig aus der Reichskammer ausgetreten, durch drei Wahlperioden ein aus mehreren Bezirken gleichzeitig erwählter Abgeordneter, der vielseitige Kammerredner, der bedeutendste Opponent gegen das Ministerium Pfordten-Reigersberg, der unerschrockenste und gewandteste Vertheidiger der Volksrechte, und nun dieses Ende!"[16] Noch befand er sich in München, während sich sein Schwiegersohn mit seinen Millionen-Schulden bereits in die Schweiz abgesetzt hatte.[17]

Crescentias Schwester Antoinette war überzeugt: „Das was über dem kahlen grauen Haupte" Ludwigs zusammenschlug, wäre nimmer geschehen, wenn seine Frau Crescentia noch gelebt hätte. Sie hatte gegen den Ruin angekämpft und es war „ihr bis zur letzten Stunde gelungen, das schwebende Schwert abzuhalten".[18]

Doch Crescentia war tot, die Fürstenfamilie Oettingen-Wallerstein ließ Ludwig offensichtlich im Stich, verweigerte ihm Geldmittel, die ihn vor einem Gefängnisaufenthalt bewahrt hätten. Crescentias Schwester Antoinette Appel bot ihm in ihrem bescheidenen Beamtenheim in Freising Unterschlupf, suchte nach Fürsprechern, doch das nötige Geld konnte sie nicht auftreiben. Es half nichts: Ludwig Fürst von Oettingen-Wallerstein musste Anfang der 1860er Jahre im Neuturm in München eine längere Schuldhaft absitzen. Und die Kemptener Zeitung meldete: „Fürst Wallerstein benutzt seine unfreiwillige Muße zu publizistischen Arbeiten und beschickt damit die Augsburger Allgemeine Zeitung und die Bayerische Zeitung."[19] Die verbliebenen Besitzungen wurden verkauft.[20] Schloss Reimlingen war bereits 1858 veräußert worden (heute Rathaus der Gemeinde Reimlingen).

Am 12. Februar 1863 schrieb Antoinette Appel ihrer Nichte Caroline, verheiratete Waldbott-Bassenheim, sie wünschte, sie wäre reicher, um Schloss Leutstetten, „das kleine Paradies [...], das alle Kräfte Deiner Eltern und besonders Deiner guten vorzüglichen Mutter in Anspruch nahm", das Schloss, das Fürst Ludwig 1833 erworben und 1850 an seinen Schwiegersohn übergeben hatte, zu erhalten. „Aber ich vermochte nicht einmal das Bild Deiner Mutter, meiner lieben, lieben Schwester zu retten."[21] Antoinette hatte Fürst Carl von Oettingen bereits um Hilfe gebeten, als sie vom Verkauf des Hauses in der Arcisstraße 7 in München samt Einrichtung gehört hatte. Sie befürchtete, dass „die Portraite am Ende in Trödelladen kommen könnten", und bat ihn, zumindest die Bilder zu retten, da sie selbst nicht das Geld hatte, sie zu erwerben. Fürst Carl versprach, dies zu tun. Ob es geschehen ist, wusste Tante Antoinette nicht zu sagen. Erst später erfuhr sie von Fremden, „die das Feenschlößlein Leutstetten besehen" hatten, dass ein Porträt von „Styller gemalt" dort hinge.[22]

Nach einem Jahr in Schuldhaft wurde Fürst Oettingen-Wallerstein ein Kuraufenthalt gewährt, den er nutzte, um sich abzusetzen. Seinen Gläubigern entwischte er durch seine Übersiedelung in die Schweiz, wo seine Tochter und sein Schwiegersohn Hugo von Waldbott-Bassenheim lebten. Seit 1862 verbrachte er seinen Lebensabend wegen zerrütteter Vermögensverhältnisse, wie es so schön hieß, zurückgezogen in der Schweiz, wo er unter anderem mit Richard Wagner bekannt wurde. In der Nähe von Luzern ist der Fürst im Alter von 79 Jahren am 22. Juni 1870 auch verstorben[23] – auf den Tag genau 17 Jahre nach seiner Frau Crescentia. Er wurde ebenfalls in die Familiengruft nach Maihingen überführt. Am 27. Juni fand die Beisetzung unter großer Anteilnahme statt. Nicht nur seine Tochter Caroline Waldbott-Bassenheim und ihr Sohn waren angereist. Auch Fürst Carl Friedrich von Oettingen-Wallerstein und andere Verwandte sowie eine ganze Reihe von Deputationen gaben dem einst so viel beachteten, dann jedoch tief gesunkenen Staatsmann die letzte Ehre. „Die Leichenrede hielt der Wallensteiner Stadtpfarrer Weiß, welcher mit vielleicht allzu großer Schonung über die dunklen Punkte wegglitt, die das Leben dieses Verstorbenen aufweist."[24]

Noch einmal ließ man in den Zeitungen sein Leben Revue passieren: „Er hatte ein vielbewegtes und in den letzten Jahren, nachdem alle seine Privat-Besitzungen auf dem Zwangswege verkauft waren, wenig angenehmes, zum Theil in Wechselhaft verbrachtes Leben. Wenn er auch durchaus keine Anlage zu Oekonomie und zum Zusammenhalt seiner Finanzen hatte, so ist doch Alles darüber einig, daß er ein eminenter universeller Geist war und wie vielleicht keiner mehr in Bayern das Zeug zu einem Staatsmanne in sich hatte. Auf den literarischen Nachlaß des in schriftstellerischer Hinsicht sehr produktiven Fürsten ist man um so mehr begierig, als hiedurch manches neue Licht auf die Zeitverhältnisse geworfen werden dürfte."[25] Stets wurde in den Nachrufen auch seine erste Ehe wieder aufgewärmt – von der zweiten mit Gräfin Albertine ist nirgends die Rede.

Obwohl das Bild der schönen Crescentia laut rückseitiger Aufschrift bereits 1833 gemalt worden sein soll, ist es tatsächlich erst vier Jahre später entstanden. Im März 1837 wurde es wie alle anderen Originale für die Schönheitengalerie mit 440 Gulden (= 40 Louisdor) bezahlt.[26] Daneben erwähnt das Verkaufsverzeichnis Stielers eine Halbfigur für 60 Louisdor aus dem Jahr 1836.[27] Erstaunlicherweise erscheint kein einziges ihrer Gemälde im „Verzeichnis der von J. Stieler gemalten Bildnisse".[28]

Die Halbfigur, datiert „1836 im May", tauchte 2016 im Kunsthandel auf.[29] Offensichtlich wurde das Porträt anlässlich ihres 30. Geburtstags am 3. Mai 1836 gemalt, vermutlich im Auftrag des Fürsten. Das Bild für die Schönheitengalerie stellt gewissermaßen eine Kopie mit einigen Abwandlungen, eine Reduzierung auf ein Brustbild dar, was auch vermuten lässt, dass die Fürstin dem Künstler nicht noch einmal Modell saß. Stieler griff bei seinem Bild für die Schönheitengalerie 1837 in der Grundposition auf die Halbfigur von 1836 zurück, doch der Charakter wurde variiert: Die Fürstin wurde nunmehr nicht mehr vor dem Würdemotiv einer Säulenarchitektur dargestellt, mit dem Oettingen-Wallerstein'schen Familienwappen und schweren Goldreifen am dort ebenfalls abgebildeten Arm. Auf dem privaten Gemälde hält sie im Gegensatz zu dem Porträt in der Schönheitengalerie ein Blumensträußchen, fixiert in einem typisch biedermeierlichen Sträußchenhalter, wohl als (hier sicher positiv gemeinte) Anspielung auf ihre Herkunft als Gärtnertochter. Dabei handelt es sich mit Sicherheit um das von ihrer Schwester Antoinette erwähnte Gemälde, das zeitweise im Schloss Leutstetten zu sehen war.

Das Gemälde für die Schönheitengalerie konnte man jedoch nach der Vollendung 1837 noch im Atelier des Hofmalers Stieler bewundern:

„[...] Ein anderes Bild ist das der Frau Fürstin von Oettingen-Waller-stein, Gemahlin des Ministers. Hr. Stieler ist der Maler der Grazien, und die Züge der schönen Fürstin werden selbst durch die Nähe der Bildnisse schöner jüngerer Personen, die auf derselben Staffelei stehen, nicht verdunkelt.“ [30] *Daneben stand das Bildnis von Jane Erskine auf der Staffelei. Diese war damals 19 Jahre alt, Crescentia Fürstin von Oettingen-Wallerstein auf dem Bild jedoch bereits 30. Sie ist damit die älteste der porträtierten Schönheiten.*

Die Vorlage für das Foto im Visitkartenformat schuf der Kupferstecher Andreas Fleischmann. Daneben hat jedoch auch die Münchner Künstlerin Walburga Straucher eine Lithografie für Piloty & Loehle entworfen.

Lady Jane Erskine, verheiratete Callander (1818 – 1846)

Eine weitere englische Schönheit war Jane, die fast gleichzeitig mit Cresentia von Oettingen-Wallerstein 1837 gemalte Tochter des englischen Gesandten in München, David Montagu Erskine (1776 – 1855), 2. Baron Erskine of Restormel Castle. Von ihr ist außer genealogischen Daten allerdings wenig bekannt.

Janes Vater war dreimal verheiratet, doch scheinen alle seine zwölf Kinder, darunter sieben wegen ihrer Schönheit berühmte Töchter, aus der ersten Ehe zu stammen. Diese war er am 6. Dezember 1799 (möglicherweise sogar in den USA) mit der Amerikanerin Frances Cadwalader (1781 – 1843) eingegangen. Wie er selbst stammte auch seine Frau aus einer bedeutenden Familie. Ihr Vater John Cadwalader (1742 – 1786) war der legendäre General, der während des Amerikanischen Unabhängigkeitskriegs unter George Washington diente und mit ihm unter anderem den Delaware River überquerte. Erskine dagegen war der Sohn des berühmten Lordkanzlers Thomas Erskine (1750 – 1823), eines bedeutenden britischen Politikers, dem 1806 die Peerswürde verliehen wurde.[1]

Vermutlich dank seiner amerikanischen Verbindung wurde Erskine 1806 als englischer Gesandter nach Washington geschickt, von wo er vier Jahre später wieder zurück nach London kehrte. Dort blieb er zunächst ohne nachweisbare Beschäftigung. 1823 erbte er den Titel seines Vaters und den Sitz im House of Lords. Im Jahr darauf wurde er zum bevollmächtigten Gesandten in Stuttgart ernannt, 1828 als Gesandter nach München versetzt, wo er bis zu seiner Pensionierung im Jahr 1843 und seiner Ablösung durch John Ralph Milbanke, dessen Frau dann ebenfalls von Joseph Stieler gemalt wurde, blieb.[2]

Erskines Tochter Jane wurde am 9. Mai 1818 in London geboren. Sie war jedoch beileibe nicht das älteste Kind: Bereits 1802 war der Erstgeborene Thomas Americus (gestorben 1877), nach dem Tod des Vaters 3. Baron Erskine, zur Welt gekommen. Er wirkte von 1824 bis 1827 als Gesandter in Turin, Neapel und Lissabon, lebte später jedoch die meiste Zeit in England. Ihm folgte als zweiter Sohn John Cadwalader (1804 – 1882), der nach dem Tod von Thomas Americus der 4. Baron Erskine wurde. John hatte seit 1826 als hoher britischer Beamter in Indien gelebt, wo er auch seine erste Frau kennenlernte und seine Kinder geboren wurden. Er kehrte erst nach seiner Pensionierung 1853, nach 25 Dienstjahren, mit seiner Familie nach England zurück. Über seinen Sohn William Macnaghten(1841 – 1913), Erbe und späterer 5. Baron Erskine, lebt die Linie bis heute fort.[3] Weitere Söhne Erskines waren David (1816 – 1903), Lieutenant Colonel und Verwaltungsvorsitzender der Kolonie Natal, Edward Morris (1817 – 1883) und James Stuart (1821 – 1904), der 1849 die bayerische Gräfin Wilhelmina von Törring-Minucci (gestorben 1880) heiratete. Über das Leben der sieben schönen Töchter ist weniger bekannt.[4]

Erskine, der mit seiner Familie in der Brienner Straße 48 wohnte,[5] bis 1834 das Schloss Possenhofen am Starnberger See als Landsitz[6] und danach ein „schönes Haus mit Garten" an der Loisach bei Wolfratshausen nutzte,[7] hatte als englischer Gesandter von Anfang an einigen Einfluss auf die Entwicklungen in der griechischen Frage. Man erinnert sich: Am 7. Mai 1832 unterzeichneten die Großmächte Frankreich, England und Russland in London einen Vertrag. Dieser bestätigte, dass Prinz Otto, der Sohn Ludwigs I. von Bayern, erster König des neuen Griechenlands werden sollte, was davor und natürlich auch in der Folge viele diplomatische Unterredungen nötig machte.[8] König Ludwig schätzte den britischen Gesandten, doch scheint es mehrfach auch zu Unstimmigkeiten gekommen zu sein. Bereits während der Vorge-

PILOTY & LOEHLE
MUENCHEN

XXXI

spräche zu dem griechischen Vertrag war der Gesandte offensichtlich nicht in Uniform zu einem Empfang beim König erschienen, der dies als Fauxpas betrachtete und eine Entschuldigung forderte, die Erskine allem Anschein nach aber nicht ablegte. Auf jeden Fall schrieb Ludwig auf den Rand des Dokuments, das ihn über eine Abreise des Gesandten informierte: „Bon voyage rufe ich Seiner Herrlichkeit zu. Die Hosen Streitigkeit wäre am einfachsten zu schlichten, wenn Lord Erskine, der ein Schotte, in der Hochländer-Tracht also ohne Hosen erschiene, wobey kein Anstand obwalten würde."[9] Auch Jahre später kam es immer wieder zu Meinungsverschiedenheiten zwischen König Ludwig I. und der Regierung in England, als deren Mittelsmann Erskine fungierte.

Als David Montagu Erskine 1828 seinen Posten in München antrat, brachte er vermutlich eine ganze Reihe seiner noch minderjährigen Kinder mit, wofür nicht nur deren jugendliches Alter, sondern auch die Tatsache spricht, dass zumindest zwei der Kinder in den bayerischen Adel einheirateten. Besonders erwähnt sei in diesem Zusammenhang die 1806 geborene Tochter Mary Gräfin von Paumgarten, die bis zu ihrem Tod am 15. März 1874 in München lebte.[10] Sie hatte zusammen mit ihrem Mann Johann Nepomuk Graf von Paumgarten wiederum vier Töchter, von denen Gabrielle Antoinette Adele (1845 – 1871) den Sohn von Lady Jane Ellenborough, einer weiteren Engländerin, die in der Schönheitengalerie verewigt wurde, heiratete.[11]

Doch zurück zu Jane Erskine: Sie heiratete keinen bayerischen Adelsspross, sondern am 29. August 1837 James Henry Callander (1803 – 1851), den Esquire of Craigforth.[12] Der „engl. Edelmann Callander" war am 29. Januar in München eingetroffen und im „Goldenen Hirsch", dem ersten Haus am Platze, abgestiegen, wo er bereits zwei Jahr zuvor logiert hatte.[13] Am 22. August 1837 ließ sich der „Rentier von London" erneut in München blicken,[14] kurz vor der Hochzeit, die offensichtlich in Bayern stattfand.

Unmittelbar vor der Hochzeit war das Gemälde der jungen Braut für die Schönheitengalerie entstanden. Vermutlich hatten Jane und Henry Anfang des Jahres die Verlobung in München gefeiert. Königin Therese hatte ihren Mann auf die Eignung der damals 19-jährigen Lady für die Sammlung aufmerksam gemacht und die Vermittlung besorgt.[15] Bereits im März 1837 war das Bildnis im Atelier des Malers zu bewundern.[16] Im Juni desselben Jahres wurde das Porträt der „Jenny v. Erskine" bezahlt.[17]

Nach der Hochzeit verschwand Jane aus dem bayerischen Blickfeld. Die junge Ehefrau folgte ihrem Mann nach Schottland, wo er beachtliche Ländereien vor allem rund um Stirling besaß. Callander ist eine schottische Kleinstadt in der Nähe von Stirling – heute ein beliebtes Touristenziel und Tor zu den Highlands. Die Familie jedoch wohnte wohl vor allem in Craigforth House nahe Stirling. Das im „Edwardian Style" erbaute, inzwischen mehrfach umgestaltete Herrenhaus steht noch heute, beherbergt allerdings Büros. Noch immer ist es jedoch im Besitz der Familie. Darüber hinaus hatte James Henry Callander von seinem Cousin Sir Alexander Livingston-Campbell Ardkinglas House in Argyll und dessen Zugehörungen geerbt, die ebenfalls in Schottland gelegen waren. Er nannte sich deswegen auch Campbell. Das Herrenhaus war 1831 allerdings durch Feuer zerstört worden, weswegen die Familie dort in den Wirtschaftsgebäuden logierte.[18]

Man kann davon ausgehen, dass Jane und James Henry Callander das Leben einer reichen englischen Adelsfamilie führten. Ob Jane ihren Mann im Oktober 1843 nach München begleitete, der im „Bayerischen Hof" abstieg, ist nicht überliefert.[19] Er war wohl gekommen, um dem Schwiegervater, dem Gesandten Erskine, der mit Ende des Jahres in den Ruhestand trat, bei seinem Umzug nach England behilflich zu sein.[20]

Bald nach der Hochzeit von Jane und James Henry waren nach und nach drei Töchter gekommen: Frances (Fanny) Jane, zu der keine Lebensdaten bekannt sind, ging offensichtlich ins Kloster; Mary Hermione heiratete zweimal: zum einen Charles Sartoris und zum anderen George Henry Dawkins – weiter ist auch zu ihr nichts überliefert. Als jüngste wurde Janey Sevilla am 18. März 1846 in Craigforth House geboren. Sie heiratete mit Capt. Lord Archibald Campell einen Verwandten und starb am 15. Juli 1923. Die Besitzungen aber gingen an zwei Söhne James Henry Callanders über, die er mit seiner zweiten Frau Charlotte Edith Eleonora Campbell, die er ein gutes Jahr nach Janes Tod heiratete, hatte.[21]

Janes Ehe hatte keine neun Jahre Bestand. Sie starb am 30. März 1846, nur wenige Tage nach der Geburt ihrer dritten Tochter Janey Sevilla, wohl als Folge davon. Jane Callander, geborene Erskine, wurde nur 27 Jahre alt.

Auch wenn Lady Jane Erskine, verheiratete Callander, nur ein kurzes Leben vergönnt war, so hat sie gewissermaßen als einzige von all ihren hübschen Schwestern die Zeiten dank des Stieler'schen Porträts überlebt, das kurz vor ihrer Eheschließung und der Rückkehr auf die britischen Inseln entstanden ist. Das Verkaufsverzeichnis des Künstlers erwähnt für dasselbe Jahr 1837 zudem eine Kopie des Bildes, möglicherweise ein Exemplar für die Familie. Bereits die Zeitgenossen waren begeistert: „Das Bildniß einer jungen Engländerin, der Tochter des englischen Gesandten Lord Erskine, ist von großer Zartheit in der Auffassung."[22]

Das Bild der schönen Jane entlockte sogar dem Dichter Heinrich Heine Bewunderung: „Das holde Antlitz, das ein griechischer Bildhauer aus dem Dufte einer weißen Rose geformt zu haben schien, war so hingehaucht zart, so überselig edel, wie er es vielleicht als Jüngling in einer blühenden Frühlingsnacht geträumt. Die Augen freilich hatte kein Grieche erträumen können; ich aber sah sie und begriff sie, die romantischen Sirenen, die so zauberhaft die antike Herrlichkeit beleuchten."[23]

Und Auguste von Oertzen schwärmte: „Die blütenhafte Zartheit des Gesichtes wird von dunklen Haaren gehoben, die in ‚griechischer‘ Frisur mit schweren Zöpfen die Ohren bedecken. ‚La Ferronière‘ schmückt die schmale Stirn, und eine zartrosa Rose, in die dunklen Flechten gesteckt, fordert geradezu den in der Romantik beliebten Vergleich zwischen einer Frau und einer Rose heraus! Den zarten Hals umschließt ein dunkles Samtband, geschlossen von einem prunkhaften Schmuckstück, einem Kreuz ‚à la Jeanette‘, geformt aus Perlen und Rubinen. Eine Pelerine aus rosa Seidenstoff, mit Schwanenpelz besetzt, läßt nur einen kleinen Teil des weißen Ballkleides frei und verhüllt gänzlich die Gestalt."[24]

Die Vorlage zum Foto im Visitkartenformat schuf der Kupferstecher Andreas Fleischmann.

Mathilde Freiin von Jordan, verheiratete von Beust (1817–1886)

Mit Mathilde Freiin von Jordan wurde von Joseph Stieler 1837 erneut eine Dame aus diplomatisch-adeligen Kreisen für die Schönheitengalerie gemalt.

Am 12. Mai 1817 wurde Mathilde als einzige überlebende Tochter des Freiherrn Friedrich Wilhelm von Jordan auf Wackerstein (1775–1841), eines aus Pommern gebürtigen königlich bayerischen

PILOTY & LOEHLE
MUENCHEN

XXI

Kämmerers und Generalleutnants, und seiner Frau, der einstigen Hofdame Violante (1783 – 1859), geborene Gräfin von und zu Sandizell, geboren.

Vor der Geburt der kleinen Mathilde hatten die Eltern eine zweijährige Reise nach Neapel unternommen, um dort unmittelbar nach ihrer überstürzten und weitestgehend verheimlichten Hochzeit fern der Heimat die kleine Tochter Caroline zur Welt zu bringen. Die Geschichte umranken viele Spekulationen, in die auch das bayerische Königshaus involviert war. Das kleine Mädchen starb jedoch schon bald nach seiner Geburt, woraufhin die Eltern nach München zurückkehrten. Der kleine Leichnam wurde einbalsamiert mit nach Hause transportiert.[1]

Im Herbst 1816 war das Ehepaar zurück aus Italien und im Jahr darauf wurde Mathilde geboren, vermutlich in München oder auf den Besitzungen der Eltern in Wackerstein, auch wenn rückseitig auf dem Gemälde Stielers „Regensburg" notiert wurde, wohin der Vater erst später versetzt wurde.[2] Ein Jahr nach Mathilde erblickte ihr Bruder Max das Licht der Welt. Im selben Jahr nahm ihr Vater seinen Abschied vom Militär.

Über die Jugend von Mathilde ist nicht viel bekannt, außer dass auch sie als Ehrendame in den 1827 gegründeten bayerischen Theresienorden aufgenommen wurde. Und da die Ehrendamen für ihre Aufnahme zahlen mussten, kann man davon ausgehen, dass die Familie von Jordan nicht gerade arm war.

Friedrich Wilhelm Freiherr von Jordan war der letzte Hofmarksherr von Wackerstein (Landkreis Eichstätt). Das hoch über der Donau gelegene Schloss hatte er 1811 erworben. Als königlich bayerischer Generalleutnant war er, der das Vertrauen König Maximilians I. besaß, mit 42 Jahren relativ früh aus dem Dienst ausgeschieden. Es folgten Reisen und ein Leben in München, in Regensburg und auf den Besitzungen in Wackerstein, bevor Freiherr von Jordan das Schloss Wackerstein 1830 wieder veräußerte. Lediglich die Ökonomie, Ländereien und die von ihm erbaute Familiengruft behielt er.[3] Vermutlich zog die Familie in den 1820er Jahren vorübergehend nach Regensburg, wo Generalleutnant von Jordan als Kreiskommandant der Landwehr des Unterdonau- und Regenkreises fungierte.[4]

Wahrscheinlich hat König Ludwig die junge Schönheit jedoch in München entdeckt. In einem Nachruf sollte später zu lesen sein: „Sie

galt einst als der vielbewunderte Glanzpunkt der vornehmen Gesellschaft der bayerischen Hauptstadt, eine herrliche Erscheinung, die
alle Welt in ihren Zauberkreis zu bannen wußte."[5] Am 23. Februar
1823 hatte ihr Vater neben seinen Besitzungen um Wackerstein das
Schloss Suresnes erworben, in einem herrlichen Garten in Schwabing
gelegen, wo die Familie nun wohl die meiste Zeit verbrachte, bis es im
Sommer 1839 bereits wieder veräußert wurde.[6] Im März 1834 hatte
Freiherr von Jordan zudem Kloster Andechs gekauft, das er bewirt-
schaftete und 1846 für 65.000 Gulden an König Ludwig I. verkaufte,
der Andechs als Kloster wiederbelebte.[7]

Richtig ins Licht der Öffentlichkeit trat Mathilde, als sie einen der
wichtigsten und gleichermaßen umstrittensten Staatsmänner ihrer
Zeit heiratete, der damals jedoch noch am Anfang seiner Karriere
stand. Auf einem Hofball am 8. Februar 1843 in Dresden wurde bekannt, dass sich der sächsische Geschäftsträger am bayerischen Hof,
Friedrich Ferdinand Freiherr von Beust, „in München mit einem
Fräulein von Jordan, die nicht mehr als 50.000 Thaler hat, verlobt"
habe. Aus dem für sächsische Adelskreise offensichtlich geringen
Vermögen der Braut schlossen Beusts Freunde auf eine „Partie aus
Neigung". Dennoch dürfte es sich nicht um eine reine Liebesheirat
gehandelt haben. Der standesgemäße Hintergrund der Zukünftigen
war bei der Partnerwahl des hoffnungsvollen jungen Diplomaten
sicher nicht außer Acht gelassen worden. Die Ehefrau erfüllte durchaus die Auswahlkriterien. Sie war als Ehrendame des Theresienordens
hoffähig und nicht nur ihre Söhne, sondern auch die Töchter, die das
Ehepaar dereinst haben würde, konnten bei Hofe vorgestellt werden.
Das Vermögen der Braut war zudem nicht so gering, wie die etwas
überheblichen Anspielungen der Dresdner Freunde glauben machen.
Für den Preis bekam man immerhin ein stattliches Rittergut in Sachsen! Auch wenn Beust als Diplomat vielleicht eine noch bessere Partie
hätte gelingen können – so schlecht war die Wahl dann doch nicht!
Und mit einem Alter von 34 Jahren aufseiten des Bräutigams und 26
aufseiten der Braut, lag das Paar nur geringfügig über dem üblichen
Heirats-Durchschnittsalter innerhalb des sächsischen Adels.[8]

Am 15. Mai 1843 heiratete Mathilde Freiin von Jordan, „Königliche Generalleutnantstochter von hier" – sprich München –, den
sächsischen Kammerherrn und Geschäftsträger am bayerischen Hofe,
Friedrich Ferdinand Freiherr von Beust (1809 – 1886)[9] aus altbran-

denburgischem Adel. Der Bräutigam wurde am 13. Januar 1809 in Dresden geboren und konnte bereits auf eine recht beachtliche Karriere zurückblicken: Im Dienst des Königreichs Sachsen war er 1836 zum Legationssekretär in Berlin ernannt worden, 1838 in gleicher Funktion in Paris, und ab 1841 zum Geschäftsträger in München, wo er sich besonders für die Eisenbahnverbindung zwischen Bayern und Sachsen stark machte. Nach der Eheschließung lebte das Paar noch knapp drei Jahre in München, bevor Beust im April 1846 abberufen wurde,[10] um den Posten eines Ministerresidenten in London und 1848 eines Gesandten in Berlin anzutreten. Mathilde zog mit ihm von Residenz zu Residenz. Danach folgten Ministerämter in Sachsen.

Es ging steil bergauf! Nach dem Krieg von 1866 zog Beust nach Österreich, wurde sogar österreichisch-ungarischer Reichskanzler, begleitete den österreichischen Kaiser 1869 anlässlich der Eröffnung des Suezkanals in den Orient[11] und zum Schluss, nach seiner Entlassung aus der österreichisch-ungarischen Reichsregierung im Jahr 1871, wurde er noch Botschafter in London und von 1878 bis 1882 in Paris. Danach lebte er im Ruhestand in der Nähe von Wien.[12] Am 5. Dezember 1868 hatte ihm Kaiser Franz Joseph den erblichen österreichischen Grafentitel verliehen und Mathilde wurde zur „Palastdame der Kaiserin" ernannt.[13] Die Familie von Beust, vor allem der Vater und die Kinder, waren Teil der Wiener Gesellschaft.[14] Wie populär Friedrich Ferdinand von Beust war, zeigt die Tatsache, dass er sogar im Roman „Zwei Kaiserkronen" von Gregor Samarow vorkommt, der in Fortsetzungen in „Über Land und Meer" 1874 erschienen ist. Allerdings wird er in dem 1868 in Hietzing beginnenden Roman nur als Politiker erwähnt. Seine Frau spielte in der Geschichte keine Rolle, wie überhaupt all die vielen Publikationen zu Beust ein Hauptaugenmerk auf seine politische Laufbahn werfen.

Um Mathilde von Beust jedoch wurde es still. Bereits ihre Zeitgenossen fanden es merkwürdig, dass „der einstige Stern der Münchener Gesellschaft von dem Augenblicke an, da der Glücksstern des Gatten immer höher stieg und blendender leuchtete, ein sanftes stilles Licht [wurde], das nur im häuslichen Kreise seinen Platz finden wollte. Weder in den glänzenden Tagen der Wiener Beust'schen Aera, noch zur Zeit, da der ehemalige Reichskanzler die Botschafterposten in Paris und London bekleidete, ist die Gräfin viel in die Oeffentlichkeit getreten." Als Begründung hierfür führte der Journalist an: „Sie beschränkte sich darauf, eine gute Frau und sorgsame Mutter zu bleiben.["15] Allerdings wird der Grund wohl eher in der zerrütteten Ehe zu suchen sein. Und vielleicht hatte auch Beust Angst, seine Frau würde – wie sie dies gerne tat – zu deutlich ihre Meinung sagen, und ließ sie deshalb lieber zu Hause.

Die Diplomaten-Gattin scheint nämlich alles andere als diplomatisch gewesen zu sein. So soll sie sogar Königin Victoria von England auf die Frage „Gefällt es Ihnen in London?" kurzweg geantwortet haben: „Überhaupt nicht!" Dies behauptete zumindest ihr Ehemann und ergänzte: „Mit solchen Frauen muß man sich Stoizismus aneignen", wohl um von seinem eigenen Lebenswandel abzulenken bzw. ihn zu entschuldigen.[16]

Mathilde begleitete ihren Mann fast 30 Jahre lang auf seinen verschiedenen Posten im In- und Ausland. In Wien scheint sie sich jedoch nie recht heimisch gefühlt zu haben. „Selbst in den Tagen des Glücks, die ihrem Gatten hier gelächelt, hat sie verhältnißmäßig zurückgezogen gelebt und sich der großstädtischen Art nur ungern angepaßt. Beust repräsentierte zumeist allein auf dem Ballplatze, auch in London und Paris ist er später, ein so guter Gatte er gewesen, zumeist wie ein Junggeselle allein in der Gesellschaft erschienen."[17] Naja: Ob der Gatte so gut gewesen ist, darf bezweifelt werden! Nicht alles, was in den Zeitungen stand, muss richtig sein. Tatsache aber ist, dass Mathilde weitgehend aus der Gesellschaft verschwunden ist. Und der Journalist mutmaßte weiter: „Gräfin Beust war seit Jahren kränklich und ihr körperlicher Zustand hinderte sie, die Repräsentationspflichten ihrer Stellung zu erfüllen." Seit 1871 blieb sie angeblich deshalb mit ihren Kindern in Salzburg, während Beust nach London ging.[18]

Bei Durchsicht der vielen Nachrufe, Zeitungsberichte und Memoiren scheint Mathilde in privater Hinsicht mit ihrem Ehemann nicht das große Los gezogen zu haben. Die Ehe stand von Anfang an unter keinem guten Stern. Und das lag wohl vor allem an dem etwas lockeren Lebenswandel des Gatten. Im Herbst 1849 – damals wohnte das Paar gerade einmal ein gutes halbes Jahr in der sächsischen Residenzstadt – notierte ein Freund Beusts in sein Tagebuch, dass Freifrau von Beust eine Liaison mit Karl Adolph von Hohenthal in München und Hans Heinrich von Könneritz in Berlin gehabt habe. Ersterer war seit 1847 Beusts Nachfolger als sächsischer Geschäftsträger in München, Letzterer als Legationssekretär interimistischer Geschäftsträger der sächsischen Botschaft in Berlin. Allerdings versicherte Mathilde, dass sie nie „die Grenzen des Erlaubten über alle Maßen überschritten" habe. Und der Freund fügte weiter an: „Beust selbst aber mag Gleiches mit Gleichem vergelten." Ob die vertraulichen Mitteilungen über die Freifrau von Beust zutrafen, lässt sich heute nicht mehr nachprüfen, doch dienten sie wohl vor allem als Entschuldigung für die Entgleisungen und Frauengeschichten, die sich ihr Mann erlaubte.[19]

Das Ehepaar verkehrte in den höchsten Kreisen. Freiherr von Beust spielte als Minister des Äußeren in Sachsen zusammen mit Reinhard Carl Freiherrn von Dalwigk aus Hessen-Darmstadt (der dereinst im Fall von Carlotta von Breidbach-Bürresheim kein besonders gutes Bild abgeben sollte[20]) eine herausragende Rolle in der föderalen Weiterentwicklung des Deutschen Bundes. Pauline von Metternich und ihr Mann Richard, der damals als österreichischer Gesandter in Dresden fungierte, standen mit beiden in gutem Kontakt, mit Frau von Beust war Pauline sogar befreundet. Dennoch wurde sie nicht von Paulines berühmtem bissigem Spott verschont. Nicht zu Unrecht nannte man diese am Wiener Hof „Mauline Petternich".[21]

Das giftige Plaudertäschchen beschrieb den Freiherrn von Beust als „sehr geistreich, sehr amüsant und seiner Frau sehr untreu", was diese ganz und gar nicht gelassen hinnahm. Es gab deshalb so manchen ehelichen Krach. Und nachdem Mathilde selten ein Blatt vor den Mund nahm, fanden die Diskussionen häufig coram publico statt. Meist behielt sie dabei das letzte Wort, da der Herr Baron den Sturm in der Regel schweigend über sich ergehen ließ. So fragte Mathilde einmal bei einem Diner, das sie im Jahr 1856 im Außenministerium für das diplomatische Korps gaben, ihren Mann – und zwar so laut, dass es alle hören konnten: „Warum nennt man diese Süßspeise Pudding à la Nesselrode?", worauf er antwortete: „Weil sie vom berühmten Koch des Grafen Nesselrode erfunden wurde." – „Ah!", erwiderte sie: „In diesem Fall sollte unser Koch ein Gericht erfinden, das er Schweinskoteletts à la Beust nennt!" Betretene Stille am Tisch. Alle hatten das Gespräch verfolgt, das selbstverständlich auf Französisch geführt wurde. Man war ja vornehm! Beust, der als sehr zynisch galt, lächelte und sagte: „Ich werde ihm die Idee nahelegen!" und kümmerte sich nicht weiter um die Angelegenheit. Die Tischgesellschaft atmete auf und man konnte weiter essen, so als ob nichts gewesen wäre.[22]

Trotz der häuslichen Unstimmigkeiten war das Ehepaar äußerst gastfreundlich und veranstaltete viele Diners, Soireen und Bälle. Ein Kostümball in Dresden blieb Pauline Metternich besonders in Erinnerung. Dargestellt wurde der Empfang einer französischen Botschaft am Hofe des Sultans zur Zeit Ludwigs XV. Im Saal war der Thron des Sultans aufgebaut, wunderschön mit Goldstoffen drapiert. Der Sultan, von einem adeligen Wiener Gast dargestellt, war umgeben von einem Harem, Würdenträgern, Garden und Sklaven. Fanfaren ertönten, Musik erklang: Die Gesandtschaft hielt Einzug. Und Pauline schwärmte: „Beust als Botschafter sah brillant aus, in Samt und Seide gekleidet. Um ihn herum eine Anzahl Herren in den Trachten der Zeit – sämtlich rasiert!" Sie selbst durfte an Beusts Seite die Botschafterin darstellen. Für die übrigen Damen des Kostümfestes hatte sie deswegen kaum Augen. Das Fest wurde ein Riesenerfolg in jeder Beziehung und Beust wurde von allen Seiten beglückwünscht. Von seiner Frau ist keine Rede.[23]

Friedrich Ferdinand Graf von Beust starb nach längerer Krankheit schließlich am 24. Oktober 1886 auf Schloss Altenberg bei St. Andrä-Wördern (Niederösterreich) an einem „Schlagfluss".[24] Er wurde mit viel Pomp in Schloss Altenberg aufgebahrt und dann unter großer allgemeiner Anteilnahme in Wien beigesetzt.[25] Seine Frau folgte ihm genau sieben Wochen später, fast zeitgleich mit dem Erscheinen der Memoiren ihres Mannes. Am 12. Dezember 1886, kurz nach Mitternacht, schloss sie – ebenfalls in Altenberg – für immer ihre Augen. In dem Schloss, das von einer wunderbaren Gartenanlage umgeben und in Beust'schem Besitz war, hatte das Paar die letzten Jahre in großer Zurückgezogenheit gelebt. Die turbulenten Jahre waren längst vorbei. Graf Beust hatte sich der Aufzeichnung seiner Memoiren gewidmet. Doch reich, sehr reich war die Familie noch immer, wie das 1883 verfasste Testament des Grafen beweist, in dem er seine „lieben drei Kinder" zu gleichen Teilen als Erben einsetzte. Wieder keine Silbe zu seiner Frau![26] In seinen „Erinnerungen", die posthum erschienen, beschrieb Beust, wie großartig er war. Hier erscheint seine Frau lediglich als Marginalie anlässlich der Heirat. Es ging um die Frage der Konfession.[27] Beust scheint überhaupt wenig für die Familie übrig gehabt zu haben. Als er etwa seinem Schwiegersohn Könneritz, der damals Gesandter in Wien war, 1859 einen langen Brief schrieb, ließ er nicht einmal einen Gruß an die Tochter ausrichten![28] Und auch in einem Gedicht, das er kurz vor seinem Tod in der „Schönen blauen Donau" unter dem Titel „Vorbei" veröffentlichte, kommt die Familie kaum vor: „Ich habe gestritten und habe geliebt, ich habe gelitten und war so betrübt. Nichts soll mich betrüben, was immer es sei, mit Streiten und Lieben ist heut es vorbei. Doch mag ich nun streiten und lieben nicht mehr, vergangener Zeiten gedenk' ich gar sehr. Mein Herz bleibt den Freunden, den Lieben getreu – Verzeihung den Feinden, der Kampf ist vorbei!"[29]

Mathildes Tod kam nicht überraschend. Seit einem Jahr war sie schwer leidend und offensichtlich seit Wochen bettlägerig. Selbst an den Trauerfeierlichkeiten für ihren Mann konnte sie deshalb nicht teilnehmen. Eigentlich sollte ihr ein neues Heim in Dresden geschaffen werden, doch dazu kam es nicht mehr.[30] In Dresden wurde sie allerdings am 19. Dezember 1886 auf dem Katholischen Friedhof beerdigt,[31] nicht neben ihrem Mann, der auf dem Matzleinsdorfer Friedhof in Wien provisorisch bestattet worden war. Erst wenn die Gruft, die in Dresden erbaut werden sollte, fertig sei, sollten die sterblichen Reste in seine Geburtstadt überführt werden.[32] Auch dazu kam es nicht. Noch heute ist sein Grab auf dem protestantischen Friedhof in Matzleinsdorf im 10. Wiener Bezirk erhalten.

Trotz der nicht sehr glücklichen Ehe hatte das Paar drei Söhne und eine Tochter: Friedrich wurde 1844 noch in München geboren, ebenso seine Schwester Maria Violante Auguste Ermuthe (28. Mai 1845). Es folgten Adolf (geboren 3. Juni 1848, gestorben 23. März 1919) und Heinrich Constantin (geboren 30. März 1855), der jedoch offensichtlich früh verstorben ist, denn 1883, bei Abfassung des Testaments, lebten nur noch drei Kinder.

Der älteste Sohn Friedrich war zum Zeitpunkt von Beusts Tod Attaché an der österreichischen Botschaft in London, der jüngere, Adolf, bekleidete die Stelle eines Vicesekretärs im Handelsministerium. Und dann gab es noch die Tochter Maria Violante Auguste Ermuthe, die seit 1863 in Dresden mit dem späteren sächsischen Finanzminister Leonce Freiherr von Könneritz (1835 – 1890) verheiratet war.[33] Sie starb 1920 und wurde in Erdmannsdorf in Mittelsachsen beerdigt. Direkte Nachfahren von Mathilde und Friedrich Ferdinand von Beust gibt es heute keine mehr.

Dafür sollte die Geschichte der Familie zu Beginn des 21. Jahrhunderts noch eine etwas makabere Fortsetzung finden: Mathildes Vater,

Wilhelm von Jordan, hatte 1836 auf eigenem Grund und Boden bei Ingolstadt, genauer gesagt am Spitzelberg in Dötting (Gemeinde Pförring, Landkreis Eichstätt), eine Familiengruft errichten lassen. Im Zuge von Renovierungsarbeiten im Jahr 2011 erweckten die fünf Särge, die dort zwischen 1835 und 1859 aufgestellt worden waren, die allgemeine Neugier. Die Namen der Bestatteten sind auf einer alten Tafel notiert. Deshalb weiß man, dass es sich um die Eltern von Mathilde, zwei ihrer Geschwister sowie einen Freund der Familie handelt. Mathildes Schwester Caroline wurde 1815 in Italien geboren und starb dort auch im Jahr darauf. Vermutlich um den Leichnam auf dem langen Heimweg mitnehmen zu können, ließen die Eltern die tote Tochter in Neapel künstlich mumifizieren. Doch erst als die Gruft 1836 fertiggestellt war, konnte sie in Dötting beerdigt werden. Am 22. April 1841 starb auch der Vater, der königlich bayerische Kämmerer, Generalleutnant à la suite, Ritter des Militär-Max-Joseph-Ordens und Offizier der französischen Ehrenlegion, Friedrich Wilhelm Freiherr von Jordan, im Alter von 65 Jahren an einer Unterleibserkrankung.[34] Mathildes Bruder Max, der Erbe, wurde nur 33 Jahre alt, starb 1850 kinderlos und wurde – wie auch dann die 1859 verstorbene Mutter Violante,[35] die bis zuletzt in München gewohnt hatte[36] – ebenfalls in der Gruft beigesetzt.

Die kleine Caroline, die zu den besterhaltenen Kindermumien überhaupt zählt, war jedoch der eigentliche Grund, warum sich der Pathologe am Klinikum München-Bogenhausen, Prof. Dr. Andreas Nerlich, für den Fall interessierte.[37] Er witterte eine Skandalgeschichte, mutmaßte zunächst, dass das Mädchen eine Tochter des ersten bayerischen Königs Maximilian I. gewesen sein könnte, da die Mutter offensichtlich mit ihm ein Verhältnis gehabt hatte und der Familie von Jordan in der Folge eine ganze Reihe von Vergünstigungen gewährt wurden. Aus diesem Grund suchte man schließlich 2013 in den Familiengräbern nach DNA-Spuren.

In diesem Zusammenhang wurde auch das Grab von Mathilde nicht verschont. Sie war auf ihren ausdrücklichen Wunsch nicht neben ihrem protestantischen Ehemann beerdigt worden, sondern auf dem Alten Katholischen Friedhof in Dresden. Doch bei der Öffnung stellte man überrascht fest: Das Grab war leer. Aufzeichnungen über den Verbleib der Gebeine gibt es keine. Die Familie von Friedrich Ferdinand und Mathilde von Beust ist in der Enkelgeneration ausgestorben, der ehemalige Bürgermeister von Hamburg, Ole von Beust (geboren 1955; Hamburger Bürgermeister von 2001 bis 2010), stammt aus einer Nebenlinie. Nachfahren gibt es lediglich über den Seitenzweig der Familie von Könneritz, der auf dem Erdmannsdorfer Friedhof bestattet wurde, in der Nähe des Schlosses, das die Adelsfamilie bis 1932 bewohnte. Auch dort ging man auf Spurensuche.

Am Ende stand fest: Wilhelm von Jordan war mit 99,9997092-prozentiger Sicherheit der Vater der kleinen Caroline und nicht König Maximilian I. oder ein anderer Wittelsbacher.[38] Und das wusste vermutlich auch das Ehepaar Jordan schon vor 200 Jahren. Durch Verschleierungen ließen sie jedoch den König in dem Glauben, dass er (oder vielleicht auch einer der königlichen Prinzen) der Erzeuger war, um aus der Geschichte Kapital zu schlagen – so zumindest die glaubhafte und nachvollziehbare These von Professor Nerlich. Dazu diente ihnen die mumifizierte Kinderleiche wohl als „Faustpfand".

Das Bild Mathilde von Jordans für die Galerie war am 11. Mai 1837 in Arbeit und wurde im Oktober 1837 mit den üblichen 440 Gulden bezahlt.[39] Bereits am 9. Mai 1833 wurde eine „Mathilde" von Joseph Stieler gemalt, von der Gerhard Hojer vermutet, dass es sich dabei um eine erste Fassung des Porträts für die Schönheitengalerie handelt,[40] eine Annahme, die wohl nicht zutrifft. Auf jeden Fall ist das Gemälde nicht in den königlichen Kabinettskassenbüchern verzeichnet.

Das Porträt Stielers stellt Mathilde von Jordan in ihrem 20. Lebensjahr dar. Sie trägt ein gelbseidenes Atlaskleid mit einer Schleife in derselben Farbe, die von einem prunkhaften historisierenden Schmuckstück aus Perlen und Rubinen gehalten wird. Ein weiter Umhang aus rotem Samt, besetzt mit Schwanenpelz ist um ihre Schultern gelegt. Große dunkelrote Seidenschleifen schmücken das dunkle, glatt gescheitelte Haar und geben – wie Auguste von Oertzen es ausdrückte – „dem etwas schnippischen Gesicht der jungen Baroneß einen pikanten Reiz".[41]

Die Vorlage für das Foto im Visitkartenformat schuf der Kupferstecher Andreas Fleischmann.

Friederica Catharina Sulzer, genannt Wilhelmine, verheiratete Schneider (1820–1875)

Mit Wilhelmine Sulzer wurde im Jahr 1837 erneut eine Schauspielerin in die Schönheitengalerie aufgenommen. Sie wurde allerdings gemalt, kurz bevor sie an der königlich bayerischen Hofbühne engagiert wurde. Sie zählt zu den jüngsten der porträtierten Schönheiten. Wilhelmine – auch Helmina genannt[1] – wurde am 27. Mai 1820 in München als uneheliches Kind des Handlungs-Buchhalters Johannes Sulzer und der Arbeitertochter Friederica Catharina Zoepf geboren und am 3. Juni auf den Namen Friederica Catharina Wilhelmine getauft.[2] Allerdings scheinen die Eltern schließlich doch geheiratet zu haben, denn später wird die Mutter stets Friederike Sulzer genannt. Spätestens seit ihrem 16. Lebensjahr war Wilhelmine vaterlos. Und wohl nicht nur aus diesem Grund bemühte sie sich um ein Engagement beim Theater. Der allseits beliebte Schauspieler August Heigel nahm sie unter seine Fittiche. Noch vor ihrem ersten Auftritt am 3. Mai 1837 fasste König Ludwig I. den Entschluss, Wilhelmine Sulzer, „ein anständiges und tugendhaftes Mädchen von noch nicht 17 Jahren für die Schönheitsgalerie malen" zu lassen.[3]

Am 30. Juni 1837 sollte „Demoiselle Sulzer" als Rosine in dem Lustspiel „Jurist und Bauer" von Johann Rautenstrauch ihren „ersten theatralischen Versuch" absolvieren.[4] Doch scheint es nicht dazu gekommen zu sein. Eine Woche später war es dann aber endlich soweit: „Dem. Sulzer (eine geborene Münchnerin, wie es heißt)",[5] stand erstmals auf der Bühne des königlich bayerischen Hoftheaters, allerdings als Afanasia in August von Kotzebues Trauerspiel „Graf Benjowsky oder die Verschwörung auf Kamtschatka". Und offensichtlich spielte sie mit großem Erfolg: „Dem. Sulzer, Afanasia, als ersten theatralischen Versuch. Schöne Versucherin! Wie fühlten wir uns mit vielen Anderen durch Dich versucht, ins Theater zu wallen, um Dich hören, sehen, bewundern und applaudiren zu können! Glück zu, unser Wunsch wurde durch einen glücklichen Erfolg gekrönt! Dem. Sulzer zeigte bei diesem, ihrem ersten Auftreten nur wenig Befangenheit, und ihr Spiel hatte eine Routine, welche nur dem Talente zu Gebote steht; ihre Bewegungen, ihre anstandvolle Haltung, ihre bezeichnende Mimik hätte glauben machen können, daß sie auf den Brettern längst bekannt sey", schwärmte der „Bayerische Volksfreund".[6] Der Kollege der „Bayerischen National-Zeitung" sah dies ähnlich: „Als Schülerin des Hrn. Heigel berechtigte sie schon zum Voraus zu schönen Hoffnungen und wir müssen gestehen, sie hat dieselben übertroffen."[7]

Dennoch: „Ihr Organ, zwar angenehm, aber nicht kräftig genug, wußte den ziemlich leeren Raum des Theaters nicht auszufüllen; doch zweifeln wir nicht, daß es durch Uebung an Stärke gewinnen wird. Wir rathen Dem. Sulzer mit dem Beifalle, den sie bei diesem ihrem Auftreten erntete, anderwärts ihr Glück zu versuchen, auf einer kleineren Bühne ihr Organ zu stärken und ihr Talent zu erproben; und zweifeln nicht, daß wir in dieser bescheidenen Versucherin alsdann bei ihrem Wiedererscheinen eine tüchtige Künstlerin begrüßen werden, während auf der hiesigen Bühne ihr jetzt noch sehr schwaches Organ an Kraft nicht nur nicht zunehmen, ja sogar durch Anstrengung verlieren könnte."[8] Und man hoffte: „Werde Dem. Sulzer nur nicht stolz über den Beifall, der sie nur zu um so größerem Fleiße anspornen möge!"[9]

Zum 16. August 1837 wurde sie trotz des schwachen Organs anstelle von Therese Hahnel am Münchner Hoftheater engagiert – wohl mehr als Gnadenbeweis, denn aus Überzeugung. Den Kontrakt vom 31. Juli mussten ihre Mutter Friederike Sulzer und der Juwelier Carl Zahn als Vormünder unterschreiben. Wilhelmine war noch nicht volljährig. Als Gage wurden 200 Gulden ausgehandelt.[10]

Doch das Theater war eine Schlangengrube. Man denke nur an die Rivalitäten der Charlotte von Hagn. Und auch Demoiselle Sulzer hatte offensichtlich von Anfang an mit Gegenwind zu kämpfen – auf der Bühne und wohl auch vom Publikum. Wie sonst ist die Anmerkung in der Zeitung zu interpretieren: „Als Landsmännin dürfte sie auch ferner von manchen Intriguen umsponnen werden und – das Uebrige verschweig' ich, doch weiß es die Welt."[11] Die damalige Welt offensichtlich – der heutige Leser leider nicht! Nicht auszuschließen ist, dass sich diese Anspielungen auf die königliche Entscheidung, sie in die Schönheitengalerie aufzunehmen, beziehen.

Kurz nach ihrem Debüt war Wilhelmine zwar engagiert worden, doch noch immer war der große Durchbruch nicht geschafft: „Dem. Sulzer soll mehr Gelegenheit bekommen, sich mit der Bühnenwelt

PILOTY & LOEHLE
MUENCHEN

XXXII

bekannt zu machen, es ist ihr noch gar nicht behaglich auf diesen Brettern", hieß es nach einer Aufführung am 22. Oktober 1837.[12]

Nun war sie zwar Hofschauspielerin, musste aber nun auch versuchen, einen Platz in der Gesellschaft zu ergattern. Sie trat in den wohltätigen „Ludwigs-Verein" ein. Stolz konnte im November 1837 in der Liste vermerkt werden: „Nr. 1197 Frl. Sulzer, Hofschauspielerin" und dass sie den Jahresbeitrag von zwei Gulden und 24 Kreuzer entrichtet hätte.[13] Nahezu zeitgleich endeten auch die Sitzungen im Atelier des Hofmalers.

Das Bühnenglück war von kurzer Dauer. 1837 war das Jahr ihres (nicht gerade überwältigenden) Theatererfolgs. Nur ganze 15 Mal stand Wilhelmine auf der Bühne des Hoftheaters und das immer nur in unbedeutenden Nebenrollen.[14] Damit kam man nicht einmal mehr zu einer Kritik in den Gazetten. Anfang 1838 meldeten die Zeitungen jedoch: „Dem. Sulzer, welche hier mit ganzen 300 fl. [richtig: 200 Gulden] engagirt war, aber auf der Bühne nicht gehen konnte, ist nun von der Bühne gegangen, das heißt, sie hat ihre Entlassung genommen und erhalten. Dem. Söltl, ein liebenswürdiges Geschöpf, gefiel mir jüngst in dem trostlosen Lustspiel ‚Casanova' als ‚Rosaura' 20mal mehr als die Sulzer."[15] Demoiselle Söltl hatte diese Rolle am 1. Januar gegeben. Überhaupt war sie in den letzten Wochen bedeutend häufiger zu sehen gewesen als „die Sulzer". All das klingt nach den bereits Monate zuvor angekündigten Intrigen.

Bereits am 28. Dezember 1837, nach nicht einmal einem halben Jahr, kündigte Wilhelmine ihren Kontrakt – wieder mit der Unterschrift ihrer beiden Vormünder: „Da ich gesonnen bin, die hiesige Bühne zu verlassen." Ohne Angabe von Gründen. Offensichtlich kam sie nicht so leicht aus ihrem Vertrag heraus, denn plötzlich ist von „Brustleiden" die Rede und schließlich wurde das Beschäftigungsverhältnis Ende Januar doch zum 31. März 1838 beendet.[16]

Möglicherweise waren die gesundheitlichen Schwierigkeiten nur vorgeschoben, denn im Februar 1838 heiratete „Wilhelmine Katharina Sulzer, Buchhalterstocher von hier" – von Hofschauspielerin war nicht mehr die Rede –, „Friedrich Karl Theresius Schneider, Regierungsadministrator in Ansbach".[17]

Allgemein heißt es in der Literatur zur Schönheitengalerie, dass sich danach die Spur von Wilhelmine Sulzer, verheiratete Schneider, verliert und sie vermutlich in Ansbach um 1842 verstarb. Ein chronisches Leiden soll nicht nur ihrer Bühnenkarriere, sondern auch ihrem Leben ein frühes Ende bereitet haben.[18] Dem war nicht so. Erst am 9. Mai 1875 brachte der „Bayerische Kurier" die Todesmeldung, worin „tieferschüttert" angezeigt wurde, „daß es Gott dem Allmächtigen gefallen hat, unsere Tochter und innigstgeliebte Gattin, Mutter, Schwieger- und Großmutter Frau Wilhelmine Schneider, geb. Sulzer, geh. Registrators-Gattin, nach jahrelangen unsäglichen Leiden und mehrmaligem Empfang der hl. Sterbesakramente in ihrem 55. Lebensjahr zu sich abzuberufen. […] München, den 7. Mai 1875. Die tieftrauernd Hinterbliebenen".[19] Wilhelmine wurde zwei Tage später auf dem Alten Südlichen Friedhof in München beerdigt. Zuletzt hatte sie offensichtlich in der Reichenbachstraße 11 im ersten Stock gewohnt, nachdem ihr Mann Karl (und damit wohl auch sie) im Jahr zuvor noch in der Maistraße 64 gemeldet gewesen war.[20]

Das heißt, dass sie nach einem vermutlichen Aufenthalt in Ansbach wieder zurück nach München gekehrt war, Kinder oder zumindest ein Kind und schließlich sogar Enkelkinder bekommen hatte und ihr Mann sie überlebte.[21] Von „Schauspielerin" kein Wort mehr. Vermutlich hat sie nach dem kurzen Ausflug auf die Bretter, die für viele die Welt bedeuten, das „normale" Leben einer Beamtengattin geführt.

Ihr Porträt hat Wilhelmine Sulzer für die Nachwelt unsterblich gemacht. Im (einzigen) Jahr ihres Bühnenerfolgs, 1837, wurde sie von Joseph Stieler porträtiert. Wie der König auf die junge Schauspielerin aufmerksam wurde oder ob sie ihm empfohlen wurde, kann nicht gesagt werden. Zwischen ihren Auftritten saß sie dem Maler immer wieder Modell und im Dezember 1837 wurde das Porträt der „Hofschauspielerin Sulzer" bezahlt.[22] Ebenfalls noch im Dezember wurde das fertige Bild im Kunstverein ausgestellt: „Sie fragen mich, wer diese zarte Kindesgestalt hier sey, die Stieler so lieblich malte. Dieser Mädchenkopf, von goldenen Locken umwallt, mit den himmelblauen Augen und mit dem rührenden Ausdruck reiner Unschuld ist das Contrefeit der jungen Hofschauspielerin Sulzer, eines Mädchens von schönem, edlen Wuchse, das der treffliche Künstler aber in die Kindheit zurück idealisierte. Die frische, frühlingsduftende, von keinem fremdartigen Hauche verletzte Jugend blüht um dieses Bild. Aber auch das Leben ist wahr, nur mit dem Unterschiede, daß der Künstler das Kind festhielt und in Wirklichkeit die blühende rosige Jungfrau dem Blicke darstellt."[23] Und noch in der Beschreibung der „Kollektion schöner

Frauen, deren Porträte Stieler mit Geschmack in der Residenz gemalt hat", aus dem Jahr 1845 wird „Anna Silzer, in einem weißen mit einer kleinen schwarzen Stickerei verzierten Kleide" besonders hervorgehoben: Sie „könnte in Hinsicht des Goldes ihrer Haare und der Schönheit der Formen der Fräulein v. Cardoville den Rang streitig machen."[24]

Die „schöne Sulzer" trägt ein bescheidenes weißes Kleid mit schmalen Bordüren. Eine Boa aus Zobelpelz ist um die Schultern gelegt. Auf Schmuck wurde gänzlich verzichtet; die rötlichen Haare fallen offen auf Schultern und Nacken herab. Und Auguste von Oertzen resümiert: „ein einfaches, liebliches Mädchen".[25]

Die Vorlage für das Foto im Visitkartenformat schuf der Kupferstecher Andreas Fleischmann.

Lady Teresa Spence, geborene Renard (1815–1852)

Bei ausländischen Damen ist es oft schwer, genauere Daten ausfindig zu machen. Und so war für Auguste von Oertzen und auch für Gerhard Hojer die Rückseite des Gemäldes mehr oder weniger die einzige Quelle: „Theresa Spence geb. Renard, erblickte das Licht der Welt zu Florenz den 18ten Oktober 1815. Gemalt von Jos. Stieler 1837 in München." Selbst der stets fantasiereiche Rudolf Reiser, der sie „Spencer" nennt, wirft nach ein paar (falschen) Zuordnungsversuchen das sprichwörtliche Handtuch.[1] Auguste von Oertzen notierte abschließend: „Von Therese sind keinerlei Daten zu ermitteln" und mutmaßte: „vielleicht war sie nur vorübergehend als Gast in München".[2] Letzteres stimmte, Ersteres nicht.

Es gibt tatsächlich Daten zu der geheimnisvollen Engländerin, die als klassische Schönheit mit Lorbeerkranz und Lyra dargestellt ist. Diese Attribute lassen zusammen mit dem griechisch-antiken Gewand mit Mäander-Muster auf dem roten Überkleid eine Darstellung als Sappho, die wichtigste griechische Dichterin der Antike, vermuten. Dazu passt, dass der in Florenz lebende Franzose Bartolomeo Renard vermutlich ihr Vater war, der Ende des 18. Jahrhunderts als Mitherausgeber von Büchern über die Geschichte der toskanischen

PILOTY & LOEHLE
MUENCHEN

XXII

201

Malerei in Französisch in Erscheinung trat, u. a. dem opulenten Stich-
werk „L' etruria pittrice ovvero storia della pittura toscana", das in den
Jahren 1791 und 1795 in Florenz in zwei Bänden publiziert wurde.

Im Umfeld von Künstlern und Kunsthistorikern wird Teresa auch
ihren Mann kennengelernt haben. Auf jeden Fall heiratete Aloisia
Teresa Renard den reichen englischen Kaufmannssohn William Blundell Spence,[3] der am 13. Januar 1814 in Kingston upon Hull geboren
wurde. Der Vater William Spence hatte zusammen mit seinem Schwager Henry Blundell eine Firma für Farbenherstellung gegründet, eines
der erfolgreichsten Unternehmen in Hull im 19. Jahrhundert. Auch in
München wurden um die Jahrhundertwende Spezialfarben der Firma
„Blundell Spence & Co., Limited, London & Hull" etwa bei „Barbarino
und Kilp", dem führenden Farbengeschäft am Marienplatz verkauft.[4]
Die englische Firma existiert bis heute, ist aber nach verschiedenen
Fusionen inzwischen Teil der niederländischen Firma „AkzoNobel"
(Akzo Chemical Group), die noch heute am Standort in Hull arbeitet.[5]

Die Firma war zunächst von Henry Blundells Schwiegersohn wei-
tergeführt worden, der 1837 in die Firma eingetreten war. Bereits
vorher hatten sich Vater und Sohn Spence ihren Interessen zugewandt,
wozu ausgedehnte Reisen zählten. Und so kam es, dass William, Teresas
Ehemann, größtenteils in Europa aufwuchs: zunächst in Brüssel
(1826 – 1828), dann in Dresden (1828/29). 1829 kam er erstmals nach
Florenz.[6] Der Vater wurde ein nicht unbedeutender Entomologe; der
Sohn widmete sich der Kunst.

Am 23. Juli 1835 heiratete William in Florenz Aloisia Teresa Renard
aus Siena. Die beiden gingen auf Hochzeitsreise nach Bayern und blie-
ben über ein Jahr in München.[7] Am 30. November 1835 schrieb sich
Spence als Hospitant im Fach Malerei an der Akademie der Bildenden
Künste ein.[8] Er war begeistert von der Stadt und seinen modernen
Gebäuden, errichtet von König Ludwig I., der damals allerdings in
Griechenland bei seinem Sohn Otto weilte. Spence hatte ein Empfeh-
lungsschreiben an Peter Cornelius in der Tasche, der gerade sein
„Jüngstes Gericht" in der Ludwigskirche malte. Cornelius verwies den
Engländer an seinen Mitarbeiter und Freund, den Historienmaler
Joseph Schlotthauer, der als Professor an der Münchner Kunstakade-
mie lehrte. In seinem Atelier arbeitete Spence nun für ein paar Monate
und freundete sich bald mit einer Reihe Münchner Künstler an. Als
Friedrich Gärtner und Leo von Klenze ein Fest anlässlich der Rück-

kehr des Königs aus Griechenland veranstalteten, war Spence unter den Gästen. Auch seine Frau war in diesen Zirkeln gern gesehen. Und so dauerte es nicht lange, bis Ludwig I. Teresa für die Schönheitengalerie ins Auge fasste. Spence selbst notierte: „Stieler sprach vor. Der König möchte, dass Teresina für ein Gemälde in des Königs Gallery of Beauties sitzt", und ergänzte: „Miss Erskine war einverstanden, so war ich [auch] einverstanden." Spence hatte nicht nur ein Empfehlungsschreiben an Cornelius dabei, sondern auch an den britischen Gesandten Lord Erskine, dessen Tochter Jane nahezu gleichzeitig gemalt werden sollte. Es darf angenommen werden, dass Spence und seine Frau auch in den englischen Kreisen in München verkehrten.[9]

Am 11. Oktober 1836 traf König Ludwig die „Mistress Spencer" noch bei einem Besuch in Stielers Atelier.[10] Das Bild war damals mit Sicherheit noch nicht fertiggestellt. Rückseitig wurde vermerkt: „gemalt von Jos. Stieler 1837 in München", also mit Ortsangabe, die bei allen anderen Gemälden fehlt und darauf hinweist, dass er nicht nach Florenz gereist war. Erst im Februar 1838 wurde das Porträt schließlich bezahlt.[11]

Das Ehepaar Spence verließ München Ende des Jahres 1836 für immer; „ungern", wie es hieß, doch ein Grund ist nicht angegeben. Spence und seine Frau kehrten nach Florenz zurück, angeblich in Gesellschaft des Wiener Malers Carl Rahl. In Florenz mietete Spence ein Atelier mitten in der Stadt, an der Piazza S. Maria Novella.[12] Auch hier bewegte sich der Engländer in Künstlerkreisen. Zwei Porträts zeigen den englisch-florentinischen Bohemien.[13] Von seinen eigenen Werken, die zum Teil auch in England ausgestellt wurden, hat sich jedoch nichts erhalten.[14]

Spätestens seit 1840 lebte die Familie dauerhaft in Florenz, wo William Blundell Spence bis zu seinem Lebensende als Landschaftsmaler, vor allem aber als Autor, Sammler und Kunsthändler wirkte. Seit den 1850er Jahren stieg er zu einem der bedeutendsten Kunsthändler auf, besonders für den englischen Markt. Noch heute sind verschiedene bedeutende Anschaffungen der Königlichen Sammlungen und der Londoner Museen durch ihn zustande gekommen. Leo von Klenze empfahl im Jahr 1853 sogar König Ludwig I., William Spence als Kunstagent in Italien zu engagieren.[15]

Zunächst wohnte Spence in einem prächtigen Florentiner Stadtpalast. Nachdem er 1860 jedoch von seinem Vater ein Vermögen geerbt hatte, kaufte er die Villa Medici in Fiesole, wo er viele Besucher und Kunden empfing, aber auch rauschende Feste und fröhliche Dinerpartys veranstaltete, die von hohen und höchsten Herrschaften besucht wurden. In Fiesole errichtete er sogar ein kleines Theater, das „Teatro Spenci". Zu diesem Zeitpunkt war seine Frau jedoch schon seit Jahren nicht mehr am Leben.

Lady Teresa Spence war bereits 1852 gestorben. Ihr Mann überlebte sie fast um ein halbes Jahrhundert. Er starb am 23. Januar 1900 in Florenz. Der Kunsthändler war in der Stadt am Arno eine bekannte Persönlichkeit, ein noch immer agiler älterer Herr, der aus den Straßen von Florenz nicht wegzudenken war.[16]

Das Ehepaar Spence hatte zwei Kinder: Die Tochter Flavia Bianca (1836–1868), die vermutlich in München das Licht der Welt erblickte, heiratete in die bedeutende Florentiner Adelsfamilie Lotteringhi della Stufa ein, deren Nachfahren bis heute in Florenz zu Hause sind. Der Sohn William Campbell Spence (1839–1927), der wie sein Vater Kunsthändler war,[17] lebte ebenfalls in Florenz und wollte die hinterlassenen Papiere seines Vaters edieren,[18] was allerdings nicht geschehen zu sein scheint. Mögliche weitere Kinder sind nicht bekannt.

Rudolf Marggraff zählt in seinen „Erinnerung an Joseph Stieler und seine Zeit" neben Charlotte von Hagn „Lady Spence als Sappho […] zu den ersten und hervorragendsten Schönheiten, die für diese Sammlung gemalt wurden",[19] während die Beschreibung der „Kollektion schöner Frauen, deren Porträte Stieler mit Geschmack in der Residenz gemalt hat", die „Engländerin, Miß Spencer [!], mit einer Leyer in der Hand und einem Lorbeerkranz um die Stirne" als Muse bezeichnete.[20] Und Auguste von Oertzen, die nach eigenen Angaben keinerlei Daten ermitteln konnte, schrieb zu der „geheimnisvollen Engländerin: Ihre klassische Schönheit findet einen würdigen Rahmen in dem antiken, mit Mäandermuster gezierten Gewande; die Harfe, in Verbindung mit dem Lorbeerkranze über der edel geformten Stirn, betont das Musenhafte ihrer Erscheinung. Romantische Schwärmerei belebt das bleiche, schmale Antlitz, die dunklen, weit geöffneten Augen."[21]

1842 wurde von dem Porträt eine Kopie angefertigt.[22] Die Vorlage für das Foto im Visitkartenformat schuf der Kupferstecher Andreas Fleischmann.

Louise Freiin von Neubeck
(1816–1872)

Das Bild der Louise Freiin von Neubeck ist verschwunden. Noch im Katalog von 1921, der die Gemälde in der Münchner Residenz aufzählt, wurde es aufgeführt. Im Residenzführer von 1937 fehlt es.[1] Es muss also irgendwann in der Zwischenzeit abhandengekommen sein. Doch warum? Man vermutete einen dreisten Kunstraub.[2] Aber auch dann stellt sich die Frage: Warum gerade dieses Bild? Oder sollte eine Stiftsdame vielleicht nicht in einer Reihe mit zum Teil allzu weltlichen Damen hängen? Und wo ist das Bild heute? Keiner weiß es. So kennen wir das 1839 entstandene Porträt des adeligen Fräuleins nur von Schwarz-Weiß-Fotos und Stichen.

Louise, verschiedentlich ist auch Ludovica zu lesen,[3] Freiin von Neubeck wurde am 4. August 1816 in Neuburg an der Donau als Tochter des Freiherrn Karl von Neubeck und seiner Frau Josepha,[4] geborene Freiin von Welden, geboren.

Am 30. Dezember 1835 starb in München der Vater, der „königliche Kämmerer, Oberstlieutenant und Vorstand der Armee-Montur-Depots-Commission, Hr. Carl Frhr. v. Neubeck". Er war der jüngste Sohn des vormaligen königlich französischen Geheimrates und Prätors von Weissenburg (im Elsass), wo er am 26. August 1775 auch geboren wurde. Ausführlich war der Nachruf in der Zeitung: Karl von Neubeck hatte eine „sorgfältige, dem Stande und damaligen Vermögen der Ältern angemessene Erziehung" erhalten. Kaum hatte er seine Ausbildung mit Erfolg beendet, brach die Französische Revolution aus und Karl von Neubeck begann seine steile Militärkarriere, die ihn unter anderem zwang, den verheerenden Russlandfeldzug mitzumachen. Bis zu seiner Pensionierung 1829 war er eigentlich ununterbrochen irgendwo unterwegs, nur nicht zu Hause, obwohl er 1823 auch zum Vorstand der Ökonomie-Kommission des Königlich Bayerischen 7. Infanterie-Regiments in Neuburg ernannt wurde. Nach der Pensionierung scheint er samt Familie nach München gezogen zu sein. Zur Familie steht in dem wortreichen Nachruf allerdings nichts, außer: „Als Gatte und Vater ein schönes Vorbild, genoß er die Freuden einer glücklichen und gesegneten Ehe."[5] Der „Segen" der Ehe waren wohl Louise und ihr jüngerer Bruder Karl (1821–1894). In Neuburg wohnten sie in einem stattlichen Haus in der Altstadt (Amalienstraße 34), wo auch noch das Erdgeschoss vermietet werden konnte.[6]

Keine vier Jahre nach dem Tod des Vaters starb auch die Mutter. Am 24. September 1839 wurde Josepha Freifrau von Neubeck auf dem Alten Südlichen Friedhof in München beerdigt.[7]

Nach dem Tod ihrer Mutter soll Louise kurz in Rüdesheim am Rhein gelebt haben.[8] Warum sie, die nun bereits 23 Jahre alt war, ins Rheinland ging, ist nicht ersichtlich. Vermutlich ist sie, weil unverheiratet, vorübergehend zu irgendeiner Tante geschickt worden, bevor sie wieder nach München zurückkehrte. Vielleicht fand der Aufenthalt jedoch auch zu einem anderen Zeitpunkt statt. Auf jeden Fall wird „Louise Freyin von Neubeck" seit 1840 als „Präbendirte Stiftsdame I. Klasse des Kgl. Damenstifts zur heiligen Anna" genannt.[9] Das heißt, sie lebte ohne weltliche Einkünfte, lediglich finanziert vom Stift, in das einzutreten, sie vermutlich schon im Jahr zuvor geplant hatte. Das Stieler'sche Porträt zeigt sie mit einem zarten Schleier, der wohl ihren Status als Stiftsdame andeuten soll, auch wenn es sich bei dem 1671 durch Henriette Adelaide, die Gemahlin des Kurfürsten Ferdinand Maria von Bayern, gegründeten St.-Anna-Damenstift nicht mehr um eine klösterliche Einrichtung handelte. Seit der Säkularisation war das Stift nach und nach verweltlicht und das gemeinsame Leben abgeschafft worden. Der Orden war in eine adelige und eine nicht adelige Gruppe unterteilt. Alle Stiftsdamen erhielten eine Pension. Der Orden hatte somit seinen religiösen Charakter weitgehend verloren und war zu einer reinen Versorgungsanstalt geworden.

Über Louises weiteren Lebensweg ist eigentlich nichts bekannt, weder wo sie wohnte, noch was sie tat. Geheiratet hat sie auf jeden Fall nicht, auch wenn sie dies als Stiftsdame durchaus hätte tun können – sogar ihre Pension wäre weiterhin gezahlt worden. Vermutlich lebte sie als Tante in der Familie ihres Bruders Karl, der wie sein Vater beim Militär Karriere machte. Karl war verheiratet, Vater des späteren bayerischen Generalmajors Maximilian von Neubeck (1851 – 1924), und lebte mit seiner Familie im Laufe der Zeit an verschiedenen Adressen in München. Und vermutlich war auch Louise Teil des Haushalts. Erst ab 1869 erscheint sie eigenständig im Adressbuch, allerdings unter derselben Adresse wie ihr Bruder (und ab 1871 auch ihr Neffe Max) in der Brienner Straße 27 bzw. ab 1870 Brienner Straße 31. Hier ist sie auch – nun allerdings als Stiftsdame des Heilig-Geist-Spitals

PILOTY & LOEHLE
MUENCHEN

XXV.

genannt – am 21. August 1872 im Alter von 56 Jahren gestorben[10]
und „allen jenen, welche sowohl während der Krankheit als beim
Leichenbegängnis meiner dahingeschiedenen Schwester Louise Freiin
von Neubeck so rege Theilnahme an den Tag legten", sagte Oberstleutnant Karl Freiherr von Neubeck „herzlichen Dank".[11]

*Das Stieler'sche Porträt für die Schönheitengalerie wurde im April 1839
bezahlt.[12] Es zeigt Louise mit dünnem Schleier als Braut Christi, die Hände
im Schoß gefaltet, den Blick gen Himmel gerichtet, ohne Schmuck, dafür
mit einem Buch auf dem Tisch neben ihr. Viel spricht dafür, dass bereits
zum Zeitpunkt der Entstehung eine Zukunft als Stiftsdame geplant war.
Nicht bekannt ist, wie der König auf Louise aufmerksam geworden ist.
Offensichtlich hat Ludwig I. Anfang 1861 jedoch noch eine Kopie des
Bilds in Auftrag gegeben, die dann allem Anschein nach nicht vollendet
wurde. Im Antiquariatshandel tauchte ein Signat des Königs vom 6. Februar 1861 auf, in dem er anfragen ließ, ob Zimmermann das Bild der
Freiin von Neubeck bereits vollendet habe und sich die weitere Bearbei-
tung vorbehielt.[13] In jener Zeit übernahm der Maler Julius Zimmermann
verschiedene Kopien für den König.[14] Eine Abrechnung für die Kopie des
Porträts von Louise von Neubeck ist jedoch nicht überliefert.*

*Die Vorlage für das Foto im Visitkartenformat, das in der Auflistung
allerdings unter „Ludovika Freiin von Neubeck" verzeichnet wurde,
stammt vom Kupferstecher Andreas Fleischmann.*

Rosalie Julie Freiin von Bonar, geborene Wüllerstorf-Urbair (geb. 1814)

Anfang des Jahres 1840 malte Josef Stieler „Rosalie Julie von Bonar
geboren in Wien 1814, Tochter des Ritters Willersdorf aus Mähren
und der Gräfin Grohoska aus Polen", wie rückseitig vermerkt wurde.
Wo König Ludwig I. diese südländisch anmutende Schönheit entdeckt
hat und wie bzw. warum sie in die Galerie kam, ist nicht bekannt.

Rosalies Vater war der Gubernialsekretär und Reichsritter Karl
Leopold von Wüllerstorf-Urbair, der jedoch bereits am 31. Dezember
1817 bei einem Jagdunfall ums Leben kam. Die kleine Tochter war

PILOTY & LOEHLE
MUENCHEN

XI

damals gerade einmal drei Jahre alt, ihr Bruder Bernhard, der am
29. Januar 1816 in Triest geboren wurde, noch nicht einmal zwei. Ihre
damals erst 22-jährige Mutter Julie, geborene Gräfin Grochowska (geboren 1795), ging am 15. Mai 1820 eine zweite Ehe mit dem späteren
Vizepräsidenten der Regierung in Venedig, Graf Johann Baptist Marzani von Steinhof und Neuhaus (1794–1865) aus Tiroler Adel, ein. Die
Familie lebte nun vermutlich vorwiegend in Venedig oder in einem
anderen Ort in Oberitalien, da Marzani zunächst Ämter in der Provinz
Belluno, dann in Friaul und Padua bekleidete, bevor er Anfang der
1830er Jahre seinen Dienst in Venedig antrat.

Rosalies Bruder Bernhard besuchte das Gymnasium in Padua,
später in Ofen (Budapest), bevor er 1828 in die Pionierkadettenschule
in Tulln eintrat. Es folgte eine steile Karriere bei der Marine; er wurde
Korvettenkapitän und 1855 Berater des neuen Marinekommandan-
ten Erzherzog Ferdinand Max (Sohn der Erzherzogin Sophie und
somit Bruder Kaiser Franz Josephs). Weitreichende Bekanntheit
erlangte Bernhard von Wüllerstorf durch die mehr als zwei Jahre dau-
ernde Weltumseglung der Fregatte Novara vom 30. April 1857 bis
25. August 1859, die er als „Commandore" persönlich leitete. Zahlreiche Forschungsergebnisse, reiche Sammlungen für gerade im Entstehen begriffene Wiener Museen und hohes Ansehen für die kaiserliche Marine waren die wichtigsten Ergebnisse der Novara-Expedition, die in mehreren Büchern beschrieben wurde, die zu ihrer Zeit
Bestseller waren. Bernhard selbst wurde für seine Leistungen u. a.
zum Ehrenmitglied der Königlich Bayerischen Akademie der Wissenschaften ernannt. Doch damit war seine Karriere noch längst nicht
beendet: 1861 wurde er zum Hafen- und Festungskommandanten des
nach dem Verlust Venedigs durch die Österreicher ausgebauten österreichischen Hauptkriegshafens Pola (heute Pula, Kroatien) ernannt,
1864 befehligte er ein Schiff im Deutsch-Dänischen Krieg. Im Herbst
1865 übernahm er das Handelsministerium, entwarf ein Programm
zur Vervollständigung des Eisenbahnnetzes, das größtenteils auch
umgesetzt wurde. Unter seiner Amtsführung wurde auch der Ausbau
des Hafens von Triest in Angriff genommen. 1867 bat er um seinen
Rücktritt. Er starb am 10. August 1883 in Gries bei Bozen, wo er auch
begraben wurde.

Im Privatleben war Bernhard das Schicksal weniger gewogen: Im
April 1847 heiratete er Anna O'Conor of Connaught, eine gebürtige

Engländerin, deren Familie in Venedig ansässig war. Bald nach der Heirat brach in Venedig die Revolution aus. Bernard verließ die Stadt mit seiner jungen Frau, die auf der Flucht kurz nach der Geburt des einzigen Sohnes Karl Patrik am 29. Juli 1848 starb. Das Kind gab der Vater in die Obhut seiner Schwester Rosalie Freiin von Bonar, die es an Kindesstatt erzog.[1]

Über die Jugend von Rosalie selbst ist nichts bekannt. Laut Stieler wurde sie 1814 geboren. Das erscheint glaubwürdiger als die Angabe im „Gothaischen Taschenbuch", sie sei 1815 geboren,[2] da ihr Bruder bereits am 29. Januar 1816 in Triest zur Welt kam. Rosalie wuchs wahrscheinlich in Oberitalien auf. 1834, im Alter von etwa 20 Jahren heiratete sie den englischen Gesandten in Wien, Ernst Freiherr von Bonar, Majoratsherr von Figereth und Kinneardington. Am 19. Januar 1830 hatte die Wiener Zeitung unter „Angekommen" vermerkt: „Ernst Bonar, Englischer Edelmann von London".

Verschiedene Vertreter der Familie waren auf dem europäischen Kontinent in diplomatischem Dienst unterwegs, was die Zuordnung der meist nur mit Nachnamen bezeichneten Diplomaten erschwert. In München etwa war Alfred Guthrie Graham Bonar königlich großbritannischer Gesandtschaftssekretär.[3]

Ob und wie lang das Ehepaar Ernst und Rosalie Bonar in Wien wohnte, ist nicht bekannt. Auch ihr dortiges Leben bleibt im Dunkeln. Es dürfte eher unauffällig verlaufen sein. Vermutlich verbrachte das Ehepaar auch einige Zeit in England. Immer wieder ist auch von Ankünften aus Oberitalien und Friaul zu lesen: „Chevalier Ernst Bonar aus Italien"[4] oder „Ernst Freiherr von Bonar, Gutsbesitzer, von Udine"[5]. Tatsache ist, dass Ernst Bonar 1851 das Jagdschloss Dobl in der Steiermark erwarb. Das Anwesen, auch „Gjaidhof" genannt, lag südlich von Graz. Nach ersten Umbauten kurz nach dem Erwerb, ließ Rosalie von Bonar 1878 weitere Umbauten im Stil der Neugotik durchführen.

Auch wenn Dobl nur rund 20 Kilometer von Graz entfernt liegt, nahm das Ehepaar Bonar bei seinen häufigen Aufenthalten in der Landeshauptstadt Quartier im renommierten „Hotel zum Elefanten" am Südtiroler Platz.[6]

Die Eheleute Bonar, die kinderlos blieben, hatten offensichtlich ein gutes Verhältnis zu anderen Familienangehörigen, mit denen sie häufig im „Elefant" in Graz zusammentrafen. Immer wieder finden sich in den Zeitungen Hinweise unter „Angekommen im Elefant" wie zum Beispiel Ende April 1850: „Baron Willertsdorf, kk. Capitän von Venedig; Baron Bonar, Gutsbes. von Schloß Tobel, Baronin Bonar m. Nichte von Schloss Tobel."[7]

Dabei darf nicht vergessen werden, dass der Sohn Bernhard von Wüllerstorfs von Rosalie und ihrem Mann großgezogen wurde. Auch er reiste nach Graz zum Familientreffen, etwa am 1. August 1861, als sich die Familie wiederum im „Elefant" traf: „Baron Bonar u. G. Bonar, Gutsbes. v. Schloß Dobl und Baronin Bonar; Baron Wüllerstorf k.k. Cadet v. Schloß Dobl".[8] Grund des Treffens war die zweite Hochzeit von Bernhard von Wüllerstorf am 3. August 1861 mit Gräfin Leonhardine von Rothkirch und Panthen.

Mit von der Partie war auch der Bruder Bonars, Alfred Guthrie Graham Bonar (1813 – 1886), der spätere englische Botschafter in Wien, seinerzeit noch britischer Gesandtschaftssekretär in München. Auch im Herbst 1866 war die Familie komplett in Graz versammelt.[9] Karl Patrik von Wüllerstorf war inzwischen k. k. Offizier in Triest. Später befehligte er als Kapitän Linienschiffe. Er starb am 3. Januar 1906 in Pola.

Die guten Beziehungen zu ihrem Bruder dehnten sich auch auf die österreichische Marine aus, wobei Rosalie dann meist auch noch ihren Geburtsnamen anhängte, um die verwandtschaftliche Verbindung zu Bernhard von Wüllerstorf zu demonstrieren. „Damen, die durch ihre Stellung der Kriegsmarine angehören, spendeten dem Vize-Admiral Tegetthoff einen prachtvoll gestickten Tischteppich", war im Sommer 1867 Wiener Zeitungen zu entnehmen. Darunter waren auch die Damen „Bonar-Wüllerstof", also Rosalie und ihre Mutter „Wüllerstorf-Marzani".[10] Und als es um eine Sammlung für den Bau der Kirche in Pola ging, war Rosalie Bonar-Wüllerstorf aus Görz vorne mit dabei.[11]

Der Zeitpunkt, wann das Ehepaar Bonar nach Görz gezogen ist, lässt sich nicht genau feststellen. Es muss um das Jahr 1876 herum gewesen sein: Im Sommer 1875 wird als Herkunftsort noch Schloss Dobl genannt, zwei Jahre später, als der Baron zur Kur nach St. Radegund in der Steiermark reiste, Görz.[12] 1881 kann man dann lesen, dass im alten Schloss Gjaidhof, welches dem Herrn Baron Bonar gehört, „das aber schon lange unbewohnt war", vorübergehend eine Familie aus Triest samt Dienerschaft einzog.[13] Heute dient das Schloss Dobl als Privatschule, geleitet von Barmherzigen Schwestern. Der Bruder

Alfred, der ehemalige englische Gesandtschaftssekretär in München, war offensichtlich von Dobl mit nach Görz gezogen.[14] Als es 1887 zu einer Missernte gekommen war und für die notleidende Bevölkerung der „gefürsteten Grafschaft Görz und Gradisca" gesammelt wurde, war „Baronin Rosa Bonar, geb. Baronin Wüllerstorf in Görz" unter den Spenderinnen, ja sie animierte sogar ihre Schwägerin in Graz, „Baronin Wüllerstorf, geb. Gräf. Rothkirch" dazu.[15]

Am 9. Dezember 1882 starb Rosalies Mann, Baron Ernst August von Guthrie Graham Bonar, Ritter des Souveränen Malteserordens etc. und k. k. Major im Ruhestand, im Alter von 74 Jahren in Görz, was bedeutet, dass er 1808 geboren sein muss. Seine Herrschaft Figereth-Kinnardington in Schottland fiel an seinen um vier Jahre jüngeren Bruder Alfred Guthrie Graham Bonar. Und in der Zeitungsnotiz erinnerte man sich auch der Vergangenheit seiner Frau: „Er hinterläßt eine Witwe, Tochter des Admirals Baron Wüllerstorf [richtig: Schwester], die als eine der Schönheiten der berühmten Münchener ‚Schönheitsgalerie' figurirt."[16]

Das Todesdatum von Rosalie Bonar ist nicht bekannt. Im Mai 1886 war sie noch unter den Kurgästen des „Steinerhofs" bei Kapfenberg in der Steiermark.[17] 1890, als für den Kirchenbau in Pola gesammelt wurde, lebte sie in Görz. Ob es sich bei der 1902 genannten „Baronin Bonar", die in Görz im Südbahn-Hotel „für längere Zeit Aufenthalt genommen" hat, um Rosalie handelte, ist mehr als fraglich.[18] Vermutlich war dies ihre Schwägerin, die bereits mit ihr den Kirchenbau in Pola unterstützt hatte. Vielleicht war diese damals nach Görz gereist, um den Nachlass der möglicherweise kurz zuvor verstorbenen Rosalie zu regeln. Doch dies ist reine Spekulation. Nach 1902 ist keine Nachricht mehr über eine Baronin Bonar zu finden.

Ende der 1830er Jahre scheint Rosalie in München gewesen zu sein. Auf jeden Fall wurde sie von Joseph Stieler spätestens Anfang 1840 gemalt. Im Mai wurde das Porträt der „Frau von Bonar" über die Kabinettskasse abgerechnet.[19] Ob ihr Schwager damals bereits an der englischen Gesandtschaft in München tätig war, ist nicht überliefert. Über das Gemälde schrieb Auguste von Oertzen: „Ein bleiches, etwas melancholisches Gesicht mit dunklen Hyazinthenlocken umrahmt – ein Antlitz, das aus schwarzen Flechten und Locken wie der Mond aus dunklen Wolken rosigbleich hervorglänzt. Ein mattweißes, ganz einfach gehal-

tenes Kleid und ein Kranz weißer Rosen auf dem dunklen Scheitel geben dieser zarten Schönheit etwas Undinenhaftes; eine Erscheinung, wie sie in den Träumen der romantischen Dichter lebte."[20]
Die Vorlage für das Foto im Visitkartenformat schuf der Kupferstecher Andreas Fleischmann.

Antonia Wallinger, verheiratete Ott (1823–1893)

Griechisch gewandet, als Hebe, die „Schenkin beim Göttermahl", wurde eine junge Tänzerin 1840 von Joseph Stieler porträtiert. Hebe, die Göttin der Jugend, spielte in Ludwigs Biografie eine besondere Rolle. Als er Antonio Canovas Marmorskulptur als 18-jähriger Kronprinz 1804 auf seiner ersten Italienreise in Venedig (heute Eremitage Sankt Petersburg) gesehen hatte, wurde nach eigener Aussage seine Liebe zur Kunst geweckt: „Ich schwamm, Dich Hebe schauend, in Entzücken". Sie schien ihm die Offenbarung der klassischen Kunst. „Der Sinn für Kunst war in mir aufgegangen".[1] Die Statue begründete nicht nur Ludwigs Liebe zum Klassizismus, sondern prägte auch sein Ideal von Frauenschönheit, und so kann man vermutlich bereits damals den ersten Ansatz für die Schönheitengalerie erahnen, auch wenn konkrete Planungen wohl erst Jahre später in Angriff genommen wurden und die Münchner Tänzerin Antonia Wallinger beileibe nicht die erste porträtierte Schönheit war.

Antonia Wallinger kam am 7. April 1823 als Tochter des Kaufmanns und zu diesem Zeitpunkt bereits pensionierten Hoftheater-Ökonomierats Anton Joseph Wallinger und seiner Frau Ursula, geborene Wiechenthaler, auf die Welt.[2] Das Mädchen war gerade einmal zehn Jahre alt, als ihr Vater, der „k. quiees. Hoftheater-Oekonomierath, Oberstlieutenant im Landwehr-Regiment München und Inhaber der silbernen Verdienst-Medaille", im Alter von 67 Jahren starb,[3] die Geschwister Sophie und Max (1828–1870)[4] waren noch jünger.

Für den Vater, der bei der Geburt der kleinen Antonia bereits über 50 Jahre alt war, war es die dritte Ehe. Einst hatte er zu den angesehensten und einflussreichsten Kaufleuten Münchens gezählt. Er

PILOTY & LOEHLE
MUENCHEN

XXXV

ANTONIA WALLINGER (1823–1893)

betrieb ein exquisites Geschäft für Galanteriewaren, das er von dem 1789 verstorbenen Handelsherrn Johann Peter Biondino übernommen hatte. In dem Laden war nicht nur das „sehr berühmte Eau de Cologne oder Eau admirable" zu haben, sondern auch Stoffe, Bänder und Kunstblumen, Strümpfe und Hüte. Zudem war er neben Angelo Sabbadini „Mitvorsteher für den bürgerlichen Handelsstand". Doch zu Beginn des Jahres 1812 gab Wallinger das Geschäft auf.[5] Ein Grund ist nicht bekannt. Möglicherweise stand die Geschäftsaufgabe im Zusammenhang mit den schlechten Zeiten infolge der Napoleonischen Kriege. Erst knapp zwei Jahre später, am 14. Dezember 1813, erhielt er eine Anstellung als Theaterökonom mit einem Gehalt von 720 Gulden jährlich, was zwar nicht schlecht war, aber auch kein sensationeller Verdienst. Als erfolgreicher Geschäftsmann hätte er vermutlich mehr erwirtschaftet. Am 17. April 1833 verstarb Anton Joseph Wallinger in München.

Über die Jugend von Antonia ist wenig bekannt, sie dürfte jedoch eher ärmlich gewesen sein. Nach dem Tod des Vaters bat seine Witwe um eine Pension für sich und die fünf vaterlosen Waisen. Wallinger hatte aus seiner zweiten Ehe noch zwei unmündige Kinder: Katharina (geboren 1814) und Daniel (geboren 1816). Dazu kamen die drei Kinder aus der dritten Ehe. Doch Antonias Mutter bekam keinen Kreuzer, auch nicht für ihre drei leiblichen Kinder. Der Grund: Sie hatte Wallinger geheiratet, als dieser bereits in Pension war. Lediglich für die beiden Kinder aus der zweiten Ehe bekam sie jeweils jährlich 30 Gulden.[6] Wovon die Familie lebte, ist nicht bekannt, auch nicht, wann Antonia als Tänzerin ans Theater kam, doch war es vermutlich bereits vor 1840. In diesem Jahr wurde sie von Joseph Stieler gemalt.

Auch wenn der Vater schon verstorben war, dürfte sein Posten beim Theater für ihr Engagement nicht von Nachteil gewesen sein. Möglicherweise gab es hilfreiche Freunde. Als Ballerina trat Antonia jedoch nicht besonders in Erscheinung. Das Standardwerk über das Hoftheater[7] erwähnt sie ebenso wenig wie die Theaterkritiken in den Zeitungen. Sie scheint nicht einmal fest engagiert worden zu sein. Auf jeden Fall existiert keine Personalakte im Bestand der Hoftheater-Intendanz. Auch auf den Theaterzetteln erscheint sie nicht. Vielleicht tanzte sie im Corps de Ballet, da Leo von Klenze behauptete, der König hätte sie gesehen, als sie über die Bühne des Nationaltheaters wirbelte. Mehr als ein Jahrzehnt ist auf jeden Fall keine Spur von ihr zu finden.

Am 30. Juni 1851 heiratete die mit 28 Jahren nicht mehr ganz junge Antonia Wallinger dann in der Pfarrhauskappelle der Frauenkirche in München den königlichen Ministerialsekretär Friedrich Ott, geboren am 16. Juni 1816 in Schongau, jetzt wohnhaft in der Kanalstraße 31.[8] Erst Ende des vorherigen Jahres war Ott, der – anders als bei Auguste von Oertzen und ihr folgend etwa bei Gerhard Hojer vermerkt – keinen „von-Titel" hatte, vom Ministerialsekretär II. Klasse im Staatsministerium des Innern für Kirchen- und Schulangelegenheiten zum Ministerialsekretär I. Klasse dortselbst befördert worden[9] und damit finanziell in der Lage, eine Familie zu gründen. Vier Jahre später suchte er – inzwischen verheiratet und Familienvater – um eine Versetzung zur Kreisregierung nach. Im Frühjahr 1857 wurde Friedrich Ott auf die Assessorsstelle bei der Regierung von Oberbayern (Kammer des Innern) und zu Jahresbeginn 1862 zum Rat der Regierung von Unterfranken und Aschaffenburg in Würzburg befördert, nur um ein halbes Jahr später in gleicher Funktion zur Regierung von Schwaben und Neuburg nach Augsburg versetzt zu werden.[10] Als Beamtengattin wird Antonia ihn dabei stets begleitet haben. In Augsburg ist Friedrich Ott zehn Jahre später, am 9. Februar 1872, auch verstorben. Zwei Tage danach wurde seine Leiche mit der Bahn nach München überführt, wo er noch am Nachmittag auf dem Alten Südlichen Friedhof bestattet wurde.[11] Der Todesanzeige ist zu entnehmen, dass er und Antonia mindestens ein bereits früh verstorbenes Kind gehabt haben und dass die Mutter Antonias noch lebte.[12] Bekannt ist lediglich eine Tochter Sophie, die den Augsburger Kunstmaler und späteren Professor in München Max Manuel (1850 – 1918) heiratete.[13]

Vermutlich verkehrte das Ehepaar Ott generell in Künstlerkreisen. Schon bei ihrer Hochzeit 1851 trat der bekannte Lithograf Thomas Driendl (1807 – 1859) als Trauzeuge auf. Er stand damals auf dem Höhepunkt seiner Karriere. Erst im Jahr zuvor hatte er das weit verbreitete Porträt von Königin Marie mit den beiden Prinzen Ludwig und Otto geschaffen.

Nach dem Tod ihres Mannes kehrte Antonia Ott nach München zurück, wo ihre Tochter Sophie, verheiratete Manuel, im November 1881 verstarb.[14] In der Zweibrückenstraße 2b im vierten Stock fand die Regierungsratswitwe eine Bleibe,[15] bevor sie in die Hildegardstraße 5 zog und schließlich im „Klösterl" der Niederbronner Schwestern in der Buttermelcherstraße 10 am 24. März 1893 einem „langen, schweren mit himmlischer Geduld" ertragenen Lungenleiden erlag. Zwei Tage später wurde auch sie auf dem Südlichen Friedhof beerdigt.[16] Über ihr Leben ist weiter nichts bekannt.

Das Bild der damals 17-jährigen Tänzerin Antonia Wallinger ist bis heute eines der auffallendsten Gemälde der Schönheitengalerie. Es zeigt die junge Schöne in antikem griechischem Gewand, eine goldene Trinkschale in der Hand, als Hebe, als „süße Schenkin bei dem Göttermahle", wie König Ludwig das Bild der Antonia in einem längeren Gedicht besang.[17]

Das Porträt der „Hofsängerin", wie es irrtümlich heißt, scheint im Laufe des Jahres 1840 entstanden zu sein, da es im Dezember 1840 bezahlt[18] und gleichzeitig ausgestellt wurde: „In dem Kunstverein befindet sich ein weibliches Bildniß, von Hrn. Hofmaler Stieler gemalt, welches wegen seiner Schönheit alle Bewunderung erregt", konnte man der Zeitung entnehmen, sowie: „Von dem k. Hofmaler Stieler, dessen Porträts stets als die interessantesten begrüßt werden, ist nun auch auf dem Kunstverein wieder ein weibliches Kontrefei ausgestellt, in der anmuthigen Gestalt einer Hebe. Das Gemälde ist im Besitze Sr. Maj. des Königs."[19] Und noch Jahre später schwärmte eine französische Zeitschrift in einem Beitrag über „Louis roi de Bavière: protecteur des beaux-arts" von der Schönheit der „ballerine".[20]

Die Vorlage für das Foto im Visitkartenformat schuf der Kupferstecher Andreas Fleischmann. Das Foto zeigt Antonia Wallinger allerdings als einzige der Damen seitenverkehrt.

Sophie Erzherzogin von Österreich, geborene Prinzessin von Bayern (1805–1872)

Mit Erzherzogin Sophie von Österreich hat König Ludwig I. eine seiner insgesamt acht Schwestern in die Riege der schönen Köpfe aufgenommen. Sie war die erste Vertreterin aus der unmittelbaren Verwandtschaft des Königs, die einen Platz in der Schönheitengalerie gefunden hat. Allerdings hat die kaiserliche Hoheit Joseph Stieler nicht

PILOTY & LOEHLE
MUENCHEN
IV

219

für dieses Porträt Modell gesessen. Ihm diente 1841 dafür ein rund neun Jahre altes Gemälde, das er selbst einst von Erzherzogin Sophie zusammen mit ihrem Sohn Franz Joseph in Wien angefertigt hatte. Eigentlich war Sophie Friederike, wie sie mit vollem Namen hieß, nur Ludwigs Halbschwester. Sie wurde am 27. Januar 1805 in München als Tochter des damaligen Kurfürsten Max IV. Joseph, des nachmaligen Königs Maximilian I. von Bayern, und seiner zweiten Frau Karoline, einer geborenen Prinzessin von Baden, geboren. 1824 wurde Sophie mit Erzherzog Franz Carl von Österreich (1802 – 1878) verheiratet und wurde schließlich die Mutter des späteren Kaisers Franz Joseph I. Heute kennt man sie hauptsächlich als Schwiegermutter von Kaiserin Elisabeth von Österreich. Doch war sie beileibe nicht der „böse Drachen", als der sie allgemein – und nicht zuletzt aufgrund der „Sissi-Filme" – gesehen wurde. In der Film-Trilogie, die alljährlich zu Weihnachten ausgestrahlt wird, verkörpert die österreichische Kammerspielerin Vilma Degischer die Mutter des Kaisers. Weder optisch noch in ihrer herrisch-intriganten Art ähnelt sie der echten Sophie. Allerdings wurde die Erzherzogin schon früh als „böser Geist des Hofes" geschmäht, als „einziger Mann" unter den Männern des herrschenden Geschlechts. Um den Bestand der Dynastie zu garantieren, schaltete sich die energische und politisch interessierte Prinzessin tatsächlich in die Politik ein. Es war Sophie, die ihren ältesten Sohn an die Regierung brachte und zunächst sogar für ihn die Geschäfte führte.[1]

Doch der Reihe nach: Am Abend des 27. Januar 1805 verkündeten von der Anhöhe des Gasteigs in München Kanonen die glückliche Entbindung der Kurfürstin Karoline von zwei „gesunden, wohlgebildeten Töchtern": Sophie und Maria Anna. Offensichtlich war eine schwere Geburt befürchtet worden – immerhin waren es ja Zwillinge. Doch nun konnte man aufatmen: „So wie einige Stunden zuvor durch das Zusammenläuten der Glocken in den 5 Stadtpfarrkirchen zur Aussetzung des Allerheiligsten alles in die bängste Mitleidenschaft versetzt worden war, so erfolgte nun durch alle Strassen der Stadt ein allgemeiner lauter Jubel."[2] Über die Jugend der beiden Zwillingsschwestern ist – wie auch über die ihrer anderen Geschwister – wenig bekannt. Nur so viel: Die Eltern kümmerten sich – entgegen der damaligen Gepflogenheiten – persönlich um ihre zahlreichen Kinder. Diese sollten zu modernen, denkenden Menschen erzogen werden, was trotz aller Freizügigkeit bestimmte strenge Regeln beinhaltete.

Als Erzieher Sophies werden der Jurist Joseph von Kirschbaum und der geistliche Rat Joseph Anton Sambuga genannt, die bereits ihren Bruder Ludwig unterrichtet hatten,[3] sowie der Philologe Friedrich Wilhelm Thiersch, der die Prinzessin die „Krone ihrer Schwestern" nannte.[4] Der Kontakt zu ihrem Bruder Ludwig wird zunächst jedoch nicht allzu eng gewesen sein. Immerhin trennten sie fast zwei Jahrzehnte. Ein 19-jähriger junger Mann interessiert sich allgemein wenig für ein Geschwisterchen im Säuglingsalter. Das sollte sich ändern. Später hatten Ludwig und Sophie und ihre jeweiligen Familien ein sehr herzliches Verhältnis. Man besuchte sich gegenseitig, vor allem wenn die königlich bayerische Familie in Berchtesgaden oder in Leopoldskron bei Salzburg die Sommerfrische verbrachte und Sophie nur wenige Kilometer entfernt ebenfalls in bzw. bei Salzburg weilte.[5]

Sophie wuchs zur Schönheit heran; dazu galt sie als vernünftig und intelligent. Selbst König Ludwigs Sohn, der spätere König Maximilian II., schwärmte als Knabe für seine „schöne Tante", ja er war richtiggehend in sie verliebt, wie er sich später noch mehrfach erinnerte: „Diese Liebe war meine erste, mächtigste. Ihr Bild im Kupferstich verbarg ich hinter meinem Bettvorhange, küßte es, verrichtete vor demselben mein Gebet." Und „wie ein elektrischer Schlag" traf ihn die Nachricht von ihrer Verlobung mit dem österreichischen Erzherzog Franz Carl. Das war im Jahr 1824; da war der kleine Maximilian noch nicht einmal 13 Jahre alt. „Wie ein hohes Wesen erschien sie mir, als ich bey der Rückkehr nach München sie zum erstenmale wieder begrüßte. Ich sehe sie noch, die herrliche, hohe Gestalt in ihrem weißen Kleide, noch weiß ich Zimmer und Stelle, wo sie sich befand. Die blaue Jacke, die ich trug, in der ich sie dabey umarmte, wollte ich lange nicht weggeben."[6]

Schon länger waren Hochzeitspläne zwischen Wien und München geschmiedet worden. Bereits während des Wiener Kongresses 1814/15 unterstrich der österreichische Staatskanzler Klemens Wenzel Fürst von Metternich mehrfach die Wichtigkeit einer Verbindung der Häuser Habsburg und Wittelsbach, um den politischen Spannungen zwischen den beiden Ländern entgegenzuwirken. Immerhin hatte man in den vergangenen Jahren verschiedentlich auf gegnerischen Seiten gekämpft. König Maximilian I. stimmte zu, dass eine seiner Töchter den zweitgeborenen Sohn des österreichischen Kaisers heiraten sollte. Die Verbindung mit dem Zweitgeborenen wurde dadurch aufgewertet, dass vom ältesten Sohn, Kronprinz Ferdinand, allgemein bekannt war, dass er mit gesundheitlichen Problemen zu kämpfen hatte und dadurch keine Nachkommen zu erwarten waren. Infolgedessen nahm Franz Carl in der Thronfolge die nächste Stelle ein. Problematisch war nur, dass auch er als „gutmütig" bezeichnet wurde, was so viel bedeutete, als dass er mit geistigen Gaben nicht gerade überreich gesegnet war. Dies erschwerte die Suche nach einer geeigneten Gemahlin. Es ist kein Zufall, dass die Wahl auf Sophie fiel, denn sie zeigte bereits in jungen Jahren neben ihrer Intelligenz ein auffälliges Standes- und Pflichtbewusstsein. Und so wurde schon früh damit begonnen, sie auf ihre Zukunft an der Seite des Erzherzogs vorzubereiten.[7]

In Wien unterstützte Kaiserin Karoline, die Frau Kaiser Franz I., die Pläne. Auch sie war eine Schwester König Ludwigs I. und damit eine Halbschwester Sophies. Für Franz I. (1768 – 1835) war es die dritte Ehe. Aus einer früheren Verbindung stammte der Sohn Franz Carl. Um das genealogische Wirrwarr auf einen kurzen Nenner zu bringen: Karoline war Sophies (Halb-)Schwester und wurde zudem ihre (Stief-) Schwiegermutter.

Die Brautwerbung erfolgte im Mai 1824 in Tegernsee. Metternich höchstpersönlich begleitete den Bräutigam, um sicherzugehen, dass er von seiner besten Seite präsentiert werde. Auf bayerischer Seite war Sophies Schwager Friedrich August von Sachsen mit von der Partie. Er hatte 1833 ihre Zwillingsschwester Maria Anna geheiratet.

Beim Anblick des künftigen Ehemanns war die 19-jährige Sophie alles andere als begeistert. Doch nun zahlte es sich aus, dass sie seit Langem auf das Heiratsprojekt vorbereitet worden war. Sie bewahrte Haltung. Sophie wusste, was von ihr erwartet wurde – nämlich dynastische Pflichterfüllung. Persönliches Glück war keine zwingende Option im Leben einer Prinzessin jener Tage. Daher fügte sie sich nicht nur in ihr Schicksal, sondern war vom ersten Moment an fest entschlossen, das Beste aus der Situation zu machen. Sie zeigte sich herzlich und liebevoll. Franz Carl konnte sein Glück kaum fassen, dass diese hübsche, gebildete, intelligente Prinzessin ihn nahm und schrieb voll Begeisterung an seinen Vater in Wien: „Je mehr wir, Sophie und ich, uns kennen lernten, desto vertrauter wurden wir. Schon als wir Tegernsee verließen, war alle Verlegenheit weg. In Nymphenburg kamen wir sehr viel zusammen allein. Ich saß täglich zu Mittag und Abend neben ihr, und da sprachen wir dann so recht vertraut über unsere zukünftigen Verhältniße, über unsere gegenseitigen Wünsche, wie wir recht glücklich, einig, und liebevoll zusammen leben wollten und da hatte ich [...] das Glück zu bemerken, daß wir in den meisten Punkten ganz dieselben Ansichten und Denkungsarten hatten. Vorzüglich die letzten Tage vor meiner Abreise suchte sie sich recht an mich anzuschließen, und behandelte mich recht zärtlich, innig und mit der wärmsten Anhänglichkeit. Ich war über diese Beweise der herzlichsten Zuneigung ganz entzückt [...]."[8] Nie äußerte sich Sophie abfällig über ihren Bräutigam. Und sie sollte den respektvollen und liebevollen Umgang mit ihrem Mann ein Leben lang beibehalten. Anders die eigene Familie: Ihre Mutter Königin Karoline war beinahe wütend. Sie meinte, dass ihre hübsche, gebildete Tochter eine wesentlich bessere Partie verdient hätte. „Mich würde er zu Tode langweilen. Dabei ist er gebildet, sagt man, und beginnt, sehr verliebt zu werden. Das sollte mich freuen, aber ab und zu möchte ich ihn schlagen. Sophie ist so hübsch und geistreich!" Und Königin Karoline dankte Gott, dass Sophie bei allen ihren von der Natur verliehenen Vorteilen so vernünftig sei.[9] Die Prinzessin hatte sich in ihr Schicksal ergeben. Und der Bräutigam war überglücklich und schickte einen Brautschmuck, der auf 600.000 Gulden geschätzt wurde.[10]

Es sei dahingestellt, ob es nur Pflichterfüllung, Gutmütigkeit oder Großherzigkeit war. Sophie hatte wohl sehr schnell auch die Chancen erkannt, die sich ihr durch diese Ehe eröffneten. Dieser Ehemann würde ihr einen Freiraum bieten, der für Frauen ihres Standes normalerweise nicht vorgesehen war: Sie könnte ein weitgehend selbstbestimmtes und dadurch interessantes Leben führen, ihre politischen Ambitionen realisieren und somit eine bedeutende Rolle spielen.

Sophie wurde am Wiener Hof enthusiastisch empfangen und herzlich aufgenommen. Sie zog mit ihren Eltern und zwei ihrer Schwestern sowie großem Gefolge unter Kanonendonner und unter großer Anteilnahme der Bevölkerung in die Hofburg ein, wo die komplette kaiserliche Familie sie erwartete.[11] Am 4. November 1824 fand in der Augustiner-Hofkirche in Wien die prunkvolle Hochzeit statt und anschließend der Gratulationsempfang sowie das große Bankett in der Hofburg. Und in den Zeitungen wurde gejubelt: „Diese, die Herzen aller treuen Unterthanen mit Freude erfüllende Verbindung umschlingt nun die beiden erhabenen Herrscherhäuser, und die

Ihrem milden Zepter untergebenen Nationen mit doppelten Banden der Freundschaft."[12]

Vor allem mit ihrem Schwiegervater Kaiser Franz verstand sich Sophie prächtig. Und auch das Problem einer eifersüchtigen Schwiegermutter gab es nicht. Zu ihrer rund 13 Jahre älteren Halbschwester hatte sie ein ausgezeichnetes Verhältnis, was ihr die erste Zeit der Eingewöhnung wesentlich erleichterte. Der Ehemann liebte sie abgöttisch, Kaiser Franz I. überhäufte sie mit seiner Güte und ihre Schwester und Schwiegermutter Karoline bezeichnete sie als „meinen Schutzengel".[13] Sophie fühlte sich wohl in Wien, war umschwärmt und verehrt, und auch hierin sollte sich die Gutmütigkeit ihres Ehemanns als Glücksfall erweisen. Er war in keiner Weise besitzergreifend oder eifersüchtig, sondern einfach froh, dass die schöne, eloquente Prinzessin ihn geheiratet hatte. So konnte sich Sophie in Wien gleich zweier Verehrer erfreuen: des Herzogs Franz von Reichstadt, des Sohns Napoleons aus dessen zweiten Ehe mit Erzherzogin Marie Louise, und ihres Cousins Prinz Gustav Wasa, der seit der Absetzung seines Vaters als König von Schweden im Wiener Exil lebte. Ersterer, in Wien „Prinz Franzi" genannt, wuchs vereinsamt am Wiener Hof auf und suchte verständlicherweise Anschluss an halbwegs gleichaltrige Familienmitglieder. Zunächst war ihm Sophie in erster Linie eine mütterliche Freundin, doch mit zunehmendem Alter verliebte sich Franzi – wie einst der kleine Max von Bayern – in die charmante „Tante". Dass die beiden – was immer wieder gemunkelt wurde – mehr als nur innige Freundschaft und Verehrung seitens des jungen Prinzen verband, ist eher unwahrscheinlich. In Hinblick auf ihr Pflichtbewusstsein und ihre ehrgeizigen Pläne bei Hofe ist es kaum denkbar, dass ausgerechnet die vernünftige Sophie aus einer Emotion heraus einen Skandal riskiert hätte. Vielmehr wird sie die Freundschaft geschätzt und die Verehrung des feschen jungen Prinzen genossen haben, ohne jemals eine kompromittierende Situation zuzulassen. Umso schmerzlicher traf es Sophie, als ihr Freund und Vertrauter 1832 mit gerade einmal 21 Jahren in Schloss Schönbrunn verstarb.[14]

Die ersten Ehejahre waren von Sophies Kinderlosigkeit überschattet. Das lag jedoch nicht daran, dass sie nicht schwanger wurde. Nach fünf Fehlgeburten verschrieben die Hofärzte schließlich Solebäder im damals neuen Kurort Ischl im Salzkammergut. Die Kur war von Erfolg gekrönt. Am 18. August 1830 kam das lang ersehnte erste Kind zur

Welt, noch dazu ein Sohn! Das freudige Ereignis wurde auch in München mit 21 Kanonenschüssen lautstark verkündet.[15]

Nun begann für die junge Erzherzogin ein neuer Lebensabschnitt mit einem klaren Ziel: Der Sohn Franz Joseph sollte von Anfang an als potenzieller Thronerbe erzogen werden. „Für die Dynastie Habsburg-Lothringen war die Ehe Franz Carls mit Sophie ein absoluter Glücksfall", ist nicht nur die Meinung der österreichischen Historikerin Katrin Unterreiner, sondern vieler moderner Historiker, „denn es war Sophie allein zu verdanken, dass sie mit sehr viel Klugheit, Ehrgeiz und Konsequenz ihren ältesten Sohn Franz Joseph, der, Gott sei Dank, eher nach der Mutter als nach dem Vater kam, zu einem gebildeten jungen Mann erzog, der als Monarch in Frage kam. Im Hinblick auf die geistigen Voraussetzungen der männlichen Habsburger dieser Generation ist es verständlich, dass sie einen so gewaltigen Aufwand betrieb und ihren Sohn direkt zum künftigen Kaiser ‚dressierte'. Bei ihren anderen Söhnen war sie wesentlich weniger streng und nachgiebiger."[16]

Nach den Anlaufschwierigkeiten kamen zwischen 1830 und 1833 zwei weitere Söhne: 1832 Maximilian, der spätere Kaiser von Mexiko, und ein Jahr später Karl Ludwig (der Vater des späteren Thronfolgers Franz Ferdinand und Großvater des letzten Kaisers von Österreich, Karl I.). Damit hatte Sophie den Fortbestand der Dynastie mehr als gesichert und zudem als Mutter des künftigen Kaisers eine mächtige Position am Wiener Hof errungen. Sie erfüllte nicht nur Mutterpflichten, sondern hatte auch den Haushalt fest im Griff und kümmerte sich intensiv um die Erziehung der Kinder, besonders des Erstgeborenen. Sophie gefiel sich in der Rolle der glücklichen Ehefrau und Mutter.[17]

Ein Wermutstropfen war nur der frühe Tod ihrer einzigen Tochter Maria Anna (1835 – 1840) – ein schwerer Schlag für die Erzherzogin. Nach weiteren Fehlgeburten brachte sie 1842 mit inzwischen 37 Jahren schließlich ihren letzten Sohn Ludwig Victor zur Welt.[18] Es war ihre zwölfte Schwangerschaft, darunter sechs Fehlgeburten und eine Totgeburt.

Das Revolutionsjahr 1848 erforderte Sophies besondere Aufmerksamkeit und Einflussnahme. Zum einen kamen die unerfreulichen Nachrichten aus München rund um König Ludwig und Lola Montez. Sophie, die der ultramontanen, der romtreuen Politik anhing, konnte die Vorgänge nicht gutheißen, nicht nur aus moralischen Gründen, sondern auch aus politischen. Immerhin hatte Lola Montez nicht nur einen verhängnisvollen Einfluss auf den König, sie kämpfte auch gegen die Ultramontanen. Immer wieder warnte Sophie ihren Bruder vor der Montez, ließ im Wiener Stephansdom Messen für ihren „verirrten" Bruder lesen, doch ohne Erfolg. „Eiche nanntest Du mich, kennst Du die Natur denn der Eiche! Niemals beuget sie sich, trotzt, bis zernichtet sie stürzt", so lautete dessen Antwort auf Sophies stetes Mahnen.[19]

Auch in Wien machten sich revolutionäre Vorgänge bemerkbar. Vor der Hofburg kam es zu tumultartigen Szenen. Und in vielen Ländern des großen Habsburgerreichs erhoben sich Aufständische. Der Vielvölkerstaat drohte auseinanderzubrechen. In dieser Situation bewies sich Sophie als „einziger Mann am Hof", wie gerne gesagt wurde.[20] Sie behielt einen kühlen Kopf, veranlasste, dass die kaiserliche Familie Wien verließ. Es ist hier nicht die Stelle, die Vorfälle im Einzelnen zu beschreiben. Nur so viel: Letzten Endes stellten Fürst Felix zu Schwarzenberg[21] und Fürst Alfred zu Windischgrätz sicher, dass Kaiser Ferdinand I. (Kaiser seit 1835), den man den beschönigenden Beinamen „der Gütige" gab, die Regierungsgeschäfte zugunsten seines Neffen Franz Joseph niederlegte. In der Krise des österreichischen Kaiserreichs im Revolutionsjahr 1848 waren die Abdankung Ferdinands I. und ein Neubeginn die einzige Chance für den Fortbestand der Monarchie. Sophie verzichtete darauf, selbst Kaiserin zu werden, indem sie ihren Ehemann Franz Carl, den nächsten Anwärter auf den Thron, bestärkte, zugunsten des gemeinsamen Sohnes Franz Joseph zurückzustehen. Da kam ihr die leidenschaftslose Art ihres Mannes entgegen. So konnte Franz Joseph am 2. Dezember 1848 als 18-Jähriger im erzbischöflichen Palais in Olmütz zum Kaiser gekrönt werden, ohne je zuvor Thronfolger gewesen zu sein. In seinen ersten Regierungsjahren stand dem jungen, unerfahrenen Kaiser seine Mutter zur Seite, war seine wichtigste Ratgeberin, insbesondere bei der die Ambitionen der magyarischen Oberschicht eindämmenden Politik. In dieser Hinsicht stand sie gegen ihre Schwiegertochter und Nichte, Kaiserin Elisabeth (1837–1898), die den Ungarn besonders wohlgesonnen war.

Am 24. April 1854 hatte Kaiser Franz Joseph seine Cousine Herzogin Elisabeth in Bayern geheiratet, die Tochter von Sophies jüngerer

Schwester Ludowika. Auch über eine passende Ehefrau für ihren Sohn hatte sich die Erzherzogin Gedanken gemacht. Verschiedene Kandidatinnen wurden ins Auge gefasst und aus unterschiedlichen Gründen wieder verworfen. In der Literatur wurde vielfach behauptet, dass Sophie daraufhin mit ihrer Schwester Ludowika Pläne schmiedete, deren älteste Tochter Helene mit Franz Joseph zu verheiraten. Neuere Forschungen zeigen aber, dass diese Behauptung nicht belegt werden kann.[22] Tatsache aber ist, dass Kaiser Franz Joseph im August 1853 seinen 23. Geburtstag in Bad Ischl feierte, wozu einige Verwandte eingeladen wurden, darunter seine Tante Ludowika und seine Cousinen Helene und Elisabeth, heute besser bekannt als „Sisi". Und dass sich der Kaiser am ersten Abend Hals über Kopf verliebte und bereits nach zwei Tagen durch die Mutter bei Herzogin Ludowika anfragen ließ, ob er die damals 16-jährige Elisabeth heiraten könne bzw. ob sie ihn heiraten wolle. Am Tag darauf erhielt er ihre Zustimmung. Und im Frühjahr 1854 wurde geheiratet. Ein knappes Jahr später kam das erste Kind, ein Mädchen, das nach der Großmutter Sophie genannt wurde. Es starb nach zwei Jahren. Es folgten die Tochter Gisela und Kronprinz Rudolf. Von seiner Geburt erholte sich Elisabeth nur langsam. Auch zeigte sie nach dem Tod der kleinen Sophie nur wenig Interesse an ihren Kindern, was sich erst bei dem sehr viel jüngeren Nesthäkchen, der 1868 geborenen Marie Valerie, ändern sollte.

Erzherzogin Sophie veranlasste, dass Kronprinz Rudolf schon sehr früh eine militärische Ausbildung erhielt, was jedoch nicht im Sinne seiner Mutter war. Sophie und Elisabeth hatten generell verschiedene Lebensauffassungen. So konnte die Erzherzogin, für die Pflichterfüllung oberstes Gebot war, nicht verstehen, dass ihre Nichte häufig auf Reisen war, ihren Mann und die beiden älteren Kinder allein ließ. Das vor allem durch Elisabeths Biograf Egon Caesar Conte Corti und später in den „Sissi-Filmen" verbreitete Bild der „bösen Schwiegermutter" trifft jedoch nicht zu, denn sie unternahm alles, um ihrer Nichte das Eingewöhnen am Wiener Hof zu erleichtern. Allerdings wünschte sie, dass Elisabeth mehr für ihre Kinder da wäre. Sisis zahlreiche Malaisen, ihre Krankheiten, Kuraufenthalte und die Fluchten in ferne Länder setzten ihrer Schwiegermutter schwer zu, die sich in der Zwischenzeit um die Enkel kümmerte, weswegen sie für Rudolf und Gisela zu einer wichtigen Bezugsperson wurde.[23]

Dabei war Sisi längst nicht das einzige Sorgenkind der Erzherzogin: Während Sophie ihren erstgeborenen Franz Joseph (1830 – 1916) von Anfang an auf die Rolle des künftigen Kaisers vorbereitet hatte, erhielten die anderen Söhne die für Erzherzöge übliche Erziehung. Neben der militärischen Ausbildung standen Fremdsprachen, Philosophie, Geschichte, ja sogar Schöngeistiges auf dem Lehrplan. Der Zweitgeborene, Maximilian (1832 – 1864), war aufgrund seines Charmes am Wiener Hof sehr beliebt und der Liebling seiner Mutter. Er liebte Reisen, Literatur und Kunst. Er ließ sich prunkvolle Gebäude errichten, darunter Schloss Miramare bei Triest, wo er ab 1859 auch lebte. Mit Geld allerdings konnte er nicht umgehen. Sophie half ihm jedoch jedes Mal aus der Patsche, da sie großes Verständnis für die Leidenschaften ihres Sohnes zeigte. 1864 nahm Maximilian trotz Bedenken seiner Familie auf Schloss Miramare die mexikanische Kaiserkrone an. Doch dann kam es zum Desaster: Maximilian wurde 1867 in Mexiko erschossen – ein schwerer Schicksalsschlag für seine Mutter Sophie.

Der dritte Sohn Karl Ludwig (1833 – 1896), von 1855 an k. k. Statthalter in Tirol, wurde nach dem Selbstmord Kronprinz Rudolfs am 30. Januar 1889 in Mayerling zum Thronfolger ernannt – bis zu seinem eigenen Tod –, danach folgte ihm als Thronfolger sein Sohn Franz Ferdinand – bis zu dessen Ermordung 1914 in Sarajewo. Karl Ludwigs zweiter Sohn Otto Franz Joseph war schließlich der Vater des letzten Kaisers von Österreich, Karl I., und Großvater Otto von Habsburgs. Und Sophies vierter Sohn Ludwig Victor (1842 – 1919), das Nesthäkchen, in der Familie allgemein „Luziwuzi" genannt, sollte ihr verhätscheltes „Bubi" werden. Sein Leben war begleitet von Eskapaden und Skandalen. Er starb unverheiratet.

Bereits zu Lebzeiten wurde die Erzherzogin als eine „Fürstin von Geist und Charakter, als unternehmend und eingreifend, und in großen Dingen klug und beharrlich" geschildert.[24] Auch moderne Historiker und Biografen sehen Erzherzogin Sophie heute in durchaus positivem Licht, auch wenn sie mit zu den umstrittensten Persönlichkeiten der österreichischen Geschichte zählte. Als Mutter zweier Kaiser und als Schwiegermutter der fast legendären Kaiserin Elisabeth hatte Sophie lange Zeit unter sehr wenig differenzierter historischer Beurteilung zu leiden gehabt. Der oft als gute Mutter und böse Schwiegermutter bezeichneten Erzherzogin warf man Einmischung in die Politik und in die Ehe ihres ältesten Sohns vor, die angeblich aus diesem Grund scheiterte. Doch kümmerte sie sich auch um die Ehen ihrer anderen Söhne. Das Leben der Erzherzogin war ständig von Problemen begleitet: Es begann mit ihrer anfänglichen Unfähigkeit, Kinder zu bekommen, die schließlich jedoch glücklich überwunden wurde. Ihre Schwangerschaften wurden ihr zum Schluss sogar lästig. Der Tod des Kaisers Franz I. im Jahr 1835 und ihrer einzigen Tochter Maria Anna im Jahr 1840 überschatteten ihr familiäres Glück. Die Freude, ihren Sohn auf dem Thron zu sehen, wofür sie so gekämpft hatte, wurde durch die Angst um seine Gesundheit geschmälert. Dazu kamen die politischen und militärischen Misserfolge Franz Josephs. Die Niederlagen gegen Frankreich und die sardisch-piemontesischen Truppen in den blutigen Schlachten von Magenta und Solferino, dann 1866 die Niederlagen gegen Preußen bei Königgrätz und schließlich die Entstehung des preußischen Kaiserreichs setzten der durch zahlreiche Fehlgeburten geschwächten Erzherzogin zu. Zudem hatte sie die standesrechtliche Erschießung ihres Lieblingssohns Maximilian in Mexiko verarbeiten müssen. In ihren letzten Jahren blieb Sophie zwar weiterhin an allen Ereignissen interessiert, zog sich jedoch mehr und mehr zurück. [25]

Nach dem gewaltsamen Tod Maximilians 1867 in Mexiko verlor Sophie jeden Lebensmut. Sie überlebte ihn nur um fünf Jahre. Nach einem Besuch im Burgtheater soll sie sich eine Lungenentzündung zugezogen haben. Sie starb gut zwei Jahre vor ihrer Goldenen Hochzeit mit Franz Carl, am 28. Mai 1872, im Kreise der ganzen Familie. Sie war 67 Jahre alt geworden. Ihr Mann Franz Carl, ihre Söhne Karl Ludwig, Ludwig Viktor sowie Kaiser Franz Joseph und seine Frau Elisabeth und deren Kinder, zudem weitere Familienangehörige waren bei ihr. Kronprinz Rudolf schluchzte laut, Erzherzog Karl Ludwig weinte, die anderen standen wie erstarrt oder waren bemüht, den greisen Erzherzog Franz Carl zu trösten, der sich in einen Sessel geworfen hatte und hemmungslos weinte.[26] Die Beisetzung fand am 1. Juni unter großer Anteilnahme in der Kapuzinergruft statt. Tausende säumten die Straßen bei ihrem Trauerzug. Die Zeitungen, nicht nur im k. u. k. Reich, waren voll von Nachrichten über ihre letzten Tage; Nachrufe würdigten die „hohe Verehrerin und Förderin der Künste und Wissenschaften, denen sie schon daheim im Elternhause im kunstliebenden und fördernden Baierlande das regste Interesse entgegengebracht hatte".[27]

Das Gemälde der Erzherzogin Sophie von Österreich stellt in der Reihe der Schönheiten insofern eine Besonderheit dar, als es die Zweitfassung eines neun Jahre älteren Gemäldes ist, allerdings ohne ihren Erstgeborenen Kaiser Franz Joseph, der auf dem ersten Bild auf ihrem Schoß sitzt.[28] Dieses erste Bild hatte Joseph Stieler 1832 in Wien – als er verschiedene Porträts fürstlicher Personen fertigte – begonnen,[29] dann aber in München vollendet. Im Auftrag von König Ludwig I. kopierte Stieler 1841 das Bild der Erzherzogin eigenhändig für die Schönheitengalerie. Das Bild zeigt die Erzherzogin also im Alter von 27 Jahren, nicht in großem Pomp, lediglich geziert mit elegantem Perlenschmuck, in einem ziegelroten Samtkleid mit riesigen Puffärmeln.

Bereits das ursprüngliche Gemälde machte in München Furore: „Unter den gegenwärtig im hiesigen Kunstvereine ausgestellten Bildern befindet sich ein Porträt I. k. k. Hoh. der Erzherzogin Sophie von Österreich, Gemahlin Sr. k. k. Hoh. des Erzherzogs Franz. Die Prinzessin sitzt, lebensgroß, ein Bild der Gesundheit und Anmuth, und hat den kleinen Erzherzog, ihren Erstgeborenen vor sich, der ein schöner, lebhafter, blondgelockter Knabe mit Blumen in der Hand auf dem Schoße der glücklichen Mutter sich aufrecht erhält. Die sprechende Ähnlichkeit dieses Bildes mit seinem bei allen Bayern in unvergeßlichem Andenken lebenden Original, und die außerordentliche Feinheit und Genauigkeit, womit Hr. Hofmaler Stieler diese erst vor Kurzem von ihm in Wien begonnene Gemälde nunmehr in allen Theilen vollendet hat, sind völlig geeignet, dasselbe in jeder Hinsicht zum Gegenstande der lebhaftesten Theilnahme zu machen."[30] Bald fand das Bild auch lithografiert allgemeine Verbreitung.[31]

Die Zahlung für die Fassung der Schönheitengalerie wurde am 27. Oktober 1841 angewiesen.[32] Ob es ebenfalls im Kunstverein gezeigt wurde, ist nicht überliefert. Vermutlich nicht. Im Herbst 1841 ist lediglich zu lesen, dass das Stieler'sche Porträt von Sophies Mutter, Königin Karoline, ausgestellt wurde,[33] die am 13. November 1841 verstorben war.

Die Vorlage zum Foto im Visitkartenformat schuf der Kupferstecher Andreas Fleischmann.

Katharina Rosa Botzaris, verheiratete Karadja (1819 – 1875)

Die wohl exotischste Schönheit der Galerie ist Katharina Botzaris, auch Rosa Bozzaris oder auf Griechisch Aekaterini Rosa Botsari, die mit ihrer griechischen Nationaltracht nicht nur bei ihrem Münchenbesuch Aufsehen erregte. Doch über ihr Leben ist wenig bekannt. Bereits das Geburtsjahr ist nicht exakt festzumachen. Rückseitig auf dem 1841 entstandenen Gemälde wurde vermerkt: „1818 oder 1820", der Verfasser des Familien-Stammbaums[1] entschied sich für den Mittelwert und gibt als Geburtsjahr 1819 an. Die Angabe bei Auguste von Oertzen, Katharina sei bereits 1807 auf die Welt gekommen, dürfte auf jeden Fall falsch sein. Einig sind sich jedoch alle: Der Geburtsort war Ioannina im Norden Griechenlands. Und dass sie einer bekannten Souliotenfamilie entstammte. Der Vater war der berühmte Freiheitsheld Markos Botzaris (1790 – 1823), einer der Helden von Missolunghi. Katharina war zudem die Nichte des Generals Kostas Botzaris (1792 – 1853), der 1832 in der Delegation der griechischen Nationalversammlung nach München gekommen war, sowie die Schwester jenes Dimitrios Botzaris (1813 – 1871), der nicht nur in München erzogen wurde, sondern auch in Griechenland politisch Karriere machte.

Der Nationalheld Markos Botzaris hatte im griechischen Freiheitskampf verbissen die Befestigungsanlage von Missolunghi verteidigt, den Kampf jedoch nicht überlebt. Am 21. August 1823 starb er durch einen Kopfschuss. Die kleine Katharina wurde daraufhin angeblich von den feindlichen Türken gefangen genommen und in einen entlegenen Teil des Osmanischen Reichs verschleppt. Sie kam in die Obhut osmanischer Frauen der Oberschicht; eine von ihnen wollte die Kleine sogar adoptieren. Doch nach einem Gefangenenaustausch kam sie zurück zur Familie nach Griechenland – so zumindest in der griechischen Überlieferung,[2] die vermutlich jedoch nur einer romanhaften Fantasie entsprungen ist.

1832 wurde König Ludwigs Sohn Otto zum König von Griechenland gewählt. Dimitrios Botzaris, der in München erzogen worden war[3] – man sprach sogar von Adoption durch Ludwig I., was nicht der Realität entsprechen dürfte, auch wenn dieser als Philhellene viel zur

Unterstützung der Griechen tat –, ging als Ordonanzoffizier des jungen Königs Otto 1833 nach Athen.

1827 war Dimitrios zusammen mit einem anderen Soulioten nach München gekommen. Die Mutter hatte angeblich niemand anderem die Erziehung des Sohnes anvertrauen wollen als König Ludwig. Offensichtlich wurde Dimitrios, der gut Italienisch sprach, schnell in der Münchner Gesellschaft aufgenommen. Das Ehepaar Ringseis nahm sich des jungen Griechen an und Johann Andreas Schmeller hat sich mit ihm beim Spaziergang an der Isar sehr gut unterhalten.[4] Später wurde Dimitrios Botzaris Adjutant König Ottos und griechischer Kriegsminister. In der Kammer saß er stets für Souli; die Soulioten, ein ursprünglich albanischer Volksstamm, wählten nie einen anderen als den Sohn ihres einstigen Führers Markos Botzaris.[5] Und nachdem König Otto am 22. November 1836 in Oldenburg Amalie, die Tochter des dortigen Großherzogs, geheiratet hatte und mit ihr nach Griechenland zurückgekehrt war, wählte diese zu Beginn des Jahres 1838 noch in Nauplia Dimitrios Schwester zu ihrer Hofdame. An Ostern trat Katharina ihren Dienst an.[6] Eigentlich hatte die Mutter Botzaris gehofft, die Königin würde ihre ältere Tochter als Hofdame ernennen, wohl – wie Amalie vermutete – weil diese schon 20 Jahre alt war, „ein großes Alter für ein Mädchen in Griechenland". Doch Amalie entschied sich – wie sie ihrem Vater ausführlich berichtete – für Katharina, die jüngere, „ein hübsches Mädchen von 16 Jahren, eine Blondine, eine Seltenheit in Griechenland". Die ältere Schwester, die sogar Französisch sprach, hatte „etwas gar zu naseweises".[7]

Julie von Nordenflycht, die langjährige Hofdame Königin Amalies, die mit ihr aus Oldenburg nach Griechenland gekommen war, erzählte mehrfach in Briefen an eine Freundin in Deutschland von ihrer jungen neuen „Kollegin", von der nicht nur sie selbst begeistert war. Rosa Botzaris, wie sie am Hof meist genannt wurde, trug stets ein griechisches Kostüm, „welches dem jungen hübschen Mädchen allerliebst steht. […] Gestern [30. März 1838] machte ich mit ihr einen Visiten-Cursus, und sah, welche freudige Theilnahme es überall beim Volke erregte, sie neben mir im Hofwagen zu sehen. Aus Werkstätten und Boutiken steckten die Griechen ihre Köpfe hervor, und winkten einander freundlich zu mit bedeutungsvollen Blicken, als wollten sie sagen: Seht! Rosa B.! Hofdame unserer Königin! – Nun ja, die erste griechische Hofdame der ersten Königin in Griechenland ist auch

PILOTY & LOEHLE
MUENCHEN

VI

233

gewiß in ihrer Art eine interessante und natürlich den Einwohnern von Athen sehr angenehme Erscheinung."[8] Die Griechen, die so hart für ihre Befreiung von den Türken gekämpft hatten, sahen mit einer gehörigen Portion Skepsis auf die neuen Machthaber. Da erregte der Anblick einer der ihren im Dunstkreis des Königs ihr Wohlgefallen.

Und Frau von Nordenflycht aus Oldenburg musste auf der anderen Seite feststellen, dass die Familien der Freiheitskämpfer durchaus weltgewandt waren: „Die junge Dame selbst ist weit minder verlegen in ihrer neuen Situation als ich mir gedacht hätte, und bei den Besuchen zog sie, wo wir nicht angenommen wurden, ihre Karte so ruhig hervor und gab sie dem Diener mit einer Miene, als hätte sie das Visitenfahren schon Jahre lang in den Straßen von Wien und Paris getrieben. Heute gehe ich mit ihr zum Diner beim englischen Gesandten, neugierig, wie sie sich da machen wird. Sie hat bereits angefangen, Französisch zu lernen; jetzt wäre noch ein guter Tanzmeister für sie nöthig. Beim letzten Hofball in voriger Woche war sie noch Zuschauerin." Julie von Nordenflycht hatte der neuen Hofdame ihre Zimmer im Schloss abgetreten, sodass sie für die Königin immer verfügbar war. Noch sprach Rosa nur Griechisch und Julie von Nordenflycht, ein „alter Hase" im Hofdienst, war begierig darauf zu sehen, „wie die kleine Dame sich am Hofe befinden, wie sie ihre Zeit eintheilen und sich beschäftigen wird." Katharina hatte dabei sicher etwas Rückendeckung durch ihre Mutter, die in unmittelbarer Nachbarschaft ein Haus gemietet hatte, wo sie mit ihrer älteren Tochter wohnte. Und Nordenflycht war auch von diesen beiden Damen angetan: „Sie scheint eine sehr achtungswerthe, brave Frau, und diese Tochter ist auch ein hübsches Mädchen von 19 Jahren, artig und freundlich, spricht auch etwas französisch und italienisch."[9] Als man im Herbst desselben Jahres Missolunghi besuchte, wohnten das Königspaar und die Entourage sogar im Haus von Markos Botzaris. „Seine Witttwe wie sein liebliches Töchterchen und unsere kleine Hofdame empfingen die Majestäten an der Schwelle ihrer Wohnung."[10]

Den Winter über war die junge Hofdame allerdings erkrankt, weshalb Nordenflycht in Athen bleiben musste. Sie wäre gerne nach Rom gereist. Doch tat dies ihrer Freundschaft zur Kollegin keinen Abbruch. „Mit meiner Stubengefährtin, Rosa B. vertrage ich mich trefflich und lerne griechisch von ihr. Es ist ein liebes hübsches Mädchen, klug und anstellig." Wieder waren sie in Missolunghi, allerdings hatte sich Nordenflycht auf der Reise verletzt. Doch im Haus der Mutter Botzaris, wo man wiederum wohnte, fehlte es ihr nicht an Pflege. „Die ältere Schwester der B., ein liebes gutes Mädchen, widmet mir auch täglich einige Stunden, und da sie gut französisch redet, so plaudern wir recht viel zusammen." Währenddessen begeisterte Katharina alias Rosa die alten griechischen Haudegen: „Zwischen den Reitern hindurch Fräulein B., leicht wie eine Feder, schlank wie eine Gazelle [ritt sie] vorüber an all den alten Palikaren, die mit Freude und Stolz das schöne Griechenmädchen, die Tochter ihres Kampfgenossen, dorthin galoppieren sahen, zu ihrer Königin."[11]

Immer wieder war Nordenflycht überrascht, wie zäh „die kleine B." war. Sie war eben die echte Tochter eines griechischen Freiheitskämpfers! „Sie erträgt bis jetzt die Anstrengungen besser als ich es ihrer zarten Gestalt und Gesundheit zugetraut hätte. Dabei ist sie eine so gewandte und kühne Reiterin, daß sie vor keiner Gefahr erschrickt. An den schlimmsten Stellen steigt sie nur dann ab, wenn es ihr ausdrücklich befohlen wird." Katharina scheint der Liebling der Hofgesellschaft gewesen zu sein: „Der Königin ist sie auf dieser Reise von großem Nutzen. Das hübsche, kluge Mädchen wird von uns Allen verzogen. Mir hat die Mutter sie besonders empfohlen, und deshalb habe ich für sie doppeltes Interesse."[12]

Für das Jahr 1841 stand dann die Reise der Königin nach Deutschland an, auf die Amalie auch das Fräulein B. mitnehmen wollte. Doch zuvor durfte sie noch an der Hochzeit ihrer älteren Schwester mit einem Oberst Zizini, „eine gute und passende Partie", wie Nordenflycht meinte, teilnehmen.

Am 11. Juni verließen die Damen die damals obligatorische Quarantäne in Ancona Richtung München. Und Julie von Nordenflycht prophezeite, dass „das niedliche Griechen-Mädchen gewiss gefallen" werde.[13] Sie sollte recht behalten.

Am 16. Juni 1841 traf die Königin von Griechenland, die die letzte Nacht in Mittenwald zugebracht hatte, „in erwünschtem Wohlsein" in München ein. In ihrem Gefolge befanden sich die „Oberst-Hofmeisterin Frau von Plüskow", der „Hofmarschall Oberstlieutenant Suzzo" und die Hofdame „Fräulein Bozzaris".[14]

König Ludwig I. samt Familie erwartete die Schwiegertochter an der Treppe zur Residenz und als die Damen aus dem Wagen stiegen, sah der Monarch die schöne Griechin zum ersten Mal. Auch Königin Therese und sein Bruder Prinz Carl waren begeistert und sprachen sich sofort für eine Aufnahme in die Schönheitengalerie aus. Keine Woche später saß Katharina dem Hofmaler zum ersten Mal Modell (21. Juni), „in griechischer Tracht, in welcher sie immer gekleidet und das Haar ihr gemäß trägt".[15] Vollendet wurde das Bild jedoch erst nach weiteren Sitzungen auf der Rückreise der griechischen Reisegruppe. Die junge Griechin zog überall die Aufmerksamkeit auf sich und der Architekt Leo von Klenze war der Meinung, dass der Besuch der griechischen Königin „eine erhöhende Folie durch die Anwesenheit einer sehr schönen Hofdame, der jungen Bozzaris", erhielt.[16] Doch schon nach wenigen Tagen zog die Reisegruppe von München weiter Richtung Norden, zunächst nach Bad Ems, um die bekannte „Buben-quelle" aufzusuchen, da sich noch immer kein griechischer Thron-folger einstellen wollte.[17] Auch hier zogen die Griechinnen natürlich wiederum die Blicke aller auf sich. „Eine angenehme und interessante Erscheinung für die Kurfremden ist Ihre Maj. die Königin von Grie-chenland, welche mit ihrer Hofdame, Fräulein Bozzaris, täglich, so-wohl morgens als abends auf der Promenade zu erscheinen pflegt. Letztere verdient die Aufmerksamkeit, welche man ihr widmet, nicht bloß wegen ihres griechischen Nationalcostüms und ihrer natür-lichen Anmuth, sondern auch wegen ihrer ungemein feinen und bescheidenen Haltung, welche sie wahrhaft liebenswürdig zu machen scheint. Ein ausgezeichneter Maler aus Paris, welcher gegenwärtig in Ems anwesend ist, soll sich schon viel Mühe gegeben haben, sie por-trätieren zu dürfen, allein, wie man hört, bis jetzt vergebens."[18]

Dann ging es weiter in Amalies Oldenburger Heimat. Dort soll die Hofdame Botzaris, „eine junge Dame von seltener Schönheit", in „manchen nordischen Herzen Verheerungen" angerichtet haben.[19] Im Herbst kehrte die Königin, die unter dem Inkognito einer Gräfin von Missolunghi reiste, wieder zurück. Und die begleitenden Zeitungsar-tikel versäumten nie auf die „Gräfin Bozzaris" in ihrer griechischen Nationaltracht hinzuweisen.[20] Auch nach ihrer Abreise widmete man ihr nicht nur in Oldenburg ein lebhaftes Interesse und „folgte mit Teilnahme ihrem Schicksal, als einige Jahre später eine jener poli-tischen Intrigen, wie sie in Athen an der Tagesordnung waren, ihren Sturz und ihre Entfernung aus ihrer Stellung am königlichen Hof zur Folge hatte."[21] Dabei dürfte der Berichterstatter einem Gerücht auf-gesessen sein. Nicht Intrigen beendeten das Hofdamen-Dasein, son-dern eine bevorstehende Hochzeit. Generell schieden Hofdamen bei ihrer Verheiratung aus dem Hofdienst aus. So auch Katharina Botzaris. Doch vorher richtete man ihr im Schloss zu Athen noch eine glänzende Hochzeit aus. Am 26. Oktober 1844 wurde aus Athen berichtet: „Morgen wird bei Hofe die Trauung des Obristlieutenants Karadja mit der Hofdame Katharina Rosa Bozzaris mit großer Feierlichkeit vollzogen werden, entsprechend der großen Huld, welcher sich die Waise des unsterblichen Marko Bozzaris bei der Königin bis jetzt zu erfreuen hatte."[22] Von Intrigen keine Spur! Auch über die Feierlichkeiten anlässlich der Hochzeit des „Ehrenfräuleins der Königin, Rosa Botzaris" mit dem „Director der Militärschulen Oberst-Lieutenant Georg Caradja" am 27. Oktober 1844 wurde berichtet: „Die Einsegnung hatte im großen Saale des kgl. Palastes im Beyseyn Ihrer Majestäten, der Minister und des gesammten Hofstaates statt. Eine große Anzahl von Personen hatten Einladungen dazu erhalten. Ihre Majestät hatte den ehemaligen Marine-Minister, Herrn Criezis beauftragt, bey der Braut die Vaterstelle zu vertreten."[23]

Der Bräutigam, Oberstleutnant Georg Karadja (1802–1882), stammte wie Katharina aus einer Familie bedeutender Freiheitskämpfer. Einer der bekanntesten war der Hospodar Ioan Georg Karadja (1754–1844), Fürst der Walachei, der einst mit Metternich verhandelt hatte. Und als König Ludwig im März 1834 in Nauplia eingetroffen war, wurden ihm zu Ehren Bälle veranstaltet, unter anderem von jenem alten Hospodar Karadja.[24]

Seine beiden Söhne machten als Gesandte in ganz Europa von sich reden. Der Sohn Konstantin war sogar zeitweise griechischer Gesandter in München. Es ist immer wieder zu lesen, der Bräutigam von Katharina Botzaris wäre der zweite Sohn Georg gewesen. Das stimmt jedoch nicht. Zwar hatte der alte Karadja einen Sohn namens Georg, doch war dieser eine Generation älter und mit einer anderen Frau verheiratet. Katharinas Georg stammte aus einer anderen Linie; sein Vater hieß allerdings auch Ioan (1770–1829). Georg Karadja hatte erst kurz vor der Hochzeit mit Katharina das Kommando der Gendarmerie von Obrist Spiro Mylios erhalten und kurz darauf den Direktorposten der Kadettenschule.[25]

Nach der Heirat wurde es langsam still um Katharina, nun verheiratete Karadja. Ein kurz nach der Hochzeit entstandenes Porträt, auf dem der Künstler Pietro Lucchini sie in einer dramatisch anmutenden Kulisse auf Leopardenfell und mit Pfauenfederfächer darstellte, zeigt sie nicht mehr im griechischen Nationalgewand, sondern in einer eleganten weißen Toilette nach neuester Pariser Mode und mit wertvollem Schmuck. Finanziell scheint es ihr also gut gegangen zu sein. Das Ehepaar wohnte zunächst in Piräus, wo Oberst Karadja die Militärschule leitete. Und diese war am 25. April 1846 auch „Schauplatz eines tragisch-komischen Auftritts". Die Zöglinge der Militärschule empörten sich gegen ihren Direktor und nötigten Oberst Karadja, sich in seiner Wohnung zu verschanzen. „Die jungen Helden luden ihre beiden kleinen Exerzierkanonen so stark, als es nur anging, stellten sie vor einer Türe auf, schlossen die Tore der Anstalt und begangen nun vom Hofe aus einen Musketenangriff gegen die Fenster, welcher der Gattin des Direktors, der durch ihre Schönheit berühmten Tochter des Markos Bozaris, beinahe das Leben gekostet hätte." Erst am folgenden Morgen war „dieser lächerliche Krieg durch die persönliche Dazwischenkunft des Kriegsministers, General Tsavellas,[26] beendigt." Und „die kindischen Helden werden, da man sie wegen Unzurechnungsfähigkeit nicht vor ein ordentliches Kriegsgericht stellen kann, zu körperlicher Züchtigung verurteilt werden." Als Grund für ihre Empörung gaben sie die schlechte Kost an, die ihnen seit einiger Zeit aufgetischt wurde.[27]

Über die letzten 30 Jahre des „schönen Griechenmädchens" ist nur noch bekannt, dass sie vier Kinder hatte: zwei Söhne und zwei Töchter. Sohn Marko (1845–1885) wurde wie sein Vater Offizier, Sohn Alexander (1847–1909) griechischer Politiker. Über die beiden Töchter ist nur bekannt, dass eine Eufrosina (1856–1874) hieß.[28] Noch heute gibt es zahlreiche Nachkommen der Fürstenfamilie Karadja, die über ganz Europa verstreut sind, doch lässt sich bei keinem von ihnen der Stammbaum auf Georg und Katharina zurückführen.

Im Sommer 1871 starb Katharinas Bruder, der „treffliche Artillerieoberst" Dimitrios Botzaris, nach langem Leiden in Athen, man sagt „fast in Armut". Er hinterließ angeblich acht Kinder, vier Söhne und vier Töchter. Die älteste Tochter wurde wie einst seine Schwester bei Königin Amalie nun Ehrenfräulein bei ihrer Nachfolgerin, der griechischen Königin Olga.[29]

1875 starb wohl auch Katharina, vermutlich in Athen. Ein genaues Datum ist nicht überliefert. Und während noch heute auf dem Friedhof von Athen das Grab von Dimitrios Botzaris samt Obelisken erhalten ist,[30] kennt man das Grab seiner Schwester nicht.

Trotzdem es in ihren letzten drei Jahrzehnten gänzlich ruhig um Katharina Botzaris geworden war, zählt ihr Porträt in der Schönheitengalerie bis heute zu den populärsten. Es ist nicht einmal sicher, ob die Schöne das vollendete Gemälde je gesehen hat, vermutlich kannte sie nur die Ölstudie.[31] Das Gemälde Joseph Stielers wurde am 14. Dezember 1841 bezahlt,[32] zu einer Zeit, als Katharina längst zurück nach Athen gereist war. Bereits 1842 und 1843 fertigte der Hofmaler zwei Kopien des Bildes an, 1845 entstand eine weitere für 45 Louisdor.[33]

Im September 1842 stellte Stieler einige Porträts in Mainz aus: „Eines derselben, die Tochter des M. Bozaris vorstellend, ist höchst vollendet und fesselt das Auge aller Kunstfreunde.“[34]

1843 wurde eine Kopie in Stuttgart gezeigt, die allerdings nicht ganz so viel Begeisterung hervorrief, zumindest bei Dr. H. Merz, dem Korrespondenten von „Schorns Morgenblatt für gebildete Leser", der zwei Jahre zuvor die Freude gehabt hatte, Katharina in natura zu erleben: „So sey denn auch gleich der ‚erste Treffer‘, die ‚reizende Bozzaris von Jos. Stieler in München‘ erwähnt. Hier war immer der größte Zudrang; ein zierliches Gesicht, ein weißer Teint, ein wenigsagender Blick, eine zinnoberrothe Lippe und dazu die kleidsame Griechentracht; aber ein südlicher Kopf, ein griechisches Auge ist es doch wohl nicht? Ich habe das Original vor zwei Jahren in München in der St. Salvatorkirche, während eines ganzen griechischen Gottesdienstes, lange und genau gesehen und kann von der Farbe reden. Ihr bräunlicher, nichts weniger als feiner Teint, ihr minder offenes, längliches Auge und der ganze griechisch-slavische Typus konnte zu Fallmerayers Griechenland ein Titelkupfer liefern. Stieler kann, wenn er selbst den Pinsel in die Hand nimmt, in hoher Vollendung malen, aber ich möchte das interessante Mädchen von ihm selber und nach ihr selber sehen.“[35] Die Stuttgarter Kopie wurde vermutlich für König Wilhelm I. von Württemberg angefertigt und ist heute – wie ein Großteil seiner Kunstsammlung, die in alle Winde zerstreut wurde – möglicherweise verloren.

In einer Beschreibung der „Kollektion schöner Frauen" aus dem Jahr 1845 wird Katharina als „eine griechische Dame mit den großen Augen, unter dem Kostüme der Haydée" beschrieben[36] und so mit einer damals äußerst populären Romanfigur verglichen. In den Jahren 1844 und 1845 war Alexandre Dumas' Roman „Der Graf von Monte Christo" ein Bestseller. Und darin wird erzählt, wie der Offizier Fernand Mondego (ein Feind Monte Christos) sein Glück machte: Bei der Belagerung von Janina

(= Ioannina, dem Geburtsort Katharinas) durch die Türken beging er Verrat an Ali Pascha, dem damaligen Herrscher der Region. Dessen Tochter Haydée verkaufte er als Sklavin. Sie wurde später von Monte Christo freigekauft. Diese Geschichte war damals allgemein bekannt. Und vielleicht ist hier auch die Quelle für die in der griechischen Literatur angegebene, aber sonst nicht nachgewiesene Verschleppung Katharinas als kleines Mädchen zu suchen.

Kurz nach dem Gemälde Stielers hat auch der Maler Eduard Bendemann ein Aquarell gefertigt, das Katharina ähnlich dem Stieler-Porträt zeigt, das ihm wohl als Vorbild gedient hat. Allerdings trägt Katharina darauf eine griechische Fahne und auch der Hintergrund ist verändert.[37]

Immer wieder suchten Filmleuten in der Schönheitengalerie Anregungen für Kostüme, vor allem, wenn es um Altmünchner Inhalte ging. In dem 1942 in den Bavaria-Filmstudios gedrehten Film „Fasching" allerdings spielt das Kleid der Griechin eine entscheidende Rolle.[38] Und schließlich sei nicht unerwähnt: Die Rosenart „Botzaris" wurde nach Katharina Rosa Botzaris benannt.

Die Vorlage zum Foto im Visitkartenformat schuf der Lithograf Jakob Melcher.

Elise List, verheiratete Pacher von Theinburg (1822–1893)

Zu den interessantesten und gebildetsten Damen der Schönheitengalerie gehört mit Sicherheit Elise List, eine Tochter des bekannten Nationalökonomen Friedrich List (1789–1846). Über ihre Lebensgeschichte sind wir relativ gut unterrichtet, da ihre Tochter Hedwig Oldenbourg die Erinnerungen an ihre Mutter nach deren Tod in einem Privatdruck festhielt.[1]

Zur Jugend von Elise List sind zudem die Unterlagen zu ihrem Vater aussagekräftig.[2] Friedrich List gilt als einer der bedeutendsten deutschen Wirtschaftstheoretiker des 19. Jahrhunderts und als der erste deutsche Vertreter der modernen Volkswirtschaftslehre; er war Unternehmer, Eisenbahn-Pionier und ein Vorkämpfer für den „Deutschen Zollverein". Und doch war er bei seinen Zeitgenossen relativ

PILOTY & LOEHLE
MUENCHEN

XXVI

umstritten. Während seiner Zeit als Tübinger Professor heiratete List 1818 die verwitwete Karoline Neidhard (1789 – 1866), geborene Seybold, die Tochter des Dichters David Christoph Seybold (1747 – 1804) und Schwester des Redakteurs Ludwig Georg Friedrich Seybold (1783 – 1843) und des Generalmajors Johann Karl Christoph von Seybold (1777 – 1833). 1819 wählte man Friedrich List zum Abgeordneten für den Württembergischen Landtag. Nach Kritik an König und Kammer wurde er allerdings im April 1822 zu zehn Monaten Festungshaft verurteilt. Dem Urteil entzog er sich durch Flucht nach Baden, Frankreich und in die Schweiz, während seine Frau am 1. Juli 1822 in Stuttgart die kleine Elise als drittes Kind zur Welt brachte.

Da es List im Exil nicht gelang, eine gesicherte Existenz aufzubauen, kehrte er 1824 nach Württemberg zurück, um die Haft in der Festung Hohenasperg anzutreten. Als er sich 1825 bereit erklärte, in die USA auszuwandern, wurde er vorzeitig aus der Haft entlassen. Die Familie ging mitsamt den drei Kindern nach Amerika. Nach einem kurzen Intermezzo als Farmer in Harrisburg zog Friedrich List mit Familie nach Reading in Pennsylvania, wo er von 1826 bis 1830 als Redakteur einer deutschsprachigen Zeitung arbeitete. Elise war gerade einmal vier Jahre alt, als sie nach Reading übersiedelte. Dort besuchte sie mit ihrer Schwester Emilie (1818 – 1902) die lutherische Kirchenschule. Ihr Leben lang soll Elise gleichermaßen fließend Deutsch und Englisch gesprochen haben.

Nachdem List 1827 ein Kohlevorkommen entdeckt hatte, gründete er zusammen mit anderen ein Kohlebergwerk und eröffnete dazu eine Eisenbahnlinie. Das Unternehmen brachte einigen Wohlstand, der allerdings im Zuge der Wirtschaftskrise von 1837 wieder verloren ging. Bereits 1830 war List amerikanischer Staatsbürger geworden und 1833 amerikanischer Konsul im Großherzogtum Baden. Dadurch erlangte er diplomatische Immunität, die ihn vor möglicher politischer Verfolgung in Deutschland weitgehend schützte. Im Auftrag der amerikanischen Regierung reiste List auch mehrere Male nach Paris, um die amerikanisch-französischen Handelsbeziehungen zu fördern, wobei er sich mit Heinrich Heine anfreundete.

Nach rund acht Jahren in den USA kehrte die Familie zurück nach Deutschland, genauer gesagt: nach Leipzig. Im Herbst 1837 zog Elise mit ihrem Vater nach Paris; die Mutter und die anderen Kinder kamen später nach. In Paris nahm Elise Gesangsunterricht und verkehrte –

wie auch ihre Schwester Emilie – im berühmten Salon der ebenso berühmten Madame Récamier. Auch zu anderen Privatzirkeln hatten die beiden Schwestern Zutritt. Man schätzte ihre musikalischen und sprachlichen Begabungen. In Paris lernte Elise auch Franz Liszt kennen. Er zählte bald zu ihren Bewunderern und dies wohl nicht nur wegen ihrer Stimme, sondern auch wegen ihrer außerordentlichen Schönheit. Liszt spielte sogar mit dem Gedanken, mit ihr auf Tournee zu gehen, wozu es dann aber doch nicht kam.

Als Clara Wieck, spätere Schumann, nach Paris kam, wurde sie von der Familie List herzlich aufgenommen. Auch nachdem die Familie List nach Leipzig zurückkehrt war, blieb die Freundschaft zu Robert Schumann und dessen Frau Clara bestehen. Vor allem die beiden Töchter Emilie und Elise pflegten zeitlebens den Kontakt. Beide zählten zu den engsten Freundinnen Claras, wobei die Freundschaft zu Emilie, genannt Mila, noch enger gewesen sein dürfte als zu Elise.[3]

Emilie wirkte einige Jahre als Erzieherin in Bad Kreuznach und Frankfurt am Main und zog nach dem Tod des Vaters nach München, wo sie sich um die Mutter und die kleinste Schwester kümmerte. Karolina, genannt Lina, war als Nachkömmling 1829 geboren. Sie heiratete 1855 in München den Historienmaler August Hövemeyer (1824 – 1878), der als einer der letzten Vertreter der Cornelius-Schule gilt. Lina starb am 8. Mai 1911 in München.[4]

Doch zurück zu Elise: In der Leipziger Zeit ging es vor allem um ihre Karriere als Sängerin. Inzwischen hatte sich längst ihr musikalisches Talent gezeigt. Sie verfügte über eine schöne Stimme, hatte bereits mit zwölf Jahren die größten Arien gesungen. Als die Eltern ihre Begabung erkannten, beschlossen sie, trotz der drückenden finanziellen Verhältnisse, das „Lockenköpfle" von den „angesehensten Meistern" ausbilden zu lassen. Ihr erster Gesangslehrer in Leipzig war Carl Otto Böhme, der Herausgeber einer Liedersammlung. Felix Mendelssohn Bartholdy wurde um seine Meinung gebeten und riet zu weiterer Ausbildung. Robert Schumann war ebenfalls von Elises Sopran begeistert. Ein voller Erfolg wurde die Einladung zum 40. Geburtstag von Herzog Bernhard von Sachsen-Meiningen auf Burg Liebenstein. Elise trat dort zusammen mit Clara Wieck auf. Nicht nur die Herzogin war ganz hingerissen und schenkte ihr eine wertvolle Brosche – auch der Bibliothekar in Meiningen, der bekannte Märchendichter Ludwig Bechstein, hatte nur noch Augen für sie, wie in seinem Gedicht „An

Fräulein List – Zur Erinnerung an den Morgen des 10. August in Liebenstein" nur allzu deutlich wird.[5]

Im Herbst 1840 erhielt Elise ein Engagement am Leipziger Gewandhaus „auf längere Zeit", trat jedoch nur ganze vier Mal im Oktober und November auf, da der Erfolg nicht überwältigend war. Bei allen vier Konzerten dirigierte kein Geringerer als Felix Mendelssohn Bartholdy. Und Robert Schumann berichtete in seiner „Neuen Zeitschrift für Musik": „Eine junge Sängerin war angekündigt, der der Ruf großer Schönheit und schon bedeutender Kunstbildung vorangegangen war."

1840 übersiedelte Friedrich List mit seiner Frau und den Töchtern nach Augsburg (am heutigen Holbeinplatz erinnert eine Tafel daran). Der einzige Sohn Oskar (1820 – 1839) war im Jahr zuvor im Dienste der Fremdenlegion in Algerien gefallen, ein Drama, von dem sich vor allem der Vater nie mehr ganz erholte. Wieder war List nun schriftstellerisch tätig.

Im Februar 1841 reiste Karoline List mit ihren beiden älteren Töchtern nach Mailand, um bei einem italienischen Maestro weitere Schulung für Elises Stimme zu bekommen, während der Vater mit der jüngsten Tochter in Augsburg blieb. Doch schon bei Elises erstem Auftritt in Mailand kam die große Ernüchterung. Ihre Aufregung war so groß, dass der Traum einer erfolgreichen Konzertkarriere begraben werden musste. Die junge Frau war unfähig, ihr Lampenfieber in den Griff zu bekommen. Und nun kamen quälende Selbstvorwürfe hinzu, den Eltern für all die Opfer, die sie an Geld und Zeit in ihre Karriere investiert hatten, nur Enttäuschungen und neue Sorgen bereitet zu haben. Depressive Gedanken nahmen von Elise Besitz. Als sie auf der Rückreise von Mailand nach Augsburg mit der Postkutsche über die berüchtigte Via Mala fuhren, durchzuckte sie der Wunsch, der Wagen möge in die Tiefe stürzen und „alles ein Ende haben".

Im Jahr 1841 – im selben Jahr, in dem Friedrich Lists' Hauptwerk über das „nationale System der politischen Ökonomie" erschienen ist – wurde Ludwig I. auf die schöne Elise aufmerksam. Ihren Vater kannte er bereits. Vermutlich hat der König sie in Augsburg oder München getroffen und war von ihrer Schönheit ebenso begeistert wie Franz Liszt und all die anderen Bewunderer. Er bat sie, Joseph Stieler für die Sammlung von Schönheiten Modell zu sitzen. Doch wegen Elises Mailand-Reise hatten die Sitzungen zunächst verschoben werden müssen. Eine von Auguste von Oertzen erwähnte (heute jedoch verlorene) Kreidezeichnung aus dem Jahr 1841 gilt als Vorstudie Stielers. Nach vielem guten Zureden startete Elise im Winter 1842/43 noch einen allerletzten konzertanten Versuch in Berlin. Der preußische Diplomat und Schriftsteller Karl August Varnhagen von Ense war als Vermittler eingeschaltet worden. Elise traf sich mit den Größen des Musikgeschäfts, etwa mit Giacomo Meyerbeer.[6] Doch auch dieser Versuch war nur von mäßigem Erfolg gekrönt, abgesehen von ein paar privaten Auftritten. Mehr Erfolg hatte sie offensichtlich bei dem berühmten Historiker Leopold von Ranke, der sie laut Auskunft ihrer Tochter Hedwig Oldenbourg heftig umwarb. Die Zuneigung des um einiges älteren Gelehrten empfand sie wohl als Ehre, doch an ihrer ablehnenden Haltung Ranke gegenüber änderte dies nichts. Stattdessen kehrte sie für kurze Zeit zurück nach Paris, um als Haustochter in einem reichen englischen Haushalt zu arbeiten. Doch kam sie mit der Lady des Hauses nicht zurecht und so machte sich der Vater Friedrich List noch einmal auf den beschwerlichen Weg von Augsburg nach Paris, um die Tochter nach Hause zu holen. Noch immer hielt sich der später so berühmte Ökonom vor allem mit schriftstellerischen Arbeiten mehr schlecht als recht über Wasser. König Ludwig I. empfand zweifellos große Sympathie für List, doch die erhoffte Verbesserung der persönlichen Position blieb aus, dessen Traum von einer gehobenen staatlichen Stellung in einem der süddeutschen Staaten erfüllte sich nicht. List schrieb weiter, reiste von Vortrag zu Vortrag durch halb Europa. Auf einer dieser Reisen beging er schließlich am 30. November 1846 in Kufstein mit einer Pistole Selbstmord (Gedenktafel am Unteren Stadtplatz 6).[7]

Zu diesem Zeitpunkt war Elise bereits aus dem Haus. Vermutlich kurz nach ihrer Rückkehr aus Paris lernte sie in Bad Ischl den verwitweten österreichischen Fabrikanten Gustav Moritz Pacher von Theinburg (1807–1852) kennen. Und obwohl sie seine Zuneigung erwiderte, zögerte sie mit dem Jawort. Sie fürchtete, sie, die aus äußerst bescheidenen bürgerlichen Verhältnissen käme, sei nicht standesgemäß für ihn. Auch mag die unterschiedliche Religion eine Rolle gespielt haben: Elise war evangelisch, Gustav Moritz katholisch. Trotzdem wurde am 27. März 1845 in Wien geheiratet. Der Mann war reich, Besitzer einer großen Baumwollgarnspinnerei in Schönau an der Triesting und in Sollenau (bei Wiener Neustadt). Seine Familie war erst 1824 in den österreichischen Adelsstand mit dem Prädikat „von Theinburg" erhoben worden.[8]

Elise kümmerte sich nun um Pachers beide kleinen Söhne aus erster Ehe.[9] Eugen war damals neun Jahre alt, Louis sieben. Als „Ersatzmutter" scheint Elise äußerst begehrt gewesen zu sein. Während ihrer Wiener Zeit im Winter 1846/47 schickte auch Clara Schumann ihr von Zeit zu Zeit ihre Kinder, denn „ich weiß hier nicht wohin mit ihnen und möchte sie doch auch gut aufgehoben wissen".[10] Clara scheint Elise, die offensichtlich äußerst gutmütig war, etwas ausgenützt zu haben, was sich auch später noch zeigen sollte. „Aus der Ferne" bedankte sie sich bei ihrer Freundin für deren Hilfe: „Ohne Euch wäre der Aufenthalt in Wien ein gar weniger freundlicher gewesen."[11]

Trotz ihrer Scheu fand Elise bald Zugang zur Wiener Gesellschaft. Wieder bildete sich ein Kreis von interessanten Persönlichkeiten, die als gern gesehene Gäste in ihrem Haus verkehrten: etwa der Dichter Joseph Christian Freiherr von Zedlitz, der damals in diplomatischen Diensten am Wiener Hof war, oder der Orientalist und Schriftsteller Joseph Freiherr von Hammer-Purgstall. Auch der Direktor des Burgtheaters, Heinrich Laube, zählte zu Pachers Bekanntenkreis.

Doch das Glück war nur von kurzer Dauer. Schon ein Jahr nach der Eheschließung traf sie der erste Schicksalsschlag. Am 25. Februar 1846 wurde ihr erstes Kind, Leontine Meta, geboren. Es starb nach nur vier Tagen. Ende des Jahres dann der nächste Schlag: der bereits erwähnte Selbstmord des Vaters. Um ihre Nerven zu schonen, sagte man ihr nicht die ganze Wahrheit. Dass er sich selbst erschossen hatte, sollte sie erst 20 Jahre später erfahren. Danach war das Schicksal vorübergehend etwas gnädiger. 1847 kam der Sohn zur Welt, der in Erinnerung an seinen Großvater den Vornamen „Friedrich List" erhielt, jedoch stets Fritz gerufen wurde, und ein Jahr später die Tochter Hedwig Emilie.

Dann allerdings starb am 25. Januar 1852 Elises Mann im Alter von nur 44 Jahren an Typhus – andere Quellen sprechen von „Gehirnlähmung".[12] Der Verlust stürzte sie in tiefe Trauer. Nur die Geburt von Cäcilie Karoline Katharina, genannt „Cilla", die als „nachgeborenes Kind" am 27. Mai desselben Jahres zur Welt kam, konnte sie etwas trösten. Elise zog mit ihren Kindern von Wien (wo sie in der Kärntner Straße wohnten) zunächst aufs Land nach Schönau südlich von Wien, auf den idyllischen Landsitz der Familie. Bereits damals stand der erst

29-jährigen Witwe ihre Schwester Emilie zur Seite. Im Herbst 1853 übersiedelte Elise mit den Kindern nach München, in die unmittelbare Nähe ihrer Mutter und ihrer Schwester. Das Adressbuch meldete unter Amalienstraße 89 im ersten Stock: „Pacher von Theinburg Elise, Fabrikbesitzerin", im dritten: „List Karolina, Dr.-Witw."[13]

In München baute sich Elise – sie war nun Anfang 30 – erneut einen illustren Freundeskreis auf. Dazu zählten Friedrich Bodenstedt, Paul Heyse, Felix Dahn, Franz von Dingelstedt, Wilhelm von Dönniges, Wilhelm Heinrich Riehl, Justus von Liebig und viele andere mehr. Vermutlich traf sie bei dieser Gelegenheit auch mit einer weiteren „Schönheit", mit Charlotte von Oven (Hagn), zusammen, die sich damals in denselben Kreisen bewegte.

Auch Franz Liszt und Clara Schumann besuchten sie mehrfach. Elise fand wieder Zugang zur Musik, wurde Mitglied des neu gegründeten Oratorienvereins und gründete selbst einen kleinen Chor, den der Komponist und Organist in der Ludwigskirche bzw. später in der Theatinerkirche und St. Michael, Joseph Rheinberger, leitete. Auf der anderen Seite kümmerte sie sich um die Ausbildung ihrer Kinder. Wie seinerzeit mit ihren Eltern reiste Elise zusammen mit Emilie und den Kindern 1857 für ein halbes Jahr nach Paris, um deren Französisch-Kenntnisse zu perfektionieren, nachdem sie vorher von Hauslehrern erzogen worden waren. Danach ging es – zumindest für den Ältesten – auf ein Internat. In den Jahren 1859 bis 1861 nahm Elise Pacher zudem die 15-jährige Julie Schumann für zwei Jahre zu sich in Pflege.

Einen schweren Verlust erlitt Elise erneut, als ihre geliebte Tochter Cilla Ende 1861 an Scharlach starb. Sie wurde nur neun Jahre alt. In der Folge litt Elise anfallartig an Depressionen. Sie verließ ihre Wohnung in der Amalienstraße, wo sie alles an die geliebte Tochter erinnerte, und erwarb ein Häuschen in der Oberen Gartenstraße 13[14] (heute Kaulbachstraße). Dieses war von dem Schweizer Historiker und Rechtsgelehrten Johann Kaspar Bluntschli in einem herrlichen Garten, gleich hinter der Ludwigskirche, erbaut worden.

Eine erfreuliche Abwechslung bot wohl im Jahr 1863 die feierliche Einweihung des List-Denkmals in seiner Geburtsstadt Reutlingen (am 6. August): Die Enthüllung des überlebensgroßen Standbilds nahm Lists Enkel, Elises 1847 geborener Sohn Fritz Pacher von Theinburg vor.[15]

Doch die Sorgen ließen nicht nach. Aus Wien kam die Nachricht, dass ein großer Teil des Pacher'schen Vermögens verloren war. Elise musste nun in Bescheidenheit und großer Sparsamkeit leben. Die Depressionen nahmen erneut zu. Ihre Schwester Emilie kümmerte sich um sie. 1865 musste sie Elisa sogar vorübergehend in die psychiatrische Klinik im fränkischen Werneck einweisen lassen, wo sie von jenem Dr. Bernhard Gudden behandelt wurde, der später zusammen mit König Ludwig II. im Starnberger See ein tragisches Ende finden sollte. Elise verweigerte das Essen, hatte angeblich Wahnvorstellungen. Nach einer sechswöchigen Behandlung mit warmen und kalten Bädern sowie mit Morphium wurde sie als „genesen" entlassen. Doch der Gemütszustand blieb weiterhin labil.

In den folgenden Jahren unternahmen die beiden Schwestern viele Erholungsreisen und Kuraufenthalte, auch Besuche in ihren Besitzungen in Schönau bei Wien. Gänzlich verarmt war Elise offensichtlich nicht. Man reiste nach Heiligendamm an die Ostsee, nach Karlsbad, Marienbad oder Wildbad Kreuth, an den Genfer See, nach Triest und Venedig, nach Florenz und Rom. Doch die Dämonen der Depression konnten immer nur für kürzere Zeit vertrieben werden. 1879 begann eine anhaltende Erkrankung, die sich erst 1891 plötzlich besserte. Anlässlich ihres 70. Geburtstags saß Elise 1892 noch einmal für ein Porträt: Der Maler hieß dieses Mal Friedrich August von Kaulbach. Doch am 4. Januar 1893 starb die einstige Schönheit in München an einer Lungenentzündung. Nach der Trauerfeier am Tag darauf wurde sie nach Schönau überführt, wo sie neben ihrem Mann beigesetzt wurde.

Die Todesanzeige unterschrieben – neben ihren beiden Schwestern – Friedrich Pacher von Theinburg als Sohn und Mathilde Pacher von Theinburg, geborene Freiin von Hohenbruck, als Schwiegertochter, Hedwig Oldenburg als Tochter und Rudolf August Oldenbourg als Schwiegersohn sowie Louis Pacher von Theinburg als (Stief-)Sohn und Malvine, geborene Breinl von Wallerstern, als Schwiegertochter zugleich im Namen aller ihrer Kinder.[16] Elises Schwester Emilie starb unverheiratet am 14. Dezember 1902 in München und wurde auf dem Alten Südlichen Friedhof beigesetzt.[17]

Bis heute gibt es eine Reihe von Nachkommen, die den Namen Pacher von Theinburg weiterhin tragen. Besonders erwähnt sei jedoch Elisas Tochter Hedwig (1848–1928), die den Münchner Verleger Rudolf August von Oldenbourg (1845–1912) heiratete. Vermutlich hatte sie ihn im Kreis ihrer Mutter kennengelernt. Auch Oldenbourgs Vater, der Verlagsgründer, war mit zahlreichen „Nordlichtern" befreundet, darunter Paul Heyse, Wilhelm Heinrich Riehl, Justus von Liebig oder Franz von Dingelstedt, deren Bücher zum Teil auch bei Oldenbourg verlegt wurden.[18] Das Ehepaar List-Oldenbourg hatte vier Töchter. Die jüngste heiratete Wilhelm von Cornides. Ihr Enkel ist Dr. jur. Thomas von Cornides (geboren 1938), der den traditionsreichen Oldenbourg Verlag als letzter Gesamt-Geschäftsführer bis 1998 leitete.

Am 28. August 1842 schrieb der Architekt Leo von Klenze an Stieler, dass der König wünsche, dass dieser am 1. Oktober „das Portrait der Sängerin List für die Schönheiten Sammlung um den gebräuchlichen Preiß von 440 fl. in München zu malen beginnen möchte, wozu das Original bereit ist".[19] Am 8. September 1842 setzte sich der Maler von seinem Haus in Tegernsee aus mit dem „Fräulein von List in Augsburg" in Verbindung und ließ Elise wissen, dass er von seiner Majestät den Befehl erhalten habe, am 1. Oktober in München zu sein, um mit ihrem Bildnis anzufangen, „worüber ich mich ganz unendlich freue". Allerdings wusste Stieler nicht, ob er den Termin einhalten könne, da er aus gesundheitlichen Gründen noch einige Bäder brauchen würde. Doch wenn Elise die Verschiebung Probleme machen würde, könnte er seine Bäderkur auch aufgeben.[20] Dann scheint es doch relativ schnell gegangen zu sein, denn noch im Herbst wurde das Porträt vollendet.

Am 5. Oktober 1842 bestimmte König Ludwig das Porträt Elises als Nr. 27 der damals auf 36 Bildnisse festgelegten Schönheitensammlung. Am 28. November 1842 wurde das Porträt bezahlt[21] und unmittelbar darauf war es im Kunstverein zu sehen.[22] Bei einer Beschreibung der „Kollektion schöner Frauen, deren Porträte Stieler mit Geschmack in der Residenz gemalt hat", wird sie als „Madame Liszt" (!) bezeichnet und als „eine Sängerin".[23] Auf dem Bild trägt sie ein tief dekolletiertes Kleid mit venezianischem Spitzenbesatz und ein rotes Samtcape. Das Gesicht wird von dunklen Hyazinthenlocken gerahmt. Die saphirblauen Augen lassen eine starke Verinnerlichung ahnen, das ganze Porträt umweht ein Hauch von Melancholie und Sehnsucht. Königin Elisabeth von Preußen, die Halbschwester König Ludwigs, konnte seine Wahl gut verstehen. Sie hatte Elise in natura auf einem Fest in Berlin singen hören und schrieb am 15. April 1843 an ihren Bruder nach München: „Sie gab uns eine sehr schöne Stimme zum besten, aber ihr Gesicht gefällt mir

noch mehr, wie ihr Gesang und ich finde sie ganz würdig in Deiner Schönheitssammlung zu sein."[24]
Die Vorlage zum Foto im Visitkartenformat schuf der Kupferstecher Albrecht Schultheiss.

Marie Kronprinzessin von Bayern, geborene Prinzessin von Preußen (1825–1889)

Mit Kronprinzessin Marie von Bayern fand 1843 die erste der Schwiegertöchter Ludwigs I. Aufnahme in die Schönheitengalerie. Der König war von Anfang an von der Prinzessin aus Preußen angetan und rückblickend meinte er, sie sei die einzige seiner Schwiegertöchter, „die Bayerin geworden sei."[1] Bereits drei Tage nach der Hochzeit berichtete Ludwig an seine Tochter Adelgunde: „Die erste Frage wird seyn, wie gefällt dem Väterchen das neue Schwiegertöchterlein, trefflich lautet die Antwort, in den ersten Augenblicken hatte sie bereits meine Eroberung gemacht. Sie ist sehr gemüthlich, nichts von Selbstsucht an ihr, ohne Schönheit zu sein, sehr hübsch, äußerst liebreich, ihre Augen aber, diese sind wirklich sehr schön. Marie wird Adelgunde recht ansprechen und wie sie ist erstere in ihren Mann ungeheuer verliebt. So sah ich Max noch nie, er ist vollkommen glücklich. Es ist ein gar zärtliches Pärchen. Marie ist mittlerer Größe; gewachsen und verschönt seit letztem Jahre findet sie der junge Ehemann. Überall wo sie noch war im Land, gefiel Marie sehr, ihre aus dem Herzen kommende Freundlichkeit ist aber auch recht für die Bayern gemacht."[2]

Kronprinz Maximilian, der älteste Sohn König Ludwigs I., hatte sich Zeit gelassen. Jahrelang war er auf Brautschau gewesen, bevor er sich für die Hohenzollernprinzessin entschied. Eigentlich hätte er u. a. die Zarentochter Olga (die später den Württemberger Kronprinzen Karl ehelichte) heiraten sollen, doch politische Interessen decken sich nicht immer mit den persönlichen. Bereits Ende der 1830er Jahre hatte König Ludwig langsam auf eine Heirat gedrängt. Immerhin war

PILOTY & LOEHLE
MUENCHEN

der 1811 geborene Max längst im heiratsfähigen Alter und sein um vier Jahre jüngerer Bruder Otto, König von Griechenland, schon verheiratet.[3]

Max' Wahl fiel schließlich auf die am 15. Oktober 1825 im Berliner Stadtschloss geborene Prinzessin Marie Friederike Franziska Hedwig Prinzessin von Preußen, die jüngste Tochter Prinz Wilhelms von Preußen (1783–1851) und seiner Frau Marianne (1785–1846), einer geborenen Landgräfin von Hessen-Homburg. Die kleine Marie, das Nesthäkchen, wuchs – wenn sie nicht gerade mit ihren Eltern auf deren Sommersitz Schloss Fischbach im niederschlesischen Hirschberger Tal weilte oder in Köln und Mainz, wo der Vater dienstlich zu tun hatte – in Berlin unter den Augen von Königin Elisabeth von Preußen, einer geborenen Wittelsbacherin und Halbschwester Ludwigs I., auf. Elisabeth war einst durch Vermittlung ihres Halbbruders die Gemahlin des späteren Königs Friedrich Wilhelm IV. geworden. Zwischen Elisabeth und Maries Mutter bestand ein besonders herzliches Verhältnis und Königin Elisabeth dürfte an der Entscheidung des bayerischen Kronprinzen nicht ganz unschuldig gewesen sein. Sie hatte den oft in Berlin weilenden Max auf die heranwachsende, anmutige Prinzessin aufmerksam gemacht, die er schon als Kind kennengelernt hatte. Max war jedoch nicht der einzige Interessent. Auch Herzog Ernst von Sachsen-Coburg-Saalfeld hatte etwa zur gleichen Zeit für seinen Sohn Ernst II. um ihre Hand angehalten, eine Verbindung, die Maries Eltern durchaus präferiert hätten.[4] Doch Marie bevorzugte den Wittelsbacher.

König Ludwig hatte nichts gegen die preußische Schwiegertochter einzuwenden. Ende des Jahres 1841 wurde die bevorstehende Verlobung bekannt gegeben. Nun waren die Zeitungen voll von Berichten. Kronprinz Maximilian reiste nach Berlin; Marie nahm in Berlin die Gratulationen entgegen,[5] doch zur feierlichen Verlobung kam es erst am 23. Februar 1842, weil die Braut zwischenzeitlich an den Masern erkrankt war.

In München war bereits Ende 1841 mit den Vorbereitungen begonnen worden, wobei nicht nur rechtliche Fragen zu klären waren, sondern auch die Wohnungsfrage. So wurde etwa mit dem Bau des Kronprinzenpalais (Wittelsbacher Palais) in der Brienner Straße begonnen, das Max und Marie nie beziehen sollten, da Max bei dessen Vollendung bereits Ludwig I. als König abgelöst hatte und folglich in der

Residenz wohnte. Auch das Oktoberfest-Programm galt es festzulegen: Wie anno 1810 bei der Hochzeit von Ludwig I. und Therese war auch dieses Mal etwas Besonderes geplant. 36 Brautpaare wurden eingeladen, vier aus jedem Kreis, je zwei katholische und zwei evangelische. Sie gaben dem Fest schließlich mit ihren farbenprächtigen Trachten einen eigenen Anstrich. Die größte Schwierigkeit im Vorfeld der Hochzeit war jedoch die Religion. Marie war evangelisch und für die katholische Trauung bedurfte es eines päpstlichen Dispenses. Noch kurz vor der Hochzeit wurde Marie in der Dorfkirche von Fischbach am 30. Juli 1842 im Beisein König Friedrich Wilhelms IV. und seiner Frau Elisabeth sowie ihres Bräutigams konfirmiert. Nach Karoline (der Frau König Maximilians I.) und Therese (der Frau König Ludwigs I.) sollte Marie die dritte evangelische Königin in Bayern werden. Erst mehr als 30 Jahre nach der Hochzeit trat sie zum katholischen Glauben über.

Am 5. Oktober 1842 fand die feierliche (evangelische) Vermählung der Prinzessin per Prokuration in Berlin statt, das heißt eine Hochzeit mit allen Feierlichkeiten, jedoch in Abwesenheit des Bräutigams. Dieser wurde vom künftigen deutschen Kaiser Wilhelm I. vertreten. Die Feierlichkeiten zogen sich bis zum 7. Oktober hin, dem Tag der Abreise nach München. Die Reise war von zahlreichen Empfängen und Feierlichkeiten begleitet. Am Abend des 10. Oktober schließlich erwartete Max seine Braut in Landshut. Am Tag darauf zog sie unter großem Jubel der Bevölkerung in München ein. „Alles ist ein Entzücken über die junge Frau, vom König bis (wörtlich) zum letzten Lakai."[6]

Am 12. Oktober 1842 heiratete Kronprinz Maximilian in der Allerheiligen-Hofkirche in München Prinzessin Marie von Preußen nach katholischem Ritus. Drei Wochen dauerte der „Hochzeits-Marathon", bevor die Neuvermählten in die Flitterwochen nach Hohenschwangau aufbrechen konnten. Nach dem Hochzeitstag, der gleichzeitig der Namenstag des Bräutigams und der 32. Hochzeitstag der Eltern war, gingen die Feierlichkeiten im gerade fertiggestellten Festsaalbau der Münchner Residenz weiter, mit Empfängen und Hofball, mit Oper und dem Beginn des Oktoberfestes. Dann reiste man nach Regensburg, um am 18. der Eröffnung der Walhalla und am 19. Oktober der Grundsteinlegung für die Befreiungshalle königlichen Glanz zu verleihen. Erst am 26. Oktober erfolgte die Abreise nach Hohenschwangau.[7]

Auf der Hochzeitsreise sah Marie zum ersten Mal die Alpen. Sie war begeistert. Bereits als Kind war sie in der Sommerfrische im Hirschberger Tal im Riesengebirge gerne gewandert. Fortan stieg sie in den bayerischen und Tiroler Bergen herum. Sie ließ sich aus Loden eine eigene Bergsteigerkleidung anfertigen, förderte aber – wie ihr Mann – auch die heimische Tracht. Ihr Ehrgeiz, als erste Frau die Zugspitze zu besteigen und damit fast an die 3000er-Grenze zu stoßen, wurde sehr zu ihrem Leidwesen durch ein Verbot ihres Ehemanns ausgebremst. Er war der Meinung, es sei „unziemlich für eine Königin". Sie hielt sich zunächst auch nach dem Tod ihres Mannes daran. Erst später nahm sie die Tour doch noch in Angriff. Da war sie allerdings schon die achte Bezwingerin der Zugspitze.

1844, noch als Kronprinzessin, stiftete Marie den „Alpenrosenorden". Die Statuten, die sie eigenhändig niederschrieb, widmete sie ihrer Hofdame Friederike von Gumppenberg, die wie sie die Berge liebte.[8] Der Orden war eine Freundschaftsauszeichnung der jugendlichen Kronprinzessin. Ordensdame oder Ordensritter konnte man nur durch körperliche Leistungen beim Erklimmen der Berge werden. Wer eine gewisse Anzahl an nicht selten anstrengenden Touren hinter sich hatte, erhielt die silberne Alpenrose an einer rosafarbenen Schleife verliehen. Anlässlich des 25-jährigen Ordens-Jubiläums ließ Marie 1869 auf dem Berg Achsel ein Kreuz errichten und 600 Gulden an die Gemeinde Pinswang (Tirol) spenden. Königin Marie kann mit Fug und Recht als Pionierin des Alpinismus und Förderin des Alpentourismus in Bayern und Tirol angesehen werden.

Marie war bei der evangelischen wie der katholischen Bevölkerung gleichermaßen beliebt: zum einen, weil sie das ganze Land durchreiste, zum Teil sogar durchwanderte, zum anderen dank ihres großen sozialen Engagements. Eine Intellektuelle war Marie mit Sicherheit nicht, doch war sie alles andere als „beschränkt", wie einige boshafte Zeitgenossen behaupteten.[9] Über den Wissensdrang ihres Ehemanns, der wie allgemein immer wieder betont wurde, selbst gerne Wissenschaftler geworden wäre und sich mit Gelehrten umgab, verfügte sie jedoch nicht. Sie bevorzugte laut Paul Heyse „leichtes Geplauder". „Jene Tee-Abende, an denen gelesen wurde, erfreuten sich daher nicht ihrer Gunst. Sie fügte sich eben nur dem Wunsch des Königs und pflegte während der Vorlesung in Photographie-Albums zu blättern."[10] Da erfreute sie sich schon eher am Zitherspiel des Virtuosen

Johann Petzmayer. Und der „Zithermaxl", Herzog Max in Bayern, widmete der Kronprinzessin von ihm komponierte Stücke wie die „Marienpolka" oder die „Marienquadrille.[11] Und sie liebte Maskenbälle, verkleidete sich etwa als Dornröschen und trug auf Wunsch ihres Mannes zum Hofmaskenball am 26. Februar 1857 sogar die Tracht einer Münchner Bürgersfrau mit Schnürmieder, einem Kropfband, allerdings mit funkelnden Diamanten, und dem typischen goldenen Riegelhäubchen, mit dem es bereits einige Bürgerstöchter in die Schönheitengalerie geschafft hatten.

Anlässlich der Trauung hatte sich, als der Chor gerade das feierliche „Te Deum laudamus" anstimmte, ein Sonnenstrahl aus dem wolkenverhangenen Himmel gestohlen. Er wurde als gutes Omen gewertet. Doch hielt der segenverkündende Lichtstrahl nicht, was er versprochen hatte. Die Ehe brachte in der Folge neben Glück – es war tatsächlich eine Heirat aus Liebe und Zuneigung gewesen – auch viel Leid.

Bereits im Februar 1843 kündigte sich das erste Kind an, doch Marie erlitt drei Monate später eine Fehlgeburt. Zwei Jahre später, am 25. August 1845, kam dann der langersehnte und freudig erwartete erste Sohn zur Welt, der spätere König Ludwig II. Es war eine schwere Geburt, damals im Grünen Salon von Schloss Nymphenburg. Ehemann Max sowie König Ludwig und Königin Therese wichen nicht von Maries Seite. Das Kronprinzenpaar, ja die ganze bayerische Königsfamilie, war überglücklich und Max schwärmte: „Es ist doch ein prächtiges Gefühl, Vater zu sein!"[12]

Während es 1848 in München brodelte, König Ludwig I. schließlich am 20. März seinem Sohn Maximilian die Krone übertrug, war Marie wieder hochschwanger. Als Gerüchte einer bevorstehenden Revolution die Runde machten, boten Herzogin Ludowika und ihr Mann Herzog Max in Bayern an, sie nach Possenhofen am Starnberger See zu holen, um sie vor den Aufregungen in München zu bewahren. Doch die Kronprinzessin blieb in München. Am 27. April 1848 kam in München der zweite Sohn Otto zur Welt. Marie nannte das Kind „eine erste Freude in dieser ernsten Zeit."[13] Wieder ein Neugeborener, der den Häusern Wittelsbach und Hohenzollern zugleich angehörte! Das Kind war etwas zu früh gekommen. Kein Wunder in diesen turbulenten Tagen, in denen Marie auch aus Berlin nur beängstigende Nachrichten über das dortige Revolutionsgeschehen erreichten.

Seit dem Thronverzicht seines Vaters im März 1848 war Maximilian nun König von Bayern – und Marie Königin. Dank ihrer jugendlichen Herzlichkeit war sie allgemein sehr beliebt und wesentlich volkstümlicher als ihr Ehemann, der stark introvertiert wirkte und nie die Popularität seines Vaters erreichte. Paul Heyse berichtete in seinen Jugenderinnerungen, dass sich das Volk der Königin weitaus zutraulicher näherte als dem König.[14] Doch im familiären Kreis scheint der als eher ernst geschilderte Max durchaus aufgeblüht und fröhlich gewesen zu sein.

Das Familienleben gestaltete sich nach den Revolutionswirren ab der zweiten Jahreshälfte 1848 langsam wieder ruhiger. Das junge Königspaar bezog in der Münchner Residenz jene Zimmer, die zuvor König Ludwig I. bewohnt hatte, der seinerseits in das Wittelsbacher-Palais zog, das eigentlich für den Kronprinzen nach dessen Geschmack errichtet worden war. Die Sommer verbrachte das Königspaar vielfach in Nymphenburg, meist aber in Hohenschwangau oder Berchtesgaden, gern besucht von anderen Familienmitgliedern. In der Blöckenau unweit von Hohenschwangau ließ der König, um seiner Frau eine Freude zu bereiten, ein „Schweizer Haus" errichten, das dem „Mariannen Cottage" in Fischbach, dem Landhaus von Maries Mutter, ähnelte, und auf der Roseninsel im Starnberger See ließ Maximilian eine wunderbare Idylle nach Plänen des preußischen Hofgärten-Direktors Peter Joseph Lenné entstehen. Weilte der König im Lande, wünschte sich seine Frau, ihren Geburtstag mit ihm allein im Gebirge zu feiern. Die glücklichsten Momente waren die mit ihrem Mann und den Kindern. Und Marie litt unter der Trennung, wenn Max auf Reisen ging. Auf einer ganzen Reihe von Reisen begleitete sie jedoch auch ihren Mann. War sie von ihren Kindern getrennt, hielten sie mit zahlreichen Briefen Kontakt. Und auch das Ehepaar blieb stets schriftlich in Verbindung. Die Briefe sind heute verloren.

Marie übernahm zahlreiche Protektorate, allein oder zusammen mit ihrem Ehemann. Bereits im ersten Jahr ihrer Ehe ließen sie in Hohenschwangau eine Schule errichten, damit die kleinen Kinder nicht mehr wie bis dahin den weiten Weg bis nach Waltenhofen laufen mussten. Zu Maries Lebzeiten wurden 1848 der Evangelische Handwerkerverein, 1851 die Protestantische Rettungs- und Erziehungsanstalt Feldkirchen, dessen Protektorat sie übernahm und für das sie die ersten tausend Gulden stiftete,[15] 1856 das Maria-Martha-

Stift und 1861 der Magdalenenverein gegründet. Als weiteres Beispiel für das soziale Engagement der Königin kann die im Jahr 1853 erfolgte Gründung eines überkonfessionellen Zentralvereins, des St.-Johannis-Vereins, gelten, der für Waisen, Blinde und Taube sorgen sollte. Marie unterstützte das Maximilians-Waisenstift, dessen Vorsteherin Prinzessin Alexandra war. Sie förderte zudem tatkräftig die evangelische Gemeinde in München und war an der Entwicklung der „Inneren Mission" beteiligt.[16] Wie ihr Mann trat die Königin für die Abschaffung der Kinderarbeit ein.[17]

Daneben galt es, auch eine Reihe von repräsentativen Aufgaben zu übernehmen. Anlässlich ihres Namenstags am 9. September 1849 verlieh Maximilian seiner Frau die Oberstinhaberstelle beim 3. Reitenden Artillerie-Regiment. Auch nach dem Tod ihres Mannes setzte Marie ihre wohltätigen Aktivitäten fort, ließ eine „Wartestation für Gemeindekrankenpflege" errichten, förderte das Dr. Haunersche Kinderspital, stiftete Kirchengeräte und anderes an Kirchen im Land.[18]

Am 10. März 1864 starb König Maximilian II. im Alter von nur 52 Jahren an einer Blutvergiftung – niemand hatte damit gerechnet. Ihm folgte sein noch jugendlicher Sohn als Ludwig II. auf dem Thron. Da dieser unverheiratet war, blieb Marie als „Königinmutter" weiterhin die ranghöchste Dame im Lande, fungierte gewissermaßen als „First Lady". Nach dem Tod ihres Mannes sah man sie jedoch immer seltener in der Öffentlichkeit.

Aus der glücklichen Königin war 1864 über Nacht eine trauernde Witwe geworden. Zwei Monate nach dem Tod ihres Mannes begann Marie wieder zu reisen, allerdings nur in die nächste Umgebung. So konnte sie sich besser von ihrem Kummer ablenken. Ihr Sohn, der nunmehrige König Ludwig II., kümmerte sich sehr um sie, schrieb fleißig Briefe, sandte Blumenbouquets und überhäufte sie mit Geschenken. Das Leben in der Münchner Residenz war ihr dennoch zunehmend zur Qual geworden, mit all den Personen, die sich alle Tage zum Tee einfanden, und den endlosen Kondolenzbriefen, die es zu beantworten galt. Erst im Juli 1865 konnte sie endlich wieder nach Hohenschwangau ziehen. „Am liebsten bin ich allein, beschäftige mich, denke an Euch [gemeint waren ihre beiden Söhne] und den Vater, den ich hier überall zu sehen denke, und das freut mich! Denn jeder Baum erinnert mich an ihn", schrieb sie an ihren Sohn Ludwig.[19]

Die Königinmutter lebte in Schloss Nymphenburg und nutzte als Sommersitze Schloss Hohenschwangau und ein Landhaus in Elbigenalp, dem „Residenzdorf der Königin" im Lechtal. Marie zog sich mehr und mehr ins Gebirge zurück. Der Lechtaler Pfarrer Georg Lechleitner gewann zunehmend Einfluss auf sie, was schließlich zu ihrer Konvertierung am 32. Hochzeitstag führte, vermutlich nicht zuletzt nach der immer deutlicher zutage tretenden psychischen Krankheit ihres Sohnes Otto, dem ihre Sorge nun vor allem galt. In ihrem Testament vermachte die Königin schließlich ihr Anwesen in Elbigenalp der Pfarrgemeinde, die dieses verkaufen sollte, um den Erlös für wohltätige Zwecke zu verwenden. Darüber hinaus erhielt die dortige Kirche bereits zu ihren Lebzeiten 22.000 Gulden.[20]

Marie war nach nur 22 Ehejahren, im Alter von erst 39 Jahren Witwe geworden. Auch den Tod ihres ältesten Sohnes Ludwig II. am 13. Juni 1886 im Starnberger See sowie das Drama um die Krankheit ihres Sohnes Otto, der die letzten Jahrzehnte seines Lebens in Schloss Fürstenried verbrachte, musste die leidgeprüfte Königinmutter miterleben. Hatte Bayern anlässlich der Hochzeit und dem romantischen Volksfest Marie begeistert zugejubelt und ins Herz geschlossen, geriet sie nach dem frühen Tod ihres Mannes fast noch zu Lebzeiten etwas in Vergessenheit. Mit der Zeit verübelte man ihr die preußische Herkunft. Die Beziehungen beider Staaten hatten sich verschlechtert. 1866, im deutschen Bruderkrieg, standen Bayern und Preußen auf verschiedenen Seiten. Da nützte es auch nicht mehr viel, dass Marie am 18. Dezember 1869 zusammen mit ihrem Sohn Ludwig II. den „Bayerischen Frauenverein vom roten Kreuz" reaktivierte, dessen Zweck die „Pflege und Unterstützung der im Felde verwundeten und erkrankten Krieger" war. Dies war die Geburtsstunde des „Bayerischen Roten Kreuzes". Die Königinmutter übernahm höchstpersönlich das Protektorat. Vorausgegangen waren der von Königin Karoline gegründete, bald jedoch verschwundene „Verein bayerischer Frauen und Jungfrauen", den Königin Marie 1859 während des Kriegs zwischen Sardinien/Frankreich und Österreich reaktivierte. Bereits dafür übernahm sie das Protektorat. Nach Beendigung der Kriegshandlungen wurde er wieder aufgelöst, das Vermögen jedoch sicher angelegt und die noch vorhandenen Vorräte an Verbandsmaterial wohl verwahrt. 1866, im Krieg zwischen Preußen auf der einen Seite und Österreich und Bayern auf der anderen, erging erneut ein Aufruf der Königin. 400 Mädchen und Frauen fertigten nun täglich in Schichten in den Trierzimmern der Residenz Verbandszeug und „Liebesgaben" wie Socken oder Stutzen. Marie spendete 2.000 Gulden und animierte die anderen Mitglieder der Familie, ihrem Beispiel zu folgen.[21]

In ihren letzten Lebensjahrzehnten sah man die Königinmutter häufig in wohltätigen Einrichtungen, nicht selten begleitet von Prinzessin Alexandra, mit der sie offensichtlich ein besonders gutes Verhältnis verband und mit der zusammen sie oft auch bei Familienfeiern eintraf. An Weihnachten richtete Marie jahrelang das Fest für alle Prinzen und Prinzessinnen in der Residenz aus, bevor es zur Christmette in die Allerheiligen-Hofkirche ging.[22]

Ganz besondere Aufmerksamkeit schenkte Marie jedoch den verwundeten Soldaten.[23] Im September reiste die Königinmutter sogar extra nach Kissingen, wo es am 10. Juli 1866 zu blutigen Kämpfen gekommen war. Sie besuchte die zahlreichen Verwundeten beider Armeen sowie die Grabstätten gefallener Soldaten, auch in anderen fränkischen Schlachtorten. Und nicht zuletzt bat sie als bayerische Königinmutter ihren Cousin, den preußischen König Wilhelm I., die Reparationszahlungen und Gebietsabtretungen nicht zu hoch anzusetzen, eine Bitte, der auch entsprochen wurde. Die Bedingungen waren besser, als befürchtet wurde.

Und dann folgten noch der Krieg mit Frankreich und die Reichsgründung von 1871. Man war sich nicht sicher, ob Maries preußisches Herz nicht wärmer für Kaiser und Reich als für ein vollsouveränes Bayern schlug. Wieder bewährte sich der „Frauenverein vom Roten Kreuz". Und nach Kriegsende erkannte die Königinmutter die Notwendigkeit, dass der Verein auch weiterhin bestehen bleiben müsse. 1875 erhielt er von König Ludwig II. Korporationsrechte bewilligt; seine Mutter übernahm das Protektorat. Die Hauptversammlung fand in ihren Privatgemächern in der Residenz statt und auch in ihrem Testament bedachte sie das „Rote Kreuz".[24]

Von der zunehmend prekären finanziellen Lage ihres ältesten Sohnes Ludwig II. erfuhr Marie erst im Frühjahr 1886 in vollem Umfang, woraufhin sie anbot, wertvollen Schmuck zu veräußern. Ludwig war gerührt, lehnte jedoch ab. Kurz darauf wurde sie über den Tod ihres Sohnes informiert. Marie war von dem Schicksal ihrer beiden Söhne sehr getroffen, was ihr in der Öffentlichkeit wiederum großes Mitgefühl einbrachte. Entgegen anders lautender Annahmen in der Literatur war das Verhältnis zwischen Mutter und Sohn ein ausgesprochen gutes, auch wenn sie selbstverständlich nicht immer gleicher Meinung waren. Es gab kaum ein bedeutendes politisches Ereignis, eine Familienangelegenheit, bei der Ludwig nicht mit der Königinmutter Kontakt aufgenommen hätte. Lediglich in Kriegszeiten war eine gewisse Distanz zwischen Ludwig II. und seiner Mutter zu spüren, die sich in der „unterschiedlichen politischen Auffassung" gründete.[25]

Am 17. Mai 1889, 25 Jahre nach dem Tod ihres Mannes, starb auch Marie in dem von ihr geliebten Schloss Hohenschwangau. Ihre letzten Jahre waren von schmerzhaftem Gelenkrheumatismus begleitet, den sie in Kurorten wie Karlsbad, Bad Ragaz oder Lugano zu lindern hoffte. Ohne Erfolg. Im April 1889 wollte sie noch einmal nach Elbigenalp, doch war sie bereits zu schwach dazu.

Auf der erst einen Monat später offiziell eröffneten Bahnlinie Füssen-Biesenhofen trat Marie ihre letzte Fahrt nach München an. In der Allerheiligen-Hofkirche, in der die Verstorbene aufgebahrt wurde, war der Andrang der Trauernden überwältigend.[26] Am 22. Mai wurde Königin Marie von Bayern in einer Seitenkapelle der Theatinerkirche gegenüber ihrem Ehemann König Maximilian II. in einem Marmorsarkophag beigesetzt. Ihr Herz wurde – wie bei den Wittelsbachern üblich – getrennt in der Gnadenkapelle von Altötting bestattet.

König Ludwig I. verstand sich mit Kronprinzessin Marie sehr gut, besser noch als mit seiner toskanischen Schwiegertochter Auguste.[27] Von Anfang an bis zum Tod des Königs waren Marie und er in engem brieflichen Kontakt. Ludwig liebte Marie „wie eine leibliche Tochter" und sie ließ den „liebsten Vater" oder „guten lieben Vater", wie sie ihn meist titulierte, an ihrem Leben und dem der Kinder teilhaben. Sie besprach mit ihm in den Briefen auch ganz alltägliche Dinge wie Familienfeiern oder Geschenke für Verwandte.[28]

Bereits wenige Tage nach der Trauung, am 28. Oktober 1842, äußerte der König gegenüber Joseph Stieler den Wunsch, dieser solle die Kronprinzessin nach ihrer Rückkehr von der Hochzeitsreise malen. Am 28. Dezember 1842 saß Marie dem Hofmaler erstmals für das Porträt in der Schönheitengalerie Modell. Am 11. Februar 1843 meldete Stieler die Vollendung des Gemäldes,[29] im März[30] wurde es mit den üblichen 440 Gulden bezahlt und die Zeitungen konnten verkünden: „Hofmaler Stieler hat so eben das in allerhöchstem Auftrag gefertigte Bildniß I. k.

H. der Kronprinzessin Marie vollendet, welches den ganzen Zauber der Anmuth und Holdseligkeit wieder gibt, der aus den Zügen der jungen Fürstin strahlt. Es gehört dieses Bild nach dem Urtheil derer, die es zu sehen Gelegenheit hatten, zu den gelungensten Werken des beliebten Meisters und wird demnächst ausgestellt, auch ohne Zweifel in kurzem lithographirt werden. [31] *Und ein Journalist empfahl zwei Jahre später in seiner Beschreibung der von Stieler gemalten Porträts schöner Frauen in der Residenz: „Bleiben Sie vor diesem Porträt stehen: die junge Frau, welche dasselbe vorstellt, hat die Haare hinten hinaus- und auf den Seiten glatt gekämmt; diese schwarzen Haare heben die Feinheit und die blendende Weiße des Teint hervor; ein kirschrother Sammetmantel ist bescheiden auf ihre Schultern geworfen. Ihre Augen sind die sanftesten und die geistreichsten, die man nur sehen kann. In ihren Zügen, in ihrer Haltung wie viel Reiz, Zierlichkeit und Würde! Beugen Sie sich mit Respekt; diese Person, welcher keine andere den Preis der Intelligenz und der Grazie, vereint mit der Schönheit, streitig machen und sie nicht einmal darum beneiden würde, ist die Tochter Sr. k. Hoh. des Prinzen Wilhelm von Preußen, die Frau des Kronprinzen von Bayern.“* [32]

Bereits kurz nach der Vollendung des Porträts gab der König eine Kopie bei Joseph Bernhardt in Auftrag. [33] *Die Vorlage für das Foto im Visitkartenformat stammt vom Kupferstecher Andreas Fleischmann.*

Friederike Freiin von Gumppenberg, verheiratete von Gumppenberg (1823–1916)

Im selben Jahr, in dem das Porträt der Kronprinzessin Marie von Bayern entstand, malte Joseph Stieler auch deren Hofdame Friederike Freiin von Gumppenberg, die aus altem bayerischem Adel stammte. Im Oktober 1842 heiratete Prinzessin Marie den bayerischen Kronprinzen Maximilian. Gleichzeitig trat die damals 19-jährige Friederike in den Dienst der zu diesem Zeitpunkt 17-jährigen Prinzessin. Und von Anfang an verband die beiden jungen Frauen ein herzliches Verhältnis, bis zum Tod der Königin.

Friederike wurde am 3. August 1823 als sechstes und vorletztes Kind des königlich bayerischen Oberberg- und Salinenrats Freiherr Franz Seraph von Gumppenberg (1780 – 1857) und seiner Frau Therese (1786 – 1836), geborene Gräfin von Tannenberg aus Tirol, in München geboren. Als die kleine Friederike 13 Jahre alt war, starb die Mutter.[1] Über die Jugend des Mädchens ist so gut wie nichts bekannt. Die meiste Zeit verbrachte sie im elterlichen Haus in der Münchner Oberen Gartenstraße (heute Kaulbachstraße), wenn sie nicht bei Verwandten der Mutter in Tirol weilte.[2] Sie erhielt eine sorgfältige Erziehung. Eine besondere Vorliebe hatte sie für schöne Handarbeiten und verfügte über einiges künstlerisches Talent, wie erhaltene Zeichnungen beweisen.[3]

Als Kronprinz Max die preußische Prinzessin Marie heiratete, bestimmte König Ludwig I. deren Hofstaat, darunter als Hofdamen für die Kronprinzessin Karoline Gräfin von Luxburg und Friederike Freiin von Gumppenberg. Die beiden reisten der Braut bis Bayreuth entgegen, um sie in Empfang zu nehmen.[4]

15 Jahre teilten Prinzessin Marie und Friederike Freud und Leid, bis zu deren Heirat im Jahr 1857. Friederike wurde zudem zur Ehrendame des Theresienordens ernannt, später auch des Elisabethordens. Als Hofdame lebte sie in der Residenz in unmittelbarer Nähe zur Kronprinzessin bzw. ab 1848 zur Königin. Sie war an ihrer Seite, als der Thronwechsel von Ludwig I. zu Maximilian II. stattfand, als die Söhne Ludwig 1845 und Otto 1848 zur Welt kamen und sie war mit Marie im Sterbezimmer von Königin Therese. Friederike ging mit Marie auf Reisen, sei es nach Berlin, in die Sommerfrische nach Berchtesgaden oder Hohenschwangau, zur Kur ins Bad von Brückenau und Kissingen. Von diesen Reisen schrieb sie mindestens 138 Briefe an ihren Vater, der diese mit gut 160 beantwortete. In diesen Briefen geht es aber vornehmlich um Mitteilungen über Ausflugsorte oder gemeinsame Bekannte oder Verwandte.[5] Auch wenn diese Korrespondenz nicht viele Informationen zu Friederikes Lebenslauf bietet, so ist sie doch der Beweis für das besonders innige Verhältnis zwischen Vater und Tochter.

Seit ihrer Kindheit schwärmte Friederike bzw. Ricki, wie sie allgemein genannt wurde, für die Berge – eine Vorliebe, die sie mit ihrer „Herrin" verband. „Wie herrlich ich abermals mein geliebtes Innthal finde, kann ich nicht beschreiben", schrieb sie etwa im Sommer 1849

PILOTY & LOEHLE
MUENCHEN

XV

an Königin Marie, die ihr erlaubt hatte, „einige Tage im schönen Tyrol" zu verbringen.[6] Immer wieder zog es Friederike nach Tirol, nicht zuletzt, weil eine ihrer Schwestern zeitweise in Sterzing lebte. Unzählige Ausflüge unternahm sie auch mit Königin Marie von Hohenschwangau aus.

Bereits am 18. Juni 1844 stiftete Marie – noch als Kronprinzessin – den „Alpenrosenorden", zum Andenken an die dreimalige, glückliche „Axelbesteigung".[7] Die Statuten, die sie eigenhändig niederschrieb, widmete sie Friederike von Gumppenberg, die auch zur „Ritterin" ernannt wurde. „Diesen Orden dürfen nur diejenigen Personen bekommen, welche mit mir, der Großmeisterin, auf dem Axel waren." Die Damen sollten den Orden mit einer Nadel an der linken Seite tragen, die Herren am obersten Knopfloch. Es handelte sich dabei um eine reine Freundschaftsauszeichnung.[8]

Friederike galt als gefeierte Schönheit. In einer Beschreibung der „Kollektion schöner Frauen" aus dem Jahr 1845 wird die Ehrendame der Kronprinzessin als so schön beschrieben, „daß sie wahrlich beinahe einen Chaveron [Matrone als Begleiterin] für sich selbst nöthig hätte."[9] Zeitgenossen schilderten sie als äußerst liebenswürdige Persönlichkeit, geschätzt in allen Gesellschaftskreisen, deren Anmut und Originalität noch bis ins hohe Greisenalter jeden fesselte, der mit ihr in Berührung kam. „Ihr lebhafter Geist nahm regen Anteil an allen geistigen und künstlerischen Strömungen der Zeit, und ihr Herz war immer teilnahmsvoll den Schicksalen ihrer Mitmenschen geöffnet."[10] Dazu kam ihre angenehme und freundliche Art, die ihr viele Verehrer bescherte,[11] doch mit einer Heirat ließ sich die Hofdame Zeit.

Erst am 21. Oktober 1852 – Friederike war bereits 29 Jahre alt – verlobte sie sich in Schloss Sandizell (Landkreis Schrobenhausen) – unweit vom Gumppenberg'schen Stammschloss Pöttmes (Landkreis Aichach-Friedberg) gelegen – mit dem Rittmeister à la suite, Königlichen Kammerherrn und Ritter des St.-Georgs-Ordens Max Ortolph Graf von und zu Sandizell (1816 – 1881).[12] Die beiden Familien waren mehrfach versippt und verschwägert. Doch zur Heirat kam es nicht. Wann und warum die Verlobung gelöst wurde, ist nicht bekannt. In der erhaltenen Korrespondenz mit ihrem Vater klafft in dieser Zeit eine Lücke von rund einem Jahr. Auf jeden Fall heiratete Friederike knappe fünf Jahre später einen anderen, während Sandizell 1864 Fürstin Sophie Anna von Thurn und Taxis zum Traualtar führte.[13]

Bis zu ihrer Hochzeit betätigte sich Friederike von Gumppenberg als Hofdame der Königin auch karitativ: In den Jahren 1855 und 1856 brachte der italienische Missionar Niccolò Olivieri insgesamt fünf junge Afrikanerinnen nach Kloster Beuerberg. Er hatte es sich zur Aufgabe gemacht, mithilfe europäischer Spenden möglichst viele Kinder auf dem Sklavenmarkt Ägyptens freizukaufen. Insgesamt waren es mehr als 800 Kinder, die Olivieri zu ihrem vermeintlich Besten nach Europa brachte. Sie sollten in Frauenklöstern und -kongregationen unterrichtet werden, um danach als Lehrkräfte und christliche Glaubensboten in ihre Heimatländer zurückzukehren. Besonders die Beuerberger „Mohrenkinder" erregten bei den Wittelsbachern große Anteilnahme. Die Prinzessinnen Amalia, die Frau von Adalbert von Bayern, und Helene in Bayern übernahmen die Taufpatenschaft für eines der Mädchen, Prinzessin Alexandra von Bayern und Friederike von Gumppenberg zwei Firmpatenschaften.[14] Am 23. Juni 1857 berichteten die Zeitungen: „Am vorigen Freitag [19. Juni] erhielten zwei im November des Vorjahres von P. Olivieri hierher gebrachte Mohrenmädchen in Kloster Beuerberg die hl. Taufe durch den Erzbischof Gregor. Anschließend empfingen zwei bereits früher getaufte Mohrenmädchen die heil. Firmung; bei dem einen hatte I. K. H. die Prinzessin Alexandra, bei dem andern die Gräfin v. Gumppenberg, Hofdame I. Maj. der Königin, Firmpathenstelle übernommen."[15]

Am 16. Mai 1857 heiratete Friederike doch noch. Sie reichte ihrem Vetter, dem königlichen Rittmeister im 3. Chevauleger-Regiment Herzog Max und Ordonanz-Offizier König Maximilians II. Ludwig Freiherr von Gumppenberg, Besitzer des Lehens Deining, die Hand zur Ehe.[16] Bereits zu Jahresbeginn waren die beiden offensichtlich verlobt, denn Königin Marie konnte ihrer „lieben Ricki" zu Neujahr nichts Besseres wünschen, „als dass Sie mit Ihrem Ludwig so glücklich werden mögen, als ich es mit meinem trefflichen Mann bin."[17]

Friederike war nun 33 Jahre alt, ihr Bräutigam 39. Und es ist nicht auszuschließen, dass die Heirat vor allem ihrer Versorgung galt, denn zwei Wochen später starb ihr Vater im Alter von 77 Jahren.[18] Die Trauung nahm Abt Bonifacius Haneberg in der neu errichteten Kirche St. Bonifaz in München vor.[19] Königin Marie ließ es sich nicht nehmen, an der feierlichen Trauung ihrer bisherigen ersten Hofdame teilzunehmen.[20] Durch die Eheschließung schied Friederike von Gumppenberg traditionsgemäß als Hofdame aus dem Hofdienst aus,[21] blieb aber dem königlichen Haus auch weiterhin verbunden, wovon nicht zuletzt der lebenslange Briefverkehr mit Königin Marie zeugt.[22]

Friederikes Ehemann Ludwig wurde am 1. März 1818 in Würzburg geboren, als Sohn von Anton von Gumppenberg (1787 – 1855), General der Infanterie und bayerischer Kriegsminister, und seiner Frau Franziska (1789 – 1861), geborene Freiin von Perfall, ihres Zeichens königliche Palastdame im Hofstaat Königin Maries. Die Väter der Brautleute waren Brüder, beide aus der Linie Oberbrennberg.[23] Wie nahe sich die beiden Familien standen, kann man schon daran erkennen, dass sie sich ein Grab auf dem Alten Südlichen Friedhof in München teilen.[24] Friederikes Schwiegervater Anton von Gumppenberg zu Pöttmes und Brennberg (1787 – 1855) war ein enger Vertrauter König Ludwigs I. Als dessen Adjutant hatte er einst Ludwig in seiner Kronprinzenzeit auf seinen Reisen, u. a. 1820 und 1823 nach Italien, begleitet.[25] 1835 reiste er mit dem König nach Griechenland, wurde General der Infanterie und 1839 bayerischer Kriegsminister. Sein Sohn (Friederikes Ehemann) wurde auf den Namen Ludwig getauft; der damalige Kronprinz fungierte vermutlich sogar als Taufpate.

Ludwig von Gumppenberg hatte von 1829 bis 1836 seine Ausbildung als königlich bayerischer Page genossen und war damit ein Schulkamerad von Max Ortolph von und zu Sandizell, der diese Ausbildung zwei Jahre zuvor durchlief. Danach folgte für Ludwig eine Militärkarriere: seit dem Sommer 1836 als Junker im Kürassier-Regiment Prinz Karl, im Jahr darauf als Unterleutnant im 4. Chevauleger-Regiment und Ordonanz-Offizier des Königs. Nach seiner Heirat wurde er 1860 zum Major im 3. Kürassier-Regiment in Freising ernannt. Friederike folgte ihm dorthin. 1862 wurde er von der Funktion als Ordonanz-Offizier enthoben und 1867 verabschiedet,[26] nachdem ihn ein schweres Leiden gezwungen hatte, seinen Abschied einzureichen. Noch 1866 vermerkte der „Damen-Kalender" zu Friederike: „abwesend",[27] das heißt, sie wohnte nicht in München. Kurz darauf kehrte die Familie jedoch zurück.

Friederikes Privatleben scheint nun nicht mehr unter einem guten Stern gestanden zu haben. Die Krankheit des Ehemanns schritt voran. Seine letzten Lebensjahre verbrachte man in Regensburg, wo er 1883 auch verstarb. Die Witwe zog nach Eichstätt. Die Sommermonate verbrachte sie meist in Deining, einem kleinen Kronlehen, das ihr Schwiegervater 1844 von König Ludwig I. erhalten hatte.

Sechs Jahre nach ihrem Ehemann verlor Friederike ihren einzigen Sohn Maximilian (geboren am 18. März 1858 in München). Er starb am 10. Januar 1889 nach längerem Leiden im italienischen Hafenstädtchen Nervi (heute Stadtteil von Genua). Im Herbst 1885 hatte Königin Marie zur Verlobung des Sohnes gratuliert und noch am 12. Januar 1889 hoffte sie, dass Max bald wieder zu seiner Mutter aus Italien zurückkehre, wo er offensichtlich bereits seit 1886 lebte. „Gott schenke Ihnen Max gesund zurück!"[28] Zu diesem Zeitpunkt war er jedoch bereits seit zwei Tagen tot. Es war dies auch der letzte Brief der Königin an ihre ehemalige Hofdame. Am 17. Mai desselben Jahres ist auch Königin Marie gestorben.

Max Freiherr von Gumppenberg-Oberbrennberg, Herr auf Deining, wurde nur 30 Jahre alt. Man überführte ihn in die Familiengruft nach Deining (Landkreis Neumarkt in der Oberpfalz). Die Todesanzeige unterzeichneten Friederike Freifrau von Gumppenberg als Mutter und die Ehefrau Marie, geborene Buechl, mit dem noch nicht einmal drei Monate alten Söhnchen.[29] Dieses Söhnchen war Baron Ottmar Hubert von Gumppenberg, der eine Militärlaufbahn einschlagen sollte. Auch die Nachricht von der Gefangennahme ihres einzigen Enkels im Ersten Weltkrieg blieb Friederike nicht erspart.[30]

Friederike selbst wurde 92 Jahre alt. Alle ihre sieben Geschwister waren bereits verstorben. Wo sie ihre letzten Jahre verbrachte, kann nicht gesagt werden. Laut Auguste von Oertzen lebte sie zuletzt bei den „Alexandriner Schwestern in München", einer Institution, die sich jedoch nicht eruieren lässt. Im Jahr 1913 feierte sie ihren 90. Geburtstag noch in „Rüstigkeit und Frische". Sie starb mitten im Ersten Weltkrieg, am 21. Januar 1916, in München[31] und wurde in der Gumppenberg-Gruft auf dem Friedhof von Deining beerdigt.[32]

Bereits unmittelbar nach der Ernennung zur Hofdame der Kronprinzessin bestellte König Ludwig I. in einem Brief vom 27. Oktober 1842 an den Maler das Porträt Friederikes zusammen mit dem seiner Schwiegertochter. Der Vorschlag zu dem Gemälde der Hofdame war letzten Endes wohl von Joseph Stieler selbst ausgegangen. In einem Brief aus dem Jahr 1842 listete er die Namen der Schönheiten auf, „die ich zu sehen Gelegenheit fand und worunter Eurer Majestät vielleicht einige zum Malen für die Sammlung finden könnte".[33] Von den 14 dort genann-

ten Damen wählte der König nur eine einzige für die Schönheitengalerie aus, nämlich Freiin Friederike von Gumppenberg. Am 8. Januar 1843 war Friederikes Bild in Arbeit, am 11. Februar stand es kurz vor der Vollendung und im März wurde es zusammen mit dem der Kronprinzessin sowie den Porträts von Caroline von Oettingen-Wallerstein und Caroline Lizius bezahlt.[34] *Das Gemälde zeigt Friederike von Gumppenberg in einer weiten Sommerlandschaft. Die Hofdame trägt ein einfaches weißes Kleid, über das eine weinrote Samtpelerine geworfen ist. Und Auguste von Oertzen resümierte: „Die Harmonie und Güte des Charakters, die der liebenswürdigen Frau bis in ihr hohes Alter nachgerühmt wurden, kommen schon in dem lieblichen Antlitz der Zwanzigjährigen zum Ausdruck."*[35]

Die Vorlage für das Foto im Visitkartenformat schuf der nicht näher bekannte Lithograf J. J. Rigal.

Caroline Lizius, verheiratete Stobäus (1824–1908)

Während bei einigen der Schönheiten gemutmaßt wurde, der königlichen Gunst wären Kinder entsprungen, Behauptungen, die sich meist schon rein rechnerisch widerlegen lassen, könnte es im Fall der Caroline Lizius tatsächlich der Fall sein. Und gerade bei ihr wurde dies nie angenommen – nicht einmal von den fantasiereichsten Autoren. Noch Gerhard Hojer notierte: „Über ihr Leben ist nahezu nichts bekannt." Das ist so jedoch falsch.

Caroline[1] kam am 24. März 1824 als fünftes Kind des „Musikdirectors und Hofmusicus"[2] Christoph Franz Lizius (1789–1863) und seiner Frau Katharina (1790–1868), geborene Sodi, in Aschaffenburg zur Welt.[3] Im Sommer 1840, im Alter von 16 Jahren, begegnete Caroline in ihrer Heimatstadt dem damals bereits 54-jährigen König Ludwig I. Er war am 20. Mai in der Stadt eingetroffen und blieb dort bis zum 12. September mit einem Teil seiner Familie, allerdings ein paar Mal unterbrochen durch mehrtägige Ausflüge etwa nach Bad Ems oder Frankfurt.[4]

PILOTY & LOEHLE
MUENCHEN

XXIII

Offensichtlich war der König sofort begeistert von dem jugendlichen Mädchen. Und ebenso offensichtlich scheint sie ihm bereits zu Beginn ihrer Freundschaft ihre Zukunftswünsche unterbreitet zu haben. Auf jeden Fall schrieb Ludwig am 18. August 1840 an seinen Kabinettssekretär Heinrich von Kreutzer: „Schilcher[5] wird Ihnen, als von mir beauftragt, hinsichtlich der Karoline Lizius Kosten des Lebens und Singunterricht in München geschrieben haben. Auch was der Unterricht in italienischer Sprache kosten würde, ist in Anschlag zu bringen und mir zu berichten. Jener in der Schauspielkunst dürfte aber nichts kosten, welchen Schauspielerin Dahn[6] wohl aus Gefälligkeit erteilen würde. Im Falle aber, daß der Tanzunterricht erforderlich für die Bühne sich widmen wollende Sängerin, darüber gleich fragen Sie Lachnern[7] und wegen der Kosten. Möchte zugleich wissen, ob die Hetznecker[8] welchen bekommen hat, und ob ich dafür gezahlt, wessen ich mich nicht erinnere."[9]

Noch im Herbst desselben Jahres zog Caroline nach München. Der Vater begleitete sie in die Haupt- und Residenzstadt.[10] Eine gewisse Therese Lang[11] nahm sie in ihr Haus auf. Erste undatierte Briefe gingen im Winter 1840/41 zwischen der Residenz und der Wohnung hin und her.[12] In kindlich naiven Worten, sichtlich geschmeichelt von der königlichen Gunst, schickte Caroline zum Teil hübsch verzierte Brieflein „zu allerhöchst eignen Händen" des Königs. Und dieser verkündete: „Sie ist ein tugendhaftes Mädchen, das bezeuge ich der Wahrheit gemäß."[13]

Die ersten der rund 200 Briefe von ihrer Hand verraten noch keine große Bildung. Das gedachte Ludwig I. zu ändern. In ihrer Kinderschrift notierte Caroline ihren Stundenplan:[14] Lesen, Französisch, Klavier, Singen. An zwei Nachmittagen ab 16 Uhr musste sie zur Schauspielerin Constanze Dahn, vor allem um sich mit dem König zu treffen. In den Briefen hatten Caroline und ihre Vermieterin diesen nämlich gebeten, sie nicht zu Hause aufzusuchen, um eventuelles Gerede zu vermeiden. Die Schauspielerin, zu der Ludwig bereits 1834 eine Beziehung aufgenommen hatte, war längst zu einer reinen Freundin geworden, bei der er eher Ruhe oder Rat in einem Gespräch suchte als körperlichen Kontakt.[15] Doch auch Constanze Dahn scheint nicht besonders begeistert über die Treffen bei ihr gewesen zu sein. Ob sie Caroline tatsächlich Schauspielunterricht gab, ist mehr als fraglich. Vermutlich war es mit deren Talent nämlich nicht sehr weit her, denn letzten Endes bekam sie trotz königlicher Protektion nur eine kleine

Anstellung im Chor der Hofkapelle. Dennoch träumte sie auch später von einer Karriere als Sängerin oder Schauspielerin. Treffen fanden auch im Atelier Joseph Stielers statt.

Zu Beginn lautete die Anrede in Carolines Briefen an den König noch „Königliche Majestät, gnädigster König und Herr". Doch bald wechselte sie zu „Lieber Ludwig" und einem vertrauten „Du". Gleichzeitig begann Stieler die junge Schönheit zu malen. Offensichtlich kam sie stets allein ins Atelier, rechtfertigte sich jedoch damit, „daß Du nicht gerne Gesellschaft in Deiner Gegenwart habest", sonst könnte Stieler auf die Idee kommen, „ich nehme aus Absicht niemanden mit." Und schon damals unterschrieb sie mit „Es küßt und drückt Dich im Geiste Deine Dich treuliebende Karoline".

Kaum in München begann Caroline Wünsche, die Unterstützung weiterer Familienmitglieder betreffend, zu äußern. Der Vater wandte sich über Caroline an den König. Doch bei der Hofmusik-Intendanz standen gerade keine Mittel zur Verfügung.[16] Wie oft Anliegen mündlich geäußert wurden, kann nicht gesagt werden, nur so viel: Die stets aufs Neue geäußerten Forderungen wurden vielfach erfüllt. So wurde etwa der Vater zum provisorischen Kontrolleur des Hauptstempelverwaltungs- und Verlagsamts in München ernannt,[17] was mit dem Umzug der Familie in die Hauptstadt im September 1841 verbunden war. Auch ihren Brüdern verschaffte Caroline nach und nach via König Stellungen, was von der Allgemeinheit nicht unbeobachtet blieb. Für das Kind ihrer Schwester Josephine Bottler, die den Gerichtsarzt in Vilsbiburg geheiratet hatte, übernahm der König die Patenschaft.[18] Bald machte man sich darauf so seinen Reim; ein entsprechend umgedichtetes „Vaterunser" kursierte in der Stadt: „Vater unser, der du bist in Italien und Sizilien, nur nicht in deinem Lande […] führe uns nicht durch Dahn und Lizius in Versuchung, sondern erlöse uns von dem Übel, von deiner Person alsbald als möglich. Amen."[19] Und der Architekt Leo von Klenze stand mit seiner Ansicht sicher nicht allein, sie sei „ein schönes, aber lüderliches Mädchen", das „zu manchem kleinen Scandal Veranlaßung gab, und mehrere sehr unpassende Ernennungen und Beförderungen ihrer Verwandten und Günstlinge veranlaßte". Er sprach von einem „höchst schmutzigen Verhältniße mit der Mademoiselle Lizius".[20]

Auch für sich selbst stellte Caroline Forderungen: So wünschte sie sich etwa eine Goldkette für 60 Gulden mit einer „Kapsel mit

Springfedern", wobei es sich wohl um ein Medaillon handelte, für weitere 50 Gulden. Tags darauf versprach der König, das Geld zum nächsten Treffen mitzubringen – „Mögen sie [die Schmuckstücke] Dir Freude verursachen" –, was wenige Tage später den Wunsch nach einem Armreif für 20 Gulden nach sich zog.[21] Ludwig I. verschaffte ihr und ihrer Familie Freiplätze im Hoftheater, die sie jedoch wenig nutzten, sodass der Intendant nachfragen ließ, ob er sie anderweitig vergeben könne, was Caroline jedoch brüsk zurückwies.[22]

Im Mai 1841 ging der König für zwei Monate nach Italien, dann ins Bad von Brückenau und nach Berchtesgaden, wo ihn Caroline besuchte.[23] Im Frühjahr 1842 brach er erneut nach Italien auf. Nun hielten die beiden vorwiegend brieflichen Kontakt. Wann die zahlreichen Gedichte entstanden, die Ludwig I. mit der Widmung „Ludwig an Caroline" sogar in rotes Leder binden ließ und später veröffentlichte, ist nicht bekannt; sie dürften jedoch 1840 bis 1842 gereimt worden sein.[24] Noch am 17. Dezember 1842 nannte er Caroline anlässlich eines Besuchs in Stielers Atelier „die schönste in München".[25] Doch langsam erlahmte die Begeisterung des Königs für die Aschaffenburgerin. 1843 sah Caroline nach und nach ihre Felle davonschwimmen, äußerte in undatierten Briefen zunehmend ihre Sorge, er habe sie nicht mehr lieb, und begann bereits damals, psychischen Druck auszuüben und damit zu drohen, dass es ihr Tod sein würde, „könntest Du mir Deine Liebe entziehen." Gleichzeitig mehrten sich ihre Klagen über angebliche Intrigen.

Zu diesem Zeitpunkt sang Caroline in der Hofkapelle (oder war zumindest dort gelistet), doch das Gehalt reichte nicht, um auf eigenen Füßen zu stehen; sie forderte eine bessere Stellung. Sie wollte der Welt „beweisen, daß man mich nicht unverdient begünstigt, sei es als Sängerin oder Schauspielerin, da das doch der einzige Weg mir erscheint, weiter zu kommen."[26] Immer deutlicher werden die Klagen über den Verlust seiner Liebe, stets verbunden mit dem Hinweis auf die Sorge um ihre Zukunft. Selbst die Mutter Katharina wurde nun eingespannt, die 1845 den Sieg der Intrigen über die Rechtschaffenheit und Aufrichtigkeit ihrer Tochter anprangerte. Carolines Leiden sei für die Mutter noch schwerer zu ertragen als die seinerzeitige Kerkerhaft des Sohnes.

Ihr ältester Sohn Carl Bernhard (1812–1870) war einst als Revolutionär am 3. April 1833 beim „Frankfurter Wachensturm" verhaftet worden, als eine Gruppe das Zeughaus stürmen wollte. 1834 wurde er in München angeklagt, Ende 1835 befand man ihn allerdings als schuldlos,[27] wohl weil er sich von Fürst Metternich für Spionagedienste hatte anwerben lassen. Von 1836 bis 1848 lieferte er Spitzelberichte aus Straßburg und Paris unter anderem über Karl Marx und Friedrich Engels. Erneut angeklagt wurde Carl Bernhard Lizius, „Hofmusicus-Sohn von Aschaffenburg, Candidat der Rechte", am 25. Juli 1838 in München, wegen Hochverrats schuldig gesprochen und zu „Festungs-strafe ersten Grades" verurteilt. Allerdings war er landesflüchtig.[28]

Doch nun hatte die Mutter das Schicksal der Tochter angeblich noch härter getroffen, „die mit edler Aufopferung alles dessen, was dem Menschen heilig ist, in ihrem unschuldigen, unbefangenen Sinn uneigennützig sich zum Wohle ihrer Familie zum Opfer brachte und sich nun durch die Zurücksetzung alles Hohns und unverdienter Schmach Preis gegeben sieht". Offenbar war die Tochter mit einem jungen Mann an „Vergnügungsorten" gesehen worden, doch die Mut-ter versicherte dem König, dass dies völlig harmlos gewesen sei. Und sie bat ihn: „Senden Sie ein Wort des Trostes und der Aufrichtung in unsre vom Schmerz zerrissenen Herzen." [29]

Immer neue Wünsche und Liebesbeteuerungen folgten, aber von Ludwig I. kamen keine Antworten, zumindest sind keine erhalten, und die Briefe Carolines lassen vermuten, dass es sie auch zu ihrer Zeit nicht gegeben hat.

Der König war zunehmend genervt. Als der Vater Christoph Lizius im Sommer 1845 um eine Gehaltsaufbesserung nachsuchte, vermerkte Ludwig I. am Rand kurz angebunden: „zu genehmigen nicht geson-nen".[30] Doch die Forderungen wurden nicht weniger, seien es Bitten um Beförderungen oder Konzertkarten. „Nicht wahr, Du thust's? O thue es doch, ich habe so lange keine Freude mehr gehabt […]". Hier ging es um die Beförderung des Bräutigams einer Freundin.[31] Letzt-mals am 1. Dezember 1846 bat sie den „lieben Ludwig" um einen Ge-fallen. Dann ändert sich der Ton. Irgendwann im Winter 1846/47 muss etwas vorgefallen sein; vermutlich war das königliche Verhältnis zu Lola Montez schuld. Auf jeden Fall lautete Carolines Anrede nun „Majestät" und „Sie" – keine Spur mehr von dem vertrauten „Du".

Weitere undatierte Briefe folgten, nicht nur mit Vorwürfen, es wur-de gar mit Selbstmord gedroht. Und stets stellte Caroline dieselben Fragen: Warum hatte sie des Königs Zuneigung verloren? Was hatte sie verbrochen? Auf der anderen Seite beteuerte sie ihre Liebe zu ihm, gerne verbunden mit dem Hinweis darauf, dass Ludwig ihr einst versprochen hätte, sie könne sich stets auf ihn verlassen.

Inzwischen verwehrte der König ihr bereits Treffen. Immer wieder bat sie um eine Audienz. Ohne Erfolg. Langsam erkannte Caroline: Sie musste sich selbst um ihre Zukunft bemühen. Sie war nun Anfang 20 und ging auf die Suche nach einem geeigneten Heiratskandidaten. Doch auch da war der Erfolg eher mäßig. Noch immer war sie bei der Hofkapelle angestellt, die Gage war allerdings nicht dazu geeignet, ihren Lebensunterhalt zu bestreiten, und so wollte sie ihre Stelle je eher desto besser verlassen.[32] Man schrieb inzwischen das Jahr 1847.

Drei Jahre lang hatte sich offensichtlich kein geeigneter Kandidat gefunden, doch im Sommer 1847 hatte sie durch ihren Bruder Ignaz den damals 35-jährigen „Regierungs-Assessor Lamberger in Landshut" kennengelernt. Anfang 1848 machte er jedoch einen Rückzieher. Schuld war „die böse Welt, welche durch öffentliche ausgesprochene Zweifel an meiner Ehre und guten Namen denselben abwendig machten", schrieb Caroline an den König.[33]

Es folgte das Schicksalsjahr 1848 mit all seinen politischen Verwerfungen. Doch das Kapitel „Caroline Lizius" war noch längst nicht abgeschlossen, auch wenn Caroline den König bereits seit über einem Jahr nicht mehr getroffen hatte.[34] Ludwig antwortete nicht einmal mehr persönlich auf ihre Briefe, zu lästig waren sie ihm nun.

Überflüssig zu erwähnen: Lola Montez und Caroline waren sich nicht „grün". „Lizius hat mir im Theater schöne Augen gemacht, aber auch ohne Wirkung", schrieb Ludwig noch am Tag seines Rücktritts vom Thron an die in der Ferne weilende Lola.[35] „Ich weiß nicht, wie oft Lizius um eine Audienz gefragt hat, aber seitdem ich gesagt habe, daß ich das nur in Deiner Gegenwart mache, und seitdem das unmöglich ist, sehe ich sie nicht. Gerade hat sie schon wieder gefragt. Es ist an Dir, meine geliebte Lolitta, ob sie mich sieht oder nicht. Vergiß nicht, mir Deine Entscheidung zu sagen". Und der König wiederholte die Frage: „Schreib mir, ob ich Lizius eine Audienz gewähren soll. Es hängt von Deiner Entscheidung ab."[36] Die „treue Lolitta" antwortete: „Du würdest mich verletzen, wenn Du Lizius sehen würdest. Wenn Du ihr eine Audienz gibst, dann kannst Du Deine arme Lolitta im Exil nicht lieben. Schreib ihr nicht, und gehe auch nicht in ihr Haus." Ludwig I. gehorchte. „Ich werde Lizius nicht sehen."[37]

Doch für einen ihrer Brüder – wobei nicht gesagt ist für welchen und warum – setzte sich der König ein. Caroline witterte Morgenluft und dankte Ludwig I., dass er ihren Bruder „vor dem Untergang gerettet" habe. Dieser schrieb jedoch an den Rand des Briefes: „Karoline Lizius irrt, wenn sie mein Benehmen auslegte, als wollte ich Lolitten untreu werden."[38] Anfang Oktober 1848 war der König wieder aus der Sommerfrische zurück in München und wiederum bombardierte Caroline ihn mit Anfragen nach einer Audienz. Noch am 25. Oktober 1848 beteuerte Ludwig seiner Lola, dass die Lizius geschrieben, er aber nicht geantwortet und dass es keine Besuche gegeben habe.[39]

Dann kam es zu einem Sinneswandel. Wegen der „Wirtschaftsverhältnisse" verloren viele Mitglieder der Hofkapelle ihre Arbeit, auch Caroline Lizius.[40] Ihr Vater war bereits im Frühjahr in den Ruhestand versetzt worden.[41] Lola Montez weilte in der Ferne. Da wurde Caroline Ende Oktober/Anfang November 1848 allem Anschein nach endlich die längst ersehnte Audienz gewährt. Auf jeden Fall bestimmte der König – zwei Tage nach dem letzten Brief an Lola Montez –, dass für Caroline Lizius 12.000 Gulden angelegt werden sollten, wovon sie jährlich eine Rente von 5 Prozent Zins, also 600 Gulden, erhalten sollte. Carolines Wunsch, die gesamte Summe an sie auszuzahlen, erfüllte er damals jedoch nicht.[42]

Die Forderungen und der psychische Druck ließen nicht nach. „Ich unerfahrenes nur an lauter Liebe und Glück denkendes Mädchen, mir bangte nicht für meinen Lebensunterhalt", jammerte sie. „Damals wußte ich nicht, daß wenn der Ruf eines Mädchens zweideutig, wenn auch gleich unschuldiger Weise, ihr der Eintritt in jede Familie, sei es als Gouvernante, als Kammerjungfer, Stubenmädchen usw. gänzlich versperrt ist." Auch bei den Verwandten gab es kein Unterkommen. Nach langen Jammer-Tiraden bat sie schließlich wenigstens um Auszahlung der 600 Gulden, bevor sie sich noch für das „schöne italienische Kleid" bedankte.[43]

Der nächste erhaltene Brief vom 8. Dezember 1848 beginnt nicht mehr mit einem untertänigen „Majestät", sondern mit „Lieber, lieber Ludwig! Vor Allem herzinnigen Gruß und tausend herzliche Küße zum guten Morgen". Caroline konnte an nichts anderes mehr denken als an ihn. „Mit Sehnsucht dem Augenblicke entgegensehend, an dem ich Dich wieder an mein nur für Dich schlagendes Herz drücken darf."[44]

Das Glück schien ihr wieder hold, auch wenn sich bald heraus-
stellte: Caroline war schwanger. Ein passender Alibi-Ehekandidat war
jedoch bald gefunden. Begeistert legte sie ihrem verliebten Brief an den
König ein Schreiben von Albert Stobäus, des „zu unserem bereits
besprochenen Endzwecke bestimmten Mannes" bei. Der „Endzweck"
war eine Heirat zur Versorgung Carolines. „Verehrtes Fräulein, Ihrem
Wunsche gemäß habe ich über unsre gestern Morgens stattgehabte
Besprechung sowie es der Drang der Zeit erfordert, reiflich nachgedacht
und erlaube mir daher Ihnen in Kürze diejenigen Ansichten mitzuthei-
len, welche auf die bestmöglichste Weise unsere Zukunft durch Heirath
zu begründen im Stande wären." So klingt kein Liebesbrief, eher eine
geschäftliche Vereinbarung! Ausführlich legte Stobäus denn auch seine
beruflichen Wünsche dar und seine Bedenken ob möglicher Schwierigkeiten, die auf sie zukommen könnten, obwohl er vom „edlen, tugend-
haften Charakter" seiner möglichen Braut überzeugt sei.[45]

Von wem aber war Caroline schwanger? Mutmaßlich vom König,
den sie nun drängte, Stobäus eine angemessene Stelle zu verschaffen,
auch wenn Ludwig nun nicht mehr an der Regierung war, sondern
sein Sohn König Maximilian II. Caroline war überzeugt: Wenn sich
der Vater gegenüber dem Sohne verwende, würde dieser schon ein-
willigen. Sie bekräftigte nochmals, „daß wir auf die Person des jungen
Stobäus mit aller Zuversicht vertrauen dürfen".[46]

In einem späteren Schreiben mit der Bitte um Beförderung lieferte
Albert Stobäus seinen Lebenslauf: Demnach wurde er 1818 in Passau
geboren, als Sohn eines Regierungs-Kommissärs bei der königlichen
Regierung, Kammer der Finanzen. Er besuchte die Lateinschule zunächst in Passau, dann in Freising, wohin sein Vater versetzt worden
war. Danach wechselte er ans Gymnasium in München, wo er als Zög-
ling in das königliche Erziehungsinstitut für Studierende aufgenommen wurde (die Matrikel des Wilhelmsgymnasiums in München
führen den Namen Albert Stobäus allerdings nicht an).[47] 1838 machte
er seinen Abschluss, bestand 1839 das philosophische Absolutorium
und 1841 das theoretische Schlussexamen in den Rechtswissenschaf-
ten. Danach war er Rechtspraktikant beim Landgericht in München,
bestand 1843 den Staatskonkurs (Zulassungsprüfung für den Staatsdienst) und wirkte seit dem 1. April 1845 als „Rats-Accesist" beim
Appellationsgericht in München. Dazwischen führten ihn Reisen angeblich durch weite Teile Europas, bis nach England und Norwegen.[48]

Tatsächlich machte sich König Ludwig I. am 18. Januar 1849 stark für die Ernennung Albert Stobäus' zu seinem Kabinetts-Sekretär, wünschte aber gleichzeitig, dass – sobald die Legations-Sekretärstelle bei der Gesandtschaft in Rom frei würde – diese ihm übertragen werde, also eine Stelle, die möglichst weit weg von München war. Caroline sollte als königliche Hofsängerin eine Pension von 600 Gulden erhalten; die bereits erwähnten 12.000 Gulden für die Aussteuer sollten ihr nach der Eheschließung ausgezahlt werden.[49]

Als Erklärung gab der König an: „Bereits im Jahre 1840 lernte ich Fräulein Karoline Lizius kennen und bis vor beyläufig fünf Jahren besuchte ich sie oft. Wenn ein König häufig in ein Haus geht, in dem eine junge Tochter und wenn's der unschuldigste Umgang ist, so leidet der Ruf, nachtheilig wirkend auf die Versorgung. Dieses gut zu machen, hielt und halte ich für meine Pflicht. Alle früheren Bewerber um ihre Hand schienen mir jedoch nicht geeignet, sie glücklich zu machen, außer Albrecht [richtig: Albert] Stobäus." Offensichtlich war König Maximilian II. mit der Ernennung Stobäus' einverstanden, auch mit der Auszahlung der 12.000 Gulden an die „Hofsängerin Carolina Lizius", allerdings mit der Einschränkung, diese nicht gleich vorzunehmen, vermutlich um die Auszahlung zu verschleiern.[50]

Kurz darauf konnten die Bayern in der Zeitung lesen, dass „sich König Ludwig in der Person eines gewissen Stobäus, z. Z. Appellat. Ger. Accessisten an dem Stadtgerichte München, einen neuen Kabinetssekretär angestellt, und mit 2.400 jährlichem Gehalt bedacht" habe. Und weiter: „In der Überzeugung, daß es nicht gut sei, wenn der Mensch allein ist, hat sich der neue Sekretär in der Person einer gewissen Fräulein Lizius auch eine Gehilfin gesucht, eine Dame, die wegen ihrer liebenswürdigen Eigenschaften früher viel gerühmt wurde und deshalb eine Jahresrente von 1200 zugesichert erhalten hat."[51] Das „Münchener Tagblatt" wusste anzufügen: „Es wird sich derselbe in nächster Zeit zur Verwaltung der Besitzungen des König Ludwig in der Nähe von Rom dahin begeben, vorerst aber seine eheliche Verbindung mit der wegen ihrer vielfältig gerühmten liebenswürdigen Eigenschaften bekannten Dame welcher überdieß eine Jahrsrente von 1200 fl. zugesichert ist, Fräulein Lizius, vollziehen." Und die „Bamberger Zeitung", die ähnlich berichtete, ergänzte spitz: „Es ist nur zu wohl bekannt, welche Rolle diese Lizius früher gespielt hat."[52]

Pläne wurden geschmiedet. Caroline schwankte zwischen der Freude über die „so liebevolle Theilnahme an meinem Befinden" und der Trauer über die baldige Trennung, „jedoch die Umstände erfordern es einmal so". Sie tröstete sich mit dem Gedanken, Ludwig bald jenseits der Alpen wiederzusehen.[53]

Der Abschied nahte. Am 5. Februar 1849 verließen Caroline Lizius und Albert Stobäus, der am 30. Januar dem Wunsch der „Verehrtesten Carolina" gemäß eine Reiseroute ausgearbeitet hatte, München. Über Ingolstadt ging es nach Kipfenberg, wo am 10. Februar 1849 die Hochzeit stattfand.[54] Die Gründe, warum im Altmühltal geheiratet wurde, waren zum einen mit Sicherheit der Wunsch, in München nicht zu viel Aufsehen zu erregen, zum anderen, dass in Kipfenberg Carolines Bruder Ignaz Lizius den Posten eines Rentbeamten erhalten hatte.[55]

Den Tag nach der Hochzeit sollte das junge Paar noch im Kreis der Familie in Kipfenberg verbringen und dann Richtung Italien aufbrechen, über Donauwörth, Augsburg, Innsbruck, Brixen, Trient, den Gardasee, Verona, Modena, Bologna, Florenz, Siena und Viterbo bis nach Rom. 35 Tage sollte die Reise dauern, da auf der Route immer wieder Rast- und Besichtigungstage eingeplant wurden.[56] Gewöhnlich konnte man die Strecke leicht in zwei Wochen oder kürzer bewältigen. Doch dann kam alles anders. In Trient wurden die Pläne geändert. Der Grund: Unruhen in Rom. Der Italienische Unabhängigkeitskrieg schien im Sommer 1848 beendet, doch im März 1849 flammten die Kämpfe erneut auf, die erst in der Schlacht bei Novara am 23. März entschieden wurden. An eine Reise durch die italienischen Regionen, noch dazu mit einer hochschwangeren Frau, war nicht zu denken. Deshalb begaben sich die Frischvermählten von Mailand aus nach Norden ins Tessin. In Lugano warteten sie ab, bis sie schließlich nach Genua weiterreisten, um sich nach Rom einzuschiffen.[57] Über die folgende Zeit ist wenig bekannt, denn der König hatte offensichtlich gesagt, dass es ihm „nicht angenehm" wäre, wenn Caroline öfters schriebe. Deshalb datierte ihr erster Brief vom 20. März 1849, verfasst in Lugano. Ausführlich wollte sie dann erst aus Rom, ihrem „zukünftigen Bestimmungsort", schreiben. Hier nur so viel: Ihr Gatte sei aufmerksam und zärtlich. Und dass es ihr den Umständen entsprechend gut gehe, obwohl sie Übelkeit und Kopfschmerzen plagten.

Dann schweigen die Briefe für einige Monate. Erst am 22. Juli schrieb Caroline aus einem nicht näher zu definierenden „Germigliano" nahe

Genua, dass sie eine Villa gefunden hätten, in der sie ihre Niederkunft erwarten würde. Am 12. August fühlte sie sich angeblich immer noch schlecht, wohl wegen des „zu erwartenden Kindes", und merkt an, dass dies voraussichtlich der letzte Brief „vor meiner Entbindung" sei. Noch immer befand sich das Ehepaar Stobäus in dem nicht näher zu lokalisierenden Ort, der nun als „Cornegliano" zu lesen ist. Der nächste Brief datiert „Neapel, 6. November 1849" und Caroline konnte endlich berichten, dass nach „vielen Leiden [...] ein allerliebstes Kindchen, mein kleiner lieber Ludwig", zur Welt gekommen sei und dass dieser prächtig gedeihe. Keine sonstigen Angaben: nicht zum Geburtsort, nicht zum Geburtstag, nicht zur Taufe. Alles „riecht" nach Verschleierung, da der Wortlaut zwischen dem 12. August und dem 6. November keinen weiteren Brief vermuten lässt. Möglicherweise wäre auch schon ein Geburtsdatum vor August möglich, doch auf gar keinen Fall Neapel als Geburtsort. Am 12. August war das Ehepaar angeblich ja noch in der Nähe von Genua.

Die Geschichte erinnert frappant an einen ähnlichen Fall rund 35 Jahre zuvor. Damals waren Wilhelm von Jordan und seine Frau Violante nach einer überstürzten und in aller Heimlichkeit abgehaltenen Hochzeit nach Neapel aufgebrochen, ebenfalls in den unwirtlichen Wintermonaten, in denen auf dem Weg über die Alpen Schnee lag, der die Reise zudem erschwerte. Obendrein gärte es damals wie zu Zeiten der Stobäus-Reise in Italien. Und in beiden Fällen war ein Kind unterwegs, dessen exakter Geburtstermin in München verschwiegen werden sollte. Das Ehepaar von Jordan wollte König Maximilian I. im Glauben lassen, er sei der Vater des angeblich in Neapel geborenen Kindes, um Vorzüge zu erhalten. Erst moderne Gentests erwiesen die königliche „Unschuld".[58] Ähnlich verhielt es sich im Fall des kleinen Ludwig Stobäus. Wie ehedem das Ehepaar Jordan hat auch das Ehepaar Stobäus den König und vermeintlichen Vater unter Druck gesetzt.

In späteren Quellen wird stets Neapel als Geburtsort des kleinen Ludwig angegeben, doch zum Geburtstag sind zwei verschiedene Angaben überliefert: der 1. August und der 20. September 1849. Und auch diese müssen nicht stimmen. Das erste Datum wird in den Offizierspersonalakten genannt, das zweite in den Trauungsmatrikeln anlässlich seiner Hochzeit. Aufgrund einfacher Rechenübungen kommt höchstens der 1. August infrage, was auf eine Zeugung um den 1. November 1848 herum schließen lässt. Dann kann Neapel aber, wie oben erwähnt, nicht der Geburtsort sein. Bei einem Geburtstermin am 20. September 1849 hätte man jedoch Anfang Dezember 1848 noch keine Schwangerschaft bemerken können.[59]

Auch später sind die Angaben zu Klein-Ludwig äußerst spärlich, meist heißt es nur, dass er von Caroline sehr geliebt werde, dass er wächst und gedeiht, aber nie etwas Konkretes. All die Indizien sprechen dafür, dass Caroline den König auf jeden Fall in dem Glauben lassen wollte, dass er der Vater sei. Ein anderer Vater ist jedoch nicht ausgeschlossen, wobei es sich vermutlich nicht um Albert Stobäus handelte. Dagegen sprechen die ersten Briefe. Oder es wäre ein fast nicht vorstellbar durchtrieben falsches Spiel gewesen.

Noch in München war mit dem König vereinbart worden: Wenn es ein Sohn wird, heißt er Ludwig. Und in der Folge spricht Ludwig I. in seinen seltenen Briefen (vor allem an Albert Stobäus) von seinem „Pathchen" oder „Taufpathchen". Auch Caroline bediente sich dieses Ausdrucks, vor allem, wenn sie wieder Forderungen stellte. Denn diese ließen nicht nach. Meist ging es – neben wortreichen Liebesbezeugungen an König Ludwig – um eine bessere Stelle oder um Titelverleihungen für ihren Mann, aber auch für ihre Brüder, sowie finanzielle Wünsche, gerne mit dem Hinweis auf die „delikate Gesundheit" des Sohnes oder auf ihren eigenen angegriffenen Gesundheitszustand. Ansonsten sind die zahlreichen Briefe der folgenden Jahre nichtssagend. Allerdings vergaß Caroline (und in separaten Briefen auch ihr Mann) nie, dem König zum neuen Jahr und zu seinem Namenstag am 25. August zu gratulieren.

Ein besonders dringender Bettelbrief trudelte im Februar 1851 in München ein: Bei der Familie Stobäus, die in Neapels prominenter Riviera di Chiaia, im Viertel der Reichen und des Adels, wohnte, war eingebrochen worden. Nun seien sie gänzlich mittellos. Carolines Schmuck war weg sowie 13.000 Gulden in fünfprozentigen Staatsobligationen. Wieder bat das Ehepaar Ludwig I. um Hilfe, die dieser offensichtlich auch gewährte.[60]

Die Briefe beantwortete der König schon längst nicht mehr persönlich, ließ höchstens durch die noch immer in München lebenden Eltern Lizius Grüße ausrichten. Erst als er im Frühjahr 1851 nach Rom reiste, scheint er (oder sein Sekretär) dies Caroline mitgeteilt zu haben – wenn sie es nicht aus der Zeitung erfahren hat. Auf jeden Fall wollte sie Ludwig in Rom treffen, dann könnte er „sein Pathchen" sehen. Am 5. Mai 1851 schrieb der König aus Rom an Albert Stobäus in Neapel, „daß mit Vergnügen ich den Wunsch erfüllen werde, Sie, Ihre Frau und mein Pathchen hier zu sehen, wenn ich nicht mit Wünschen angegangen werde, der ich Ihnen Titel und Mittel gab, keine Beschäftigung aber ertheilen kann, noch jene erhöhen. Stelle für Ihren Schwager habe ich auch keine und was Empfehlung betrifft, wissen Sie selbst, welche Erfahrungen ich gemacht habe, als daß ich mit solchen mich befasse."[61] Ob es zu einem Treffen kam, ist nicht überliefert, nur dass Caroline und ihr Mann im Winter 1851/52 wieder nach München zurückkehrten.

Albert Stobäus, der zwar zum Kabinetts-Sekretär ernannt worden war, hatte eigentlich keine Aufgabe. Auch zu der 1849 angekündigten Verwaltung der Besitzungen des Königs bei Rom, womit die Villa Malta gemeint war, ist es nicht gekommen. Immer wieder bat er bzw. seine Frau um Aufhebung der Versetzung in den Ruhestand, um Reaktivierung und Titelverleihungen, bis Stobäus schließlich zum Legationsrat „extra statum",[62] also ohne Aufgabe und Gehalt, ernannt wurde. Aber bei welcher Gesandtschaft? Es durfte kein Ort sein, an dem es einen „Hof" gab. Dagegen sprach Carolines Vorgeschichte. Ende November 1853, nach einer Reise ins Seebad von Ostende, wurde Stobäus durch König Maximilian II. provisorisch der königlichen Gesandtschaft in Hannover zur Verwendung beigegeben. Von Anfang Februar 1854 bis Ende 1855 lässt er sich dann in Hamburg nachweisen; den Sommer 1854 verbrachte die Familie auf Norderney. Im Winter 1855/56 waren Caroline und ihr Mann wieder in München. Überflüssig zu erwähnen, dass auch hier erneut zahlreiche Eingaben wegen einer Audienz oder der Verleihung einer Stelle gemacht wurden. Als in Genua ein bayerisches Generalkonsulat errichtet wurde, ernannte König Maximilian (wohl auf Wunsch seines Vaters) den Legationsrat Albert Stobäus am 8. Oktober 1856 zum dortigen Generalkonsul, allerdings verzögerte sich die Abreise durch eine Krankheit des kleinen Ludwigs und Carolines Zahnleiden.[63] 1859 ist die Familie wieder in München. Erneute Eingaben folgten, die dieses Mal auch den kleinen Ludwig betrafen, der inzwischen zehn Jahre alt war. Und bevor Caroline und ihr Mann wieder nach Genua aufbrechen sollten, wollten sie den Knaben, ihr einziges Kind, das zunächst von einem Privatlehrer in Genua erzogen worden war, in ein Münchner Pensionat geben. König Ludwig bewilligte schließlich 300 Gulden jährlich auf drei Jahre für den Knaben, „den Ich aus der Taufe habe heben lassen". Danach sollte er auf Wunsch der Eltern in ein „ausländisches Handels- und Erziehungsinstitut" kommen, dessen Kosten der König jedoch auf keinen Fall übernehmen wollte.[64] Überhaupt fällt auf, dass Ludwig I., der seinen Kindern ein liebevoller Vater war und sich auch um andere Kinder sorgte – so ist etwa überliefert, dass er mit Lady Jane Ellenboroughs kleiner Tochter spielte, wenn ihre Mutter ausgegangen war –, an dem kleinen Ludwig kein größeres Interesse zeigte. Es ist nicht einmal ein Treffen bezeugt. Während der König sonst meist bemüht war, mit den ehemals verehrten Damen weiterhin ein gutes Verhältnis zu pflegen, und sie zum Teil sogar ungebeten unterstützte, waren ihm die unablässigen Vorstöße der Lizius mehr als unangenehm. Anders als die anderen Schönheiten – Lola Montez ausgenommen – war sie extrem aufdringlich.

1860 ging es dann doch nicht zurück nach Genua. Stobäus wurde nun der königlich bayerischen Gesandtschaft bei der schweizerischen Eidgenossenschaft in Bern zugeteilt.[65] Wiederum ein Posten in einer Stadt ohne „Hof" und fern der Heimat. Caroline blieb nun jedoch immer wieder für längere Zeit in München, lebte zeitweise von ihrem Mann getrennt bei der Mutter in der Augustenstraße 61. Ihr Vater starb am 27. Februar 1863. Wieder wurden Bitten um Unterstützung der kranken Mutter, der „unglücklichen" Brüder, des Sohnes und natürlich ihrer eigenen Person geäußert.[66]

All die Jahre lang, vor allem wenn sie in München war, drängte sie den König, sie zu besuchen, nannte ihre Adresse, erwähnte sogar, welchen Eingang er wählen sollte. Doch Ludwigs Begeisterung für die Aschaffenburgerin war längst erloschen. Die Briefe hatten ihn mehr und mehr „alterniert". Bereits 1850 notierte er am Rand: „Karoline wird in meinem Herzen die Stelle nicht einnehmen, die Marie besitzt", womit möglicherweise die neue Errungenschaft für seine Schönheitengalerie, Maria Dietsch, gemeint war. Und zehn Jahre später schrieb er: „Ich war in den Jahren 1840 und 1841 in Karoline verliebt, ich bin es aber nicht mehr. München 3. April 1860." Doch ergänzte der inzwischen 74-Jährige mit anderer Tinte: „Aber reizender erscheint sie mir jetzt, es kostet große Ueberwindung."[67] Vermutlich hatte der König erneut einen ihrer Annäherungsversuche abzuwehren gehabt.

Wenn es den Ausdruck damals schon gegeben hätte, man hätte fast von „Stalking" sprechen können. Als der König Ludwig im Sommer

1860 in Salzburg weilte, folgte Caroline ihm dorthin. Erneut schrieb der Monarch an den Rand einer weiteren Einladung: „Wiederhohle, daß ich nicht mehr in Karoline verliebt bin. Es mögen bei 18 Jahren [sein], daß ich aufgehört habe, es zu seyn. Salzburg 10. September 1860."

Gesellschaftlich spielte Caroline in München keine Rolle. Manch einer mag die Nase gerümpft haben. Sie fühlte sich beleidigt und machte Ludwig Vorwürfe, dass er sie nicht in Stand gesetzt hatte, ein Haus zu kaufen. In Hinblick auf ihre durch Kummer und Leid angeschlagene Gesundheit forderte sie Unterstützung für ihr armes Kind: „Es wäre schrecklich, müßte ich die Welt verlassen und das arme zarte Kind gänzlich seinem Schicksale überlassen, denn ich kann von anderen weniger Liebe und Theilnahme erwarten, wenn der eigene Vater keine bezeugt. […] O theurer lieber Ludwig, gehe nicht fort, ohne mir Trost durch Erfüllung meiner gerechten Bitten zu gewähren." Man schrieb den 24. November 1862. Der König rüstete sich gerade zur Abreise nach Nizza. Carolines Sorge, dass das Kind alleine auf der Welt bleiben könnte, war unbegründet. Sie selbst hatte noch gut 25 Jahre zu leben.

Der kleine Ludwig Stobäus besuchte zu diesem Zeitpunkt das Privat-Erziehungs-Institut des Franz Fuchs in der Münchner Barer Straße (bis mindestens 1863). Was er nach seiner Schulausbildung machte, ist nicht überliefert. Erst 1866 tritt er wieder in Erscheinung. Nun wollte die Mutter eine Karriere beim Militär erwirken, die auch von König Ludwig befürwortet wurde. Am 23. August 1866 wurde der „Actuar Ludwig Stobäus" zum Unterleutnant im 1. Infanterie-Regiment König ernannt.[68]

Bereits 1865 war es zu einem weiteren Vorstoß gekommen: Caroline bat Ludwig, ihr bzw. ihrem Mann zu einem Adelstitel zu verhelfen. Aus diesem Grund sollte er 1865 seinem Enkel, dem inzwischen regierenden König Ludwig II., schreiben und dabei ihre Lebensgeschichte etwas schönen: „Daß ich zur künstlerischen Ausbildung allerdings auf Deine Kosten nach München kam, woselbst ich leider meine Stimme durch Krankheit verloren, wie ich dann später meinen Mann geheirathet, für dessen Anstellung Du allerdings deshalb Sorge getragen, weil meine andere Zukunft ruiniert war, daß ich nie und nimmer mehr eine unterhaltene Maitresse war, welche ihre Tugend für Geld verkaufte, sondern stets eine brave Tochter, Gattin und Mutter, daß wie Er, der König [Ludwig II.], ja selbst die Erfahrung mit Richard Wagner gemacht, Personen, welche sich eines besondern Wohlwollens von Königen erfreuen, stets den ungerechten Verfolgungen und Verläumdungen ausgesetzt sind und Du gerade für unsere 25jährige treue dankbare Anhänglichkeit und tadellose Aufführung durch Erbetung des Adels der Welt einen Beweis Deiner Achtung hättest geben wollen." Und mit Nachdruck fügte sie an: „Dieser Wunsch und Bitte kann dich nicht unangenehm berühren, weil es billig ist", setzte dann aber unten auf die Seite: „Verbrenne auch diese Zeilen gleich", was König Ludwig I. natürlich nicht tat.[69] Und der Adelstitel wurde dem Ehepaar Stobäus auch nicht verliehen – aufgrund von Intrigen, mutmaßte Caroline. Vielleicht hatte der königliche Großvater aber auch gar nicht erst in dieser Angelegenheit an seinen Enkel geschrieben.

1868 starb König Ludwig I. in Nizza. Im Jahr darauf wurde Albert Stobäus in den Ruhestand versetzt.[70] Er kehrte nach München zurück. Nun wurde es still um die Familie. Der Sohn, Unterleutnant Ludwig Stobäus, wurde im Herbst 1871 temporär pensioniert und ein Jahr später mit Pension verabschiedet.[71] Laut Adressbuch von 1874 wohnten er und seine Eltern in der Brienner Straße 4 in München. Am 16. Januar 1875 heiratete er in München.[72] Danach verliert sich seine Spur. Auch von den Eltern ist außer der Adresse nichts mehr zu erfahren.

Im Münchner Adressbuch des Jahres 1900 ist der Legationsrat a. D. Albert Stobäus noch in der Mandlstraße 8 in München-Schwabing, direkt am Englischen Garten, genannt;[73] 1901 ist er gestorben. Ab dem 1. Februar 1902 erhielt Caroline, die vermutlich nach dem Tod ihres Mannes nach Köln zog, eine Witwenpension von 432 Mark.[74] Ein Grund für den Umzug an den Rhein ist nicht überliefert, möglicherweise war es der Wunsch, in der Nähe eines Verwandten zu leben. In Köln wohnte sie in einem Mehrfamilien-Mietshaus in der Brüsseler Straße 1, das – wie das Haus in Schwabing – bis heute steht. Dort starb Caroline Stobäus, geborene Lizius, am 11. Dezember 1908.[75]

Laut rückseitiger Notiz wurde das Porträt der Caroline Lizius im Dezember 1842 von Joseph Stieler gemalt und im März 1843 – gleichzeitig mit einigen anderen Porträts – mit 440 Gulden bezahlt.[76] Allerdings hatte der Künstler die junge Caroline bereits ein oder zwei Jahre früher gemalt.[77] Als König Ludwig I. im Herbst 1842 den vollendeten

Festsaalbau besichtigte, stellte er überrascht fest: „Hatte die Schöne der Schönheiten in der gypsmarmor Wand, der glänzenden, nicht erwartet." Und weiter notierte der König, dass der Architekt Leo von Klenze „Karoline Lizius nicht erkannt habe, so schön wäre sie geworden, geeignet aufs neue auswechselnd gemalt zu werden für diese Sammlung"[78] – eine Bemerkung, die in krassem Widerspruch zur bösartigen Charakteristik der jungen Dame steht, die Klenze wenig später in seinen Memorabilien festhielt, und zu der Tatsache, dass – ebenfalls Klenze zufolge – das erste Gemälde bei einer Ausstellung im Münchner Kunstverein 1841 keine gute Aufnahme fand. Diese Ablehnung durch das Publikum soll den König so in Zorn versetzt haben, dass er das von ihm in Auftrag gegebene Werk nicht mehr in seine Sammlung aufnahm. Der königliche Tagebucheintrag lässt vermuten, dass weniger das Missfallen des Publikums als vielmehr die gereifte Schönheit der jungen Caroline dazu führte, dass ein zweites Gemälde angefertigt wurde.

In ihrem Gutachten zu einem 2015 im Kunsthandel angebotenen Porträt von Caroline Lizius erwähnt Ulrike von Hase-Schmundt eine Familienüberlieferung, laut derer der König das erste Bildnis Caroline persönlich schenkte. Im Verlauf der letzten eineinhalb Jahrhunderte verlor sich jedoch dessen Spur, bevor es 2015 wieder auftauchte,[79] wobei es sich aber vermutlich um die Kopie dieses ersten Porträts durch Julius Zimmermann handelt.

Auf dem wiederentdeckten ersten Bild wirkt Caroline nicht nur wegen des hellen Kleides frischer und aufgeweckter als in der Nymphenburger Fassung, in der sie seriöses Schwarz trägt. Auch der Hintergrund ist durch das rot bespannte Polstermöbel mit den goldenen Kissen reicher und die junge Frau blickt den Betrachter offen an, statt ihren Blick sinnierend ins Leere zu richten. Der König hat auf Carolines Wunsch hin das Bild kopieren, mit dem gleichen Rahmen versehen lassen wie das in seinem Besitz befindliche Gemälde[80] und ihr dieses zum Geschenk gemacht. Danach resümierte Caroline niedergeschlagen: „Dank für diese bildliche Erinnerung meiner Jugend Jahre. Ach, dieses unschuldige anmuthige Köpfchen wäre mit den Geistes und Herzens Anlagen wohl eines besseren Looses werth gewesen."[81] Wo das Original der ersten Fassung, das sich offensichtlich im Besitz des Königs befand, abgeblieben ist, lässt sich derzeit nicht sagen.

Die Vorlage für das Foto im Visitkartenformat schuf der Kupferstecher Andreas Fleischmann.

Caroline Prinzessin von Oettingen-Oettingen und Wallerstein, verheiratete Waldbott-Bassenheim (1824–1889)

Caroline von Oettingen-Oettingen und Wallerstein ist die einzige Dame der Schönheitengalerie, deren Mutter ebenfalls für die „Sammlung schöner Köpfe" gemalt wurde. Zwischen den Porträts von Caroline und Crescentia von Oettingen-Oettingen und Wallerstein, liegt genau ein Jahrzehnt.

Ein Jahr nach der romanhaften Hochzeit von Fürst Ludwig von Oettingen-Wallerstein (1791–1870) und Crescentia Bourgin (1806–1853) kam Caroline am 19. August 1824[1] in Schloss Heilig Kreuz in Donauwörth zur Welt. Dieses Schloss war den Eltern als vorübergehende Bleibe zur Verfügung gestellt worden. Kurz nach ihrer Geburt zog die Familie um nach Schloss Reimlingen im Donau-Ries. Zunächst war das Leben von finanziellen Nöten geprägt; erst nach der Thronbesteigung Ludwigs I. im Jahr 1825 änderte sich dies.[2] Mit dem Wiederaufstieg des Vaters wandelte sich auch das gesellschaftliche Leben der Tochter. Man lebte nun standesgemäß auf den väterlichen Besitzungen und in München. Die Familie spielte gewissermaßen wieder in der ersten Adelsliga und die einzige Tochter wurde fürstlich präsentiert.

Caroline war gerade 18 Jahre alt, da wurde sie nicht nur vom Hofmaler Joseph Stieler im Bild festgehalten, sondern verlobte sich auch mit dem steinreichen Hugo Philipp Graf Waldbott von Bassenheim zu Buxheim und Heggbach aus rheinischem Uradel.

Am 6. Mai 1830 war Seine Erlaucht Herr Friedrich Carl Waldbott von Bassenheim gestorben.[3] Alleinerbe war sein Sohn Hugo (geboren am 30. Juni 1820 in Aschaffenburg), damals ein Knabe von knapp zehn Jahren. Dieser erbte nicht nur die Titel, sondern auch unermessliche Reichtümer und Besitzungen, das ganze große Familienvermögen. Und dieses Erbe scheint dem jungen Hugo zum Verhängnis geworden zu sein. Kaum volljährig begann er ein Leben nach dem Vorbild englischer Dandys zu führen, hielt einen ganzen Stall voll Rennpferde, bestellte sündhaft teure Kutschen, erwarb kostspielige Immobilien, die vermutlich auch entsprechend ausgestattet wurden, veranstaltete rauschende Feste – kurz: er verprasste nach und nach die

PILOTY & LOEHLE
MUENCHEN

IX

ererbten Güter. Seine einzige Aufgabe bestand wohl darin, auf den Landtagen in Bayern und Württemberg zu erscheinen, was er allerdings bald einstellte. Zudem ließ er sich der Stelle eines Kreiskommandanten und Generalmajors der Landwehr von Schwaben und Neuburg entheben.[4]

Doch davon ahnte man wohl zu Anfang des Jahres 1843 noch nichts. Ende Januar fand die Verlobung „des jungen reichbegüterten Grafen von Waldbott-Baßenheim mit der liebenswürdigen jungen Fürstin Karoline von Oettingen-Wallerstein, einzige Tochter des Kronobersthofmeisters Fürsten Ludwig von Oettingen-Wallerstein" statt.[5] Die Hochzeit erfolgte einen Monat später, am 27. Februar 1843, mit allem Prunk und Pomp, den man sich nur denken kann, und war Stadtgespräch. Alles was Rang und Namen hatte, war mit von der Partie, es stellte sich gewissermaßen das „Who's who" des bayerischen Hochadels ein. „Die Unterhaltung beschäftigt sich noch immer mit der gestern stattgehabten Vermählung des Grafen Hugo v. Waldbott-Bassenheim und der Fürstin von Oettingen-Wallerstein. Es herrscht nur eine Stimme über die Pracht des Festes, über die seltene Schönheit des Brautpaars, die ritterliche Erscheinung des Bräutigams und die Anmuth der Braut. Die Einsegnung wurde durch den ehrwürdigen Hrn. Erzbischof von München-Freising in dessen Hauskapelle vollzogen. Als Zeugen fungierten bei der Ceremonie die Fürstinnen von Leiningen, von der Leyen, von Löwenstein und von Thurn und Taxis, dann die Grafen Heinrich LII. v. Reuß, Karl von Pappenheim, v. Schönborn-Wiesentheid, Tascher de la Pagerie und v. Tauffkirchen. Unter den Gästen bemerkte man einen Theil des hiesigen Adels; dann die Minister Freihrn. von Schenk und Graf von Seinsheim, viele Reichsräthe u.s.w. Eine Reihe der glänzendsten Equipagen umgaben den erzbischöflichen Palast. Die schönste Zierde des Fests bildete aber die innige Theilnahme aller Klassen von den allerhöchsten Personen bis zu dem schlichten Bürger. Insbesondere mußten sich Eltern und Neuvermählte durch die hohen Besuche beglückt finden, womit Se. K. H. der Prinz Luitpold den Bräutigam vor der Trauung und II. KK. HH. der Kronprinz und die Kronprinzessin das Brautpaar nach derselben überraschten."[6] Eine glänzende Zukunft lag vor den Neuvermählten. Das bittere Erwachen sollte später kommen und fast drei Jahrzehnte in Not und Schande nach sich ziehen.

Doch zunächst begann alles entsprechend prächtig, obwohl sich schon bei der Hochzeit erste „scandalöse, sehr abentheuerliche Störungen" ereigneten, als „eine früher dem Bräutigam gar zu wohl bekannte Person plötzlich dabei auftauchte, um wie es scheint, Einspruch zu thun".[7] Tatsächlich traf am Vorabend der Hochzeit Gräfin Sophie von Hatzfeld (1805–1881) im Hotel „Bayerischer Hof" ein, wo auch Graf Bassenheim abgestiegen war. Als er nach Hause kam, stellte sie sich ihm in den Weg, sagte sie werde alles unternehmen, die Hochzeit zu verhindern, drohte gar theatralisch mit Selbstmord. Bassenheim, mit dem sie noch wenige Wochen zuvor durch Italien gereist war, hatte ihr – nach ihrer geplanten Scheidung – die Ehe versprochen. Mithilfe des preußischen Königs Friedrich Wilhelm IV. hatte das Paar sogar gehofft, den päpstlichen Dispens zu erlangen.[8] Zudem war Gräfin Hatzfeld auf Wunsch Bassenheims zum protestantischen Glauben übergetreten – und nun wollte er sie verlassen! Noch am Abend vor der Hochzeit mit Caroline wurden der Brautvater und der königlich bayerische Polizeidirektor aktiv, stellten fest, dass der Gräfin als verheirateter Frau kein Einspracherecht zustehe, und nötigten sie, der Hochzeit fernzubleiben, was offensichtlich von Erfolg gekrönt war.[9] Gräfin Sophie von Hatzfeld wurde 1864 nach einem langen aufsehenerregenden Prozess schließlich geschieden, lebte Jahre lang mit dem Sozialistenführer Ferdinand Lassalle zusammen und ging als „rote Gräfin" in die Geschichte ein.

Zur Zeit der Eheschließung galten Caroline und Hugo als das wohl „schönste Ehepaar in der Residenzstadt", der Herr Graf „als sehr einnehmend, von männlicher Schönheit und von nachahmenswerter Artigkeit" und die junge Frau „unter der Damenwelt als Vorbild einer geschmackvollen und mit fürstlicher Pracht stets wechselnder, stets reicher Toilette". Und sie scheint auch etwas eingebildet und eitel gewesen zu sein. Auf jeden Fall machte folgende Anekdote die Runde: „Ihre Erlaucht [soll] einst in einem großen Modelager, nach langem vergeblichen Durchmustern der vorgelegten Stoffe, in die schmerzvollen Worte ausgebrochen sein: ,Gott! wie wird einem die Wahl so schwer, wenn man schön ist!'"[10]

Nach der Trauung zog das junge Paar für einige Zeit nach Buxheim. Den Rest des Sommers wollte man zum Teil auf dem in ihr Eigentum übergegangenen ehemals Oettingen-Wallerstein'schen Gut Leutstetten verbringen, zum Teil auf den gräflichen Gütern am

Rhein. Den Winter aber plante das Paar, dauerhaft in München zu sein.[11] Und vermutlich war die Freude riesig, als bereits ein gutes Jahr später, am 19. Juli 1844, der Stammhalter Friedrich Ludwig Heinrich Hugo geboren und zwei Tage später in der Münchner Frauenkirche getauft wurde. Taufpate war der Großvater Ludwig von Oettingen-Wallerstein.[12]

Hugo von Bassenheim hatte vermutlich kurz nach der Eheschlie-ßung (auf jeden Fall vor der Geburt des Sohnes, der dort bereits das Licht der Welt erblickte) in München ein Palais am Karolinenplatz 5 erworben, einer der ersten Adressen in der Haupt- und Residenz-stadt überhaupt. 1812/13 war das repräsentative Gebäude von Karl von Fischer erbaut worden, mit Garten, Nebengebäuden, Stall, Re-mise und Dienerschaftswohnungen. Hugo baute das Anwesen weiter aus, ließ es mit Sicherheit auf das Vornehmste ausstatten und errich-tete 1855 über dem Balkon sogar einen Wintergarten.[13] 1846 erwarb er dann Schloss Fußberg im nur wenige Kilometer von Leutstetten entfernten Gauting.[14] Und auch im Oberland tätigte man Erwerbun-gen. Das Schloss Hohenaschau etwa mit der Herrschaft Hohena-schau und Wildenwart wurde mit 54 Baulichkeiten und jeder Menge Grundstücken und Rechten für den stolzen Preis von 800.000 Gul-den gekauft.[15]

In München war man bald Mittelpunkt des gesellschaftlichen Lebens. Bei den Rennen des „Jockey-Clubs" hatte Waldbott-Bassen-heim eine ganze Reihe von Pferden am Start, von denen zwar viele Preise erringen konnten, aber auch nicht alle. Zum Teil setzte er sogar selbst Preise aus, darunter „ein von I. E. der Frau Gräfin von Waldbott-Bassenheim gegebener silberner Becher".[16] Hugo ließ sich 1843 von Albrecht Adam auf einem seiner prachtvollen Pferde porträtieren, umgeben von edlen Windspielen. Und auch Gräfin Caroline wurde von diesem Künstler im Jahr darauf hoch zu Ross vor Schloss Leut-stetten, den Starnberger See im Hintergrund, gemalt.[17] Für den gerade einmal elfjährigen Sohn engagierte man den seinerzeit bekannten Schweizer Dichter François Oyex-Delafontaine als Hauslehrer.[18]

Dazwischen ging man auf Reisen in elegante Kurorte, im Sommer 1846 etwa nach Ostende.[19] Kostspielige Equipagen wurden in Paris bestellt. Ein einziger Galawagen kostete 7.000 Gulden, die Decke für die Kutschersitze weitere 800.[20] Und wenn man verreiste, dann stan-desgemäß: So war man erst kurz vor dem Rennen des „Jockey-Clubs" noch in Augsburg in den „Drei Mohren" abgestiegen. „Graf Maximilian Lerchenfeld auf Köfering k. b. Kämmerer, Gesandter am k. preuß. Hof etc. in Begleitung seiner Frau, geb. Gräfin Bassenheim, und ihrer Erlaucht Frau Gräfin von Waldbott Bassenheim, geb. Fürstin von Oettingen-Wallerstein etc. mit Suite von München."[21] Bei Graf Maximilian Lerchenfeld handelte es sich übrigens um niemand anderes als den Halbbruder von Amalie von Kruedener, der Bassenheims Schwester Isabella geheiratet hatte, womit wieder einmal bewiesen wäre, wie gut sich die Schönheiten zum Teil untereinander kannten. Dass sie sich alle verstanden, kann man jedoch nicht behaupten. So klagte etwa Lola Montez ihrem königlichen Freund Ludwig, dass es „eine Unmenge von Intrigen von den Bassenheims, Wallersteins" und anderen gäbe, und an anderer Stelle, dass „Graf und Gräfin Bassenheim", die noch dazu in unmittelbarer Nähe zu Lolas Palais in der Barer Straße wohnten, die Menge aufgehetzt hätten.[22] Tatsächlich waren die Bassenheims keine Freunde der „spanischen Tänzerin"; der Graf hatte sogar die mit mehr als 10.000 Unterschriften versehene Adresse an den König, die deren Entfernung wünschte, mit unterschrieben. Und als die Menschenmenge auf dem Max-Joseph-Platz auf die Unterschrift des Königs unter die Ausweisung Lolas wartete, hielt die „Gräfin Bassenheim, eine der vornehmsten Damen des höchsten Adels", auf den Stufen des Hoftheaters eine „fulminante Rede wider die verhaßte Spanierin".[23] Als kurz darauf einige Studenten, die das Haus der Lola Montez stürmen wollten, durch Gendarmen schwer verwundet wurden, brachte man vier von ihnen ins Palais Bassenheim.[24]

Man verkehrte in den höchsten Kreisen: „Prinz und Prinzessin Adalbert beehrten gestern den Hrn. Reichsrath Grafen v. Waldbott-Bassenheim auf dessen Landgut Leutstetten mit einem längeren Besuche und geruhten in dem festlich dekorirten Schlosse zu diniren".[25] Ludwig I. verzieh Graf Waldbott-Bassenheim offensichtlich auch dessen Abneigung gegen Lola Montez und besuchte weiterhin dessen Haus. So bat der König ihn zum Beispiel auch um Berichte über Ausgrabungen und Funde in Bassenheims rheinischer Heimat, speziell in Xanten, die dieser eifrigst lieferte.[26]

Und dann die prachtvollen Feste im Palais am Karolinenplatz! Auf den Bällen wurde Politik gemacht und intrigiert.[27] Der Graf ließ es gerne „krachen", nannte gar ein kleines Privattheater sein Eigen.[28] Und selbst königliche Hoheiten ließen es sich nicht nehmen, den glänzenden Veranstaltungen gewissermaßen die Krone aufzusetzen: König Maximilian II. und Königin Marie beehrten mit den Prinzen Luitpold und Adalbert sowie deren Ehefrauen „eine glänzende Abendunterhaltung, die bei Sr. Erlaucht dem Grafen v. Waldbott-Bassenheim stattfand." Zahlreiche hohe Gesellschaft hatte sich eingefunden. Es wurden zwei kleine Possen aufgeführt, „unter den Mitwirkenden befanden sich Graf Bassenheim selbst und dessen liebenswürdige Gemahlin, geb. Fürstin v. Oettingen-Wallerstein".[29] Die „Theatralische Soirée" im Palais Bassenheim Anfang 1857 beehrten dann König Ludwig, Prinzessin Alexandra, Prinz und Prinzessin Luitpold sowie Prinz Adalbert.[30] Und auch 1858 fand eine Aufführung statt. Wiederum waren der König und die Königin anwesend sowie Prinzessin Adalbert und Prinzessin Helene.[31] Ludwig I. hob sogar die Programmzettel auf. Die Mitwirkenden waren neben Graf und Gräfin Bassenheim unter anderem „Graf Lerchenfeld, Graf Yrsch, Baron Montecucoli, Fräulein von Stockheim, Graf Larosée, Graf Holnstein, Oberlieutenant Heß".[32]

Anlässlich des großen Stadtjubiläums 1858 ließ Graf Bassenheim, „einer der begütertsten Edelleute Münchens", dem Vernehmen nach allein auf seine Kosten über 200 Personen kostümieren. Andere Quellen meinten, dass er sogar ein mittelalterliches Turnier veranstalten wollte.[33] Dazwischen ging man auf Reisen kreuz und quer durch Europa.[34]

Und so kam, was kommen musste: Irgendwann ist auch das größte Vermögen aufgebraucht. Eine der reichsten Familien des deutschen Hochadels wurde innerhalb einer Generation mittellos. Die Herrschaft Kransberg mit Schloss Kransberg sowie Reifenberg im Taunus waren bereits 1852 und 1853 verkauft worden. Trotzdem wuchs der Schuldenberg ins Unermessliche. Mit Schulden von vier Millionen Gulden – eine zu damaligen Zeiten ungeheure Summe – setzten sich Graf Waldbott-Bassenheim und seine Familie 1860 in die Schweiz ab.[35] Eine Schweizer Zeitung sprach gar von 5.037.6000 Gulden und wusste zu ergänzen, dass sich das Ehepaar in einer Pension in Luzern aufhielt.[36] Es mag Zufall gewesen sein, vielleicht auch schon Vorahnung – auf jeden Fall ließ sich Caroline, „die bekannte Gräfin von Waldbott-Bassenheim" bereits 1855 einen Pass im schweizerischen Winterthur ausstellen.[37]

Carolines Vater, Ludwig von Oettingen-Wallerstein, der selbst seit Langem mit finanziellen Schwierigkeiten zu kämpfen hatte, rissen sie mit in den Abgrund. Er kam sogar in Schuldhaft, floh jedoch vor den Gläubigern schließlich zur Familie der Tochter in die Schweiz, wo es keinen Schuldarrest gab. Caroline wurde in dieser Zeit zu allem Überfluss auch noch schwanger. Am 18. Mai 1861 kam die Tochter Maria in Luzern zur Welt.[38]

Nach und nach wurden die Immobilien veräußert: Bereits im Sommer 1860 wurde auf Antrag mehrerer Gläubiger die Zwangsversteigerung des gräflich Waldbott-Bassenheim'schen Guts Hohenaschau und Wildenwart samt Schloss angeordnet, das Hugo erst drei Jahre zuvor erworben hatte. Kurz darauf traf es die Besitzungen im Rheinland. „Die großartigen Besitzungen eines der ältesten deutschen, resp. rheinischen Adelsgeschlechter in hiesiger Umgegend sowohl als in hiesiger Stadt selbst werden nach einer in dem öffentlichen Anzeiger des hiesigen Amtsblattes jüngst erlassenen Anzeige des königl. Friedensgerichts dahier im Monat März im Zwangswege auf Anstehen der Gläubiger öffentlich versteigert werden. Es sind dieß die bedeutenden Besitzungen des in München (seit längerer Zeit in Luzern) wohnhaften Grafen von Waldbott-Bassenheim, Schwiegersohnes des Fürsten Oettingen Wallerstein. Unter den zur gerichtlichen Versteigerung kommenden Immobilien befinden sich das schöne Stammschloß der Familie in dem benachbarten Ort Bassenheim, so wie der große Adelssitz derselben in hiesiger Stadt, der Bassenheimer Hof an der Moselbrücke. Das Verzeichnis der zu Versteigerung kommenden Grundstücke füllt vier enggedruckte Bogen des Anzeigers des Amtsblattes."[39] Und das war noch nicht alles. Auch die Burg Pyrmont (damals allerdings schon eine Ruine) und das Schloss Leutstetten nördlich des Starnberger Sees, das Waldbott-Bassenheim von seinem Schwiegervater bei der Hochzeit erhalten hatte, mussten veräußert werden. An dem „Feenschlößlein Leutstetten" hatte Caroline bereits seit ihrer Jugend besonders gehangen.[40] Im Sommer 1860 hatten die Bassenheims dort noch den englischen Gesandten John Ralph Milbanke und seine Familie zu Gast gehabt,[41] im Oktober waren sie bereits nach Luzern geflüchtet.[42] Am 12. Februar 1863, als alles bereits den Bach hinunter gegangen war, schrieb Antoinette Appel, die Tante Carolines, sie hätte sich nie in ihrem Leben sehnlicher gewünscht reich zu sein, als in dem Moment, in dem sie gehört hatte, dass nun auch Leutstetten „das kleine Paradies Deiner Jungendträume, das alle Kräfte Deiner Eltern und besonders Deiner guten vorzüglichen Mutter in

Anspruch nahm", verkauft werde. Sie selbst hätte das Schloss, das Fürst Ludwig 1833 erworben und 1850 an seinen Schwiegersohn übergeben hatte, liebend gerne gekauft, doch dazu fehlten ihr als Beamtengattin die nötigen Mittel.[43] 1864 wurde das Schloss an einen Freiherrn von Walden verkauft und schließlich 1875 von Prinz Ludwig, dem nachmaligen König Ludwig III. von Bayern, erworben. Noch heute ist Leutstetten im Besitz der Wittelsbacher.

Über das Vermögen des Grafen Bassenheim, dessen Schulden inzwischen von manchen Seiten auf sieben Millionen Gulden veranschlagt wurden (was allerdings übertrieben erscheint), war im Herbst 1860 der „Universalconcurs" ausgesprochen worden. Ein gerichtlicher „Arrangements-Versuch" mit den „Gläubigern des Herrn Reichsrathes Grafen v. Bassenheim" am 5. Dezember 1862 in München hatte wohl auch nicht den erwünschten Erfolg gebracht.[44] Die Familie blieb in der Schweiz.

Es soll rund 900 Gläubiger gegeben haben, die rund 1,8 Millionen Gulden allein an Wechselforderungen hatten. Selbst bei König Ludwig I. hatte der Graf Schulden. Dieser hatte, wenige Wochen bevor Bassenheim sein Palais in München verlassen musste, den Verschwender noch besucht. Bei dieser Gelegenheit zeigte der Graf ihm unter anderem seine kostspieligen Treibhäuser und bat den Ex-König um ein Darlehen von 5.000 Gulden, das dieser ihm auch gewährte. Ludwig äußerte angeblich beim Abschied, als der Graf sich für die ihm erzeigte Ehre bedankte: „Er danke seinerseits auch dem Herrn Grafen, daß er ihm Gelegenheit gegeben, die theuersten Blumen in seinem Leben zu sehen."[45]

Die Zeitungen waren in den Jahren 1861 und 1862 voll von Nachrichten über die „Gantsachen" des Herrn Grafen: „Viel zu reden gibt der Bankerott des Grafen von Waldbott-Bassenheim, Reichsgrafen und Standesherrn. Er hat lustig in den Tag hineingelebt und unter den höchsten Ständen seine guten Freunde gehabt. Jetzt beträgt die Schuldenmasse fünf Millionen Gulden. Als dieser Herr vor 18 Jahren mündig wurde, befanden sich 800.000 Thaler baar in der Kasse seiner Domänen-Verwaltung und es lag eine ganze Jahres-Einnahme baar da; nach 5 Jahren hatte er bereits Schulden gemacht."[46] Nicht ganz auszuschließen ist, dass sich auch einzelne gräfliche Angestellte und Bedienstete am Bassenheim'schen Vermögen bedient hatten.[47]

Im Oktober 1862 wurde das Palais Bassenheim am Karolinenplatz für 110.000 Gulden verkauft. Man munkelte: an Prinz Adalbert. Andere meinten: an Emil von Hirsch – was letzten Endes stimmte.[48] Schloss Leutstetten brachte 400.000 Gulden.[49] Daran erkennt man, wie unvorstellbar hoch der Schuldenberg von mehreren Millionen Gulden war! Die Verkaufserlöse wurden gebraucht, um zumindest einen Teil der Schulden bei den Gläubigern zu begleichen. Die Familie selbst sah davon wohl nicht sehr viel. Aus seinen sequestrierten, also zwangsverwalteten Gütern bezog Hugo von Bassenheim nur eine Rente von rund 4.000 Gulden, während er bei Antritt des väterlichen Erbes über ein jährliches sicheres Einkommen von 140.000 Gulden hatte verfügen können.[50]

Immer wieder versuchten die Eheleute Bassenheim, neue Geldquellen zu erschließen. Unmittelbar nach dem Tod des Fürsten Oettingen-Wallerstein im Juni 1870 setzten sie alle Hebel in Bewegung, sein Lehen auch an die weibliche Linie weiter zu verleihen. Caroline reiste zu diesem Zweck im Sommer 1871 sogar vorübergehend nach München. Und tatsächlich, nach rund einem halben Jahr, wurde ihnen das Lehen von König Ludwig II. bewilligt.[51] Saniert war das Paar dadurch jedoch noch lange nicht. 1875 folgte der Verkauf der Abtei Heggbach bei Ulm, die die Familie 1803 als Entschädigung für ihre linksrheinischen reichsständischen Herrschaften erhalten hatte, doch hatte da auch Bassenheims Schwester, Isabella Gräfin von Lerchenfeld, Ansprüche, was zu weiteren Komplikationen führte. Im gleichen Jahr verpfändete „Graf Bassenheim, ein berüchtigter Schuldenmacher", Schmucksachen in Höhe von 300.000 Gulden.[52]

Auch die Ländereien des Klosters Buxheim wurden nach und nach versilbert. 1880 drohte der vollständige Ruin. 1883 ließ Graf Hugo sogar das berühmte und kunsthistorisch wertvolle Buxheimer Chorgestühl nach England versteigern,[53] vier Jahre später folgte der Ausverkauf der Bibliothek, der Bestände und des Mobiliars (die Klosterkirche und die Klostergebäude zusammen mit dem verbleibenden Grund, dem Archiv und den letzten Resten ehemaliger Sammlungen veräußerten zum Schluss noch die Erben).

Caroline Gräfin Waldbott-Bassenheim, geborene Prinzessin zu Oettingen-Wallerstein, hatte Aufstieg und Fall unmittelbar miterlebt. Seit den 1860er Jahren war sie aus der Öffentlichkeit verschwunden. Doch scheint es der Familie in der Schweiz noch ganz passabel ergangen zu sein, wenn man den Angaben Otto Titan von Hefners glauben darf: Danach „florierte" Hugo von Bassenheim zumindest zu Beginn seines Schweizer Exils „unter dem alten Patriziatsadel und fuhr seine erlauchte Gemahlin sechsspännig spazieren."[54] Bald scharte sich ein kleiner Kreis von anderen in der Schweiz „Gestrandeten" um sie. So pflegte Caroline Umgang mit der Frau des Erzherzogs Heinrich von Österreich.[55] Dieser hatte am 4. Februar 1868 in Bozen die Sängerin Leopoldine Hofmann in morganatischer Ehe geheiratet. Damit schied er aus dem Kaiserhaus aus, nannte sich fortan „Graf Waideck" und zog nach Luzern. Auch Gräfin Elisabeth Ugarte, der man einst ein Verhältnis mit dem noch jugendlichen Kaiser Franz Joseph I. von Österreich nachgesagt hatte, verkehrte bei Caroline.[56]

Besonders eng wurde die Beziehung zur Familie des Komponisten Richard Wagner, der seit 1866 in Tribschen bei Luzern in einem Landhaus wohnte. Speziell die beiden Frauen, Cosima von Bülow (1837 – 1930), später verheiratete Wagner, und Caroline von Bassenheim verband bald eine enge Freundschaft. Immer wieder taucht der Name „Bassenheim" in Cosimas Tagebüchern auf: Anfang Januar 1869 begann die Bekanntschaft der beiden Damen; im April lernte dann auch Richard Wagner Caroline kennen, „welche zu meiner Freude durch ihr herzliches Benehmen und ihren Witz R. sehr gefällt".[57] Man besuchte sich gegenseitig, tauschte Nachrichten aus München aus, ging gemeinsam ins Theater. Zeitweise erhielt Cosima alle paar Tage Besuch von Caroline, „die ich immer mehr lieb gewinne",[58] oder sprach bei ihr vor. Der Weg zwischen den beiden Wohnungen war sogar zu Fuß zu bewältigen. Bassenheims Tochter Maria freundete sich mit der fast gleichaltrigen Daniela von Bülow (1860 – 1940) an, Cosimas Tochter aus erster Ehe. Marie und Loulou, wie Daniela allgemein genannt wurde, nahmen ab Mai 1869 zusammen Klavierunterricht, spielten und bastelten und häufig verbrachten sie ganze Nachmittage zusammen. Doch auch die Ehemänner kamen vielfach mit auf Besuch und manchmal war zudem der „alte Fürst Wallerstein", Carolines Vater, mit von der Partie.

Die Eheleute Bassenheim, die auch Richard Wagner als „ehrwürdig" betrachtete, wurden zur Trauung des Komponisten mit der inzwischen geschiedenen Cosima von Bülow am 25. August 1870 in Luzern eingeladen und später waren sie ihm sogar „heilig, weil sie bei unsrer Trauung zugegen waren".[59] Kurz darauf fungierten Bassenheims auch als Taufpaten von Siegfried Wagner (1869 – 1930),[60] des bereits ein Jahr zuvor in Tribschen geborenen gemeinsamen Sohnes von Richard und Cosima.

Cosima Wagner verbrachte auch weiterhin viel Zeit mit Caroline, „deren schweres Los und großartiges Naturell mich immer rühren".[61] In den Tagen des Kriegs gegen Frankreich 1870/71 sammelten sie Geld und zupften „Charpie", das heißt, sie fabrizierten Verbandsmaterial. Und über die Familie Wagner wurde das Ehepaar Bassenheim auch mit Friedrich Nietzsche, mit Marie Gräfin Mouchanoff-Kalergis, einer Förderin des Komponisten, und mit vielen anderen bekannt.

Im Frühjahr 1872 allerdings verließ die Familie Wagner Tribschen in Richtung Bayreuth. Am 25. April 1872 nahmen die beiden Freundinnen Abschied.[62] Doch auch danach brach der Kontakt nicht ab. Man hielt ihn brieflich aufrecht und als Richard und Cosima Wagner im Frühjahr 1877 kurz zu Besuch in Luzern waren, wurden sie von Bassenheims herzlich begrüßt.[63]

Wann die Familie Bassenheim wieder zurück nach Bayern kam, ist nicht bekannt. Im Herbst 1879 lebte sie auf jeden Fall in Buxheim, wo Daniela von Bülow die Familie besuchte.[64] Offensichtlich wohnten sie zu dieser Zeit nicht nur wieder in Bayern, sondern waren auch erneut zu Geld gekommen – vermutlich durch die zahlreichen Verkäufe. Zumindest konnte Richard Wagner Ende desselben Jahres über eine nicht genannte Familie spötteln: „[…] sie kehren auch ruhig zurück – wie Bassenheim in Luzern, der nun auch wieder aus seinem Silbergeschirr speist".[65]

Am 14. Januar 1889 starb Caroline nach kurzer Krankheit mehr oder weniger unbemerkt in München.[66] Sie wurde in der Waldbott-Bassenheim'schen Grablege im Priesterchor der Kirche der ehemaligen Kartause Buxheim beigesetzt. Am 17. Mai 1895 verschied auch Hugo Philipp Graf Waldbott von Bassenheim auf Schloss Buxheim.[67] In München hatte er schon lange kein Haus mehr. Wenn er dort weilte, stieg er in den letzten Jahren im „Hotel Vier Jahreszeiten" ab.[68] Auch er fand seine letzte Ruhe in der Familiengruft in Buxheim.

Einst war das Paar immens reich gewesen. Nun reichte es offensichtlich nicht einmal mehr für eine Traueranzeige in der Zeitung durch die Kinder: weder für die Mutter noch für den Vater! Die Gräber zieren schlichte Marmorplatten. Auch konnte kein Nachruf gefunden werden. Als Bassenheims Vater 1830 verstorben war, hieß es noch: „Der Verewigte zeichnete sich durch unerschütterliche Rechtschaffenheit, tiefe Kenntnisse und eine seltene Humanität rühmlich aus und war in jeder Beziehung eine Zierde des deutschen Adels.[69] Das konnte man von seinem Sohn wahrlich nicht behaupten …

Dem verstorbenen Grafen Hugo Philipp Waldbott von Bassenheim folgte 1895 sein einziger Sohn Friedrich Hugo trotz seiner Heirat mit der bürgerlichen Schweizerin Rosa Schürch – dank dem 1851 erlassenen Bassenheim'schen Hausgesetz – als Standesherr und erblicher Reichsrat der Krone Bayerns nach. Er, der sich laut Cosima Wagner „sehr vorteilhaft entwickelt hat",[70] starb 1910 in Buxheim.[71] Seine jüngere Schwester Marie dagegen heiratete 1884 mit Prinz Moritz zu Oettingen-Oettingen und Wallerstein (1838 – 1910) standesgemäß einen Verwandten, lebte mit ihm vorwiegend in Schloss Seyfriedsberg (Landkreis Günzburg), wo sie im Herbst 1885 auch von Daniela von Bülow besucht wurde, und starb 1913 in Schloss Waldstein in der Steiermark.[72]

Das Bild von Caroline Prinzessin zu Oettingen-Oettingen und Wallerstein war am 15. November 1842, also kurz vor ihrer Verlobung, bereits in Arbeit und dürfte unmittelbar vor dem Hochzeitstermin am 27. Februar 1843 fertiggestellt worden sein. Laut Manuale der Kabinettskassenverwaltung König Ludwigs I. wurde im März 1843 das Bild der „Fürstin Caroline von Oettingen-Wallerstein" bezahlt. Neben dem Eintrag wurde ergänzt: „nun vermählte Gräfin von Bassenheim".[73] Es zeigt Gräfin Caroline in einem weißen Ballkleid, darüber einen Hermelinmantel, wohl als Zeichen ihres hohen Adels. Die Frisur war damals topmodern, frisch importiert aus England.

Noch im Sommer des gleichen Jahres beauftragte der König „Bernhardi" (Joseph Bernhardt, ein Schüler Stielers) mit der Anfertigung einer Kopie in gleicher Größe.[74] Es war als Geschenk an den Fürsten Ludwig von Oettingen-Wallerstein, den Vater der Porträtierten gedacht.[75] Über den Verbleib der Kopie ist nichts bekannt. Auguste von Oertzen erwähnte darüber hinaus ein in Schloss Buxheim vorhandenes, dann verkauftes lebensgroßes Porträt der Prinzessin von Joseph Stieler, außerdem ein Porträt der jungen Mutter mit ihrem 1844 geborenen Sohn von Friedrich Dürck sowie das Reiterbild vor Schloss Leutstetten von Albrecht Adam.[76]

Die Vorlage für das Foto im Visitkartenformat schuf der Lithograf Jakob Melchior.

Josepha Conti,
geborene Reh, verheiratete Schirsner
(1825–1881)

Zu den weniger bekannten Damen der Schönheitengalerie, zu der obendrein nur dürftige und größtenteils falsche Angaben in der Literatur herumschwirren, zählt Josepha Conti, auch Josephine genannt. Doch gerade sie hat eine besondere Biografie: Sie ist die einzige, die ein nahezu „modernes" bürgerliches Leben führte und zudem den Aufstieg aus kleinsten Verhältnissen in höhere Beamtenkreise schaffte.

Am 17. Februar 1825 wurde die Schönheit als „Josepha Rech" in München als wohl älteste Tochter des Herrschaftsbediensteten Michael Reh, wie der Name richtig lautete, und der Bäckerstochter Clara Chrisack aus Ingolstadt unehelich geboren. Durch die Heirat der Eltern am 13. Juni desselben Jahres wurde die Tochter nachträglich legitimiert.[1]

In ihrer Jugend war Josepha sicher nicht auf den sprichwörtlichen Rosen gebettet, die sie auf dem Bild von Joseph Stieler im Haar trägt. Der Vater war nur Bediener bei dem bedeutenden Juristen Joseph von Stürzer (1776–1837), der nach seiner Studien- und dann Lehrtätigkeit an den Universitäten Ingolstadt und Landshut als Oberappellationsgerichtsrat nach München ging, wo er maßgeblich an der Ausarbeitung der bayerischen Verfassung beteiligt war. Es ist nicht auszuschließen, dass Josepha nach dem Dienstherrn ihres Vaters benannt wurde, auch wenn dieser nicht als Pate in den Taufmatrikeln eingetragen ist. Diese Funktion übernahm Anna Böhm, „Hoftheaters-Garderobe-Schneiders-Gattin".

Vermutlich war Josepha jedoch nicht das einzige Kind des Ehepaars Reh. Auf jeden Fall wurde sie sehr jung verheiratet, wohl um den elterlichen Geldbeutel zu entlasten. Am 4. November 1840 ging die „Herrschaftsbediententochter" mit dem Witwer Anton Conti,[2] der angeblich fast dreimal so alt wie sie gewesen sein soll,[3] die Ehe ein. Er hatte erst im Jahr zuvor Maria Anna Wellebill aus Kempten geheiratet, doch war diese bereits nach drei Monaten verstorben.[4] So trat Conti nach Ablauf des Trauerjahrs erneut vor den Traualtar. Josepha, die neue Auserwählte, war mit 15 Jahren fast noch ein Kind. Doch die Ehe war nicht von Dauer. Mit 18 Jahren war Josepha bereits Witwe. Ihr Mann hat sie allerdings nicht verlassen, um in seine italienische Heimat zurückzukehren, wie Auguste von Oertzen vermutete;[5] Anton Conti starb am 21. August 1843 in Frankfurt, wie es heißt: als Münchner Bürger und Kunstmaler.[6] Seine kunsthistorische Bedeutung dürfte jedoch nicht überwältigend gewesen sein; in den Künstler-Nachschlagewerken ist er jedenfalls nicht vertreten.

Nun musste sich die jugendliche Witwe Josepha Conti alleine durchschlagen. Sie machte eine Boutique auf. Das Adressbuch für 1845 vermerkt: „Conti, Josepha, Modehändlerin, Brienner Straße 9/0". Etwa zur gleichen Zeit wurde sie auch für die Schönheitengalerie gemalt. Die damals 19-Jährige ist die einzige Dame, die zum Zeitpunkt des Modellsitzens bereits Witwe war.

Ludwig I. scheint sich des Schicksals der jungen Witwe angenommen zu haben. Kein halbes Jahr nach dem Tod ihres Mannes ließ er sie malen. Wo und wie der König die Schöne entdeckt hatte, ist nicht überliefert. Möglicherweise hatte sie ihn um Hilfe bei der Selbstständigmachung gebeten. In späterer Zeit griff er ihr auf jeden Fall beruflich unter die Arme: Zu seinem Geburtstag am 25. August 1846 widmete Josepha dem König ein langes Gedicht mit „tausend Glück und Segenswünschen": „Leuchtend steigt des Tages Sonne / aus der Morgenröthe Gold / rings verbreitet süße Wonne / alles segnend, jedem hold. […] Gnädiger Fürst! Du hast die Blüthen / Deiner Huld mir zugewandt: / Laß mich heut' um Gnaden bitten / sieh, ich bin in Deiner Hand!"[7] Das sentimentale Gedicht zeigte offensichtlich Wirkung. Ludwig machte sich Gedanken. Nachdem die bisherige Leinwandmeisterin Magdalena Ettelt im September 1846 verstorben war,[8] übernahm Josepha Conti ab dem 1. November die Stelle, zunächst jedoch nur als Verweserin der Königlichen Leinwandkammer, mit einem Gehalt von 600 Gulden.[9] Von der Modehändlerin bis zur königlichen Leinwandmeisterin, der „Herrin" über die komplette königliche Tischwäsche, war es kein großer Schritt. Bereits 1846 ist im Hof- und Staatshandbuch unter „Tafeltücherkammer" erstmals „Frau Josephine Conti" als Leinwandmeisterin aufgeführt,[10] obwohl sie die Stelle damals nur verwaltete. Ein Jahr später bat sie in einem offiziellen Schreiben an den König, ihr die Position einer königlichen Hofleinwandmeisterin dauerhaft zu übertragen.[11] Diesem Schreiben vom 10. September 1847 legte sie noch einen persönlichen Brief vom sel-

PILOTY & LOEHLE
MÜNCHEN

XXXII

ben Datum bei, der mit „Mein allergnädigster, allerliebvollster König und Herr!" beginnt. „Welch eine Freude für mich, an Majestät persönlich meine Bittschrift adressieren zu dürfen; nachdem ich vorher durch den Stab dieselbe an diesen zu stylisieren angewiesen wurde. Um aber nach Außen die Spröde zu spielen, wird die Schrift selbst im strengen Style abgefaßt, damit die Herrn vom Stab, wenn die Schrift dahin zurückgeht, nur den ernsten Ton erblicken; dagegen schmuggle ich noch ein Billet extra ein und in diesem rede ich nun wieder ein freies Wort des Vertrauens und der völligen Hingebung zu meinem so guten und großmütigen König. Aber was soll ich reden? mein Herz ist so voll, so gepreßt von Gefühlen der höchsten Zuneigung und Verehrung an Majestät und von Glück in dem Bewußtsein, daß ich doch noch die Gnade und das Wohlwollen meines mir ewig theuersten Freundes und wahrhaft aufrichtigen Wohlthäters besitze!!!" Nach der langen Vorrede kommt sie nicht minder wortreich auf eine weitere Bitte zu sprechen: „Majestät kennen die Ach und Weh Ihrer Peppine ja alle und von diesen liegt wieder eines in vorliegender Bittschrift." Dabei ging es um eine der kleinen Wohnungen, die in der Residenz für Angestellte zur Verfügung standen. Wenn es möglich wäre, würde sie gerne in eine solche ziehen. So könnte sie gleich neben ihrer Arbeitsstelle wohnen. Und sie schließt: „Ich will nicht neuerdings lästig fallen, durchaus nicht", und hofft zu guter Letzt, dass sie „nächstens doch vielleicht die Freude haben sollte, Majestät wieder hier zu sehen", und dann „ein gewohntes freundliches Gesicht und – einen so entzückenden Blick, wie ihn nur das klare, hellstrahlende Auge meines so lieben Königs zu geben vermag."[12] Ob der Wunsch seiner „Peppine" in Bezug auf die Wohnung in Erfüllung ging, ist nicht bekannt. Die Stelle als königliche Leinwandmeisterin wurde ihr verliehen.

Die Tafeltücherkammer zählte zum Oberst-Hofmarschall-Stab wie die Hofküche, die Silberkammer oder die Hoffischerei und die Funktion der Leinwandmeisterin gehörte zu den Hofoffizien wie der Silberverwahrer, der Kellermeister oder der Confectmeister. Bis 1852 ist Josephine Conti als Leinwandmeisterin genannt, danach bis 1867 als Josephine bzw. Josepha Schirsner.[13]

Am 20. Mai 1852 war Josepha nämlich eine zweite Ehe mit dem „Rechtsconcipienten" Anton Schirsner (1819–1897) aus dem schwäbischen Meßhofen (heute Ortsteil von Roggenburg) eingegangen. Auffällig ist, dass sie nicht wie üblich als Herrschaftsbediensteten-

Tochter oder ähnlich genannt wird, sondern als „k. Leinwandmeisterin von hier", also eigenständig als berufstätige Frau.[14] Josepha war bei der erneuten Eheschließung 27 Jahre alt. Trotz der Heirat gab sie ihre Funktion als Leinwandmeisterin nicht auf. Sie blieb in München, während ihr zweiter Mann als Jurist Karriere machte. Bereits in seiner Gymnasialzeit an der katholischen Studienanstalt bei St. Stephan in Augsburg war er in vielen Fächern Klassenbester gewesen, weswegen er auch ein Stipendium für ein Jurastudium in München erhalten hatte.[15] Nach seinem erfolgreichen Studienabschluss 1846 folgten Rechtspraktikantenstellen in Ingolstadt und Augsburg.[16]

Nach seiner Heirat bat er um eine Anstellung in München, bekam zunächst aber nur eine am Landgericht in (Fürstenfeld-)Bruck und dann die eines Landgerichtsassessors in Ingolstadt. Immer wieder beklagte Schirsner, der sich am 22. Juli 1853 zudem als „Familienvater" bezeichnete, die Trennung von der Familie und bat um eine Stelle in München oder jenseits der Isar, in der Au. Mehr als zwei Jahre dauerte die doppelte Haushaltsführung. Erst Ende 1854 konnte er dauerhaft nach München zurückkehren. Am 3. November trat er hier links der Isar seine Stelle als Gerichtsprotokollist an.[17]

Von nun an kletterte Anton Schirsner unaufhaltsam die Karriereleiter hinauf, wurde 1857 zum Stadtgerichtsassessor befördert, zum Untersuchungsrichter am Kreis- und Stadtgericht München links der Isar, später rechts der Isar.[18] Allgemein wurde er nun stets Bezirksgerichtsrat genannt.

Währenddessen arbeitete seine Frau Josepha weiter als Leinwandmeisterin und das, obwohl das Ehepaar seit April 1853 eine Tochter Maria[19] sowie mindestens einen Sohn[20] hatte. Und bis zum Schluss ist das Paar einzeln in den Adressbüchern, allerdings mit derselben Adresse, verzeichnet: „Schirsner Anton, Stadtgerichts-Protokollist, Bruderstr. 5/1; Schirsner, Josepha, k. Leinwandmeisterin, Bruderstr. 5/1" für 1857[21] und „Schirsner Anton q. Bezirksgerichtsrath Au Lilienstr. 27/1, Schirsner Josepha k. Leinwandmeisterin Au Lilienstr. 27/1" 17 Jahre später.[22] Es scheint, als ob Josepha die Aufgaben der Hausfrau und Mutter mit ihrem Beruf unter einen Hut gebracht hätte.

Auguste von Oertzen lag vermutlich auch bei der Einschätzung von Josephas Ehe mit Anton Schirsner falsch, wenn sie schreibt: „Auch ihre zweite Ehe wird kaum glücklich gewesen sein; denn ihr

Mann wird von Zeitgenossen als mürrisch und unfreundlich geschildert."[23] Interessant wäre in diesem Zusammenhang zu wissen, wer die Zeitgenossen waren: gute Freunde oder Delinquenten vor dem Untersuchungsrichter des Bezirksgerichts München rechts der Isar? Irgendwann zwischen 1867 und 1870 gab Josepha ihre Stelle als Leinwandmeisterin auf.[24] Möglicherweise hing dies mit dem Gesundheitszustand ihres Mannes zusammen, der im November 1870 wegen „körperlichen Leidens" auf ein Jahr in den temporären Ruhestand versetzt wurde, nachdem offensichtlich die Kur in Bad Ischl auch nicht den gewünschten Erfolg gebracht hatte.[25] Wann er definitiv in den Ruhestand ging, ist nicht überliefert. Allerdings erfreute er sich noch gute 26 Jahre seines Lebens. Der königliche Bezirksgerichtsrat a. D. Anton Schirsner starb im Januar 1897.[26]

Damit überlebte er seine Frau um rund 15 Jahre. Sie war bereits am 23. November 1881 an einem Herzklappenfehler (Vitium cordis) „nach langem Leiden" verstorben und drei Tage später auf dem Auer Friedhof beigesetzt worden.[27]

Das Bild der Schönheit mit dem weißen Rosenkranz auf dem schwarzen, hochgesteckten Haar wurde zu Beginn des Jahres 1844 gemalt. Am 3. Januar wurde es in Stielers Atelier erwähnt; wenige Tage später kam König Ludwig in einem Brief an Stieler darauf zu sprechen.[28] Im April 1844 wurde es bezahlt.[29]

Josepha Conti trägt ein schlichtes dunkelgrünes Samtkleid – Auguste von Oertzen spricht von „seladongrün" –, darüber eine hauchdünne weiße Stola, eine „Bajadere" aus feiner Seidengaze, durchwirkt von goldfarbenen Bändern. Dies ist neben den voll erblühten weißen Rosen der einzige Schmuck. Und Auguste von Oertzen meinte: „Die ätherische Erscheinung, der schwärmerische Blick der großen Augen läßt ein Wesen vermuten, das mit dem praktischen Leben schwer fertig wurde."[30] So kann man sich täuschen! Josepha Conti, spätere Schirsner, war die einzige der Schönheiten, die ihr von vielerlei Unbillen begleitetes Leben alleine meisterte.

Die Vorlage für das Foto im Visitkartenformat schuf der Kupferstecher Andreas Fleischmann.

Lady Emily Milbanke,
geborene Mansfield (1822 – 1910)

Mit Lady Emily Milbanke wurde erneut eine Engländerin in die Schönheitengalerie aufgenommen. Doch anders als im Fall der Tochter des
englischen Gesandten am bayerischen Hof, David Montague Erskine,
die bereits 1837 von Joseph Stieler gemalt worden war, wurde im Fall
seines Nachfolgers Sir John Ralph Milbanke-Huskisson, 8. Baronet, im
Jahr 1844 dessen Ehefrau für die Galerie der Schönheiten verewigt.

Laut rückseitiger Aufschrift auf dem Porträt wurde Emily am
12. März 1822 als dritte Tochter des Earl of Mansfield, Esquire of
Diggeswell in Paris geboren. Doch findet sich auch ein Hinweis auf die
Geburt der Emily Milbanke (Mansfield) 1804 in Hertfordshire, in
Diggeswell House, als Tochter von John Edward Mansfield und Mary
Buchanan Mansfield.[1] Vermutlich ist dies ein Fehler und man sollte
eher der Angabe Stielers folgen. Das Bild zeigt keine 40-jährige Frau;
außerdem hätte sie ihr erstes Kind mit über 40 Jahren bekommen und
zudem wäre sie fast hundert Jahre alt geworden, denn die gleiche
Quelle nennt als ihr Sterbejahr 1903. Bei den Eltern handelt es sich
jedoch mit Sicherheit um John Edward Mansfield (gestorben 1841)
und seine Frau Mary Buchanan (1788 – 1868). Sie hatten neben Emily
noch mindestens zehn weitere Kinder. Digswell House in Welwyn
(Hertfordshire) ist ein rund 30 Kilometer nördlich von London gele-
genes ehemals stattliches Herrenhaus, und vermutlich ist Emily dort
aufgewachsen, wenn die Familie nicht gerade auf Reisen war, wie dies
die englischen Noblen gern zu tun pflegten, weshalb Emily ja auch in
Paris zur Welt gekommen ist.

Im Mai 1843 heiratete Emily Mansfield den gut 20 Jahre älteren
Diplomaten Sir John Ralph Milbanke-Huskisson. Er wurde am 5. November 1800 geboren. Anfang April 1827 wurde er zum königlich
großbritannischen Geschäftsträger in Frankfurt ernannt,[2] 1835 als Bot-
schaftssekretär nach Sankt Petersburg versetzt[3] und drei Jahre später
zum Sekretär der Gesandtschaft in Wien berufen.[4] Am 30. Dezember
1843 meldete dann das „Münchener Tagblatt": „Der an die Stelle des
Lord Erskine (der bekanntlich nicht mehr zurückkehrt) an den hiesigen Hof ernannte k. großbritannische Gesandte John Ralph Milbanke
Esq. ist bereits hier angekommen."

Kurz vor seiner Ernennung zum Gesandten am königlich bayerischen Hof heiratete er im Mai 1843 Emily, die Tochter des bereits
verstorbenen John Mansfield, nach anglikanischem Ritus in St. George
am Hanover Square in London.[5]

Den Posten des Gesandten am königlich bayerischen Hof[6] bekleidete Milbanke fast zwei Jahrzehnte, immer wieder unterbrochen von
monatelangen Aufenthalten in seiner britischen Heimat, vor allem in
diplomatischer Mission. So war er stark in die „griechischen Angelegenheiten" der Jahre 1847 und 1848 involviert.[7] Immer wieder gab
er um Urlaub ein, was allerdings nicht bedeutete, dass er Ferien machte,
sondern lediglich, dass er seinen Posten in München vorübergehend
verließ. So etwa im Frühjahr 1849[8] oder 1856, als er von Anfang Oktober bis zum Januar des folgenden Jahres mit seiner Familie nach
England reiste.[9] Wenige Jahre später dauerte der Urlaub sogar noch
länger: „Der engl. Gesandte Milbanke, welcher seit Oktober 1861 in
England verweilte, ist heute [das war im Juli 1862] mit Familie hier
eingetroffen und hat seinen Posten wieder übernommen."[10]

In München residierte die Familie Milbanke in der Brienner Straße 48 im ersten Stock des Botschaftsgebäudes und nahm entsprechend
am gesellschaftlichen Leben teil, was auch von den Zeitungen verfolgt
wurde. „Gestern Abend war diplomatisches Diner bei dem engl. Gesandten Milbanke", war etwa am 21. Dezember 1859 zu lesen.[11]

Und von der Brienner Straße war es nicht weit zum Palais der Lola
Montez in der Barer Straße 7. Doch das Verhältnis des englischen Gesandten zur Geliebten des Königs war kein gutes. So versuchte Milbanke, in der „Causa Bridgeman" zu vermitteln. Der Engländer Francis Bridgeman sollte 1847 genötigt werden, München innerhalb von
72 Stunden zu verlassen, weil Lola Montez behauptet hatte, er hätte sie
„insultiert", also beleidigt. Der englische Gesandte gab sich „die äußerte Mühe, die Sache unter der Hand und auf vertraulichem Wege bei-
zulegen, da eine höchst unangenehme Verwicklung zwischen den beiden Regierungen [der englischen und der bayerischen] unfehlbar daraus entstehen würde, wenn Mr. Bridgeman amtlich seinen Schutz in
Anspruch nähme", berichtete sogar der preußische Gesandte nach
Berlin. Erschwerend kam nämlich hinzu, dass Bridgeman der Vetter
des englischen Premierministers John Lord Russels war und erst 1846
eine bayerische Gräfin Törring-Minucci geheiratet hatte. Doch trotz
der Bemühungen Milbankes war Ludwig I. nicht zur Zurücknahme

PILOTY & LOEHLE
MUENCHEN

V

des Ausweisungsbefehls zu bewegen. Bridgeman musste München verlassen. Bei den Vorkommnissen rund um Lola Montez scheint Milbanke – wie der preußische Gesandte schrieb – eine „zweideutige Rolle" eingenommen zu haben. Viele seiner Aktionen „überraschte[n] alle Welt". Völlig unverständlich war, dass er sich, obwohl Anfang März 1848 alle Festlichkeiten in München abgesagt worden waren, nicht scheute, zu einer „soirée dansante" einzuladen. „Keiner der Kollegen ist der Einladung gefolgt, sogar die jungen Leute haben sie abgesagt."[12]

Als Lola Montez München verlassen hatte, versuchte er sogar den brieflichen Kontakt zu König Ludwig zu unterbinden, zumindest wollte er sich nicht als Postillon d'Amour betätigen und weigerte sich, Briefe Lolas an den König aus London mit nach München zu nehmen.[13]

Wenn es nicht nach England ging, so konnte Milbanke auch mehrere Wochen mit Familie einen Sommeraufenthalt in Bayern nehmen, etwa auf dem gräflich Bassenheim'schen Schloss Leutstetten in der Nähe von Starnberg,[14] das im Besitz einer anderen Schönheit war, der Familie von Caroline von Waldbott-Bassenheim. Daraus darf geschlossen werden, dass die beiden nahezu gleichaltrigen Damen einen regen gesellschaftlichen, wenn nicht gar freundschaftlichen Verkehr pflegten, wie Emily Milbanke überhaupt das gesellschaftliche Leben der Gattin eines Diplomaten und reichen Edelmanns geführt haben dürfte.

Das Paar hatte mindestens vier Kinder, die alle in München zur Welt kamen: zunächst Mary Emily am 31. Dezember 1844 (gestorben am 18. Mai 1908), dann am 14. Februar 1847 der Stammhalter Peniston (gestorben am 30. November 1899), der spätere 9. Baronet. Ihm folgten 1849 Isabella (gestorben 1923) und am 22. Januar 1852 Ralph. Während der ältere Sohn heiratete, mit zwei Söhnen für den Fortbestand der Familie sorgte, die Ländereien erbte und in der Folge verwalten musste, trat der Zweitgeborene in die diplomatischen Fußstapfen seines Vaters, zunächst als Attaché in Wien, dann ab 1887 in Coburg. Fünf Jahre später berief man ihn als britischen Generalkonsul nach Budapest und schließlich 1896 erneut in die Hauptstadt des k. u. k. Reichs, wo er bis zu seinem Lebensende blieb und zeitlebens unverheiratet „zu den bekanntesten und beliebtesten Persönlichkeiten der Wiener Gesellschaft" zählte. Am 6. Februar 1903 starb er völlig unerwartet in seiner Wohnung am Rennweg.[15]

Doch zurück zu Emily: Bis 1862 lebten sie und ihre Familie in München. Ihr Mann war hoch angesehen, sogar Ludwig I. schätzte den englischen Gesandten nach eigener Aussage sehr, auch wenn er nicht immer die politischen Wünsche des Königs erfüllen konnte.[16] Nach seiner Zeit in München wurde John Ralph Milbanke auf den Gesandtschaftsposten in den Niederlanden berufen. Im Herbst war er noch in London gewesen,[17] am 15. Dezember 1862 empfing ihn König Max II. zu einer Abschiedsaudienz. Man speiste zusammen mit Königin Marie an der königlichen Hoftafel. Tags darauf reiste Milbanke mit Familie nach Den Haag. Bis sein Nachfolger in München eintraf, führte der Legationssekretär Alfred Guthrie Graham Bonar, der Schwager einer weiteren Schönheit die Gesandtschaftsgeschäfte.[18]

Bereits eine Woche vor der Abreise versteigerte die Familie ihr ganzes Mobiliar, sogar „zwei schöne Wagenpferde", die sie nicht mit in die Niederlande nehmen konnte. Die Versteigerung der kompletten Einrichtung mit Spiegeln, Vasen, einem Esstisch und Stühlen für 24 Personen sowie den entsprechenden Servicen und vielem anderen mehr war ein voller Erfolg. Viele „Liebhaber von schönen und geschmackvollen Möbeln" hatten sich eingefunden. Der Gesandte und seine Familie jedoch wohnten in den letzten Tagen vor der Abreise im „Hotel Havard", einem der ersten Häuser am Platz.[19]

In Den Haag führte das Ehepaar Milbanke das gesellschaftliche Leben fort, gab Empfänge, die auch von königlichen Hoheiten besucht wurden.[20] 1867 wurde der britische Gesandte jedoch aufgrund einer Krankheit abberufen. Die Familie kehrte nach England zurück. Am 30. Dezember 1868 starb Sir John Ralph Milbanke, 8. Baronet of Halnaby.[21] Seine Frau Emily überlebte ihren Mann um mehr als vier Jahrzehnte. Sie blieb in England und starb im Jahr 1910 in London.

Bleibt noch zu erwähnen, dass Emily Milbanke auch in England verwandtschaftlich weit verzweigt war. Ihr Mann hatte von seinem kinderlosen Onkel William Huskisson reiche Ländereien rund um den Landsitz Eartham House (West Sussex; heute Neubau von 1905) geerbt sowie – ebenfalls von einem Onkel, der keinen männlichen Nachfolger hatte – Halnaby Hall (Yorkshire), ein prachtvolles Schloss, das jedoch 1952 abgebrochen wurde. Bekannt geworden ist Halnaby Hall, da Lord Byron und seine Frau Annabella Milbanke, die einzige Tochter von Ralph Milbanke Noel, dem Onkel von Emilys Mann, hier ihre Flitterwochen verbrachten. Die Tochter aus der Beziehung, Augusta Ada Noel, erbte zwar ein kleines Vermögen von ihrem Großvater, doch das Anwesen und der Name gingen an John Ralph Milbanke über.

Bereits kurz nach der Hochzeit und der Ankunft des Diplomatenehepaars Ende 1843 in München bekam Joseph Stieler den Auftrag, Milbankes schöne Ehefrau zu malen. Am 16. Januar 1844 war das Porträt in Arbeit; im April wurde das Bildnis der „Mistreß Emily Milbanke, geb. de Mansfield, Gemahlin des kgl. großbritanischen Gesandten" zusammen mit dem Porträt von Josepha Conti bezahlt.[22]

Das Gemälde zeigt eine schwarzhaarige Schönheit, deren schwere Flechten wie ein Diadem mit einer goldenen Nadel festgesteckt sind. Das tief dekolletierte gelbe Seidenkleid ist von zwei Spitzenvolants eingefasst; über die Schulter heruntergeglitten scheint der duftige Spitzenschal, die sogenannte „Bajadere". Auffällig ist die ungewöhnliche Nadel, die ihren Ausschnitt ziert: Auf einer der beiden dunkelblauen Kugeln sitzt eine mit Brillanten verzierte Fliege. Möglicherweise war sie Bestandteil eines Familienwappens. Nachweisen ließ sich dies allerdings nicht.

Die Vorlage für das Foto im Visitkartenformat schuf der Kupferstecher Andreas Fleischmann.

Alexandra Prinzessin von Bayern (1826–1875)

Nach Kronprinzessin Marie und Erzherzogin Sophie wurde 1845 mit Prinzessin Alexandra ein weiteres Familienmitglied in die Schönheitengalerie aufgenommen. Alexandra war die jüngste Tochter König Ludwigs I. und sein siebtes Kind. Der Vater liebte sie besonders, allerdings war sie auch ein Sorgenkind. Als einziges seiner Kinder blieb sie zeitlebens unverheiratet.

Als Alexandra Amalie, wie sie mit vollständigem Namen hieß, am 26. August 1826 auf Schloss Johannisburg in Aschaffenburg geboren wurde, war noch alles eitel Freude und Sonnenschein, auch wenn der Vater König Ludwig I. gut drei Monate vor ihrer Geburt nach Italien

aufgebrochen war. Die Taufe am 14. November in München war ein großes Ereignis,[1] doch dann lief Alexandras Leben „still und unbemerkt von der großen Welt" dahin, wie es in einem Nachruf später heißen sollte.[2]

Nach den ersten Kinderjahren wurde sie der Gräfin Sophie von Henin zur Erziehung übergeben und „von derselben mit aller Sorgfalt und Liebe zu allem Guten und Schönen angeleitet. [...] Die zur Elementarbildung nötigen Kenntnisse erwarb sich die Prinzessin mit Leichtigkeit und besaß auch besondere Anlage zum Zeichnen und Malen". Doch schon im Mädchen-Alter zeigte sich – wie rückblickend angenommen wurde – „eine Sonderthümlichkeit in der Denk- und Gefühlsweise", die sie jedoch nicht daran hinderte, stets Gutes zu tun. Nicht nur im Nachruf wird sie fast wie eine Heilige dargestellt, die den Armen gab, wo immer sie konnte.[3]

Ihr Leben verlief in den engen Grenzen des Hofes. Bereits von klein an wurde sie – wie auch ihre Geschwister – angehalten, wohltätig zu sein, wie die vielfach erhaltenen Abrechnungen ihres nicht zu üppigen Taschengeldes, die die Kinder monatlich dem Vater übergeben mussten, beweisen.[4] Zandi, wie sie liebevoll genannt wurde, begleitete die Eltern auf Reisen, war mit ihnen in der Sommerfrische in Berchtesgaden, in Salzburg, in der Villa Ludwigshöhe bei Edenkoben oder in Bad Brückenau, reiste 1843 zu ihrer Schwester Adelgunde nach Modena, nachdem sie zunächst unter ärztlicher Aufsicht in Schlangenbad zu einer Kur und anschließend in Darmstadt zu Besuch bei ihrer Schwester Mathilde gewesen war. Auf dem Weg nach Italien machte sie Halt bei ihrem Bruder Max und seiner jungen Frau Marie in Hohenschwangau, wo sie „goldene Stunden" verlebte. In Modena vergnügte sie sich auf Bällen und in der Oper. Zudem nahm sie Italienisch-Unterricht.[5] Im Sommer 1844 und 1845 ging es dann nach Berchtesgaden; von München aus machte sie Ausflüge nach Possenhofen oder Ismaning. In Berchtesgaden bedauerte sie, „daß die sonst so erfinderischen Menschen noch nicht die Erfindung einer Fliegermaschine gemacht haben", ansonsten hätte sie auch in diesem Jahr am Familienfrühstück anlässlich des Namens- und Geburtstags ihres Vaters teilnehmen können.[6]

1846 ging Alexandra nach Ostende, „um auf einige Zeit Seebäder zu gebrauchen",[7] und war ein Jahr später – nach einem längeren Aufenthalt in Marienbad und Franzensbad[8] – mit ihrer Mutter zum ersten

Mal in Bamberg, wo die beiden mit großem Prunk empfangen wurden.[9] Dazwischen war sie immer wieder in ihrer Geburtsstadt Aschaffenburg, etwa auf der Rückreise aus Ostende[10] oder auf dem Weg nach Edenkoben. Doch im Grunde war sie einsam und litt unter der „Monotonie ihres Daseins", wie Auguste von Oertzen schrieb. Beim Durchblättern des Hofkalenders soll sie einmal resigniert geseufzt haben: „Für mich gibt es keinen Mann; die Prinzen sind zu jung oder zu alt für mich!" Derweil hätte es durchaus Bewerber gegeben.

Am 27. Januar 1848 erwartete man in München mit Spannung die Ankunft des Prinzen Don Francesco di Paolo Graf von Trapani (1827–1892), des jüngsten Bruders des Königs beider Sizilien. Bei seinem Münchenaufenthalt wollte er um die Hand von Alexandra anhalten, „einer durch Schönheit und hohe Liebenswürdigkeit sich auszeichnenden Prinzessin".[11]

Bereits Ende 1847 hatte man aus Neapel den Wunsch nach der Eheschließung geäußert und über Friedrich von Luxburg, den bayerischen Gesandten in Wien, bei König Ludwig anfragen lassen. Dem Gesandten wurde vonseiten des Münchner Hofs bemerkt, dass der Antrag König Ludwig „eher angenehm ist als nicht", was Luxburg wiederum den neapolitanischen Gesandten in Wien wissen ließ. Vonseiten Neapels drängte man auf eine baldige Hochzeit. Man hatte in Neapel ein „sehr reizendes frappant ähnliches Bild" von Alexandra erhalten – ob es sich dabei um eine Kopie des Stieler-Gemäldes handelte, ist nicht überliefert –, über das man sich „sehr gefreut" habe. Im Gegenzug expedierte man ein Bild des gut aussehenden Grafen nach München. Danach brechen die Schreiben des Gesandten in dieser Angelegenheit ab.[12] Nun kam alles ganz anders, als erwartet. In Italien herrschte Krieg und der Prinz konnte die Reise vorerst nicht antreten. Anfang Februar hatte man über seine Ankunft noch immer keine genauen Nachrichten.[13] Und in Bayern kam es im März 1848 zu Unruhen und schließlich zum Thronwechsel, der auch an der jungen Prinzessin nicht spurlos vorüberging. Noch im Januar 1848 waren ihre Zimmer renoviert worden. Gleichzeitig hatte man über eine eigene Hofhaltung nachgedacht und eine Obersthofmeisterin für sie bestimmt.[14] Nach dem Sturm auf das Zeughaus in München am 4. März bereitete man sich in der Residenz auf eine mögliche Flucht vor. Königin Therese und ihre Tochter Alexandra sowie deren Damen hatten ihre Papiere zum Teil verbrannt, zum Teil zum Mitnehmen geordnet.

Juwelen wurden auf der Bank deponiert und Wertpapiere wohl verwahrt.[15] Doch so schlimm sollte es für die Familie dann doch nicht kommen, nachdem König Ludwig am 20. März 1848 die Regierungsgeschäfte seinem Sohn Maximilian übertragen hatte.

Zu den Heiratsplänen für Alexandra schweigen die Akten nun jedoch. Im Sommer 1848 war Lola Montez zwar noch zu Ohren gekommen, dass Prinzessin Alexandra einen Prinzen von Holland heiraten werde, was König Maximilian II. angeblich nicht zulassen wolle,[16] wobei es sich vermutlich um eine Verwechslung mit dem Prinzen von Trapani handelte. Zu einer Hochzeit führten die diplomatischen Bemühungen auf jeden Fall nicht. Im August 1849 schrieb Maximilian II. an seinen Vater Ludwig, dass der König von Neapel das Bild Alexandras zurückgeschickt habe und dass er nun veranlassen würde, dass im Gegenzug das Bild des Grafen zurückgegeben werde.[17] Don Francesco heiratete im Jahr darauf die österreichische Erzherzogin Maria Isabella.[18] Ob sich Prinzessin Alexandra und Graf Trapani persönlich getroffen haben, als er im Herbst 1857 mit seiner Frau auf der Durchreise in München Station machte und u. a. Prinz Luitpold einen Besuch abstattete,[19] ist nicht überliefert.

Fast zeitgleich mit dem letzten Akt in Sachen neapolitanischer Heirat kam es im Leben der Prinzessin zu anderen einschneidenden Ereignissen. Eigentlich war es gänzlich unvorstellbar, aber wohl dennoch wahr: Alexandra war in eine Liebesgeschichte verwickelt. Wie weit dabei die Gefühle der Prinzessin gingen, ist heute nicht mehr nachvollziehbar, doch der Hof war in hellem Aufruhr. Hermann Barxell hieß der junge Mann, der Alexandra vergötterte und sich Hoffnungen machte. Man weiß nicht, wo er sie zum ersten Mal gesehen hatte. Seit Oktober 1845 hielt er sich mehrmals für längere Zeit in München auf. Und vermutlich begann bereits damals seine Verehrung für die Prinzessin. Nicht auszuschließen ist, dass er sich zunächst in ihr Porträt, das 1845 fertiggestellt war, verliebt hatte. Doch auch bei einem von Alexandras Kuraufenthalte kann es zu einem Zusammentreffen gekommen sein. Tatsache ist, dass seine Briefe den Hof in große Aufregung versetzten. Man sah sich genötigt, zu handeln.[20] Barxells ersten Brief an Alexandra hatte sie noch zu Gesicht bekommen. Offensichtlich war ihre Umgebung damals noch ahnungslos. Seine weiteren Schreiben wurden der Prinzessin jedoch vorenthalten. Man zog Erkundigungen über den jungen Mann ein, der sich selbst als Neffe des Freiburger Erzbischofs Hermann von Vicari bezeichnete – was auch der Wahrheit entsprach.[21] Gräfin Sophie Henin, die Hofmeisterin Alexandras, schrieb an den Erzbischof: „Nur der erste Brief ward gelesen von der jungen Prinzessin, die wie ihre Umgebung sich denselben nur als das Produkt eines bedauernswerthen kranken Gemüthes erklären kann; die folgenden Briefe kamen – weil die Schrift schon auf der Adresse erkannt wurde – nicht mehr in die Hände der Prinzessin."[22]

Wir haben keine schriftlichen Beweise für eine eventuelle Gegenliebe der Prinzessin. Doch hätte es sich tatsächlich nur um Hirngespinste eines verwirrten jungen Mannes gehandelt, wäre man bei Hofe nicht so aktiv geworden, hätte die Briefe ignoriert oder die ganze Angelegenheit der Polizei überlassen. Doch man handelte selbst und das möglichst heimlich.

Die Antwort aus Freiburg ist nicht erhalten, doch hat Gräfin Henin, die sich der Sache annehmen musste, anstelle Alexandras Ende 1848 einen Brief an Barxell geschickt. Darin eröffnete sie ihm wortreich, er habe die Gesten der Prinzessin, ihren Gruß und ihre Blicke falsch gedeutet. Diese sei freundlich gegen jedermann, erwidere Grüße und blicke stets huldvoll.[23]

Doch Hermann Barxell gab nicht auf. Ob und in welcher Form es Kontakt zwischen ihm und Alexandra gab, ist nicht überliefert. Auf jeden Fall startete der verliebte Verehrer im Sommer 1849, als die Prinzessin mit ihren Eltern in Berchtesgaden weilte,[24] erneut einen Versuch, schrieb einen langen Brief direkt an Max II., den Bruder seiner Angebeteten und damals regierenden König, der, seit er den Thron bestiegen hatte, die Zustimmung zur Hochzeit seiner noch unverheirateten Geschwister geben musste und entscheiden konnte, wer wann wohin reisen durfte. In dem Schreiben sprach Barxell von seiner „reinsten Liebe zu diesem schuldlosen Engel", von „gegenseitiger unwandelbarer treuer Liebe" und „daß ich ihrer Liebe würdig bin und daß auch sie das in mir finden wird, was sie in mir sucht – ein Herz, das sie über alles liebt". Seine Worte lassen vermuten, dass sein Empfinden durchaus auf Gegenliebe bei der Prinzessin gestoßen war. Seit dreieinhalb Jahren habe er keine Stunde aufgehört, „die theure Prinzessin innig und treu zu lieben und meinem Schwure getreu, sie noch bis zum Tode so unverbrüchlich lieben werde". Dies spricht für einen Beginn der „Lovestory" im Winter 1845/46, bei seinem ersten

Münchenaufenthalt. Und Barxell fuhr fort: „Möchten doch Eure Majestät allergnädigst geruhen, das liebende, kummervolle Herz meiner theuersten Alexandra hierüber [seine unverbrüchliche Liebe] zu beruhigen und hochdieselbe versichern, wie sehr ich es bereue, ihr durch meine Zurückhaltung so unverschuldeten Schmerz verursacht zu haben: doch ich hoffe, ihre Liebe wird es mir verzeihen." Mit „Zurückhaltung" ist die von ihr nicht bemerkte Unterschlagung seiner Briefe gemeint, die die Prinzessin als Schweigen seinerseits interpretiert haben könnte. Barxell hatte nämlich von seinem Erzbischof-Onkel den Brief der Gräfin Henin erhalten, den er – zusammen mit ihrem Schreiben an ihn selbst –, seinem eigenen Brief an König Max II. beilegte (weswegen sie sich auch heute im Besitz der Wittelsbacher befinden). Er unterstellte, dass der König von der ganzen Angelegenheit nichts wisse. Noch immer machte sich Barxell „Hoffnung auf den Besitz der mir so theuren, innig geliebten Prinzessin". Er bat nicht nur für sich, sondern „auch die schweren Leiden allergnädigst heilen zu wollen, die ein zärtlich geliebtes Schwester-Herz quälen". Und setzte hinzu: „Ja, ich bitte, ich beschwöre Euer Majestät bei dem allbarmherzigen Gott, die Leiden dieser heiligen Märtyrerin doch allergnädigst lindern und stillen zu wollen. Möchten doch Höchstdieselben in unserer gegenseitigen unwandelbaren, treuen Liebe den Willen der göttlichen Vorsehung erblicken."[25]

Der Brief an Maximilian II. datiert vom 1. August 1849. Der König weilte gerade in Hohenschwangau, wohin ihm das Schreiben weitergeleitet wurde. Und bereits am 4. August schickte er die Unterlagen der „Barxell'schen Angelegenheit" an den Regierungsdirektor Max August von Schilcher, „als Curiosum mit dem Wunsche, daß Sie den bedauerungswürdigen Bittsteller beruhigen möchten."[26] Schilcher wollte sich sofort mit Barxell in Verbindung setzten, traf „diesen armen Geisteskranken" jedoch nicht an. Er war auch gar nicht sicher, ob es so gut wäre, ihn zu treffen, um nicht zu viel Staub aufzuwirbeln. Vielmehr setzte er einen Spion auf ihn an,[27] der allerdings nicht viel in Erfahrung bringen konnte, zumindest nichts, was eine Ausweisung oder andere polizeiliche Maßnahmen hätte nach sich ziehen können. Demnach war Barxell ein in Konstanz geborener und auch dort wohnender Kaufmann, der jedoch seit einigen Jahren beschäftigungslos von eigenen Mitteln, „die ihm in hinreichender Masse zur Verfügung stehen", lebte. Seit Oktober 1845 war er nun zum fünften Mal in München und wohnte wie bereits früher bei der Eisenbahn-Cassierers-Witwe von Maillinger in der Karlstraße 14. Der Pass war ihm am 10. Oktober 1845 in Konstanz ausgestellt und regelmäßig verlängert worden. Nun war er seit dem 23. Mai in München; seine Aufenthaltsbewilligung galt bis zum 25. September. Der Grund seines Aufenthalts war mit „Besuch von Verwandten" angegeben. Er wurde als stiller Mensch geschildert, der mit niemand Umgang pflegte und nur immer für kurze Zeit das Haus verließ.[28]

Tatsächlich entstammte Braxell einer reichen, hoch angesehenen, ursprünglich aus dem Elsass zugewanderten Konstanzer Kaufmannsfamilie, von der verschiedene Vertreter im Stadtrat saßen oder hohe Ämter bekleideten.[29] Hermanns Vater war Simon Barxell (geboren 1783), der Anfang des 19. Jahrhunderts das Handelshaus Barxell und Frener in Konstanz führte und 1818 in erster Ehe Crescentia von Vicari heiratete (nach ihrem Tod ging er 1832 eine zweite Ehe ein), was eine Geburt Hermanns Anfang der 1820er Jahre vermuten lässt.[30] Es sprach also eigentlich nichts gegen Hermann Braxell – außer dass Mitte des 19. Jahrhunderts ein Umgang mit Prinzessin Alexandra für ihn ein Ding der Unmöglichkeit war.

Der hoffnungslose Verehrer bat König Maximilian in einem zweiten Brief, eine knappe Woche später, um Verzeihung, was darauf schließen lässt, dass Schilcher ihm doch noch ins Gewissen geredet hatte, bekräftigte aber noch einmal seine unverbrüchliche Liebe zu Alexandra.[31] Mit diesem Schreiben endet die erhaltene Korrespondenz in der Barxell'schen Angelegenheit. Was aus dem Verehrer geworden ist, lässt sich nicht eruieren. Er ist danach wie vom Erdboden verschluckt. Vielleicht hat er sich das Leben genommen, schließlich hatte er seinen Brief an den König mit folgenden Worten beendet: „Die Liebe versucht ja alles und scheut keine Hinderniße und keine Opfer, um doch zu erreichen, wofür sie in den Tod geht!"[32] Vielleicht ist er in einer Irrenanstalt gelandet – immerhin wurde er ja als „geisteskrank" angesehen. Vielleicht hat er München einfach mit unbekanntem Ziel verlassen. Auf jeden Fall erscheint sein Name nicht mehr.[33]

Für die Prinzessin, über deren Empfindungen keine Nachweise vorliegen, hatte die Angelegenheit jedoch allem Anschein nach schwerwiegende Folgen. War sie vorher vielleicht schon übersensibel oder eigen – nun hielt man sie wohl für gänzlich wahnsinnig, nachdem ein Jahr zuvor aus gesundheitlichen Gründen nichts gegen eine Heirat mit dem Prinzen von Trapani gesprochen hatte. Auch wenn man sich vonseiten des Hofs auch noch so große Mühe gab, die Angelegenheit zu vertuschen, „das Gerücht schrieb ihren Zustand einer unglücklichen Liebesaffäre zu. Sie hatte sich in einen jungen Offizier vernarrt, doch der bloße Gedanke an eine Ehe mit ihm wurde als Wahnwitz betrachtet, und das schöne Mädchen wurde trübsinnig", berichtete Jahre später Gräfin Larisch, die Tochter Herzog Ludwigs in Bayern, eines Cousins von Alexandra.[34] Barxell war zwar kein Offizier, doch war er mit Sicherheit der Akteur in der unglücklichen Affäre, denn auf einen zweiten Verehrer gibt es keinerlei Hinweise.

Am Münchner Hof begann nun eine fast unvorstellbare Geschichte, die nur aus der Zeit heraus zu verstehen ist. Die Eltern – treibende Kraft war offensichtlich die Mutter, Königin Therese – betrachteten ihre Lieblingstochter als wahnsinnig, zumindest als krank, und organisierten in größter Geheimhaltung einen Aufenthalt in einer Nervenheilanstalt. Anders als bei königlichen Söhnen war eine morganatische Ehe für Frauen königlichen Geblüts praktisch ausgeschlossen. Dass der Wunsch nach einer derartigen, nicht standesgemäßen Verbindung im 19. Jahrhundert als geisteskrank angesehen wurde, musste etwa Alexandras Cousine Sophie in Bayern noch vier Jahrzehnte später erleben, als die Ärzte bei ihr „moral insanity" diagnostizierten, nur weil sie sich in einen Arzt verliebt hatte, für den sie sich scheiden lassen wollte. Sie wurde 1887 vorübergehend in das bekannte Sanatorium Mariagrün bei Graz eingeliefert. Und sie war nicht die einzige. Die belgische Prinzessin Louise, verheiratete Sachsen-Coburg-Gotha, die sich in Wien in einen feschen Leutnant, Geza von Mattachich verliebte, wurde entmündigt und schließlich 1898 in einer psychiatrischen Anstalt weggesperrt. Prinzessin Luise von Sachsen, einer geborenen Habsburgerin, die sich Ende des 19. Jahrhunderts in den Lehrer ihrer Kinder verliebt hatte, machte man das Angebot, in ein Kloster oder eine Heilanstalt zu gehen, dann würde sie ihre Position behalten können, was sie ablehnte. Und Großfürst Sergei, der Onkel des letzten russischen Zaren, verbat seiner Frau nach der Hochzeit 1884 schlichtweg, Tolstois „Anna Karenina" zu lesen, um die junge Großfürstin Elisabeth gar nicht erst auf „unnatürliche" Gedanken zu bringen. Ähnlich erging es Mitte des 19. Jahrhunderts Prinzessin Alexandra.

Zunächst schien im Jahr 1849 noch alles seinen gewohnten höfischen Gang zu gehen. Im Mai inspizierte König Maximilian die Münchner Garnison und „sogar Prinzessin Alexandra äugelte gar freundlich nieder auf die Männer in Stahl und Eisen".[35] Alexandra war Mitglied des „Münchner Vereins gegen Tierquälerei" und hat etwa laut Jahresbericht von 1848/49 „außerordentliche Beiträge geleistet". Laut Jahresbericht des „Kgl. bayer. Taubstummen-Unterrichts- und Erziehungs-Instituts" in München von 1849 besuchte Prinzessin Alexandra die Einrichtung kurz nach Königin Marie Ende Mai. Im Juni war die Prinzessin mit anderen Familienmitgliedern bei einer Militärparade zugegen.[36] Anfang Juli brach sie mit ihren Eltern in die Sommerfrische nach Berchtesgaden auf. Als sie am 29. September nach fast drei Monaten zurückkehrten, zog sie jedoch nicht mehr in die Residenz – dort residierte nun König Maximilian –, sondern in Räume des Wittelsbacher Palais, die in der Zwischenzeit für sie hergerichtet worden waren.[37] Anfang Oktober 1849 besuchte die Prinzessin dann mit ihrer Familie wie immer das Oktoberfest.[38] Auch auf „Maskierten Akademien" und Bällen wurde sie gesichtet.[39] Das große Rundgemälde „Jerusalem", damals eine Sensation, besuchte sie mit ihren Eltern und ihrem Bruder Luitpold ebenfalls.[40] Alles schien in bester Ordnung und doch wurden im Herbst desselben Jahres im Geheimen Kontakte zur Heil- und Pflegeanstalt Illenau im badischen Achern[41] geknüpft. Und das lag mit einiger Sicherheit an der Barxell'schen Angelegenheit. Eine Prinzessin und ein Kaufmann? Undenkbar!

Bereits am 15. Oktober gab der Leiter der Anstalt, der Arzt Christian Friedrich Wilhelm Roller, seine Bereitschaft zu erkennen, die Prinzessin aufzunehmen. Es wurde beschlossen, Alexandra wegen ihrer krankhaften Wahnvorstellungen vorübergehend in der erst 1842 nach neuesten Erkenntnissen der Psychiatrie erbauten Anstalt in „Aufsicht und Pflege" zu geben. In München wurde noch Prof. Dr. Philipp Franz von Walther, der Leibarzt König Ludwigs, zurate gezogen, der den Schritt am 22. Oktober befürwortete. Alexandra selbst dürfte währenddessen in Neuburg gewesen sein, von wo sie erst am 25. Oktober zurückkehrte.[42] Die Prinzessin hatte keine Ahnung, was sich hinter ihrem Rücken zusammenbraute. Im Dezember 1849 wurde ohne ihr Zutun die fünftägige Reiseroute auf Umwegen festgelegt.

Ihrer Hofdame gab man keine Schuld an der Angelegenheit: „Wenn auch die ganze Sache Henin im ersten Augenblick ergreifen wird, muß es sie doch sehr beruhigen zu erfahren, daß sie sich nichts vorzuwerfen, nichts versäumt hat. Hier konnte nur der erfahrene Arzt helfen und der nun erwählte wird, so Gott will, auch alles zum erfreulichen Ziele führen", schrieb Königin Therese am 31. Dezember 1849 an ihre Tochter Hildegard, Erzherzogin von Österreich, und vermutlich zeitgleich auch an ihre anderen Kinder. Einleitend bat sie, den Brief nach der Lektüre auf jeden Fall zu verbrennen, was allerdings nicht geschehen ist.

Dr. Roller hatte den Ablauf genau vorgegeben: „Das dir bekannte junge Mädchen", das an anderer Stelle „Zandi" oder „Z..." genannt wird, sollte Ende Februar in die „Nähe von Straßburg" reisen. Man versuchte, die Angelegenheit möglichst zu verschleiern. Ihre Wohnung in Illenau war extra für Alexandra eingerichtet worden, gänzlich von anderen Patienten abgetrennt, mit einem eigenen Eingang. Sie sollte eine kleine Entourage zu ihrer Unterhaltung um sich haben.

Die Briefe sollten die Geschwister offen schicken, damit sie der Arzt lesen und danach mit eigens von Therese besorgten „Chiffren" (Aufkleber mit Monogrammen) der einzelnen Schreiber verschließen könnte. „In Euren Briefen vermeidet ja Alles, was an ihre fixe Idee sie erinnern könnte, erzählt ihr von dem, was sie interessieren kann – und sprecht und fragt nichts von und über ihren Aufenthalt." Codeworte wurden vereinbart. So durften die Geschwister nur mit ihren familieninternen Kosenamen unterschreiben, in der Datierung nicht etwa Wien oder Darmstadt vermerken, sondern den Namen kleiner unbekannter Schweizer Orte, da Alexandra in Illenau das Pseudonym „Louise von Iberg" aus der Schweiz erhielt. Schreiben an sie sollten lediglich an „Fräulein Louise" adressiert werden. Die Briefe der sie begleitenden Damen sind häufig nur mit „Reisegefährtin" unterschrieben. „Z... sind wir jedoch schuldig, die Sache geheim zu halten." Um den Aufenthalt weiter zu verschleiern, wurde die Korrespondenz auf Umwegen verschickt. Die Geschwister sollten deshalb die Briefe stets vordatieren, damit Alexandra nicht eine zu große zeitliche Diskrepanz auffalle.

Die Eltern waren überzeugt, das Richtige zu tun, worin sie von Dr. Roller bestärkt wurden. Seiner Meinung nach konnte Alexandra geholfen werden, „daß ihr dann noch die Möglichkeit eines häuslichen Glückes leuchtet, während sie (nach seinem ausdrücklichen Ausspruch) in ihrem gegenwärtigen Zustand um ihrer selbst willen gar nicht sich vermählen dürfte."[43] Ausführlich hatte Königin Therese ihre Kinder instruiert. Jetzt musste der Prinzessin alles schonend beigebracht werden. In einem Brief „An meine geliebte Tochter Alexandra" schrieb die Königin: „Mein geliebtes Kind! Dein Gesundheitszustand (Folge des schon seit Jahren in Deinem Körper spielenden u. nie behobenen Hemoriodalleidens[44]) ist leider der Art, daß Du einer trüben Zukunft entgegen gehst und die Erfüllung Deines sehnlichsten Wunsches, der eines ehelichen Glückes, unmöglich ist und für immer unmöglich bleibt, wenn nicht bald Dir Hülfe wird. Der so menschenfreundliche Arzt, mit welchem Du, Dank dem gütigen Himmel, bekannt geworden bist, bezweifelt nicht, Dich vollkommen herstellen zu können, wenn man in Allem und Allem sich seinen Anordnungen vertrauungsvoll unterwirft. Das Opfer, für einige Zeit von Dir, liebe Zandi, uns zu trennen, verschwindet vor der beglückenden Hoffnung, Dich genesen in unsere Arme zurückkehren zu sehen.

Wir sind demnach fest entschlossen, dieß Opfer zu bringen, überzeugt, hierdurch der heiligsten unserer elterlichen Pflichten gegen Dich Genüge zu leisten. Von Deinem Herzen – Deinem Verstande, meine Zandi, so wie von Deinem Gehorsam gegen uns, erwarten wir, daß Du Dich kindlich u. folglich ohne Widerstreben unserem Beschluße fügen wirst. Er ist unabänderlich, weil er aus der festen Überzeugung hervorgeht, daß nur allein auf diesem Wege noch eine – einst glückliche Zukunft für Dich, unser innig geliebtes Kind, erstrebt werden könne. Ich fühle es im tiefsten Herzen, daß Gottes Segen mit diesem unserem Beginnen ist, – und so vertraue Dich denn getrost Seiner Vaterliebe, die Dich ja nie verlassen – und heiter und genesen zu uns zurück geleiten wird. Mit warmer Liebe drückt Dich ans Herz die treue Mutter Therese."[45]

In größter Geheimhaltung reiste Prinzessin Alexandra schließlich im April 1850 nach Achern. Die nächsten drei Jahre verbrachte sie in Illenau, abgeschirmt von der Welt, in der Obhut eines Nervenarztes, nicht etwa eines Gynäkologen oder Allgemeinmediziners, was man bei einem Hämorriden-Leiden und „Blutwallungen" eher hätte vermuten können.

Ihre Briefe, die sie nur noch mit „dankbarer Tochter",[46] nicht aber mit ihrem Namen unterschreiben durfte, wurden zensiert und durch dritte „eingeschlossen" verschickt.

Königin Therese nahm zu Hause in München regen Anteil an der Entwicklung. „Gute Nachrichten, Gott Lob!", schrieb sie am 1. Mai 1850, vermutlich an ihren Mann Ludwig. Sie machte sich dennoch Gedanken: „So lange Alexandra abwesend bleibt, will man nicht das arme Kind gänzlich Preis geben. Ich werde demnach [die Anstaltsleitung ersuchen], die würdige – liebenswürdige Fräulein Henin, gegen Kostgeld daselben so lange bei sich aufzunehmen, als Alexandra's Kur dauern wird", und bat um das Kostgeld. Und am Tag darauf fügte sie „heiter" bei, dass eine sehr positiver Nachricht von Gräfin Henin, die die Prinzessin auf der Reise nach Achern begleitet hatte, angekommen wäre. Eine Fülle von Briefen ging in den drei Jahren zwischen München und Achern hin und her; meist waren sie äußerst nichtssagenden Inhalts: Glückwünsche und vor allem Bitten an das „gute Mütterchen" oder die „theure Mutter" um Geschenke für Arme und andere Wohltaten.[47] Alexandras Briefe sind stets klar, in ihrer Art fast übertrieben devot, aber von wirr oder gar geisteskrank keine Spur. Doch zunehmend drückte die Prinzessin die Sehnsucht nach zu Hause aus. Im Herbst 1851 war sie „heimkehrungs-süchtig", doch noch lange war ihr Aufenthalt in „Straßburgs Nähe", wie der Ort zur Tarnung angegeben wurde[48], nicht zu Ende. „Ach, lieber Vater, wie schwer fällt mir diese lange, schrecklich lange Abwesenheit von der Heimath. Möge der liebe Gott doch bald, recht bald meinen Heimkehrwunsch erfüllen!!! Gott sei Dank finde ich einige Erheiterung in Schreiben, Singen und Lesen."[49] Auch vervollständigte sie ihre Italie-nischkenntnisse. Als Lektüre wurden ihr neben erbaulichen theolo-gischen Schriften Goethes „Dichtung und Wahrheit", das spanische Heldenepos über El Cid, Kohlrauschs „Deutsche Geschichte" und Ähn-liches gestattet. Liebesromane waren nicht darunter.

Aus München scheinen nach wie vor Durchhalteparolen gekommen zu sein – bis zum Frühjahr 1853. „Gott sei Dank seit einer Woche in meine liebe Heimath übersiedelt", jubelte Alexandra am 8. Juni 1853.[50] Bereits in der ersten Woche war sie mit der Mutter und Geschwistern im Theater, machte mit ihnen einen Ausflug nach Nymphenburg und spielte mit ihrem kleinen Neffen Otto, dem „herzigen Ottchen".[51] Ihr Zustand hatte sich durch den Aufenthalt entschieden verbessert. Sie fügte sich ganz selbstverständlich wieder ins Hofleben ein. „Während Adalbert unserem Stammschloß Scheyern zufuhr, besuchte ich mit Gravenreuth [ihrer Hofdame] und La Roche die prächtige Reiterstatue von Bernadotte [in der Erzgießerei]. Dem Inspektor Miller sagte ich, daß ich es Ihnen schreiben wolle, daß ich die Statue sah."[52] Es folgten Ausflüge nach Schleißheim oder Maria Eich; im Oktober 1853 nahm sie sogar am Hofball teil.[53] Auch berichtete sie ihrem Vater vermehrt von Besuchen wohltätiger Einrichtungen.

1853 hatte man ihr einen eigenen Haushalt zugestanden; König Maximilian überlegte, ob sie nicht Berchtesgaden für eine geraume Zeit oder bleibend als Wohnsitz nehmen sollte. Ihre volle Apanage von 30.000 Gulden sollte bestehen bleiben.[54] Auch die nächsten Jahre gingen ihren gewohnten Gang. Die Sommer verbrachte sie meist in Berchtesgaden, wo die Ärzte ihr viel Bewegung an der frischen Luft empfahlen. Sie unternahm Wanderungen in der Umgebung, die bis zu vier Stunden dauern konnten, „stieg im Gebirge herum", was eine „gewaltige Eßlust erzeugte". Sie traf sich mit Verwandten und adeligen Damen, besuchte in Salzburg vielfach ihre Tante Charlotte, die ehemalige Kaiserin von Österreich, und freute sich immer besonders, wenn sie mit König Max und Königin Marie sowie den beiden Neffen Ludwig und Otto zusammentraf. Der Berchtesgaden-Aufenthalt im Jahr 1854 allerdings war überschattet vom Tod Königin Thereses. Zeitlebens hatte Alexandra besonders an der Mutter gehangen.

In München ging und fuhr die Prinzessin häufig spazieren, ritt sehr gerne aus, traf sich mit Verwandten, lud selbst vielfach zu Tee- und Leseabenden in ihren Salon und widmete sich mehr und mehr karitativen Tätigkeiten.

Ihre Hilfsbereitschaft hatte sich bald herumgesprochen. Bittgesuche trafen nun haufenweise bei ihr ein. Fast immer wandte sie sich daraufhin an den Vater um Hilfe. Und nicht zu Unrecht unterschrieb sie hin und wieder mit „Ihre dankbare Tochter und Bettelkind Alexandra", während die Kuverts verschiedentlich den eigenhändigen Vermerk „Betteley" aufweisen.

Sogar ein neuer Heiratskandidat meldete sich. 1855, nach seiner Scheidung, signalisierte Louis Lucien Bonaparte, ein Neffe Napoleons, Interesse – sicher nicht aus reiner Liebe, eher aus dynastischen Gründen. Doch ein Verwandter des so verhassten Napoleon als Schwiegersohn – das ging gar nicht! König Ludwig lehnte entschieden ab. An seinen Sohn, den nunmehrigen König Maximilian II., der seinem Vater die Entscheidung überlassen hatte, schrieb er: „Mir ist's unmöglich, die väterliche Einwilligung zu einer Heirat Alexandras mit dem Prinzen Napoleon zu erteilen. Die geeignete Antwort dürfte sein: es gestatte meiner Tochter gegenwärtiger Gesundheitszustand mir nicht, zuzustimmen, daß sie sich jetzt verehliche."[55] Der Gesundheitszustand der

Prinzessin scheint die willkommene Ausrede für die Absage gewesen zu sein. Aus dieser Ehe wurde also wieder nichts. Und das war wohl die letzte Anfrage in Sachen Hochzeit. Alexandra war nun Ende 20.

Im Sommer 1860 hatte Alexandra ihren Vater in die Pfalz in die Villa Ludwigshöhe begleitet und auf dem Weg in Aschaffenburg Halt gemacht.[56] Zurück in München erkrankte die Prinzessin, liebevoll gepflegt von Karoline Ditt, die ihr seit Kindertagen mehr Vertraute als Dienerin war und die immer wieder auch in ihren Briefen erwähnt wurde. Von Masern und Scharlach war die Rede. Mehrere Wochen lag sie danieder. Während der schlaflosen Nächte dachte sie an andere Kranke, denen nicht so viel Fürsorge entgegengebracht wurde wie ihr, ja die nicht einmal eine entsprechende Krankennahrung bekamen, und beschloss, eine Krankenküche einzurichten, was dann auch mit der „Marien-Armenküche" realisiert wurde. Barmherzige Schwestern der Bonifacius-Pfarrei in München übernahmen das Kochen der Krankenkost nach ärztlicher Anweisung.[57] Für diese Einrichtung sammelte Alexandra in den folgenden Jahren immer wieder Gelder, unterstützt von der Schriftstellerin Isabella Braun, Franz Graf von Pocci und anderen.[58]

Von den Ärzten wurden ihr auch in den nächsten Jahren viel Ruhe, Stahlbäder und Stahlwasserkuren, Eisumschläge und Ähnliches empfohlen. Sogar das „Selbstschreiben" wurde ihr zeitweise verboten, sodass sie verschiedentlich Briefe diktierte.[59] Und nicht nur einmal sprach sie selbst von „Nervenleiden" und wünschte, dass sie anstelle ihrer Schwester Mathilde früh gestorben wäre.[60] Immer wieder ist von Eisumschlägen für ihre „Nerven und Blutwallungen" zu lesen – eine beliebte Behandlungsmethode im 19. Jahrhundert. Auch im Sanatorium Mariagrün, wo später Prinzessin Sophie festgehalten wurde, gehörte das Übergießen mit Eiswasser zur Behandlung von „sexueller Abartigkeit". Vor allem aber riet man Alexandra: Bewegung in der freien Natur, eine Empfehlung, der sie in München, Nymphenburg und vor allem in Berchtesgaden nachkam. „Meine Wangen und Nase ahmen oft das Glühen des Göhls[61] nach, ohne hiedurch malerisch-schön auszusehen", meldete sie humorvoll an den in Bad Brückenau kurenden Vater.[62]

Von einer anderen, heute schwer vorstellbaren Kur, die vermutlich gegen ihren Sauberkeitsfimmel helfen sollte, berichtete sie Anfang 1862: „Denken Sie, lieber Vater, 31 Tage durfte ich (nach L. v. Schleiß

Anordnung) nicht meine Hände und 53 Tage nicht mein Gesicht waschen und dennoch sah meine Wenigkeit (nach der Aussage von mehreren glaubwürdigen Augenzeugen) wie gewaschen aus. […] Vergangenen Samstag durfte ich (nachdem ich mich gleich einer Seidenraupe wieder gehäutet hatte) das erste Bad nehmen. Wohlthuend war dieses Bad meinem Körper wie am Fasching-Sonntag ein geistiges Bad meiner armen Seele."[63] Einem Brief legte sie ein Foto bei. Es zeigt eine sehr schlanke Gestalt in schwarzem Kleid, mit ungesund schmalem Gesicht, nicht wirklich hübsch, aber unverkennbar mit Zügen, die an Ludwig I. erinnern.[64] Ob sie magersüchtig war, wie man dies von ihrer Cousine, der Kaiserin Elisabeth von Österreich, besser bekannt als „Sisi", behauptet, sei dahingestellt. Alexandra klagte wenig, wenn dann höchstens über ihre Augen, die ihr allem Anschein nach schwer zu schaffen machten.

Alexandra war sicher eine komplexe Persönlichkeit: Auf der einen Seite mehr als religiös und kindlich-devot gegenüber den Eltern, auch noch im fortgeschrittenen Alter. Es gibt kaum einen Brief, in dem sie sich nicht entschuldigt: Weil sie erst jetzt schreibt, weil sie wieder eine Bitte vorträgt, weil sie gerade kein schöneres Briefpapier hat, weil sie den Brief nicht noch einmal abgeschrieben hat, obwohl sie sich verschrieben hatte … Auf der anderen Seite agierte sie in karitativen und schriftstellerischen Fragen durchaus eigenständig, auch wenn sie vielfach bei ihrem Vater anfragte, etwa ob es ihm recht sei, wenn sie ein Buch unter ihrem eigenen Namen herausgebe, da sich dies als verkaufsfördernd erweisen würde. Der Gewinn sollte dann einer wohltätigen Einrichtung zugutekommen.[65] Gutes zu tun, war ihr zur Lebensaufgabe geworden,[66] wozu sie nicht nur ihr eigenes Kapital einsetzte, sondern auch Lotterien unter adeligen Damen veranstaltete und vor allem in ungezählten Briefen Verwandte und Bekannte anbettelte.

Doch in der Literatur heißt es immer nur (und einer schrieb es vom andern ab): Sie litt unter Zwangsvorstellungen, hatte eine krankhafte Scheu vor Staub und Schmutz, die sie unablässig ihre Kleider und Möbel von einer imaginären Verunreinigung säubern ließ. Ständig mussten ihre Bediensteten an ihr herumbürsten. Es ging sogar das Gerücht, dass das Essen abgestaubt werden musste. Wenn Gäste kamen, soll die Prinzessin ängstlich abgerückt sein, immer mit der

Sorge im Hinterkopf, durch diese beschmutzt zu werden. Und bei Briefen fürchtete sie angeblich, die Tinte könnte ihr ins Gesicht fliegen.[67]

Ganz so groß kann ihre Angst vor Schmutz und Tinte allerdings nicht gewesen sein. Sie war eine begeisterte Briefschreiberin; an manchen Tagen schrieb sie bis zu 20 Briefe, allerdings war dies auch für sie eine erwähnenswerte hohe Anzahl. Unmengen dieser Schreiben haben sich erhalten. Allein an ihren Vater Ludwig sind es einige Hundert. Und alle waren mit Tinte geschrieben. Bei einer Tintenphobie hätte sie die ausufernde Schreiberei sicher vermieden oder zumindest einen Bleistift benützt. Und ganz so dramatisch, wie es vereinzelt dargestellt wurde, war Prinzessin Alexandras Angst vor Schmutz und Dreck wohl auch nicht. Sie verkroch sich nicht etwa in ihren Zimmern, sondern besuchte immer wieder das Oktoberfest[68] sowie verschiedene andere Veranstaltungen, stieg in den Bergen herum und war selbst eine begeisterte Reiterin. Solange sie im Wittelsbacher Palais wohnte, war den Bewohnern der Jägerstraße gestattet, den Durchgang durch das Palais als Abkürzung in die Innenstadt zu nehmen.[69] Nur vor Eisenbahnfahrten bangte ihr wegen des Kohlestaubs, ein Unbehagen, das sich bei dem rußgeschwängerten Rauch der Dampflokomotiven allerdings leicht nachvollziehen lässt.

Alexandra mied angeblich grüne Tische. Eine Anekdote erzählt, dass sie glaubte, ein gläsernes Klavier verschluckt zu haben, und dass sie im Alter von ungefähr zehn Jahren auf den Korridoren der Residenz dabei beobachtet worden sei, wie sie vorsichtig langsam auf und ab ging, aus Angst, wegen des vielen Glases in ihrem Körper zu zerbrechen. Beim Anblick bestimmter Farben oder dem Geruch einiger Blumen wurde sie angeblich „sinnesverwirrt". Wie viel davon der Realität entspricht und wie viel davon immer wieder kolportierte und weiter ausgeschmückte Anekdoten sind, kann heute nicht mehr festgestellt werden. Möglicherweise enthalten die Erzählungen ein Körnchen Wahrheit. Die drastischen Behandlungsmethoden deuten darauf hin, dass man einen krankhaften Sauberkeitswahn diagnostizierte.

Die Angst, verunreinigt zu werden, steigerte sich angeblich zu einer unbeschreiblichen Qual. Alexandra traute sich – wieder laut Fama – nicht, sich an einem Sessel anzulehnen, sondern saß stets aufrecht und das meist auf einem hölzernen Schemel ohne Lehne. Allerdings berichtete die Schriftstellerin Isabella Braun, die mit Alexandra gut bekannt war, dass Besucher von deren Furcht vor Schmutz nichts merkten. Die Prinzessin sprach „in vollster Klarheit, mit umfassend regem Interesse für Zeitereignisse, Kunstgegenstände, Literatur u.s.w. Aber auf solche Überanstrengungen folgte die Reaktion und Erschlaffung, sie steigerten die Zerrüttung des Nervensystems, welches ohnedem durch die beständige Angst und geringe Ernährung so sehr gelitten hatte, daß schließlich die Prinzessin kaum mehr ein laut gesprochenes, rasches oder hartklingendes Wort ertragen konnte. Sie litt unter diesem Zustande namenlos und sehnte sich nach dem Tode." Und es ist wohl ihrer übertriebenen Bescheidenheit zuzuschreiben, dass sie ihrer Umgebung, von den Hofdamen bis zu der Kammerfrau, den Dienerinnen und Lakaien, häufig klagte: „O, daß ich Euch solch eine Last sein muß!"[70]

Sicher, die Prinzessin war etwas eigen, doch ganz bestimmt nicht geistesgestört, auch wenn dem Arzt Bernhard von Gudden ihre „unheilbare Geisteskrankheit", an der sie angeblich „eine lange Reihe von Jahren (bis zum erfolgten Tode)" gelitten hatte, als ein willkommenes Argument für die Diagnostik des Geisteszustands Ludwigs II. in seinem bis heute umstrittenen Gutachten vom 8. Juni 1886, das schließlich zur Absetzung des Königs führte, diente.[71] Dr. Gudden hatte weder den König noch seine Tante Alexandra je untersucht; der Prinzessin war er vermutlich nicht einmal begegnet. Die behandelnden Ärzte sprachen von „Präkordial-Angst", von Angstgefühlen, die zusammen mit einem Beklemmungsgefühl in der Herzgegend entstehen.[72]

Es mag sein, dass sie ihrer Umgebung manchmal mit ihren endlosen Betteleien für Arme und Kranke etwas auf die Nerven ging. Dennoch war sie ganz und gar nicht schwachsinnig oder verrückt. Sie wurde von dem bayerischen Sprachforscher und Bibliothekar Johann Andreas Schmeller sogar als „geistvoll" gerühmt.[73]

Noch in Illenau hatte Alexandra ihre schriftstellerische Tätigkeit begonnen. Von 1852 bis zu ihrem Tod trat sie als Schriftstellerin in Erscheinung. Der Erlös ihrer Schriften kam karitativen Einrichtungen zugute. 1853 erschienen „Erinnerungen, Gedanken und Skizzen", 1856 der Band „Feldblumen", deren Ertrag für das Maximilians-Waisen-Stift bestimmt war. In der darin enthaltenen Novelle „Theodolinde" verliebt sich ein junger Mann auf einer Kunstausstellung in das Porträt eines „achtzehnjährigen blühenden Mädchens", das er (nachdem sie durch

Krankheit entstellt wurde) schließlich heiratet.[74] In die Geschichte könnten persönliche Erlebnisse, vielleicht auch Wunschvorstellungen eingeflossen sein, immerhin begann Hermann Braxels Verehrung für die Prinzessin vermutlich im selben Jahr 1845, in dem Alexandras Porträt für die Schönheitengalerie vollendet und ausgestellt wurde.

Im Verlag des Katholischen Büchervereins in München veröffentlichte Alexandra dann 1858 den fast 300 Seiten umfassenden Band „Weihnachtsrosen" mit kleinen erbaulichen Erzählungen sowie dem Bericht über ihren eigenen Besuch im Rettungshaus zu (Markt) Indersdorf, „das vor ein paar Jahren von der die armen Kleinen so mütterlich liebenden Gräfin Buttlar zu Haimhausen gegründet wurde."[75] Die aus dem Englischen und Französischen frei übersetzten „Phantasie- und Lebensbilder" erschienen im selben Jahr, gefolgt von freien Bearbeitungen der französischen Schriftstellerin Eugénie Foa (1862). Auch die „Thautropfen" von 1863 und eine ganze Reihe weiterer kleinerer Bücher basierten auf französischen Erzählungen. 1870 erschien „Das Kindertheater. Kleine Schauspiele von Berquin", die für die deutsche Jugend von Prinzessin Alexandra frei bearbeitet wurden und deren Ertrag wiederum für die Anstalt der Marien-Krankenkost in München bestimmt war.[76] 1873 veröffentlichte sie in Wien ihre Erzählungen „Maiglöckchen". Daneben arbeitete sie an Isabella Brauns „Jugendblättern" mit,[77] in denen viele angesehene Schriftsteller ihrer Zeit versammelt waren, darunter Franz Graf von Pocci, Franz von Kobell oder Emanuel von Geibel. Alexandra sah in der damals äußerst bekannten bayerischen Jugendbuchautorin Isabella Braun (1815 – 1886) ihre literarische Mentorin.

Auch ist eine rege Korrespondenz von ihr überliefert. In ihren zwar in etwas kindlich-naivem Stil gehaltenen Briefen informierte sie ihren Vater und ihre Geschwister stets über das Leben in der Familie. Vor allem wenn König Ludwig auf Reisen war, hielten die beiden brieflich Kontakt: Alexandra berichtete von zu Hause, Ludwig schwärmte vor allem von der südlichen Vegetation, der frühlingshaften Stimmung, von Sehenswürdigkeiten. Seine väterlichen Briefe unterschrieb er stets mit „Dein Dich liebender Vater Ludwig". Der letzte Brief aus Nizza datiert vom 12. Januar 1868 und endet mit den Worten „[…] Dir einen Kuß auf die Stirn drückender Vater Ludwig".[78] Am 29. Februar starb der König in Nizza; sein Leichnam wurde nach München überführt. Alexandra war von den Ereignissen so tief ergriffen, dass sie erkrankte und der Beerdigung am 9. März in St. Bonifaz nicht beiwohnen konnte.[79]

Nach dem Tod ihres Vaters versiegte die Korrespondenz mit ihm naturgemäß als Quelle. In den Zeitungen ist jedoch immer wieder über Alexandra zu lesen: dass sie auch weiterhin, bis zu ihrem Tod die Sommermonate in Berchtesgaden verbrachte, wo sie verschiedentlich Besuch von ihren Geschwistern empfing. Es wird auch darüber berichtet, dass sie sich zusammen mit der Königinmutter Marie durch „ihre sorgsame persönliche Thätigkeit für Pflege unserer in den hiesigen Spitälern während der Kriegsperiode untergebrachten Krieger" große Verdienste erworben habe und ihr durch König Ludwig II. nicht nur das Verdienstkreuz für die Jahre 1870/71 am großen Bande verliehen wurde, sondern auch das Verdienstkreuz für Frauen und Jungfrauen.[80] Möglicherweise hat sie sich bei Besuchen in den Lazaretten auch die Gelbsucht eingehandelt, an der sie im Frühjahr 1871 erkrankte.[81]

Prinzessin Alexandra wurde nicht nur von ihren Eltern, sondern auch von den Geschwistern und ihren Neffen und Nichten, den Großneffen und Großnichten geliebt. Sogar König Ludwig II. versäumte später selten, der geliebten Tante bei seinen Aufenthalten in der Residenz einen Besuch abzustatten. Alexandra spielte mit den kleinen Prinzen und Prinzessinnen; Prinzessin Elvira, die 1868 geborene Tochter ihres Lieblingsbruders Adalbert, soll ihr besonderer Liebling gewesen sein.[82] Sie stattete ihren Geschwistern stets Gratulationsbesuche ab, meist zusammen mit der Königinmutter Marie, zu der sie offensichtlich ein besonders enges Verhältnis hatte. Als Marie im Oktober 1874 schriftlich ihren Austritt aus der protestantischen Kirche einreichte, ließ sie das Schreiben durch Otto Freiherrn von Lerchenfeld-Aham, den Hofmarschall der Prinzessin Alexandra, an das protestantische Dekanat überbringen.[83]

Kurz vor ihrem Tod – vermutlich von ihr unbemerkt – wurde Alexandra noch eine Tochter angedichtet. Im Winter 1872/73 versuchte Maria Müller, eine Zeichnerin in Augsburg, ihre Mutter ausfindig zu machen. Am 18. Juni 1849 war sie im Dom zu Augsburg auf den Namen Maria Crescentia Amanda getauft worden. Eltern wurden in der Matrikel nicht aufgeführt. Das Kind wurde der Registratorenwitwe Müller zur Pflege übergeben, die das Kind adoptierte. Ein paar Jahre später kam das Gerücht auf, der Vater wäre der 1858 verstorbene

Augsburger Domkapitular Casimir König gewesen, dann hieß es, sie sei die Tochter eines hochgestellten Herrn und einer Dame aus guter Familie in Eichstätt. Ihre Stiefschwester aber behauptete, Marie Müller sei die Tochter der Prinzessin Alexandra.[84] Die Angelegenheit verlief im Sande.

König Ludwig I. hatte sich zeitlebens um Alexandra gekümmert, nicht nur in seinem 1841 verfassten Testament. Auf seinen Wunsch hin wurde sie bereits 1842 Oberste Vorsteherin und Äbtissin der Königlichen Damenstifte zur Hl. Anna in München und Würzburg.[85] Nicht, dass sie deswegen ins Kloster ging. Dies war lediglich ein geistlicher Rang auf dem Papier (und eine eventuelle finanzielle Versorgung), auch wenn Alexandra durchaus wohltätig wirkte, etwa als „oberste Vorsteherin des Maximilian-Waisen-Stifts" in München. In ihrer Geburtsstadt Aschaffenburg gründete Alexandra aus eigenen Mitteln die „Marien-Armen-Krankenküche", wie auch in der Augustenstraße 20 in München. Um den Armen und Kranken zu helfen, überwand sie sogar ihre Furcht vor körperlicher Nähe. Sie lebte äußerst bescheiden oder wie es in einem Nachruf hieß: „Auch konnte die Motte nicht viele Kleider und Schätze finden; sie besaß zuletzt nur ein Hof- und Staatskleid und ihre übrige Toilette übertraf nicht die einer bescheidenen Bürgersfrau."[86] Ihre Spazierfahrten galten häufig Besuchen von Spitälern und wohltätigen Einrichtungen, vor allem dem von ihrem Bruder König Maximilian II. gestifteten Waisenstift in der Ludwigstraße. Sie bekleidete viele Ehrenämter. So war sie etwa Protektorin der „Frauenvereine für Beförderung des Seidenraupenbaus in Bayern". Als solche besuchte sie im Herbst 1856 die Maulbeerplantage in der Münchner Schwanthalerstraße, die König Ludwig dem Frauenverein zur unentgeltlichen Benützung überlassen hatte. Alexandra informierte sich über das Gedeihen der „Hunderttausenden von Maulbeerpflanzen und Bäume", die dort wuchsen.[87] In seinem Testament vermachte der König Alexandra dann – neben barem Geld – seine naturhistorische Sammlung, „weil sie vorzüglich Freude daran hat".

Prinzessin Alexandra Amalie starb am 8. Mai 1875 in Schloss Nymphenburg an einem Gehirnschlag – nach anderer Aussage an einem Herzschlag –, ohne vorher ernstlich krank gewesen zu sein. Nur von Unpässlichkeit und leichter Grippe war die Rede gewesen. Der unerwartete Tod rief in allen Schichten der Bevölkerung große Anteilnahme hervor. Ihr Lieblingsbruder Adalbert soll beim Anblick der

Verstorbenen in heftiges Weinen ausgebrochen sein.[88] Prinzessin Alexandra wurde „unter großer Theilnahme der Bevölkerung" in der Gruft von St. Kajetan, der Theatinerkirche in München, beigesetzt. Ein langer Trauerzug bewegte sich vom Wittelsbacher Palais in der Brienner Straße, wo sie bis zuletzt gewohnt hatte, zur Kirche am Odeonsplatz. Die königlichen Prinzen und ihre Adjutanten folgten dem Sarg. Menschenmassen säumten den Weg; sie mussten von Soldaten zurückgehalten werden.[89] Ihre Hinterlassenschaft hatte sie testamentarisch für wohltätige Legate bestimmt. Große Schätze waren es sowieso nicht, da sie fast alles bereits zu Lebzeiten an die Armen und Kranken verteilt hatte. Isabella Braun veröffentlichte nach dem Tod Alexandras ein Huldigungsgedicht auf die Verstorbene sowie „eine biographische Skizze", deren Erlös wiederum der „Marien-Armen-Krankenküche" zugutekommen sollte. Darin werden ihre vielfältigen wohltätigen, aber auch ihre schriftstellerischen Werke gewürdigt.[90]

Als einzige seiner Töchter hat Ludwig I. Alexandra in die Schönheitengalerie aufgenommen. Es ist gleichzeitig eines der wenigen Bilder, die Alexandra im Erwachsenenalter zeigen. Darüber hinaus sind nur einige Fotos erhalten.[91] Wie alt die Prinzessin auf dem Gemälde ist, bleibt allerdings eine Frage. Rückseitig wurde angegeben, Joseph Stieler habe das Porträt im Jahr 1845 gemalt. Das ist mit Sicherheit richtig: Im Ausgabsmanuale wurde im Mai 1845 unter „Bildniß Alexandra" hinzugefügt: „als bestimmt für die Sammlung der Schönheiten, darum statt 25 Carolin 40 Carolin".[92] Die Stieler-Forscherin Ulrike von Hase-Schmundt aber meint, dabei würde es sich lediglich um die Wiederholung eines bereits 1838 entstandenen Porträts[93] handeln. In den Jahren 1838 und 1839 wurden von verschiedenen Kindern des Königs, auch von Alexandra, tatsächlich private Gemälde von Stieler gefertigt, zum Vorzugspreis von 275 Gulden = 25 Carolin.[94]

Dass es sich nur um eine Kopie des Gemäldes von 1838 handelte, ist jedoch nicht zu vermuten. Zum einen wäre die Prinzessin auf dem Gemälde erst zwölf Jahre alt (1845 war sie 19 Jahre alt), zum anderen wäre dies vermutlich auch im Rechnungsbuch vermerkt worden. Jedenfalls zeigt das Bild eine junge Schönheit mit weißem Spitzenkleid, ohne jeglichen Goldschmuck, lediglich mit einem Efeukranz im Haar als Zeichen für Treue, als hätte Ludwig I. geahnt, dass sie bis zum Lebensende der Eltern bei ihnen bleiben würde.

Von dem Porträt wurden verschiedene Kopien angefertigt. Joseph Bernhardt schuf eine im September 1845; eine weitere, die als Geschenk für die Gräfin Henin gedacht war, malte Georg Dury im Dezember desselben Jahres.[95] Nicht auszuschließen ist, dass die erste Kopie jenes Porträt war, das zu Werbezwecken nach Neapel geschickt wurde. Eine Lithografie des Bildes vermachte der König zudem dem Herzog von Serra di Falco in Palermo, einem begeisterten Altertumsforscher, mit dem Ludwig verschiedentlich Ausflüge in Sizilien unternommen hatte.[96]

Die Vorlage für das Foto im Visitkartenformat stammte von der Münchner Lithografin Walburga Straucher.

Auguste Prinzessin von Bayern, geborene Erzherzogin von Österreich und Prinzessin der Toskana (1825–1864)

Zwei Jahre nach Kronprinzessin Marie ließ König Ludwig mit Prinzessin Auguste, der Ehefrau des späteren Prinzregenten Luitpold (1821–1912), eine weitere seiner Schwiegertöchter in die Schönheitengalerie aufnehmen.

Erzherzogin Auguste Ferdinande wurde am 1. April 1825 als Tochter von Leopold II. von Österreich-Toskana (1797–1870) und seiner ersten Frau Maria Anna von Sachsen (1799–1832) im Palazzo Pitti in Florenz geboren – als zweite von drei Töchtern. Sie war somit nicht nur eine Königliche, sondern auch eine Kaiserliche Hoheit, da ihr Vater kaiserlicher Prinz von Österreich sowie königlicher Prinz von Ungarn und Böhmen und Erzherzog von Österreich war. Schon früh verlor sie ihre Mutter. Streng katholisch erzogen von ihrer Tante, der Großherzogin-Witwe Maria von Toskana (1796–1865), entwickelte die junge Prinzessin bald Interesse für Wissenschaft und Kunst, was sich in umfangreichen Korrespondenzen mit Künstlern, Wissenschaftlern und Politikern niederschlug. Sie wuchs zweisprachig auf, sprach fließend Italienisch und Deutsch – beste Voraussetzungen für die Hochzeit mit einem Prinzen aus Deutschland. Zudem wurde sie als groß, schön und selbstbewusst beschrieben.[1]

PILOTY & LOEHLE
MUENCHEN

II

333

Auguste war 18 Jahre alt, als sie Prinz Luitpold, der drittgeborene Sohn König Ludwigs I., als Braut wählte. Zwei Jahre zuvor hatte sich der damals 20-jährige Prinz auf seiner ersten Kavalierstour nach Italien in die erst 16-jährige Auguste verliebt. Das war in Neapel gewesen, wohin die Prinzessin aus gesundheitlichen Gründen geschickt worden war, da die Stadt über ein besseres Klima als Florenz verfügte. Luitpolds Vater König Ludwig I. war zunächst ganz und gar nicht begeistert von den Heiratsplänen seines Sohnes, obwohl diese eine durchaus erwünschte neuerliche Hinneigung Bayerns zu Österreich bedeuteten. Diese erneute Annäherung beobachtete man allerdings vor allem in Frankreich mit durchaus gemischten Gefühlen.[2] Die Bedenken Ludwigs I. galten jedoch in erster Linie der Gesundheit der Braut, denn bei Auguste hatten sich bereits Anzeichen einer Lungenkrankheit, die schon bei anderen Familienmitgliedern festgestellt worden war, bemerkbar gemacht. Hinter den Kulissen ließ der König Erkundigungen einziehen, wie man „Toscanischer Seits hinsichtlich befraglicher Verbindung gesinnt" sei, bevor vonseiten Bayerns die „Werbung geschehe".[3] Doch schließlich gab er seinen Segen: „Mir ist genehm, wenn nach meines Sohnes Luitpold Wunsch die Vermählung im Herbste nächstes Jahr geschieht", vermerkte er in einem eigenhändigen Signat. Im August 1843 sollte „die förmliche Bewerbung um die Hand der Erzherzogin Auguste" in den Zeitungen angezeigt werden.[4] Durch Vermittlung der sächsischen Familie schickte der verliebte Luitpold seinen Heiratsantrag nach Florenz, der nach „reiflicher Überlegung, aus gänzlich unbeeinflußtem Entschlusse der Prinzessin Auguste angenommen wurde".[5] Bereits davor hatte ein heftiger Briefwechsel zwischen dem „geliebten Herzens-Gustchen" und ihrem „guten lieben Pold" begonnen – so oder ähnlich lauteten bald die Anreden. Insgesamt sollte die Korrespondenz schließlich an die 2.000 liebevolle Briefe umfassen.[6]

Am 15. April 1844, wenige Tage nach Augustes 19. Geburtstag, fand in Florenz eine prächtige Hochzeit statt.[7] Zeitgleich ging König Ludwig mit seiner Familie hierzulande in die Kirche. Kurz darauf reiste das junge Paar nach München. Feierlich war der Empfang in Bayern, ebenso feierlich der Zug von der Grenze bis nach München am 29. April. An allen öffentlichen Gebäuden wehten Fahnen: Auf Anweisung des Königs war die Hälfte in den bayerischen Farben Weiß und Blau, ein Viertel in Weiß und „Ponceauroth", den Farben der

Toskana, und ein Viertel in den kaiserlichen Farben Gelb und Schwarz gehalten, was er dann allerdings in Weiß und Rot, die Farben Österreichs, abändern ließ.[8] Und in München angekommen wird sich die junge Prinzessin fast wie zu Hause gefühlt haben: Der Königsbau der Münchner Residenz, auf Wunsch König Ludwigs I. nach dem Vorbild des Palazzo Pitti in Florenz erbaut, war wenige Jahre vor ihrer Ankunft fertiggestellt worden.

Am 1. Mai 1844 begann dann in München eine mehrtägige Doppelhochzeit. Gleichzeitig heiratete nämlich Erzherzog Albrecht von Österreich die bayerische Prinzessin Hildegard, eine Schwester Luitpolds. Am 2. Mai fand im Hoftheater in München eine Festvorstellung zu Ehren der beiden Brautpaare statt. Eine vom königlichen Kapellmeister Franz Lachner komponierte festliche Ouvertüre ging dem von Karl Fernau (= Sebastian Daxenberger, der Bruder von Regine Daxenberger) gedichteten Festspiel „wie eine Art Jubelhymne, erhebend und begeisternd" voraus.[9] Die Münchner Bevölkerung wurde aufgefordert, die Häuser am 3. Mai zu schmücken, weil an diesem Tag die Paare mit anderen Hoheiten durch die Stadt gewissermaßen in einem Umzug fuhren.[10] Aus Anlass der Hochzeit waren auch der Großherzog und die Großherzogin von Toskana angereist.[11] Der österreichische Gesandte veranstaltete im Odeon einen überwältigend schönen Empfang mit Feuerwerk und prächtigster Dekoration. Was Rang und Namen hatte, war mit dabei.[12] Ein Festschießen wurde abgehalten.[13] Alles war nun eitel Wonne und Sonnenschein. Und selbst König Ludwig titulierte Auguste mit „die Du uns wie eine liebliche liebende Tochter bist",[14] auch wenn er sich stets besser mit Kronprinzessin Marie verstand.[15] Seinen ersten Eindruck von der toskanischen Schwiegertochter fasste Ludwig unmittelbar nach der Hochzeit in einem Brief an seinen Sohn Otto von Griechenland zusammen: „Augusta von Toskana, eine große schöne Gestalt, im Profil schön, daß ich überrascht wurde. Daß sie von der königlich sächsischen Familie abstammt, ist nicht zu verkennen, auch in deutscher Aussprache sächsische Mundart, in Bewegung Italienerin, gut, kindlich", und verfasste auch gleich noch ein Sonett „An meine Schwiegertochter Auguste".[16] Anlässlich der Hochzeit hatte König Ludwig zudem tief in seine Schatulle gegriffen: Dem Hofjuwelier Franz Xaver Trautmann zahlte er für ein Diadem von Brillanten, gedacht als Geschenk Luitpolds an seine Braut, 22.000 Gulden.[17] Und unmittelbar nach der

Hochzeit ließ Ludwig I. seine Schwiegertochter von Joseph Stieler malen – und im Jahr darauf erneut. Beide Male war sie wohl gerade schwanger.

Die Ehe wurde glücklich. Trotz der fragilen Gesundheit der Prinzessin bekam das Paar innerhalb von sieben Jahren vier gesunde Kinder. Bereits im Januar 1845 kam der Erbe, der spätere König Ludwig III. von Bayern auf die Welt. Es folgten Prinz Leopold (1846 – 1930), Prinzessin Therese (1850 – 1925), die eine bedeutende Naturwissenschaftlerin und Reiseschriftstellerin werden sollte, sowie Prinz Arnulf (1852 – 1907). Auguste kümmerte sich selbst um die Erziehung der Kinder, mit denen sie stets Italienisch sprach.

Auguste und Luitpold lebten relativ zurückgezogen ein bürgerlich anmutendes Familienleben, pflegten jedoch rege Kontakte zu Wissenschaftlern und Künstlern wie Ferdinand von Miller, Franz Lenbach, Max Slevogt oder Adolf von Hildebrand. Als Ehefrau war Auguste Prinz Luitpold eine große Stütze in all seinen politischen Aktivitäten. Sie beeinflusste ihren Mann in einer für die damalige Zeit ungewöhnlichen Weise, förderte seine Bildung und drängte ihn zu politischer Tätigkeit. Sie meldete sich in politischen Fragen zu Wort. 1848 versuchte sie, zwischen Ludwig I. und den Ministern zu vermitteln, und trat gegen Lola Montez auf.[18] Und vermutlich ist es ihr zu verdanken, dass ihr Ehemann in den entscheidenden Momenten in der Lola-Affäre Anfang 1848 einer Delegation des unzufriedenen Volks eine Audienz bei König Ludwig ermöglichte. Auguste soll sich am 11. Februar 1848 unter dringenden Bitten und Tränen dem König zu Füßen geworfen haben. Auch auf die Gefahr hin, den König zu verärgern, hatte sie den Mut, offen ihre Meinung zu sagen, was Ludwig I. schließlich doch beeindruckte, sodass er der Deputation die Audienz gewährte.[19] In der „Augsburger Postzeitung" stand zu lesen: „Es ist schwer zu beschreiben, wie sehr die ohnehin stets hohe Verehrung und Liebe für die Prinzessin und den Prinzen Luitpold sich während der letzten Begebenheiten gesteigert hat: denn die Prinzessin und der Prinz Luitpold waren es, welche die Deputation der Bürger vorgestern bei Sr. Majestät einführten und deren Bitten auf das Wärmste unterstützten. Man muß die Bürger reden gehört haben, um die Innigkeit der Gefühle für dieses herrliche fürstliche Paar zu würdigen. Dem Vernehmen nach wird eine entsprechende Dankadresse an Höchstdieselben gerichtet und von sämmtlichen Bürgern Münchens unterzeichnet werden."[20] Diese Audienz brachte zwar keine unmittelbaren Ergebnisse, doch führte sie dem König die Unzufriedenheit seiner Untertanen deutlich vor Augen.[21]

Auguste war beileibe keine Freundin der „spanischen Tänzerin". Und diese wiederum warnte Ludwig vor seiner Schwiegertochter: „Prinzessin Luitpold intrigiert am meisten. Sie ist öffentlich und auch in den Zeitungen die Chefin dieser Partei [die gegen Lola war]. Die zwei [gemeint wohl Auguste und Luitpold] korrespondieren mit Deiner Schwester in Österreich." Ob damit Erzherzogin Sophie oder die Kaiserinwitwe Karoline gemeint war, ließ Lola offen. Auguste jedoch war ihrer Meinung nach „eine gefährliche Frau" und die Montez warnte: „Sei vorsichtig."[22]

Während der Revolution 1848 sprach sich Auguste offen gegen Lola Montez aus und bemühte sich, den entstandenen Schaden an der Monarchie einzugrenzen, was von der Bevölkerung offensichtlich honoriert wurde. Als sich im März 1848 das Gerücht verbreitete, die Residenz werde gestürmt, boten Bürger an, Auguste und die Kinder in Sicherheit zu bringen.[23]

Nachdem im März 1848 Luitpolds ältester Bruder Maximilian seinen Vater Ludwig I. auf dem Thron abgelöst hatte, spielte Augustes Mann zunächst keine bedeutende politische Rolle, außer dass er (und seine Nachkommen) als Thronfolger für Griechenland vorgesehen waren, sollte sein anderer Bruder Otto, den man zum König von Griechenland erwählt hatte, ohne Erben sterben. Aber dann sollte alles doch ganz anders kommen, nicht nur in Griechenland, sondern auch in Bayern: Die bayerische Herrschaft in Griechenland endete 1862, und Prinz Luitpold sollte dereinst „des Königreichs Bayern Verweser" werden – besser bekannt unter dem Titel „Prinzregent".

Bereits seit ihrer Eheschließung hatte sich Auguste auf zukünftige Aufgaben vorbereitet, durch das Studium der römischen, der russischen, der bayerischen und seit 1842 dann auch der griechischen Geschichte. Daneben büffelte sie die deutsche Grammatik, war musikalisch interessiert und künstlerisch recht begabt, wie eine erhaltene Zeichnung beweist.[24]

Viele Sommer verbrachten Prinzessin Auguste und ihre Familie in Lindau am Bodensee. Bereits beim ersten Anblick anlässlich eines Sommeraufenthalts in Sonthofen war Auguste vom Bodensee begeistert. Am 20. September 1848 fiel ihr Blick von der Kemptener Landstraße aus erstmals auf den See. Die Prinzessin war „sofort entzückt von einer Gegend, welche sie an ihre geliebte Heimath, Italien, u. a. das Meer erinnert, vor allem an das Meer bei Neapel". Gleich am nächsten Tag fuhr sie mit einem Kahn an der unmittelbar am Seeufer gelegenen Villa Pöllnitz vorüber und als sie hörte, diese stehe zum Verkauf, war die Sache entschieden. Hartnäckig hat sich das Gerücht gehalten, ihr Mann hätte die Villa nahe Lindau erworben und sie zur Sommerresidenz ausgebaut. Tatsächlich aber hat Auguste das Anwesen aus eigenem Entschluss und mit eigenen Mitteln gekauft. Am 22. November 1848 war der Kaufvertrag unterzeichnet und die Prinzessin jubelte: „Dunque è mio!", endlich war es ihr Eigen! Sofort ging sie an die Um- und Ausbaupläne.[25] Und bald hatte sie durch ihre liebenswürdige Art auch die Herzen der Lindauer gewonnen. Alte Lindauer erinnerten sich noch zu Beginn des 20. Jahrhunderts „lebhaft an die anmutsvolle Erscheinung der hohen Frau, wie sie mit ihren Kindern bei dem […] alljährlich im Juli stattfindenden Kinderfeste regelmäßig den Festplatz durchwanderte, sich für alles interessierend, was den Kindern Freude bereitet und diese durch Verabreichung kleiner Geschenke glücklich machte."[26]

Die „Villa Amsee", wie sie bald hieß, war vor allem erworben worden, um der Prinzessin, die noch immer von ihrem Lungenleiden bedroht wurde, eine Möglichkeit zu geben, in der milderen Bodensee-Region zu überwintern. Da das eher einfach ausgestattete ländliche Haus jedoch nicht ausreichend beheizbar war, wurde das Anwesen bis zum Ausbruch des Ersten Weltkriegs von der Familie ausschließlich im Sommer und Frühherbst bewohnt. Bald war die Villa Amsee nicht nur Erholungsort für Auguste und ihre Familie, sondern auch Treffpunkt für den europäischen Hochadel. Am 23. Juli 1849 weihte man das Refugium mit einem Sommerfest ein, zu dem unter anderem auch Luitpolds Bruder König Maximilian II. und seine Frau Marie kamen. Einige Jahre später siedelten sich in unmittelbarer Nähe auch Verwandte an. Augustes Vater, Großherzog Leopold II. von Toskana, sowie ihr Bruder Ferdinand IV. (1835 – 1908) waren 1859 aus dem von italienischen Truppen besetzten Land nach Österreich geflohen. 1862 erwarb Letzterer westlich der Villa Amsee ein Grundstück und errichtete dort die Villa Toskana (seit 1925 im Besitz der Stadt Lindau). Die Villa Amsee jedoch erbte zunächst Augustes Ehemann Prinz Luitpold, dann die Tochter Therese, die viele Jahre in der Villa lebte und dort 1925 auch verstarb. Danach ist das Anwesen langsam verfallen und wurde, obwohl es unter Denkmalschutz stand, in den 1980er Jahren abgerissen.[27]

Von Lindau aus ging Auguste auf Reisen in die Schweiz oder 1853 auf eine große Alpentour.[28] Immer wieder war von gesundheitlichen Beschwerden der Prinzessin Luitpold die Rede und von Kuraufenthalten, etwa 1861 in Bad Ischl.[29] Die Sorgen um ihre Gesundheit waren nicht unbegründet. Am 26. April 1864 starb Auguste im Alter von gerade einmal 39 Jahren an den Folgen der Tuberkulose. Noch am 25. April war aus München gemeldet worden: „I. K. Hoh. die Frau Prinzessin Luitpold ist leider neuerdings erkrankt [...]. Gestern befand sich die hohe Frau etwas besser." König Ludwig I. erreichte die Nachricht in Marseille, wo er sich gerade nach Algier einschiffte.

Die Zeitungen waren nun voll von Nachrufen, in denen die Verstorbene als mildtätig und großherzig beschrieben wurde. Menschenmassen drängten ins Prinz-Luitpold-Palais am Odeonsplatz (das ehemalige Palais Leuchtenberg, das Luitpold 1852 erworben hatte, heute Bayerisches Staatsministerium der Finanzen), um der aufgebahrten verstorbenen Prinzessin die letzte Ehre zu erweisen. Der Trauerzug, an dem sich alles beteiligte, was Rang und Namen hatte, führte durch die Residenz- und Dienerstraße über den Marienplatz und zurück über die Wein- und Theatinerstraße zur Theatinerkirche, wo die Verstorbene am 29. April in der Fürstengruft beigesetzt wurde.[30] Der Trauerzug fand just zu jenem Datum statt, an dem sie genau 20 Jahre zuvor als jungvermählte Frau feierlich in München, in die Stadt, in der sie die Hälfte ihres Lebens verbringen sollte, Einzug gehalten hatte. „Hatte sie in ihrer Jugend ihr schönes Italien heiß geliebt, so umfing sie ihre neue Heimath, das Bayerland, mit nicht geringerer Wärme; sie hat sich in dasselbe so recht hineingelebt, für dasselbe sich interessirt, namentlich die Verhältnisse der Hauptstadt bis in das Detail gekannt, um alle ihre Bedürfnisse gewußt, und besonders an ihren Wohlthätigkeit-Anstalten sich nach Kräften betheiligt – so daß Niemand an ihr die Ausländerin erkannt oder vermuthet hätte", hieß es in der Trauerrede.[31]

Auguste war so jung verstorben, dass es verschiedene Mutmaßungen über die Todesursache nach sich zog. Deshalb entschloss man sich, die Resultate der Sektion zu veröffentlichen. Demnach war die Prinzessin „in Folge eines komplizirten chronischen Lugen- und Leberleidens" gestorben, was durch ein akutes Ödem beider Lungen noch befördert wurde.[32]

Den weiteren politischen Werdegang ihres Mannes, der seine Frau 48 Jahre überleben sollte, hat sie nicht mehr miterlebt. Er leitete nach dem Tod König Ludwigs II. am 10. Juni 1886 als Prinzregent Luitpold die Geschicke Bayerns für den nunmehrigen König Otto von Bayern, der aus gesundheitlichen Gründen jedoch die Regierungsgeschäfte nicht übernehmen konnte. Als Auguste starb, war König Ludwig II. gerade einmal eineinhalb Monate an der Regierung. Prinz bzw. Prinzregent Luitpold heiratete kein zweites Mal. Um den Haushalt kümmerten sich seine Tochter Therese und seine Schwester Adelgunde (1823 – 1914), die verwitwete Herzogin von Modena.

Bereits unmittelbar nach der Hochzeit von Luitpold und Auguste und noch einmal im Jahr darauf gab König Ludwig ihr Porträt bei Joseph Stieler in Auftrag. Der Hofmaler erhielt laut königlichen Rechnungsbüchern im Juli 1844 für ein privates Porträt 275 Gulden und im Oktober 1845 für das Gemälde für die Schönheitengalerie 440 Gulden.[33] Das Bild in der „Sammlung schöner Köpfe" wird durch die rückseitige Beschriftung als die Fassung von 1845 ausgewiesen, während das erste mit der kurz zuvor stattgefundenen Hochzeit in Verbindung gebracht werden kann. Es handelte sich dabei um zwei völlig verschiedene Gemälde, nicht nur um zwei Fassungen. Ein Porträt zeigte Auguste en face mit fünfreihiger Perlenkette, eine rosa Rose im korkenziehergelockten Haar, mit einer üppig mit Gold bestickten Stola über einem ebenfalls goldbestickten weißen Kleid. Der Verbleib des Bildes ist nicht bekannt. Allerdings tauchte eine von Joseph Bernhardt angefertigte und mit 1845 datierte Kopie im Kunsthandel auf.[34]

Das für die Schönheitengalerie geschaffene „wohlgetroffene[...] Bildniß Ihrer K. K. Hoheit der Frau Prinzessin Luitpold von Herrn Hofmaler Stieler"[35] wurde bereits 1845 im Kunstverein gezeigt. Auf diesem Porträt wurde das von ihrem Schwiegervater gerühmte „schöne Profil" besonders in Szene gesetzt. Die Pose dürfte sogar auf seine Anregung zurückgehen. Immerhin sprach der König stets ein Wörtchen mit bei Kleidung, Haltung oder Accessoires. Das Bild in der Schönheitengalerie zeigt Auguste mit einreihiger Perlenkette, in einem lila Kleid mit schwarzer Spitze. Hier wurde sie, wie es Prinz Konstantin von Bayern ausdrückte, „auf südländisch gemalt", mit einer schwarzen Spitzenmantille über dem straff gescheitelten dunklen Haar.[36] *Dieses Porträt wurde mehrfach kopiert, allein dreimal von Joseph Bernhardt.*[37] *Eine weitere Kopie, im Jahr 1845 von Georg Dury gemalt, befindet sich heute in den Räumen von Herzog Franz von Bayern.*[38] *Darüber hinaus tauchte eine rückseitig mit „F. H. 1932" bezeichnete Kopie zusammen mit der Kopie von Joseph Bernhardt im Kunsthandel auf.*[39]

Die Vorlage für das Foto im Visitkartenformat stammt vom Kupferstecher Andreas Fleischmann.

Lola Montez, eigentlich Elisa Gilbert, verheiratete James (1820–1861)

Über keine der Schönheiten ist auch nur annähernd so viel geschrieben worden wie über Lola Montez. Das lag jedoch nicht an ihrer Aufnahme in die Galerie, sondern an ihrem schillernden Lebenslauf und der folgenschweren Affäre mit König Ludwig I. Und da sie selbst zeitlebens nach Kräften versucht hatte, die Spuren zu verwischen, die auf ihre Herkunft verweisen könnten, weckte sie zudem die Neugierde ihrer Zeitgenossen und der nachfolgenden Generationen, die den Geheimnissen auf die Spur kommen und ihr skandalöses Leben nachzeichnen wollten. Ihre Memoiren werfen nämlich mehr Fragen auf, als dass sie Antworten geben.

Eine Reihe von Monografien ist bereits über sie erschienen, der Briefwechsel mit König Ludwig wurde ediert, Filme wurden gedreht und das Münchner Stadtmuseum widmete ihr 1998 eine eigene große Ausstellung.[1] Kaum eine Werbebroschüre für München kommt ohne Lola Montez aus. Das Medieninteresse war und ist international ungebrochen. Erst 2017 erschien eine neue Biografie auf Spanisch.[2] Und das Tennessee State Museum in Nashville führt ein Gemälde des in die USA ausgewanderten bayerischen Künstlers Georg Dury bis heute als Bildnis der Lola Montez, obwohl es sich eher um eine Abwandlung des Stieler'schen Porträts der österreichischen Kaiserin Charlotte handelt.[3]

Die Affäre um Lola Montez hatte wenig gemein mit den königlichen „Liebschaften" wie Marchesa Florenzi oder Lady Ellenborough, ganz zu schweigen von all den anderen Schwärmereien. Sie ist ein ganz eigenes Kapitel, das bis heute immer neue publizistische Blüten treibt. Die Beschreibung ihres an Abenteuern überreichen Lebens würde an dieser Stelle den Rahmen sprengen. Hier nur so viel: Die skandalumwitterte Schönheit erreichte München im Oktober 1846 und der gerade 60-jährige König verfiel ihr mit Haut und Haaren. „Ich kann mich mit dem Vesuv vergleichen, der für erloschen galt, bis er plötzlich ausbrach. Ich glaubte, ich könne nicht mehr der Liebe Leidenschaften fühlen, hielt mein Herz für ausgebrannt. Aber nicht ein Mann mit 40 Jahren, wie ein Jüngling von zwanzig, ja comme un amoureux des quinze[4] faßte mich Leidenschaft wie nie zuvor. Eßlust und Schlaf verlor ich zum Teil, fiebrig heiß wallte mein Blut. In des Himmels Höhen erhob es mich, meine Gedanken wurden reiner, ich wurde besser."[5]

Das Leben der weit gereisten Abenteurerin ist bis heute nicht lückenlos nachzuzeichnen. Über ihren Geburtsort und das Datum wurde bereits zu ihren Lebzeiten gerätselt. Sie selbst gab an, sie sei 1823 als Andalusierin in Sevilla geboren worden – eine Angabe, die auch Joseph Stieler rückseitig auf dem Gemälde vermerkte, die jedoch falsch ist. Erst in jüngster Zeit scheint das Rätsel endgültig gelöst, nachdem 1997 ein Taufschein aufgetaucht ist. Heute ist man sich sicher: Sie wurde am 17. Februar 1821 in Grange, einem kleinen Ort im Couty Sligo in Irland geboren.[6] Als Vater wird ein englischer Fähnrich namens Edward Gilbert (um 1797 – 1823) angeführt, als Mutter Eliza(beth) Oliver (1805 – 1875), eine gelernte Modistin.[7] Noch als Kleinkind nahm sie ihre Mutter, die sich kaum um die Tochter kümmerte, mit nach Indien, genauer gesagt nach Kalkutta. Ihr schottischer Stiefvater Major Patrick Craigie (1799 – 1823; ihr leiblicher Vater war bereits zwei Jahre nach der Geburt der Tochter gestorben) sorgte für ihre Ausbildung, sandte sie aus diesem Grund sogar vorübergehend zurück nach England zu seiner Familie, um aus der kleinen Elisa eine Lady zu machen.[8]

1837 heiratete Elisa Gilbert, wie Lola in Wirklichkeit hieß, den englischen Kolonialoffizier Thomas James in Indien, nur um ihn 1840 wieder zu verlassen und erneut die Rückreise nach Europa anzutreten. 1841 wurde sie von ihrem Stiefvater auf eines der Schiffe gen England geleitet, versehen mit Empfehlungsschreiben, damit seine eigene Familie sie im schottischen Perth erneut aufnehmen konnte. Und so

PILOTY & LOEHLE
MUENCHEN

XVI

segelte sie einer unsicheren Zukunft entgegen. Sie war nun 20 Jahre alt, hatte bereits eine Ehe hinter sich, ihre Mutter hatte sie verstoßen und zur konservativen Familie des Stiefvaters wollte sie nicht – ihre Situation kann durchaus als desolat beschrieben werden. Was sollte sie nun anfangen? Sie entschied sich fürs Theater. Gegen eine Karriere als Schauspielerin sprach, dass Elisas Englisch nicht akzentfrei war. Ihre Singstimme war offensichtlich auch nicht überragend. Also blieb eigentlich nur der Tanz, speziell der spanische Tanz, der keinerlei Ballettausbildung vorauszusetzen schien. Einige Tänzerinnen hatten damit schon große Erfolge feiern können. Warum also nicht auch sie?

Zunächst aber hatte Elisa wechselnde Herrenbekanntschaften, die ihr Überleben sicherten, wovon schließlich auch der verlassene Ehemann im fernen Indien hörte und einen Prozess wegen Ehebruchs anstrebte. Lola alias Elisa James wurde schuldig gesprochen, was aber auch bedeutete, dass sie nun offiziell getrennt waren. Allerdings durfte Lola sich nicht mehr verheiraten, solange Captain James am Leben war, was wiederum bedeutete, dass sie sich nun mit aller Vehemenz um ihre Karriere als Tänzerin kümmern musste, da eine Ehe als Versorgung unter diesen Voraussetzungen nicht mehr infrage kam. Nach einem kurzen Abstecher nach Spanien, um ihre Tanzkünste zu vervollkommnen, kehrte sie als „spanische Tänzerin" mit dem neuen Namen Maria de los Dolores Porris y Montez – kurz Lola Montez – zurück. Am 3. Juni 1843 trat sie erstmals in einem Londoner Theater als „Donna Lola Montez" vom Teatro Real in Sevilla auf. Der Tanz vor hochgeborenem Publikum ging geschmeidig über die Bühne, doch dann tönte es laut und vernehmlich aus dem Publikum: „Das ist ja Betty James! Lüge!" Der Skandal war perfekt. Und die Hoffnungen, die Lola in den Auftritt gesetzt hatte, waren zunichte. In der englischen Gesellschaft war kein Platz mehr für sie. Ihr blieb nichts anderes übrig, als die Insel mehr oder weniger fluchtartig zu verlassen. Ihre Spur führte nun quer durch Europa, nach Paris, Warschau, Sankt Petersburg, Berlin, Leipzig, Dresden, Prag, Wien, Venedig, Madrid – so denn die von ihr selbst gemachten Angaben alle stimmen. Man warf ihr Spionagetätigkeit vor, wofür es allerdings keinerlei Beleg gibt. Doch sie war eine Hochstaplerin, die zeitlebens hartnäckig an ihrem Lügengespinst um ihre spanische Herkunft festhielt.

Als „spanische Tänzerin" bereiste sie nun die Fürstenhöfe Europas. Fast überall wurde sie wegen dort verursachter Skandale schnell wieder ausgewiesen. Kurz nach ihrer Flucht aus England stattete sie dem Prinzen Heinrich LXXII. von Reuß einen Besuch ab. Bereits nach vier Tagen Aufenthalt komplimentierte er sie aus seinem Mini-Staat. Die nächste Station war Berlin. Nach ihrer eigenen Aussage wurde Lola dort bald von der preußischen Königin Elisabeth, der Schwester König Ludwigs I., ins Herz geschlossen. All die hohen Herren lagen ihr angeblich zu Füßen. In Wirklichkeit hatte sie vor allem Probleme mit der preußischen Polizei, da sie sich nicht ausweisen konnte. Und als sie dann auch noch einem Gendarm mit der Reitpeitsche ins Gesicht schlug, stand ihr Ruf als „Dame mit der Peitsche", den sie noch mehrmals bekräftigen sollte, fest.

Weiter ging es nach Warschau und Sankt Petersburg, vielleicht auch nach Moskau – doch dies weiß man nur von ihr selbst –, und selbstverständlich wurden ihre Aufenthalte wieder von vielen Verehrern begleitet. 1844 lernte sie in Dresden Franz Liszt kennen und begleitete ihn nach Paris. Es ging sogar das Gerücht, er würde sie heiraten, doch die Schöne sollte ebenso wie zwei Jahre zuvor Charlotte von Hagn nur eine kurze Episode im Leben des großen Musikers bleiben.[9]

Auch in Paris gab es wieder jede Menge Verehrer, die mehr ihre leichtlebige Persönlichkeit bewunderten als ihr tänzerisches Können. Doch bei Alexandre Dumas mischte sich in die Bewunderung bereits ein gewisser, fast prophetischer Schauer, als er bemerkte, dass Lola den bösen Blick hätte und jedem Mann Unglück bringen würde, der sein Schicksal an ihres kettete. Lola lernte in Paris auch George Sand kennen, die ebenso exzentrisch war wie sie. Längst hatte diese begonnen, in der Öffentlichkeit dicke Zigarren zu rauchen – für eine Dame ein Ding der Unmöglichkeit! Bald machte es ihr Lola nach. Die glimmende Zigarre oder Zigarette in den Händen gehörte schließlich ebenso zu ihren Markenzeichen wie die Reitpeitsche.

Doch auch die Tage in Paris waren gezählt, als einer ihrer damaligen Liebhaber in einem Duell, das viel Staub aufwirbelte, tödlich getroffen wurde. Im Sommer 1845 traf sie in Bonn ein, wo gerade die europäische Hautevolee versammelt war, nicht zuletzt um ein Denkmal für Ludwig van Beethoven zu enthüllen. Auch hier blieb sie ihrem Ruf als „Skandaltänzerin" treu, indem sie eine Festgesellschaft sprengte, als sie wenig damenhaft auf den Tisch sprang. Daraufhin zog sie sich nach Baden-Baden zurück, wo sie jedoch bald polizeilich ausgewiesen wurde.

Nach dieser beeindruckenden „Tournee" gelangte sie im Herbst 1846 nach München und begeisterte König Ludwig I. Er sah nicht, dass sie weder Spanierin noch Tänzerin war; er hatte nur noch Augen für ihre Schönheit und ihr Temperament, hielt sie für „aus uralt spanischem Geschlecht", ohne ihr miserables Spanisch zu bemerken, das er selbst auch nur leidlich beherrschte.

Noch am 6. Oktober 1846, als ihm von der Hoftheater-Intendanz ihr Gastspielgesuch vorgelegt wurde, ließ er Erkundigungen einziehen: „Wodurch gab befragliche Tänzerin öffentlichen Anstoß?"[10] Wie die Antwort lautete, wissen wir nicht, nur dass er zwei Tage später bereits beschloss, „daß Lola Montez nächsten Samstag im Zwischenakt tanzt" und zwar spanische Tänze in spanischer Tracht und das für die Hälfte der Netto-Einnahmen, was für den sonst als äußerst sparsam bekannten König ungewöhnlich war. Die Hoftheater-Intendanz hatte an viel weniger gedacht. „Noch heute", fügte Ludwig seiner Entschließung an, „ihr die Antwort zu eröffnen, mit der Bemerkung, daß ich mich darauf freue, sie tanzen zu sehen".[11]

Bereits der erste Auftritt der „Spanierin" entzweite die Münchner. Doch noch hatten sie nicht den leisesten Schimmer davon, wie diese Person ihr Leben in den nächsten Wochen und Monaten durcheinanderbringen sollte. „Auf dem Zettel waren ‚Staberls Reiseabenteuer' angekündigt, in den Zwischenpausen Auftreten der spanischen Tänzerin Lola Montez, in den spanischen Nationaltänzen Fandango und Elolo", erinnerte sich Auguste Escherich,[12] die an diesem Abend zufällig im Hoftheater war. „Aber wie erstaunte ich, als sie in einem geschlossenen Schleppkleid mit langen Ärmeln von schwarzem Samt erschien und den ganzen Tanz nur mit den Armen markierte. Während der ersten Pause tanzte sie den Fandango, in der zweiten den Elolo, und da dieser letztere Tanz daraus besteht, daß die betreffende Tänzerin eine Wespe nach der Musik aus ihrem Gewand verscheucht und also eher eine mimische Darstellung als ein Tanz und wahrscheinlich auf ein kurzes, leichtflatterndes Röckchen berechnet ist, so nahm sich das sehr sonderbar aus bei dem schweren schwarzen Samt, der ihre Füße ganz verdeckte." Der Abend wurde schließlich noch durch den Hofschauspieler Ferdinand Lang gerettet, der wie immer als „Staberl" glänzte. Nach Lolas zweiter Tanzeinlage begann er plötzlich, den Elolo zu tanzen, und „imitierte dabei die Lola so wunderbar, daß das ganze Theater brüllte. Immer und immer wieder scheuchte er aus dem langen, karierten Lordsrock die Wespe, schrie dazwischen: ‚Gehst weiter, du Vieh!' und tanzte und tanzte mit seinem wackeligen dicken Bauch und den latschigen Schuhen, bis er nicht mehr konnte; dann, da er natürlich einen wahnsinnigen Applaus hatte, verneigte er sich, während er sich mit einem türkisch-seidenen Taschentuch aus dem Lordsrock die schweißtriefende Stirne trocknete, mit den Worten: ‚Kostet mich aber 25 Gulden!'" Eigenständige Einlagen waren den Künstlern des Hoftheaters nämlich bei 25 Gulden Strafe verboten. Lola war beim Publikum durchgefallen und wäre höchstwahrscheinlich mit ihrer Leistung „unter den Tisch gefallen", wenn sie nicht „den Stiel umgekehrt und anderen Tags den König nach ihrer Pfeife tanzen gelehrt hätte". Soweit Auguste Escherich.

Ganz anders empfand Luise von Kobell, die ganz begierig darauf gewesen war, „Demoiselle Lola Montez aus Madrid" mit ihren spanischen Nationaltänzen zu sehen: „Im Parterre klatsche und zischte man; das Letztere wegen der verschiedenen Gerüchte, erklärte meine Nachbarin, ‚denn Lola Montez soll eine Missionärin der englischen Freimaurer sein, eine Feindin der Jesuiten – eine Coquette, die schon Liebesabenteuer in allen Weltteilen erlebt hat, nach den Berichten der Zeitungen.'

Lola Montez stellte sich inmitte der Bühne, nicht in Trikots mit dem üblichen kurzen Balletröcklein, sondern in spanischer Tracht, mit Seide und Spitzen angethan, da und dort schimmerte ein Diamant. Sie blitzte mit ihren wunderbaren blauen Augen, und verbeugte sich wie eine Grazie vor dem Könige, der in seiner Loge saß. Dann tanzte sie Nationaltänze, wobei sie sich in den Hüften wiegte und bald diese bald jene Haltung einnahm, voll unerreichter Schönheit. So lange sie tanzte, fesselte sie alle Zuschauer; die Blicke hafteten an ihren geschmeidigen Körperwendungen, an ihrer Mimik, die oft von der glühendsten Leidenschaft in die anmutigste Schalkhaftigkeit überging. Erst als sie aufhörte, sich rhythmisch zu bewegen, war der Bann gebrochen, und ‚der Spektakel ging wieder los', wie mein Onkel trocken bemerkte. Aber ich ging ganz verzückt nach Hause."[13]

Man mag es kaum glauben, doch die beiden Damen, Auguste Escherich und Luise von Kobell, haben ein- und dieselbe Aufführung beschrieben! Allerdings Jahre später und da mischte sich Abscheu und Verklärung in die Erinnerung. Doch zeigen die beiden Beschreibungen, wie unterschiedlich auf Lola reagiert wurde, wie sehr sie polarisierte.

König Ludwig jedenfalls war von ihrem ersten Auftritt im Hoftheater am 10. Oktober 1846 förmlich elektrisiert und das Schicksal nahm seinen hinlänglich bekannten Lauf. „Die Sache nimmt die Aufmerksamkeit der Öffentlichkeit derartig in Anspruch, daß man kaum von anderen Dingen hört", berichtete der preußische Gesandte im Februar 1847 nach Berlin. Und ergänzte, dass das Verhältnis des Königs zur Spanierin trotz verschiedener und wiederholter Versuche, dem ein Ende zu bereiten, fester sei denn je.[14] Königin Therese, die sich verständlicherweise strikt weigerte, Lola zu empfangen, wie auch Marianna Florenzi, seine Schwester Erzherzogin Sophie, seine Schwiegertochter Auguste, eigentlich seine ganze Familie, seine Vertrauten, Minister, Geistliche – alle warnten. Jedoch es half nichts. Minister wurden entlassen, Vertraute fielen in Ungnade. Jeden, der es wagte, Kritik zu üben, betrachtete der König als seinen persönlichen Feind. Er sah nicht die Berechnung der Hochstaplerin, ihre dubiose Vergangenheit, ihre Launen oder die Tatsache, dass sie neben ihm auch noch andere Liebhaber hatte. Selbst als ihr wahrer Charakter für alle sichtbar wurde, wollte Ludwig I. ihn nicht sehen.

Ungezählt sind die Anekdoten, Aufsätze und Bücher über die Affäre zwischen dem König von Bayern und der Hochstaplerin Lola Montez. Mehr als deutliche Karikaturen machten die Runde. Das Thema war auch gar zu prickelnd! Sie sollen hier nicht aufgewärmt werden. Der König verehrte seine „Lolita", machte sich – so würde man es zumindest in bürgerlichen Kreisen bezeichnen – zum Narren und verlor schließlich gar die Krone. Ob es ihm am Schluss dabei wirklich um sein Liebesabenteuer mit Donna Lola ging oder nicht zunehmend um ein eigensinniges Beharren auf seinem einmal gefassten, absoluten Entschluss, bleibt die Frage.

Bisher hatten sich die Münchner kaum um die Liebeleien des Königs ernstlich bekümmert – nur getratscht. Man betrachtete die Schwärmereien und Liebschaften bis zu einem gewissen Grad als seine Privatsache, die mit Politik nur wenig zu tun, ja nicht einmal viel Geld gekostet hatte – weder dem Staat noch dem König. Dies sollte sich nun ändern. Lola mischte sich in Regierungsgeschäfte ein, Minister kamen und gingen auf ihren Einfluss hin. Sie erzwang das bayerische Indigenat, die Staatsangehörigkeit, und die Erhebung in den Adelsstand. An seinem 61. Geburtstag, am 25. August 1847, ließ Ludwig I. das Adelsdiplom veröffentlichen. Als Gräfin Landsfeld musste sie natürlich auch standesgemäß leben. Gehorsam kaufte der König ein reizendes Haus in der Barer Straße, das sie prachtvoll ausstatten ließ. Dort lebte sie – vor den Augen der aufgebrachten Münchner – wie im Schlaraffenland. Sie scharte einen Kreis von Anhängern um sich, denen sie meist zu guten Positionen verhalf; auch in den Reihen der Studenten hatte sie Verehrer, speziell unter den „Alemannen", die bald in „Lolamannen" umgetauft wurden.

Nachdem einige andere Studenten ihren Unmut über die nunmehrige Gräfin Landsfeld laut geäußert hatten, ließ der König kurzerhand die Universität schließen. Das war zu viel. 24 angesehene Bürger, Männer, deren Namen Gewicht hatte, angeführt von Prinz Luitpold, gingen zum König und forderten die Entfernung der „Spanierin".[15] Ludwig blieb stur: „Das Volk kann seinen König doch nicht zwingen!" Letzten Endes unterschrieb der König im Februar 1848 dennoch zähneknirschend den Ausweisungsbefehl. „Als endlich die Erfüllung der Forderung bekannt wurde, ging ein Jauchzen und Jubelrufen durch die Menschenansammlung. Hatte sich aber bis dahin alles um die Residenz geschart, so strömten jetzt die Massen nach der Barerstraße. Vornehme Damen von Adel und aus den besten Gesellschaftskreisen umarmten landfremde einfache Frauen mit wahrer Begeisterung: ‚Sie muß fort! Sie muß fort!'" Auch die Berichterstatterin Auguste Escherich trieb die Neugier an den Ort des Geschehens: „Bis zum Obelisk, am Karolinenplatz, konnte man noch leidlich durchkommen, dort aber stand, gegen die Barerstraße zu, ein Kordon berittener Kürassiere, um die anflutende Menschenwelle zurückzustauen. Aber die Soldaten hörten heute nicht auf das strenge Kommando; sobald jemand zwischen ihnen durch wollte, preßten je zwei ihre Pferdeleiber aneinander und schufen so schnell schmale Durchlässe, die begreiflicherweise fortwährend benutzt wurden. So füllte sich mählich die Barerstraße, wie sich vordem der Max-Josephs-Platz gefüllt hatte. Bis zu Lolas Haus standen die Menschen Kopf an Kopf, Schulter an Schulter; harrten aus, stundenlang. Und da kam das glückliche Naturell des Bayern erst recht zutag. Kein Schimpf, keine Gewalttätigkeit: alles war eitel Freude und Fröhlichkeit, ein Aufatmen nach langer Bedrückung. Vor Lolas Haus bildete Infanterie ein kleines Karree, darüber hinaus bis zur Gabelsbergerstraße wogte schon wieder das Menschenmeer. Die Zeit verrann, aber niemand dachte ans Fortgehen; es war auch unterhaltsam genug." Lola wollte die Menge mit einer Pistole vertreiben. „Schieß nur, du Luder, du elendiges!" Hundertfaches Gelächter. Schließlich verließ die Ungeliebte mit einer Kutsche durch einen Hintereingang das Anwesen. Ein Regen von Steinen begleitete sie.[16]

Lola versuchte, in der Residenz Schutz zu finden. Vergebens. Sämtliche Eingänge blieben verschlossen. Sie verließ München, brachte sich in der nahen Blutenburg in Sicherheit. Die Familie atmete auf. Königin Therese fiel angeblich auf die Knie und dankte Gott, als ihr Prinzessin Auguste die Abfahrt der verhassten Montez ankündigte. Und Prinzessin Mathilde berichtete ihrem Bruder Otto im fernen Griechenland von der „Entfernung eines diabolischen Jemand".[17]

Am 12. Februar 1848, nach der Nacht in der Blutenburg, wurde Lola von der Polizei nach Lindau, zur Schweizer Grenze eskortiert. Und während sie in der Schweiz auf ein Wiedersehen mit ihrem „Louis" hoffte, wurde in München Geschichte geschrieben: Am 2. März begann die Revolution, als sich die noch immer vorhandene Volkswut gegen Innenminister Franz von Berks, einen besonderen Lola-Günstling, entlud. Am 4. März wurde das Zeughaus gestürmt. Prinz Carl, der Bruder des Königs, sprang in die Bresche und versprach für den 16. März die Einberufung der Stände. Am 20. März überließ Ludwig I. seinem Sohn Maximilian den Thron.

Es war manches zusammengekommen: allgemeine Unzufriedenheit, europaweites politisches Gären – und in München wohl noch schlimmer: die Erhöhung der Bierpreise und schließlich die allgemein herzlich unbeliebte Lola Montez, die das Geld mit vollen Händen ausgab. Doch nach Meinung von Zeitgenossen hat man die Unzufriedenheit des Volks weit überschätzt – zumindest was München betrifft. Und nicht wenige waren fassungslos, dass Lola Montez der Stein des Anstoßes werden konnte, der den bayerischen Thron aus den Fugen hob. „Eine hergelaufene, spanische Tänzerin, die nicht einmal tanzen konnte! Nicht einmal schön! Nicht einmal mehr jung war!"[18]

Man würde Lola Montez wohl tatsächlich zu viel Ehre erweisen, würde man in ihr den einzigen Grund für den Thronverzicht am 20. März 1848 sehen, was auch die weniger auf Lola fixierten ausländischen Beobachter bemerkten. Es waren allgemein Wochen politischer Unruhen und Straßenkämpfe, nicht nur in München, und Ludwig war nicht der einzige Herrscher, der in jenen Tagen seiner Krone verlustig ging: Am 24. Februar desselben Jahres hatte bereits in Paris Louis Philippe abgedankt und der preußische Kronprinz Willhelm floh am

19. März nach England – es war eine Zeit des politischen Umbruchs. Und in Bayern hatte die Affäre mit der „schönen Spanierin" quasi noch das Tüpfelchen auf das berühmte „i" gesetzt.

Obwohl der Stein des Anstoßes entfernt war, kehrte noch nicht gleich Ruhe ein. Grollend saß der König in der Residenz, unzufrieden die Bürger in ihren Häusern. Zunächst standen Lola und der nunmehrige Ex-König noch eine Weile in brieflichem Kontakt, wobei die Briefe des Königs immer erotischer wurden, je weiter seine „Lolitta" von ihm entfernt war. Sie klagte über Geldnöte, garniert mit Liebesschwüren. Doch als sie ihre Felle davonschwimmen sah, versuchte sie es mit Erpressung, mit dem Hinweis auf die Briefe als Faustpfand. Zwielichtige Freunde unterstützten sie dabei. Es kam zu einer Teilveröffentlichung.

Das Jahr 1849 brachte schließlich das allmähliche Ende dieser beispiellos verhängnisvollen Affäre. Für Ludwig war das Kapitel abgehakt: „Es sind nicht Deine Feinde, die mich meine Gefühle haben ändern lassen, sondern Dein Verhalten."[19] Zu spät erwachte der König aus seinem Liebeswahn: „Vorüber ist, was ich gefühlt, empfunden, doch um die Krone bleibe ich gebracht."[20] Gut eineinhalb Jahre hatte der Lola-Spuk in München gedauert. Nun war er vorüber; nach und nach ging in München das Leben wieder seinen gewohnten Gang. Der König ließ am Haus Nr. 7 in der Barer Straße die Schäden beseitigen.[21] Die Tänzerin setzte ihre zweifelhafte Karriere fort. Und fortan durfte am Münchner Hof der Name Lola Montez nicht mehr in Anwesenheit Ludwigs genannt werden. Man sprach nur noch von einem „gewissen Gegenstand".[22]

Lola war im Dezember 1848 nach London gegangen und heiratete dort am 19. Juli 1849 den blutjungen, aber durch Erbe bereits steinreichen Leutnant George Heald am Tage von dessen Volljährigkeit. Wenige Tage später wurde sie verhaftet. Immerhin war sie ja noch verheiratet. Sie wurde der Bigamie angeklagt, was auch in den Münchner Zeitungen genüsslich berichtet wurde.[23] Da ihr erster Ehemann jedoch in Indien weilte, setzte ihr Anwalt durch, dass sie bis zum Eintreffen einer sicheren Nachricht über den Verbleib von Captain James auf Kaution freigelassen würde. Noch in der gleichen Nacht setzte das „Ehepaar Heald" über nach Frankreich, um sich vor der englischen Justiz in Sicherheit zu bringen. Es folgte eine Irrfahrt durch Frankreich, Spanien und Italien, immer wieder interessiert in den Münchner Zeitungen verfolgt: „Gräfin Lola Montez, die in Bayern noch in frischem Andenken steht, lebt jetzt in der spanischen Stadt Cadix ganz vergnügt. [...] Ihr Mann hat den ganzen Tag nichts anderes zu thun, als seine Frau zu bewundern, ihre Launen geduldig zu ertragen und ihre Wünsche mit schwerem Gelde zu befriedigen. Er fürchtet ihre Untreue ebenso wie ihren Dolch.“[24] Dabei wurde auf einen Dolchstoß angespielt, den Lola ihrem Mann auf dem Weg nach Barcelona versetzt hatte. Lange hielt es der Ehemann nicht aus. Im Frühjahr 1850 kehrte George Heald reumütig nach England zurück und ließ die Ehe, die nach englischem Recht ohnehin nicht existierte, annullieren. Die mittlerweile knapp 30-jährige Lola blieb in den Jahren 1850 und 1851 hauptsächlich in Paris und machte sich daran, ihre Memoiren zu schreiben. Aus ihrem zweifelhaften Ruhm musste doch Kapital zu schlagen sein! Sie schloss sich feministischen Strömungen an. Ihr radikaler Aufruf lautete, sich der Schwäche der Männer zu bedienen. „Ich liebe die Freiheit und hasse die Männer“, heißt es ganz lapidar in ihren Memoiren.[25] Dabei ging es ihr allerdings mehr um ihre eigenen Interessen als um eine allgemeine Emanzipation. Weder von George Heald noch von König Ludwig oder sonst einem ihrer einstigen Verehrer hatte sie gerade finanzielle Unterstützung zu erwarten. Sie begann wieder zu tanzen. Es folgte die Fortsetzung ihrer Tingeltangel-Karriere, mit immer neuen Liebhabern und neuen Skandalen. Das sensationslüsterne Publikum strömte in die Theater, weniger aus kulturellem Interesse, sondern um seine Neugierde zu befriedigen.

Als sie am 5. Dezember 1851 erstmals amerikanischen Boden betrat, gab es tosenden Applaus von den einen und Kritik und Karikaturen von den anderen. Aus New York wurde am 20. Januar 1852 berichtet, dass Lola angeblich mit ein paar Tausend Dollar, die sie am Broadway-Theater verdient hatte, nach Philadelphia abgereist sei.[26] Sie durchquerte den Kontinent und traf im Mai 1853 in Kalifornien ein. Inzwischen wurden eigene Stücke für sie geschrieben wie „Lola Montez in Bavaria“ und der „Spider Dance“ wurde kreiert. Waren ihre Auftritte schon in Europa alles andere als prüde – jetzt ließ sie wohl alle Hemmungen fallen, tanzte wie verrückt, hob ihre sowieso schon äußerst kurzen Unterröcke hoch, wirbelte herum. Der „Spinnentanz“ sorgte sogar im damaligen Wilden Westen für einige Aufregung. Im Juli 1853 heiratete sie in San Francisco den irischstämmigen

Herausgeber einer Zeitung, Patrick Hull, woraufhin sie sich Maria de Landsfeld Hull nannte. Ende des Jahres war auch diese Ehe bereits wieder Geschichte. Hull kehrte nach San Francisco zurück, während Lola in einem kleinen kalifornischen Wildweststädtchen namens Grass Valley eineinhalb Jahre auf einer Farm lebte – eine Zeit, die von einem deutschen Baron verkürzt wurde.

Im Sommer 1855 schiffte sie sich nach Australien ein. Wieder Theatervorstellungen, allerdings mit mäßigem Erfolg. Sie griff zu ihrer „Geheimwaffe", dem „Spider Dance". Doch im Gegensatz zu San Francisco herrschte am Einfallstor zu den australischen Goldfeldern noch immer eine strenge viktorianische Moral. Lolas Tage in Melbourne waren gezählt. In Adelaide im Süden Australiens konnte sie etwas besser punkten, doch im Sommer 1856 kehrte sie für zwei Jahre in die USA zurück. 1859 sah man sie auf einer letzten Tournee in Irland und England. Zeitweise hatte sie sogar einen längeren Aufenthalt in London geplant, entschloss sich jedoch Ende des Jahres zur endgültigen Rückkehr nach New York. Am 17. Januar 1861 verstarb sie in New York fast unbemerkt von der Welt nach einem Schlaganfall. Erst nach der Beerdigung wurde ihr Tod durch Zeitungen verbreitet. Die letzte Zeit soll sie krank und „an allen Gliedern gelähmt" bei einer Jugendfreundin, die sie von England her kannte, gewohnt haben. Auch soll die Königin der Klatschspalten in der Religion Trost gefunden haben.[27] Sie wurde auf dem Friedhof zu Green-Wood bei New York beerdigt. Die Inschrift des Grabes, das bis heute besteht, lautet: „Mrs. Eliza Gilbert, died January 17, 1861, ae. 42 years". Und selbst dies stimmt nicht. Zum Zeitpunkt ihres Todes war sie noch nicht einmal 40 Jahre alt.

Zahlreich sind die Bilder von Lola Montez, am bekanntesten aber ist wohl das Porträt in der Schönheitengalerie, das sie nicht als Skandaltänzerin zeigt, sondern als ehrbare Dame der Gesellschaft. Eine Französin in Toulouse, die ein historisches Porzellantässchen mit Lolas Porträt besitzt, war noch in unseren Tagen nicht von ihrer Überzeugung abzubringen, dass es sich bei diesem Bild um das Porträt einer „französischen Gräfin" handele.

Ein Vergleich mit zeitgenössischen Fotos zeigt, dass Joseph Stieler ihr Bild etwas geschönt hat. Wilhelm von Kaulbach, der am 20. November 1846 ebenfalls gebeten wurde, „Lolitas Bildniß, in ganzer Gestalt mir zu malen", konnte mit seinem Werk nicht den gewünschten Erfolg erzielen, obwohl er zunächst „gut von ihr, der so sehr verlästerten", sprach.[28] Kaulbach malte die Tänzerin zweimal: einmal mit einer Peitsche in der Hand, von Schlangen umgürtet und mit entblößtem Halse das Schafott besteigend. Der König drang darauf, die wenig schmeichelhaften Accessoires zu entfernen. Trotzdem wurde das Bild nie abgeliefert und verschwand in Privatbesitz. Auf einem späteren Bild, das Kaulbach 1847 ebenfalls im Auftrag des Königs malte, erscheint sie in einem pompösen Gemach, stehend in ganzer Figur, in vornehmer altspanischer Tracht. „Lola sieht stolz und vornehmtuerisch in dieser Tracht aus." Auch dieses Bild konnte nicht das königliche Wohlwollen erringen und blieb im Besitz des Künstlers.[29]

Auch Stieler benötigte mehrere Anläufe. Nur fünf Tage nach der ersten Begegnung gab der König das Porträt in Auftrag und die Münchner konnten der Zeitung entnehmen: „Die spanische Tänzerin Lola Montez wird von dem Hofmaler Stieler portraitirt."[30] Im November 1846 wurde das erste Bild bezahlt[31] und konnte der Öffentlichkeit vorgestellt werden. „Das im Kunstvereine ausgestellte, trefflich gelungene, von Hrn. Hofmaler Stieler gemalte Porträt der hier privatisirenden, spanischen Tänzerin Fräulein Lola Montez, zieht viele Schaulustige an."[32] Doch Ludwig I. war nicht begeistert. Immer wieder wurde die Anekdote kolportiert, dass der König meinte, Stielers Pinsel sei alt geworden. Die Antwort des Malers: „Ach Majestät, für einen alten Pinsel male ich immer noch gut genug." Ludwig soll gestutzt haben, dann gelacht: „Das hat er mir gut gegeben, Stieler!" Ob es so gewesen ist? Die vom König überlieferte Fortsetzung des Gesprächs ist glaubwürdiger: „Die Gräfin ist ein ehrbares Frauenzimmer. Male er sie in schwarzem Samt!" Der Künstler folgte und verpasste ihr auch noch ein züchtiges weißes Spitzenkrägelchen. Der schwarze Spitzenschleier über dem schwarzen Haar und drei rote Nelken hinter dem rechten Ohr sollen wohl das Spanische an der Schönheit betonen. „Ohne Liebe" wurde Lola – wie sich ein Nachfahre des Malers erinnert – von Stieler gemalt, „dennoch ist ein wunderschönes Bildnis entstanden".[33]

Einige Monate später war dieses zweite Bild vollendet, das laut rückseitiger Datierung dasjenige ist, das heute in der Schönheitengalerie hängt. Im Juni 1847 wurde dieses zweite Bild der „Senora Lola Montez" bezahlt.[34] Josephine von Kaulbach meldete am 30. Juni 1847 brieflich an ihren Mann, den Maler Wilhelm von Kaulbach, nach Berlin:

„Stieler hat in diesen Tagen die Lola ausgestellt, und alle Welt läuft hin, um dies achte Wunder der Natur zu sehen. Natürlich gehöre ich auch zu dieser Welt." Und ein paar Tage später: „Die Menschen sind jetzt wie toll. Viele haben sich durch das Bild unseres Hofmalers Stieler wieder mit ihr versöhnt."[35]

Es gibt eine ganze Reihe weiterer Porträts von Lola Montez aus dieser Zeit. Im Oktober 1848 schuf der Maler Georg Dury eine Kopie des Stieler'schen Gemäldes.[36] Im Depot der Bayerischen Staatsgemälde-sammlungen befindet sich bis heute eine Marmorbüste von Johann Leeb. Da der König am 2. Februar 1847 mit dem Bildhauer im Haus der Montez war, ist die Büste wohl im Laufe des Jahres entstanden; die fertige Marmorbüste wurde jedoch erst im November 1848 mit tausend Gulden bezahlt.[37] In den letzten Julitagen 1850 ließ der König dieses Marmorbrustbild allerdings zusammen mit einem Porträt der Gräfin Landsfeld (möglicherweise der ersten Fassung von Stieler) aus seinem Gemache, „wohin sie nicht gehört", ins Magazin der Pinakothek bringen.[38] Und auch das Stieler-Gemälde in der Schönheitengalerie war bald nur noch ein in Gold gerahmtes Ärgernis und verschwand auf Wunsch von Carlotta Freiin von Breidbach-Bürresheim – allerdings nur vorübergehend. Heute ist das Porträt der „spanischen Tänzerin" wohl das meistbesuchte Bild der Galerie.

Die Vorlage für das Foto im Visitkartenformat schuf der Kupferstecher Andreas Fleischmann.

Maria Dietsch, verheiratete Sprecher (1835–1869)

Die vorerst letzte Schönheit in der „Sammlung schöner Köpfe" war die Münchnerin Maria Dietsch. „Im hiesigen Kunstverein zog vorige Woche ein Portrait die allgemeine Aufmerksamkeit auf sich; es war das Bild der Taglöhnerstochter Marie Ditsch, welche König Ludwig durch den Hofmaler Stieler malen ließ und welches Bild den einzigen leeren Platz, der sich noch in der sog. Schönheitsgallerie befindet, ausfüllen soll", konnte der geneigte Leser im November 1850 den Zeitungen entnehmen.[1]

355

Bei der Wahl scheint es sich um eine Notlösung gehandelt zu haben, um die Sammlung abzurunden. Selbst Joseph Stieler fragte sich und seinen Auftraggeber: Warum dieses 15-jährige Mädchen? „Euer Königlichen Majestät Allerhöchsten Auftrages zufolge, habe ich Maria Dietsch gesehen; obschon keine ausgezeichnete Schönheit, läßt sich durch glückliche Auffassung ein reizendes Bildchen von derselben machen", schrieb der verdutzte Maler im Mai 1850 an den nunmehrigen Ex-König Ludwig und wollte erst dessen definitive Entscheidung abwarten.[2] Doch es blieb dabei und Stieler machte sich an das „Bildchen". Vermutlich entschied Ludwig sich ganz bewusst für das brave, züchtig gekleidete Mädchen – die letzte davor gemalte Schönheit war Lola Montez gewesen. Der König hatte in Bezug auf die „spanische Tänzerin" inzwischen eingesehen: Es ist nicht alles Gold was glänzt! Da wollte er seine Sammlung von Schönheiten lieber etwas versöhnlicher mit einem hübschen und vor allem ehrbaren Landeskind abrunden.

Eigentlich hatte der König durch die Vermittlung Stielers an ein Porträt von Pauline Hanfstaengl, der Tochter des berühmten Fotografen, gedacht, doch im Februar 1850 erteilte der Vater dem Ansuchen eine wortreiche Absage. Als Grund nannte er in erster Linie, dass er Angst hätte, „die zugedachte Auszeichnung dürfte [das Mädchen] auf Ideen leiten, welche ihr nicht geziemen". Aber auch Rücksichten auf die Verwandtschaft wurden ins Feld geführt; ein Argument, das – ohne es zu erwähnen – wohl auf die Aufnahme des Porträts von Lola Montez zielte.[3] Immerhin lag die Affäre noch keine zwei Jahre zurück. Jedenfalls respektierte der König die väterlichen Bedenken, verzichtete auf Pauline Hanfstaengls Bildnis und ließ dafür die jugendliche Maria Dietsch malen.

Maria wurde am 19. Juli 1835 in München (in der Au Nr. 21) geboren,[4] als Tochter des Schneiders Joseph Dietsch aus Schwandorf und seiner Frau, der Buchbindertochter Creszenz Wintergast. Der Vater starb früh, doch die Tochter setzte seinen Beruf fort. Am 19. Oktober 1855 erhielt sie die Lizenz als Weißnäherin. Damals wohnte sie in der Thalkirchner Straße 60, kurz darauf ist die „Lic. Näherin" im „Thal 23", im 2. Stock gemeldet. Ihre Mutter, die Schneidermeisterswitwe Creszenz Dietsch wohnte zur gleichen Zeit in der Dultgasse 4, im 3. Stock[5] – nicht gerade die vornehmste Wohnadresse, was dafür spricht, dass die beiden nicht auf Rosen gebettet waren.

PILOTY & LOEHLE
MUENCHEN

XXXVI

Am 23. Oktober 1865 heiratete Maria Dietsch den Redakteur bei der „Augsburger Abendzeitung" Georg Sprecher. Die Trauung fand in der Münchner Herzogspitalkirche statt. Danach zog Maria zu ihrem Mann nach Augsburg. Der Bräutigam war vier Jahre jünger als die Braut und wurde am 22. Oktober 1839 in Nürnberg geboren.[6]

Es folgte ein wohl wenig aufregendes Leben, abgesehen davon, dass Georg Sprecher knapp ein Jahr nach der Hochzeit vor dem Klinkertor in Augsburg überfallen wurde. Nachdem er seines Geldes und einiger anderer Gegenstände beraubt worden war, wurde er von dem Räuber-Trio auch noch mit mehreren Schlängen niedergestreckt. Auf seine Hilferufe hin konnten die Täter jedoch schnell von zwei patrouillierenden Polizeisoldaten festgenommen werden. Und so konnte ihnen der Prozess gemacht werden. Am 29. Mai 1867 wurden sie je zu zehn Jahren Zuchthaus verurteilt.[7]

Bereits nach dreieinhalb Jahren war das Eheglück vorüber. Schon länger litt Maria an einem Lungenleiden, doch am 6. Februar 1869 ging es nach einem Blutsturz unerwartet schnell. Die Redakteurs-Gattin verstarb in Augsburg. Der „tiefbetrübte" Ehemann, der mit Maria „in höchst glücklicher Ehe lebte", ließ seine „innigst geliebte Gattin" auch dort beerdigen. Die Ehe war offensichtlich kinderlos geblieben.[8] Nach dem Tod seiner Frau ist auch zu Georg Sprecher nichts mehr zu finden.

Die Entstehungszeit des Gemäldes ist ziemlich gut einzugrenzen: Im Mai 1850 war Stieler noch unschlüssig, ob Maria wirklich gemalt werden sollte, Ende Oktober desselben Jahres wurde das Porträt laut königlichem Ausgabsmanual bezahlt.[9] Es zeigt die junge Maria in einem weißen Kleid mit Spitzenkragen und schwarzem Mantel auf einer aus Birken-Ästen gefertigten Bank. Die dunklen Haare sind von einem schlichten schwarzen Band gehalten. Der einzige Schmuck ist ein rotes Samtschleifchen am Kragen.

Dies war das letzte Bild, das Joseph Stieler für die Galerie malte. Der beliebte Hofmaler verstarb am 9. April 1858 und die „Sammlung schöner Köpfe" galt eigentlich als vollendet.

Die Vorlage für das Foto im Visitkartenformat schuf der Kupferstecher Andreas Fleischmann.

Carlotta Freiin von Breidbach-Bürresheim, verheiratete Boos-Waldeck (1838–1920)

1850 hatte Joseph Stieler mit Maria Dietsch das letzte Bild für die Schönheitengalerie gemalt. Der Künstler verstarb am 9. April 1858 in München und die Galerie schien vollendet. Doch dann verliebte sich König Ludwig erneut. Da durfte die Dame, der er nun seine Aufmerksamkeit schenkte, in der Galerie nicht fehlen. Die Aufgabe übernahm Friedrich Dürck, der Neffe Stielers, der schon einige seiner Porträts kopiert hatte.

Seit vier Jahren war König Ludwig nun Witwer. Seine geliebte Frau Therese war im Oktober 1854 verstorben. Da traf er 1858 in seiner Sommerresidenz „Villa Ludwigshöhe" bei Edenkoben in der Pfalz die junge Hofdame seiner Tochter Mathilde, verheiratete Großherzogin von Hessen-Darmstadt, – und verliebte sich aufs Neue.[1] „Ich, der ich nicht mehr lieben wollte, dem es widerstrebte, bin froh, daß ich wieder liebe", schrieb er im November 1858 an seine Tochter.[2] Mathilde lächelte vermutlich, kannte sie doch ihren leicht entflammbaren Vater. Und was konnte schon passieren: Ludwig war bereits 72 Jahre alt, die Angebetete 20. Doch es sollte ernster werden als gedacht– und Mathilde wurde nun doch nervös. Sie redete dem König ins Gewissen, doch ohne Erfolg. Immer wieder reiste er nach Darmstadt und überschüttete seine neue Flamme mit wertvollem Schmuck, Ballkleidern, zwei kleinen Hündchen; von der Hoftafel sammelte er Hofballzuckerl mit den Bildern seiner Familie, um sie durch Mathilde dem Fräulein zu senden. Und für die jüngere Schwester der Angebeteten organisierte der König einen Freiplatz in einem Münchner Erziehungsinstitut.[3] Ludwig wollte aller Welt, vor allem aber seiner neuen Herzensdame, die Echtheit seiner Gefühle beweisen. Diese ließ jedoch keine Gegenliebe erkennen.

Bei der verehrten Dame handelte es sich um Carlotta Freiin von Breidbach-Bürresheim aus einer der ältesten hessischen Adelsfamilien, die berühmte Generäle, aber auch einen bedeutenden Erzbischof, Emmerich Joseph von Breidbach zu Bürresheim, den vorletzten Kurfürsten von Mainz, hervorgebracht hatte. Sie selbst wurde am 5. Juni

1838 in Biebrich am Rhein als Tochter des niederrheinischen Freiherrn Philipp Jakob von Breidbach-Bürresheim (1793 – 1845), genannt von Riedt, und seiner Ehefrau Caroline (1809 – 1858), geborene Freiin Greiffenklau von Vollrad, geboren. Bereits im Jahr 1830 hatte König Ludwig den Vater zum Georgiritter geschlagen, doch da war Carlotta noch nicht einmal geboren. Nun aber war sie eine junge Schönheit, fromm und tugendsam.

Im Frühjahr 1858 wählte Großherzogin Mathilde die noch nicht einmal 19-Jährige zu ihrer zweiten Hofdame, nachdem deren ältere Schwester Pauline (1836 – 1868), meist Paula genannt, die zuvor diese Position bekleidet hatte, durch ihre Heirat mit Emil Freiherr von Schaezler (1831 – 1899) aus dem Hofdienst ausgeschieden war. An ihren Bruder Luitpold, den späteren Prinzregenten von Bayern, schrieb Mathilde über Carlotta: „Sie ist ein nettes, jugendliches Wesen […] mit magnifique lebendigen Augen – bonne expression – doch bei weitem nicht so frappant hübsch denn Paula. Viele werden über meine Wahl raisonnieren, ich kann aber nicht helfen. Da Carlotta keine Bayerin ist, glücklicherweise, sieht man, daß ich nicht aus Parteilichkeit gewählt."[4] Mathilde fühlte sich für ihre neue Hofdame verantwortlich und übernahm ihre weitere Ausbildung, lobte ihr Talent fürs Zeichnen.

Ludwig I. lernte die junge Hofdame kurz darauf bei dem erwähnten Sommeraufenthalt 1858 in der Pfalz kennen – und war hingerissen. Carlotta beherrschte von nun an die Korrespondenz zwischen dem König und seiner Tochter Mathilde. An Carlotta sandte er Billette und Gedichte, teilweise verziert mit reizenden kleinen Blumenaquarellen.[5] 250 Gedichte sollen es insgesamt gewesen sein, die er zwischen 1858 und 1863 für sie verfasste. Ganz öffentlich machte er Carlotta den Hof, unterstützte sie finanziell und ließ auf ihren Wunsch hin das Bild von Lola Montez aus der Schönheitengalerie entfernen.

Das war nämlich ihre Bedingung gewesen, bevor sie sich 1859 selbst für die Sammlung malen ließ. Ende des Jahres hatte dieses Bild dann seinen Platz in der Schönheitengalerie und zwar exakt an der Stelle, an der kurz zuvor noch das Bild von Lola Montez gehangen hatte. Als Carlotta, die stets um ihren guten Ruf besorgt war, dies erfuhr, soll sie entsetzt gewesen sein. Mathilde schrieb an ihren Vater, er möge doch bitte Abhilfe schaffen.[6] Sie hatte Angst, dass die Leute mutmaßten, ihre Hofdame würde nun den Platz der verhassten Tänzerin einnehmen, nicht nur in der Galerie, sondern auch im wirk-

PILOTY & LOEHLE
MUENCHEN

XXXVII

lichen Leben. Ob das Porträt Carlottas in der Folge umgehängt wurde, ist nicht bekannt.

Die junge Schönheit erwiderte die königlichen Gefühle nicht. Ludwig nahm ihr dies offensichtlich nicht sehr übel, wenngleich seine Hoffnungen nicht erfüllt worden waren. Der König stand kurz vor dem Aufbruch nach Italien. „Freundschaftliches lasse ich Carlotta sagen. Diesseits und jenseits der Alpen wirst Du, wie sie mir gegenwärtig sein", ließ er seine Tochter Mathilde wissen.[7] Doch diese wollte die Reise aus Angst um den Vater verhindern – immerhin war es in Italien wieder zu politischen Auseinandersetzungen gekommen. Nun drängte sie Carlotta, den König von der Unternehmung abzuhalten. Sofort verschob Ludwig die Reise. Er glaubte sich seinem Traum ein Stückchen näher. Doch die Angebetete gab bald zu erkennen, dass sie Ludwig nur aus Rücksicht auf ihre Herrin gebeten hatte, seine Pläne aufzugeben. Enttäuscht musste er feststellen: „Teilnahme um mich hat also keinen Anteil daran". Trotzdem sollte Mathilde ihr ausrichten: „Carlotta war mein Schutzengel, denn wenn ich die Reise unternommen hätte, wäre ich mitten in die Kriegswirren gekommen."[8] Im Januar 1861, als Carlotta im Gefolge der Großherzogin in München weilte, kam es erneut zur Aussprache zwischen Ludwig und der jungen Hofdame, wobei er ihr schriftlich einen Heiratsantrag machte, dessen Für und Wider er lange erwägt hatte. Sogar eine Liste von morganatischen Ehen der letzten vier Jahrzehnte hatte er notiert. Ausführlich legte er seine Beweggründe dar und führte an, was Carlotta zu erwarten habe – und das war durchaus großzügig: Als Morgengabe 100.000 Gulden (was der Mitgift einer bayerischen Königstochter entsprach), dazu als Nadelgeld (Mittel für ihren persönlichen Bedarf) 10.000 Gulden im Jahr – und das war mehr als seine Tochter Mathilde bekam. Als Erbgroßherzogin erhielt sie zu Beginn ihrer Ehe nur 6.000 Gulden. Aus den Zinsen der gut angelegten Morgengabe von 4 ½ % bekäme sie zudem 4.500 Gulden. Nach seinem Tod („was nach dem gewöhnlichen Gang der Natur baldigst geschehen dürfte") stünden ihr anstatt des Nadelgeldes 20.000 Gulden Witwengeld zu, neben den 4.500 Gulden. Ihre Intimsphäre würde er stets wahren und nicht darauf bestehen, die Ehe zu vollziehen. Bis ins kleinste Detail zeichnete er das gemeinsame Leben vor: „Wenn ich keine Gäste habe, giebt's an meinem Tisch nur sechs Schüsseln und Freitag in München nur Fastenessen." Noch sollte sie niemand davon erzählen, nicht einmal der Großherzogin

Mathilde. Nur ihre Schwester Paula durfte sie einweihen, um sich mit ihr zu besprechen. Am 12. Januar 1861 verfasste er den Brief; sechs Tage später wollte er die Antwort aus ihrem Mund hören. „Mein höchstes Lebensglück hängt von dessen Gewährung ab, vielleicht mein Seelenheil. Sollte ich auch abschlägige Antwort hören, bleib ich dennoch bis zum Tode Dein treuer Freund Ludwig."[9] Er sollte Wort halten, doch noch war es nicht so weit.

Seiner Tochter Mathilde teilte der König kurz darauf seine Pläne mit; Paula von Schaezler bat er um ihre Unterstützung, jeweils mit dem Hinweis auf die vielen bereits geschlossenen morganatischen Ehen in europäischen Königs- und Fürstenhäusern. „Im 7ten Jahre vermisse [ich] häusliches Glück, was nur in der Ehe zu finden ist."[10] Doch Carlottas Antwort lautete „nein". Wortreich schob sie ihren guten Ruf vor, dass die „ganze Welt mit Fingern auf mich deuten und das gesamte Königshaus mir fluchen" würde. Sie wollte sogar den Hofdienst in Darmstadt quittieren bzw. bei Mathilde um ihre Entlassung nachsuchen, was schließlich am 1. Februar zu einem Urlaubsschein führte, jeweils für die Dauer von Mathildes Aufenthalt bei ihrem Vater in München sowie von dessen Besuch in Darmstadt.[11] Dabei verschwieg Carlotta den wahren Grund ihrer Absage, nämlich, dass ihr Herz bereits seit einiger Zeit einem anderen gehörte, was aber zu diesem Zeitpunkt noch niemand wusste.

Domkapitular Prof. Dr. Johann Baptist Lüft aus Darmstadt reiste auf Wunsch des Königs nach München. Er sollte vermitteln.[12] Es war aber aussichtslos. Die endgültige „Trennung" erfolgte am 18. Februar 1861 in Augsburg, als sich Ludwig von seiner Tochter und Carlotta auf deren Rückreise nach Darmstadt verabschiedete. Noch Jahre später erinnerte sich der König der schmerzlichen Empfindungen „in Augsburgs Bahnhof".[13]

Am 25. Mai 1862 starb Großherzogin Mathilde von Hessen, geborene Prinzessin von Bayern, im Alter von nur 48 Jahren in Darmstadt. Die nächsten Briefe zwischen dem König und Carlotta drehten sich nun vor allem um das Andenken der Verstorbenen und in der Folge um die Pläne zu einem Grabmonument in der Ludwigskirche in Darmstadt, das auf Vermittlung Leo von Klenzes schließlich vom Münchner Bildhauer Max von Widnmann ausgeführt wurde.[14]

Sowohl Prinzessin Alexandra von Bayern als auch Erzherzogin Hildegard von Österreich dankten Carlotta schriftlich für all ihre Liebe und Fürsorge, die sie als Hofdame ihrer Schwester Mathilde bis zum Schluss entgegenbracht hatte.[15]

Die Jahre als Hofdame waren wohl Carlottas schönsten gewesen. Sie hatte die Großherzogin auf ihren Reisen begleitet, häufig nach Bayern oder in einen der Kurorte. Sie war in der Welt herumgekommen. Und ihre gesellschaftliche Position hatte ihr ein fröhliches Leben bei Hofe erlaubt. Dies änderte sich durch den Tod Mathildes jedoch schlagartig. Nun stand Carlotta mit 24 Jahren zwar nicht gerade auf der Straße, doch mit dem unbeschwerten Hofleben war es vorbei, auch wenn sie selbst beteuerte, dass der Großherzog von Hessen für ihre Zukunft gesorgt habe.[16]

Die Wochen nach Mathildes Tod verbrachten Carlotta und ihre „Kollegin", Gräfin Anna von Seinsheim, in München bzw. in Vornbach bei Paula von Schaezler. Ludwig dagegen reiste im Herbst wieder einmal nach Italien. Noch immer dachte er an Carlotta, verfasste Gedichte, wünschte, sie wäre mit ihm in „Roma", aus dem von rechts nach links „Amor" wird – ein Wortspiel, das der König bereits in einem Brief an Lola Montez Jahre zuvor als „schönen Gedanken" angebracht hatte.[17] Realistisch dichtete er angeblich: „Lebhaft denk ich an Dich, in der Straße der Körbe am meisten. Einen erhielt ich von Dir, trug an demselben so schwer!"[18] Doch noch Jahre später schwärmte der König: „Mit Mathilde und Carlotta in Rom, wie herrlich würde dies gewesen sein!"[19]

Ludwig I. gab die Hoffnung auf eine Ehe mit seiner Angebeteten nicht auf, schöpfte neue Hoffnung nach dem Verlust ihrer Stellung als Hofdame. Carlotta hatte ihn bereits zwei Jahre zuvor gebeten, ihr einen vom Papst geweihten Rosenkranz mitzubringen. Nun erfüllte der König den Wunsch, erwarb einen Rosenkranz, ließ ihn am 14. September 1862 vom Papst weihen und im November durch seinen Sohn Adalbert mit nach Darmstadt nehmen, der ihn durch die Gräfin Seinsheim übergeben lassen sollte. „Tag und Nacht" dachte König Ludwig in Rom an Carlotta.[20] In Rom entwarf er ein erneutes Schreiben an sie, in dem er ihr abermals seine „Hand zur Morganatischen Ehe" antrug, sowie Nachrichten an seine Kinder, seine Schwester Karoline, die Kaiserinwitwe von Österreich, und seinen Schwager Herzog Joseph zu Sachsen-Altenburg, den Bruder von Königin Therese, denen er seine Heiratsabsichten, von denen sie noch nichts ahnten, schonend beibringen wollte. Ob die Schreiben je an die Adressaten gelangten, ist allerdings mehr als fraglich, da sich die Heiratswünsche schließlich zerschlugen. An seinen Sohn Max, den nun regierenden König Maximilian II., wollte Ludwig besonders ausführlich schreiben: „Übereilt ist meine Wahl nicht, denn im nächsten Juny sind es fünf Jahre, daß ich Frln. Carlotta von Breidbach kenne. Ihr Jawort besitze ich." Dies war eine übereilte Aussage, die nicht zutraf. Vermutlich hat der Brief Maximilian II. auch nie erreicht, denn es handelte sich ja nur um einen Entwurf. Weiter notierte der König: „Daß der Vater den Sohn um seine Genehmigung ansuche, sehe ich eigentlich der Natur entgegen, da aber unser Hausgesetz vorsieht, daß ohne das [Einverständnis] des regierenden Königs kein Mitglied des kgl. Hauses eine Ehe schließen darf, so gehe ich dich hiermit um Deine Genehmigung an." Gleichzeitig wollte er den Sohn bitten, Carlotta in den Grafenstand zu erheben.[21]

Zurück in München machte König Ludwig Carlotta von Breidbach-Bürresheim erneut einen Heiratsantrag. Eigentlich wäre eine Ehe mit Ludwig – zumindest in finanzieller Hinsicht – für die junge Ex-Hofdame ein Volltreffer gewesen. Sie selbst stand ohne größere Mitgift da, nachdem der Vater bereits 1845 und die Mutter im September 1858 – in eben jenem Jahr, in dem Ludwigs Verehrung begann – verstorben waren. Mittellose Damen, wie angesehen ihr Adel auch gewesen sein mag, waren als Heiratskandidatinnen nicht sehr begehrt. Ihre ältere Schwester Pauline hatte Glück gehabt: Sie hatte in die wohlhabende Augsburger Bankiers-Familie von Schaezler eingeheiratet und lebte mit dem reichen Gutsbesitzer Emil Freiherr von Schaezler abwechselnd in München und in Schloss Vornbach in Niederbayern, das ihr Mann 1857 erworben hatte.[22]

Carlotta hätte nun auch die Chance gehabt, einen reichen Mann zu heiraten, hat diese jedoch nicht ergriffen. Gerne hätte sie „ihr Lebensglück in des Freundes Hände [gelegt], ihm eine Erheiterung und Stütze in der Einsamkeit zu sein". Doch endlich musste sie mit dem eigentlichen Grund ihrer Absage herausrücken: Ihr Herz gehörte einem anderen. Der Glückliche war Prinz Heinrich von Hessen und bei Rhein (1838–1900), der Neffe des regierenden Großherzogs Ludwig III. von Hessen-Darmstadt, Mathildes Witwer. „Vier Jahre sah ich ihn oft, glaubte nicht, wie schon gesagt an meine tiefe Neigung, jetzt ist es mir aber nur zu klar, daß ich ihn unendlich liebe und keinen Andern mehr glücklich machen kann."[23] All das schrieb sie unter dem Siegel der Verschwiegenheit.

Doch nun sollte die Geschichte einen fast dramatischen Verlauf nehmen. Während der König den Winter in Nizza verbrachte, überstürzten sich zu Hause die Ereignisse. Vor allem in Darmstadt war man bald in hellem Aufruhr. „Es hat sich zwischen ihr und dem Prinzen schon seit einigen Jahren eine Neigung gebildet, von der ich nie glaubte, daß sie so ernstlich gemeint, so tief gehend sei und zu einem Resultate führen würde", berichtete auch der Vertreter des Bischofs, der geistliche Herr Prof. Dr. Johann Baptist Lüft, den Ludwig in der Heiratsangelegenheit mehrfach zurate zog. Lüft hatte Carlotta „stets väterlich ermahnt, ja zurückhaltend zu sein. Sie hat auch das wirklich gethan, dennoch hat der junge Mann nicht abgelassen und nun seinen Eltern die Erklärung abgegeben, daß er nie auf eine andere Verbindung eingehen würde. Beiderseits scheint die Neigung unbemerkt tiefere Wurzel gefaßt zu haben." Und weiter mutmaßte Lüft, dass diese Neigung bereits im Jahr zuvor der Grund für Carlottas abschlägige Antwort gewesen sei. „Ohne diesen Grund würde sie sich diesmal unbedingt bejahend erklärt und sich glücklich geschätzt haben, die Tage Euer Majestät zu erheitern. Sie war sehr betrübt darüber, eine solche Antwort zu geben, wird aber zeitlebens Euer Majestät eine liebevolle und dankbare Gesinnung unabänderlich bewahren."[24]

Ob Prinz Heinrich tatsächlich an eine Heirat dachte, kann man rückblickend nicht mehr feststellen – vermutlich schon. Auf jeden Fall war man in Darmstädter Hofkreisen äußerst alarmiert über diese mögliche, nicht standesgemäße Verbindung. Immerhin hatte Heinrichs älterer Bruder Ludwig, der dem Großherzog einmal als Ludwig IV. nachfolgen sollte, im Sommer 1862 gerade eine englische Königstochter geheiratet.

„Daß die Eltern des Prinzen sehr schmerzlich berührt sind und alles aufbieten werden, um die Ehe zu hindern, ist natürlich. Man wird die äußersten Mittel versuchen. Da aber der Prinz, ein gemüthvoller junger Mann, sich wie verzweifelt geberdet, so ist es den Eltern bange geworden und man sucht Zeit zu gewinnen. Man sucht die jungen Liebenden auseinander zu halten, und glaubt, daß man nach einiger Zeit, wenn die Leidenschaften sich etwas abgekühlt haben, mit strengen Maßregeln eher wirksam hervortreten könne." Da war es vermeintlich hilfreich, dass der Prinz, der in preußischem Militärdienst stand, sich gerade in der Garnison in Bonn befand. „Ob die Eltern ihr Ziel später erreichen, kann man natürlich nicht sagen, bis jetzt hat es nicht den Anschein. Er hat dem Fräulein sein festes Wort gegeben. Dieses selbst ist durch die Krisis in schwere Aufregung gekommen. Sie hängt mit der ganzen Stärke jugendlicher Neigung an dem Prinzen; man ist erst durch die Krisis zum klaren Bewußtsein gekommen, daß diese so tiefe Wurzeln gefaßt hat und fühlt sich unglücklich in dem Gedanken, daß ein Ziel nicht erreicht werden könnte." Und was den Großherzog betraf, so war Lüft der Überzeugung, dass dieser, der damals noch keine Ahnung von der Angelegenheit hatte, nur sehr ungern seine Einwilligung geben würde – aber was wollte er machen, wenn die Eltern schließlich der Ehe zustimmen würden, noch dazu, wo es bereits einige nicht standesgemäße Ehen im Hause Hessen gab. [25]

Noch war die Liebschaft zwischen Carlotta und Prinz Heinrich ein großes Geheimnis, allerdings nicht mehr für lange. Nur wenige waren eingeweiht: Neben Lüft und König Ludwig offensichtlich nur Gräfin Anna von Seinsheim und Carlottas Schwester Paula. Das Geheimnis sollte gewahrt bleiben: „Ich wage auch Euer Majestät zu bitten, strenges Stillschweigen zu beobachten, da der Großherzog nun von des Prinzen Interesse für C. weiß, aber nicht ahnt, daß dieser Heirathsgedanken hat, was wenn er's erführe, für Cs jetzige Stellung sehr traurige Folgen haben könnten. Sollten Euer Majestät mit den Eltern des P. H. [Prinzen Heinrich] je zusammentreffen, so dürften diese niemals merkten, daß Höchstdieselben um die Sache gewußt",[26] schrieb Gräfin Seinsheim an Ludwig I.

Fast zeitgleich mit der Abfassung des Briefs an den König erfuhr auch der Großherzog von der Affäre. Prinzessin Alice, die Tochter von Königin Victoria, die erst wenige Monate zuvor den späteren Großherzog Ludwig IV. von Hessen geheiratet hatte, soll ihn darüber von England aus in Kenntnis gesetzt haben. Reinhard Carl Freiherr von Dalwigk zu Lichtenfels, Präsident des Gesamtministeriums und enger Vertrauter Großherzog Ludwigs III., nahm daraufhin die Sache in Darmstadt in die Hand.[27]

Gräfin Seinsheim wurde als Mittelsfrau eingeschaltet, um Carlotta, die zu einem Treffen „sehr erregt und blaß" erschien, von der Aussichtslosigkeit der Affäre zu überzeugen. Carlotta aber erwiderte, dass der Prinz ihr bereits mehrmals einen Antrag gemacht habe und sie erst jetzt zugesagt habe, nachdem er die Erlaubnis seiner Eltern erhalten hatte – eine Erlaubnis, die es allem Anschein nach nie gegeben hat.

Der Prinz sei „zu ihr in das Zimmer gestürmt, habe abends ihre Hand verlangt, und da habe sie um so weniger Nein sagen können, als sie den Prinzen aufrichtig liebe. Man könne sie und den Prinzen trennen, aber lieben würden sie sich ewig", so Dalwigk an seinen Dienstherrn am 15. Dezember 1862. Carlotta beteuerte sogar, dass ihr nichts an einem Prinzessinnen-Titel liege. Doch Dalwigk ließ sich davon nicht beeindrucken, auch nicht von ihren Tränen, meinte vielmehr, hier gehe es nicht um Gefühle, sondern um die Interessen des Großherzoglichen Hauses. Prinz Heinrich war über die Entwicklung ebenso fassungslos wie seine gedemütigte Braut und schwor, auf ewig unverheiratet bleiben zu wollen. Auch das rührte Dalwigk nicht im Geringsten: „Wolle Prinz Heinrich unvermählt bleiben, so sey das seine Sache, jedenfalls aber besser als eine Verbindung, welche die Würde des Großherzoglichen Hauses beeinträchtige und den Prinzen sowohl als seine Familie aus morganatischer Ehe in tausend Verlegenheiten stürzen müsse."

Irgendwie scheinen die Argumente gegen die Ehe nicht ganz stichhaltig zu sein. Selbst ein König – wenngleich auch ein Ex-König – hätte kein Problem darin gesehen, das Freifräulein von Breidbach-Bürresheim zu heiraten. Weshalb also ein nachgeborener Prinz, der nie einen Thron besteigen würde? Auch die finanzielle Seite war es wohl nicht. Der Prinz hatte ein kleines Vermögen, eine Apanage von 18.000 Gulden, und stand in preußischen Diensten.[28] Möglicherweise sollte Heinrich eine bessere Partie als die relativ mittellose ehemalige Hofdame machen. Hintergrund könnte aber auch die Verbindung seines Bruders zum englischen Königshaus gewesen sein. Immerhin war es Alice gewesen, die Großherzog Ludwig III. von der drohenden Gefahr unterrichtet hatte. Eine englische Königstocher als Schwippschwägerin einer Freiin von Breidbach-Bürresheim? Das passte nicht.

Dalwigk wünschte sich für Carlotta „einen braven, liebenswürdigen Mann ihres Standes, damit der Prinz sich ein für alle Mal seine verliebten Phantasien aus dem Kopf schlage." Und um seine ablehnende Haltung in der Angelegenheit zu untermauern, setzte er zwei Tage später noch einen drauf: „Fräulein von Breidbach ist am 15. Juni 1838 geboren, geht also jetzt in ihr fünf und zwanzigstes Jahr und ist mithin über 5 Monate älter als der Prinz. [...] In 10 – 12 Jahren sind Seine Hoheit, der Prinz Heinrich, noch ein jugendlich kräftiger Herr und seine Gemahlin eine alte Frau."

Carlotta hatte keine Chance. Eine gewünschte Unterredung mit Großherzog Ludwig wurde verweigert; Großherzogin Mathilde konnte ihr nicht mehr helfen. Was Prinz Heinrich tat, ist nicht überliefert. Vermutlich nicht viel.

Da Weihnachten vor der Tür stand, schien es allen am geschicktesten, wenn Carlotta zu ihrer Schwester Pauline von Schaezler nach München fahren würde! Der Großherzog war zunehmend genervt. „Wenn mir nur nicht die Breidbach meinen Neffen Heinrich auf den Hals hetzt. Das fehlte mir noch, ich hasse dergleichen gründlich", ließ er Dalwigk am 17. Dezember wissen. Die Sorge war unbegründet.

In München versuchte Pauline von Schaezler offensichtlich zu retten, was noch zu retten war. Sie lud ihren Vetter Philipp Graf von Boos-Waldeck über die Feiertage ein. Bereits nach ein paar Tagen hielt er um Carlottas Hand an; am 29. Dezember 1862 verlobte sie sich mit ihm. Und Carlotta bekräftigte dem König gegenüber: „Es ist meine freie Wahl: Ein guter, edler Mensch wie er ist, bin ich überzeugt an seiner Seite recht glücklich zu werden und sehe in ihm den Retter, vom Himmel gesandt, der mich verhängnißvollen Verhältnißen entreißend, mir eine sichere und ruhige Zukunft bietet."[29] Prinz Heinrich, der ebenfalls nach München gekommen war, hatte sie von ihrem Wort entbunden und Schaezlers hatten ihr gut zugeredet. Bereits am 28. Januar 1863 wurde das Paar getraut. Philipp Boos-Waldeck hatte den Hochzeitstermin „theils aus Ungeduld, theils aus anderen Gründen" so kurzfristig festgesetzt.[30]

Der geistliche Herr Lüft sah diese „ganz unerwartete Wendung", die für ihn „ein eclatanter Beweis der Wandelbarkeit und Elasticität der Frauenherzen" war, allerdings realistischer: „Daß die Ehe in München im Himmel geschlossen worden ist, will ich dahin gestellt sein lassen." Allerdings fand auch er – wie König Ludwig – „manches rätselhaft und eigenthümlich". Möglicherweise war Carlotta und Prinz Heinrich die Unmöglichkeit ihrer Heirat in München bewusst geworden, nachdem inzwischen auch der Großherzog angekündigt hatte, seine Einwilligung zu verweigern. „Das Einstürmen ihrer Verwandten kam freilich hinzu, dennoch aber bleibt die schnelle Umwandlung etwas Eigenes. Von Neigung für den Gr. B. konnte natürlich nicht die Rede sein. So muß man den Schluß ziehen; geheurathet mußte und wollte werden." So viel zu den Vorgängen in München. Wie sich der Großherzog über die Sache geäußert hatte, konnte Lüft nicht in Erfahrung bringen. Doch nachdem ihm „die Sache mit dem Prinzen viel Verdruss bereitet hatte, wird er mit der Familie froh gewesen sein, daß man aus der Verlegenheit herauskam".[31] Prinz Heinrich hielt sich in der äußerst unwürdigen Geschichte vornehm im Hintergrund, schrieb seinem Onkel einen mehr oder weniger versöhnlichen Brief und die Angelegenheit scheint – zumindest im Hause Hessen – erledigt gewesen zu sein.

Während sich die Darmstädter Hofkreise noch die Köpfe zerbrachen ob der unsäglichen Ehe-Angelegenheiten: So schnell Ersatz? Und um wen handelte es sich?, ging das frisch verheiratete Ehepaar auf Hochzeitsreise nach Wien, Triest und Venedig.

Prinz Heinrich aber reiste zurück in seine Garnison, verschmerzte die geplatzte Heirat verhältnismäßig gut und blieb offensichtlich mit Carlotta in brieflichem Kontakt. Auf jeden Fall kondolierte „Ihr alter Hernrico" im Jahr 1868 zum Tod von Pauline Schaezler: „Sie haben eine treue Schwester verloren, mir war sie eine liebe Freundin geblieben aus einer schöneren Zeit" und er brauchte „wohl nicht erst auszusprechen, daß ich in Gedanken bei meiner schwer heimgesuchten Freundin bin und daß ich denke an […] Vornbach, wo ich so überglückliche friedliche Stunden verlebte."[32] Prinz Heinrich machte Karriere beim Militär, brachte es bis zum General der Kavallerie und heiratete tatsächlich spät: zweimal in morganatischer Ehe – und das in weit weniger hohem Adel als der Carlottas. Aber zu diesem Zeitpunkt war Großherzog Ludwig III. bereits verstorben. Mit den beiden Ehefrauen hatte Prinz Heinrich dann je einen Sohn. Beide Gattinnen waren sehr viel jünger als Carlotta, die zweite war beim Liebesdrama anno 1862 noch nicht einmal geboren. Nach Beendigung seiner militärischen Laufbahn zog Heinrich nach München, wo er im Jahr 1900 auch verstarb.

Doch zurück zu Carlotta: Am 28. Januar 1863 heirateten „Philipp Graf von Boos-Waldeck k. k. Major in der österr. Armee, Gutsbesitzer auf Mzell in Böhmen etc. und Charlotta, Baronin von Breidbach-Bürresheim, großherzoglich hessische Schlüsseldame, Sternkreuzordensdame des bayerischen Theresienordens etc." in St. Bonifaz in München,[33] also in jener Kirche, die König Ludwig I. als Grablege für sich und seine Frau Therese hatte erbauen lassen.

Der frisch aus dem Hut gezauberte Ehemann stammte aus altem rheinischen Adel. Philipp wurde am 14. März 1831 in Darmstadt geboren, war also vermutlich seit Längerem mit Carlotta bekannt, nachdem die Familien bereits verschwägert waren.[34] Und die finanziellen Probleme scheinen sich auch gelöst zu haben. Philipp war wohlhabend, besaß das Schloss Mzell (heute Mcely) in Tschechien, rund 50 Kilometer nordöstlich von Prag, das er erst kurz vor der Heirat von den Grafen von Waldstein erworben hatte. Vielleicht war Mzell, wo das Paar nun die nächsten Jahre verbrachte, sogar bewusst gewählt worden, um nicht zu sehr im Blickfeld der hessischen und bayerischen Öffentlichkeit zu stehen.

Nach ihrer Heirat blieb die nunmehrige Gräfin Carlotta von Boos-Waldeck mit König Ludwig in brieflichem Kontakt. Im Sommer 1863 zahlte dieser die bereits vor Jahren versprochene Mitgift von 50.000 Gulden in monatlichen Raten von jeweils 10.000 Gulden aus, wofür sich der Graf jeweils artig bedankte.[35]

Carlottas Korrespondenz mit Ludwig ist angesichts der Vorgeschichte überraschend „normal". Unbefangen schrieb die „mit treuer Anhänglichkeit Euer Majestät treu ergebene Carlotta Boos-Waldeck" über familiäre Ereignisse, nahm Anteil an den Erlebnissen des Königs, erinnerte immer wieder an ihre einstige „Herrin" Mathilde, fragte nach dem Fortgang von deren Grabmonument in Darmstadt, wünschte viel Glück für bevorstehende Reisen und sendete Glückwünsche zum Namenstag des Königs oder zum Neuen Jahr – vor allem aber: Sie äußerte nie Wünsche für sich oder ihre Familie.[36] Die Ehe mit Philipp von Boos-Waldeck scheint – obwohl ursprünglich sicher keine Liebesheirat – glücklich geworden zu sein. Jedenfalls schrieb Carlotta stets liebevoll und nett von ihrem Mann.

Am 5. November 1863 meldete Paula, die vorübergehend nach Mzell gereist war, an Ludwig, dass ihre Schwester „gestern Abend einen kräftigen Knaben glücklich entbunden" habe. Kurz darauf dankte Carlotta nicht nur für offensichtlich übersandte Glückwünsche des Königs, sondern berichtet über ihren „herzigen kleinen Bubi", den Sohn Clemens August Carl.[37]

Ludwig I. schrieb ebenfalls stets freundlich zurück. Er hielt Wort und blieb ihr Freund bis zum Tod. In seinen Briefen lässt er oft seinen persönlichen Empfindungen freien Lauf. Als sein Sohn König Maximilian II. 1864 überraschend verstarb, weilte Ludwig gerade in Algier. Als er zurückkam, saß sein Enkel Ludwig II. auf dem bayerischen Königsthron. „Ich war sehr angegriffen, als Ludwig I. Ludwig II. in seinem Arm hielt bey der Ankunft aus Afrika." Und an anderer Stelle: „Mein schöner Enkel befindet sich dermalen in Berg am Starnberger See (eigentlich Würmsee). Wäre ich ein Mädchen, seine Augen dürften mir nicht wenig gefährlich seyn."[38] Wenig später schrieb er aus der Villa Ludwigshöhe, „wo vor 6 Jahren ich meines Lebens glücklichste Tage verlebte" und „ja, selig war ich schon auf Erden. Und lieblich ist die Erinnerung und wird es bleiben".[39]

1864 war Carlotta erneut schwanger und fragte vorsichtig an, ob der König – wenn es wieder ein Knabe würde – die Patenschaft übernehmen würde, und selbstverständlich würde das Kind dann Ludwig heißen, nicht Louis, „da mir die Abneigung Euer Majestät gegen den letzteren Namen von früher bekannt ist".[40] Ludwig I. erklärte sich bereit, doch dann meldete Philipp von Boos-Waldeck am 17. November 1864 die glückliche Geburt eines Mädchens, Marie Henriette Caroline.[41]

Im Frühling 1865 sandte der König Carlotta eine Rose aus seinem „Giardino di Malta" in Rom, die für sie in der Trauer ob des Todes ihres Schwiegervaters ein schöner Trost war.[42] Der einzige Wermutstropfen in Carlottas Familienidylle scheint das einsame Leben fern der Heimat gewesen zu sein. Auf einem 1865 beigelegten Foto thront das prächtige Schloss, das Boos-Waldeck zwei Jahre zuvor deutlich erweitert hatte, stolz auf einem Hügel über einer äußerst ländlichen Umgebung.[43] Und tatsächlich entfloh Carlotta dieser Einsamkeit mehrmals: zum einen zu ihrer Schwester Pauline nach Vornbach, zum anderen ins Rheinland zur Familie ihres Mannes und nicht zuletzt im Sommer 1864 zur Kur nach Baden-Baden. Auf dem Weg von dort nach Wiesbaden wollte sie zusammen mit ihrem Mann kurz den König in Aschaffenburg besuchen. Dieser hatte Carlotta seit Jahren nicht mehr gesehen und in seinen Briefen mehrfach ein persönliches Treffen vorgeschlagen. Und so gewährte er dem Ehepaar spontan eine Audienz.[44] Das war das letzte Treffen von Carlotta und Ludwig I., obwohl er auch in den nächsten Jahren noch mehrmals auf ein persönliches Gespräch hoffte.

Den Winter 1865/66 verbrachte Carlotta in Wien, um dann in Mzell ihr drittes Kind zur Welt zu bringen,[45] dies allerdings in den unruhigen Kriegszeiten, die auch in der Nähe ihres Schlosses zu spüren waren. Vielleicht war dies mit ein Grund dafür, dass das Kind bei der Geburt gestorben ist.[46]

Der Mann ihrer jüngeren Schwester Theresa, der österreichische Oberleutnant von Cempis, erlag seinen am 29. Juni 1866 bei der Schlacht im rund 30 Kilometer entfernten Jičín erlittenen Verwundungen. Das Paar hatte erst im Jahr zuvor geheiratet und Therese, allgemein Résie genannt, war gerade hochschwanger. Carlotta nahm ihre Schwester bei sich auf, nachdem diese von der Familie ihres verstorbenen Mannes schlecht behandelt und nach ihren Angaben auch noch beraubt worden war.[47] Ihre eigenen Kinder hatte Carlotta zu ihrer Schwester Paula nach Bayern in Sicherheit gebracht.[48]

Carlottas vorletzter Brief an König Ludwig datiert vom 27. Dezember 1867. Darin wünschten sie und ihr Mann ein gutes neues Jahr. Die Wünsche wurden nicht erfüllt. Am 29. Februar 1868 starb König Ludwig I. in Nizza. Noch am 20. Februar hatte er durch seinen Flügeladjutanten, Theodor Freiherrn von Jeetze, aus Nizza nach Mzell melden lassen, dass es ihm nun wieder soweit gut ginge und „keine Gefahr mehr vorhanden sey".[49] Carlottas letzten Brief vom 25. Februar konnte der König nicht mehr lesen. Er kam an seinem Todestag in Nizza an. „Noch in den letzten Tagen seines Lebens sprach er mit mir von Ihnen, die er stets in gutem Andenken behalten", schrieb Freiherr von Jeetze an Carlotta und stellte ihren letzten Brief ungeöffnet wieder an sie zurück.[50]

Nach dem Tod Ludwigs versiegte diese Quelle zum weiteren Lebensweg Carlottas. Offensichtlich hat es Carlotta schließlich doch nicht in ihrer böhmischen Einsamkeit ausgehalten. 1869 verkaufte Philipp von Boos-Waldeck Schloss Mzell zusammen mit umfangreichen Ländereien an die Fürsten von Thurn und Taxis, um dafür Besitz bei Salzburg zu erwerben. Dieser lag entschieden günstiger zwischen den beiden Lebensmittelpunkten des Paars, zwischen München und Wien. Vielleicht hat auch der Tod ihrer Schwester Pauline von Schaezler im Mai 1868, die drei kleine Kinder hinterließ,[51] mit einen Ausschlag gegeben. Auf jeden Fall kaufte Philipp von Boos-Waldeck im Salzburgischen das Schloss Urstein bei Hallein, das er 1883 wieder veräußerte, dazu später das nahe Schloss Rif, das einst zum Besitz der verwitweten Kurfürstin Maria Leopoldine, verheiratete Arco, und nach ihr zum Besitz ihres Sohnes Max von Arco gehörte.[52]

Seit ihrer Hochzeit verlief das Leben der Gräfin Carlotta von Boos-Waldeck zunächst wenig spektakulär, vermutlich so wie das vieler vermögender adeliger Damen jener Zeit. Sie stand dem Haushalt mit den Kindern vor, die in rascher Folge kamen, der Graf kümmerte sich um den Betrieb der Gutshöfe. In den Zeitungen erschienen ihre Namen kaum. Dennoch hatte die Familie noch verschiedene Schicksalsschläge zu überstehen. Im Wiener Börsenkrach am 9. Mai 1873 verlor Graf Boos-Waldeck große Teile seines Vermögens. In der Folge wurde er Chef der Fürstlich Thurn und Taxis'schen Zentralverwaltung in Regensburg. Der Fürstenfamilie hatte Boos-Waldeck bereits 1869 Schloss Mzell verkauft. Nach dem Tod des Fürsten Max trat Graf von Boos-Waldeck in den Ruhestand und erwarb 1888 als Wohnsitz die Herrschaft Raabs an der Thaya in Niederösterreich mit ihrer mächtigen Burganlage, bevor er diese 1912 wieder verkaufte und mit seiner Frau nach Röcklbrunn bei Salzburg übersiedelte. Das von Erzbischof Paris Graf von Lodron erbaute Schloss im Salzburger Stadtteil Gnigl an der Linzer Bundesstraße (heute Röcklbrunnstraße 6) diente bis zu ihrem Lebensende als Hauptwohnsitz.[53]

Im Herbst 1917 starb Graf Philipp von Boos-Waldeck im Alter von 86 Jahren in Schloss Röcklbrunn. Die Traueranzeige und Nachrufe zeigen seine vielen Titel: „Philipp Reichsgraf Boos zu Waldeck und Montfort, k.u.k. Wirk. Geh. Rat und Major a. D. seit Juli 1859, einer der letzten Frequentanten des 1849 aufgelösten Bombardier-Korps, Radetzky-Veteran seit 1848". Es folgt die Aufzählung vieler Orden und Auszeichnungen. Nach seinem Tod am 25. September 1917 wurde der Leichnam auf den Friedhof von Oberalm bei Hallein überführt.[54]

Carlotta überlebte ihren Mann um knapp drei Jahre. Am 4. März 1920, im Alter von 81 Jahren, verstarb sie im beliebten österreichischen Seebad Abbazia (heute Opatija, Kroatien), wohin sie kurz zuvor gereist war.[55] Mit ihr starb die letzte „Schönheit" der Galerie. Ihre letzte Ruhe fand Carlotta in der Familiengruft in Oberalm. Später wurden weitere Familienmitglieder dort bestattet.

Zu lesen ist von mindestens sechs Kindern. Der 1863 geborene Clemens August Carl starb am 26. August 1881 nach längerer Krankheit an Lungenlähmung. Er war damals Kadett im österreichischen 1. Dragoner-Regiment.[56] Sohn Hugo wurde nun der Erbe. Er war am 10. Mai 1869 noch in Mzell zur Welt gekommen, heiratete später Julie Gräfin Hunyady de Kéthely (1867–1943) und starb am 19. März 1945 in Schloss Urstein, während seine Frau bereits zwei Jahre zuvor in Rif ihr Leben beendet hatte. Das Ehepaar hatte einen Sohn Philipp (1896–1968). Dieser Enkel Carlottas wurde ein bekannter Motorsportler.

Die 1864 geborene Maria Henriette Caroline (gestorben 1948) heiratete Georg Nikolaus Graf Locatelli von Eulenburg und Schönfeld (1864–1919). Das 1866 erwartete Kind starb bereits bei der Geburt oder unmittelbar danach. Am 15. November 1867, am Leopolditag, dem Tag des österreichischen Schutzheiligen, wie Herzogin Adelgunde von Modena freudig vermerkte, kam dann die kleine Mathilde zur Welt. Adelgunde, eine Tochter König Ludwigs I., übernahm die Patenschaft, doch zum Andenken an ihre Schwester, Großherzogin Mathilde, deren Hofdame Carlotta einst gewesen war, erhielt das kleine Mädchen deren Namen. „Ihre Sie liebende Adelgunde" schickte Carlotta zur Geburt ein Armband und schloss mit den Worten „Küssen Sie mein Pathchen statt meiner. Möchten Sie recht viel Freude an derselben erleben!!!"[57] Das beweist einmal mehr, dass das Verhältnis zwischen Carlotta und den Kindern König Ludwigs keineswegs unfreundlich war. Allem Anschein nach hatten diese gar keine Ahnung von den einst gehegten Heiratsabsichten ihres Vaters – mit Ausnahme der verstorbenen Großherzogin Mathilde.

Vermutlich bereitete die kleine Mathilde der Familie allerdings nicht lange Freude. Von ihr ist nichts weiter überliefert, was auf einen frühen Tod schließen lässt. Der jüngste Sohn Carlottas mit Namen Maximilian starb ebenfalls als kleines Kind.

Und dann war da noch der Sohn Alexander Boos-Waldeck (1874–1924), wie er nach der Auflösung der Monarchie und der Abschaffung des Adels in Österreich hieß. Er wurde gewissermaßen Teil der Weltgeschichte. Am 28. Juni 1914, anlässlich des Besuchs des österreichischen Thronfolgers in Sarajevo, hatte Boos-Waldeck seinen geschlossenen Mercedes der Bauart „Landaulet", den das Erzherzogliche Paar bereits am Vortag benutzt hatte, auch für den offiziellen Empfang zur Verfügung gestellt, doch Franz Ferdinand und seine Frau Sophie wählten, weil es ein schöner Sonnentag war, nun das offene Cabriolet des Grafen Franz von Harrach. Auf der Fahrt vom Bahnhof zum Empfang im Rathaus wurde auf den aus sieben Fahrzeugen bestehenden Konvoi ein Sprengsatz geworfen. Dieser verfehlte jedoch den Thronfolger und explodierte erst unter dem nachfolgenden Wagen, der Limousine von Graf Boos-Waldeck, der selbst, wie ein paar andere Offiziere aus dem Begleitkommando, nur leicht verletzt wurde. Der Thronfolger und seine Frau aber wurden schließlich auf der Rückfahrt vom Rathaus erschossen. Alles Weitere ist bekannt.[58]

Carlottas Porträt für die Schönheitengalerie war das vorletzte in der langen Reihe, gemalt von Friedrich Dürck, dem Neffen Joseph Stielers. Der Künstler war wohl extra nach Darmstadt gereist, um die Schöne im Bild festzuhalten. Auf jeden Fall erhielt er im September 1859 neben den 220 Gulden für das Gemälde (das heißt, seine Arbeit wurde nur mit exakt der Hälfte des Stieler'schen Honorars bedacht) – „weil auswärts gemalt" – zusätzlich 275 Gulden für Reisekosten.[59] Bereits am 1. Juli 1859 soll das Porträt in Arbeit gewesen sein.[60] Ein Foto der Schönheit aus etwa derselben Zeit[61] beweist, dass Dürck Carlottas Konterfei wahrheitsgetreu wiedergegeben hat. Parallel dazu schuf der von König Ludwig äußerst geschätzte Porzellanmaler Otto Wustlich ein Bildnis der Baronesse auf Porzellan.[62] Und spätestens im Dezember 1859 fand das Dürck'sche Porträt seinen Platz in der Schönheitengalerie, und zwar anstelle des Bildes von Lola Montez,[63] die etwa zur selben Zeit im fernen Amerika ihr Leben aushauchte.

Das Dürck-Bild zeigt „das liebliche Antlitz, aus dem die berühmten ‚Märchenaugen' dem Beschauer entgegenleuchten",[64] en face vor einem dunklen, einfarbigen Hintergrund. Die junge Hofdame trägt ein weißes, duftiges Musselinkleid, geschmückt mit weißen Atlasschleifen am Ausschnitt und an den Ärmeln. Die linke Schulter Carlottas wird verhüllt von einer eleganten Seidenstola mit weißen und mattgelben Streifen, verziert mit weißen Quasten.

Die Vorlage für das Foto im Visitkartenformat schuf der Lithograf Karl Feederle.

Anna von Greiner, geborene Bartelmann (geb. 1836)

Das letzte Bild der Schönheitengalerie zeigt noch einmal eine Schauspielerin: Anna von Greiner, geborene Anna Bartelmann. Die letzte Schönheit wurde im Jahr 1836 geboren, zu einer Zeit, als rund die Hälfte der Porträts bereits vollendet war.

Als Geburtstag von Anna Bartelmann wird von Auguste von Oertzen der 29. Juni 1836 angegeben, von Hans Arthur Thies der 11. September.[1] Der Geburtsort: Hausen bei Frankfurt. Die Eltern: der Schrei-

ber Christian Jakob Bartelmann – später wird er Verwalter genannt – und seine Verlobte Wilhelmine Herrlich. Über die Jugend Annas ist nichts bekannt. Erst als sie ihre ersten Schritte auf den Bühnen von Braunschweig und Hamburg wagte, trat sie ins Licht der Geschichte. Ob die Schauspielerin Meyerer, geborene Bartelmann, „die als treffliche Schauspielerin bekannt ist",[2] mit ihr verwandt war, ist nicht überliefert, aber durchaus möglich, ebenso wie eine Verwandtschaft zu jenem Fräulein Bartelmann, das seit spätestens Januar 1849 in Frankfurt spielte.[3]

1857 kam Anna nach München. Offensichtlich hatte sie auch ein Angebot aus Kassel, denn das „Fürther Tagblatt" brachte im „Frage- und Antwort-Spiel" des Feuilletons: „Welche Schauspielerin vom Hamburger Stadttheater kann jetzt nicht beim Kasseler Hoftheater engagirt werden?" Antwort: „Fräulein Bartelmann."[4]

Zunächst hatte Anna am Hoftheater in Braunschweig debütiert; am 23. September 1857 war Fräulein Bartelmann vom Stadttheater zu Hamburg als Gast in dem Lustspiel „Die Schwäbin" von J. F. Castelli in München zu sehen und die Kritik war durchaus wohlwollend: „Fräul. Bartelmann ist eine schöne Persönlichkeit, die bei großer Jugend bereits recht gut auf der Bühne zu Hause ist. Ihr Spiel war munter, ansprechend und richtig, stellenweise auch von großer Naturwahrheit; das Organ ist angenehm, nur ein leichtes Anstoßen mit der Zunge wird manchmal störend hörbar. In der Rolle der Schwäbin war sie des Dialekts nicht ganz Meister."[5] Am selben Abend trat auch Madam Dahn auf, einer der Stars am Münchner Theaterhimmel dieser Tage. Ihr Spiel wurde stürmisch mit Beifall bedacht. Die Kunde aber, dass Anna Bartelmann aus der Schule der beliebten Schauspielerin Constanze Dahn hervorgehe, hatte in München große Erwartungen erweckt. Auch wenn es sich dabei letzten Endes nur um ein Gerücht gehandelt hatte und die Zeitungen dementieren mussten – „die jugendliche Künstlerin ist keine Schülerin unserer Constanze Dahn"[6] –, war das Publikum durchaus zufrieden, auch nachdem sie noch drei weitere Male auf der Bühne gestanden hatte. Man war der Meinung, „daß sie, wenn auch nicht hervorragend, so doch sehr brav spielte. Sie spricht gut und deutlich, und das gerügte Anstoßen war kaum merklich. […] Ihr Spiel ist einfach und zeichnet sich durch innere Wärme aus. Der Beifall war nicht heftig, aber er hielt und steigerte sich. […] Einem Gaste gegenüber ist man gerne geneigt, zu übersehen und artig zu seyn – wenn aber der Gast im Hause Posto fassen soll, so wird

Publikum wie Berichterstatter scheu und streng und will lieber unartig als unwahr sein."[7] Auch ihr zweiter Auftritt in Heinrich Laubes „Damenkrieg" wurde mit rauschendem Beifall quittiert.[8] Eine feste Anstellung rückte in greifbare Nähe. „Dem Vernehmen nach wäre die vielversprechende Kunstjüngerin für München gewonnen, wodurch für unser künftiges Doppelrepertoire allerdings einem Bedürfniß abgeholfen würde."[9] Am 1. Oktober 1857 wurde Anna tatsächlich als „muntere Liebhaberin" auf ein Jahr an das Münchner Hof- und Nationaltheater engagiert.[10] Dennoch wurde sie am 5. Oktober auf dem Theaterzettel noch als „Gast" angekündigt.[11] Das sollte sich bald ändern. Ab dem 28. Oktober 1857 erschien sie nun häufig als Ensemble-Mitglied auf der Münchner Bühne und die Kritiken waren – so erhalten – durchwegs freundlich, wenngleich nicht überschwänglich.[12] Allerdings waren sie nach den ersten Aufführungen, die noch wortreich besprochen wurden, eher selten. Das lag sicher auch daran, dass Anna in der Regel in unbedeutenden Nebenrollen zu sehen war. Dennoch rühmte sich der Intendant, dass es ihm gelungen sei, eine „jugendliche, hübsche Schauspielerin für das Fach der ersten und zweiten Liebhaberin im Lustspiel und Conversationsstück zu finden".[13] Im Oktober 1858 wurde ihr Vertrag auf ein Jahr verlängert,[14] ebenso 1859, auch wenn sich nun bereits die Urlaubsgesuche und Krankmeldungen wegen „Asthma Bronchiale" bzw. „Catarrfieber" häuften. Im Oktober 1860 endete schließlich ihr Münchner Engagement.[15]

Anna Bartelmann spielte in vielen verschiedenen, heute längst vergessenen Lustspielen, meist jedoch nicht die Hauptrolle, sondern stand gewissermaßen in der zweiten Reihe. Ob sie sich in Wien bessere Rollen versprach? Jedenfalls nahm sie ein Angebot von Heinrich Laube, dem Direktor des Wiener Burgtheaters, an, der sie 1860 in München gesehen hatte. Zudem war der Münchner Vertrag nicht verlängert worden. Nicht alle waren von ihrem Talent überzeugt. „Wir können nicht Fräulein Bartelmann von unserm k. Hoftheater als befähigt und talentirt für das Hofburgtheater in Wien bestimmt wissen, denn Fräulein Bartelmann ist wohl eine hübsche Erscheinung, aber wahrlich keine begabte Hofschauspielerin", eiferte sich die „Neue Augsburger Zeitung" am 9. August 1860.

Doch in Wien sah man dies anscheinend anders: „Dr. Heinrich Laube, der bekanntlich ein eigenes Geschick und Glück in Entdeckung junger weiblicher Bühnentalente hat, engagierte während seiner letzten Anwesenheit in München, wo dem artistischen Dichter der ersten Bühne Deutschlands Seitens der dortigen Künstlerkreise eine ungemein schmeichelhafte Aufnahme zu Theil wurde, eine noch sehr jugendliche Lustspielliebhaberin, die sich nicht minder durch seltene Schönheit wie durch feines geistreiches Spiel auszeichnen soll, Frl. Anna Bartelmann, für das kaiserl. Hoftheater.“[16] Sogar eine stattliche Gagenerhöhung hatte Laube der jungen Schauspielerin geboten.

Im Oktober traf Anna in Wien ein. Ihr erster Auftritt war in dem von Heinrich Laube bearbeiteten Lustspiel „Ein Brief“. Und wieder wurde vor allem ihr „reizendes Exterieur“ bewundert, weniger ihre schauspielerischen Fähigkeiten.[17] Es folgte eine Reihe von Rollen, von den Kritikern meist wohlwollend und kurz besprochen, selten jedoch enthusiastisch.

Ihr Engagement in Wien sollte nicht von langer Dauer sein. Bereits nach einem Monat, im November 1860, machte das Gerücht die Runde, dass sie nach München zurückkehren werde, um einen „reichen Münchner Kavalier“ zu heiraten. Bereits Ende 1857, kurz nachdem sie in München engagiert worden war, hatte es das Gerücht schon einmal gegeben, sie werde im Januar 1858 einen „reichen Privatier“ heiraten.[18] Der Name wurde damals verschwiegen. Möglicherweise handelte es sich bereits damals um Emil Ferdinand von Greiner. Drei Jahre später war er auf jeden Fall jener Auserwählte, der ein stattliches Vermögen besessen haben soll.[19] Zum Jahreswechsel verließ Anna Bartelmann Wien; am 10. Februar 1861 fand in der Münchner Frauenkirche die Hochzeit statt.[20]

Emil Ferdinand von Greiner war offensichtlich von Beruf „Sohn“ und Erbe. Offiziell wird er stets als „Privatier“ bezeichnet, was bedeutet, dass er von seinem Geld lebte. Sein Vater, Regierungsdirektor Johann Baptist von Greiner (1781–1857), war ab 1832 Mitglied im Regentschaftsrat König Ottos von Griechenland gewesen, weilte zweimal längere Zeit in Athen bzw. Nauplia und übte in Griechenland die Funktion eines Finanzministers aus. Noch vor seiner Rückkehr aus Griechenland wurden er und seine Nachkommen beiderlei Geschlechts im Mai 1835 von König Ludwig I. in den erblichen Adelsstand erhoben.[21] Ab 1836 lebte er als Regierungsdirektor in Passau und erwarb 1837 Gutsbesitz im niederbayerischen Münchsdorf. Zuletzt war er Regierungsdirektor in Ansbach. Im Herbst 1840 wurde er auf eigenen Wunsch aus dem Staatsdienst entlassen; er starb am 7. März 1857 in München.[22]

Am Rande sei auch Emils Mutter Katharina (1791 – 1852) erwähnt.[23] Sie war eine geborene Borzaga und die ältere Schwester jener Maximiliane Borzaga, verheiratete Krämer, die bereits 1827 für die Schönheitengalerie gemalt worden war.

Der Sohn Emil Ferdinand von Greiner, geboren am 29. Juni 1828, war zum Zeitpunkt des Todes des Vaters (die Mutter war schon vorher gestorben) noch keine 30 und sehr reich. Seine Schwester Johanna, verheiratete von Heusler, bekam vermutlich – wenn überhaupt – nur einen kleinen Anteil. Emil wohnte standesgemäß am Promenadeplatz 4 in München (während sein Vater laut Adressbuch von 1857 in der Ludwigstraße 31 residiert hatte). Und Emil hatte ein Faible fürs Theater und das weibliche Bühnen-Personal. Ob er schon vorher ein Techtelmechtel hatte? Wir wissen es nicht, aber es ist anzunehmen. Bei der schönen Anna Bartelmann aber wurde es ernst. Und kurz nach Antritt des großen Erbes scheint er bereits mit dem Gedanken an eine Heirat mit Anna Bartelmann gespielt zu haben, auch wenn die Hochzeit erst Jahre später stattfand.

In München bewegten sich die Eheleute in Kreisen, die man heute als Jetset bezeichnen würde. Anna war nun Mitte 20. In dieser Zeit entstand auch das Gemälde für die Schönheitengalerie. Sicher war die hübsche Erscheinung bei einem der vielen Feste auch dem König aufgefallen.

Doch das Eheglück war nur von kurzer Dauer. Bereits nach zwei Jahren trennte sich das Paar. Am 1. November 1863 vermeldete der „Münchner Bote für Stadt und Land": „Die Schauspielerin Frau Bartelmann-Greiner ist wieder am Hofburgtheater in Wien engagiert und wird daselbst zum ersten Male als Prinzessin von Bouillon in ‚Adrienne Lecouvreur' auftreten", eine Nachricht, die schon Tage zuvor in der Wiener Presse verkündet worden war.[24] Ab sofort trat Anna als Frau von Greiner auf.[25]

Die Rückkehr nach Wien scheint wenig spektakulär gewesen zu sein. Doch wurde festgestellt, dass aus dem hübschen Mädchen eine ebenso hübsche Frau geworden war und dass diese hübsche Frau auch über eine beträchtliche Anzahl schöner Kleider verfügte und „mit diesen Hilfsmitteln den Abgang von Grazie und Anmuth zu ersetzen suchen wird, so gut dies eben geht – und das ist Alles, was über dieses kleine Ereigniß des Hofburgtheaters, das eigentlich gar keines ist, zu sagen wäre."[26] Wieder schwankten die Kritiken zwischen unaufgeregt freundlich und negativ, zwischen „Frau Bartelmann-Greiner ist unbestreitbar eine angenehme Erscheinung"[27] und „das Hofburgtheater erhielt eine Verstärkung durch Fr. v. Greiner, welche sich aber als ziemlich schwach erwies, indem sie bisher in keiner der ihr anvertrauten Rollen das Bedauern rechtfertigte, mit dem man sie einst als Frl. Bartelmann von dieser Bühne scheiden sah."[28] Auch in Graz stellte man fest, dass Frau von Greiner, „die in Wien nur wenig und nur in secundärer Sphäre beschäftigt ist, zu den sogenannten ‚anständigen' Schauspielerinnen gehört, die nicht leicht Anlasse zu einem entschiedenen Tadel geben, aber auch nur selten in irgend einer Richtung überraschen und in höherem Grade gefallen."[29]

Bis zum Sommer 1866 ist ihr Name wieder häufig auf den Wiener Spielplänen zu finden, sie gastierte aber auch in Wiener Neustadt und in Graz, wo es im November 1866 auf der Bühne zu einem kleinen Unfall kam. Allzu schlimm konnte dieser aber nicht gewesen sein, denn in der nächsten Karnevals-Saison konnte man Anna bereits wieder unter den Ballgästen entdecken.[30] Zu diesem Zeitpunkt war ihr Kontrakt mit dem Burgtheater längst abgelaufen – und nicht verlängert worden. „Frau v. Greiner hat am 1. November in aller Stille ihr Engagement im Burgtheater verlassen."[31]

Was aus ihr nach Ablauf ihres Kontrakts wurde, verschweigen die Zeitungen. Es mag sein, dass sie an ein kleines Theater wechselte, doch wäre dies wohl zumindest in den Theaterzeitschriften vermerkt worden. Es mag auch sein, dass sie eine neue Ehe einging, aber auch dafür gibt es keine Anzeichen. Eine Verehelichung mit einem Oberst Graf von Pappenheim, die ihr bei der 1865 ausgesprochenen Scheidung erlaubt worden war, scheint nicht zustande gekommen zu sein. Vermutlich hat sich Anna von Greiner ins Privatleben zurückgezogen, auch wenn das in ihrem Alter von Anfang 30 schwer vorstellbar ist. Auch von einer Krankheit war nichts zu lesen, es gab keine Umbesetzungen wegen „Unpässlichkeit". Ihre Spur verliert sich 1866. In den Zeitungen findet sich kein Hinweis mehr auf Anna von Greiner. Selbst ihr Todestag und der Sterbeort sind nicht bekannt.[32]

Ganz anders Emil von Greiner, ihr seit 1865 geschiedener Mann. Der trieb es ganz schön bunt: Eine neue Ehekandidatin ließ nach der Scheidung nicht lange auf sich warten. Bereits am 15. Oktober 1865 berichteten die „Neuesten Nachrichten aus dem Gebiete der Politik", dass Fräulein Löwe die Münchner Bühne verlasse, „da sie sich mit Herrn von

Greiner, dem ehemaligen Gatten der Schauspielerin Bartelmann, ehelich verbindet". Ob es jedoch wirklich zu dieser Eheschließung kam, ist nicht sicher, denn bereits eineinhalb Jahre später wurde eine andere Heiratskandidatin präsentiert, wiederum von der Bühne, dieses Mal jedoch aus dem Ballett: Am 10. Februar heiratete Baron von Greiner Fräulein Söhlke, Solotänzerin an einem Pariser Theater, im Hotel „zum Kronprinzen" in Regensburg „mit einem dort noch nicht gesehenen Prunk", während gleichzeitig darauf hingewiesen wurde, dass die Braut längere Zeit in München auf der Bühne gestanden habe.[33] Und noch immer ist die Rede von dem „reichen Gutsbesitzer" von Greiner.

Doch war dies nicht seine letzte Ehe. Bevor Emil von Greiner am 18. Januar 1885 in München verstarb, heiratete er zu einem nicht bekannten Zeitpunkt Maria Zenetti (1846 – 1907). So ist es zumindest dem Grabstein zu entnehmen, der bis heute auf dem Alten Südlichen Friedhof in München erhalten ist.[34]

Das Bild Anna von Greiners für die Schönheitengalerie, das letzte überhaupt und gemalt von Friedrich Dürck, dürfte im Sommer 1863 entstanden sein. Auf jeden Fall berichteten im Oktober dieses Jahres einige bayerische Zeitungen darüber: „Die Schönheitsgalerie in der k. Residenz ist um ein von Dürk gemaltes Bildniß, der früheren Hofschauspielerin Frln. Bartelmann, jetzt v. Greiner vermehrt worden."[35] In den königlichen Rechnungsbüchern lässt sich der Erwerb allerdings nicht nachweisen.

Friedrich Dürck zeigt die Schauspielerin in einem tief ausgeschnittenen weißen Seidenkleid vor dunklem Hintergrund. Eine spitze „Schnepfentaille à la Montespan" hat inzwischen den runden Taillenabschluss der früheren Mode verdrängt. Duftige Tüllärmel umhüllen die schön geformten Arme; die üppigen schwarzen Haare sind im Nacken zu einem schweren Knoten verschlungen. Als einzigen Schmuck trägt Anna von Greiner eine auffällige Brosche am Ausschnitt.

Es dauerte nicht lange bis eine entsprechende Lithografie von Karl Feederle angefertigt wurde. Bereits am 29. Oktober des folgenden Jahres wurde sie angezeigt.[36] Ob und wann davon ein Foto angefertigt wurde, ist nicht bekannt. Die anderen Fotos der Serie, die in diesem Band abgebildet wurden, waren längst ausgeliefert, als das Porträt gemalt wurde. Möglicherweise kam es gar nicht mehr zu einem Foto des Dürck'schen Porträts bzw. der Lithografie von Karl Feederle. Auf jeden Fall fehlt dies in der hier vorliegenden Sammlung.

Anmerkungen

Vorwort (S. 7–11)

1 Z. B. Wolf 1924, Meyer 1925, Schupp 1925, Lindenberg 1928, Corti 1940, Pültz 1971, Thies 1977, Reiser in verschiedenen Publikationen oder eine Serie in der Altbayerischen Heimatpost von Stephan (2011).

2 Die Serie wurde 1980 unter dem Titel „Des Königs schönste Damen" in Buchform herausgebracht (Bayern 1980).

Einführung (S. 12–36)

1 Bayern 1980, S. 31 f.

2 GHA NL Ludwig I. 89/2/1. Vgl. Hase 1971, S. 95. Aus dem Schreiben vom 19.5.1821 geht hervor, dass Stieler dem König das nach seiner Meinung gelungene Bild der Madame Lang für die Schönheitengalerie antrug, als Ersatz für das offensichtlich misslungene Bild der Adelaide Schiasetti. Beide Bilder befinden sich heute nicht in der Galerie.

3 Hojer 2011, S. 13 u. 50.

4 GHA NL Ludwig I. Autographen 470 (Ludwig an Ringseis 2.8.1822).

5 Zu Joseph Stieler siehe ausführlich Hase 1971.

6 Zit. nach Wolf 1924, S. 146.

7 Stieler an F. v. Müller 18.6.1829 (Goethe-Schiller-Archiv), zit. nach Hase 1971, S. 98.

8 Hojer 2011, S. 14.

9 Ebenda

10 Probst 2003. Von Constanze Dahn wurden sogar zwei Porträts angefertigt (1835 und 1839), vgl. BSB Stieleriana I I,5,m.

11 Bezahlt zum üblichen Preis von 440 Gulden am 9.2.1829 (GHA KKVerw. Ludwig I. 112). Siehe auch Hase 1971, Nr. 136.

12 Oelwein 2020, S. 67–69.

13 Flora 24.4.1829; Münchener politische Zeitung 25.4.1829.

14 BSB HSS Autographensammlung Stieler (undatiertes Schreiben an „Frau von Obermayer").

15 Hase 1971, S. 19.

16 Sie wurden von den Brüdern bzw. Friedrich Wittstatt, später von Ignaz Schachinger geliefert (GHA KKVerw. Ludwig I. in verschiedenen Bänden).

17 Reber 1876, S. 263; Kreisel 1937, S. 75–77 (hier auch damalige Reihenfolge der Hängung).

18 BSB HSS Ludwig I.-Archiv 3,90, S. 1022. Mit seiner „Wohnung" dürften die gerade im Bau befindlichen Prunksäle im Königsbau (Baubeginn 1826) gemeint sein.

19 Raczynski 1840, S. 444 f. Auch wenn das Buch erst 1840 erschienen ist, dürfte der Besuch der Sammlung ein paar Jahre zurückliegen, denn die letzten von ihm genannten Gemälde wurden 1834 gemalt (Holnstein und Pallavicini). Aufzählung: „Krämer, Fahrnbacher, Zwei Fräulein von Stobel, Hagn, Gräfin Arco geb. Palavicini, Lady Ellenborough, in zweiter Ehe vermählte Frau von Venningen, Gräfin Kwilecka, geb. Gräfin Taufkirch, Gräfin Holnstein, geb. Spierin, Die Ladenjungfer des Kaufmanns Auzucker (Auracher = Sedelmeier), Großherzogin Sophie, Marquise Firenzi, Kaula, Schindling, Vötterlein, von Krüdener, Frau Dahn, Frau Vespermann." Es fehlt Anna Hillmayer.

20 Hojer 2011, S. 9.

21 Wiener Zeitschrift 27.12.1838.

22 Förster 1840, S. 94.

23 Glaser 2007, Nr. 978 und Nr. 980 (Briefe Klenzes an Ludwig I. 23.8.1842 und 30.8.1842).

24 BSB HSS Ludwig I.-Archiv 3,134, S. 1044–1047 (5.10.1842), zit. nach Glaser 2007, V 1842.

25 Hase 1971, S. 101.

26 Ebenda, S. 101.

27 Burckhardt 1912, S. 37 f. (Brief vom 11.8.1877).

28 Ebenda.

29 Johannes 1923.

30 2. Auflage 1927. Auguste von Oertzen (1881–1954), aus einer weit verzweigten Familie aus Mecklenburg stammend, gehörte zu den ersten Mecklenburgischen Frauen, für die ein akademischer Bildungsweg möglich war. Nach dem Studium wurde sie 1918 an der Rheinischen Friedrich-Wilhelms-Universität Bonn zum Dr. phil. promoviert und anschließend Kustodin im Residenzmuseum München. Von 1933 bis 1943 arbeitete sie als Herausgeberin der „Korrespondenz für Kunst und Wissenschaft" und von „Pallas". Danach war sie bis 1945 Referentin beim Deutschen Nachrichtenbüro. Bis zu ihrem Tod lebte sie in Berlin-Wilmersdorf. Von ihr erschienen verschiedene Bücher und Essays.

31 Kiaulehn 1948.

32 Bayerisches Staatsministerium für Finanzen 2020: Allein an Materialkosten wurden dabei vom Freistaat Bayern rund 60.000 Euro investiert. Am 30.5.2020 wurden die Räume im Schloss, die seit Mitte März aufgrund der Covid-19-Pandemie geschlossen waren, wieder geöffnet und die Gemälde waren nach der Restaurierung erstmals zu sehen. Während der Arbeiten waren einige Bilder vorübergehend in Schloss Johannisburg in Aschaffenburg ausgestellt. Vgl. Langer/Schröter 2019.

33 Schmeller Bd. II, 1956, S. 43 (10.7.1827).

34 Ebenda, S. 40 (15.4.1827).

35 Boisserée 1981, S. 614.

36 So z. B. Wiener Theater-Zeitung 8.11.1832.

37 Wiener Zeitschrift 14.1.1836.

38 Flora 6.3.1831.

39 Hojer 2011, S. 10 f.

40 Marggraff 19.6.1858 und 23.6.1858.

41 Münchener politische Zeitung 8.7.1829.

42 Marggraff 19.6.1858.

43 Burckhardt 1912, S. 37 f. (Brief vom 11.8.1877).

44 Lewald 1832, S. 15 f.

45 Heine 1972, S. 336: Zeitgedichte 20 (Lobgesänge auf König Ludwig I).

46 Hojer 2011, S. 15.

47 Bayern 1980, S. 28 f.

48 Kiaulehn 1948 (nach einer „Münchner Zeitung aus dieser Zeit").

49 Mnemosyne (Neue Würzburger Zeitung) 19.3.1873: Lady Ellenborough (nach dem Pester Lloyd).

50 Tagebucheintrag vom 21.10.1831, BSB HSS Ludwig I.-Archiv 3,90, S. 952.

51 Gedicht „Abschied von Fisherton", Macher 1980, S. 128. Auf seiner Englandreise 1814 lernte er in einem adeligen Haus die ihn bezaubernde Tochter Mary Ann kennen, die ihn auch zum Bekenntnis „Die englischen Frauen sind die besten" hinreißen ließ. Vgl. Corti 1937, S. 193.

52 Corti 1937, S. 560.

53 Louise von Kobell, zit. nach Wilhelm 1980, S. 116.

54 Spindler 1930, S. 287. Das kurz nach der Verehelichung von König Otto und Amalie von dieser gemalte Bild bezahlte der König im Februar 1837 mit 330 Gulden (GHA KKVerw. Ludwig I. 28, S. 39).

55 Schorn 1829, S. 279.

56 Lewald 1835, S. 25, 27 – 29.

57 Erst in den 1850er Jahren, nach Einführung der mechanischen Jacquard-Webstühle, wurden sie auch für breitere Schichten bezahlbar. Nun benötigte man zum Weben nur mehr zwei Wochen. Im schottischen Paisley gewann die Produktion eine derart große Bedeutung, dass die Stoffe mit dem fernöstlichen Mustern schließlich allgemein nach der Stadt benannt wurden.

58 StadtA München DE-1992-FS-NL-GRO-230.

59 Oelwein 2002.

60 GHA KKVerw. Ludwig I. 68 ff. an verschiedenen Stellen.

61 Johannes 1923.

62 Allgemeine Zeitung 29.4.1856 u. ö.

63 Z. B. Neue Münchener Zeitung 18.6.1856: „Bei den Herausgebern Piloty & Loehle in München, wie bei allen Kunst- und Buchhandlungen wird Subscription angenommen auf die Schönheiten-Sammlung S. M. des Königs Ludwig I. von Bayern. 26 Bildnisse (Stahlstiche und Lithographien) laut Prospectus in 6 Lieferungen à 6 Blätter erscheinend. Preis per Lieferung 8 fl. 30 kr. rhein. 5 Thlr. pr. Crt." Vgl. auch Würzburger Anzeiger 19.8.1856; Allgemeine Zeitung 7.7.1856; Neueste Nachrichten aus dem Gebiete der Politik 26.10.1856. Vgl. auch ein Werbeblatt (Hoerner 1989, Abb. 134).

64 Neue Münchener Zeitung 1.11.1856.

65 Neue Münchener Zeitung 16.7.1857.

66 Augsburger Postzeitung 6.8.1858.

67 Neueste Nachrichten 31.8.1858.

68 GHA NL Ludwig I. 85/2/3 (Königin Marie an Ludwig I. 29.9.1858).

69 Volksbote 17.12.1866.

70 Z. B. Neue Münchener Zeitung 11.11.1856, 16.7.1856, 1.1.1858, 10.6.1858; Münchner Bote 13.9.1857.

71 Einer der führenden Fotografen bzw. Kunstdruckhändler in Wien.

72 Corti 1934, S. 111.

73 Zit. nach Hamann 1980, S. 7.

74 Ebenda, S. 9.

75 Ebenda, S. 8 f u. 18 f.

76 Visitkartenformat: ca. 6 x 10 cm. Dieses Format war europaweit üblich.

77 Hoerner 1989, S. 67 f.

78 Zunächst hatte die Firma, die ab 1852 von Peter Löhle, einem pensionierten

Ingenieur-Geograph, und der Witwe Babette Piloty geführt wurde, mit der Herausgabe lithografierter Abbildungen von Gemälden aus den Galerien in München und Schleißheim begonnen (Wochenblatt der Stadt Sulzbach 1.12.1852).

79 Ranke 1977, S. 37. Erst 1859 hatte Albert seinen Firmensitz von Augsburg nach München verlegt, in die Karlstraße 10. 1865 zog er dann um in die Brienner Straße 38, in den Palast des ehemaligen sardischen Gesandten Pallavicini. (Gebhardt 1978, S. 198, 215).

80 Ernst von Destouches, Handschriftliche Stadtchronik von München, Stadtarchiv München, zit. nach Gebhardt 1978, S. 202.

81 Neueste Nachrichten 18.12.1861.

82 Z. B. Würzburger Anzeiger 29.10.1864.

83 Z. B. GHA KKVerw. Ludwig I. 51 an verschiedenen Stellen.

84 Münchner Tages-Anzeiger 2.10.1862 und 2.9.1866 u. ö.

Auguste Strobl (S. 37–45)

1 Münchener politische Zeitung 29.4.1826 u. ö.

2 Privatbesitz, siehe Hase 1971, S. 100. Allerdings handelt es sich bei dem Inhalt um eine Verwechslung oder zumindest Vermischung mit Helene Sedelmayer.

3 BSB HSS Ludwig I.-Archiv 45, Tagebuch Hagn, 13. – 15.12.1827.

4 Ebenda, 22.12.1827.

5 GHA NL Ludwig I. II A 26. Hier auch Gedicht Ludwigs I. an Auguste.

6 BayHStA MF 27709. Allgemeiner bayerischer National-Korrespondent 22.12.1830.

7 Laut Sterbeeintrag: AEM Sterbematrikel München Hl. Geist, 24. Februar 1881 (Nr. 107, S. 62).

8 AEM Trauungsbuch der Militärpfarrei Zu Unserer Lieben Frau in München, September 1799.

9 Münchener Conversations-Blatt 9.6.1832: „Gestorben: Christoph Strobl, quiesc. k. Hauptbuchhalter, 60 J."

10 Zu Heinrich Föringer (1802–1880) siehe u. a. Häutle 1881 und Schwarzenau 2012.

11 AEM Matrikel Taufbuch München, Unsere Liebe Frau (22.1.1831); Bayerischer Landbote 3.2.1831.

12 BayHStA MF27709.

13 Münchener politische Zeitung 5.9.1835. Forstamt Zwiesel, URL: https://regiowi-ki.pnp.de/wiki/Forstamt_Zwiesel (aufgerufen am 15.10.2019).

14 Siehe z. B. Kourier an der Donau 2.10.1838, 2.12.1841 und 21.8.1844.

15 Vgl. Neue Münchener Zeitung 17.1.1861.

16 Ebenda 15.10.1851.

17 Laut Sterbeeintrag von Auguste Hilber. Für den Hinweis danke ich Herrn Stefan Bauer.

18 Zur Praxis der Enthebungskarten allgemein siehe Oelwein 2009.

19 Bayerischer Kurier 30.1.1863; Passauer Zeitung 4.8.1870.

20 Bayerischer Landbote 27.3.1857.

21 Neue Münchener Zeitung 17.1.1861; Königlich-Bayerisches Kreis-Amtsblatt der Oberpfalz und von Regensburg 4.5.1870.

22 Todesanzeige: Passauer Zeitung 2.2.1871. Das Grab wurde nach Auskunft von Stefan Bauer vor einigen Jahren aufgelassen.

23 Passauer Zeitung 14.2.1871.

24 Ebenda 3.7.1871; Rottaler Bote 4.7.1871.

25 Passauer Zeitung 27.7.1871.

26 Adressbuch München 1874, S. 234; 1880, S. 444.

27 AEM Sterbematrikel München Hl. Geist, 24. Februar 1881 (Nr. 107, S. 62). BayHStA MF 27709.

28 Oberfränkische Zeitung 7.8.1873; Allgemeine Zeitung 11.8.1885.

29 Der Kaufmann Max Hilber, der Ende des 19. Jahrhunderts in München erscheint, dürfte nicht mit ihm identisch sein, da dieser zehn Jahre jünger war und zudem mit einer Anna verheiratet war, während die Münchner Kaufmannswitwe Therese hieß. Fürther Tagblatt 23.8.1873. Allgemeine Zeitung 11.5.1905. Beerdigt am 11. Mai am Südlichen Friedhof: Max Hilber, Kaufmann, 55 Jahre 6 Monate alt.

30 Für diese Angaben danke ich Herrn Stefan Bauer.

31 Fürther Tagblatt 3.9.1873.

32 Moser 1986, S. 14.

33 GHA KKVerw. Ludwig I. 18 bzw. 111.

34 Freyberg 1985, S. 316 (Tagebuch Wilhelm v. Freyberg 17.9.1827).

35 Auktionshaus Lempertz, Auktion 1132 (18.5.2019) Los 1507. Aufrufpreis 70./90.00 Euro, Zuschlag 161.200 Euro. Vgl. auch Oelwein 2020, S. 69.

36 Bruckbräu 1829.

37 Flora 27.7.1827.
38 Messerer 1966, Nr. 600.

Maximiliane Borzaga (S. 46–51)
1 AEM München-Zu Unserer Lieben
   Frau Traubuch 1787 ZULF. Zu Joseph
   Borzaga vgl. Münchener politische Zeitung 17.2.1802, 17.12.1808; 2.10.1826,
   6.7.1829 u. ö.
2 AEM München-Zu Unserer Lieben
   Frau Sterbebuch 1810.
3 Schmeller Bd. II, 1956, S. 1 (1.1.1826).
4 Ebenda, S. 40 (15.4.1827).
5 Oertzen 1927, S. 31 f.
6 Bayerischer Volksfreund 27.3.1828;
   Bayerischer Landbote 27.3.1828.
7 AEM München-Zu Unserer Lieben
   Frau Traubuch 19.3.1828.
8 Frankfurter Ober-Post-Amts-Zeitung
   17.5.1824.
9 Signat 1827/210: 11.12.1827.
10 AEM München-Zu Unserer Lieben
   Frau Taufbuch 3.2.1829.
11 Münchener Tagblatt 15.3.1830. Dr. C.
   Ph. Krämer, die Molken- und Badan-
   stalt Kreuth im bayerischen Hochge-
   birge bei Tegernsee, mit 1 Abbildung, 8,
   in Umschlag geheftet, 1 fl. 30 kr. (Bayerische Landbötin 30.6.1831).
12 Münchener Tagblatt 24.7.1833.
13 AEM München-Zu Unserer Lieben
   Frau Taufbuch 3.2.1829. Neue Würzburger Zeitung 5.1.1853; Münchner Omnibus 16.12.1863; Lindauer Tagblatt
   22.11.1865.
14 AEM München-Zu Unserer Lieben
   Frau Taufbuch 23.10.1831 (gest.
   22.11.1831).
15 AEM München-Zu Unserer Lieben
   Frau Taufbuch 7.5.1834.
16 Siehe unten Anna von Greiner,
   S. 376–383.
17 Er hatte 1823 Karoline Borzaga (geb.
   28.12.1797) geheiratet, AEM München-
   Zu Unserer Lieben Frau Traubuch.
18 AEM München-Zu Unserer Lieben
   Frau Sterbebuch 18.5.1837.
19 Seit dem 1788 erlassenen Verbot, innerhalb der Stadtmauer zu bestatten, war
   der Friedhof vor dem Sendlinger Tor
   der einzige in München. Den Namen
   Südlicher bzw. Alter Südlicher Friedhof
   erhielt er erst, als seit der zweiten Hälfte
   des 19. Jahrhunderts weitere Friedhöfe
   angelegt wurden.

20 Bayerischer Volksfreund 5.7.1837.
21 Friedens- und Kriegs-Kurier 9.9.1838;
   Münchener Tagpost 15.2.1839 u. ö.
22 Münchener Tagblatt 14.4.1851.
23 Für den Hinweis danke ich Herrn Stefan
   Bauer.
24 Hojer 2011, S. 50. GHA KKVerw Ludwig I. 18: Am 27.6.1827 bezahlt zusammen mit dem zweiten Porträt von
   Auguste Strobel und dem ersten der
   Marchesa Florenzi.
25 Schmeller Bd. II, 1956, S. 43 (10.7.1827).
26 Flora 22.7.1827. Abgedruckt bei Oertzen
   1927, S. 30 f.
27 Hojer 2011, S. 50.
28 Bruckbräu 1829.

Charlotte von Hagn (S. 51–68)
1 Oelwein 1998.
2 AEM Taufbücher München-St. Peter
   4.11.1809.
3 Edikt vom 26. Mai 1818. Hagn musste
   1820 das Prädikat „von" von seinem
   Ladenschild entfernen, nachdem er
   erfolglos dagegen geklagt hatte. Hoeft
   1926, S. 130–132.
4 Zu Herkunft, Familie und ihrer Kindheit siehe Hoeft 1926.
5 Wie es ihr gelang, das Adelsprädikat
   wiederzuerlangen, ist nicht bekannt.
6 Grandauer 1878, S. 103.
7 Bobbert 1936, S. 17.
8 GHA NL Ludwig I. 85/6/51 (Charlotte
   an Ludwig I., undatiertes Billett, März
   1828. Am 4. März 1828 hat Charlotte in
   „Die Piccolomini" Thekla Prinzessin
   von Friedland gespielt.
9 GHA NL Ludwig I. 85/6/51 und BSB
   HSS Ludwig I.-Archiv 45 (Tagebuch
   Hagn) an verschiedenen Stellen.
10 Zu ihrer Bühnenkarriere siehe ausführlich die theaterwissenschaftliche Disser-
   tation von Bobbert 1936 (allerdings mit
   vielen Fehlern). BayHStA Intendanz Hoftheater Nr. 170.
11 BSB HSS Ludwig I.-Archiv 45 (Tagebuch Hagn) an verschiedenen Stellen.
12 Ausführlich Oelwein 2020, S. 57–63.
13 Tags-Blatt für München 5.10.1827.
14 Trautmann 1893, S. 138.
15 Z. B. Braun 1889; Oertzen 1923.
16 Bobbert 1936, S. 18 f. Der Vater hatte sich
   am 5.7.1830 in einem Badezimmer des
   Dianabads in München erschossen. Vgl.
   z. B. Der reisende Teufel, 11.7.1830, S. 10.

17 Beiliegend in BSB HSS Ludwig I.-Archiv (Tagebuch Hagn).

18 Spreti/Seckendorff 2008.

19 Lier 1904.

20 Münchener Conversations-Blatt 17.7.1831.

21 „Mein höllisches Gedicht", anonymes handschriftliches Gedicht ohne Datum, Beilage BSB HSS Ludwig I.-Archiv (Tagebuch Hagn).

22 Münchener Tagblatt 12.1.1832.

23 Münchener Conversations-Blatt 1.1.1830.

24 GHA NL Ludwig I. 85/6/4a (Hagn an Ludwig I., Dresden 23.1.1831, im Original allerdings verschrieben: 23.1.1830).

25 Wolf Adolf August Freiherr von Lüttichau war von 1824 bis 1862 Generalintendant des Sächsischen Hoftheaters Dresden.

26 GHA NL Ludwig I. 89/2/14 (Ludwig I. an Sigl-Vespermann 17.2.1831 und 2.3.1831).

27 Ebenda (Ludwig I. an Sigl-Vespermann 23.3.1831 und 7.4.1831).

28 BayHStA Intendanz Hoftheater 170 (Signat des Königs 31.12.1831).

29 Siehe Theaterzettel 1.1.1832.

30 Münchener Tagblatt 11.2.1832, 18.2.1832, 23.5.1832.

31 Carl Ludwig Costenable 1835, zit. nach Isolani 1909, S. 591.

32 BayHStA Intendanz Hoftheater 170. Vgl. auch Signate 1831/147, 1831/261, 1831/268, 1831/519, 1832/405.

33 Eine Auflistung aller Gastspielreisen siehe Bobbert 1936, S. 150 f. In Stuttgart ist die Hagn allerdings nie aufgetreten. Dies verhinderte mit Sicherheit ihre Konkurrentin aus Münchner Tagen, Amalie von Stubenrauch, die an der Württembergischen Hofbühne zum einflussreichen Star aufgestiegen war.

34 Oertzen 1927, S. 43 f. (nach Schilderungen von Karoline Bauer).

35 Auftritt am 22. Februar 1836. Bauer o. J., S. 141 f.

36 Vollständiger Wortlaut des Briefs: Braun 1894.

37 Toepfer 1846.

38 Stemplinger 1939, S. 51 f.

39 Bobbert 1936, S. 117.

40 Charlotte an Emil Devrient, Berlin 21.12.1844, Houben 1903, S. 268.

41 BayHStA Intendanz Hoftheater (Gesuch vom 23.3.1838).

42 Ebenda. Vgl. auch Signate 1844/306, 1844/471. Barthel 1983, S. 281; Theaterzettel des königlichen Hof- und Nationaltheaters, 8. bis 25.4.1845. Ponte 2013, S. 147 (Abbildung Hagn in Hosenrolle).

43 Feodor Wehl, Allgemeine Theater-Chronik Nr. 47/1846. Zit. nach Bobbert 1936, S. 123.

44 Den vollständigen Wortlaut siehe Bobbert 1936, S. 157 f.

45 Tag-Blatt der Stadt Bamberg 4.4.1846.

46 Münchener politische Zeitung 30.4.1846.

47 Allgemeine Theaterzeitung 8.4.1846.

48 Z. B. Bohemia 25.8.1846; Münchener Tagblatt 27.9.1846. Ein Exemplar konnte nicht gefunden werden.

49 Genaue Lebensdaten sind für ihn nicht bekannt.

50 Aquarell von Franz Napoleon Heigel, sign. und dat. 1846, Auktionshaus Hugo Ruef, München, Katalog Auktion 478 (Juni 1998), Nr. 1519.

51 Augsburger Tagblatt 29.3.1846; Bayerischer Landbote 2.4.1846; Münchener politische Zeitung 10.4.1846; Kemptener Zeitung 12.4.1846.

52 Bayerischer Volksfreund 30.4.1846 u. ö.

53 Frankfurter Ober-Post-Amts-Zeitung 7.4.1846 (Berlin 3. April) u. ö.

54 Bohemia 2.4.1846.

55 Gustav von Putlitz notierte in seinen Erinnerungen: „Ich habe nach ihrer Verheiratung eine Saison in Ostende mit ihr [Charlotte von Hagn] verlebt." Zit. nach Isolani 1909, S. 595.

56 Fürther Tagblatt 20.5.1846.

57 Bayerischer Volksfreund 25.10.1846; Münchener Tagblatt 13.11.1846.

58 Münchener Tagblatt 7.11.1846.

59 Münchener Tagblatt 5.5.1847.

60 Aschaffenburger Zeitung, 12.5.1847.

61 Rauh/Seymour 1995, S. 140 (Ludwig I. an Lola Montez, München 15.3.1848).

62 Ebenda, S. 184 (Ludwig I. an Lola Montez, München 8.5.1848).

63 Münchener Wochen-Zeitung 16.4.1848 u. ö.

64 Im Hausbogen zu Barer Straße 7 (StadtA München DE-1992-AHB-18) findet sich kein Hinweis auf das Ehepaar von Oven.

65 Adreßbuch München 1850.

66 Braun 1918, S. 120. Wobei nicht klar ist, um welches der zahlreichen Kunersdorf es sich handelt.

67 Kgl. privilegierte Berlinische Zeitung 9.10.1849.

68 Volksbötin 16.9.1849.

69 Münchener Tagblatt 7.1.1851.

70 GHA NL Ludwig I. 85/6/4a (Hagn an Ludwig I., München 28.2.1850).

71 BSB HSS Stieleriana I 1,5,m.

72 GHA NL Ludwig I. 85/6/4a (Hagn an Ludwig I., München 21.5.1850).

73 Münchener Tagblatt 28.4.1851; Baierischer Eilbote 29.4.1851.

74 Münchener Tagblatt 9.2.1851.

75 Morgenblatt für gebildete Leser 10.4.1851 (Lortzing-Benefiz); siehe auch Magdeburgische Zeitung 17.12.1850; Baierischer Eilbote 28.2.1851; Rheinische Musik-Zeitung für Kunstfreunde und Künstler 8.3.1851; Augsburger Tagblatt 8.11.1851.

76 GHA NL Ludwig I. 85/6/4a (Hagn an Ludwig I., München 30.10.1853).

77 Münchener Tagblatt 19.1.1852.

78 Braun 1918, S. 122.

79 Bayerische Landbötin 27.8.1854.

80 Nürnberger Kurier 10.7.1855.

81 Fränkischer Kurier 6.6.1856.

82 Bauer 1873, S. 308.

83 Nürnberger Kurier 31.7.1858; Münchner Bote 8.8.1858.

84 StA Meran, Fremdenlisten (5.9.1859). Die beiden Schwestern wohnten bei Dr. Mazegger.

85 Regensburger Morgenblatt 25.7.1860: Fremdenanzeige Goldenes Kreuz Regensburg.

86 Mündliche Erinnerungen einer Frau Weiß aus Oberaudorf, die Charlotte im Haus ihrer Eltern kennengelernt hatte. Zit. nach Bobbert 1936, S. 146.

87 Allgemeine Zeitung 14.8.1881.

88 Allgemeine Zeitung Todesanzeige 23.4.1891. Gräberfeld 19-4-26.

89 Bobbert 1936, S. 147.

90 Z. B. Lewald, Allgemeine Theater-Revue Bd. 2, S. 270–274; Entsch 1892, S. 320–322; Neuer Theater-Almanach 1892, S. 91; Eisenberg 1903, S. 383 f.; Kosch 1953, S. 671.

91 Armando 1961, S. 125.

92 GHA KKVerw. Ludwig I. 112.

93 Bruckbräu 1829, ähnlich auch Bruckbräu 1835. Vgl. auch Schorn 1829.

94 Aschaffenburger Zeitung, 13.12.1845.

95 Im Kunsthandel: Weinmüller München, Auktion 171, Oktober 1976, Nr. 1390; 36. Deutsche Kunst- und Antiquitäten Messe München, 1991 (Schlapka KG),

Neumeister München, Auktion 376, Juli 2017, Nr. 595. Abbildung auch bei Still 2020, S. 82. Das zeitgleiche Porträt ihres Mannes ist verschollen.

96 Auktionshaus Ketterer Mai 1993; vgl. Boettcher Bd. I, S. 193.

97 Maillinger 1876, S. 53.

Isabella Gräfin Tauffkirchen (S. 68–74)

1 AEM München-Zu Unserer Lieben Frau Taufbücher 12.3.1808.

2 Schloss Guttenburg war bis 1824 im Besitz der Familie, die es dann verkaufte. Heute liegt das renovierte Schloss inmitten eines Golfplatzes und dient u. a. als Eventlocation.

3 Schloss Englburg wurde von Isabellas Neffen Max verkauft. Hier unterzeichnete Bundespräsident Theodor Heuss am 21.8.1954 das Beitrittsgesetz der Bundesrepublik Deutschland zum Genfer Rotkreuz-Abkommen. 2011 in Wohnungen und Büros umgebaut, ist das Schloss nicht zu besichtigen.

4 Krauss-Meyl 1997, S. 68, 83.

5 Münchener Morgenblatt 22.2.1843.

6 Krauss-Meyl 1997, S. 113 f., 121, 123. Der erfolgreiche Offizier und königliche Kämmerer galt jedoch als lasterhaft in seinem Privatleben und hoch verschuldet. Respektlos und ironisch auf das Privatleben Leopoldines anspielend, blieb er einige Zeit in ihrem Dienst.

7 In zweiter Ehe Katharina Fürst, in dritter Katharina Baumann.

8 ww-person.com (aufgerufen 8.4.2020).

9 Bayerischer Landbote 24.12.1850.

10 Allgemeine Zeitung 5.9.1858.

11 Eos 17.2.1827; Flora 18.2.1828.

12 „Collection des divers costumes composant les quadrilles du bal masqué donné à Munic le 15. Fev. 1827."

13 Reiser (2008, S. 17) konnte auf dem ihm vorliegenden Exemplar darüber den handschriftlichen Vermerk: „Isabella Tauffkirchen" entdecken.

14 Bayerischer Landbote 29.4.1830; Münchener Conversations-Blatt 1.5.1830.

15 Augsburger Postzeitung 21.10.1841.

16 Genealogisches Taschenbuch 1853, S. 399 f. bzw. 1874, S. 470 f. und 1857, S. 432.

17 Berliner Gerichts-Zeitung 1.12.1864.

18 Friedländer 1910, S. 13 – 45. Der Fall, in dem es um Erbschaftsstreitigkeiten und

Kindsunterschiebung ging, diente sogar als Vorlage für einen DDR-Fernsehfilm von 1966 „Der Prozess gegen die Gräfin Kwilecki".
19 Hojer 2011, S. 56.
20 BSB HSS Hagn, Tagebuch 28.2.1828.
21 GHA KKVerw. Ludwig I. 112.
22 Oertzen 1927, S. 32 f.
23 Hase 1971, Nr. 139.
24 Messerer 1966, Nr. 600.

Cornelia Vetterlein (S. 74–79)
1 Dies ist wohl der Grund dafür, dass verschiedentlich (z. B. Oertzen) als Geburtstag der 25.12.1812 angegeben wird. Doch schon rückseitig wurde auf dem Bild vermerkt: „geboren in Münchberg bei Bayreuth den 25. Dezember 1811".
2 Taufmatrikel evang.-luth. Pfarramtes Münchberg, Jg. 1812 Nr. 2. Zit. nach Lang 1982, S. 227.
3 Taufmatrikel evang.-luth. Pfarramtes Münchberg, Jg. 1813 Nr. 63. Zit. nach Lang 1982, S. 227.
4 Vgl. die Regierungsblätter 31/1844, 24/1845, 5/1847 und 12/1869. Er brachte es bis zum Regierungsdirektor in Landshut. StadtA München Familienbogen Karl Vetterlein. Er starb als pensionierter Regierungsdirektor am 8.12.1877 in München. Vgl. auch BayHStA Heroldenamt Akt 2372.
5 Bayerische National-Zeitung 28.6.1817.
6 Z. B. Bayerischer Volksfreund 24.3.1825; Bayreuther Zeitung 30.8.1825; Tags-Blatt für München 19.11.1827.
7 Z. B. im Goldenen Hahn, Tags-Blatt für München 19.11.1827.
8 Bayreuther Zeitung 11.2.1826.
9 Ebenda 7.9.1828.
10 Ebenda 16.1.1829.
11 Ebenda 11.3.1846; Bamberger Zeitung 29.9.1849.
12 Hof- und Staatshandbuch 1844, S. 31 u. 290.
13 Neue Würzburger Zeitung 9.1.1947; Oberpfälzisches Zeitblatt 16.1.1847.
14 Münchener Tagblatt 12.5.1847; Bayreuther Zeitung 25.9.1850, 30.9.1850, 17.3.1853.
15 Bayreuther Zeitung, 20.3.1847.
16 Ebenda 12.1.1850.
17 Fränkischer Merkur 8.5.1847; Neue Würzburger Zeitung 9.5.1847.
18 Augsburger Postzeitung 2.12.1847.

19 Passauer Zeitung 10.5.1848.
20 Bayerischer Landbote 27.1.1849; Neue Passauer Zeitung 29.1.1849.
21 Adressbuch München 1857.
22 Kemptener Zeitung 5.10.1872.
23 Hof- und Staatshandbuch 1844, S. 221 u. 293.
24 Laut Auskunft der Familie von Künsberg.
25 Genealogisches Handbuch II, 1951, S. 177 f. sowie Auskunft der Familie.
26 GHA KKVerw. Ludwig I. 112.
27 Aschaffenburger Zeitung 13.12.1845.
28 Bruckbräu 1829.
29 Vormbrock 2019.
30 Vetterlein 1999.

Amalie Freiin von Kruedener (S. 80–90)
1 Nikolenko 1988, S. 39 f. Siehe auch Lukina 2002.
2 Nikolenko 1988, S. 39.
3 Polonsky.
4 Herzogin von Dino (31.5.1840), zit. nach Oertzen 1927, S. 35 f.
5 Signate 1838/186.
6 Bayerischer Landbote 2.9.1838.
7 Polonsky.
8 Schuh 1839, S. 35, 79, 191, 192.
9 Signate 1838/481.
10 BSB HHS Stieleriana I, Brief A. v. Kruedener, St. Petersburg 26.10.1838. Siehe auch Marggraff 23.6.1858.
11 Ansicht von San Francesco in Fiesole, 1842. Lieb/Hufnagl 1979, S. 112, G 47; S. 181 Z 170a; Buttlar 1999, S. 369.
12 BSB HSS Klenzeana I.8, S. 24, 26, 72 f.
13 Nikolenko 1988, S. 39. In Erinnerung an den russischen Dichter, der auch mit Heinrich Heine und Friedrich Wilhelm Schelling verkehrte, wurde im Jahr 2003 in München im sogenannten „Dichtergarten" neben dem Hofgarten ein lebensgroßes Denkmal für Fjodor Tjutschew enthüllt. Am ehemaligen Haus der russischen Gesandtschaft in der Herzogspitalstraße 12 erinnert seit 1999 eine Gedenktafel an ihn.
14 Z. B. Börsen-Halle 29.8.1833, 20.9.1833.
15 Pfeil und Klein-Ellguth 1907, S. 40–42.
16 Kgl. Preußischer Staats-Anzeiger 22.10.1861.
17 Allgemeine Zeitung 18.3.1881, 30.3.1881.
18 Ebenda 19.3.1882.
19 Lehmeier 2010, S. 10 f.

20 Pfeil und Klein-Ellguth 1903, S. 20.
21 Lehmeier 2010, S. 11.
22 Allgemeine Zeitung 23.6.1888.
23 Ebenda 28.12.1892.
24 Vgl. auch den Roman „Das grüne Sofa"
von N. Würzburg, einer Nachfahrin.
25 Dabei hat sich der Steinmetz mit dem
falschen Sterbedatum 31.6.1888 verhauen.
Der Juni hat nur 30 Tage.
26 Lehmeier 2010, S. 11.
27 GHA NL Ludwig I. 89/2/14 (Brief Ludwig I. an Sigl-Vespermann, München
29.1.1831).
28 GHA KKVerw. Ludwig I. Journal 113
(bei Hase fälschlich 1828, ein Datum das
weiter tradiert wurde).
29 BSB HSS Stieleriana I I,5,m. Das „Verzeichnis der von J. Stieler gemalten Bildnisse" führt zweimal „Frau von Krüdener" auf: einmal unter 1828 und einmal
unter 1827–1829.
30 Oertzen, S. 38; Bazar, Februar 1828.
31 Mittermaier 2019. Allgemeine Zeitung
20.5.1901; Rosenheimer Anzeiger 20.6.1886.

Regina Daxenberger (S. 91–97)
1 Bruckbräu 1829.
2 AEM München-St. Peter Taufbuch
3.1.1811.
3 Schneider, Angerviertel 1966, S. 342.
4 Leitschuh Bd. III 1973, S. 275.
5 Sein Nachlass liegt im Archiv von Kloster
Andechs/St. Bonifaz. Zu seiner Schwester
war darin jedoch nichts zu finden.
6 Augsburger Ordinari-Postzeitung
29.8.1828.
7 Hojer 2011, S. 60.
8 Augsburger Tagblatt 27.11.1830.
9 BayHStA MA 75221. Signat 1830/374.
10 Münchener Conversations-Blatt 7.1.1831;
Bayerischer Volksfreund 8.1.1831. AEM
München-Zu Unserer Lieben Frau
Traubuch 5.1.1831.
11 AEM München-Zu Unserer Lieben
Frau Taufbuch 21.1.1794.
12 Spindler 1966, S. 254 f., 259.
13 BayHStA MA 75221.
14 Fahrmbacher 1851, S. 347.
15 Bayerischer Landbote 11.5.1826.
16 Fahrmbacher 1851, S. 229 f. und 249 bzw.
106.
17 Postbote aus Franken 21.2.1832; Kourier
an der Donau 23.5.1840.
18 Münchener Tagblatt 18.7.1851.
19 BayHStA MA 75221.

20 Am 17. Juli 1851 hatte Fahrmbacher
König Ludwig das Manuskript zum Epilog vorgelegt. GHA NL Ludwig I. 86/5/3.
21 GHA NL Ludwig I. 88/3/1 (Brief Fahrmbacher an Ludwig I. 4.12.1864).
22 Adressbuch für München 1837 und 1857.
23 Schmeller Bd. II, 1956, S. 270 (31.3.1840).
Carl Friedrich Philipp von Martius
(1794–1868):
24 AEM München-Zu Unserer Lieben
Frau Taufbuch 1.8.1833. Sie heiratete
1853 den Polizeioberkommissar und
späteren Regierungsrat Christian Martin in St. Bonifaz.
25 Taufe am 21. Mai 1837, AEM München-Zu Unserer Lieben Frau Taufbuch
21.5.1837. GHA KKVerw. Ludwig I. 28,
S. 76. Zu Weichselbaumer siehe auch
Spindler 1966, S. 254, 259.
26 AEM München-Zu Unserer Lieben
Frau Taufbuch 14.10.1839 (Taufpate:
Sebastian Daxenberger). Er wurde später Offizier beim bayerischen Militär.
27 AEM München-Zu Unserer Lieben
Frau Taufbuch 26.12.1841.
28 Ebenda 2.8.1843.
29 Von ihm stammte auch das Praktische
Handbuch der höhern Kochkunst, von
Josef Fahrmbacher, Mundkoch Sr. Maj.
des Königs von Baiern, 476 Seiten,
Nürnberg 1827 mit über 1000 Gerichten.
Vgl. Morgenblatt für gebildete Stände,
Intelligenz-Blatt 15, 1827. 1802 scheint er
auch als Wirt den „Hubergarten" betrie-
ben zu haben. Kurpfalzbaierische Staatszeitung 12.11.1802.
30 Münchener Tagblatt 18.3.1842 (Todesanzeige).
31 Todesanzeige in BayHStA MA 75221.
Aschaffenburger Zeitung 31.12.1868.
32 BayHStA MA 75221 (Schreiben vom
19.2.1869).
33 Münchner Bote 19.11.1872.
34 Burckhardt 1912, S. 38.
35 Münchener politische Zeitung 8.7.1829.
36 GHA KKVerw. Ludwig I. Journal 113.
37 Münchener politische Zeitung 8.7.1829.
38 Hojer 2011, S. 16.
39 Hase 1971, Nr. 286.

Anna Hillmayer (S. 98–102)
1 Marggraff 24.6.1858.
2 AEM München-St. Peter Taufbücher
12.8.1812 (am 29.4.1816 wurde sie bereits
gefirmt); Adreßbuch München 1837.

3 Bayerischer Volksfreund 5.3.1832 (Anzeige).

4 Kiaulehn 1948.

5 Augsburger Tagblatt 27.11.1830. Vgl. Regina Daxenberger, S. 91 – 97.

6 Neue Münchener Zeitung, Abendblatt 1.1.1858.

7 AEM München-St. Peter Sterbebücher 19.8.1847; Münchener Tagblatt 20.8.1847; Münchener Morgenblatt 25.8.1847.

8 AEM München-St. Peter Trauungsbücher 8.6.1807.

9 AEM München-St. Peter Taufbücher 13.12.1809; Münchener Tagpost 1.9.1839; Münchener Tagblatt 1.9.1839.

10 AEM München-St. Peter Taufbücher 13.12.1810.

11 Ebenda 7.4.1816; Münchener Morgenblatt 5.10.1844.

12 Bayerischer Volksfreund 16.2.1833; Bayerische Landbötin 16.2.1833.

13 Bayerische Landbötin 29.1.1846 u. ö.

14 Baierischer Eilbote 17.9.1847.

15 Neue Münchener Zeitung 18.8.1855; Münchner Bote 21.8.1855.

16 Bayerische Landbötin 1.9.1853.

17 Münchner Tages-Anzeiger 13.10.1853 (St. Peter).

18 Volksfreund 9.11.1862.

19 Münchener Morgenblatt 11.1.1845.

20 Baierischer Eilbote 4.5.1842.

21 Messerer 1966, Nr. 600.

22 GHA KKVerw. Ludwig I. 114.

23 Bayerischer Volksfreund 31.7.1829.

24 Münchener politische Zeitung 8.7.1829 (München 6. Juli).

25 Kiaulehn 1948.

26 Hojer 2011, S. 64.

27 Lewald 1840, S. 28.

28 Bayerischer Volksfreund 6.8.1829.

29 Bruckbräu 15.11.1829.

30 Aschaffenburger Zeitung, 13.12.1845.

31 Le monde illustré 26.6.1869.

Nanette Kaula (S. 102 – 110)

1 Bayern 1982, S. 148.

2 Als Geburtsdatum Raphael Kaulas werden verschiedene Daten genannt, z. B. 1765 (Bayern 1982, S. 148). Bei seinem Tod im November 1828 stand er jedoch laut Todesanzeige in seinem 68. Lebensjahr, was auf 1761/62 schließen ließe.

3 Oertzen 1927, S. 48.

4 Bayern 1982, S. 148.

5 Raphael Kaula, Großhändler, kgl. bayer. und kgl. württemb. Hofagent, erworben am 20.3.1815 für 14.300 Gulden. Schneider 1960, S. 270.

6 Volksfreund in Baiern 14.6.1823.

7 Münchener politische Zeitung 7.8.1824.

8 Ebenda 27.11.1828; Bayerischer Volksfreund 27.11.1828.

9 Münchener Tagblatt 12.1.1830.

10 1832 erscheint „Kaula, Josepha, Hof agentenswitwe" als Eigentümerin. Schneider 1960, S. 270.

11 Bayerischer Volksfreund, 12.12.1833. Versteigerung ab 16.12.1833.

12 Bayerischer Landbote 4.6.1833.

13 Ebenda 31.10.1833; Regensburger Zeitung 5.11.1833.

14 Münchener politische Zeitung 30.3.1833.

15 Privileg 29.12.1828 (Flora 18.1.1829); Tags-Blatt für München 6.12.1828.

16 Vgl. z. B. Adreßbuch für München 1857.

17 Münchener Tagblatt 3.7.1834.

18 Anlässlich seines Todes im März 1863 wird er als im 62. Lebensjahr beschrieben. Neueste Nachrichten aus dem Gebiete der Politik 31.3.1863. Laut Familienbogen (StadtA München DE-1992-PMB H 177) wurde er jedoch 1803 geboren.

19 Vielfach zitiert, z. B. Bayern 1982, S. 149.

20 18.3.1838 (Signat 1838/153).

21 Dort noch 1857 gemeldet laut Adreßbuch für München 1857.

22 StadtA Familienbogen (DE-1992-PMB H 177).

23 Schneider 1960, S. 270. 1912 gelangte es an den Bayerischen Staat. Das äußerst stattliche Haus steht nicht mehr. An seiner Stelle erhebt sich, etwas nach hinten versetzt, der Südflügel des Kultusministeriums.

24 StadtA Familienbogen (DE-1992-PMB H 177); Neueste Nachrichten 31.3.1863.

25 Oertzen 1927, S. 49.

26 StadtA Familienbogen (DE-1992-PMB H 177); Bayerischer Landbote 1.12.1876; Allgemeine Zeitung 3.12.1876.

27 Bayern 1982, S. 150.

28 Oertzen 1927, S. 49.

29 Zit. nach Bayern 1982, S. 150.

30 Oertzen 1927, S. 49.

31 Sepp 1869, S. 526; Oertzen 1927, S. 50; Bayern 1982, S. 149.

32 Zit. nach Bayern 1982, S. 150.

33 Bayern 1982, S. 148.

34 Münchener politische Zeitung 8.7.1829.

35   Messerer 1966, Nr. 600.
36   GHA KKVerw. Ludwig I. Journal 114.
37   Treml 1988, Nr. 8/759.
38   Hojer 2011, S. 14.
39   1862 etwa wohnte König Maximilian II. in der Villa (Pfälzer Zeitung 8.2.1862). Auch König Wilhelm I. von Württemberg war dort mehrmals zu Gast. Zudem war Herr Avigdor württembergischer Konsul.
40   Münchener politische Zeitung 8.7.1829.
41   Bruckbräu 14.11.1829.
42   Aschaffenburger Zeitung 13.12.1845.
43   Bayern 1982, S. 150. Es fehlt (wie auch das Gemälde für die Schönheitengalerie) im Verzeichnis der von J. Stieler gemalten Bildnisse (BSB Stieleriana I I,5,m).

Helene Sedelmayer (S. 110–117)

1   Es finden sich auch andere Schreibweisen, etwa Sedlmayr u. ä. Rückseitig auf dem Bild 1831 und anlässlich ihrer Trauung 1834 steht jedoch „Sedelmayer".
2   Verschiedentlich ist als Geburtstag der 12. Mai 1813 zu lesen, so auch auf der Rückseite des Bildes, doch dem widersprechen der Taufschein (Bauer 2016, S. 119) und der Eintrag ins Trauungsbuch 1834.
3   Die Geschichte von Helene Sedelmayer und ihrer Familie war 2010 ein mehrwöchiges Projekt mit Schülern der Heinrich-Braun-Mittelschule in Trostberg. Siehe dazu auch – wenn nicht anders angegeben – das Folgende. Bauer 2015, S. 544–550, Bauer 2016, S. 119–126.
4   Er war auch der Taufpate ihres Bruders Georg Michael (AEM Mühldorf am Inn Taufbuch 30.9.1809). Georg Schmid, der auch als „Maibuschemacher" bezeichnet wurde, wohnte wohl in der heutigen Kolbergstraße, in der um 1930 abgerissenen „Wanzenburg". Bauer 2016, S. 120.
5   Adressbuch München 1835, S. 118.
6   BSB HSS Ludwig I.-Archiv 3, 86, S. 1095, zit. nach Glaser 2007, V 1830.
7   Abbildung z. B. Hojer 2011, S. 11.
8   BSB HSS Ludwig I.-Archiv 3, 86, S. 1159; zit. nach Bauer 2016, S.121.
9   Lewald 1835, S. 28.
10   Ebenda.
11   Zeitung für die elegante Welt 31.10.1834.
12   Lewald 1835, S. 28.
13   GHA KKVerw. Ludwig I. 25, S. 119.
14   AEM München-Zu Unseren Lieben Frau Trauungen 14.4.1834. Vgl. Bayerischer Landbote 24.4.1834 u. ö. Pfister 2014, S. 163.
15   AEM München-St. Anna Taufbuch 12.3.1836. GHA KKVerw. Ludwig I. 29, S. 79 (März 1838).
16   Bauer 2015, S. 548; Bauer 2016, S. 124 f.
17   Münchner Bote 10.5.1871.
18   Adressbuch München 1874.
19   AEM München-Hl. Geist Sterbebücher 18.11.1898; Münchner Neueste Nachrichten 20.11.1898 (Todesanzeige). Anlässlich ihres 100. Todestages erschienen in vielen bayerischen Zeitungen erneut Besprechungen, z. B. Boese 1998 oder Weichslgartner 1998.
20   Gräberfeld 38 – Reihe 3 – Platz 25.
21   Rosenheimer Anzeiger 30.11.1898 (München 28.11.).
22   Münchner Neueste Nachrichten 20.11.1898 (Todesanzeige); Rosenheimer Anzeiger 30.11.1898 (München 28.11.).
23   Stephan 2011, S. 22.
24   Bauer 2016, S. 125.
25   Lewald 1835, S. 28.
26   Flora 6.3.1831.
27   BSB HSS Ludwig I.-Archiv 3, 86, S. 1159 (13.12.1830), zit. nach Bauer 2016, S.121. Vgl. auch Weichslgartner 1998.
28   1859 schenkte der König einem anderen Dienstmädchen ebenfalls eine silberne Riegelhaube, die 20 Gulden kostete. GHA KKVerw. Ludwig I. 50, S. 35.
29   Zur Tracht vgl. Szeibert-Sülzenfuhs 1997, S. 95 u. ö.
30   Hojer 2011, S. 16 (17.12.1830).
31   GHA KKVerw. Ludwig I. 22, S. 69.
32   Flora 6.3.1831.
33   Bauer 2015, S. 548; Weidner 2018, S. 137.

Amalie von Schintling (S. 117–123)

1   Bedall 2012, S. 446, siehe auch S. 405, 408, 442.
2   Ebenda, S. 507–522.
3   Schreiben von Pfalzgräfin Maria Amalie, Äbtissin von St. Anna in München und Würzburg an die Mutter Theresia von Schintling, geb. Hacke, 13.2.1818; Ebenda, S. 412.
4   Ebenda, S. 413, 457. Vgl. auch Nachricht Erziehungs-Anstalt in Nymphenburg, 1821–1824 (spätere Ausgaben nicht erhalten). Zum Teil als „von Schindling" verzeichnet.
5   Bedall 2012, S. 416.

6 Ebenda, S. 415.

7 Ebenda, S. 448.

8 Oertzen (1927, S. 58–61) standen offensichtlich noch weitere Tagebücher Karls von Schintling, des Bruders des Vaters, zur Verfügung; siehe auch Schrott 1963, S. 357.

9 AEM München-Zu Unserer Lieben Frau Sterbebücher 24.12.1831; Münchener Conversations-Blatt, 27.12.1831. Grab Südlicher Friedhof Sektion 18, Reihe 14, Grab 46, Bedall 2012, S. 418, 507.

10 Bedall 2012, S. 483.

11 Schrott 1963, S. 357.

12 Escherich 1920, S. 187.

13 Hojer 2011, S. 68; GHA KKVerw, Ludwig I. 22, S. 71.

14 Flora 6.3.1831.

15 Oertzen 1927, S. 61.

Marianna Marchesa Florenzi
(S. 124–137)

1 Zucconi, 1983; Graziani/Selvi 2009; Crescensio 2013 u. ö.

2 Vgl. z. B. Philipps 2015, S. 135; Graziani/Selvi 2009, S. 160.

3 Copenhaver 2012, S. 67–70.

4 Otto 1872.

5 Genealogisches Taschenbuch 1848, S. 310.

6 Einige der deutschen Passagen sind ediert von Glötzner 2014a.

7 Ringseis Bd. 2, 1886, S. 75–77.

8 Perelli 2017.

9 Ebenda.

10 Allgemeine Zeitung 27.2.1886, Römische Annalen.

11 Bayerischer Landbote 11.5.1826. Zu Regina Daxenberger und Heinrich Fahrmbacher siehe oben S. 91–97.

12 Otto 1872.

13 Fahrmbacher 1851, an vielen Stellen.

14 Ebenda, S. 111, 119 u. ö.

15 Ringseis Bd. 2, 1886, S. 77.

16 Allgemeine Zeitung 31.8.1886: Besprechung der „Erinnerungen an Dr. Joh. Nep. v. Ringseis, hg. von Emilie Ringseis".

17 Münchener politische Zeitung 8.6.1826; Nürnberger Friedens- und Kriegs-Kurier 9.6.1826 u. ö. (Perugia 24. Mai).

18 Österreichischer Beobachter 24.6.1833.

19 Z. B. Fränkischer Kurier 19.10.1834; Schweizer Bote 21.10.1834; Fränkischer Merkur 19.12.1835.

20 Münchener Tagblatt 3.7.1831. Vgl. auch Münchener Conversations-Blatt 14.7.1831; Allgemeiner bayerischer National-Korrespondent 16.7.1831.

21 Bayerische Landbötin 8.7.1831.

22 Bayerischer Landbote 2.8.1831.

23 Oertzen 1927, S. 57.

24 Philipps 2012, S. 162.

25 Perelli 2017, S. 13.

26 Ebenda.

27 BSB HSS Ludwig I.-Archiv 3, 90, S. 1030 (11.11.1831) bzw. S. 1252 (17.11.1831).

28 Undatierter Brief Marianninas, Glötzner 2014a, S. 22.

29 Durch die Jahre, auch nach der Abdankung des Königs, wurden immer wieder Gelder nach Perugia geschickt, meist über Margherita Maroncini. GHA KKVerw. Ludwig I. an verschiedenen Stellen.

30 BSB HSS Ludwig I.-Archiv 3, 90, S. 1238 (13.11.1831). Das Café Tambosi am Hofgarten bzw. Odeonsplatz existiert in veränderter Form bis heute. Im November 1833 übernahm Ludwig sogar die Patenschaft für das Kind des Grafen Baccinetti. GHA KKVerw. Ludwig I. 25, S. 114.

31 Crescensio 2013, S. 122.

32 Gironda 2011, S. 289; Sciurpa 2006.

33 Glötzner 2014a, S. 24, vgl. auch Glötzner 2014b, S. 104.

34 Ausführlich zu ihren philosophischen Arbeiten und Kontakten: Gentile 2015, S. 473–484.

35 Copenhaver 2012, S. 67–70.

36 Nachruf in: Magazin für die Literatur des Auslandes 23.12.1871.

37 Allgemeine Zeitung 27.2.1886 (Römische Annalen).

38 Ebenda 27.4.1870; vgl. auch Landshuter Zeitung 29.4.1870; Freisinger Tagblatt 30.4.1870 u. ö.

39 Nachruf in: Magazin für die Literatur des Auslandes 23.12.1871; Gentile 2015, S. 484.

40 Noch im Oktober 1837 zahlte der König für „Charlotte von Florenzi". GHA KK-Verw. Ludwig I. 29, S. 73.

41 Glötzner 2014b, S. 14.

42 GHA KKVerw. Ludwig I. 33, S. 73: Der König hat nicht nur die Taxe für die Ausfertigung des Kammerjunker-Dekrets in Höhe von 52 Gulden übernommen, sondern laut Signat, das er bereits am 22.12.1840 verfasst hatte, auch 400 Gulden für die Heimreise gezahlt.

43 Bei einem „Töchterchen" übernahm König Ludwig die Patenschaft. Im November 1855 ließ er einen Wechsel ausstellen „zur Bestreitung der Taufauslagen". GHA KKVerw. Ludwig I. 47, S. 34.

44 Perelli 2017.

45 Z. B. stieg er 1852 in der Blauen Traube ab (Neue Münchner Zeitung 17.2.1852).

46 Bayerischer Volksfreund 14.8.1842; Bayerisches Volksblatt 9.5.1855: 1842 hatte der König Lodovico zum Kammerjunker ernannt, 1855 wurde der „k. Kammerjunker und Gutsbesitzer" zum Kämmerer befördert.

47 Genealogisches Taschenbuch 1848, S. 310. Im Januar 1839 hatte ihr der König wohl zur Aussteuer noch 150 Gulden überwiesen. GHA KKVerw. Ludwig I. 30, S. 68.

48 Todesanzeige im Kurier für Niederbayern 11.1.1862 (gest. 10. Januar 1862).

49 Im Mai 1840 erhielt das „Kind des Landrichters Graf von Hundt" die üblichen 33 Gulden. GHA KKVerw. Ludwig I. 31, S. 68. Emil Evelyn starb am 8.5.1865 im Alter von 14 Jahren. Er wurde nach Landshut überführt und dort am 11. Mai beerdigt.

50 Todesanzeige im Kurier für Niederbayern 11.5.1865.

51 Todesanzeige in der Allgemeinen Zeitung 30.7.1887: Theodor Graf Hundt und Maximilian Graf Hundt im Namen aller Verwandten gaben bekannt, dass ihre Schwägerin, Tante, Großtante nach längerem Leiden in Perugia gestorben sei.

52 Allgemeine Zeitung 27.2.1886 (Römische Annalen). Durch die Hof- und Staatshandbücher lässt sich dies jedoch nicht belegen.

53 GHA KKVerw. Ludwig I. 111, fol. 49 (3.3.) und 69 (1.5.): Geld an Stieler für den 20tägigen Aufenthalt in Perugia angewiesen. Am 27.6.1827 wurde das Bild bezahlt.

54 Messerer 1966, Nr. 600 (Brief König Ludwigs an Dillis 18.8.1829).

55 Bruckbräu, 14.11.1829.

56 GHA KKVerw. Ludwig I. 23, S. 58. Hase 1971, S. 149.

57 Z. B. hängt ein Porträt in der Villa Caucci in Perugia.

58 Allgemeine Zeitung 23.5.1872 (Der Verfall der religiösen Kunst).

59 Gipsmodell und Büste befinden sich heute im Thorvaldsen-Museum in Kopenhagen. Die Marmorbüste wurde erst 1858 in Kopenhagen vollendet. Siehe Blatschek/Hemmeter/Jørnæ 1985, S. 41 und 72; Bott/Spielmann 1992, S. 235.

60 GHA KKVerw. Ludwig I. 25, S. 63. Laut Hojer (2011, S. 70) hat Ludwig die Büste am 10. Oktober 1834 begeistert besichtigt.

61 Zucconi S. 144.

62 Crescenzio 2013, S. 124.

63 Theodor Rehbenitz: Marianna Florenzi mit Papagei, 1826, Entwurf Bestand Lübecker Museen, Inv. Nr. AB 4097.

64 Crescenzio (2013, S. 120) erwähnt eine solche Miniatur in der Sammlung Nottbohm, die jedoch nicht im Katalog aufgeführt ist (Pappe 2017).

Lady Jane Ellenborough (S. 137 – 153)

1 Schack 1894, S. 200.

2 Zur Lebensgeschichte von Jane Ellenborough siehe ausführlich Oelwein 1996.

3 StadtA München, Polizeimeldebogen.

4 BSB HSS Ludwig I.-Archiv 3,90 und 91, sowie 3,105 und 106.

5 Zu ihm und seiner Tochter, die 1837 ebenfalls gemalt wurde, siehe unten S. 179 – 184.

6 Rückseitig hat auch Stieler fälschlich „geb. in London 1809" vermerkt.

7 Das Gedicht wurde unter dem Titel „An ** meine gedruckten Gedichte gebend" veröffentlicht. „Was ich empfunden, gelitten, das siehst du in diesen Gedichten …"

8 Von Jane sind rund hundert Briefe bzw. Billette aus den Jahren 1831 bis 1838 an Ludwig I. erhalten. GHA NL Ludwig I. C Nr. 10. Seine Antworten sind verloren. Der schriftliche Nachlass Janes wurde nach ihrem Tod größtenteils vernichtet.

9 Bayern 1980, S. 95.

10 GHA KKVerw. Ludwig I. 23, S. 108, November 1831: Goldarbeiter Merk für ein goldenes Bracelet 279 Gulden und Restallino 33 Gulden.

11 GHA KKVerw. Ludwig I. 23, S. 112, März 1832: Goldarbeiter Merk für eine goldene Damenuhr 225 Gulden. Das von Ludwig I. verfasste Gedicht „bei Überreichung einer Uhr zu ihrem Ge-

burtsfeste" am 3.4.1832 wurde durch die
Wittelsbacher aus Pariser Privatbesitz
angekauft. GHA NL Ludwig I. Autographen 486.
12 Chroust 1942, S. 390 (Graf Spiegel an
Fürst Metternich 10.1.1832).
13 Siehe unten Erzherzogin Sophie,
S. 218–230.
14 GHA NL Ludwig I. C Nr. 10 (Jane an
Ludwig I. 13.7.1832).
15 BSB HSS Ludwig I.-Archiv 3,105, S. 1013
(21.8.1835).
16 Ebenda 3,90, S. 1234 (12.11.1831).
17 Vgl. unten Erzherzogin Sophie,
S. 218–230.
18 Antonius 1942.
19 Der Roman „Le Lys dans la Vallée" erschien erstmals 1836. Ausführlich zum
Treffen mit Balzac: Hunt 1958.
20 GHA NL Ludwig I 85/2/5, 5 Korrespondenz zwischen Ludwig I. und seinem
Sohn König Otto von Griechenland, in
der es immer wieder einmal auch um
Jane ging, hier besonders Nr. 95 (Otto
an Ludwig I. 21.7.1854) und Brief 292
(Ludwig I. an Otto 8.11.1855).
21 Allgemeine Zeitung 8.4.1855.
22 Burton 1898, S. 304; Rice 1990, S. 493f.
23 Ogden 1995, S. 26.
24 Z. B. Bayerischer Landbote 18.3.1873.
25 Waldenfels 1959, Nr. 215.
26 Zur Familie Erskine siehe unten
S. 179–184.
27 Zu ihm: Sachs 1991, S. 88f.
28 Zu Pamela Digby ausführlich: Ogden
1995.
29 BSB HSS Ludwig I.-Archiv 3,90 und 91,
19.10.1831 bis 20.1.1832.
30 GHA KKVerw. Ludwig I. 23, S. 60.
31 Ebenda, S. 61: Für die Gips-Büste, die
sich heute im Depot der Bayerischen
Staatsgemäldesammlung befindet, erhielt Ernst Bandel im Februar 1831 110
Gulden.
32 BSB HSS Ludwig I.-Archiv 3,91, S. 56.
Der Italiener Carlo Restallino
(1776–1864) war bereits nach seiner
Ausbildung in München 1808 zum Hofmaler ernannt worden. Ab 1820 diente
er auch als Zeichenlehrer der Kinder
König Maximilians I. Er beschäftigte
sich vor allem mit Miniaturmalerei und
Radierungen. Im April 1832 wurde die
Miniatur bezahlt (GHA KKVerw. Ludwig I. 23, S.63).

Irene Marquise von Pallavicini
(S. 153–161)
1 Riess, Pallavicini.
2 Zu ihr siehe unten S. 218–230.
3 Erzherzogin Sophie an ihre Schwester
Marie von Bayern, 23.10.1830, zit. nach
Krauss-Meyl 1997, 150f.
4 Oelwein 2016a, S. 11–16.
5 Krauss-Meyl 1997, S. 148f.
6 Ehevertrag vom 8.10.1830, zit. nach
Krauss-Meyl 1997, S. 151.
7 Schneider, Kreuzviertel 1960, S. 347.
8 BayHStA Ordensakten 15489.
9 Bayerischer Volksfreund 26.7.1844;
Bayerischer Landbote 8.9.1844 und
25.12.1846.
10 Ausführlich zu Schloss Anif: Kalnein
1988.
11 Krauss-Meyl 1997, S. 151.
12 Landshuter Zeitung 30.10.1850; Münchener Tagblatt 30.10.1850; Augsburger
Tagblatt 18.2.1851.
13 Z. B. Presse 16.2.1869.
14 Salzburger Zeitung 5.1.1876; Wiener
Zeitung 17.5.1871.
15 Salzburger Zeitung 7.9.1872; Wiener
Zeitung 24.1.1864.
16 Fremden-Blatt 30.8.1859.
17 Neues Fremden-Blatt Wien 29.6.1869.
18 Neues Wiener Tagblatt 1.2.1877.
19 Augsburger Postzeitung 4.8.1852.
20 Neuburger Wochenblatt 18.2.1868.
21 Kurier für Niederbayern 26.4.1861.
22 Neuburger Wochenblatt 15.8.1867;
Landwirthschaftliche Mittheilungen
4.6.1876 u. ö.
23 Landwirtschaftliche Blätter für Schwaben und Neuburg 28.11.1862.
24 Kalnein 1988, S. 57; Salzburger Volksblatt 10.9.1891.
25 Salzburger Volksblatt 10. und 11.9.1891;
Salzburger Chronik 11. und 12.9.1891;
Volksfreund 17.9.1891.
26 Allgemeine Zeitung 7.10.1891; Rosenheimer Anzeiger 7.10.1891 u. ö.
27 Münchener Tagblatt 30.12.1834. Siehe
auch unten Caroline von Holnstein,
S. 161–169.
28 GHA KKVerw. Ludwig I. 25, S. 69.

Caroline Gräfin von Holnstein
(S. 161–169)
1 Z. B. Inland 24.2.1829.
2 Robl 2013.
3 Z. B. Münchener Tagblatt 30.12.1834.

4 Genealogisches Handbuch II, S. 174.

5 Signate 1837/143 und 1837/144 (7./8.3.1837).

6 Edinger 2002, S. 91–93.

7 Eichholz 2016.

8 Z. B. Amberger Tagblatt 29.12.1863; Eichstätter Tagblatt 24.3.1864; Passauer Zeitung 14.4.1864.

9 Kurier für Niederbayern 15.7.1864; Passauer Zeitung 16.7.1864 u. ö.

10 Vaterland 18.12.1866; Fremden-Blatt 4.12.1866; Augsburger Neueste Nachrichten 4.12.1866.

11 Tag- und Anzeigeblatt für Kempten 20.5.1868.

12 Ebenda 23.5.1868 (München 20. Mai).

13 Augsburger Tagblatt 14.5.1869; Augsburger Neueste Nachrichten 15.5.1869.

14 Tag- und Anzeigeblatt für Kempten 24.9.1869 u. ö.

15 Neues Wiener Journal 17.2.1905; Wiener Salonblatt 23.12.1910.

16 Tag- und Anzeigeblatt für Kempten 3.3.1869 u. ö.

17 Augsburger Tagblatt 9.8.1876, Anzeige: Soeben erschienen „Denkschrift des Freiherrn Phil. v. Künsberg".

18 Hojer 2011, S. 787; GHA KKVerw. Ludwig I. 25, S. 70.

Crescentia Fürstin von Oettingen-Oettingen und Wallerstein (S. 169–179)

1 Es erschien tatsächlich ein kleiner Roman: Pültz 2001.

2 Renner 2006. Siehe dazu das Folgende, wenn nicht anders vermerkt.

3 Zu Oettingen-Wallerstein siehe u. a. Metzger 1998.

4 Abgedruckt bei Renner 2006, S. 255–280.

5 Metzger 1998, S. 69.

6 Ringseis, Erinnerungen, zit. nach Schrott 1963, S. 164.

7 Adressbuch von München 1837, S. 26.

8 Metzger 1998, S. 71.

9 Ebenda.

10 Vgl. z. B. Kobell 1894, S. 152. Zuber 1978, S. 193–196.

11 Pfälzer Zeitung 28.6.1853.

12 Bereits im März 1834 hatte er z. B. ein Darlehen in Höhe von 10.000 Gulden bei König Ludwig aufgenommen. GHA KKVerw. Ludwig I. 25, S. 118.

13 Hochzeit in der Burgkapelle von Svietlau (Mähren) 18.7.1857; Bayerischer Land-

bote 18.6.1857; Würzburger Stadt- und Landbote 22.7.1857; Pfälzer Zeitung 23.7.1857 u. ö. Metzger 1998, S. 80.

14 Sie starb Anfang Juli 1900 in Görz (wo sie seit 20 Jahren lebte) und wurde in der gräflich Larisch'schen Familiengruft in Karwin (Schlesien) beigesetzt. Wiener Zeitung 15.7.1900; Welt Blatt 21. 7.1900; Neue Schlesische Zeitung 22.7.1900 u. ö.

15 Fremden-Blatt 12.1.1862; Linzer Abendbote 19.4.1866; Wiener Zeitung 28.8.1866 u. ö.

16 Deutsches Volksblatt 25.11.1860 (München 28. Nov.).

17 Tagblatt der Stadt Bamberg 26.11.1860.

18 Renner 2006, S. 252.

19 Kemptener Zeitung 3.10.1862.

20 Amberger Tagblatt 13.2.1863; Renner 2006, S. 252.

21 1864 wurde der Schlossbesitz an Freiherrn von Walden verkauft, der es gut zehn Jahre später an Prinz Ludwig von Bayern, den späteren König Ludwig III. von Bayern weiterveräußerte. Das Schloss ist noch heute im Besitz der Wittelsbacher.

22 Renner 2006, S. 251. Dabei handelte es sich vermutlich um die erste Fassung von 1836.

23 Wagner I 1976, S. 229, 224, 246, 248. Er scheint die Wochen vor seinem Tod schwer leidend gewesen zu sein.

24 Neues Bayerisches Volksblatt 3.7.1870 (Nördlingen 28. Juni).

25 Süddeutsche Post 28.6.1870.

26 GHA KKVerw. Ludwig I. 28, S. 40.

27 Hase 1971, Nr. 232.

28 BSB HSS Stieleriana I 1,5,m.

29 Neumeister München, Auktion 373 (28.9.2016) Nr. 285. Abbildung auch bei Still 2020, S. 73.

30 Bayerischer Volksfreund, 2.3.1837.

Lady Jane Erskine (S. 179–184)

1 Donauzeitung 30.3.1855.

2 Münchener Tagblatt 30.12.1843.

3 Derzeitiger Chef des Hauses: Malcolm Harry Erskine, 17. Earl of Buchan, geb. 1930.

4 Sevilla war wohl bereits 1835 verstorben. Daneben werden genannt: Elizabeth (1812–1886) verheiratet mit Vincent Keene Hawkins-Whitshed, 2. Baronet Hawkins-Whitshed; Frances (ca. 1800–1876) verheiratet mit Gabriel

Shaw; Stuarta (gest. 1863), Harriet (gest. 1855), Mary (1806–1874), die am 16.6.1832 in München den bayerischen Grafen Johann Nepomuk von Paumgarten heiratete (Bayerischer Landbote 18.6.1832) sowie die Schönheit Jane. Eine achte Tochter Anne-Agnes (geb. um 1803) ist offensichtlich im Kleinkindalter verstorben.

5 Adreßbuch München 1837.

6 Bevor es 1834 an Herzog Max in Bayern verkauft wurde, hatte es Lord Erskine gemietet. Sepp 2019, S. 174–176, 236.

7 Bayerischer Landbote 10.8.1837.

8 Siehe z. B. Gollwitzer 1986, S. 485.

9 Signate 1832/62 (10.2.1832) und 1832/69 (13.2.1832).

10 Todesanzeige: Allgemeine Zeitung 17.3.1874.

11 Siehe oben Jane Ellenborough, S. 137–153.

12 The Plantagenet Roll of the Blood Royal, Bd. 1, S. 221.

13 Bayerische National-Zeitung 31.1.1837; Bayerischer Landbote 25.7.1835. Auch im Jahr dazwischen war er in München, wohnte damals allerdings im Goldenen Kreuz; Bayerischer Landbote 7.8.1836.

14 Münchener politische Zeitung 22.8.1837.

15 Hojer 2011, S. 80.

16 Bayerischer Volksfreund 2.3.1837.

17 GHA KKVerw. Ludwig I. 28, S. 43.

18 1905 kaufte der Physiker Dr. Andrew Noble, der eine Callander-Campbell geheiratet hatte und dessen Familie es bis heute gehört, die Anlage und ließ das heutige Schloss erbauen. Derzeit öffentlich zugänglich und eine beliebte Hochzeitslocation. Die Gartenanlagen wurden in den 1860/70er Jahren von der Familie Callander-Campell angelegt.

19 Münchener Tagblatt 18.10.1843 (Fremdenanzeige). Übrigens war Callander gleichzeitig mit Franz Liszt, „Compositeur […] aus Ungarn", Gast im Bayerischen Hof.

20 Am 25.3.1843 war Janes Mutter Francis Erskine in der Britischen Botschaft in Genua verstorben. Ihr Grab ist bis heute auf dem Cimitero Monumentale di Staglieno in Genua erhalten.

21 The Plantagenet Roll of the Blood Royal, Bd. 1, S. 221. Heirat am 1.7.1847.

22 Bayerischer Volksfreund, 2.3.1837.

23 Zit. nach Schupp 1925.

24 Oertzen 1927, S. 74.

Mathilde Freiin von Jordan (S. 184–194)

1 Zur Herkunft des Ehepaars, zur militärischen Laufbahn des Vaters und zum Rätsel um die kleine Caroline siehe ausführlich Nerlich 2019, S. 15–41.

2 Die Allgemeine Zeitung 15.12.1886 (Nachruf) spricht von München als Geburtsort.

3 Bayerischer Volksfreund 24.3.1834.

4 Königlich-baierisches Intelligenzblatt für den Regen-Kreis 6.4.1831. Signat 1831/141.

5 Allgemeine Zeitung 15.12.1886.

6 Schattenhofer 1982, S. 42. Das Schloss, das eine wechselvolle Geschichte hinter sich hat, beherbergt heute die Katholische Akademie.

7 Signat 1846/64.

8 Matzerath 2006, S. 245.

9 Bayerischer Landbote 25.5.1843.

10 Signat 1846/131.

11 Neues Wiener Tagblatt 26.10.1886.

12 Zu Beust politischen Werdegang siehe Flöter 2003 und ausführlich den Nachruf in Presse 25.10.1886.

13 Wiener Allgemeine Zeitung 13.12.1886.

14 So stellten Adolf Graf von Beust (1848–1919) und seine Schwester 1869 bei einer Wohltätigkeitsveranstaltung der Wiener Aristokratie ein „Lebendes Bild". Foto siehe Brandstätter/Hirsch/ Koetzle 2019, S. 46 f.

15 Allgemeine Zeitung 15.12.1886.

16 Metternich 1988, S. 87.

17 Allgemeine Zeitung 13.12.1886.

18 Oertzen 1927, S. 77.

19 Matzerath 2006, S. 245.

20 Siehe unten Carlotta von Breidbach-Bürresheim, S. 359–376.

21 Hamann 1980, S. 9. Es ist dies jene die Diplomatengattin, die Kaiserin Elisabeth 1862 von Paris aus Fotos von Damen der Halbwelt schickte (siehe S. 34).

22 Metternich 1988, S. 86 f.

23 Ebenda, S. 87; Beust 1887, Bd. 1, S. 211–213.

24 Allgemeine Zeitung 27.10.1886; Wendelstein 28.10.1886; Presse 25.10.1886 u. ö. Viele lange Nachrufe, vor allem in österreichischen Blättern, jedoch fast ausschließlich politischen Inhalts.

25 Neues Wiener Tagblatt 26.10.1886.

26 Allgemeine Zeitung 10.11.1886; so auch Beust 1881.

27 Beust 1887, Bd. 1, S. 31–33.
28 Ebenda, S. 229–234.
29 Schöne Blaue Donau 14 vom 1.8.1886.
30 Allgemeine Zeitung 13.12.1886 und 15.12.1886.
31 Wiener Allgemeine Zeitung 13.12.1886, 14.12.1886, 16.12.1886; Wiener Zeitung 20.12.1886 u. ö.
32 Allgemeine Zeitung 29.10.1886, 10.11.1886; Vaterland 26.10.1886.
33 Presse 25.10.1886.
34 Baierischer Eilbote 25.4.1841; Bayerischer Landbote 24.4.1841.
35 Richter 2017.
36 Adressbuch München 1857: Viola Frfr. von Jordan, Generals-Witwe, Fürstenstraße 24, 1. Stock.
37 Dazu ausführlich: Nerlich 2019. Vgl. auch Kunze 2019 und diverse Berichte in verschiedenen Zeitungen.
38 Nerlich 2019, S. 129–131.
39 GHA KKVerw. Ludwig I. 29, S. 43.
40 Hojer 2011, S. 82.
41 Oertzen 1927, S. 78.

Friederica Catharina, genannt Wilhelmine, Sulzer (S. 195–200)

1 BayHStA Intendanz Hoftheater 909.
2 AEM München-St. Peter Taufbücher 3.6.1820.
3 Hojer 2011, S. 84.
4 Bayerischer Landbote 29.6.1837.
5 Baierischer Eilbote 11.7.1837.
6 Bayerischer Volksfreund 12.7.1837 (9. Juli).
7 Bayerische National-Zeitung 11.7.1837.
8 Bayerischer Volksfreund 12.7.1837 (9. Juli). Vgl. auch Bayerische National-Zeitung 11.7.1837.
9 Baierischer Eilbote 11.7.1837.
10 BayHStA Intendanz Hoftheater 909.
11 Bayerischer Volksfreund 12.7.1837.
12 Münchener Tagblatt 25.10.1837.
13 Bayerischer Volksfreund 27.11.1837.
14 BSB Theaterzettel 2° Bavar. 827 Film Nr. 5.
15 Baierischer Eilbote 4.1.1838. Bayerischer Landbote 3.11.1838 meldet unter „Personalveränderungen vom 1. Oktober 1837 bis 1. Oktober 1838: abgegangen: Dem. Sulzer".
16 BayHStA Intendanz Hoftheater 909; Grandauer 1878, S. 120.
17 Bayerische Landbötin 15.2.1838; Münchener Tagpost 20.2.1838.

18 Oertzen 1927, S. 78 f.; Reiser 2008, S. 46; Hojer 2011, S. 84.
19 Bayerischer Kurier 9.5.1875.
20 AEM München-Heilig Geist Sterbebuch 7.5.1875. Adressbuch München 1874.
21 Reiser (2008, S. 46) vermutet, er wäre um 1861 verstorben.
22 GHA KKVerw. Ludwig I. 29, S. 45. Die Diskrepanz zur Jahreszahl (1838) auf der Rückseite ist ungeklärt.
23 Euterpe Nr. 22, 1838 (Der Kunstverein von München im Jahre 1837).
24 Aschaffenburger Zeitung 13.12.1845. Mit „Fräulein von Cardoville" ist vermutlich Adrienne de Cardoville gemeint, eine Figur aus dem 1844 erschienenen Werk Eugène Sues „Der wandernde Jude".
25 Oertzen 1927, S. 79.

Lady Teresa Spence (S. 200–204)

1 Reiser 2008, S. 43.
2 Oertzen 1927, S. 74.
3 Fleming 1979, S. 492.
4 Anzeige z. B. Allgemeine Zeitung 7.8.1900.
5 URL: http://farhorizons.hull.ac.uk/blundell-spence-company-the-longstaff-family-and-exploration/ (aufgerufen am 25.11.2019).
6 Fleming 1979, S. 492 f.
7 Ebenda, S. 493 f.
8 Akademie der Bildenden Künste München, Matrikelbuch 1, Nr. 2382.
9 Fleming 1979, S. 493, Anm. 16.
10 Hojer 2011, S. 86.
11 GHA KKVerw. Ludwig I. 29, S. 47 (hier Spencer).
12 Ebenda, S. 494.
13 Kerr-Lawson 1904, S. 311.
14 Fleming 1979, S. 494.
15 Ebenda, S. 500.
16 Kerr-Lawson 1904, S. 310.
17 Das Victoria & Albert Museum London etwa kaufte 1877 von ihm eine bemalte Majolika-Platte, URL: http://collections.vam.ac.uk/item/O343496/dish-torelli-pottery/ (aufgerufen am 25.11.2019).
18 Kerr-Lawson 1904, S. 310.
19 Marggraff 23.6.1858.
20 Aschaffenburger Zeitung 13.12.1845.
21 Oertzen 1927, S. 74.
22 Hase Nr. 296.

Louise Freiin von Neubeck
(S. 205–208)

1 Feulner 1921 (laut Hojer 2011, S. 88); Kreisel 1937.

2 Hojer 2011, S. 88.

3 Oertzen (1927, S. 79) vermutet, sie hätte sich den Namen „Ludovica" zu Ehren König Ludwigs selbst zugelegt.

4 Verschiedentlich ist auch Leopoldine als Name der Mutter genannt, doch handelt es sich dabei mit Sicherheit um eine Verwechselung mit Leopoldine von Neubeck, geb. Gräfin von Lerchenfeld. In den Sterbematrikeln AEM München-St. Peter 23.8.1872 u. ö. ist von Josepha die Rede.

5 Bayerischer Landbote 15.1.1836: Ausführlicher Nachruf.

6 Karl Theodor Misching, Privatlehrer, inserierte im Wochenblatt der Königlich Baierischen Stadt Neuburg (3.2.1827), dass er dem hohen Adel und den verehrten Einwohnern Neuburgs als Musik- und Privatlehrer zur Verfügung stünde: „logirt im Hrn. Major v. Neubeck'schen Hause Lit. A. Nr. 34 zu ebener Erde."

7 Bayerische National-Zeitung 24.9.1839.

8 Oertzen 1927, S. 80, und ihr folgend Hojer 2011, S. 88.

9 Damen-Kalender 1866, S. 67.

10 AEM München-St. Peter Sterbebuch 23.8.1872.

11 Neueste Nachrichten 27.8.1872.

12 GHA KKVerw. Ludwig I. 30, S. 42.

13 Signat vom 6.2.1861 (Hartung & Hartung Auktion 74, 2.–5. Nov. 1993, Nr. 2793): „Zimmermann. Wenn Freyin v. Neubeck noch nicht vollendet, auch Parcialem, nicht weiter daran zu malen, wenn ich es nicht eigens anordne. Ob das Bildniß vollendet ist oder nicht will ich erfahren."

14 Im Juni 1861 z. B. wurden Julius Zimmermann 66 Gulden für die Kopie des Königsporträt von Friedrich Dürck ausbezahlt, das als Geschenk Ludwigs an seine Schwester Sophie Erzherzogin von Österreich bestimmt war. GHA KKVerw. 52, S. 37.

Rosalie Julie Freiin von Bonar
(S. 208–214)

1 Illustrierte Zeitung 16.1.1858 (ausfürichr Bericht über die Novara-Expedition). Karl Patrik wurde am 17.7.1848 geboren.

2 Genealogisches Taschenbuch Bd. 16, S. 1057.

3 Z. B. Adressbuch München 1857; Klagenfurter Zeitung 27.9.1864.

4 Wiener Zeitung 18.5.1841: Angekommen in Wien.

5 Klagenfurter Zeitung 28.9.1845.

6 Hotel bis 1967, dann ÖGB-Gebäude, heute Neubau „Residenz zum Silbernen Elefanten".

7 Grazer Zeitung 1.5.1860: Angekommen im Elefant am 30. April.

8 Grazer Zeitung 1.8.1861: Angekommen im Elefant (31.Juli/1.August).

9 Tagespost (Graz) 1.11.1866: Angekommen im Elefant.

10 Neue Freie Presse 17.7.1867; Gemeinde-Zeitung 19.7.1867.

11 Wiener Zeitung 14.11.1890.

12 Tagespost (Graz) 21.7.1875, 3.7.1877.

13 Grazer Volksblatt 18.6.1881.

14 Vgl. Die Presse 16.4.1881.

15 Wiener Zeitung 3.3.1888.

16 Neue Freie Presse 15.12.1882.

17 Wiener Salonblatt 30.5.1886.

18 Grazer Tagblatt 30.3.1902; Neue Freie Presse 3.4.1902.

19 GHA KKVerw. Ludwig I. 31, S. 38.

20 Oertzen 1927, S. 83.

Antonia Wallinger (S. 214–218)

1 Gedichte Ludwigs I., 1. Teil, 3. Auflage, München 1839, X. Sonett (zit. nach Heigel 1872, S. 15). Vgl. hierzu auch Gollwitzer 1986, S. 100, und Corti 1937, S. 40 f.

2 AEM München-St. Anna Taufbuch 7.4.1823 (getauft 8.4.1823).

3 Münchener Tagblatt 20.4.1833; Bayerischer Landbote 20.4.1833.

4 Max Wallinger starb mit 43 Jahren; Münchner Neueste Nachrichten 15.8.1870 (Todesanzeige).

5 Kurfürstlich gnädigst privilegierte Münchner Zeitung 28.1.1789, 20.9.1794 und 31.7.1805; Münchner oberdeutsche Staatszeitung 26.11.1801; Baierische National-Zeitung 14.1.1812; Churpfalz-baierisches Regierungs- und Intelligenzblatt 10.5.1800.

6 BayHStA MF 36237.

7 Grandaur 1878.

8 AEM München-St. Anna Trauungsbuch 30.6.1851. Volksbote 12.7.1851; Münchner Neueste Nachrichten 10.7.1851.

9 Lechbote 27.12.1850.

10 BayHStA MInn 40640; Münchner Bote 16.4.1857; Lindauer Tagblatt 2.1.1862 und 18.7.1862.

11 Neue Augsburger Zeitung 11.2.1872 (Todesanzeige). Siehe auch Schweinfurter Anzeiger 16.2.1872. Kgl. Bay. Kreis-Amtsblatt von Schwaben und Neuburg 24.2.1872.

12 Sie hatte 1849 noch den 1850 allerdings verstorbenen Jakob Hartlmüller in München geheiratet, Bayerische Landbötin 8.11.1849; Münchner Neueste Nachrichten 31.3.1850.

13 Münchner Neueste Nachrichten Todesanzeige 27.3.1893.

14 Ebenda Anzeige 27.11.1881.

15 Adreßbuch München 1874.

16 AEM München-Heilig Geist Sterbebuch 12.3.1893. Münchner Neueste Nachrichten Todesanzeige 27.3.1893.

17 Oertzen 1927, S. 82.

18 GHA KKVerw. Ludwig I. 93, S. 7

19 Bayerischer Landbote 4.12.1840 und 5.12.1840.

20 Le monde illustré 26.6.1869.

Sophie Erzherzogin von Österreich (S. 218 – 230)

1 Holler 1993, S. 11 f.

2 Kurpfalzbaierische Staatszeitung 28.1.1805.

3 Wiener Salonblatt 9.6.1872.

4 Oertzen 1927, S. 84.

5 Z. B. im August 1844 (Signat 1844/328).

6 Sing 1997, S. 61, 114, 117 f.

7 Unterreiner 2019, S. 9 f.

8 Zit. nach Unterreiner 2019, S. 12.

9 Ebenda, S. 13.

10 Regensburger Zeitung 4.10.1824.

11 Österreichischer Beobachter 5.11.1824.

12 Ausführlich Leipziger Zeitung 13.11.1824.

13 Haslinger 2016, S. 35 f.

14 Unterreiner 2019, S. 14 f.

15 Das Inland 25.8.1830.

16 Unterreiner 2019, S. 16.

17 Haslinger 2016, S. 50.

18 Zu ihm ausführlich: Unterreiner 2019.

19 Bayern 1980, S. 52; Stephan 2011.

20 Z. B. Reger 1988, S. 156.

21 Zu Felix von Schwarzenberg vgl. auch Lady Jane Ellenborough, S. 137 – 153.

22 Mittermaier 2018; Sepp 2019, S. 232 u. ö.

23 Z. B. Mittermaier 2018.

24 Wurzbach 1861, S. 149.

25 Haslinger 2016, S. 10 f.

26 Morgen-Post 29.5.1872.

27 Wiener Salonblatt 2.6.1872.

28 Abbildung z. B. Still 2020, S. 27.

29 Wiener Zeitschrift 27.12.1838. So auch Marggraff 23.6.1858.

30 Münchener politische Zeitung 26.2.1833.

31 Morgenblatt für Gebildete Stände 13.5.1834. Lithografie von Gottlieb Bodmer.

32 GHA KKVerw. Ludwig I. 94, S. 5.

33 Z. B. Frankfurter Ober-Post-Amts-Zeitung 12.12.1841.

Katharina Rosa Botzaris (S. 231 – 240)

1 Sturdza 2007.

2 Nach griechischer Literatur (Wikipedia).

3 1829 wurde der junge Botzaris in München auch von Albert Riegel gemalt. Das Bild gehörte später dem WAF und wurde um 1930 verkauft (Messerer 1966, S. 681).

4 Schmeller Bd. II, S. 43 – 45 (13.7.1827, 15.8.1827).

5 Meraner Zeitung 14.10.1871.

6 Nordenflycht 1845, S. 99 (Brief 8.4.1838).

7 Speckner 2013, S. 17 (Brief 1./13.2.1838).

8 Nordenflycht 1845, S. 91 (Brief 31.3.1838).

9 Ebenda und S. 99 (Brief 8.4.1838).

10 Ebenda, S. 134 (Brief 28.10.1838).

11 Ebenda, S. 156 (Brief 9.3.1839), 176 (Brief 21.5.1839), 177 (Brief 4.6.1839) und 180 – 182 (Brief 20.6.1839). Zur Reise siehe auch Thoben 2004, S. 129.

12 Nordenflycht 1845, S. 241 (Brief 22.5.1840).

13 Ebenda, S. 289 (Brief 8.4.1841).

14 Fränkischer Merkur 20.6.1841.

15 Brief Ludwig I. an seine Schwester Auguste 21.6.1841, zit. nach Schrott 1963, S. 373 f.

16 Klenze Memoiren, zit. nach Reiser 2004, S. 50.

17 Vanja 2018, S. 283 – 289.

18 Frankfurter Ober-Post-Amts-Zeitung 25.7.1841.

19 Jansen 1904, zit. nach Hase-Schmudt 1999, Nr. 295.

20 Z. B. Kourir an der Donau 16.10.1841 (Bericht aus Würzburg, wo sie im „deutschen Hof" abgestiegen waren, 12.10.).

21 Jansen 1904, zit. nach Hase-Schmudt 1999, Nr. 295.

22 Bayerischer Landbote 13.11.1844.

23 Wiener Zeitung 25.11.1844.
24 Bayerischer Volksfreund 10.5.1834.
25 Aschaffenburger Zeitung 23.3.1844;
Wiener Zeitung 17.3.1844.
26 Kitsos Tzavelas (1800–1855).
27 Hausfreund 15.5.1846; Regensburger
Zeitung 14.5.1846 u. ö.
28 Sturdza 2007.
29 Meraner Zeitung 14.10.1871 (Nach einem
Telegramm der Times).
30 Kardamitzsi-Adami/Daniil 2017, S. 82.
31 Hase 1971, Nr. 303, in Privatbesitz.
32 GHA KKVerw. Ludwig I. 94, S. 6.
33 Hojer 2011, S. 96.
34 Neue Würzburger Zeitung 3.10.1842.
35 Morgenblatt für gebildete Leser
7.11.1843.
36 Aschaffenburger Zeitung 13.12.1845.
37 Hase-Schmundt 1995, S. 37 f. Abb. 39b.
Das Bild hängt heute im Otto-König-
von-Griechenland-Museum in Ottobrunn.
38 Banater Deutsche Zeitung 4.10.1942.

Elise List (S. 240–250)
1 Oldenbourg 1908.
2 Wendler 1976; Wendler 2004.
3 Zu Elise und Clara siehe Oldenbourg
1908; Wendler 1996 an verschiedenen
Stellen, vor allem S. 470–497; bzw.
www.schumann-portal.de (aufgerufen
22.8.2019).
4 Wendler 1996, S. 500.
5 Abgedruckt bei Wendler 1996, S. 476.
6 Meyerbeer 1975, S. 422 (Treffen
13.1.1843).
7 Fäßler 2019.
8 Österreichischer Beobachter 1.2.1824.
9 Pachers erste Frau Elisabeth war 1838 im
Alter von 24 Jahren an einer „Lungenlähmung" gestorben (Wiener Zeitung
28.2.1838).
10 Wendler 1996, S. 138 (Briefe Clara Schumann an Elise Dezember 1846; Januar
1847 o. D.).
11 Wendler 1996, S. 141 (Brief Clara Schumann an Elise 8.2.1847).
12 Allgemeine Zeitung 2.2.1852 (Todesanzeige); Fremden-Blatt (Wien)
28.1.1852; Wiener Zeitung, 30.1.1852.
13 Adressbuch München 1857.
14 Adressbuch München 1874.
15 Süddeutsche Zeitung, Abendblatt
8.8.1863; Augsburger Anzeigeblatt
9.8.1863.

16 Allgemeine Zeitung 6.1.1893 (Todesanzeige).
17 Ebenda 15.12.1902.
18 Wittmann 2008, S. 21 f.
19 BSB HSS Stieleriana, Klenze, zit. nach
Glaser 2007, Nr. 980, Anm. 6.
20 BSB HSS Autographensammlung Stieler,
Joseph (Brief Stieler an Elise List,
8.9.[1842]). Corti (1837, S. 445) vermutete die Entstehung des Bildes fälschlicherweise im Jahr 1843, eine Angabe,
die Wendler 1996, S. 482, übernahm und
den Brief Stielers deshalb auch auf 1843
datierte. In späteren Ausgaben hat Corti
das Bild Elises überhaupt nicht mehr
erwähnt, wohl weil ihm zeitliche Unge-
reimtheiten aufgefallen waren.
21 GHA KKVerw. Ludwig I. 95, S. 6.
22 Münchener Tagblatt 1.12.1842.
23 Aschaffenburger Zeitung 13.12.1845.
24 Elisabeth von Preußen an Ludwig I. vom
15.4.1843, zit. nach Corti 1837, S. 445.

**Marie Kronprinzessin von Bayern
(S. 250–261)**
1 Bayern 1979, S. 348.
2 König Ludwig an seine Tochter Adelgunde, 15.10.1842, zit. nach Schad 2006,
S. 86 f.
3 Hierzu ausführlich: Immler 2002,
S. 247–263.
4 Schad 2006, S. 187.
5 Z. B. Augsburger Tagblatt 6.1.1842.
6 Simon Bd. I, 2012, S. 484 (Emma von
Suckow an Justinus Kerner 1.11.1842).
7 Oelwein 1992.
8 Statuten siehe GHA Gumppenberg NL
28, gedruckt bei Heindl 1989. Siehe auch
unten Friederike von Gumppenberg,
S. 261–268.
9 Haller 1982, S. 87.
10 Zit. nach Schad 2006, S. 207.
11 Ebenda, S. 209.
12 Max an seinen Schwager Prinz Adalbert
von Preußen, zit. nach Böhm 1924, S. 1.
13 Schad 2006, S. 197.
14 Ebenda, S. 198.
15 Oelwein 2016, S. 113.
16 Keßler 2011, S. 9.
17 Schad 2006, S. 204.
18 Ebenda, S. 204 f.
19 Zit. nach Schad 2006, S. 233.
20 Ebenda, S. 220 f.
21 Panzer 1997, S. 37 f.
22 Oelwein 2006, S. 176 f.

23 GHA NL Ludwig I. 86/2/3 (Prinzessin Alexandra an Ludwig I., 10.1.1867).
24 Panzer 1997, S. 38.
25 Schad 2006, S. 237.
26 Ausführlich z. B. Rosenheimer Anzeiger 21., 22., 23.5.1889.
27 Bayern 1949, S. 114.
28 GHA NL Ludwig I. 85/2/3 (Briefe Marie an Ludwig I. 1842 bis 1867).
29 Oertzen 1927, S. 94; Hojer 2011, S. 100.
30 GHA KKVerw. Ludwig I. 95, S. 9 (hier nachgetragen: „zur Schönheitensammlung").
31 Augsburger Tagblatt 3.2.1843. Siehe auch Nürnberger Kurier 4.2.1843; Morgenblatt für gebildete Leser 30.3.1843; Münchener Tagblatt 4.2.1843; Bayerischer Landbote 4.2.1843; Bayerischer Volksfreund 5.2.1843; Münchener Tagblatt 25.2.1843.
32 Aschaffenburger Zeitung 13.12.1845.
33 GHA KKVerw. Ludwig I. 34, S. 55 (198 Gulden dafür bezahlt Juli 1843)

Friederike Freiin von Gumppenberg (S. 261–268)

1 Münchener Tagblatt 5.11.1836 (Todestag 2.11.1836).
2 Oertzen 1927, S. 95.
3 Wienziers 2012.
4 Bayreuther Zeitung 11.10.1842; Augsburger Tagblatt 20.1.1843.
5 GHA Gumppenberg NL 24 (Friederike von Gumppenberg an ihren Vater, 1839–1856) und 23 (Franz Freiherr von Gumppenberg an seine Tochter 1839–1856).
6 GHA Gumppenberg NL 27 (Friederike von Gumppenberg an Königin Marie 16.8.1849).
7 Gemeint ist der Achselkopf bei Füssen.
8 GHA Gumppenberg NL 28; Heindl 1989.
9 Aschaffenburger Zeitung 13.12.1845.
10 Oertzen 1927, S. 95.
11 Reiser 2008, S. 61.
12 Neueste Nachrichten 1.11.1852; Volksbote 3.11.1852.
13 Münchner Abendzeitung 13.11.1864; Augsburger Neueste Nachrichten 13.11.1864.
14 Landshuter Zeitung 27.6.1857; Charell 2019, S. 102. Vgl. unten Prinzessin Alexandra, S. 310–332.
15 Augsburger Tagblatt 26.6.1857.
16 Genealogisches Taschenbuch (freiherrliche Häuser) 1864, S. 308 f.; Bayerisches Volksblatt 15.5.1857.
17 GHA Gumppenberg NL 26 (Königin Marie an Friederike 1.1.1857).
18 Neue Münchener Zeitung 18.7.1857: Am 16. Juli 1857 starb der pens. Ober-Bergrath und funct. k. Schatzmeister Franz Frhr. von Gumppenberg, Ritter des Verdienst-Ordens der bayerischen Krone. Er wurde neben seiner Frau auf dem Südlichen Friedhof in München beerdigt. Das verwitterte Grab existiert noch. Denk/Ziesemer 2014, S. 253–255.
19 Würzburger Stadt- und Landbote 14.5.1857; AEM München-St. Bonifaz Traubuch 16.5.1857; Münchner Tages-Anzeiger 21.5.1857; u. ö.
20 Ansbacher Morgenblatt 19.5.1857 u. ö.
21 Bayerisches Volksblatt 15.5.1857.
22 GHA Gumppenberg NL 26 (über 80 Briefe der Königin an Friederike, 1856 bis 1889).
23 Genealogisches Taschenbuch (freiherrlichen Häuser) 1855, S. 222.
24 Denk/Ziesemer 2014, S. 253–255.
25 Er ist auf dem berühmten Gemälde von Franz Ludwig Catel „Kronprinz Ludwig von Bayern mit seinen Freunden in der spanischen Taverne zu Rom" von 1823 (Bayerische Staatsgemäldesammlung) mit abgebildet.
26 Waldenfels 1959, Nr. 137 (Sandizell Nr. 129).
27 Kgl. bay. adeliger Damenkalender 1866, S. 138.
28 GHA Gumppenberg NL 26 (Marie an Friederike 18.9.1885, 20.1.1886, 12.11.1889).
29 Allgemeine Zeitung 16.1.1889. Ottmar Hubert von Gumppenberg wurde am 21.10.1888 geboren.
30 Nach dem Zweiten Weltkrieg wurde er von den Amerikanern vorübergehend als Bürgermeister in Deining eingesetzt. Mit ihm starb die Linie 1958 aus, Schloss Deining wurde verkauft. Wienziers 2012.
31 Hojer 2011, S. 13; Oertzen (1927, S. 97) vermutet den 29. Januar als Todestag.
32 Moosburger 2010, S. 12.
33 Hase 1971, S. 98.
34 Oertzen 1927, S. 96. GHA KKVerw. Ludwig I. 95, S. 9.
35 Oertzen 1927, S. 97.

Caroline Lizius (S. 268–285)

1 In den Quellen wechselt die Schreibweise Karoline und Caroline. Sie selbst nannte sich erst Karoline, später aber stets Caroline.

2 1838 und 1839 mehrfach in der Aschaffenburger Zeitung erwähnt.

3 Langer/Schröter 2019, S. 20.

4 Aschaffenburger Zeitung 21.5.1840.

5 Staatsrat Max August von Schilcher (1794–1872) Kabinettssekretär Ludwigs I.

6 Constanze Dahn (1814–1894), Schauspielerin.

7 Franz Lachner (1803–1890), Komponist, seit 1836 Dirigent an der Hofoper in München.

8 Karoline Hetzenecker (1822–1888), Opernsängerin.

9 Schrott 1963, S. 281.

10 Anfang Oktober übernachteten der Privatier Lizius mit Tochter von Aschaffenburg in Würzburg (Neue Würzburger Zeitung 13.10.1840).

11 Vermutlich handelt es sich um die Frau eines Hofmusikers, die 1874 als Witwe in der Pfandhausstraße 3 wohnte (Adressbuch 1857).

12 GHA NL Ludwig I. 87/3/1 (rund 200 Briefe von Caroline Lizius an König Ludwig I., 1840 bis 1867).

13 München 31.12.1840, zit. nach Corti 1941, S. 352 f.

14 GHA NL Ludwig I. 87/3/1.

15 Probst 2003, S. 174.

16 GHA NL Ludwig I. 87/3/1 (Brief Carolines vom 1.1.1841); GHA NL Ludwig I. Autographen 462 (Brief des Königs vom 27.2.1841 und 18.3.1841).

17 Aschaffenburger Zeitung 19.7.1841. Zu Vater Christoph Lizius und Carolines Brüdern siehe auch GHA NL Ludwig I. 87/3/2b.

18 GHA KKVerw. Ludwig I. 35, S. 59 (September 1844).

19 Schrott 1963, S. 33.

20 Klenze Memoiren, zit. nach Reiser 2004, S. 69.

21 GHA NL Ludwig I. 87/3/1 (Briefe Carolines vom 17.3.1841 und 6.4.1841); GHA NL Ludwig I. Autographen 462 (Brief des Königs vom 18.3.1841).

22 GHA NL Ludwig I. 87/3/1 (Brief Carolines 28.2.1845).

23 GHA NL Ludwig I. 87/3/1 (Brief Carolines 10.7.1848: erinnert ihn an den

„Lockstein, wo ich vor 6 Jahren mit Ihnen saß…"). Im Juli 1841 ließ sich der König 30 Gulden aus der Kabinettskasse auszahlen „für Karolina Lizius zur Reise von Traunstein nach Salzburg bestimmt" und nach königlicher Weisung vom 6. Juli noch einmal 200 Gulden, „für Karolina Lizius bestimmt […] wovon 170 fl. unter Badunterstützung und 30 fl. als Geschenk zu geben"(GHA KK-Verw. Ludwig I. 32, S. 55).

24 GHA NL Ludwig I. Autographen 462. Gedichte Ludwigs I, Teil 4, München 1847.

25 Hojer 2011, S. 104.

26 GHA NL Ludwig I. 87/3/1 (Brief Carolines 1843).

27 Er entzog sich seiner Verurteilung wegen Hochverrats und flüchtete. Es war ihm gelungen, eine Feile und ein Seil in die Zelle zu schmuggeln. Er sägte das Eisengitter durch, floh nach altbewährter Ausbrechermanier über den Main (Bayerischer Landbote 11.5.1833) und bald konnte man in ganz Frankfurt ein Spottlied hören, das auf die Melodie „Ich bin der Doktor Eisenbarth" gesungen wurde und das dort noch heute als „Lizius-Lied" bekannt sein soll. Carl Bernhard entkam über das Elsass in die Schweiz. Allgemeine Zeitung 22.3.1834; Regensburger Zeitung 17.12.1835.

28 Intelligenzblatt Oberbayern 15.11.1839, Sp. 1723–1725; Bayreuther Zeitung 16.11.1839; Münchener Tagblatt 18.11.1839. 1842 etwa wollte er sich mit den Eltern am Bodensee treffen und Caroline bat um zwei Freiplätze in Lindau (GHA NL Ludwig I. 87/3/1). Bernhard Lizius war mit einer Französin verheiratet und hatte mindestens zwei Kinder (Caroline geb. 1837 und Ludwig geb. 1842), die im Januar 1849 bei Frau Robbe aus Courville-sur-Eure (Departement Eure-et-Loir), der Schwester seiner Frau lebten, während Bernhard selbst in großer Armut in Paris lebte und in seiner Verzweiflung König Ludwig um Hilfe bat (GHA NL Ludwig I. 87/3/2b, Brief Bernhard Lizius an Ludwig I. 23.1.1849). Vermutlich noch 1849 gründete er einen Verlag in Frankfurt (bis 1853 nachgewiesen), wo u. a. auch Franz Poccis „Frühlings-Laube für gute Kinder" (1852) erschienen ist. Dann versuchte er in

England seine Studien fortzusetzen. Anfang der 1870er Jahre soll er in London
gestorben sein. Offiziell gilt er als verschollen.

29 GHA NL Ludwig I. 87/3/1 (Brief Katharina Lizius' 1845).

30 GHA NL Ludwig I. ARO 21/3 (Eingabe
Christoph Lizius' vom 19.8.1845).

31 GHA NL Ludwig I. 87/3/1 (Brief Carolines 8.1.1846).

32 GHA NL Ludwig I. 87/3/1 (Brief Carolines 11.6.1847).

33 GHA NL Ludwig I. 87/3/1 (Briefe Carolines an Ludwig 13.3.1847, 29.4.1847 und
26.8.1847). GHA KKVerw. Ludwig I.
51/3/10 (Korrespondenz Caroline und
von Kreutzer Februar 1847 bis April
1848). Lamberger blieb in Landshut,
wurde dort im selben Jahr zum Hauptmann der Stadtwehr gewählt (Tagblatt
für Landshut 3.6.1848).

34 GHA KKVerw. Ludwig I. 51/3/10: In einem Brief vom 23.3.1848 klagt Caroline,
dass sie seit mehr als einem Jahr auf eine
Audienz gehofft hat.

35 Rauh/Seymour 1995, S. 153 (Brief Ludwigs I. an Lola Montez 20.3.1848).

36 Ebenda, S. 184 u. 186 (Ludwig I. an
Montez 2.5.1848 und 8.5.1848).

37 Ebenda, S. 190 u. 191 (Montez an Ludwig I. Genf 15.5.1848; Ludwig I. an Montez 19.5.1848).

38 GHA NL Ludwig I. 87/3/1 (Brief Carolines 10.7.1848).

39 Rauh/Seymour 1995, S. 251 (Ludwig I. an
Montez 25.10.1848).

40 Ebenda, S. 254 (Ludwig I. an Montez
5.11.1848).

41 Mittelfränkische Zeitung 20.5.1848; Passauer Zeitung 10.5.1848; Aschaffenburger
Zeitung 10.5.1848; siehe auch Rauh/Sey-
mour 1995, S. 191 (Ludwig I. an Montez
19.5.1848).

42 GHA KKVerw. Ludwig I. 51/3/10
(Schreiben vom 27.10.48 und 1.11.1848).

43 GHA NL Ludwig I. 87/3/1 (undatierter
Brief Carolines 1848?).

44 Ebenda (Brief Carolines 8.12.1848).

45 Ebenda (Stobäus an Caroline 7.12.1848).

46 Ebenda (Briefe Carolines 3.1.1849 und
11.1.1849).

47 Leitschuh 1978.

48 GHA NL Ludwig I. 87/3/3.

49 GHA KKVerw. Ludwig I. 51/3/10
(Schreiben vom 18.1.1849).

50 GHA NL Ludwig I. 87/3/4.

51 Tag-Blatt der Stadt Bamberg 24.1.1849,
Regensburger Zeitung 24.1.1849 u. ö.

52 Münchener Tagblatt 24.1.1849; Bamberger Zeitung 23.1.1849.

53 GHA NL Ludwig I. 87/3/1 (Brief Carolines 28.1.1849).

54 GHA NL Ludwig I. 87/3/1 (Stobäus an
Caroline 30.1.1849); vgl. auch Neueste
Nachrichten 23.2.1849; Bayerischer
Landbote 23.2.1849.

55 Kurz nach der Hochzeit wurde Ignaz
Lizius in selber Position nach Hemau
versetzt (Landshuter Zeitung 4.4.1849).
Ab Oktober 1856 (Würzburger Anzeiger
9.10.1856) wirkte er in Nördlingen, bevor
er zehn Jahre später auf das erledigte
Stadtrentamt seiner Heimatstadt Aschaffenburg auf Ansuchen zum 1.10.1859 versetzt wurde (Würzburger Stadt- und
Landbote 6.10.1859). 1863 wurde er auf
die Dauer eines Jahres in den Ruhestand
versetzt (Augsburger Tagblatt 12.10.1863).

56 GHA NL Ludwig I. 87/3/1 (Stobäus an
Caroline 30.1.1849).

57 GHA NL Ludwig I. 87/3/3 (Stobäus an
Ludwig I., Lugano 19.3.1849); GHA NL
Ludwig I. 87/3/1 (Brief Carolines, Lugano
20.3.1849).

58 Nerlich 2019, besonders S. 118–131.

59 BayHStA (Kriegsarchiv) OP 14148; AEM
München-Heilig Geist, Trauungsbuch,
16.1.1875: Stobäus Ludwig Second Lieu-
tenand a. D. keine Religion angegeben,
Brennerstr. 4, Eltern: Legationsrath
Albert Stobäus und Caroline g. Licius, ledig, geb. 20. September 1849 zu Neapel;
Braut: Rach Augusta, kath. Frauenstraße
9/2, Eltern: Kaufmann Gottfried Rach,
Kath. g. Dießl, v. Höchst (Nassau) ledig,
geb. 11. Mai 1857. Da bei Ludwig Stobäus
jedoch keine Angabe zur Religion vermerkt wurde, lag vermutlich kein Tauf-
zeugnis vor, das genauere Auskunft hätte
geben können.

60 GHA NL Ludwig I. 87/3/3 (Stobäus an
Ludwig I. 5.2.1851 und 12.4.1851 bzw.
22.4.1851).

61 GHA NL Ludwig I. Autographen 462.

62 Ebenda; GHA KKVerw. Ludwig I.
51/3/10 und GHA NL Ludwig I. 87/3/1
jeweils an vielen Stellen. Neue Münchener Zeitung 27.1.1854.

63 GHA NL Ludwig I. 87/3/3 (Stobäus an
Ludwig 20.11.1856). GHA KKVerw. Lud-

wig I. 51/3/10. GHA NL Ludwig I. 87/3/1.
Bayerischer Landbote 19.10.1856.
BayHStA Ordensakten 9090 (in Genua
hat Stobäus u. a. kaiserliche Soldaten in
den Spitälern Beistand geleistet, wofür
ihm 1860 der österreichische Franz-
Josephs-Orden verliehen wurde).

64 GHA KKVerw. Ludwig I. 51/3/10 (Stobäus an Ludwig I. 2.10.1859; Schreiben
Ludwigs I. 21.10.1859; Caroline an Ludwig I. 16.11.1862). Der König zahlte sowieso schon jährlich 900 Gulden an „Legationsrat Stobäus" als „Besoldung", vgl.
z. B. GHA KKVerw. Ludwig I. 75, S. 167.

65 BayHStA Ordensakten 5966 (seit
August 1860 bei der schweizerischen
Gesandtschaft). Vgl. auch BayHStA MF
37464; Das Vaterland, Wien 9.10.1860.

66 GHA KKVerw. Ludwig I. 51/3/10 an verschiedenen Stellen.

67 GHA NL Ludwig I. 87/3/1 (Briefe Carolines, Neapel 23.6.1850 und München
1.4.1860).

68 GHA KKVerw. Ludwig I. 51/3/10
(Handschreiben des Königs vom
22.5.1866 an Kriegsminister von Lutz).
GHA NL Ludwig I. 87/3/2a.

69 GHA NL Ludwig I. 87/3/1.

70 BayHStA MF 37464.

71 Pfälzer Zeitung 25.10.1871 und 6.11.1872.

72 AEM München-Heilig Geist Trauungsbuch 16.1.1875; Süddeutscher Telegraph
29.1.1875.

73 In dem Haus wohnte kurz nach 1900
der Verleger Albert Langen sowie ab
1905 der Zeichner Olaf Gulbransson.

74 BayHStA MF 37464.

75 Standesamt Köln, Sterbeurkunde „Caroline von Stobäus", geb. Lizius, 11. Dezember 1908, Nr. 1290. Eine Todesanzeige ist
weder für sie noch für ihren Mann Albert
zu finden gewesen.

76 GHA KKVerw. Ludwig I. 95, S. 9.

77 Da das Bild im April 1841 mit den üblichen 440 Gulden aus der Kabinettskasse
bezahlt wurde, dürfte es in den Besitz
des Königs übergegangen sein (GHA
KKVerw. Ludwig I. 93, S. 10).

78 BSB HSS Ludwig I.-Archiv 3,134, S.
1044–1047 (5.10.1842), zit. nach Glaser
2007, V 1842.

79 Aktionshaus Kastern, Hannover, Auk-
tion 19.9.2015. Aufrufpreis: 12.000 Euro.
Vgl. Bykowski 2015. Abbildung auch bei
Still 2020, S. 79.

80 GHA KKVerw. Ludwig I. 56, S. 39.

81 GHA NL Ludwig I. 87/3/1 (Caroline an
Ludwig I., München 3.8.1865?).

**Caroline Prinzessin von Oettingen-
Oettingen und Wallerstein
(S. 286–298)**

1 Laut Grabstein im August geboren,
nicht im Dezember wie bei Oertzen
1927, S. 97.

2 Zum Leben der Eltern siehe ausführlich
oben Crescentia von Oettingen-Wallerstein, S. 169–179.

3 Neue Augburger Zeitung 9.5.1830 (gest.
am 7.5.1830 in München).

4 Münchener Tagblatt 31.5.1849.

5 Augsburger Postzeitung 31.1.1843 (29. Januar); Münchener Tagblatt 1.2.1843;
Kemptener Zeitung 1.2.1843 (München
29. Januar) u. a.

6 Kemptener Zeitung 5.3.1843 (München
28. Februar). Vgl. auch Augsburger Tagblatt 1.3.1843 u. a.

7 Simon Bd. I, 2012, S. 555 (Emma von
Suckow an Justinus Kerner 10.11.1843).

8 Kling-Mathey 1989, S. 30 u. 259.

9 GHA NL Ludwig I. ARO 21/2.

10 Hefner 1866, S. 59.

11 Kemptener Zeitung 5.3.1843 (München
28. Februar).

12 AEM München-Zu Unserer Lieben
Frau, Taufbuch 21.7.1844.

13 Das Palais steht in dieser Form nicht
mehr. Es wurde Ende des 19. Jahrhunderts durch den palastartigen Neubau
ersetzt, in dem heute u. a. der
Sparkassenverband Bayern seinen Sitz
hat. Lediglich das ehemalige Stallgebäude
hat sich in veränderter Form erhalten:
Es beherbergt heute u. a. das Antiquariat
Hartung & Hartung. Nerdinger 1980,
Nr. 50; Habel/Hallinger/Weski Bd. 2,
2009, S. 390 f.

14 Münchener Tagblatt 8.8.1846.

15 Kgl. Bay. Kreis-Amtsblatt von Oberbayern 7.8.1860; Salzburger Zeitung
14.10.1857.

16 Regensburger Tagblatt 10.5.1846; Münchener politische Zeitung 14.5.1846 u. ö.

17 Beide 1925 aus Privatbesitz von der
Bayerische Staatsgemäldesammlung angekauft, URL: https://www.sammlung.
pinakothek.de/de/artwork/Pdx-
z0oAGw5 (aufgerufen am 22.11.2019)
und https://www.sammlung.pinako-

thek.de/de/artwork/7yxYp764Ym (aufgerufen am 22.11.2019).

18 Eidgenössische Zeitung 31.8.1855.
   François Oyex-Delafontaine
   (1817–1884).

19 GHA NL Ludwig I. 86/2/2 (Prinzessin
   Alexandra an Ludwig I. 28.7.1846).

20 Augsburger Neueste Nachrichten
   18.5.1867. Lindauer Tagblatt 27.10.1862
   (bei der Versteigerung brachte es allerdings nur mehr 550 Gulden. Ersteigert
   hat den Wagen der Geschäftsführer des
   Hotels zum „Bayerischen Hof", dem
   einige Stunden danach über tausend
   Gulden geboten wurden).

21 Augsburger Postzeitung 11.5.1846
   (Fremdenanzeige 8.–10. Mai).

22 Rauh/Seymour 1995, S. 82 (Montez an
   Ludwig I., München 1.10.1847) und S. 117
   (Lindau 22.2.1848).

23 Escherich, S. 203.

24 Chroust 1951, S. 368, 404 (Graf Bernstorff an König Friedrich Wilhelm IV.
   10.2.1848; Graf Bernstorff an Staatsminister Graf Canitz 3.3.1848).

25 Salzburger Zeitung 29.5.1857.

26 GHA NL Ludwig I. (Waldbott-Bassenheim an Ludwig I., München 13.3.1858
   mit Beilage).

27 So etwa auf dem Ball am 11.2.1847.
   Chroust 1951, S. 262.

28 Neue Salzburger Zeitung 29.3.1858.

29 Ansbacher Morgenblatt 5.12.1856 (München 2. Dezember).

30 Neue Würzburger Zeitung 7.1.1857
   (München 4. Januar).

31 Blätter für Musik, Theater und Kunst
   7.4.1858.

32 GHA NL Ludwig I. 86/5/9.

33 Tiroler Schützen-Zeitung 16.8.1858.
   Deutsche Allgemeine Zeitung 17.8.1858;
   Schlesische Troppauer Zeitung
   23.4.1858.

34 BayHStA MA 27291/1.

35 Tagblatt der Stadt Bamberg 26.11.1860.

36 Eidgenössische Zeitung 17.10.1860.

37 BayHStA MA 27291/1.

38 URL: http://www.angelfire.com/realm/
   gotha/gotha/waldbott.html (aufgerufen
   am 2.11.2019).

39 Kemptener Zeitung 2.12.1860 (Koblenz
   26. November); Augsburger Tagblatt
   5.12.1860.

40 Renner 2006, S. 251.

41 Allgemeine Zeitung 2.6.1860.

42 Eidgenössische Zeitung 17.10.1860.

43 Renner 2006, S. 251.

44 Neue Augsburger Zeitung 23.11.1862.

45 Sibylle (Würzburger Journal) 6.3.1862.
   Ähnlich übernommen von Sepp 1869,
   S. 521.

46 Deutsches Volksblatt 9.6.1861.

47 Augsburger Neueste Nachrichten
   12.9.1863.

48 Habel/Hallinger/Weski Bd. 2, 2009,
   S. 390 f; z. B. Adreßbuch München 1874.

49 Kurier für Niederbayern 11.3.1862;
   Amtsblatt für die Königlichen Bezirksämter Forchheim und Ebermannstadt
   15.8.1865; Tagblatt für die Städte Dillingen, Lauingen u.s.w. 16.3.1866 u. ö.

50 Hefner 1866, S. 58.

51 Wagner I 1976, S. 250 (25.6.1870), 254,
   258, 337 (5.1.1871), 394 u. 420.

52 Straubinger Zeitung 15.6.1875 (München
   13.7.).

53 Es konnte 1979 durch die öffentliche
   Hand zurückerworben werden.

54 Hefner 1866, S. 58.

55 Wagner I 1976, S. 372 (20.3.1871).

56 Ebenda, S. 426 (9.8.1871).

57 Ebenda, S. 157 (3.10.1869).

58 Ebenda, S. 153 (22.9.1869).

59 Ebenda, S. 332 (31.12.1870).

60 Ebenda, S. 281 (4.6.1870); Metzger 1998,
   S. 80.

61 Wagner I 1976, S. 200 (18.2.1870).

62 Ebenda, S. 514.

63 Ebenda, S. 522, 580, 1061.

64 Waldberg 1933, S. 69–80. Wagner II 1977,
   S. 402 (23.12.1879), S. 464 (ab 1.9.1879).

65 Wagner II 1977, S. 464 (23.12.1879).

66 Vaterland 22.1.1889.

67 Vaterland 18.5.1895; Allgemeine Zeitung
   3.11.1896.

68 Bergmann 1894, S. 147.

69 Neue Augsburger Zeitung 9.5.1830 (gest.
   am 7. Mai in München).

70 Wagner I 1976, S. 443 (25.9.1871); siehe
   auch S. 201, 270.

71 Neue Zürcher Nachrichten 5.2.1910.
   Siehe auch Allgemeine Zeitung
   26.5.1895. Friedrich Hugo (1844–1910)
   heiratete 1875 in St. Helier, Jersey, Rosa
   Schürch (1855–1904). Beide lebten in
   Buxheim. Ihr Sohn Hugo Maria (geb.
   1897) fiel 1916 bei Verdun (Epitaph in
   der Klosterkirche Buxheim).

72 Waldberg 1933, S. 227 f. (10.10.1885).
   Zahlreiche Nachkommen bis heute.

URL: http://www.angelfire.com/realm/
gotha/gotha/waldbott.html (aufgerufen
am 2.11.2019).

73 GHA KKVerw. Ludwig I. 95, S. 9.

74 Brief Ludwigs I. an Kabinettssekretär
Heinrich von Kreutzer, Aschaffenburg
21.6.1843, zit. nach Schrott 1963, S. 281:
„[…] Bernhardi den Auftrag, mir
gleichfalls für 15 Karolins und, so besser,
höchsten für 18 das Bildnis der Fürstin
Karoline von Öttingen-Wallerstein
(nunmehrige Gräfin Bassenheim) zur
Schönheiten-Sammlung in gleicher
Größe zu kopieren."

75 GHA KKVerw. Ludwig I. 35, S. 47
(bezahlt im Oktober 1843, 198 Gulden).

76 Das Reiterbild wird heute in der Bayerischen Staatsgemäldesammlung verwahrt. Oertzen 1927, S. 99.

Josepha Conti (S. 299–304)

1 AEM München-Zu Unserer Lieben
Frau Taufbuch 17.2.1825. Die rückseitige
Aufschrift auf dem Bild „geboren 1823"
ist falsch.

2 Bayerischer Landbote 12.11.1840.

3 Hojer 2011, S. 108.

4 Kgl. Bay. Polizey-Anzeiger 1839, S. 302;
Münchener Tagpost 17.7.1839 (gest. im
Alter von 29 Jahren).

5 Oertzen 1927, S. 101.

6 AEM München-Zu Unserer Lieben
Frau Trauungsbuch 20.5.1852.

7 GHA NL Ludwig I. ARO 32.

8 Münchener politische Zeitung 18.9.1846.

9 GHA NL Ludwig I. 86/5/4.

10 Hof- und Staatshandbuch 1846, S. 93.

11 GHA NL Ludwig I. 86/5/4.

12 GHA NL Ludwig I. 86/5/4.

13 Hof- und Staatshandbuch 1867, S. 171.
Für die Jahre 1868 und 1869 sind keine
Handbücher erhalten. Im Handbuch
von 1870 ist sie nicht mehr aufgeführt.

14 AEM München-Zu Unserer Lieben
Frau Trauungsbuch 20.5.1852 (Anton
Schirsner wurde am 21.3.1819 geboren).

15 Jahresbericht kgl. katholische Studienanstalt bei St. Stephan in Augsburg, 1837/38.
Intelligenz-Blatt der Königlichen Regierung von Schwaben und Neuburg 1843,
Sp. 221/222: Stipendium aus dem Dillin-
ger-Fond für das Studien-Jahr 1842/43.

16 BayHStA MInn 36479.

17 BayHStA MInn 36479. Bayerischer
Landbote 8.11.1854.

18 Bayerisches Volksblatt 15.4.1857; Augsburger Tagblatt 14.4.1857; Kreisamtblatt
von Oberbayern 9.12.1859; Bayerischer
Kurier 23.2.1861; u. ö.

19 Geboren 2.4.1853 (AEM München-St.
Anna, Taufbuch); Marie Schirsner heiratete 1874 den Münchner Landschaftsmaler Wilhelm Wanner (geb. 1846);
Bayerischer Landbote 19.5.1874.

20 Ischler Bade-Liste 10.9.1870 (Bezirksgerichtsrat Anton Schirsner mit Sohn
aus München).

21 Adreßbuch München 1857.

22 Adreßbuch München 1874.

23 Oertzen 1927, S. 101.

24 1867 war sie noch in dieser Funktion.

25 Aschaffenburger Zeitung 18.11.1870 u. ö.;
Salzburger Zeitung 9.9.1870; Ischler
Bade-Liste 10.9.1870.

26 Allgemeine Zeitung 27.1.1897.

27 AEM München-Maria-Hilf (Au) Sterbebücher 23.11.1881. Münchner Neueste
Nachrichten 25.11.1881.

28 Hojer 2011, S. 108; Hase 1971, Nr. 311.

29 GHA KKVerw. Ludwig I. 96, S. 11.

30 Oertzen 1927, S. 101.

Lady Emily Milbanke (S. 305–310)

1 Geni.com. Wohl Fehler, da die Geburts-
daten ihrer Geschwister (soweit bekannt) alle ab 1818 genannt werden.

2 Regensburger Zeitung 16.4.1827.

3 Ebenda 11.11.1835.

4 Augsburger Postzeitung 10.10.1838.

5 The Asiatic Journal and monthly regis-
ter of British India and its Dependen-
cies, Mai 1843. Siehe auch Gentleman's
Magazin, September 1850.

6 Münchener politische Zeitung 1.12.1843.

7 Chroust 1951, S. 265, 284 f., 364.

8 Rauh/Seymour 1995, S. 300.

9 Münchner Bote 5.10.1856.

10 Landshuter Zeitung 6.7.1862.

11 Münchner Bote 21.12.1859 (München
20. Dez.).

12 Chroust 1951, S. 215 f., 289, 400 (Bernstorff an Canitz 5.2.1847, 6.2.1847,
22.2.1848, 2.3.1848).

13 Rauh/Seymour 1995, S. 164 f. (Lola Montez an Ludwig I. Bern 23.3.1848, Bern
[24.]3.1848).

14 Allgemeine Zeitung 2.6.1860. Siehe
unten Caroline von Waldbott-Bassenheim, S. 286–298.

15 Wiener Salonblatt 23.2.1896 und 14.2.1903.

16 Signat 1847/44.
17 Straubinger Tagblatt 13.11.1862.
18 Regensburger Zeitung 17.12.1862.
19 Bayerischer Kurier 2.12.1862 (mit Aufzählung der Gegenstände); Bayerischer
Landbote 2.12.1862; Volksfreund
13.12.1862.
20 London and China Telegraph 12.1.1865.
21 Times 4.1.1869; Münchner Bote 7.1.1869.
22 GHA KKVerw. Ludwig I. 96, S. 11.

**Alexandra Prinzessin von
Bayern (S. 310 – 332)**
1 Münchener politische Zeitung 15.11.1826.
2 Nachruf in Der schwäbische Postbote
14.5.1875.
3 Ebenda.
4 GHA NL Ludwig I. II A 5.
5 GHA NL Ludwig I. 86/2/2 (diverse Briefe
Alexandras an Ludwig I. vom 4.8.1843
bis 18.3.1844). Zu den Reisen auch GHA
NL Ludwig I. 46/3/6 Nr. 10 an verschiedenen Stellen.
6 GHA NL Ludwig I. 86/2/2 (Alexandra
an Ludwig I. 22.8.1845).
7 Regensburger Zeitung 17.7.1846. GHA
NL Ludwig I. 86/2/2 (diverse Briefe Alexandras an Ludwig I. 10.7.1846 bis
15.8.1846).
8 GHA NL Ludwig I. 86/2/2 (Briefe
18.6.1847 bis 28.7.1847).
9 Tagblatt der Stadt Bamberg 1.8.1847.
10 Bayreuther Zeitung 26.8.1846.
11 Augsburger Postzeitung 5.2.1848 (München 27. Januar).
12 GHA NL Ludwig I. 85/4/6 (Berichte des
Grafen Luxburg aus Wien 1847 bis 1849).
13 Bayerischer Volksfreund 8.2.1848.
14 GHA NL Ludwig I. 46/3/6 Nr. 10.
15 Chroust 1951, S. 418 f. (7.3.1848).
16 Rauch/Seymour 1995, S. 208 (Lola Montez an Ludwig I. Genf 30.6.1848).
17 GHA NL Ludwig I. 85/2/2 (Maximilian
II. an Ludwig I. 3.8.1849).
18 Die Hochzeit mit Erzherzogin Maria
Isabella (1834 – 1901) fand am 10. April
1850 statt.
19 Aschaffenburger Zeitung 7.10.1857.
20 GHA NL Ludwig I. 46/3/6 Nr. 10. Erhalten sind nur einzelne Schreiben, nicht
die komplette Korrespondenz.
21 Hermann von Vicari (1773 – 1868), Erzbischof von Freiburg (1842 – 1868), war
der Bruder von Hermanns Mutter, Crescentia von Vicari, verheiratete Barxell.

22 GHA NL Ludwig I. 46/3/6 Nr. 10
(Henin an Erzbischof von Vicari
27.11.1848).
23 Ebenda (Henin an Barxell 19.12.1848).
24 Augsburger Tagblatt 3.7.1849.
25 GHA NL Ludwig I. 46/3/6 Nr. 10
(Barxell an Maximilian II. 1.8.1849).
26 Ebenda (Notiz Maximilians II. an Schilcher 4.8.1849).
27 Ebenda („Nota nach Hohenschwangau
von Schilcher" 7.8.1849).
28 Ebenda (Schreiben, unleserliche Unterschrift, 22.8.1849).
29 Huggle 1988.
30 Hermanns Schwester Friederike Amalie
(geb. 1820) bekam als Mitgift 17.000 Gulden, dazu Möbel, Wäsche und Geschirr,
was auch für eine nicht unvermögende
Familie spricht. Huggle 1988, S. 105.
31 GHA NL Ludwig I. 46/3/6 Nr. 10
(Barxell an Maximilian II. 7.8.1849).
32 Ebenda (Barxell an Maximilian II.
1.8.1849).
33 Im Stadtarchiv München ist kein
Polizeimeldebogen erhalten.
34 Wallersee 1913, S. 121. Marie Louise
Elisabeth Freiin von Wallersee, geb.
Mendel, verheiratete Gräfin von
Larisch-Moennich (1858 – 1940).
35 Baierischer Eilbote 23.5.1849.
36 Regensburger Zeitung 22.6.1849.
37 Aschaffenburger Zeitung 4.10.1849.
38 Ebenda 11.10.1849.
39 Z. B. Bayerischer Landbote 15.1.1846.
Aschaffenburger Zeitung 30.1.1849.
40 Bayerische Landbötin 2.11.1849.
41 Berühmte Patienten, www.illenau-
er-waldfriedhof.de (aufgerufen am
5.10.2019). Im Hauptgebäude ist heute
das Rathaus von Achern untergebracht.
42 Augsburger Tagblatt 26.10.1849.
43 GHA NL Ludwig I. 89/2/14 (Königin
Therese an Erzherzogin Hildegard, Ab-
schrift 31.12.1849).
44 Hämorrhoiden-Leiden.
45 GHA NL Ludwig I. 89/2/14 (Königin
Therese an Alexandra, ohne Datum).
46 GHA NL Ludwig I. 86/2/2 (so die Briefe
vom 3.5.1950 bis 11.5.1853).
47 GHA NL Ludwig I. 89/2/14 (Briefe der
Jahre 1850 bis 1853).
48 Die beiden Orte liegen nur gut 20 Kilometer Luftlinie voneinander entfernt.
49 GHA NL Ludwig I. 86/2/2 (Alexandra
an Ludwig I. 2.3.1852).

50 Ebenda (Alexandra an Ludwig I. 8.6.1853).

51 Otto (1848–1916) wurde nach dem Tod seines Bruders König Ludwigs II. König von Bayern, doch die Regierung übernahm für ihn Prinzregent Luitpold.

52 GHA NL Ludwig I. 86/2/2 (Alexandra an Ludwig I. 20.7.1853). Das vom schwedischen Bildhauer Bengt Erland Fogelberg geschaffene Reiterstandbild für Bernadotte, der als Carl XIV. den schwedischen Thron bestieg, wurde in der Erzgießerei in München von Ferdinand von Miller gegossen. Es wurde im November 1854 in Stockholm enthüllt. Es steht heute (nach seiner Versetzung im Jahr 2018) auf dem Slottsbacken in Stockholm.

53 Aschaffenburger Zeitung 21.10.1853.

54 GHA NL Ludwig I. 89/6/4.

55 GHA NL Ludwig I. 85/2/2 (Maximilian II. an Ludwig I. Nürnberg 31.7.1855); (Ludwig I. an Maximilian II., Leopoldskron 7.8.1855, zit. nach Corti 1941, S. 508).

56 Bayreuther Zeitung 27.4.1869; Neue Augsburger Zeitung 5.9.1860.

57 Braun 1875, S. 4.

58 Flugblätter von Isabella Braun mit Gedichten (GHA NL Ludwig I. 86/2/3, Beilage im Brief Alexandra an Ludwig I. 31.8.1864 bzw. 18.11.1866).

59 GHA NL Ludwig I. 86/2/3 (zahlreiche Briefe 1859 bis 1862).

60 Ebenda (Alexandra an Ludwig I. 10.3.1863).

61 Gemeint ist der Hohe Göll am Ostrand der Berchtesgadener Alpen.

62 GHA NL Ludwig I. 86/2/3 (Alexandra an Ludwig I. 2.7.1862).

63 Ebenda (Alexandra an Ludwig I. 18.2.1864).

64 Ebenda (Alexandra an Ludwig I., Berchtesgaden 18.7.1862).

65 So z. B. Ebenda (Alexandra an Ludwig I. 26.5.1856).

66 Siehe z. B. auch die Patenschaft für ein „Mohrenkind". Vgl. oben Friederike von Gumppenberg, S. 265.

67 Z. B. Oertzen 1927, S. 102; Dickinger 2005, 101 f.

68 Z B. Aschaffenburger Zeitung 7.10.1857.

69 Süddeutsche Post 21.6.1874.

70 Braun 1875, S. 11 f.

71 Wöbking 1986, S. 306.

72 Nachruf in Der schwäbische Postbote 14.5.1875.

73 Schmeller Bd. II, 1956, S. 495 (1.2.1849).

74 Bayern 1856, S. 67–87.

75 Bayern 1858, S. 228–232. Der Besuch hatte am Dienstag nach Ostern 1856 stattgefunden. Kurz darauf bat sie den Vater um eine finanzielle Unterstützung des Rettungshauses. GHA NL Ludwig I. 86/2/2 (Alexandra an Ludwig I. 25.3.1856).

76 Börsenblatt für den deutschen Buchhandel 18.10.1870 u. ö. (Anzeige).

77 Rall, S. 108 f.

78 GHA NL Ludwig I. Autographen 494.

79 Fränkischer Kurier 10.3.1868.

80 Münchner Bote 26.7.1871, 14.11.1871

81 Ebenda 20.5.1871; Weilheimer Tagblatt 21./22.5.1871.

82 Braun 1875, S. 12.

83 Münchner Bote 13.10.1974 u. ö.

84 Augsburger Anzeigeblatt 31.12.1872; Neue Augsburger Zeitung 8.1.1873; Augsburger Anzeigeblatt 15.1.1873; Neue Augsburger Zeitung 21.1.1873.

85 GHA NL Ludwig I. 46/3/6 Nr. 10 (Schreiben vom 21.3.1842).

86 Nachruf in Der schwäbische Postbote 14.5.1875.

87 Neue Münchener Zeitung 1.10.1856 bzw. Aschaffenburger Zeitung 3.10.1856.

88 Volksfreund 11.5.1875 u. ö.

89 Neue Würzburger Zeitung 14.5.1875; Münchner Neueste Nachrichten 14.5.1875.

90 Der Schwäbische Postbote 13.5.1875 (Am Sarge der Prinzessin Alexandra von Bayern); Braun 1875.

91 Die Fotos, die sie 1860 im Aschaffenburger Fotoatelier Nußbaum zusammen mit ihrem Vater aufnehmen ließ, sollen nicht mehr erhalten sein. Langer/Schröter 2019, S. 17. Vermutlich war dieses Porträtfoto jedoch die Vorlage für die Collage, die die bayerische Königsfamilie im Jahr 1862 zeigt; Abbildung bei Oelwein 2011, S. 12 (Nr. 6: Prinzessin Alexandra). Darauf trägt Alexandra ein schmuckloses schwarzes Kleid. Ein weiteres Foto lag einem Brief von 1862 bei (siehe oben). 1830 wurde sie als Kind zusammen mit ihrem Bruder Adalbert z. B. von Franziska Schöpfer gemalt (Pappe 2017, S. 132 f.).

92 GHA KKVerw. Ludwig I. 98, S. 12; vgl. auch BSB HSS Stieleriana I, I,5,l.

93 BSB HSS Stieleriana I, I,5,m.

94 GHA KKVerw. Ludwig I. 29, S. 80–83 und 30, S. 69 f. Das Porträt Alexandreas wurde im März 1838 bezahlt (98, S. 81).
95 GHA KKVerw. Ludwig I. 36, S. 58; 37, S. 50.
96 GHA KKVerw. Ludwig I. 37, S. 49 (Dezember 1845). Dabei handelte es sich vermutlich um die von Walburga Straucher angefertigte Lithografie. Zu Ludwigs Ausflügen mit dem Herzog siehe z. B. Augsburger Postzeitung 13.5.1842.

Auguste Prinzessin von Bayern (S. 332–341)

1 Möckl 1988.
2 Immler 2002, S. 265.
3 Signat 1843/255 (29.4.1843).
4 Signate 1843/389 (6.7.1843) und 1843/484 (27.8.1843).
5 Hans Reidelbach, zit. nach Bußmann 2014, S. 41.
6 Bußmann 2014, S. 42.
7 Münchener Tagblatt 25.4.1844.
8 Signat 1844/239 (22.4.1844).
9 Bayerischer Volksfreund 4.5.1844.
10 Münchener Tagblatt 25.4.1844.
11 Bayerische Landbötin 18.6.1844.
12 Bayerischer Volksfreund 8.5.1844.
13 Münchener Tagblatt 9.5.1844.
14 Schrott 1963, S. 274.
15 Bayern 1949, S. 114.
16 Bußmann 2014, S. 37.
17 GHA KKVerw. Ludwig I. 35, S. 53 (April 1844).
18 Möckl 1988, S. 62 f.
19 Bußmann 2014, S. 47.
20 Augsburger Postzeitung 13.2.1848.
21 Vgl. unten Lola Montez, S. 341–355.
22 Raub/Seymour 1995, S. 112 (Lola Montez an Ludwig, Lindau 18.2.1848).
23 Sing 1997, S. 138.
24 Rall, S. 112.
25 Bußmann 2015, S. 16–18.
26 Heinrich Schützinger, zit. nach Bußmann 2015, S. 16.
27 Hölz/Traub 2009, S. 42–47, 53–57.
28 Rall, S. 112.
29 Z. B. Kurier für Niederbayern 5.3.1861; Lindauer Tagblatt 12.8.1861.
30 Ausführlich z. B. Münchner Bote 1.5.1864.
31 Dusmann 1864, S. 11 f.
32 Z. B. Würzburger Stadt- und Landbote 5.5.1864.
33 GHA KKVerw. Ludwig I. 96, S. 14 und 99, S. 5.

34 Auktionshaus Neumeister, München, Auktion 365 Alte Kunst, 24.9.2014, Katalog-Nr. 1045 (versteigert aus Wittelsbacher/Habsburger Besitz).
35 Augsburger Postzeitung, 23.10.1845.
36 Bayern 1980, S. 58.
37 GHA KKVerw. Ludwig I. 36, S. 47 (Oktober 1844), S. 49 (Dezember 1844), S. 53 (April 1845).
38 GHA KKVerw. Ludwig I. 37, S. 56 (Juli 1846).
39 Auktionshaus Neumeister, München, Auktion 365 Alte Kunst, 24.9.2014, Katalog-Nr. 1046 (versteigert aus Wittelsbacher/Habsburger Besitz).

Lola Montez (S. 341–355)

1 Rauh 1996; Rauh/Seymore 1995; Panzer 2014; Weidner 1998 u. a.
2 Morató 2017.
3 Dury, der das Gemälde zu seinen Lebzeiten in seinem Salon in Nashville hängen hatte, wird den möglichen Irrtum wohl aus Werbegründen nicht aufgeklärt haben. Noch in München hat er 1848 jedoch tatsächlich eine Kopie des Gemäldes von Lola Montez angefertigt, das sich heute in der Gemäldesammlung des Münchner Stadtmuseums befindet (Abbildung bei Weidner 1998, S. 162).
4 „wie einen Liebhaber von 15 [Jahren]".
5 Schreiben Ludwigs I. an seinen Vertrauten, Freiherrn von der Tann, zit. nach Rauh/Seymour 1995, S. 11.
6 Scally 2012; Panzer 2014, S. 11.
7 Z. B. Rauh/Seymour 1995, S. 12; Rauh 1996, S. 12. Weidner 1998, S. 116: er geht allerdings vom Geburtsjahr 1821 aus; Panzer 2014, S. 162.
8 Das Folgende vor allem nach Rauh 1996.
9 Armando 1961, S. 142.
10 Signat 1846/313.
11 Signate 1846/317 und 1846/318.
12 Escherich, S. 193–194.
13 Kobell 1894, S. 177 f.
14 Chroust 1951, S. 213.
15 Siehe dazu oben Prinzessin Auguste, S. 332–341.
16 Escherich, S. 202–206.
17 Philipps 2017, S. 326–328.
18 Escherich, S. 192–193.
19 Rauh/Seymour 1995, S. 350 (23.12.1849).
20 Schlusszeilen des Gedichts, das der König am 22.1.1849 für Lola verfasste. Zit. nach Corti 1941, S. 484.

21 GHA KKVerw. Ludwig I. 39, S. 39 u. 44.

22 Bayern 1980, S. 27.

23 Z. B. Münchener Tagblatt 15.8.1849, 16.8.1849.

24 Gradaus 28.12.1849.

25 Zit. nach Rauh 1996, S. 150.

26 Münchener Tagblatt 10.2.1852.

27 Würzburger Anzeiger 10.2.1861; Tags-Blatt der Stadt Bamberg 14.2.1861.

28 BSB HSS Ludwig I.-Archiv 3,150, S. 886, zit. nach Glaser 2007, V 1846.

29 Oertzen 1927, S. 114. Weidner 1998, S. 236–241 (Abb. S. 237). Heute Münchner Stadtmuseum, Gemäldesammlung.

30 Glaser 2007, V 1846; Münchener Tagblatt 18.10.1846.

31 GHA KKVerw. Ludwig I. 100, S. 6.

32 Bayerischer Landbote 6.12.1846, vgl. auch Regensburger Zeitung 3.12.1846.

33 BSB HSS Stieleriana I I,5,0 „Erlebnisse mit Bildern" von J. v. H. (Enkel/Enkelin von Stieler) ohne Datierung, ca. 1950.

34 GHA KKVerw. Ludwig I. 100, S. 13.

35 Dürck-Kaulbach 1917, S. 206 (30.6.1847) und S. 210 (3.7.1847).

36 GHA KKVerw. Ludwig I. 60, S. 8. (Preis 99 Gulden).

37 Im Mai 1847 wurde dem Bildhauer Geld angewiesen, das vermutlich mit dieser Büste in Zusammenhang zu bringen ist. GHA KKVerw. Ludwig I. 100, S. 12; 60, S. 8.

38 Hojer 2011, S. 27 (Abbildung der Büste) und S. 118.

Maria Dietsch (S. 355–358)

1 Volksbötin 5.11.1850. Gleicher Wortlaut: Augsburger Tagblatt 8.11.1850.

2 Oertzen 1927, S. 115 (8.5.1850); Hase 1971, Nr. 315 (18.5.1850).

3 Hase 1971, S. 98 f. (hier voller Wortlaut des Briefs).

4 AEM Taufmatrikel München Maria-Hilf Au 19.7.1835. Vgl. auch AEM Trauungsbuch München St. Peter 23.10.1865.

5 Adressbuch München 1857.

6 AEM München-St. Peter Trauungsbuch 23.10.1865. Vgl. auch Münchner Tages-Anzeiger 3.11.1865; Volksbote 7.11.1865; Augsburger Tagblatt 25.11.1865.

7 Augsburger Tagblatt 30.5.1867 u. ö. Der Überfall hatte am 11.9.1866 stattgefunden.

8 Augsburger Abendzeitung 7.2.1869; Augsburger Neueste Nachrichten 8.2.1869 u. ö.

9 GHA KKVerw. Ludwig I. 60c, S. 7.

Carlotta Freiin von Breidbach-Bürresheim (S. 359–376)

1 Im Sommer 1858 war der Großherzog und die Großherzogin von Hessen-Darmstadt mit Gefolge, darunter auch „Freyin v. Breidbach-Bürresheim, Hofdame", in Ludwigshöhe. GHA NL Ludwig I. 88/5/3.

2 Ludwig I. an Mathilde 19./23.11.1858, zit. nach Beck 1993, S. 270.

3 Vgl. GHA NL Ludwig I. 86/5/9, 86/6/5 und 88/5/3.

4 Brief Mathilde an Luitpold 16. April 1858, zit. nach Beck 1993, S. 270.

5 Z. B. GHA NL Ludwig I. 88/5/3; BSB HSS Boos-Waldeckiana I.

6 Mathilde an Ludwig I. 29.12.1859, zit. nach Corti 1941, S. 519.

7 Ludwig I. an Mathilde 1.9.1860, zit. nach Corti 1941, S. 520.

8 Ludwig I. an Mathilde 8.9.1860, zit. nach Corti 1941, S. 521.

9 BSB HSS Ludwig I.-Archiv 44, fol. 8–18. BSB HSS Boos-Waldeckiana I, 1.

10 BSB HSS Ludwig I.-Archiv 44, fol. 19 und 20/21.

11 Ebenda, fol. 29/30. BSB HSS Boos-Waldeckiana VI, 1.

12 BSB HSS Ludwig I.-Archiv 44, fol. 22, 65/66.

13 BSB HSS Boos-Waldeckiana I (Ludwig I. an Carlotta 28.5.1864).

14 Z. B. BSB HSS Boos-Waldeckiana I. Der Vertragsabschluss für das Monument erfolgte im Spätsommer 1863, das Tonmodell war im März 1864 vollendet, das fertige Monument aus Cararamarmor wurde im Juli 1865 in Widnmanns Werkstatt ausgestellt und Anfang August 1865 nach Darmstadt transportiert. Im Zweiten Weltkrieg zerstört, www.senger-stiftung.de (aufgerufen 28.2.2020).

15 BSB HSS Boos-Waldeckiana I.

16 BSB HSS Ludwig I.-Archiv 44, fol. 33 (Carlotta an Ludwig I., München 7.6.1862).

17 Corti 1941, S. 533; Ludwig I. an Lola Montez 13.11.1848, Rauh/Seymour 1995, S. 256.

18 Corti 1941, S. 533.

19 BSB HSS Boos-Waldeckiana I, 14 (Ludwig I. an Carlotta, Rom 20.12.1864).

20 BSB HSS Boos-Waldeckiana I, 5 und 6.

21 BSB HSS Ludwig I.-Archiv 44, fol. 23 und 25.

22 Vgl. Todesanzeige Passauer Zeitung, 23.5.1868; Bayerischer Landbote 27.5.1868 u. ö. Der aus Ansbach stammende Großvater Emils hatte in Augsburg das bis heute erhaltene Schaezler-Palais „erheiratet". Es gehört heute zu den Kunstsammlungen und Museen Augsburgs.

23 BSB HSS Ludwig I.-Archiv 44, fol. 39/40 (Carlotta an Ludwig I., Darmstadt 1.12.1862). Franz 2012, S. 358 f.

24 Ebenda, fol. 68 – 69 (Lüft an Ludwig I., Darmstadt 3.12.1862).

25 Ebenda, fol. 70 – 72 (Lüft an Ludwig I., Darmstadt 9.12.1862).

26 Ebenda, fol. 84/85 (Anna von Seinsheim an Ludwig I., Darmstadt 14.12.1862).

27 Zum Folgenden die bis heute im Hessischen Staatsarchiv Darmstadt (o 22 Nr. 18) erhaltenen Briefe Dalwigks, zit. nach Hauck 2010, S. 60 – 68. Das erste Schreiben stammt vom 15. Dezember 1862.

28 Laut BSB HSS Ludwig I.-Archiv 44, fol. 70 – 72 (Lüft an Ludwig I., Darmstadt 9.12.1862).

29 Ebenda, fol. 43 – 44 (Carlotta an Ludwig I., München 31.12.1862).

30 Ebenda, fol. 45 – 47 (Carlotta an Ludwig I., München 21.1.1863).

31 Ebenda (Lüft an Ludwig I., Darmstadt 6.1.1863 und Darmstadt, 30.1.1863).

32 BSB HSS Boos-Waldeckiana I (Heinrich von Hessen an Carlotta, Berlin 27.5.1868).

33 Münchner Bote 5.2.1863; Volksfreund 6.2.1863 u. ö. Im Matrikelbuch ist die Eheschließung erstaunlicherweise nicht verzeichnet. Carlotta selbst hatte dem König geschrieben, dass die Trauung durch den Erzbischof in der bischöflichen Hauskapelle in München geplant sei.

34 Philipps Onkel, Ludwig Joseph Boos von Waldeck, hatte 1847 Henriette geb. Freiin von Breidbach-Bürresheim, gen. von Riedt (geb. 1824) geheiratet. Genealogisches Taschenbuch (gräfliche Häuser) 1874, S. 111.

35 GHA KKVerw. Ludwig I. 52/2/6, siehe auch Ebenda 54, S. 34.

36 Diverse Schreiben in: GHA NL Ludwig I. 88/3/c.; BSB HSS Boos-Waldeckiana I; BSB HSS Ludwig I.-Archiv 44.

37 GHA NL Ludwig I. 88/3/c (Paula Schaezler an Ludwig I. 5.11.1863; Carlotta an Ludwig I. 27.12.1863).

38 BSB HSS Boos-Waldeckiana I, 9 und 16 (Ludwig I. an Carlotta, München 28.5.1864; München 22.5.1865).

39 Ebenda 11 und 12 (Ludwig I. an Carlotta, Ludwigshöhe 2.8.1864 und Ludwigshöhe 29.8.1864).

40 GHA NL Ludwig I. 88/3/c (Carlotta an Ludwig I., Mzell 23.8.1864 und Mzell 4.10.1865); BSB HSS Boos-Waldeckiana I, 12 und 13 (Ludwig I. an Carlotta, Ludwigshöhe 29.8.1864; München 10.10.1864).

41 GHA NL Ludwig I. 88/3/c (Philipp Boos-Waldeck an Ludwig I. 17.11.1864). Die Taufe fand am 19.11.1864 statt.

42 BSB HSS Boos-Waldeckiana I, 15 (Ludwig I. an Carlotta, Rom 23.1.1865); GHA NL Ludwig I. 88/3/c (Carlotta an Ludwig I. 30.3.1865).

43 GHA NL Ludwig I. 88/3/c. Auf dem Foto sind die beiden 1863 errichteten dreigeschossigen Seitenflügel zu erkennen, von denen 1938 einer wegen statischer Mängel wieder abgetragen werden musste. Zu Beginn des 21. Jahrhunderts wurde das nach dem Zweiten Weltkrieg konfiszierte und durch verschiedene staatliche Nutzungen zur „Zivilverteidigung" langsam ruinöse Gebäude an privat verkauft, saniert und 2006 als luxuriöses Schlosshotel („Chateau Mcely") eröffnet.

44 GHA NL Ludwig I. 88/3/c (Carlotta an Ludwig I. 22.6.1864 und 30.7.1864). Am 25. Juni nachmittags hat das Treffen in Aschaffenburg wohl stattgefunden. In Baden-Baden waren Graf und Gräfin Boos-Waldeck im Englischen Hof abgestiegen.

45 Im Laufe des Jahres 1866 scheinen einige Briefe verloren gegangen zu sein. GHA NL Ludwig I. 88/3/c (Carlotta an Ludwig I. 14.3.1867).

46 Herzogin Adelgunde von Modena (1823 – 1914), Tochter Ludwigs I., teilte ihren Schmerz aufrichtig und bat, sich jetzt selbst im Wochenbett zu schonen, da Gottlob ihre eigene Gesundheit wenigstens nicht gelitten hatte. BSB HSS Boos-Waldeckiana I (Adelgunde von Modena an Carlotta, Wien 20.4.1866).

47 BSB HSS Boos-Waldeckiana I (Theresa an Carlotta, Mürzzuschlag 16.8.1869).

48 GHA NL Ludwig I. 88/3/c (Carlotta an Ludwig I. 16.10.1866).

49 BSB HSS Boos-Waldeckiana I (Jeetze an Carlotta, Nizza, 20.2.1868).

50 Ebenda (Jeetze an Carlotta, München 30.5.1868).

51 Passauer Zeitung 23.5.1868. Der älteste Sohn Paul, 1860 in München geboren, wanderte 1881 in die USA aus und wurde in Davenport, Iowa, ein äußerst erfolgreicher Unternehmer. Als sein Vater Emil 1899 starb, erbte er den Titel und die Besitzungen, verzichtete darauf jedoch zugunsten seines jüngeren Bruders.

52 Zu den Schlössern Rif und Urstein siehe Zaisberger/Schlegel 1992, S. 165 – 169 u. 183 – 187. Heute zählen die Schlösser zum Universitäts- und Landessportzentrum Hallein/Rif bzw. zur Stiftung Akademie Schloss Urstein mit der Salzburg Management Business School.

53 Die Anlage wurde im Zweiten Weltkrieg zerstört und nicht wieder aufgebaut. Heute steht dort eine moderne Wohnsiedlung der 1960er Jahre.

54 Salzburger Volksblatt 27.9.1917; Salzburger Chronik 27.9.1917.

55 Wiener Salonblatt 20.3.1920: Nachruf, allerdings mit einigen Fehlern.

56 Salzburger Chronik für Stadt und Land 30.8.1881 und 10.9.1881. Er wurde auf dem Friedhof in Puch beerdigt.

57 BSB Boos-Waldeckiana I (Adelgunde von Modena an Carlotta, Wien 30.10.1867 und Wien 20.11.1867).

58 Mulacz 2014; Mulacz 2015.

59 GHA KKVerw. Ludwig I. 68, S. 11.

60 Hojer 2011, S. 220.

61 Beck 1993, S. 273.

62 GHA KKVerw. Ludwig I. 68, S. 11.

63 Beck 1993, S. 270.

64 Oertzen 1927, S. 120.

Anna von Greiner (S. 376 – 383)

1 Thies 1977, 123. Oertzen 1927, S. 116 (vielleicht Verwechslung mit dem Geburtstag des Ehemanns, der am 19. Juni 1828 geboren wurde).

2 Aschaffenburger Zeitung 25.3.1852 (sie trat am Aschaffenburger Theater auf und war wohl mit dem Schauspieler J. Meyerer verheiratet).

3 Aschaffenburger Zeitung 16.1.1849; Didaskalia 20.8.1852, 21.4.1853, 27.9.1853 u. ö.

4 Fürther Tagblatt, Erzähler 22, 1857.

5 Bayerischer Landbote 26.9.1857.

6 Münchner Bote 29.9.1857.

7 Bayerischer Landbote 27.9.1857.

8 Neueste Nachrichten 27.9.1857.

9 Münchener Punsch 27.9.1857.

10 BayHStA Intendanz Hoftheater (Personalakten) 28. Flüggen 1892, S. 12.

11 Theaterzettel BSB 2°Bavar. 827 Film Nr. 11. Siehe auch die täglichen Ankündigungen in den Münchner Tageszeitungen.

12 Z. B. Münchner Bote 3.7.1858: „Fräulein Bartelmann füllte ihre Stelle nach Kräften aus." Neue Münchener Zeitung 24.11.1858: „Frl. Bartelmann spielte übrigens die Rolle mit großer Gewandtheit."

13 BayHStA Intendanz Hoftheater (Personalakten) 28.

14 Münchner Bote 19.10.1858.

15 BayHStA Intendanz Hoftheater (Personalakten) 28.

16 Warschauer Zeitung 22.9.1860.

17 Der Zwischen-Akt, Wien 25.10.1860.

18 Münchner Bote 17.11.1857.

19 Kurier für Niederbayern 20.11.1860; ebenso Neue Augsburger Zeitung 20.11.1860; Neue Würzburger Zeitung 22.11.1860; Recessionen und Mittheilungen über Theater und Musik 1.7.1861 u. ö.

20 Blätter für Musik, Theater und Kunst 8.1.1861; Münchner Tages-Anzeiger 14.2.1861.

21 Regensburger Zeitung 22.1.1835. Augsburger Postzeitung 8 7.1835. Bayerischer Volksfreund 2.5.1835; Münchener Tagblatt 7.5.1835.

22 Allgemeine Zeitung 3.10.1840; Neueste Nachrichten 9.3.1857.

23 Denk/Ziesemer 2014, S. 303 f. AEM München-Zu Unserer Lieben Frau Taufbuch 25.11.1791 (geboren 24. November).

24 Blätter für Musik, Theater und Kunst 20.10.1863.

25 Wiener Theater-Chronik 5.11.1863.

26 Ost-Deutsche Post 15.11.1863.

27 Waldheims Illustrirte Zeitung 14.11.1863.

28 Wiener Theater-Chronik 7.7.1864.

29 Tagespost (Graz) 16.11.1866.

30 Tagespost (Graz) 18.5.1867; Blätter für Musik, Theater und Kunst 2.3.1866; Der Zwischen-Akt 12.11.1866; Neues Fremden-Blatt 12.2.1867.

31   Presse 8.11.1866; Neue Freie Presse
     8.11.1866; Vaterland 6.10.1866.
32   Auch im Bühnen-Lexikon von Flüggen
     (1892, S. 12) sind keine Lebensdaten ver-
     zeichnet.
33   Stadtfraubas 14.2.1867; Münchner
     Tages-Anzeiger 18.2.1867 u. ö.

34   Denk/Ziesemer 2014, S. 303 f (dort ist
     auch Emils Schwester Johanna, verhei-
     ratete von Heusler, bestattet).
35   Münchner Omnibus 10.10.1863; Augs-
     burger Tagblatt 9.10.1863; Isar-Zeitung
     (Bayerische Landbötin) 8.10.1863.
36   Z. B. Würzburger Anzeiger 29.10.1864.

Quellen- und Literaturverzeichnis

Quellen

Andechs
Klosterarchiv Andechs/St. Bonifaz
Nachlass Sebastian Daxenberger

Meran
Stadtarchiv
Fremdenlisten

München
Akademie der Bildenden Künste
Matrikelbücher

Archiv der Erzdiözese München und Freising (AEM)
Matrikelbücher (Tauf-, Trau- und Sterbebücher) verschiedener Pfarreien

Bayerisches Hauptstaatsarchiv (BayHStA)
Heroldenamt Akt 2372
Intendanz Hoftheater (Personalakten) 28 (Bartelmann), 170 (von Hagn), 909 (Sulzer)
MA (Ministerium des Äußern) 27291/1, 75221
MF (Ministerium der Finanzen) 27709, 36237
MInn (Ministerium des Innern) 36479, 40640
Ordensakten 15489
Personalakte 5746 (Staatsrat v. Vetterlein)

Bayerisches Hauptstaatsarchiv Abt. III: Geheimes Hausarchiv (GHA)
Gumppenberg Nachlässe (NL) 23, 24, 25, 27, 28, 29
Kabinettskassenverwaltung (KKVerw.) Ludwig I. 51/3/10 (Albert Stobäus 1848 – 1866);
     52/2/6 (Boos-Waldeck); 22 – 77, 93 – 101 (Ausgabsmanuale); 111 – 114 (Journale)
Nachlass (NL) Ludwig I. 46/3/6 Nr. 10 (Reisen Hofhaltung etc.)
NL Ludwig I. 85/2/2 (Briefe Max II. an Ludwig I., 1848 – 1864)
NL Ludwig I. 85/2/3 (Briefe Marie an Ludwig I., 1842 – 1867)
NL Ludwig I. 85/2/5 (Korrespondenz zwischen Ludwig I. und Otto v. Griechenland)
NL Ludwig I. 86/5/3 (u. a. Fahrmbacher, Epilog)
NL Ludwig I. 86/5/4 (Josepha Conti 1847)
NL Ludwig I. 86/5/9 (u. a. Breidbach-Bürresheim, Bassenheim)

NL Ludwig I. 86/6/4 (u. a. Bassenheim)

NL Ludwig I. 86/6/7 (u. a. Boos-Waldeck)

NL Ludwig I. 87/3/1, 87/3/2a und b, 87/3/3, 87/3/4 (Korrespondenz Ludwig I. und Karoline Lizius bzw. Stobäus)

NL Ludwig I. 88/3/1 (u. a. Fahrmbacher)

NL Ludwig I. 88/3/c (u. a. Breidbach-Bürresheim bzw. Boos-Waldeck)

NL Ludwig I. 88/5/3 (u. a. Breidbach-Bürresheim)

NL Ludwig I. 89/2/1 (Stieler an Ludwig)

NL Ludwig I. 89/6/4 (Abtrennung einer eigenen Hofhaltung Alexandra 1853)

NL Ludwig I. II A 5 (Monatliche Abrechnung der königlichen Kinder)

NL Ludwig I. II A 26 (Brief Auguste Strobl an Ludwig I., 27.2.1830)

NL Ludwig I. ARO 21/2 (u. a. Bassenheim, Verheiratung)

NL Ludwig I. ARO 21/3 (Christoph Lizius Bitte um Funktionsremuneration 1845)

NL Ludwig I. ARO 32 (u. a. Gedicht von Josepha Conti 1846)

NL Ludwig I. Autograph 462 (Gedichtband und Briefe an Karoline Lizius)

NL Ludwig I. Autograph 470 (an Ringseis)

NL Ludwig I. Autograph 486 (Gedicht an Janthe bei Überreichung einer Uhr an ihrem Geburtsfeste, 3.4.1832)

NL Ludwig I. Autograph 494 (18 Briefe Ludwig I. an Prinzessin Alexandra)

NL Ludwig I. C Nr. 10 (ca. 100 Briefe von Jane Ellenborough an Ludwig I.)

Bayerische Staatsbibliothek (BSB)

HSS (Handschriftenabteilung) Autographensammlung Stieler, Joseph

HSS Boos-Waldeckiana

HSS Klenzeana I.8 (Tagebuch Russlandreise 1839)

HSS Ludwig I.-Archiv 3,90, 91, 105, 106 (Tagebücher Ludwigs I.)

HSS Ludwig I.-Archiv 44 (Heiratsabsichten Breidbach-Bürresheim)

HSS Ludwig I.-Archiv 45 (Tagebuch Charlotte von Hagn, 1827/28)

HSS Stieleriana I (Brief A. v. Kruedener, St. Petersburg, 26.10.1838)

HSS Stieleriana I, I,5,m (Verzeichnis der von J. Stieler gemalten Bildnisse 1819 – 1856)

HSS Stieleriana I, I,5,o (J. v. H., Erlebnisse mit Bildern)

Theaterzettel (Filme) 2° Bavar 827

Stadtarchiv (StadtA) München

Ähnlichkeitswettbewerb, Künstlerfest 1949 (DE-1992-FS-NL-GRO-230)

Familienbogen Salomon Heine (DE-1992-PMB H 177); Karl Vetterlein

Polizeimeldebogen (Jane Ellenborough)

Hausbogen Barer Straße 7 (DE-1992-AHB-18)

Literatur

Antonius, Fritz: Der tolle Felix, in: Neues Wiener Tagblatt, 25. September 1942, S. 7.

Armando, Walter G.: Franz Liszt. Eine Biographie, Hamburg 1961.

Barthel, Manfred: Theater in Briefen, München 1983.

Bauer, Karoline: Komödiantenfahrten. Erinnerungen aus meinem Bühnenleben Bd. 3, Berlin 1873.

Bauer, Karoline: Am Tage Ruhm, am Abend Tränen. Lebenserinnerungen der Schauspielerin, in Auswahl hrsg. von Susanne Förster, Zeulenroda o. J.

Bauer, Stefan: Die „schöne Münchnerin" Helene Sedlmayr (1813 – 1898), in: Pfarrmatrikel im Erzbistum München und Freising (Begleitband zur Ausstellung), München 2015, S. 544 – 549.

Bauer, Stefan: Helene Sedlmayr, die „Schöne Münchnerin", lebte auch in Altötting, in: Oettinger Land Bd. 36, Altötting 2016, S. 119 – 126.

Bayerisches Staatsministerium für Finanzen und Heimat, Pressemitteilung Nr. 088/20 vom 27.5.2020.

Bayern, Adalbert Prinz von: Nymphenburg und seine Bewohner, 2. Auflage, München 1949.

Bayern, Adalbert Prinz von: Die Wittelsbacher. Geschichte unserer Familie, München 1979.

Bayern, Alexandra Prinzessin von: Feldblumen, München 1856.

Bayern, Alexandra Prinzessin von: Weihnachtsrosen, München 1858.

Bayern, Konstantin von: Des Königs schönste Damen. Aus der Schönheitengalerie Ludwigs I., München 1980 (Nachdruck einer Serie in der Süddeutschen Zeitung 1956).

Bayern, Prinz Konstantin von: Ludwig I. und Nanette Kaula, in: Vergangene Tage. Jüdische Kultur in Bayern, hrsg. von Hans Lamm, München 1982, S. 148 – 150 (Abdruck eines Aufsatzes von 1958).

Beck, Barbara: Mathilde, Großherzogin von Hessen und bei Rhein, geb. Prinzessin von Bayern (1813 – 1863). Mittlerin zwischen München und Darmstadt, Darmstadt 1993.

Bedall, Fritz: Das Tagebuch des Karl Lorenz von Schintling (1780 – 1831), Stephanskirchen 2012.

Beust, Ferdinand Graf von: Erinnerungen zu Erinnerungen, 2. Auflage, Leipzig 1881.

Beust, Friedrich Ferdinand Graf von: Aus Dreiviertel Jahrhunderten. Erinnerungen und Aufzeichnungen, 2 Bände, Stuttgart 1887.

Blatschek, Monika, Karlheinz Hemmeter, Bjarne Jørnæs: Das Thorvalsen-Museum, Kopenhagen 1985.

Bobbert, Gerda: Charlotte von Hagn. Eine Schauspielerin der Biedermeierzeit (1809 – 1891), Leipzig 1936.

Böhm, Gottfried von: Ludwig II. König von Bayern. Sein Leben und seine Zeit, Berlin 1924.

Boese, Angelika: Die Jungfrau, die einen König entzückte. Vor 100 Jahren starb die „schöne Münchnerin" Helene Miller, in: Süddeutsche Zeitung, 18. November 1998.

Boisserée, Sulpiz: Tagebücher, hrsg. von Hans-J. Weitz, Bd. II (1823 – 1834), Darmstadt 1981.

Bott, Gerhard/Spielmann, Heinz: Künstlerleben in Rom. Bertel Thorvaldsen (1770 – 1844), Der dänische Bildhauer und seine deutschen Freunde, Nürnberg 1992.

Brandstätter, Christian/Hirsch, Andreas J./Koetzle, Hans-Michael: Wien. Porträt einer Stadt, Köln 2019.

Braun, Alex (eigentlich Alexandrine Braunschild): Münchener Silhouetten nach dem Leben, München 1918.

Braun, Isabella: Prinzessin Alexandra von Bayern. Eine biographische Skizze, München 1875.

Braun, Otto: Ein Brief Kaiser Wilhelms I., in: Die Gartenlaube 1894, S. 666 f.

Bruckbräu, Friedrich Wilhelm: Die abentheuerliche Nacht, in: Münchner Conversations-Blatt (Mitgabe zum Bayer'schen Beobachter), Nr. 184, 14. November 1829.

Burckhardt, Jakob: Briefe an einen Architekten. 1870 – 1889, München 1912.

Burton, Isabel: The Life of Captain Sir Richard F. Burton, London 1898.

Bußmann, Hadumod: Eine toskanische Habsburgerin in Bayern, in: Ulrike Leutheusser/ Hermann Rumschöttel (Hrsg.): Prinzregent Luitpold von Bayern. Ein Wittelsbacher zwischen Tradition und Moderne, 3. Auflage, München 2014, S. 27 – 52.

Bußmann, Hadumod: Prinzessin Dr. h. c. Therese von Bayern. Ihr Leben zwischen München und Bodensee – zwischen Standespflichten und Selbstbestimmung, München 2015.

Buttlar, Adrian von: Leo von Klenze. Leben – Werk – Vision, München 1999.

Bykowski, Jan: Aus unstandesgemäßer Beziehung, in: Kunst und Auktionen, 4. September 2015.

Charell, Patrick: „Ein Andenken von unschätzbarem Werthe …" Helene Erbprinzessin von Thurn und Taxis und die Salesianerinnen von Beuerberg, in: Oberbayerisches Archiv, Bd. 143, München 2019, S. 97 – 107.

Chroust, Anton: Gesandtschaftsberichte aus München 1814 – 1848. 2. Abteilung: Die Berichte des österreichischen Gesandten, Bd. II, München 1942.

Chroust, Anton: Gesandtschaftsberichte aus München 1814 – 1848. 2. Abteilung: Die Berichte der preußischen Gesandten, Bd. IV, 1843 – 1848, München 1951.

Corti, Egon Caesar Conte: Elisabeth. Die seltsame Frau, Wien 1934.

Corti, Egon Caesar Conte: König Ludwig I. und seine Münchnerinnen, in: Die Münchnerin, hrsg. von Korbinian Lechner, Stuttgart 1940, S. 63 – 83.

Corti, Egon Caesar Conte: Ludwig I. von Bayern. Ein Ringen um Freiheit, Schönheit und Liebe, München 1937; 4. Auflage: München 1941.

Copenhaver, Brian/Copenhaver, Rebecca: From Kant to Croce. Modern Philosophy in Italy 1800 – 1950, Toronto/Buffalo/London 2012.

Crescenzio, Daniela: Italienische Spaziergänge in München, Bd. 3, Italienische Frauen in München, Rosenheim 2013.

Dallmeier, Martin/Schad, Martha: Das Fürstliche Haus Thurn und Taxis. 300 Jahre Geschichte in Bildern, Regensburg 1996.

Denk, Claudia/Ziesemer, John: Kunst und memoria. Der Alte Südliche Friedhof in München, München/Berlin 2014.

Dickinger, Christian: Die schwarzen Schafe der Wittelsbacher. Zwischen Thron und Wahnsinn, München 2005.

Dürck-Kaulbach, Josefa: Erinnerungen an Wilhelm von Kaulbach und sein Haus, 2. Auflage, München 1917.

Dusmann, Johann B.: Trauer-Rede bei den feierlichen Exequien Ihrer kaiserl. königl. Hoheit der Prinzessin Augusta Ferdinanda, Gemahlin Sr. kgl. Hoheit des durchlauchtigsten Prinzen Luitpold von Bayern, gehalten in der St. Cajetan-Hofkirche zu München, den 30. April 1864, München 1864.

Edinger, Heinrich: Von Hechten, Hexen, Herren und Halunken. Sagen aus der Gemeinde Berching, Kallmünz 2002.

Eichholz, Anita: Zwischen Krone und Vaterland. Max Graf von Holnstein aus Bayern, o. O. 2016.

Eisenberg, Ludwig: Großes biographisches Lexikon der deutschen Bühne im 19. Jahrhundert, Leipzig 1903.

Entsch, Th. (Hrsg.): Deutscher Bühnen-Almanach, Berlin 1892.

Escherich, Emilie: Altmünchner Erinnerungen aus der Zeit König Ludwigs I., München o. J. (ca. 1920).

Fahrmbacher, Heinrich: Erinnerungen an Italien, Sicilien und Griechenland aus den Jahren 1826 bis 1844, München 1851.

Fäßler, Peter E.: List, Friedrich, in: Sächsische Biographie, hrsg. vom Institut für Sächsische Geschichte und Volkskunde e. V., URL: https://saebi.isgv.de/biografie/Friedrich_List_(1789-1846) (aufgerufen am 23.8.2019).

Feulner, Adolf: Katalog der Gemälde in der Residenz, München 1921.

Fleming, John: Art Dealing in the Risorgimento II, in: The Burlington Magazine, Bd. 121, August 1979, S. 492 – 508.

Flöter, Jonas: Beust, Friedrich Ferdinand Freiherr von, in: Sächsische Biographie, hrsg. vom Institut für Sächsische Geschichte und Volkskunde e. V., URL: https://saebi. isgv.de/biografie/Friedrich_Ferdinand_von_Beust_(1809-1886) (aufgerufen am 24.10.2019).

Flüggen, Ottmar G.: Biographisches Bühnen-Lexikon, München 1892.

Förster, Ernst: München. Ein Handbuch für Fremde und Einheimische, 2. Auflage, München 1840.

Franz, Eckhart G.: Haus Hessen. Biographisches Lexikon, Darmstadt 2012.

Freyberg, Pankraz Freiherr von: Maria Electrine Freifrau von Freyberg, geb. Stuntz. 1797 – 1847, Oberbayerisches Archiv, Bd. 110, München 1985.

Friedländer, Hugo: Prozeß wider das Grafen-Ehepaar Kwilecki wegen Kindesunterschiebung, in: Interessante Kriminal-Prozesse von kulturhistorischer Bedeutung, Bd. 1, Berlin 1910, S. 13 – 45.

Gebhardt, Heinz: Königlich bayerische Photographie. 1838 – 1918, München 1978.

Genealogisches Taschenbuch der freiherrlichen Häuser, Gotha, diverse Jahrgänge.

Genealogisches Taschenbuch der deutschen gräflichen Häuser, Gotha, diverse Jahrgänge.

Gentile, Giovanni (übersetzt von Michael Walter Hebeisen): Entstehung und Entwicklung der modernen Philosophie (= Gentile-Edition 7,4), Biel 2015.

Gironda, Vito Francesco: Die Politik der Staatsbürgerschaft: Italien und Deutschland im Vergleich. 1800 – 1914, Göttingen 2011.

Glaser, Hubert (Hrsg.): König Ludwig I. von Bayern und Leo von Klenze. Der Briefwechsel, Teil I: Kronprinzenzeit König Ludwigs I., Teil II: Regierungszeit König Ludwigs I., (= Quellen zur Neueren Geschichte Bayerns V Korrespondenzen König Ludwigs I. von Bayern), München 2004, 2007.

Glötzner, Johannes: Dein Brief hat mir Vergnügen gemacht. Aus den Briefen der Marchesa Florenzi an König Ludwig I. von Bayern, Gräfelfing 2014 (2014a).

Glötzner, Johannes: Liebster König! Meine liebe Mama! (Historischer Tatsachenroman), Gräfelfing 2014 (2014b).

Gollwitzer, Heinz: Ludwig I. von Bayern. Eine politische Biographie, München 1986.

Grandauer, Franz: Chronik des Königlichen Hof- und Nationaltheaters in München, München 1878.

Graziani, Natale/Adversi Selvi, Maria Luisa: Amante reale. La marchesa Florenzi e il re di Baviera, Mailand 2009.

Habel, Heinrich/Hallinger, Johannes/Weski, Timm: Landeshauptstadt München Mitte (= Denkmäler in Bayern I.2), 3 Bde., München 2009.

Haeutle, Christian: Heinrich Konrad Föringer. Eine Lebens-Skizze, in: 42./43. Jahresbericht des Historischen Vereins von Oberbayern, München 1881, S. 197 ff.

Haller, Elfi M.: Königin Marie. Eine preußische Prinzessin auf dem bayerischen Königsthron, in: Bayern – Preussen. Preussen – Bayern, München 1982, S. 76 – 92.

Hamann, Brigitte: Sisis Schönheitsalbum. Private Photographien aus dem Besitz der Kaiserin Elisabeth, hrsg. von Werner Bokelberg, Dortmund 1980.

Hamann, Brigitte (Hrsg.): Die Habsburger. Ein biographisches Lexikon, Wien 2000.

Hase, Ulrike von: Joseph Stieler 1781 – 1858, München 1971.

Hase-Schmundt, Ulrike von: Bildnis der Katharina Botzaris, in: Jan Murken: König-Otto-von-Griechenland-Museum der Gemeinde Ottobrunn, München 1995, S. 37 f.

Hase-Schmundt, Ulrike von: Katharina Botsaris, in: Das neue Hellas. Griechen und Bayern zur Zeit Ludwigs I., Katalog, hrsg. von Reinhold Baumstark, München 1999, Nr. 295.

Haslinger, Ingrid: Erzherzogin Sophie. Eine Biographie nach den persönlichen Aufzeichnungen der Mutter Kaiser Franz Josephs, Salzburg/Wien 2016.

Hauck, Barbara: In des Königs Harem. Liebesglück und Herzeleid der Hofdame Carlotta, in: Ludwigs Lust. Unstandesgemäße Liebschaften im Hause Hessen-Darmstadt, Frankfurt/Wiesbaden 2010, S. 51 – 72.

Hefner, Otto Titan von: Des denkwürdigen und nüzlichen Bayerischen Antiquarius Erste Abteilung. Adelicher Antiquarius Bd. 1: Der große Adel, München 1866.

Heigel, Carl Theodor: Ludwig I., König von Bayern, Leipzig 1872.

Heindl, Hannes: Marie – Königin von Bayern, München 1989.

Heine, Heinrich: Werke und Briefe in 10 Bänden, Bd. 2, 2. Auflage, Berlin/Weimar 1972.

Hoeft, Bernhard: Charlotte von Hagn, Berlin 1926.

Hoerner, Ludwig: Das Photographische Gewerbe in Deutschland 1839 – 1914, Düsseldorf 1989.

Hof- und Staatshandbuch des Königreichs Bayern, München, diverse Jahrgänge.

Hojer, Gerhard: Die Schönheitengalerie König Ludwigs I., 7. Auflage, Regensburg 2011.

Holler, Gerd: Sophie. Die heimliche Kaiserin, Mutter Franz Josephs I., Wien/München 1993.

Hölz, Christoph/Traub, Markus: Weite Blicke. Landhäuser und Gärten am bayerischen Bodenseeufer, Berlin/München 2009.

Houben, Heinrich Hubert: Emil Devrient. Sein Leben, sein Wirken, sein Nachlass. Ein Gedenkbuch, Frankfurt a. M 1903.

Huggle, Ursula: Die Familie Barxell. Nachtrag zum Kochbuch der Maria Anna Barxlin, in: Zeitschrift des Breisgau-Geschichtsvereins „Schau ins Land", 107. Jahrgang, 1988, S. 97 – 108.

Hunt, Herbert J.: Balzac and Lady Ellenborough, in: French Studies, Oxford University, Juli 1958, S. 247 – 259.

Immler, Gerhard: Politische Aspekte der Heiraten im Hause Wittelsbach in der 1. Hälfte des 19. Jahrhunderts, in: Bayern vom Stamm zum Staat. Festschrift für Andreas Kraus zum 80. Geburtstag, Bd. 2, hrsg. von Konrad Ackermann/Alois Schmid/ Wilhelm Volkert, München 2002, S. 243 – 272.

Isolani, Eugen: Die „schöne Hagn", in: Bühne und Welt. Zeitschrift für Theaterwesen, Literatur und Musik, 11. Jahrgang, 1909, S. 591 – 596.

Jahresbericht über die kgl. katholische Studienanstalt bei St. Stephan in Augsburg, Studienjahr 1837/38.

Jansen, Günther: „Königin Amalie von Griechenland, geb. Herzogin von Oldenburg, in: Nordwestdeutsche Studien, Gesammelte Aufsätze, Berlin 1904.

Johannes, F. P.: Die Schönheitsgalerie, in: Salzburger Volksblatt, 21. August 1923.

Kalnein, Wend von: Schloss Anif. Ein Denkmal bayerischer Romantik in Salzburg (= Veröffentlichungen des Zentralinstituts für Kunstgeschichte in München IX), Regensburg 1988.

Kardamitzsi-Adami, Maro/Daniil, Maria: The First Cemetery of Athens, Athen 2017.

Kerr-Lawson, J.: Two Portraits of William Blundell Spence, in: The Burlington Magazine, Bd. 15, Juni 1904, S. 310 f. und 319.

Keßler, Ilse: Bayerns evangelische Königinnen Teil 2, in: Evangelischer Gemeindebote, Kirchengemeinde Nördlingen, Oktober/November 2011, S. 8 – 9.

Kiaulehn, Walther: Die Schönheitengalerie, in: Die Neue Zeitung, 1. Juli 1948.

Kling-Mathey, Christiane: Gräfin Hatzfeld (1805 bis 1881), Bonn 1989.

Kobell, Luise von: Unter den vier ersten Königen Bayerns nach Briefen und eigenen Erinnerungen, München 1894.

Königlich Bayerischer adeliger Damen-Kalender, München, diverse Jahrgänge.

Kosch, Wilhelm: Deutsches Theaterlexikon, Bd. I, Klagenfurt/Wien 1953.

Krauss-Meyl, Sylvia: Das „Enfant Terrible" des Königshauses. Maria Leopoldine, Bayerns letzte Kurfürstin, Regensburg 1997.

Kreisel, Heinrich: Residenzführer, München 1937.

Kunze, Michael: Dem Erbgut des Adels auf der Spur, 19. Juli 2019, URL: https://michael-kunze.net/category/artikel/2019/07/19/dem-erbgut-des-adels-auf-der-spur/ (aufgerufen am 17.8.2019).

Lang, Hermann: Eine Münchbergerin in der Schönheitsgalerie König Ludwigs I., in: Kulturwarte, 1982, S. 224 – 227.

Langer, Brigitte/Schröter, Florian: Ludwig, Lola und Legenden – Schönheiten zu Gast im Schloss (Broschüre zur Ausstellung in Schloss Johannisburg in Aschaffenburg, 5.12.2019 – 1.3.2020), München 2019.

Lehmann, Annette: Herzdame, Fürst und Zarewitsch. Ein Säbel und seine Geschichte, in: Tegernseer Tal, Bd. 151, 2010/I, S. 9 – 11.

Leitschuh, Max: Die Matrikeln der Oberklassen des Wilhelmsgymnasiums in München, München 1978.

Lewald, August: Das Octoberfest im Jahre 1832: Skizzen aus München, München 1832.

Lewald, August: Panorama von München, Teil I, Stuttgart 1835.

Lewald, August (Hrsg.): Allgemeine Theater-Revue, Bd. 2, Stuttgart/Tübingen 1836.

Lieb, Norbert/Hufnagl, Florian: Leo von Klenze. Gemälde und Zeichnungen, München 1979.

Lier, Hermann Arthur: Charlotte von Hagn, in: Allgemeine Deutsche Biographie, Bd. 49. München 1904, S. 776 f.

Lindenberg, Paul: Schöne Frauen. Eine Galerie Ludwigs I. von Bayern, in: Neues Wiener Journal, 12. März 1928, S. 5.

Lovell, Mary S.: A Scandalous Life. The Biographie of Jane Digby, London 1995.

Lukina, Tatjana: Fjodor Tjutschew-Kalender. 1803 – 2003, München 2002.

Macher, Hannes S. (Hrsg.): König Ludwig I. von Bayern, Gedichte, Pfaffenhofen 1980.

Marggraff, Rudolf: Zur Erinnerung an Joseph Stieler und seine Zeit, in: Neue Münchener Zeitung (Münchener Politische Zeitung), Abendblatt, 12. Juni 1858 bis 24. Juni 1858.

Matzerath, Josef: Adelsprobe an der Moderne: sächsischer Adel 1763 bis 1866, Stuttgart 2006.

Messerer, Richard (Hrsg.): Briefwechsel zwischen Ludwig I. von Bayern und Georg von Dillis. 1807 – 1841, München 1966.

Metternich, Pauline: Erinnerungen, hrsg. von Lorenz Mikoletzky, Wien 1988.

Metzger, Christof: „Der revolutionäre Fürst". Fürst Ludwig von Oettingen-Wallerstein, in: Thomas Weidner: Lola Montez oder eine Revolution in München, München 1998, S. 66 – 80.

Meyer, Joseph: Das Paradiesgärtel. Ein Altmünchener Anekdotenbuch, München 1925.

Meyerbeer, Giacomo: Briefwechsel und Tagebücher, Bd. 3 (1837 – 1845), Berlin 1975.

Mittermaier, Susanne: Sisis liebevolle Schwiegermutter, in: Altbayerische Heimatpost 44/2018, S. 8 – 9.

Mittermaier, Susanne: Gelebte Liebe, in: Altbayerische Heimatpost 5/2019, S. 20 – 21.

Möckl, Karl: Auguste Ferdinande, in: Brigitte Hamann (Hrsg.): Die Habsburger. Ein biographisches Lexikon, Wien 2000, S. 62 – 63.

Moosburger, Markus: Eine 1000-jährige Geschichte des alten Friedhofs in Deining endet, in: Deininger Anzeiger 84/2010, S. 11 f.

Morató, Christina: Divina Lola. La vida de Lola Montes, la falsa española que quiso ser reina, Barcelona 2017.

Moser, Sybille-Karin: F. R. Unterberger und die salonfähige Landschaftsmalerei im 19. Jahrhundert, Innsbruck/Wien 1986.

Mulacz, Peter: „Bleibe am Leben für unsere Kinder". Minutenprotokoll des Attentats von Sarajevo am 28. Juni 1914, in: Welt, 28. Juni 2014.

Mulacz, Peter: Die Schüsse von Sarajevo, in: Österreichische Militärische Zeitschrift 3/2015.

Nachricht von der königlichen Unterrichts- und Erziehungs-Anstalt in Nymphenburg, München 1821 – 1824.

Nerdinger, Winfried (Hrsg.): Klassizismus in Bayern, Schwaben und Franken. Architekturzeichnungen 1775 – 1825, München 1980.

Nerlich, Andreas: Prinzessin Wackerstein. Geheimnisse einer bayerischen Kindermumie aus der Zeit König Max I. Joseph. Eine medizin-historische Untersuchung, Weißenhorn 2019.

Neuer Theater-Almanach für das Jahr 1892, Berlin 1892.

Nikolenko, Lada: „Mit ihr kamen die schönsten Jahre meines Lebens…". Erinnerungen an Amalie von Kruedener und den russischen Dichter Feodor Tütchew, in: Bayerland 2/1988, S. 39 – 40.

Nordenflycht, Julie von: Briefe einer Hofdame in Athen an eine Freundin in Deutschland. 1837 – 1842, Leipzig 1845.

Oelwein, Cornelia: Prinzenhochzeit vor 150 Jahre, in: Charivari 10/1992, S. 67 – 71.

Oelwein, Cornelia: Lady Jane Ellenborough. Eine Frau beeindruckt ihr Jahrhundert, München 1996.

Oelwein, Cornelia: Charlotte von Hagn, die „Königin des deutschen Lustspiels" (1809 – 1891), in: Bayernspiegel 4/1997, S. 9.

Oelwein, Cornelia: In nächtlicher Stille flücht' ich zu Goethen. König Ludwig I., der Dichterfürst Johann Wolfgang von Goethe und der Münchner Hofmaler Joseph Karl Stieler, in: Charivari 5/1998, S. 66 – 69.

Oelwein Dury: Georg(e) Dury, in: Allgemeines Künstler-Lexikon, Bd. 31, München/ Leipzig 2002, S. 231 f.

Oelwein, Cornelia: „Lieben muß ich, immer lieben…". König Ludwig I. und die Frauen, in: Die Sehnsucht eines Königs. Ludwig I. von Bayern (1876 – 1868), die Romantik und Schloss Runkelstein, Bozen 2003, S. 159 – 172.

Oelwein, Cornelia: Weihnachten im alten München, Dachau 2006.

Oelwein, Cornelia: Enthebungskarten zum Neuen Jahr in Bayern und Österreich, in: Arbeitskreis Bild Druck Papier, Tagungsband Hagenow 2008, Münster/New York u. a. 2009, S. 101 – 114.

Oelwein, Cornelia: Dein Bild wird ewig leben. König Ludwig II. von Bayern im Spiegel historischer Postkarten, Dachau 2011.

Oelwein, Cornelia: Quellengestützte Dokumentation zur Geschichte des Deutschen Jagd- und Fischereimuseums München, Lindenberg im Allgäu 2016 (2016a).

Oelwein, Cornelia: Feldkirchen. Chronik, München 2016 (2016b).

Oelwein, Cornelia: Amalie von Stubenrauch, Stuttgart 2020.

Oertzen, Auguste von: Ein Bühnenstern in der ‚Schönheitengalerie' der Münchener Residenz, in: Allgemeine Zeitung, 4. Februar 1923.

Oertzen, Auguste von: Die Schönheitsgalerie Ludwig I., München 1927.

Ogden, Christopher: Das Leben als Party. Die intime Biographie der Pamela Churchill-Harriman, Stuttgart 1995.

Oldenbourg, Hedwig: Elise List/Pacher von Theinburg (1822 – 1893). Erinnerungen an unsere Mutter, Privatdruck, München 1908.

Otto, Louise: Die Tochter des Grafen Bacinetti. Ein Nekrolog. in: Wiener Salonblatt, 7. April 1872.

Panzer, Marita A.: Marie von Preußen, Königin von Bayern. Gründerin des Bayerischen Roten Kreuzes – Förderin des Alpentourismus, in: Marita A. Panzer/Elisabeth Plößl: Bavarias Töchter. Frauenporträts aus fünf Jahrhunderten, Regensburg 1997, S. 37 – 40.

Panzer, Marita A.: Lola Montez. Ein Leben als Bühne, Regensburg 2014.

Pappe, Bernd: Geliebte Porträts. Bildnisminiaturen im Münchner Residenzmuseum, Regensburg 2017.

Perelli, Jenny: Dokumente einer königlichen Liebschaft, in: Altbayrische Heimatpost 3/2017, S. 11 – 13 (= online: Perelli, Jenny: Der untreue Oktoberfestkönig und seine italienische Geliebte, 12.10.2017, URL: pt-magazin.de).

Pfeil und Klein-Ellenguth, Graf Richard von: Das Ende Kaiser Alexanders II., Berlin 1903.

Pfeil und Klein-Ellenguth, Graf Richard von: Neun Jahre in russischen Diensten unter Kaiser Alexander III, Leipzig 1907.

Pfister, Peter (Hrsg.): Leben. Lieben. Sterben. 450 Jahre Pfarrmatrikel, München 2014.

Philipps, Carolin: Therese von Bayern. Eine Königin zwischen Liebe, Pflicht und Widerstand, München/Berlin 2015.

Polonsky, Arkady: Russische Diplomaten, Baron Kruedener: Russian Europe, 24. August 2007 (aufgerufen 22.10.2019).

Ponte, Susanne de: Ein Bild von einem Mann – gespielt von einer Frau. Die wechselvolle Geschichte der Hosenrolle auf dem Theater, München 2013.

Probst, Susanne E. L.: Die Schönheitsgalerie König Ludwigs I. von Bayern. Ein wieder entdecktes Porträt der Schauspielerin Constanze Dahn, in: Die Sehnsucht eines Königs. Ludwig I. von Bayern (1876 – 1868), die Romantik und Schloss Runkelstein, Bozen 2003, S. 173 – 177.

Pültz, Wilhelm: Galerie der Frauenanmut, Augsburg/Traunstein 1971.

Pültz, Wilhelm: Sonne über Wallerstein. Donauwörth 2001.

Quebbemann, Britta: Skandal mit Folgen: Die Affäre um den König und die Tänzerin, in: P.M. History Special Nr. 1 (850 Jahre München), München 2008, S. 52 – 57.

Raczynski, Graf Athanasius: Geschichte der Neueren deutschen Kunst, Bd. 2, München/Stuttgart u. a. 1840.

Rall, Hans: Wittelsbacher Lebensbilder von Kaiser Ludwig bis zur Gegenwart, München o. J.

Ranke, Winfried: Joseph Albert – Hofphotograph der bayerischen Könige, München 1977.

Rauh, Reinhold: Lola Montez. Die königliche Mätresse, München 1996.

Rauh, Reinhold/Seymour, Bruce: Ludwig I. und Lola Montez. Der Briefwechsel, München 1995.

Reber, Franz: Bautechnischer Führer durch München, München 1876.

Reger, Karl Heinz: Bayerns verkaufte Prinzessinnen, Pfaffenhofen a. d. Ilm 1988.

Reiser, Rudolf: König und Dame. Ludwig I. und seine 30 Mätressen, München 1999.

Reiser, Rudolf: Klenzes geheime Memoiren, München 2004.

Reiser, Rudolf: Die Schönheitengalerie König Ludwig I. in Schloß Nymphenburg (Sonderdruck aus: Nymphenspiegel. Das Jahrbuch zum Nymphenburger Schloßpark, Bd. III), 2008.

Renner, Michael: Ludwig von Oettingen-Wallerstein im Werben um seine Braut Creszentia geb. Bourgin in Baldern, in: Jahrbuch des Historischen Vereins für Nördlingen und das Ries, Bd. 31, 2006 (2007), S. 241–283.

Rice, Edward: Captain Sir Richard Francis Burton, New York 1990.

Richter, Horst: Stumme Zeugen der Vergangenheit, Donaukurier, aktualisiert 20. April 2017 URL: https://www.donaukurier.de/nachrichten/panorama/thema/Frueher-Stumme-Zeugen-der-Vergangenheit;art201586,2625059 (aufgerufen am 17.8.2019).

Riess, Marta: Die Familiengeschichte des Hauses Pallavicini in Österreich-Ungarn, URL: http://www.palais-pallavicini.at/Pallavicini_Familiengeschichte.pdf (aufgerufen am 29.9.2019).

Ringseis, Emilie (Hrsg.): Erinnerungen des Dr. Johann Nepomuk von Ringseis, Bd. 1 und 2, Amberg 1886.

Robl, Werner: Holnstein im Tal der Weißen Laber, 2013, URL: http://www.robl.de/ holnstein/holnstein.html (aufgerufen am 6.11.2019).

Sachs, Jetta: Poesie und Algebra. Als Erzieherin am Griechischen Hof, Heilbronn 1991.

Samarow, Gregor: Zwei Kaiserkronen, in: Über Land und Meer, 1874 (in Fortsetzungen).

Sand, Ingrid: Die Schönheitengalerie (= Neuhauser/Nymphenburger Hefte 26) München 2003.

Scally, Derek: From Fassbender to King Friedrich: the love affair between Germany and Ireland, in: The Irish Times, 25. August 2012.

Schack, Adolf Friedrich Graf von: Ein halbes Jahrhundert. Erinnerungen und Aufzeichnungen in drei Bänden, Bd. 2, 3. Auflage, Stuttgart 1894.

Schad, Martha: Bayerns Königinnen, 4. Auflage, Regensburg 2006.

Schärl, Walter: Die Zusammensetzung der bayerischen Beamtenschaft von 1806 bis 1918 (= Münchner Historische Studien Abt. Bayerische Geschichte 1), Kallmünz 1955.

Schattenhofer, Michael: Schloss Suresnes in Schwabing, München/Zürich 1982.

Schmeller, Johann Andreas: Tagebücher 1801–1852, Bd. II (1826–1852), hrsg. von Paul Ruf, München 1956.

Schneider, Gustav: Häuserbuch der Stadt München, Bd. II Kreuzviertel, München 1960.

Schneider, Gustav: Häuserbuch der Stadt München, Bd. IV Angerviertel, München 1966.

Schorn, Ludwig: Betrachtungen über die Kunstausstellung in München im Oktober 1829, Fortsetzung XVII, in: Kunst-Blatt Nr. 95 (Beilage zum Morgenblatt für Gebildete Stände), 26. November 1829.

Schrott, Ludwig: Biedermeier in München, München 1963.

Schuh, Michael Ritter von: Mit dem Neffen König Ludwigs I. auf Brautfahrt nach Rußland. Tagebuchblätter aus dem Jahre 1839, hrsg. von Hedwig Winkler, München 1966.

Schupp, Roland: Die Frauen und Ludwig I. Der Gründer der Schönheitsgalerie in der Münchener Residenz. Von Königin Marie bis Lola Montez, in: Allgemeine Zeitung am Morgen, 3. Mai 1925, S. 6.

Schwarzenau, Meinolf: Die Vereinsbibliothek – eine Schatzkammer der Gelehrsamkeit, in: Oberbayerisches Archiv, Bd. 136, München 2012, S. 73–99.

Sciurpa, Roberto: Evelino Waddington, in: Corriere dell'Umbria, 15. April 2006, URL: robertosciurpa.blogspot.com (aufgerufen 22.8.2019).

Sepp, Christian: Ludovika. Sisis Mutter und ihr Jahrhundert, München 2019.

Sepp, Johann Nepomuk: Ludwig Augustus, König von Bayern und das Zeitalter der Wiedergeburt der Künste, Schaffhausen 1869.

Signate König Ludwigs I., ausgewählt und eingeleitet von Max Spindler, hrsg. von Andreas Kraus, 6 Bde., München 1987 ff. (zit. nach Jahrgängen/Nummern).

Simon, Hans-Ulrich: Stuttgarter Gesellschaft um 1850. Justinus Kerner und Emma von Suckow. Briefwechsel, 2 Bde., Hohenheim 2012.

Sing, Achim: Die Memoiren König Maximilians II. von Bayern 1848–1864, München 1997.

Speckner, Herbert: Griechenland aus erster Hand. Königin Amalie berichtet ihrem Vater, Ottobrunn 2013.

Spindler, Max: Briefwechsel zwischen Ludwig I. von Bayern und Eduard von Schenk. 1823–1841, München 1930.

Spindler, Max: Das Kabinett unter König Ludwig I., in: Erbe und Verpflichtung. Aufsätze und Vorträge zur Bayerischen Geschichte, hrsg. von Andreas Kraus, München 1966, S. 252–263.

Spreti, Heinrich Graf von/Seckendorff, Suzanne Freifrau von (Hrsg.): Das Reisejournal des Grafen Friedrich von Spreti. Brasilianische Kaiserhochzeit 1829, München 2008.

Stemplinger, Eduard: Von berühmten Schauspielern, München 1939.

Stephan, Rosina: Eine Romanze des Königs von Bayern, in: Altbayerische Heimatpost 35/2011, S. 22.

Still, Sonja: Joseph Stieler. Der königlich-bayerische Hofmaler, München 2020.

Sturdza, Michail D.: l'Arbre Généalogique de la Famille Caragea/Caradja, 2007, URL: http://www.ghika.net/Familles/Caragea/Caragea_01.pdf (aufgerufen am 10.11.2019).

Szeibert-Sülzenfuhs, Rita: Die Münchnerinnen und ihre Tracht, Dachau 1997.

Thies, Hans Arthur: König Ludwig I. und die Schönheiten seiner Galerie, München 1977.

Thoben, Claudia: Reisen der Königin, in: Kunst- und Kulturkreis Rastede e. V. (Hrsg.): Amalie. Herzogin von Oldenburg – Königin von Griechenland. 1818–1875, Oldenburg 2004, S. 119–133.

Toepfer, Karl: Correspondenz-Bericht aus Hamburg, in: Allgemeine Theaterzeitung, 22. September 1846.

Trautmann, Franz: Im Münchner Hofgarten, München 1893.

Treml, Manfred: Nanette Kaula, in: Siehe der Stein schreit aus der Mauer. Geschichte und Kultur der Juden in Bayern (Ausstellungskatalog), Nürnberg 1988, Nr. 8/59.

Unterreiner, Katrin: Luziwuzi. Das provokante Leben des Kaiserbruders Ludwig Victor, Wien/Graz 2019.

Vanja, Christina: Zur Bubenquelle nach Bad Ems, in: Annette C. Cremer/Anette Baumann/Eva Bender (Hrsg.): Prinzessinnen unterwegs. Reisen fürstlicher Frauen in der Frühen Neuzeit, Berlin/Boston 2018, S. 269–292.

Vetterlein, Eric H.: I Didn't Know. A Family History of Cigar Manufacturing, in: The Cigar-Label Gazette 1999, S. 15–16.

Vormbrock, Rainer: Schloss Nagel. Historischer Abriss, URL: http://www.dorfgemeinschaft-nagel.de/index.php?id=135 (aufgerufen 2019).

Wagner, Cosima: Die Tagebücher, Bd. I: 1869–1877, Bd. II: 1878–1883, hrsg. von Martin Gregor-Dellin/Dietrich Mack, München/Zürich 1976 und 1977.

Waldberg, Max Freiherr von (Hrsg.): Cosima Wagners Briefe an ihre Tochter Daniela von Bülow, Stuttgart/Berlin 1933.

Waldenfels, Otto Freiherr von: Die Edelknaben der Churfürstlich und Königlich Bayerischen Pagerie von 1799 bis 1819, München 1959.

Wallersee, Maria Freiin von, Gräfin Larisch: Meine Vergangenheit, Berlin 1913.

Weichslgartner, Alois J.: Die „schönste Trostbergerin". Vor hundert Jahren starb Helene Sedlmayr in München, in: Altbayerische Heimatpost 47/1998, S. 5f.

Weidner, Thomas: Lola Montez oder eine Revolution in München, München 1998.

Weidner, Thomas: Typisch München!, München 2008.

Wendler, Eugen: Friedrich List. Leben und Wirken in Dokumenten, Reutlingen 1976.

Wendler, Eugen: „Das Band der ewigen Liebe". Clara Schumanns Briefwechsel mit Emilie und Elise List, Stuttgart/Weimar 1996.

Wendler, Eugen: Durch Wohlstand zur Freiheit. Neues zum Leben und Werk von Friedrich List, Baden-Baden 2004.

Wienziers, Berta: Deininger Schloßbesitzer, 1.7.2012, URL: https://deining.de/deininger-schlossbesitzer-4533404/ (aufgerufen 2020).

Wilhelm, Kurt (Hrsg.): Luise von Kobell und die Könige von Bayern. Historien und Anekdoten anno 1870 bis 1890, München 1980.

Wöbking, Wilhelm: Der Tod König Ludwigs II. von Bayern. Eine Dokumentation, Rosenheim 1986.

Wolf, Georg Jacob: Die Münchnerin. Kultur- und Sittenbilder aus dem alten und neuen München, München 1924.

Wurzbach, Constantin von: Habsburg, Sophie, in: Biographisches Lexikon des Kaiserthums Österreich, Bd. 7, Wien 1861, S. 149f.

Würzbach, Natascha: Das grüne Sofa, München 2007.

Zaisberger, Friederike/Schlegel, Walter: Burgen und Schlösser in Salzburg, Bd. 2, Wien 1992.

Zuber, Karl-Heinz: Der „Fürst Proletarier" Ludwig von Oettingen-Wallerstein (1791–1870). Adeliges Leben und konservative Reformpolitik im konstitutionellen Bayern (= Zeitschrift für bayerische Landesgeschichte Beiheft Reihe B, Bd. 20), München 1978.

Zucconi, Angela: Lodovico inammorato. La „love story" di Ludwig di Baviera, Mailand 1983.

Zeitungen/Zeitschriften

Allgemeine Theaterzeitung, Wien

Allgemeine Zeitung, Augsburg, München

Allgemeiner bayerischer National-Korrespondent, Augsburg

Amberger Tagblatt

Amtsblatt für die Königlichen Bezirksämter Forchheim und Ebermannstadt

An der Schönen Blauen Donau, Wien

Ansbacher Morgenblatt

Aschaffenburger Zeitung

Augsburger Abendzeitung

Augsburger Anzeigeblatt

Augsburger Neueste Nachrichten

Augsburger Ordinari-Postzeitung

Augsburger Postzeitung

Augsburger Tagblatt

Baierische National-Zeitung (Bayerische National-Zeitung), München

Baierischer Eilbote, München

Bamberger Zeitung

Banater Deutsche Zeitung, Temeswar

Der Bayerische Landbote, München

Bayerische Landbötin, München

Der Bayerische Volksfreund, München

Bayerischer Kurier, München

Bayerisches Volksblatt, Regensburg

Bayreuther Zeitung

Berliner Gerichts-Zeitung

Blätter für Musik, Theater und Kunst, Wien

Bohemia, Prag

Börsenblatt für den deutschen Buchhandel, Leipzig

Börsen-Halle, Hamburg

Churpfalz-baierisches Regierungs- und Intelligenzblatt, München

Deutsche Allgemeine Zeitung, Leipzig

Deutsches Volksblatt für das Main- und Nachbar-Land, Aschaffenburg

Donauzeitung, Passau

Eichstätter Tagblatt

Eidgenössische Zeitung, Zürich

Eos. Eine Zeitschrift aus Baiern zur Erheiterung und Belehrung, München

Euterpe. Blätter für Geselligkeit, Literatur und Kunst, Bamberg

Flora (Baierische National-Zeitung), München

Frankfurter Ober-Post-Amts-Zeitung

Fränkischer Kurier, Nürnberg

Fränkischer Merkur, Bamberg

Freisinger Tagblatt

Fremden-Blatt, Wien

Der Friedens- und Kriegs-Kurier, Nürnberg

Fürther Tagblatt

Gemeinde-Zeitung, Wien

The Gentleman's Magazin, London

Gradaus, München

Grazer Volksblatt

Grazer Zeitung

Der Hausfreund, Augsburg

Illustrierte Zeitung, Leipzig/Berlin/ Wien

Das Innland, München

Intelligenzblatt der königlichen Regierung von Oberbayern, München

Intelligenz-Blatt der Königlichen Regierung von Schwaben und Neuburg, Augsburg

Isar-Zeitung (Bayerische Landbötin), München

Ischler Bade-Liste

Kemptener Zeitung

Klagenfurter Zeitung

Königlich Bayerischer Polizey-Anzeiger von München

Königlich bayerisches Kreis-Amtsblatt von Schwaben und Neuburg, Augsburg

Königlich Preußischer Staats-Anzeiger, Berlin

Königlich privilegierte Berlinische Zeitung

Königlich-baierisches Intelligenzblatt für den Regen-Kreis, Regensburg

Königlich-Bayerisches Kreis-Amtsblatt der Oberpfalz und von Regensburg

Königlich-bayerisches Kreis-Amtsblatt von Oberbayern, München

Kourir an der Donau, Passau

Kurfürstlich gnädigst privilegierte Münchner Zeitung

Kurier für Niederbayern, Landshut

Kurpfalzbaierische Staatszeitung von München

Landshuter Zeitung

Landwirtschaftliche Blätter für Schwaben und Neuburg, Augsburg

Landwirtschaftliche Mitteilungen, München

Le monde illustré, Paris

Der Lechbote, Augsburg

Leipziger Zeitung

Lindauer Tagblatt

Linzer Abendbote

The London and China Telegraph, London

Magazin für die Literatur des Auslandes, Leipzig

Magdeburgische Zeitung

Meraner Zeitung

Mittelfränkische Zeitung für Recht, Freiheit und Vaterland, Nürnberg

Mnemosyne (Neue Würzburger Zeitung)

Morgenblatt für Gebildete Stände (für gebildete Leser), Stuttgart/Tübingen

Morgen-Post, Wien

Münchener Conversations-Blatt

Münchener Morgenblatt

Münchener politische Zeitung

Münchener Punsch

Münchener Tagblatt

Münchener Tagpost

Münchener Wochen-Zeitung

Münchner Abendzeitung

Münchner Bote für Stadt und Land

Münchner Neueste Nachrichten

Münchner oberdeutsche Staatszeitung

Münchner Omnibus

Münchner Tages-Anzeiger

Neuburger Wochenblatt

Neue Augsburger Zeitung

Neue Freie Presse, Wien

Neue Münchener Zeitung

Neue Salzburger Zeitung

Neue Schlesische Zeitung, Breslau

Neue Würzburger Zeitung

Neue Züricher Nachrichten

Neues Fremden-Blatt, Wien

Neues Wiener Tagblatt

Neueste Nachrichten aus dem Gebiete der Politik, München

Neuigkeits-Welt-Blatt, Wien

Nürnberger Kurier

Oberfränkische Zeitung, Bayreuth

Oberpfälzisches Zeitblatt, Amberg

Ost-Deutsche Post, Wien

Der Österreichische Beobachter, Wien

Passauer Zeitung

Pfälzer Zeitung, Kaiserslautern

Der Postbote aus Franken, Würzburg

Die Presse, Wien

Recessionen und Mittheilungen über Theater und Musik, Wien

Regensburger Morgenblatt

Regensburger Tagblatt

Rheinische Musik-Zeitung für Kunstfreunde und Künstler, Köln

Der Reisende Teufel. Ein satyrisches Unterhaltungsblatt, München

Rosenheimer Anzeiger

Rottaler Bote, Pfarrkirchen

Salzburger Chronik

Salzburger Volksblatt

Salzburger Zeitung

Schlesische Troppauer Zeitung, Troppau

Der Schwäbische Postbote, Augsburg

Schweinfurter Anzeiger

Der Schweizer Bote, Aarau

Sibylle (Würzburger Journal)

Stadtfraubas, München

Straubinger Zeitung

Süddeutsche Post, München

Süddeutsche Zeitung, München

Tag- und Anzeigeblatt für Kempten

Tagblatt der Stadt Bamberg

Tagblatt für Landshut und Umgebung

Tagespost, Graz

Tags-Blatt für München

The Times, London

Tiroler Schützen-Zeitung, Innsbruck

Das Vaterland, Wien

Der Volksbote für den Bürger und Landmann, München

Die Volksbötin, München

Volksfreund in Baiern, München

Waldheims Illustrirte Zeitung, Wien

Warschauer Zeitung

Weilheimer Tagblatt für Stadt und Land

Wendelstein, Rosenheim

Wiener Salonblatt

Wiener Theater-Chronik

Wiener Theater-Zeitung (Bäuerles Theaterzeitung)

Wiener Zeitschrift

Wiener Zeitung

Wochenblatt der Königlich Baierischen Stadt Neuburg

Wochenblatt der Stadt Sulzbach

Würzburger Anzeiger

Würzburger Stadt- und Landbote

Zeitung für die elegante Welt, Leipzig

Der Zwischen-Akt, Wien

Bildnachweis

S. 377: akg-images

Alle übrigen Abbildungen: Cornelia Oelwein